国家出版基金资助项目
现代数学中的著名定理纵横谈丛书
丛书主编　王梓坤

FROM RIEMANN TO ENOCH
——THE HISTORY OF THE RIEMANN CONJECTURE(II)

从Riemann到Enoch
——Riemann猜想的历史（下册）

刘培杰数学工作室　编

哈尔滨工业大学出版社
HARBIN INSTITUTE OF TECHNOLOGY PRESS

内容简介

本书主要通过 Riemann 猜想的历史及进展,中外名家论 Riemann 函数与 Riemann 猜想以及 Riemann 函数面面观三部分来介绍 Riemann 猜想. Riemann 猜想是关于 Riemann ζ 函数 $\zeta(s)$ 的零点分布的猜想.

本书适合于大学师生以及数学爱好者参考阅读.

图书在版编目(CIP)数据

从 Riemann 到 Enoch:Riemann 猜想的历史. 下册/刘培杰数学工作室编. —哈尔滨:哈尔滨工业大学出版社,2024.3

(现代数学中的著名定理纵横谈丛书)

ISBN 978-7-5767-0514-0

Ⅰ.①从… Ⅱ.①刘… Ⅲ.①黎曼猜测 Ⅳ.①O156

中国国家版本馆 CIP 数据核字(2023)第 016475 号

CONG RIEMANN DAO ENOCH:RIEMANN CAIXIANG DE LISHI. XIACE

策划编辑	刘培杰 张永芹
责任编辑	李广鑫
出版发行	哈尔滨工业大学出版社
社　　址	哈尔滨市南岗区复华四道街 10 号 邮编 150006
传　　真	0451-86414749
网　　址	http://hitpress.hit.edu.cn
印　　刷	辽宁新华印务有限公司
开　　本	787 mm×960 mm 1/16 印张 126.5 字数 1 343 千字
版　　次	2024 年 3 月第 1 版 2024 年 3 月第 1 次印刷
书　　号	ISBN 978-7-5767-0514-0
定　　价	398.00 元(全 2 册)

(如因印装质量问题影响阅读,我社负责调换)

第四编

数学分析中的一个新方法及其应用

第一章 Diophantus 近似法理论中若干较新的问题

第一节 Kronecker 定理在分析学中的一个带有特征性的应用及若干注意事项

1. 若由方程式

$$\vartheta_1 u_1 + \cdots + \vartheta_k u_k = 0 \tag{1.1}$$

其中诸 u_j 为有理数,即可得出

$$u_j = 0, j = 1, \cdots, k$$

则众所周知,我们即称实数 $\vartheta_1, \vartheta_2, \cdots, \vartheta_k$ 关于有理数 u_j 为线性无关的. 于是 Kronecker 定理用语言表示出来就是:对于这些数 ϑ_j,对于任意的实数 $a_1, \cdots, a_k$ 以及任意小的正数 ε,我们可以找出一个实的① t 值以及有理整数 $b_1, b_2, \cdots, b_k$,使

$$|\vartheta_j t - a_j - b_j| \leq \varepsilon, j = 1, 2, \cdots, k \tag{1.2}$$

这个定理在 Diophantus 近似法理论中要算是最重要的定理之一.

2. 为了说明这个定理可应用于分析学中,我将仅就一个带有特征性的例子来详细地讨论. 这个例子就是关于 Riemann ζ 函数的. 这个函数,对于 $s = \sigma + it, \sigma > 1$,是由

---

① 若诸数 $\vartheta_1, \vartheta_2, \cdots, \vartheta_k$ 为线性无关,则我们可选 t 为有理整数.

$$\zeta(s) = \sum_{n=1}^{\infty} \frac{1}{n^s} \qquad (1.3)$$

定义的. 依据 Euler, Schlömilch 以及其他数学家的初步结果, Riemann 第一个认识到一整系列的深奥数论问题皆与这函数的某些分析性质有关. 这些性质与这函数的零点的分布显著地联系着. 由对于 $\sigma>1$ 得以成立的表达式

$$\zeta(s) = \prod_{p} \frac{1}{1-\dfrac{1}{p^s}} \qquad (1.4)$$

(此处 p 为素数序列)可知在这半平面上 $\zeta(s) \neq 0$. 更有趣的乃是 Bohr 在 1911 年的发现①, 那就是 $\zeta(s)$ 在这半平面 $\sigma>1$ 上取绝对值为任意小的数值. 为证明这个命题, Bohr 从公式

$$\frac{1}{\zeta(s)} = \sum_{n=1}^{\infty} \frac{\mu(n)}{n^s} \qquad (1.5)$$

出发, 这公式由式(1.4)是很容易得出的;此处 $\mu(n)$ 表示著名的 Möbius 数论函数. 由式(1.5)很容易地就可得出

$$\frac{1}{|\zeta(s)|} \geq \left| \sum_{n=1}^{N} \frac{\mu(n)}{n^\sigma} e^{-it\log n} \right| - \sum_{n=N+1}^{\infty} n^{-\sigma} \qquad (1.6)$$

N 的值我随后再去定它. 对于第一个和数的一个下估计, 如 Bohr 所注意到, 可以由诸数 $\log p$ 线性无关的那一事实得出, 而此事实则很容易地由有理整数的因子

---

① BOHR H. Sur l'existence des valeurs arbitrairement petites de la fonction $\zeta(s) = \zeta(\sigma+it)$ de Riemann pour $\sigma>1$ [M]. Kobenhav, n: Oversigt Vidensk. Selsk, 1911:201-208.

分解唯一性即可推出. 诸数 $\frac{1}{2\pi}\log p$ 的情形也是一样.

现在以
$$2 = p_1 < p_2 < \cdots < p_k \leqslant N$$
表示不超过 N 的一切素数,于是他应用上面所说的 Kronecker 定理,而取
$$\vartheta_j = \frac{1}{2\pi}\log p_j, \alpha_j = \frac{1}{2}, \varepsilon = \frac{1}{N}$$
$$j = 1, 2, \cdots, k$$
由此存在一实数 t_0 以及有理整数 $b_1, b_2, \cdots, b_k$,而
$$\left|\frac{t_0}{2\pi}\log p_j - \frac{1}{2} - b_j\right| \leqslant \frac{1}{N}, j = 1, 2, \cdots, k$$
或
$$|t_0 \log p_j - (2b_j+1)\pi| \leqslant \frac{2\pi}{N}, j = 1, 2, \cdots, k \quad (1.7)$$

现在设 n 为小于或等于 N 的任意一个不含平方因子的正整数,而
$$n = p_{l_1} p_{l_2} \cdots p_{l_r}, 1 \leqslant l_1 < l_2 \cdots < l_r \leqslant k$$
则有①
$$\mu(n)\mathrm{e}^{-it_0 \log n} = \exp\left(-it_0 \sum_{j=1}^{r} \log p_{l_j} + ri\pi\right) =$$
$$\exp\left(i \sum_{j=1}^{r}((2b_{l_j}+1)\pi - t_0 \log p_{l_j})\right)$$
或者由式(1.7)
$$\mu(n)\mathrm{e}^{-it_0 \log n} = \exp \frac{2\pi r i \vartheta_0}{N} \quad (1.8)$$
此处 $-1 \leqslant \vartheta_0 \leqslant 1$. 又因 $2^r < n \leqslant N$,故由式(1.8)对于一

---

① Exp x 或 exp(x),如同寻常一样,表示 e^x.

个足够大的 N 我们可以得到

$$\mu(n)\mathrm{e}^{-\mathrm{i}t_0\log n}=1+\vartheta_1 4\pi\frac{\log N}{N},|\vartheta_1|\leqslant 1$$

从而对于 $\sigma>1$ 有

$$\frac{1}{|\zeta(\sigma+\mathrm{i}t_0)|}>\sum_{n\leqslant N}\frac{|\mu(n)|}{n^\sigma}-8\pi\frac{\log^2 N}{N}-\sum_{n=N+1}^\infty n^{-\sigma}>$$

$$\sum_{n=1}^\infty\frac{|\mu(n)|}{n^\sigma}-8\pi\frac{\log^2 N}{N}-2\sum_{n=N+1}^\infty n^{-\sigma}=$$

$$\frac{\zeta(\sigma)}{\zeta(2\sigma)}-8\pi\frac{\log^2 N}{N}-2\sum_{n=N+1}^\infty n^{-\sigma}$$

于是就已经得出 Bohr 定理来了,因为

$$\lim_{\sigma\to 1+0}\zeta(\sigma)=+\infty,\lim_{\sigma\to 1}\zeta(2\sigma)=\frac{\pi^2}{6}$$

对于一个预先给定的数 ω,我们可以定出这样一个 $\sigma_0>1$ 而使

$$\frac{\zeta(\sigma_0)}{\zeta(2\sigma_0)}>\omega+1$$

成立,然后再选这样大的 N 使得

$$8\pi\frac{\log^2 N}{N}<\frac{1}{2},\sum_{n=N+1}^\infty n^{-\sigma_0}<\frac{1}{2}$$

是即

$$\frac{1}{|\zeta(\sigma_0+\mathrm{i}t_0)|}>\omega$$

证毕.

3. 复述一下刚才证明中的要点,我们就可以看出最重要的一部分就是证出对于每个 $\sigma_1>1, N\geqslant 1$,以及任意小的正数 η,我们总可以找到一个实数 t_1 使

$$\left|\sum_{n\leqslant N}\frac{\mu(n)}{n^{\sigma_1}}\mathrm{e}^{-\mathrm{i}t_1\log n}\right|>\sum_{n\leqslant N}\frac{|\mu(n)|}{n^{\sigma_1}}-\eta$$

第二部分　中外名家论 Riemann 函数与 Riemann 猜想

同样的方法立刻推出下列更一般的定理,而那定理又同时指出了为什么在 Dirichlet 级数理论中,人们能够这样常常应用 Kronecker 定理.

对于那些实的、线性无关的数 $\lambda_1, \lambda_2, \cdots, \lambda_k$,以及任意小的正数 η_1 及 η_2,我们可以分别定出 t_2 及 t_3,使

$$\left|1+\sum_{j=1}^{k} a_j \mathrm{e}^{\mathrm{i}\lambda_j t_2}\right| > 1+\sum_{j=1}^{k}|a_j|-\eta_1 \quad (1.9)$$

或

$$\frac{|1+\sum_{j=1}^{k} a_j \mathrm{e}^{\mathrm{i}\lambda_j t_3}|}{1+\sum_{j=1}^{k}|a_j|} > 1-\eta_2 \quad (1.10)$$

成立,此处系数 a_j 可为任意的复数.

与指数多项式相关的不等式(1.9)与(1.10)表现为 Kronecker 定理的推论. 我们也很容易地看出,反转过来,式(1.2)可以由不等式(1.9)或(1.10)导出. 因为,若线性无关的诸实数 $\vartheta_1, \vartheta_2, \cdots, \vartheta_k$ 与实数 $\alpha_1, \alpha_2, \cdots, \alpha_k$,以及 $0 < \varepsilon < \dfrac{1}{2}$ 都是预先给定的,则应用不等式(1.9)而取

$$\lambda_j = 2\pi\vartheta_j, a_j = \mathrm{e}^{-2\pi\mathrm{i}\alpha_j}, j=1,2,\cdots,k$$

于是对于任意小的正数 η_1,由式(1.9),存在一个实数 t_2 使

$$\left|1+\sum_{j=1}^{k} \mathrm{e}^{2\pi\mathrm{i}(\vartheta_j t_2-\alpha_j)}\right| \geq k+1-\eta_1$$

从而有

$$k+1-\eta_1 \leq k-1+|1+\mathrm{e}^{2\pi\mathrm{i}(\vartheta_1 t_2-\alpha_1)}|$$

亦即

$$|2\cos \pi(\vartheta_1 t_2-\alpha_1)| \geq 2-\eta_1$$

$$4\cos^2\pi(\vartheta_1 t_2-\alpha_1) > 4-4\eta_1, \ |\sin\pi(\vartheta_1 t_2-\alpha_1)| \leqslant \sqrt{\eta_1}$$

于是选取 $\eta=4\varepsilon^2$,我们得出

$$2\min_{b_1\text{为有理整数}}|\vartheta_1 t_2-\alpha_1-b_1|=\frac{2}{\pi}\min_{b_1\text{为有理整数}}\pi|\vartheta_1 t_2-\alpha_1-b_1|\leqslant$$

$$|\sin\pi(\vartheta_1 t_2-\alpha_1)|\leqslant 2\varepsilon$$

因此对于某一整数 b_1' 有

$$|\vartheta_1 t_2-\alpha_1-b_1'|\leqslant\varepsilon$$

那就是说,对于 $j=1$,式(1.2)得证. 对于 $j=2,\cdots,k$ 时,证明亦然.

4. 由此可知,Kronecker 定理是与不等式(1.9)或(1.10)等价的. 但是,如果我们直接地,也就是说不运用式(1.2),不能够导出不等式(1.10)的话,那么这种等价就只是形式上的. 不过,有如 Bohr 所证,情形不是这样,我们可以不用 Kronecker 定理,直接地证出不等式(1.10),简单又方便,这样得出的 Kronecker 定理的证明并不落后于其他的证明. 我们在此处详述 Bohr[①] 的这一证明. 我们就需直接地来证明不等式(1.10). 他研究表达式

$$F(t)^q=\left(1+\sum_{j=1}^k a_j e^{i\lambda_j t}\right)^q \tag{1.11}$$

与

$$G(x_1,\cdots,x_k)=(1+|a_1|x_1+\cdots+|a_k|x_k)^q \tag{1.12}$$

此处 q 表示一正整数. 线性无关性表明,在式(1.11)中,经过展开后,只有当式(1.12)中对应的项能够合

---

① Journ. of Lond. Math. Soc., 1934(9):5-6. 在 Bohr 原来的证明中,式(1.10)仅是在 $a_j=e^{-i\alpha_j}$ 的情形下导出的,但是他的证法经过很简单的修改之后就可以给出完整的不等式(1.10).

并时,我们才可以合并式(1.11)中的两项. 一方面,若
$$F(t)^q = \sum_j b_j e^{i\mu_j t}$$
$$G(x_1,\cdots,x_k) = \sum_{j_1,j_2,\cdots,j_k} C_{j_1,\cdots,j_k} x_1^{j_1} x_2^{j_2} \cdots x_k^{j_k}$$
则有
$$\sum_j |b_j| = \sum_{j_1,\cdots,j_k} C_{j_1,\cdots,j_k} = (1+|a_1|+\cdots+|a_k|)^q \quad (1.13)$$

另一方面,若
$$\overline{\lim_t} |F(t)| \leq (1-\eta)(1+|a_1|+\cdots+|a_k|) \quad (1.14)$$
此处 η 为一固定的正数,则由式(1.14)与
$$b_j = \lim_{T\to\infty} \frac{1}{T} \int_0^T F(t)^q e^{-i\mu_j t} dt$$
得出估计式
$$|b_j| \leq (1-\eta)^q (1+|a_1|+\cdots+|a_k|)^q \quad (1.15)$$
因 $G(x_1,\cdots,x_k)$ 的相异项数 m——$F(t)^q$ 的相异项的数目
$$m = \binom{q+k}{k} < (q+k)^k$$
故由式(1.13)与(1.15)有
$$(1+|a_1|+\cdots+|a_k|)^q <$$
$$(q+k)^k (1-\eta)^q (1+|a_1|+\cdots+|a_k|)^q$$
亦即有
$$1 < (q+k)^k (1-\eta)^q$$
但这对于充分大的 q 是不能够成立的.

所以在各方面看起来解析不等式(1.10)与算术形式(1.2)是等价的.

5. 我们将给出 Kronecker 定理的另一个分析形式，这个形式足以阐明我们以后的探讨对于 Diophantus 近似法理论中的经典问题的关系. 设已给出具有线性无关的幅角的复数 $z_1, \cdots, z_k$ 以及任意的复数系数 $a_1, a_2, \cdots, a_k$, 我们研究 "广义幂方和"

$$H(t) = \sum_{j=1}^{k} a_j z_j^t \qquad (1.16)$$

t 是实数, 此处我们将 z_j^t 理解为函数 $e^{t\log z_j}$, 其中的对数要取一个任意的, 但是决定的分支值. 于是, 完全与以前相类似, 我们看出 Kronecker 定理与一个命题等价, 这个命题就是, 对于以上的 $H(t)$ 以及任意小的正数 ε, 有

$$\sup_{t\text{为实数}} \frac{\left|\sum_{j=1}^{k} a_j z_j^t\right|}{\sum_{j=1}^{k} |a_j||z_j|^t} > 1-\varepsilon \qquad (1.17)$$

若是基本向量 z_j 的端点都在单位圆上, 则这个命题当然包含了不等式 (1.10). 式 (1.17) 是我们以后在应用中所要用到的.

6. 恰在这里我们要注意的是, 已给定 ε, 对于那些使式 (1.17) 或 (1.2) 得到满足的值 t, 一般说起来不存在有位置限定, 这对于许多应用方面讲起来是很讨厌的. 关于这方面的一个也许要算最简单的例子, G. Hajos 曾经说, 若

$$0 < x_1 < x_2 < \cdots < x_k < 1$$

为一系列线性无关的数, 又 ω 表示一个任意大的预先给定的数, 再设

$$\vartheta_j = \frac{x_j}{2\omega}, \alpha_j = \frac{3}{4}, \varepsilon = \frac{1}{8}, j = 1, 2, \cdots, k$$

则有

$$|\vartheta_j t - \alpha_j - y_j| \leq \frac{1}{8}, 1 \leq t \leq \omega, j = 1, 2, \cdots, k$$

对于有理整数 y_j 显然是不可解的.

第二节　Dirichlet 定理在分析学中的一个带有特征性的应用及若干注意事项

1. 若在 Kronecker 定理中,每个 $\alpha_j = 0$,则 §1 的 6 中所谈到的困难就会消失掉了,甚至线性无关的那个条件也变成多余的. 有如 Dirichlet 在 Kronecker 之前证明过,对于预先指定的实数 $\lambda_1, \lambda_2, \cdots, \lambda_k$ 及 $\omega > 1$,我们可以找到正的(甚至有理整数的)t 值与有理整数 $b_1, \cdots, b_k$,使

$$|\lambda_j t - b_j| \leq \frac{1}{\omega}, j = 1, \cdots, k \qquad (2.1)$$

并且对于 t 可加以限制

$$1 \leq t \leq \omega^k \qquad (2.2)$$

若 $\lambda > 0$,又式(2.2)换为限制

$$\lambda \leq \lambda t \leq \lambda \omega^k \qquad (2.3)$$

则改换过后的不等式(2.1) ~ (2.3)也是可解的.

2. 我也很愿意用一个带有特征性的例子来说明这个定理可以应用到分析学方面. 这例子也将指出条件(2.2)或(2.3)是具有如此的重要性,并且在应用当中它们通常怎样发生作用. 这个问题是,在区域 $\sigma > 1$, $t > 1$ 上,Riemann ζ 函数能取怎样"大"的值. 这个

Lindelöf 问题的解答同样是要归源于 Bohr[①],而且简单地说起来就是在这个区域上,$|\zeta(s)|$能够为任意大. 他甚至于又能够恰好用式(2.3)证出一个更精密的事实,那就是存在一无穷序列 σ_j+it_j 满足条件

$$\sigma_j > 1 \tag{2.4}$$

$$100 < t_1 < t_2 < \cdots \to \infty \tag{2.5}$$

对于这系列有

$$|\zeta(\sigma_j + it_j)| > \frac{1}{400} \log \log t_j \tag{2.6}$$

成立. 为了证明这点,Bohr 从表达式(1.4)出发,此式我们立刻能写成形式

$$|\zeta(\sigma + it)| > \left| \sum_{n=1}^{\infty} \frac{1}{n^\sigma} \cos(t \log n) \right| - \sum_{n=N+1}^{\infty} n^{-\sigma} \tag{2.7}$$

其中 $N > 15$. 我们应用前面的 Dirichlet 定理,取

$$\lambda = 5^{N+1}, \lambda_j = \frac{1}{2\pi} \log(j+1), \omega = 5, k = N-1$$

$$j = 1, 2, \cdots, N-1$$

由这个定理可知存在一个 t_N 满足关系

$$5^{N+1} \leqslant t_N \leqslant 5^{2N} \tag{2.8}$$

和一个整数 b_j 满足关系

$$|t_N \log(j+1) - 2\pi b_j| \leqslant \frac{2\pi}{5}, j = 0, 1, \cdots, N-1$$

即

$$\cos(t_N \log(j+1)) \geqslant \cos \frac{2\pi}{5}, \quad j = 0, 1, \cdots, N-1 \tag{2.9}$$

---

① Über das Verhalten von $\zeta(s)$ in der Halbebene $\sigma > 1$. Gött. Nachr. ,1911:409-428.

第二部分 中外名家论 Riemann 函数与 Riemann 猜想

于是由式(2.7),对于每一个 $\sigma>1$,有

$$|\zeta(\sigma+\mathrm{i}t_N)| \geqslant \cos\frac{2\pi}{5}\sum_{n=1}^{N}\frac{1}{n^\sigma} - \sum_{n=N+1}^{\infty} n^{-\sigma} =$$

$$\cos\frac{2\pi}{5}\zeta(\sigma) - \left(1+\cos\frac{2\pi}{5}\right)\sum_{n=N+1}^{\infty} n^{-\sigma} >$$

$$\frac{1}{\sigma-1}\left(\frac{1}{10} - 2N^{1-\sigma}\right)$$

若我们选

$$\sigma = 1 + \frac{10}{\log N} \equiv \sigma_N \qquad (2.10)$$

则由以上的论证有

$$|\zeta(\sigma_N+\mathrm{i}t_N)| > \frac{1}{20} \cdot \frac{1}{\sigma_N-1} = \frac{1}{200}\log N$$

但由式(2.8)有

$$N > \frac{1}{\log 25}\log t_N > \frac{1}{4}\log t_N$$

又由 $N>15$ 有

$$\mathrm{e}^{16} < \mathrm{e}^{N+1} < 5^{N+1} \leqslant t_N, \log t_N > 16, \frac{1}{4}\log t_N > \sqrt{\log t_N}$$

我们于是得到

$$N > \sqrt{\log t_N}$$

从而有

$$|\zeta(\sigma_N+\mathrm{i}t_N)| > \frac{1}{400}\log\log t_N$$

证毕.

3. 显然可知,这证明当中最主要的一部分是论证对于固定的 σ^* 有一个 t_N 存在,使

$$\left|\sum_{n\leqslant N} n^{-\sigma^*}\mathrm{e}^{-\mathrm{i}t_N\log n}\right| > \cos\frac{2\pi}{5}\sum_{n\leqslant N} n^{-\sigma^*}$$

且

$$5^{N+1} \leqslant t_N \leqslant 5^{2N}$$

同样的思考方法给出下列与不等式(1.10)相应的更一般的定理.

若在

$$f(t) = 1 + \sum_{j=1}^{k} a_j e^{2\pi i \lambda_j t}$$

中,诸指数 λ_j 为相异的、正的,但不受其他限制的数,不过此时诸系数 a_j 都假定为正数,则对于每个正数 λ 以及 $\omega > 4$,必存在有一个 t_4,使

$$\lambda \leqslant t_4 \leqslant \lambda \omega^k \qquad (2.11)$$

且

$$\frac{\left|1 + \sum_{j=1}^{k} a_j e^{2\pi i \lambda_j t_4}\right|}{1 + \sum_{j=1}^{k} a_j} > \cos \frac{2\pi}{\omega}$$

为了要强调这与不等式(1.10)相似,我们就使它成为一个显然等价的形式

$$\frac{\left|1 + \sum_{j=1}^{k} a_j e^{2\pi i \lambda_j t_4}\right|}{1 + \sum_{j=1}^{k} |a_j|} > \cos \frac{2\pi}{\omega} \qquad (2.12)$$

在此处那个数 t_4 也许会与诸系数 a_j 有关.但是,很明显地,只要应用 Dirichlet 定理(2.1)~(2.3)就又可以得到下列更精密的结果.

对于上面的 $f(t)$,相应于每一个正数 λ 及 $\omega > 4$,必存在一个 t_5,与诸数 a_j 无关,使得

$$\lambda \leqslant t_5 \leqslant \lambda \omega^k \qquad (2.13)$$

且

第二部分　中外名家论 Riemann 函数与 Riemann 猜想

$$\frac{\left|1+\sum_{j=1}^{k}a_{j}e^{2\pi i\lambda_{j}t_{5}}\right|}{1+\sum_{j=1}^{k}|a_{j}|}>\cos\frac{2\pi}{\omega} \quad (2.14)$$

4. 若是我们拿式(2.11)(2.12)((2.13)(2.14))与不等式(1.10)相比较,我们就可以看到,它们除前提不同以外完全是相类似的.不等式(1.10)比式(2.12)((2.14))稍微要精密些,但在不等式(2.11)((2.13))中,t 的值有某种位置规定.此外,我们在前面的应用中,曾经指出过规定位置的重要性,于是立刻出现了一个问题,那就是所谈到的位置规定是否可以容许改善.如果是可以的话,那么我们就可以更精密地估计式(2.6).不过,有如 Bohr 与 Landau[①] 在承认 Riemann 猜想[②]的情况下,于1913年证出,不等式

$$|t\log p_j - b_j| < \frac{1}{6}, j=1,2,\cdots,k$$

(诸数 p_j 表示相继的素数),在

$$1 \leqslant t \leqslant 6^k$$

的限制下,依照 Dirichlet 定理,本来是可解的,但若只要求

$$1 \leqslant t \leqslant e^{a_1 k^{a_2}}$$

此处 a_1 与 $a_2<1$ 为适当的数值,则是不可解的了.由这个事实就可以猜想到,至少在位置规定方面,我们不能对 Dirichlet 定理做重大改进.Hajos 证出事实上果然如此,因为用适当的数 λ_j 他可以证得

---

① Beiträge zur Theorie der Riemannschen Zetafunktion, Math. Ann., 1913(74):3-30.

② 参阅第二章第9节,第2段.

$$|\lambda_j t - b_j| < \frac{1}{6}, j = 1, 2, \cdots, k \qquad (2.15)$$

对于整数 b_j 以及

$$1 \leqslant t \leqslant 6 \times 5^{k-1} - 1 \qquad (2.16)$$

的确是不可解的. 在 Hajos 的例子中

$$\lambda_j = \frac{1}{6 \times 5^{j-1}}, j = 1, 2, \cdots, k \qquad (2.17)$$

下面是 Hajos 的证明, 我在这里把它复述出来. 我们必须证明, 对于区间 (2.16) 上的每个 t, 存在一个满足 $1 \leqslant j \leqslant k$ 的标数 j, 使得对于每个整数 b_j, 有

$$\left| \frac{t}{6 \times 5^{j-1}} - b_j \right| \geqslant \frac{1}{6}$$

这个"关键的"标数 j 我们可以用下面的办法明显地定出来. 若对于 t 我们能决定一个整数 r, 使

$$6r + 1 \leqslant t \leqslant 6(t+1) - 1 \qquad (2.18)$$

则令 $j = 1$. 若如此的整数 r 不存在, 则存在一整数 s 使

$$6s - 1 < t < 6s + 1 \qquad (2.19)$$

现在设 j 为满足

$$5^{j-2} \mid s, 5^{j-1} \nmid s \qquad (2.20)$$

的那个整数. 于是就有 $j \geqslant 2$. 因式 (2.16) 与 (2.19) 有

$$s \leqslant 5^{k-1} - 1$$

随之有 $j - 2 \leqslant k - 2$ 或 $j \leqslant k$, 故必然有

$$2 \leqslant j \leqslant k$$

对于情形 (2.18), 显然有①

$$\{\lambda_1 t\} = \left\{ \frac{t}{6} \right\} \geqslant \frac{1}{6}$$

---

① 如习惯所用, 记号 $\{y\}$ 表示 y 与最近整数的距离.

对于情形(2.19),用 $-1<b<1$ 以及不能被5所整除的 a,有

$$t=6\times 5^{j-2}a+b, \frac{t}{6\times 5^{j-1}}=\frac{a}{5}+\frac{b}{6\times 5^{j-1}} \quad (2.21)$$

是故对于每个整数 b_j 有

$$\left|\frac{a}{5}-b_j\right|\geq\frac{1}{5}$$

又因 $j\geq 2, -1<b<+1$,故

$$\left|\frac{b}{6\times 5^{j-1}}\right|<\frac{1}{6\times 5}$$

从而由式(2.21),对于每个有理整数 b_j,有

$$\left|\frac{t}{6\times 5^{j-1}}-b_j\right|\geq\left|\frac{a}{5}-b_j\right|-\left|\frac{b}{6\times 5^{j-1}}\right|>\frac{1}{5}-\frac{1}{6\times 5}=\frac{1}{6}$$

这就是我们所要证明的. 于是这意味着, Dirichlet 定理"在实质上"不能再有改善,而且我们依这一途径,对于满足不等式(2.12)的一个值再也不能找到实质上更好的位置规定了.

5. 有如在前一段中一样,我们试问不等式(2.11)(2.12)或不等式(2.13)(2.14)与 Dirichlet 定理(2.1)~(2.3)是否等价. 对于形式(2.13)~(2.14),答案很简单而且"在实质上"是肯定的. 因为,由于 t_5 与诸数 a_j 无关,对于任意的 $1\leq l\leq k$,我们可以选

$$a_l=1, a_j=0, j\neq l$$

于是有

$$|1+e^{2\pi i\lambda_l t_5}|\geq 2\cos\frac{2\pi}{\omega}$$

$$|\cos \pi\lambda_l t_5|\geq\cos\frac{2\pi}{\omega}$$

因此对于适当的整数 b_l 有

$$|\lambda_l t_5 - b_l| \leq \frac{2}{\omega}, l=1,2,\cdots,k \qquad (2.22)$$

那就是说,我们已经由形式(2.13)(2.14)导出了不等式(2.22),这不等式与(2.1)只差一个因子2.因 $\omega>4$,故不等式(2.22)也不是显而易见的.但是这个"在实质上"的等价,只是形式的,因为对于形式(2.13)(2.14)我们很难盼望一个直接的证明.由那个事实,那就是,对于非负的数 a_j 的每种选择,不等式(2.11)(2.12)总是可解的,我们究竟能否推出不等式(2.1)~(2.3)是可解的,尚为一问题.这个困难问题的一个决断是很值得盼望的,因为,有如我们将在第6段中看到,类型(2.11)~(2.12)的不等式的一个直接处理是可能的.今天因为我们尚未能做出这个决断,所以我们必须满足于一种受限制的等值.我们研究那受了限制的Dirichlet定理,那就是,对于已给的实数 λ_j,式

$$\{\lambda_j t\} \leq \frac{1}{\omega} \qquad (2.23)$$

$$j=1,2,\cdots,k, 1\leq t\leq \omega^k \qquad (2.24)$$

对于每个足够大的 ω 是可解的.由这显然可以得出推论,那就是,对于固定的 λ_j 以及固定的正数 a_j,不等式

$$\frac{\left|1+\sum_{j=1}^{k} a_j e^{2\pi i \lambda_j t}\right|}{1+\sum_{j=1}^{k} |a_j|} > \cos\frac{2\pi}{\omega} \qquad (2.25)$$

$$1 \leq t \leq \omega^k \qquad (2.26)$$

对于每个足够大的 ω 是可解的.现在,让我们假设,不等式(2.25)(2.26)对于 λ_j 以及诸数 a_j 的每种上述的选择,对于每个足够大的 ω 是真实的.则由不等式(2.25)得出

第二部分　中外名家论 Riemann 函数与 Riemann 猜想

$$\cos\frac{2\pi}{\omega}\Big(1+\sum_{j=1}^{k}a_j\Big)\leqslant\sum_{j=2}^{k}a_j+|1+a_1\mathrm{e}^{2\pi\mathrm{i}\lambda_1 t}|$$

$$(1+\sigma_1)\cos\frac{2\pi}{\omega}-2\sin^2\frac{\pi}{\omega}\sum_{j=2}^{k}a_j\leqslant|1+a_1\mathrm{e}^{2\pi\mathrm{i}\lambda_1 t}|$$

若 ω 充分大，左端即为正，于是平方后我们得

$$(1+a_1)^2\cos^2\frac{2\pi}{\omega}-4(1+a_1)\frac{\pi^2}{\omega^2}\sum_{j=2}^{k}a_j\leqslant$$

$$(1+a_1\cos 2\pi\lambda_1 t)^2+a_1^2\sin^2 2\pi\lambda_1 t=$$

$$(1+a_1)^2-4a_1\sin^2\pi\lambda_1 t$$

所以

$$a_1\sin^2\pi\lambda_1 t\leqslant(1+a_1)^2\frac{\pi^2}{\omega^2}+(1+a_1)\frac{\pi^2}{\omega^2}\sum_{j=2}^{k}a_j=$$

$$\frac{\pi^2}{\omega^2}\Big\{(1+a_1)^2+(1+a_1)\sum_{j=2}^{k}a_j\Big\}$$

由此得出

$$|\sin\pi\lambda_1 t|\leqslant\frac{\pi}{\omega}\sqrt{\frac{1}{a_1}\Big\{(1+a_1)^2+(1+a_1)\sum_{j=2}^{k}a_j\Big\}}$$

故对于适当的整数 b_1，有

$$|\lambda_1 t-b_1|\leqslant\frac{\pi}{2\omega}\sqrt{\frac{1}{a_1}\Big\{(1+a_1)^2+(1+a_1)\sum_{j=2}^{k}a_j\Big\}}$$

$$(2.27)$$

对于适当的整数 b_j，关于诸数 $|\lambda_j t-b_j|$ 亦有类似的式子. 因为在不等式 (2.27) 中，$\dfrac{1}{\omega}$ 的乘数是一个定值，所以我们"实质上"已经得到了不等式 (2.23)(2.24). 我们于是可以说，受了限制的 Dirichlet 定理 (2.23)(2.24)，实质上与不等式 (2.25)(2.26) 等价.

6. 有如在前面说过，我们将要示明，(2.11)

(2.12)类型的不等式,直接地,那就是说不运用 Dirichlet 定理(2.1)(2.2),是可以被证明的.这将用例子

$$\lambda_j = \log(j+1), j = 1, 2, \cdots, k-1$$

指出来.此处也值得盼望对问题做完全普遍性的处理.我们将不力求去弄出可能最好的估计式.但值得注意的是,对于

$$f(t) = 1 + \sum_{j=2}^{k} a_j e^{it\log j} = \sum_{j=1}^{k} a_j e^{it\log j} \quad (2.28)$$

不用假设诸系数为正,我们实际上已经可以达到估计式(2.11)(2.12).

设 $T = T(k) > 1$,又整数 $P = P(k) \geqslant 3$,由这些相依的关系我们以后再详细地叙述,依照 Bohr-Landau① 的一个观念做出积分

$$J = \int_1^T | f(t) |^{2P} dt$$

则有

$$f(t)^P = \sum_{\substack{j_1 + \cdots + j_k = P \\ j_v \geqslant 0}} \frac{P!}{j_1! j_2! \cdots j_k!} a_1^{j_1} a_2^{j_2} \cdots a_k^{j_k} e^{it\log(1^{j_1} 2^{j_2} \cdots k^{j_k})} \equiv$$

$$\sum_j b_j e^{i\tau_j t} \quad (2.29)$$

此处

$$0 = \tau_0 < \tau_1 < \cdots < \tau_j = \log(1^{j_1} 2^{j_2} \cdots k^{j_k}) \leqslant \log(k^P)$$

因此式(2.29)中 τ 的个数不大于那些量不超过 k^P 而其所有的素数因子皆不大于 k 的数的个数.因为在我

---

① Nachtrag zu unseren Abhandlungen aus den Jahrgängen 1910 und 1923. Gött. Nachr., 1924;168-172.

第二部分　中外名家论 Riemann 函数与 Riemann 猜想

们的数中,一个素数 P 最多能以 $\left(1+P\dfrac{\log k}{\log 2}\right)$ 次方幂出现,而且,大家都知道,量不超过 k 的素数的个数是小于 $2\dfrac{k}{\log k}$ 的,所以诸数 τ 的个数

$$q \leqslant \left(1+P\frac{\log k}{\log 2}\right)^{2\frac{k}{\log k}} < (3P^{\log k})^{\frac{2k}{\log k}} \equiv M \quad (2.30)$$

显然有

$$J \geqslant (T-1)\sum_{j}|b_j|^2 - 4\sum_{l>j}\frac{|b_l||b_j|}{\tau_l-\tau_j} \geqslant$$

$$(T-1)\sum_{j}|b_j|^2 - 2\sum_{l>j}\frac{|b_l|^2+|b_j|^2}{\tau_l-\tau_j} \quad (2.31)$$

对于诸数 τ

$$\tau_{j+1}-\tau_j \geqslant \min_{\substack{1\leqslant b<a\leqslant k^P \\ a,b\text{ 为整数}}} \log\frac{a}{b} \geqslant \log\left(1+\frac{1}{k^P}\right) \geqslant \frac{1}{2k^P}$$

故由不等式(2.31)推出

$$J \geqslant (T-1)\sum_{j}|b_j|^2 - 4k^P\sum_{l>j}\frac{|b_l|^2+|b_j|^2}{l-j} >$$

$$(T-1)\sum_{j}|b_j|^2 - 8k^P\log M\sum_{j}|b_j|^2 \quad (2.32)$$

于是若

$$T-1 = 16k^P\log M = 32\,\frac{k\mathrm{e}^{P\log k}}{\log k}\log(3P\log k) \quad (2.33)$$

则由不等式(2.32)可得

$$J \geqslant \frac{T-1}{2}\sum_{j}|b_j|^2 \geqslant \frac{T-1}{2M}\Big|\sum_{j}b_j\Big|^2 = \frac{T-1}{2M}\Big|\sum_{j}a_j\Big|^{2P} \quad (2.34)$$

因显然有

$$J \leqslant (T-1)\max_{1\leqslant t\leqslant T}|f(t)|^{2P}$$

故由(2.34)得

$$\max_{1\leqslant t\leqslant T}|f(t)| \geqslant (2M)^{-\frac{1}{2P}}\left|\sum_j a_j\right| > M^{-\frac{1}{P}}\left|\sum_j a_j\right| =$$

$$(3P\log k)^{-\frac{2k}{P\log k}}\left|\sum_j a_j\right| \quad (2.35)$$

譬如我们选

$$P = 2k$$

则因对于 $k \geqslant 2$ 有

$$(3P\log k)^{-\frac{2k}{P\log k}} = (6k\log k)^{-\frac{1}{\log k}} > k^{-\frac{5}{\log k}} = e^{-5}$$

故由式(2.35)得

$$\max_{1\leqslant t\leqslant 1+64k^{2k+1}}\left|\sum_{j=1}^k a_j e^{it\log j}\right| > e^{-5}\left|\sum_{j=1}^k a_j\right| \quad (2.36)$$

这与诸数 a_j 是否为正无关，也与它们是否为实数无关.

那是非常可能的，就是经过一个类似的想法，那个一般情形也可以得到解决，但我们却只对正系数的情形做出了解决.

7. 有如处理 Kronecker 定理一样，对于不等式(2.1)(2.2)我们也可以找出一个分析的形式，这形式阐明这些不等式与我们以后的研究的关系. 现在设 z_1, $z_2, \cdots, z_k$ 为任意的复数，又系数 a_j 皆为正数，则对于每个 $\omega > 4$，不等式(2.1)(2.2)给出

$$\max_{1\leqslant t\leqslant \omega^k}\frac{\left|\sum_{j=1}^k a_j z_j^t\right|}{\sum_{j=1}^k a_j|z_j|^t} \geqslant \cos\frac{2\pi}{\omega}$$

为了更好地强调出与式(1.17)相似，我们将这不等式写成

$$\max_{1\leqslant t\leqslant \omega^k} \frac{\left|\sum_{j=1}^{k} a_j z_j^t\right|}{\sum_{j=1}^{k} |a_j||z_j|^t} \geqslant \cos\frac{2\pi}{\omega} \quad (2.37)$$

这就是我们作为依据的形式.

第三节 推广式的前言

1. 在前段中我们以一种符合于分析目的的形式应用过 Diophantus 近似法理论中的两个主要定理. 不过在 Diophantus 近似法的其他问题中,三角表达式也起着一种重要的作用. 在此处我们只提起 Diophantus 不等式

$$\alpha \leqslant f(x) - y \leqslant \beta$$

的理论,其中 $0 \leqslant \alpha < \beta < 1$,$x$ 与 y 皆为有理整数. 这个实质上由 Hardy 和 Littlewood 发起的理论在算术的途径上找到了它最初的一些优良的结果;但是它的真正的"开花时节"还只是在根据 Weyl 的发现将这理论的研究归结为对于形如

$$\sum_{x\text{为整数}} e^{2\pi i k j(x)}$$

的和数的探讨时才开始的. Minkowski 的线性形式定理也适合于这种形象. 我想到了 Siegel[①]-Mordell[②] 的那个完美的证明,那个证明是作了三角表达式的运算的. 是

[①] Neuer Beweis des Satzes von Minkowski über lineare Formen, Math. Ann. ,1922(87):36-38.

[②] Poisson's summation formula in several variables and some applications to the theory of numbers, Proc. of Camb. Phyl. Soc. ,1929(25):412-420.

故,我以为——虽然需要一个或许太大的简化——Diophantus 近似法的整个理论仅成了三角表达式理论中的一章. 必然地,我们的问题关联于 Kronecker 与 Dirichlet 定理的三角形式. 至于依这个方向提出问题是很成功的,这由新应用之多就可以看到.

2. 我们从不等式(1.17)与(2.37)出发. 在两个式子中我们寻求这样的 t 值使得广义方幂和

$$H(t) = \sum_{j=1}^{k} a_j z_j^t \qquad (3.1)$$

"相对地接近"它的平凡的上界 $M_0(t)$,此处

$$M_0(t) = \sum_{j=1}^{k} |a_j| |z_j|^t \qquad (3.2)$$

而"相对地接近",则是指

$$\frac{|H(t)|}{M_0(t)} > C$$

此处 C 既不依靠于向量 z_j,又不依靠系数 a_j. 这样的 t 值一般是不存在的;在第 1 节与第 2 节里曾经指明过其充分条件是由向量 z_j 的幅角的线性无关及诸系数 a_j 为正所分别给出的. 此外我们曾经看到,我们要就是根本得不到这样 t 值的位置规定,要就是只能得到很粗糙的位置规定. 现在,在分析学的许多问题中,最重要的不是去找到使 $|H(t)|$ 相对接近 $M_0(t)$ 的 t 值,而是能得到一个不十分精确的下估计式就够了. 不过,至关重要的是,对于诸数 z_j 与 a_j 上的任何限制要尽量避免,而且这些新的 t 值必须使其可以得到比较好的位置规定. 我们这样就可以达到这个目的,我们不必拿 $|H(t)|$ 与 $M_0(t)$ 相比较,我们也可以拿它与别的正表达式相比较. 究竟用哪个表达式则要看问题而定. 我们将称这正的表达式为"属于那个问题的范式"或者简

称为"范式". 式(3.2)中的表达式 $M_0(t)$ 我们称它为"Bohr 范式". 我们将时常用到范式

$$M_1(t) = (\min_{j=1,\cdots,k} |z_j|)^t \qquad (3.3)$$

与

$$M_2(t) = (\max_{j=1,\cdots,k} |z_j|)^t \qquad (3.4)$$

有时候"die N. Winer-Norm"

$$M_3(t) = \left(\sum_{j=1}^{k} |a_j|^2 |z_j|^{2^t}\right)^{\frac{1}{2}} \qquad (3.5)$$

也要出现. 而且很有可能,范式($q>1$)

$$M_4(t) = \left(\sum_{j=1}^{k} |a_j|^q |z_j|^{q^t}\right)^{\frac{1}{q}} \qquad (3.6)$$

也起作用. 关于一般性的范式 $M(t)$ 我们并未会尽力想达到什么结果;我们常是从应用的观点来选取范式,直至现今我们也只用过以上的几个范式. 所发生的问题可以分为以下的几种类型.

第一种类型 对于一个"稠密的"("dichte")t 数集(t-Menge),要做出 $\dfrac{|H(t)|}{M(t)}$ 的与诸数 z_j 无关的下估计. 这个问题对于(3.3)与(3.4)的范式 $M_1(t)$ 与 $M_2(t)$ 特别重要. 这样的一些定理我们将会在第 5 节与第 7 节里找得到,其应用则几乎在第二章的每一节里都找得到.

第二种类型 对于一个"稠密的"t 数集,要做出 $\dfrac{|H(t)|}{M(t)}$ 的与诸数 a_j 无关的下估计. 这个问题对于范式 $M_0(t)$ 是很重要的. 我们将在第 8 节中找到这种定理,其应用则在第 9 节与第二章中第 6 节中.

那些由讨论这问题得到的定理可能在某些应用中

带来损失,那正是由于它的一般性的缘故.

第三种类型 由在诸数 z_j 上加以简单的几何限制而得到的第一类型结果的精密化. 这一类的限制是,譬如说,距离的一个下估计,此外,对于由原点出发而含有所有一切 z_j 点的角域的一个下估计, 等等. 一般说起来,这并不能平凡地由第一类型中相应的一些定理作特殊化即可得出. 这样的一些定理有很多的应用.

再者,为了完备的缘故,我们要提到:

第四种类型 这只是第二类型的一些结果,不过我们对于数 a_j 要加上一些简单的特殊假定. 譬如说,为正或单调,或者可以同时用分数作良好的逼近. 但是,迄今我还没有找到这样问题的应用可能性,所以只好暂时把这些问题搁置一旁.

在第三类型与第四类型的问题中有一个共同点,那就是估计式的特殊化与不依赖性都是对于同一变数序(两个都是关于诸数 z_j 讲的,或者两个都是关于诸数 a_j 讲的)而言的. 可是颇重要的是混合的.

第五种类型 属于这类型的是一些定理,在其内我们对一个变数序加有特殊的条件,而又要求(下)估计式不依赖其他变数序. 并且,这些定理是不可以直接由第一或第二类型的定理导出的. 对于 $a_1=a_2=\cdots=a_k=1$ 的"纯粹方幂和"的情形,我们将在第 4 节与第 7 节中找到这类定理. 这些定理的应用,我们将在第二章的第 8 节,第 9 节,第 10 节,第 11 节,第 12 节,第 13 节,第 14 节以及第 15 节中看到.

在所有这些问题之中,我们皆要寻求 $\frac{|H(t)|}{M(t)}$ 的下估计式. 此外,其他可能的应用使得下列类型的问题变

得重要.

第六种类型 对于一个"稠密的"t 数集,要将 $\dfrac{|H(t)|}{M(t)}$ 作一个非平凡的上估计. Wiener 范式 $M(t) = M_3(t)$ 的情形特别重要. 由 Cauchy 不等式,对于每个 t 值,有

$$\frac{|H(t)|}{M_3(t)} \leqslant \sqrt{k}$$

在这情形下,"非平凡的估计"表示一种估计,在其中,$\sqrt{k}$ 是代以(例如)$k^\alpha, \alpha < \dfrac{1}{2}$. 不过,有如平凡的例子

$$z_1 = z_2 = \cdots = z_k = 1$$

所示,对于数 z_j 若不作任何限制,则不能希望得到这样一个估计式. 要求

$$\max_{\mu \neq v} \left| \arc \frac{z_\mu}{z_v} \right| \geqslant \delta$$

可以作为这样的一个限制. 关于这样的结果可以应用的一些情形,我们将在第二章第 15 节与第 16 节中谈到.

所有这些问题都是极值问题(Extremal problem),其中常是盼望求出准确的解答. 但是,在大多数的情况下,现在我们必须以得到够好的估计式为满足. 这理论的另外的一个一般趋向是要找一些与以上相类似的积分定理. 此处我们的意思是指关于

$$\max_{a \leqslant t \leqslant b} \left| \int_{(l)} f(z) e^{tz} dz \right|$$

的一些下估计式,其中对于 $f(z)$ 以及曲线 l 都各加上一些几何条件. 在第 4 节中有一个有关的单独结果. 这类结果的应用可能会在或然率中见到.

在问题的提出中,指数函数的出现给予一种特别的性质,尽管那个理论可以有着多方面的应用,所提出的问题我们不过只能在那种程度上认为是特别地,那种程度正如同与一般级数展开比较起来,关于用幂级数展开的问题认为是特别的一样. 但是关于微分方程式的某些问题仍然推出下面的一般问题.

要找到的是一个由函数
$$f_1(z), f_2(z), \cdots, f_k(z)$$
组成的函数系,使得存在一个函数
$$\psi(x_1, x_2, \cdots, x_k) \geq 0$$
具有下述的性质. 对于每一组数 $b_1, \cdots, b_k, z_1, \cdots, z_k$ 存在一标数 $v_0 (1 \leq v_0 \leq k)$ 使得估计式

$$\frac{\left| \sum_{j=1}^{k} b_j f_{v_0}(z_j) \right|}{\max_{j=1,\cdots,k} |f_{v_0}(z_j)|} \geq \psi(b_1, b_2, \cdots, b_k) \quad (3.7)$$

成立,并且与诸数 z_j 无关.

自然,对于我们的 j 种类型的问题 ($j = 1, \cdots, 6$) 的每一种,都有普遍类型的一个问题与它相应. 若不假定 k 个函数而假定 N 个函数,则我们得到更为普遍的一类问题,那时候自然我们必须要假定 ψ 为 N 个变数的函数. 在我们先前的问题中 $f_v(z) \equiv z^v$,我们将在 §10 中看到一些关于别的函数 $f_v(z)$ 系的一些定理.

所有上述问题的一个公共点出现需要有双边不等式. 有如我们将在第二章第 9 节中见到,若干可能的应用会引起类似的、具有单边的不等式的问题.

我们的定理在 Riemann ζ 函数上的一切应用特别与形如

$$\sum_{\rho} \xi^{\rho} \frac{1}{(s-\rho)^k}$$

第二部分　中外名家论 Riemann 函数与 Riemann 猜想

的和数有关,此处 ρ 经过 ζ 函数的某些个(有限多个)零点,而 s 则是固定的. 因为 ξ 与 k 可以任意选择,所以它具有形式

$$\sum_{\rho}(e^{\rho})^x\left(\frac{1}{s-\rho}\right)^y$$

或者,更一般些,具有形式

$$A \equiv \sum_{v=1}^{N} b_v u_v^x v_v^u \qquad (3.8)$$

若对一常数 C 而选

$$x = Cy \qquad (3.9)$$

则自然地,A 化为式(3.1)中的 $H(t)$,此时 $z_j = u_j v_j^c$,是故第 5 节,第 7 节以及第 8 节的定理都可以立即应用上去. 但是,我们或许想着,用式(3.9)这个特殊化所得出的估计式比不用它时要弱得多,于是值得希望的是由式(3.8)发展出一个关于"二重方幂和"的类似理论.

在大多数的应用中,我们用一种位置限制 $m+1 \leqslant t \leqslant m+k$,此处 k 表示向量 z_j 的个数. 另外,Dirichlet 定理只给出像

$$m+1 \leqslant t \leqslant (m+1)5^k$$

这样的区间作为位置限制. 不过我们也可以给出"介乎"这两种极端情形之间的位置限制,譬如说 $m+1 \leqslant t \leqslant (m+1)k$. 例如定理 4.4,第 4 节的小段 17 里的注意事项,就是这样的定理,并且我们在第二章第 8 节中会找到一个应用. 颇值得希望的是,把所有这些定理安置在一个"接连的"定理串链中,这个串链包含着我们的定理以及 Dirichlet 定理作为极端情形,而且,在其间,位置限制的"接连的弱化"关联着下估计式的"接连"

精确化,在形式上有几分令人想起 Heisenberg 的测不准关系(Unbestimmtheits relation).

我们在这里提出不论是怎样多方面的问题,我们总还不能说它们就包含了这书中所有的定理.由定理 4.8 就可以给出一个反例.不过我们或者可以说,这样提出的问题是最富于应用的.

3. 我们可不可以说前面所提出的问题是属于 Diophantus 近似法理论的呢?我们的意见是:那答案应该是"是的".我们问题的解答,清楚地指明了这一点,因为我们常要证明相应的不等式可以用整值 t 解出,并且在应用的一部分中,这个事实是重要的.那不是不可能的,反过来说,上面提到的用分析形式写出的问题也具有算术上的等价物.

我们也可以从直观物理学角度来看这些问题.我们研究一些互相平行的平面 $L_j(j=1,2,\cdots,k)$,而且在这些平面上有这样的一些单位圆 k_j,其中心都是在这些平面的一条公共法线 l 上的;这些圆都具有 $|z|=1$ 的形式.在 k_j 上运动着 P_j 点,其质量为 $|a_j|$,其角速度为 λ_j;设 P_j 在 k_j 上的出发位置为 $e^{i\alpha_j}$ 的点.若我们令
$$|a_j|e^{i\alpha_j}=a_j, j=1,2,\cdots,k$$
则对于 $t=\tau$ 时,诸点 P_j 的质心 S 在每个 L_j 平面上的投影可由
$$z=\frac{\sum_{j=1}^{k}a_j e^{i\lambda_j\tau}}{\sum_{j=1}^{k}|a_j|}$$
表示出.若我们将以 l 为轴线而竖在单位圆上的圆柱体简称为单位柱体,则显然 S 在此单位柱体中.在这样

第二部分　中外名家论 Riemann 函数与 Riemann 猜想

的认识下,第 1 节中的 Kronecker 定理意思表明,在线性无关的角速度情形之下,S 会任意地接近于圆柱体的表壳. 在没有任何质量 $|a_j|$ 超过其余质量之和的情形之下,甚至会接近每一条完全位于闭的单位柱体中的直线. 那就是说,在线性无关的角速度的情形之下,S 不能够位于任何一个与单位圆柱体共轴而较小的圆柱体中. 若当 $t=0$ 时,所有的 P_j 点都位于柱体的同一根母线上,则第 2 节中的 Dirichlet 定理成立. 在这个情形下,相应于每个已给的正数值 $\varepsilon<1$,对于 $t=1$ 之后的最初一个瞬时,我们可以给出一个与质量以及角速度皆无关的上界,在这个时间中 S 走出了与单位柱体共轴而以 $1-\varepsilon$ 为半径的圆柱体. 现在,譬如说,我们的定理 5.2,在 $R\omega_j=0(j=1,2,\cdots,k)$ 的情形下,依这种认识法可以解释为:在一个任意的一段时间 $a \leqslant t \leqslant a+d$ 中,质心必然会走出一个这样的圆柱体,这圆柱体的半径与诸质量以及角速度无关而仅与 k, a, d 有关. 若是我们把定理 5.2 与定理 7.2,放在完全的一般性之下,在这种图像中配置起来,则我们就会得出关于这样的质点即质心的类似定理,这质点系中的某一些质点在单位圆上,另一些质点在预先画好了的阿基米德螺线(Archimedesschen Spiralen)上运动着使得它们"关于圆柱体轴线"的角速度皆各为常数.

4. 我们的一个问题以

$$|z_j|=1, a_j>0, j=1,2,\cdots,k$$

的特殊情形,最初是由 Littlewood[①] 加以研究. 他是因

[①] Mathematical Notes (12). An inequality for a sum of cosines. Journ. of Lond. Math. Soc., 1937(12):217-222.

为联系到素数公式剩余项的 Ω 估计而遇到这个问题,而我们则是由于从事研究 Riemann 猜想而引到这个问题的. Littlewood 的漂亮证明我们以为不能搬到一般的情形上去. 关于他的定理可参看第二章第 1 节.

但是我们问题的原始探讨,至少关于我们提出的必要性的原始探讨,则要追溯到许多较为古老的作者. 设 $g(x)$ 为 n 次多项式,其根为 $x_1, x_2, \cdots, x_n$ 且

$$0 < |x_n| \leqslant |x_{n-1}| \leqslant \cdots \leqslant |x_2| < |x_1|$$

也就是具有最大绝对值的只有单独一个根. 在 1728 年, Daniel Bernoulli 找到以下的规则来决定根 x_1. 用一个最高为 $k-1$ 次的任意多项式 $p(x)$,我们来造出商式 $\dfrac{p(x)}{g(x)}$ 并且依 x 的负方幂来展开它,若 $\dfrac{p_{m-1}}{x^{m-1}}$ 和 $\dfrac{p_m}{x^m}$ 表示这展开式中相继的两项,则对于 $m \to \infty$ 有

$$\frac{p_m}{p_{m-1}} \to x_1$$

当 $|x_n| < |x_{n-1}|$ 时,对于 x_n 有相类似的一个规则. 在 18 世纪与 19 世纪时,许多数学家从事研究当多个根具有最大绝对值时,情形应当怎样,以及对于那 k 个绝对值极大的根 $x_1, x_2, \cdots, x_k$ 我们怎样可以造出一个 k 次方程式 $G(x) = 0$ 的问题. Jacobi[①] 也从事研究过这一问题. 他的思路如下:正如我们很容易看出,对于 $m = 0, 1, \cdots$,有

$$p_{m+1} = C_1 x_1^m + C_2 x_2^m + \cdots + C_n x_n^m$$

---

① Observatiumculae ad theoriam aequationum pertinentes, Crelle Journ. 1834.

第二部分　中外名家论 Riemann 函数与 Riemann 猜想

此处诸数 C_j 与 m 无关. 于是他断定①, 对于每个足够大的 m "近似地"

$$p_m = C_1 x_1^m + \cdots + C_k x_k^m \quad (3.10)$$

成立. 于是若

$$G(x) = x^k + A_1 x^{k-1} + \cdots + A_k$$

则"近似地"有

$$\begin{cases} p_{m+k} + A_1 p_{m+k-1} + \cdots + A_k p_m = 0 \\ p_{m+k+1} + A_1 p_{m+k} + \cdots + A_k p_{m+1} = 0 \\ \quad\quad\vdots \\ p_{m+2k-1} + A_1 p_{m+2k-2} + \cdots + A_k p_{m+k-1} = 0 \end{cases} \quad (3.11)$$

由此得出

$$\begin{vmatrix} p_{m+k-1} & \cdots & p_m \\ \vdots & & \vdots \\ p_{m+2k-2} & \cdots & p_{m+k-1} \end{vmatrix} G(x) = \begin{vmatrix} x^k & x^{k-1} & \cdots & 1 \\ p_{m+k} & p_{m+k-1} & \cdots & p_m \\ \vdots & \vdots & & \vdots \\ p_{m+2k-1} & p_{m+2k-2} & \cdots & p_{m+k-1} \end{vmatrix}$$

$$(3.12)$$

对于每一个足够大的 m 值, 命题(3.10)究竟是在怎样的意义之下才是有效, 命题(3.10)缺少的正是对于右端的广义幂和的一个下估计. 我们以后的定理至少可以指明, 对于 m 值的一个"稠密的"集合, 多少可以说出点什么来. 不过这个注意事项没有多大趣味, 因为依照 Hadamard 与 S. Sidon 关于这方面的研究, 式

---

① 我们在他的全集第Ⅲ卷第281页上可以找到这个地方, 其原文如下: In expressione generaliipsius p_m prae terminis dictis in k radices maximas, ad mtam dignitatem elatas, negligimus reliquos terminos omnes; quod eo maiore iure licet, quo maior numerus m. Hinc statuimus proxime

$$p_m = C_1 x_1^m + \cdots + C_k x_k^m$$

(3.12)的正确性已经证明出来了①.

第四节　关于纯方幂和的一些定理

1. 有如以前所说,我们在此处主要对

$$z_1^v + z_2^v + \cdots + z_k^v = s_v \quad (4.1)$$

做各种不同的估计. 这些大半也都是属于第五类型的定理而且是关联着范式 $M_1(t)$ 与 $M_2(t)$ 的. 首先我们证明:

定理4.1 对于任意的一些复数 z_j,存在一整数 v_0 满足

$$1 \leq v_0 \leq k$$

且对于它有

$$\frac{|s_{v_0}|}{M_1(v_0)} \equiv \frac{|z_1^{v_0} + z_2^{v_0} + \cdots + z_k^{v_0}|}{(\min_{j=1,\cdots,k} |z_j|)^{v_0}} \geq 1 \quad (4.2)$$

常数1可能是最好的,相等的情形只对于数系

$$z_{j+1} = e^{i\alpha} \rho e^{\frac{2\pi i j}{k+1}}, j = 0, 1, \cdots, k-1 \quad (4.3)$$

成立,此处 α 表示一个任意的实数,ρ 表示一个正数.

为了证明这点,由于齐次性的缘故,我们立刻可以假定

$$\min_{j=1,\cdots,k} |z_j| = 1 \quad (4.4)$$

于是我们的命题(4.2)取得形式

$$\min_{v=1,\cdots,k} |s_v| \geq 1 \quad (4.5)$$

等号仅对于

$$z_{j+1} = e^{\frac{2\pi i j}{k+1} + i\alpha}, j = 0, 1, \cdots, k-1 \quad (4.6)$$

成立. 要想证明式(4.5),我们引入多项式

---

① Journ. of London Math. Soc. ,1938(13).

第二部分　中外名家论 Riemann 函数与 Riemann 猜想

$$f(z)=z^k+a_1 z^{k-1}+\cdots+a_k \quad (4.7)$$

其根为 $z_1, z_2, \cdots, z_k$. 于是由 Newton-Girard 公式得

$$\begin{cases} 0=s_1+a_1 \\ 0=s_2+a_1 s_1+2a_2 \\ \quad\vdots \\ 0=s_k+a_1 s_{k-1}+\cdots+a_{k-1}s_1+ka_k \end{cases} \quad (4.8)$$

由式(4.4)我们显然有

$$|a_k|=|z_1 z_2\cdots z_k|\geqslant 1 \quad (4.9)$$

是故

$$\max_{j=1,\cdots,k}|a_j|\geqslant 1 \quad (4.10)$$

设 l 为如此的一个标数,对于它有

$$|a_l|=\max_{j=1,\cdots,k}|a_j|(\geqslant 1) \quad (4.11)$$

我们来研究式(4.8)中的第 l 个方程式. 于是有

$$l|a_l|=|s_l+a_1 s_{l-1}+\cdots+a_{l-1}s_1|\leqslant$$
$$|s_l|+|a_1||s_{l-1}|+\cdots+|a_{l-1}||s_1|\leqslant$$
$$(1+|a_1|+\cdots+|a_{l-1}|)\max_{j=1,\cdots,l}|s_j| \quad (4.12)$$

是故由式(4.11)

$$l|a_l|\leqslant l|a_l|\max_{j=1,\cdots,l}|s_j| \quad (4.13)$$

从而式(4.5)得证.

2. 现在我们来讨论,在式(4.5)中什么时候等号能够成立. 由式(4.12)以及式(4.13)必须有 $1+|a_1|+\cdots+|a_{l-1}|=l|a_l|$ 及 $|a_j|\leqslant|a_l|$,亦就是

$$|a_1|=|a_2|=\cdots=|a_{l-1}|=|a_l|=1$$

所以

$$\max_{j=1,\cdots,k}|a_j|=1 \quad (4.14)$$

依照式(4.9)与式(4.14),于是有 $|a_k|=1$,从而我们可设 $l=k$,这时有

$$|z_1| = \cdots = |z_k| = 1, |a_1| = |a_2| = \cdots = |a_k| = 1 \tag{4.15}$$

由假设有

$$\max_{j=1,\cdots,k} |s_j| = 1 \tag{4.16}$$

由式(4.8)显然得出

$$|s_1| = |a_1| = 1$$

若是我们在任意的一个我们的极值系 $(z_1, \cdots, z_k)$ 里，用一个适当的实数 a 以

$$z_j = \zeta_j e^{ia}, j = 1, 2, \cdots$$

代入，则有

$$s_1 = 1, a_1 = -1$$

我们假定

$$\begin{cases} s_1 = -s_2 = s_3 = \cdots = s_v (-1)^{v+1} = 1 \\ -a_1 = a_2 = -a_3 = \cdots = (-1)^v a_v = 1 \end{cases} \tag{4.17}$$

对于 $1 \leqslant v \leqslant k$ 已得证明. 于是由式(4.8)有

$$s_{v+1} = -\{(v+1)a_{v+1} + a_1 s_v + \cdots + a_v s_1\} = -(v+1)a_{v+1} + v(-1)^{v+1} \tag{4.18}$$

因依照式(4.15)

$$|s_{v+1}| \geqslant (v+1)|a_{v+1}| - v \geqslant 1$$

故由式(4.16)得

$$|s_{v+1}| = 1$$

这由式(4.18)可知仅当

$$a_{v+1} = (-1)^{v+1}$$

时才会遇见，而且那时有

$$s_{v+1} = (-1)^v$$

由这以及式(4.17)可知

$$a_v = (-1)^v, v = 1, 2, \cdots, k$$

那就是说我们的数 ζ_j 满足方程式

$$z^k - z^{k-1} + \cdots + (-1)^k = 0$$

由此,定理 4.1 已得证明.

3. 我们已经证明过,我们对于

$$\max_{v=1,2,\cdots,k} |z_1^v + z_2^v + \cdots + z_k^v| \qquad (4.19)$$

可以给出一个正的下估计. 若式(4.4)已写出. 对于

$$\max_{v=1,2,\cdots,k-1} |z_1^v + \cdots + z_k^v|$$

显然不能有这样的一个估计. 不过,我们可以提出一个相邻的问题,那就是对于怎样的数系 $(z_1, \cdots, z_k)$ 我们可以断定

$$\max_{v=1,2,\cdots,k-1} |z_1^v + \cdots + z_k^v| = 0 \qquad (4.20)$$

Newton-Girard 公式(4.8) 立刻可以给出答案来. 由它可知 $a_1 = a_2 = \cdots = a_{k-1} = 0$,所以问题中的数系仅可以为一个形如

$$z^k + a = 0 \qquad (4.21)$$

的方程式的零点. 用 Newton-Girard 公式也可以很容易地证明出这个数系真能满足式(4.20). 所有这样的数系形成一个正 k 角形. 因此,若在任何意义之下,一个数系 $(z_1, z_2, \cdots, z_k)$ 与一个正 k 角形的偏差都有定义,则我们可以盼望 $\max_{j=1,\cdots,k-1} |s_j|$ 也可以由这个偏差做出下估计.

4. 若对于满足 $1 \leqslant v_0 \leqslant k$ 的适当的整数 v_0,由

$$M_2(v_0) = (\max_{j=1,\cdots,k} |z_j|)^{v_0}$$

我们要想做出 $|s_{v_0}|$ 的下估计,我们就得不到如此圆满的结果. 设

$$N_k \equiv \min_{z_1,\cdots,z_k} \max_{v=1,2,\cdots,k} \frac{|z_1^v + \cdots + z_k^v|}{(\max_{j=1,\cdots,k} |z_j|)^v} \qquad (4.22)$$

则有:

定理 4.2 对于每个整数 k 有不等式

$$1 \geqslant N_k > \frac{\log 2}{\frac{1}{1}+\frac{1}{2}+\cdots+\frac{1}{k}}$$

$\log$ 表示自然对数.

由于数系

$$z_1 = 1, z_2 = z_3 = \cdots = z_k = 0$$

的缘故,N_k 的上估计是平凡不足道的. 那么下估计则可以解释为,对于任意一个 $(z_1, z_2, \cdots, z_k)$ 系,它的起首的 k 方幂和中至少有一个可以由其最大项做出"好的"下估计,那就是说,对于满足

$$1 \leqslant v_1 \leqslant k$$

的一个适当的整数 v_1,有不等式

$$\frac{|z_1^{v_1}+\cdots+z_k^{v_1}|}{(\max_{j=1,\cdots,k}|z_j|)^{v_1}} > \frac{\log 2}{\frac{1}{1}+\frac{1}{2}+\cdots+\frac{1}{k}}$$

在这定理原来的形式中,其右端不是这个比较大的数 $\log 2 \left(\frac{1}{1}+\frac{1}{2}+\cdots+\frac{1}{k}\right)^{-1}$ 而是 $\frac{1}{k}$. 证明经过一番修改之后,P. Erdös 将 $\frac{1}{k}$ 换为 $\frac{1}{2}\left(\frac{1}{1}+\frac{1}{2}+\cdots+\frac{1}{k}\right)^{-1}$,但是定理 4.2 的证明并不用 Erdös 的观念. 那看起来是很可能的,就是我们可以把式(4.22)的右端换为一个与 k 无关的数值常数 C,这个猜测尚未得到证明,它在代数方程式数值解法的理论中有一个有趣的推论(参看第二章第 8 节). 关于这个常数的数值,Herr Hylthén-Cavallius 先生①对于 $k=2$ 定出过 N_k 的准确值而且计

---

① 口头告知.

第二部分　中外名家论 Riemann 函数与 Riemann 猜想

算出
$$N_2 = \frac{\sqrt{5}-1}{\sqrt{2}} \approx 0.87 \quad (4.23)$$

此外，对于 $k=3$，由于研究数系
$$z_1=1, z_2=0.1295+\mathrm{i}0.7063$$
$$z_3=-0.5128-\mathrm{i}0.1508 \quad (4.24)$$

他得到
$$N_3 < 0.831$$

因此，必然地，对于以上的 C，有
$$C < 0.831$$

5. 定理 4.2 的证明也是根据 Newton-Girard 公式的，在此处我们可以假定
$$z_1 = \max_{j=1,\cdots,k} |z_j| = 1 \quad (4.25)$$

于是我们只需证明
$$\max_{v=1,2,\cdots,k} |z_1^v + \cdots + z_k^v| > \log 2 \left(\frac{1}{1} + \frac{1}{2} + \cdots + \frac{1}{k} \right)^{-1}$$
$$(4.26)$$

为简略起见，设
$$\max_{v=1,2,\cdots,k} |z_1^v + \cdots + z_k^v| = M$$

则由式(4.8)中第一个方程式得
$$|a_1| = |s_1| \leq M = \binom{M}{1} \quad (4.27)$$

我们现在证明
$$|a_j| \leq \binom{M+j-1}{j}, j=1,2,\cdots,k \quad (4.28)$$

这对于 $j=1$ 时已经证明过；我们假定，我们的命题对于 $j=1,2,\cdots,l-1$ 已经证明．于是由式(4.8)中第 l 个方程式($l \geq 2$)，有

$$l|a_l| = |s_l + a_1 s_{l-1} + \cdots + a_{l-1} s_1| \leqslant$$
$$|s_l| + |a_1||s_{l-1}| + \cdots + |a_{l-1}||s_1|$$

因此,由归纳法假设,得知

$$l|a_l| \leqslant M\left\{1 + \binom{M}{1} + \binom{M+1}{2} + \cdots + \binom{M+l-2}{l-1}\right\}$$

括弧内的式子大家都知道是 $\binom{M+l-1}{l-1}$. 于是有

$$|a_l| \leqslant \frac{M}{l}\binom{M+l-1}{l-1} = \binom{M+l-1}{l}$$

式(4.28)由此得证. 因根据式(4.25),$z_1 = 1$ 为 $f(z)$ 的一个零点,故得

$$1 + a_1 + \cdots + a_k = 0$$

从而由式(4.28)得出

$$1 = |a_1 + \cdots + a_k| \leqslant \binom{M}{1} + \binom{M+1}{2} + \cdots + \binom{M+k-1}{k} =$$
$$-1 + \binom{M+k}{k}$$

亦就是

$$2 \leqslant \binom{M+k}{k} = \left(1 + \frac{M}{k}\right)\left(1 + \frac{M}{k-1}\right) + \cdots + \left(1 + \frac{M}{1}\right) <$$
$$\exp\left\{M\left(\frac{1}{1} + \cdots + \frac{1}{k}\right)\right\}$$

这只是命题的另一种形式.

6. 定理 4.2 对每个正整数 k 都是成立的. N. G. de Bruijn 已经给出①另外一种估计式,这估计式对于足够大的 k 值比式(4.14)确实要好些. 经过式(4.25)的正

---

① 1954 年 1 月 7 日的信函告知.

第二部分　中外名家论 Riemann 函数与 Riemann 猜想

则化之后,他证明了不等式

$$\max_{v=1,2,\cdots,k} |z_1^v+\cdots+z_k^v| \geqslant A \frac{\log\log k}{\log k} \quad (4.29)$$

此处 A 表示一个数值常数. 他的巧妙证明如下:设

$$f(z) = \prod_{j=1}^{k}(1-z_j z) = \sum_{j=0}^{k} b_j z^j$$

函数 $f(z)$ 也可以写成

$$\exp\left\{-\sum_{j=1}^{k}\frac{s_j}{j}z^j\right\}$$

但是,显然地,若我们将函数

$$\exp\left\{-\sum_{j=1}^{k}\frac{s_j}{j}z^j\right\}$$

展开成为一个幂级数,则起首的 $k+1$ 个系数与诸数 b_j 相同,所以

$$\exp\left\{-\sum_{j=1}^{k}\frac{s_j}{j}z^j\right\} = f(z) + \sum_{j=k+1}^{\infty} b_j z^j \quad (4.30)$$

由 $z_1 = 1$,有

$$\sum_{j=k+1}^{\infty} |b_j| \geqslant \exp\left\{-\sum_{j=1}^{k}\frac{|s_j|}{j}\right\} \geqslant e^{-M(1+\log k)} = k^{-M}e^{-M} \quad (4.31)$$

此处 M 表示 $\max_{j=1,\cdots,k} |s_j|$ 这个式子. 此外,他用下列方法来计算 $\sum_{j=k+1}^{\infty} |b_j|$.

由公式

$$\exp\left\{-\sum_{j=1}^{k}\frac{s_j}{j}z^j\right\} = 1 - \sum_{1}^{k} + \frac{1}{2!}\left(\sum_{1}^{k}\right)^2 - \cdots$$

我们仅需要研究下式的绝对值

$$\frac{1}{l!}\left(\sum_{1}^{k}\right)^l, l \text{ 为整数且 } l \geqslant 2 \quad (4.32)$$

对于一个固定的 l,有

$$\left|\frac{1}{l!}\left(\sum_{1}^{k}\right)^{l}\right| \leq \frac{M^{l}}{l!} \sum \frac{1}{n_{1}n_{2}\cdots n_{l}} \equiv X_{l} \quad (4.33)$$

此处和数是对于这样的整数数系 $(n_1, n_2, \cdots, n_l)$ 而作的,它们满足

$$n_1 + n_2 + \cdots + n_l \geq k+1 \quad (4.34)$$

以及

$$1 \leq n_1 \leq k, \cdots, 1 \leq n_l \leq k \quad (4.35)$$

诸数 n_j 中至少有一个不小于 $\dfrac{k}{l}$,因此显然有

$$X_l \leq \frac{M^l}{l!} l \left(\sum_{\frac{k}{l} \leq n \leq k} \frac{1}{n}\right) \left(\sum_{n \leq k} \frac{1}{n}\right)^{l-1} \leq$$

$$\frac{M^l}{l!} l (1+\log l)(1+\log k)^{l-1}$$

由这以及式(4.31)即得

$$e^{-M(1+\log k)} \leq \sum_{l=2}^{\infty} \frac{M^l}{(l-1)!} (1+\log l)(1+\log k)^{l-1}$$

因依据 $l \geq 2$ 有

$$1+\log l \leq 2(l-1)$$

于是又有

$$e^{-M(1+\log k)} \leq 2 \sum_{l=2}^{\infty} \frac{M^l}{(l-2)!} (1+\log k)^{l-1} =$$

$$2M^2 (1+\log k) e^{M(1+\log k)}$$

所以

$$\{M(1+\log k)\}^2 e^{2M(1+\log k)} \geq \frac{1}{2}(1+\log k) \quad (4.36)$$

若我们令

$$M(1+\log k) = x$$

则有

$$x^2 e^{2x} \geqslant \frac{1}{2}(1+\log k)$$

所以对于适宜的常数 A_1 有

$$x \geqslant A_1 \log \log k$$

这只是命题的另一种形式.

7. 这样,我们仅当对于诸数 z_j 不加以任何条件时得到了关于

$$N_k = \min_{z_1,\cdots,z_k} \max_{v=1,\cdots,k} \frac{|z_1^v+\cdots+z_k^v|}{(\max_{j=1,\cdots,k}|z_j|)^v} \quad (4.37)$$

的一些估计. 但是如果诸数 z_j 满足一个简单的几何条件,那么有一个,N. Schweitzer,能够找到这个问题的准确的解答①. 这个几何条件要求,第一要数系 $(z_1, z_2,\cdots,z_k)$ 关于实数轴是对称的,那就是说,随着 z_j 其共轭复数 $\bar{z}_j$ 也要是数系 $(z_1,z_2,\cdots,z_k)$ 的一个元素,而且遇重复时重复的次数也要彼此相同;第二要在具有最大绝对值的诸数 z_j 中也有实的数 z_j 出现(条件 A). 于是他得出,对于每个 $k \geqslant 1$,有

$$N_k \geqslant 1$$

这点,有如数系 $(1,0,\cdots,0)$ 所示,可算是给出了可能最好的估计,但是他不止证明了这些. 他研究过只具有上列对称条件的数系而此外要求,在 $(z_1,\cdots,z_k)$ 中至少有一个实的数 z_1 出现,这个条件将被称为条件 B. 于是他证明出:

定理 4.3 在条件 B 之下,有

$$\max_{v=1,2,\cdots,k} \frac{|z_1^v+\cdots+z_k^v|}{|z_1|^v} \geqslant 1 \quad (4.38)$$

---

① 1942 年的信函. 两年之后他被纳粹杀害.

这个定理的真正意义要在定理 4.4 以及第二章中第 8 节中的应用里才显得出来,但是定理 4.3 与定理 4.1 指明了,为什么极值问题(4.37)是困难的. 一个肤浅的研究将会猜测到,对于极值系 $(z_1^*, z_2^*, \cdots, z_k^*)$ 所有的 z_v^* 将在单位圆周上而且——至少在 k 为奇数的情形下——条件 A 是被满足了的. 若这些命题的一个是真实的,则应该会有 $N_k \geqslant 1$. 小段 4 中的例子指明这些命题对于 $k=2$ 与 $k=3$ 都是错的. 有如 M. Bowen[①] 先生指出的,对于每个整数 $k \geqslant 2$ 有

$$\max_{v=1,\cdots,k} |z_1^v + \cdots + z_k^v| < 1$$

此处

$$\max_{j=1,\cdots,k} |z_j| = 1$$

甚至可能有

$$\max_{v=1,2,\cdots,2k-2} |z_1^v + \cdots + z_k^v| < 1$$

因此,极值系 $(z_1^*, \cdots, z_k^*)$ 既不全在单位圆上又不具有条件 A 中的对称性. 看起来很有可能,对于极值系有

$$|s_1^*| = |s_2^*| = \cdots = |s_k^*| \qquad (4.39)$$

此处

$$s_v^* = z_1^{*v} + z_2^{*v} + \cdots + z_k^{*v}$$

但是,迄今对于命题(4.39)尚缺乏一个严格的论证.

我们现在转过来证明定理 4.3. 我们首先指出,只需把这个定理的下列化简形式证出来就够了.

设 $w_1, w_2, \cdots, w_k$ 为满足条件 B 的复数,此处

$$w_1 \geqslant 1 \qquad (4.40)$$

则存在一整数 v_0 满足

---

① 1951 年 6 月 18 日的信函通知.

$$1 \leqslant v_0 \leqslant k$$

而且

$$|w_1^{v_0}+w_2^{v_0}+\cdots+w_k^{v_0}| \geqslant 1 \quad (4.41)$$

我们只需要证明由式(4.40)(4.41)可以得出定理 4.3. 我们必须取

$$w_v = \frac{z_v}{z_1}$$

而应用式(4.40)(4.41),那些假设显然都被满足了,因此定理 4.3 可以由式(4.40)(4.41)得出.

8. 于是我们就要开始式(4.40)(4.41)的证明. N. Schweitzwr 的证明是根据在 k 上作归纳法. 而且他的证明要用 Newton-Girard 公式(4.8). 对于 $k=1$, 定理显然是对的. 我们假定, 对于 $k<K$ 这个定理已经证明. 再设 $k=K$, 令

$$f(w) = \prod_{j=1}^{K}(w-w_j) = w^K + b_1 w^{K-1} + \cdots + b_K$$

此处条件 B 是说诸系数 b_j 皆为实的. 我们暂时先假定

$$w_1 = 1 \quad (4.42)$$

于是有

$$1 + b_1 + \cdots + b_K = 0 \quad (4.43)$$

我们写出式(4.8)中的 Newton-Girard 公式且取 $k=K$, 经过相加之后就得

$$\sigma_K + \sum_{l=1}^{K-1} \sigma_{K-l}(1+b_1+\cdots+b_l) =$$
$$-\sum_{l=1}^{K} l b_l = -\sum_{l=1}^{K}(b_{K-l+1}+\cdots+b_K) \quad (4.44)$$

此处

$$\sigma_v = w_1^v + w_2^v + \cdots + w_K^v$$

但由式(4.43)有

$$-(b_{K-l+1}+\cdots+b_K)=1+b_1+\cdots+b_{K-l}$$

因此由式(4.43)

$$\sigma_K+\sum_{l=1}^{K-1}\sigma_{K-l}(1+b_1+\cdots+b_l)=1+\sum_{l=1}^{K-1}(1+b_1+\cdots+b_{K-l})=$$
$$1+\sum_{l=1}^{K-1}(1+b_1+\cdots+b_l)$$

(4.45)

我们分成两种情形.

情形 I 所有的
$$1+b_1+\cdots+b_l$$
数都不是负数. 此时定理 4.3 可由方程式(4.45)的中值特性得出.

情形 II 存在一整数 d
$$1\leqslant d\leqslant K-1 \quad (4.46)$$
与
$$1+b_1+\cdots+b_d<0 \quad (4.47)$$

这时我们来研究方程式
$$F(w)=w^d+b_1w^{d-1}+\cdots+b_d \quad (4.48)$$

的根 $w_1',\cdots,w_d'$. 我们用 σ_v' 记作数 w_j' 的方幂和. 由于诸数 b_j 为实数, 由式(4.47)得出
$$F(1)<0, F(+\infty)>0$$

因此存在一个 w_j', 譬如说 w_1', 对于它有
$$w_1'>1 \quad (4.49)$$

由于式(4.49)以及 b_j 为实数, 得知数系 $(w_1',w_2',\cdots,w_d')$ 满足条件 B. 但这时我们可将归纳法假设应用于诸数 w_j' 上, 于是有
$$\max_{j=1,\cdots,\alpha}|\sigma_j'|\geqslant 1 \quad (4.50)$$

若我们对 $F(w)$ 应用 Newton-Girard 公式, 我们立刻可

以看到
$$\sigma_j' = \sigma_j, j=1,2,\cdots,d$$
因此由式(4.50)得
$$\max_{j=1,2,\cdots,K} |\sigma_j| \geq \max_{j=1,\cdots,d} |\sigma_j| = \max_{j=1,\cdots,d} |\sigma_j'| \geq 1$$
$$(4.51)$$
从而在附加条件 $w_1 = 1$ 下,式(4.40)(4.41)对于 $k = K$ 也得到了证明.

但是,我们很容易解除假设 $w_1 = 1$. 若对于 w_1 仅假定(4.40),则用
$$w_j = w_1 w_j'', j = 1, 2, \cdots, K$$
引入诸数 $w_j'', \cdots, w_K''$. 于是显然有 $w_1'' = 1$,而且,由于 w_1 为实数,诸数 w_j'' 也会满足条件 B. 因此式(4.51)可以应用到数 w_j'' 上,而这就给出
$$\max_{v=1,\cdots,K} |w_1''^v + \cdots + w_K''^v| \geq 1 \qquad (4.52)$$
但这时有
$$\max_{v=1,\cdots,K} |w_1^v + w_2^v + \cdots + w_K^v| = \max_{v=1,\cdots,K} |w_1|^v |w_1''^v + \cdots + w_K''^v| \geq$$
$$\max_{v=1,\cdots,K} |w_1''^v + \cdots + w_K''^v| \geq 1$$
由此,对于 $k = K$,归纳法的结论已证明完毕,而定理对于每一个正整数 k 都是真实的.

与定理 4.1 相反,极值数系,至少对于奇数 k,不是一致的. 除了由方程式
$$w^k - w^{k-1} = 0$$
的根给出的上述数系$(1, 0, \cdots, 0)$之外,显然
$$w^k + w^{k-1} + \cdots + w + 1 = 0$$
的根也形成一个极值数系. 以上两个数系在实质上就包括了所有的极值系,这也不是不可能的.

9. 有如所说,我们不能证明有一个数值 C 存在,

使得对于每个数系$(z_1,\cdots,z_k)$,有一个整数$1\leqslant v_0\leqslant k$,与$k$无关地得到

$$\frac{|z_1^{v_0}+z_2^{v_0}+\cdots+z_k^{v_0}|}{(\max\limits_{j=1,\cdots,k}|z_j|)^{v_0}}\geqslant C$$

反之,若是我们对于v仅要求一个比较坏一些的限制

$$1\leqslant v\leqslant 2k$$

则 N. Schweitzer 发现由他的定理 4.3 可以导出这一类型的一个定理. 若我们引入

$$N_k'\equiv\min_{z_1,\cdots,z_k}\max_{v=1,2,\cdots,2k}\frac{|z_1^v+\cdots+z_k^v|}{(\max|z_j|)^v}$$

则我们可以表示出他的定理如下.

定理 4.4 对于每个整数 k 有不等式

$$1\geqslant N_k'\geqslant\frac{1}{2}$$

上估计亦是平凡不足道的;下估计可解释为,对于任意的复数$(z_1,\cdots,z_k)$,存在一满足$1\leqslant v_2\leqslant 2k$的整数$v_2$使

$$\frac{|z_1^{v_2}+z_2^{v_2}+\cdots+z_k^{v_2}|}{(\max\limits_{j=1,\cdots,k}|z_j|)^{v_2}}\geqslant\frac{1}{2}$$

这个定理的证明很容易地就可以由定理 4.3 得出,不失其普遍性,我们可以假定

$$\max_{j=1,\cdots,k}|z_j|=|z_1|=1 \qquad (4.53)$$

于是这时就要证明

$$\max_{v=1,\cdots,2k}|z_1^v+\cdots+z_k^v|\geqslant\frac{1}{2} \qquad (4.54)$$

我们以

$$z_j=z_1w_j,j=1,2,\cdots,k \qquad (4.55)$$

引入诸数w_j,则有

$$w_1 = 1, |w_j| \leq 1, j = 2, 3, \cdots, k \quad (4.56)$$

但是，一般说来，对于诸数 w_j，条件 B 或 A 并不满足. 现在由

$$\zeta_1 = w_1(=1), \zeta_2 = w_2, \zeta_3 = w_3, \cdots, \zeta_k = w_k$$
$$\zeta_{k+1} = \overline{w_1}(=1), \zeta_{k+2} = \overline{w_2}, \cdots, \zeta_{2k} = \overline{w_k} \quad (4.57)$$

引入新的数 $\zeta_1, \zeta_2, \cdots, \zeta_{2k}$，显然诸数 $\zeta_j (j=1,2,\cdots,2k)$ 满足条件 A，因此依照定理 4.3 有

$$\max_{v=1,2,\cdots,2k} |\zeta_1^v + \zeta_2^v + \cdots + \zeta_{2k}^v| \geq 1 \quad (4.58)$$

若对于 $v = v_0$ 达到了这个极大值，则依式（4.53）(4.55)(4.57) 与 (4.58) 有

$$2|z_1^{v_0} + \cdots + z_k^{v_0}| = 2|w_1^{v_0} + \cdots + w_k^{v_0}| \geq 2|\mathscr{R}(w_1^{v_0} + \cdots + w_k^{v_0})| =$$
$$|\zeta_1^{v_0} + \zeta_2^{v_0} + \cdots + \zeta_{2k}^{v_0}| \geq 1$$

因此，式（4.54）随定理 4.4 已得证明.

定理 4.4 中的等号是达不到的，关于改善定理 4.4 的重要意义，可以参阅第二章第 8 节.

在数 a_j 为正的情形之下，上面的一些定理由用同分母的分数接近法可以扩张到广义方幂和 $\sum_{j=1}^{k} a_j z_j^v$ 上去，因为，一般说来，给出的估计式，比以下诸段给出的要弱些，所以我们将不去详究它.

10. 以上我们看到，譬如说，由 $\max_{j=1,\cdots,k} |z_j| = 1$ 可以得出

$$\max_{v=1,\cdots,k} |z_1^v + \cdots + z_k^v| \geq \frac{\log 2}{\frac{1}{1} + \cdots + \frac{1}{k}} \quad (4.59)$$

现在我们进一步要问

$$\max_{v=2,3,\cdots,k,k+1} |z_1^v + z_2^v + \cdots + z_k^v| \quad (4.60)$$

的极小值 G_2，若是

$$\max_{j=1,\cdots,k} |z_j| = 1 \qquad (4.61)$$

成立的话，我们马上会猜测 $G_2 \sim \dfrac{1}{\log k}$ 或者悲观地猜为 $G_2 \sim \dfrac{1}{k}$. Erdös[①] 考查的结果是 G_2 还要小得多，这是颇为惊奇的. 把他的观念稍微重修一下，我们就可以证明甚至有满足

$$\max_{j=1,\cdots,k} |z'_j| \geqslant 1 \qquad (4.62)$$

与

$$\max_{j=2,3,\cdots,k,k+1} |z'^v_1 + z'^v_2 + \cdots + z'^v_k| < 2(k+1)^2 e^{-\vartheta_0 k} \qquad (4.63)$$

的一个 $(z'_1, z'_2, \cdots, z'_k)$ 数系存在，此处 $\vartheta_0 \approx 0.2784$ 表示[②]方程式

$$xe^{x+1} = 1$$

的唯一的一个正根. 若 $z'^v_1 + z'^v_2 + \cdots + z'^v_k = s'_v$，我们就用

$$s'_1 = \vartheta k, s'_2 = s'_3 = \cdots = s'_{k-1} = 0 \qquad (4.64)$$

与

$$z'_1 = 1 \qquad (4.65)$$

来决定这 $(z'_1, z'_2, \cdots, z'_k)$ 数系，此处式(4.62)也已得到满足，而 $1 > \vartheta > 0$ 则尚待以后准确地来决定. 由 Newton-Girard 公式，这个数系是唯一的. 若 $z'_1, z'_2, \cdots, z'_k$ 为方程式

$$z^k + a_1 z^{k-1} + \cdots + a_k = 0 \qquad (4.66)$$

的根，则于是有 $a_1 = -s'_1$. 我们假定，对于 $j = 1, 2, \cdots, l$ $(l < k-1)$ 有

---

① 1951 年 3 月的信函所告.
② $e^{\vartheta_0} \approx 1.321$.

$$a_j = \frac{(-s_1')^j}{j!} \qquad (4.67)$$

已得证明. 依照式(4.8)的第 $l+1$ 列, 由式(4.64)与(4.67)有

$$(l+1)a_{l+1} = -(s_{l+1}' + a_1 s_l' + \cdots + a_l s_1') = -a_l s_1' = \frac{(-s_1')^{l+1}}{l!}$$

$$a_{l+1} = \frac{(-s_1')^{l+1}}{(l+1)!}$$

因此式(4.67)对于 $j=1, 2, \cdots, k-1$ 是真实的. 但这时, 一方面有

$$ka_k = -(s_k' + a_1 s_{k-1}' + \cdots + a_{k-1} s_1') = -s_k' + \frac{(-s_1')^k}{(k-1)!}$$

$$s_k' = -ka_k + \frac{(-s_1)^k}{(k-1)!}$$

另一方面, 由式(4.65)与(4.67)有

$$1 + a_1 + \cdots + a_k = 0$$

$$a_k = -\left(1 - \frac{s_1'}{1!} + \frac{s_2'}{2!} + \cdots + \frac{(-1)^{k-1}(s_1')^{k-1}}{(k-1)!}\right) \quad (4.68)$$

因此

$$s_k' = k\left\{1 - \frac{s_1'}{1!} + \frac{s_1'^2}{2!} - \cdots + \frac{(-1)^k(s_1')^k}{k!}\right\} \quad (4.69)$$

此外, 由以上有

$$s_{k+1}' = -(a_1 s_k' + a_2 s_{k-1}' + \cdots + a_k s_1') = s_1' s_k' - s_1' a_k$$

于是由式(4.68)与(4.69)

$$s_{k+1}' = s_1'\left\{(k+1)\left(1 - \frac{s_1'}{1!} + \frac{s_1'^2}{2!} - \cdots + \frac{(-s_1')^{k-1}}{(k-1)!}\right) + k\frac{(-s_1')^k}{k!}\right\}$$

$$(4.70)$$

今有

$$|s'_k| \leqslant k\left\{e^{-s'_1} + \left|\sum_{j=k+1}^{\infty}\frac{(-\vartheta k)^j}{j!}\right|\right\}$$

因其项单调递减,故得

$$|s'_k| \leqslant k\left\{e^{-\vartheta k} + \frac{(\vartheta k)^{k+1}}{(k+1)!}\right\} < k\left\{e^{-\vartheta k} + \frac{1}{e}(e\vartheta)^{k+1}\right\} <$$

$$k\{e^{-\vartheta k} + (e\vartheta)^k\} \tag{4.71}$$

此外,由式(4.70)

$$|s'_{k+1}| \leqslant k\left\{(k+1)e^{-\vartheta k} + k\frac{(\vartheta k)^k}{k!} + (k+1)\left|\sum_{j=k}^{\infty}\frac{-(\vartheta k)^j}{j!}\right|\right\} <$$

$$(k+1)^2\left\{e^{-\vartheta k} + 2\frac{(\vartheta k)^k}{k!}\right\} < (k+1)^2\{e^{-\vartheta k} + (\vartheta e)^k\}$$

由式(4.64)以及(4.71)即得

$$\max_{j=2,3,\cdots,k+1}|s'_j| < (k+1)^2\{e^{-\vartheta k} + (\vartheta e)^k\}$$

因此若 $0 < \vartheta_0 < 1$ 方程式

$$xe^{x+1} = 1$$

得满足,则果真有

$$\max_{j=2,3,\cdots,k+1}|s'_j| < 2(k+1)^2 e^{-\vartheta_0 k}$$

而式(4.63)得证.

11. 由定理 7.1 将会得出,对于任意非负的整数 m 与 $\max_{j=1,\cdots,k}|z_j| = 1$ 有估计式

$$\max_{v=m+1,m+2,\cdots,m+k}|z_1^v + \cdots + z_k^v| > \left(\frac{k}{2e^{1+\frac{4}{e}}(m+k)}\right)^k \tag{4.72}$$

因此对于 $m=1$ 有

$$\max_{v=2,3,\cdots,k+1}|z_1^v + \cdots + z_k^v| > \left(\frac{1}{4 \cdot e^{1+\frac{4}{e}}}\right)^k \approx \frac{1}{48^k}$$

于是上式以及式(4.63)知,对于每个足够大的 k,有估计式

第二部分　中外名家论 Riemann 函数与 Riemann 猜想

$$\left(\frac{1}{1.321}\right)^k > \min_{z_1,\cdots,z_k} \max_{v=2,3,\cdots,k+1} |z_1^v+\cdots+z_k^v| > \left(\frac{0.99}{2\mathrm{e}^{1+\frac{4}{\mathrm{e}}}}\right)^k$$
$$(4.73)$$

此处极小值是对于满足 $\max\limits_{j=1,\cdots,k} |z_j| = 1$ 的数系 (z_1, $z_2,\cdots,z_k$) 而言的. 那就是极值问题对于

$$\min \max_{v=2,\cdots,k+1} |z_1^v+\cdots+z_k^v|$$

至少可以渐近准确地解出,这也就是说,可以如此的定出一个正的数值常数 C_1,使得对于每个任意小的正数 ε,对于 $k>k_0(\varepsilon)$ 以及以上的数系 ($z_1,z_2,\cdots,z_k$) 有

$$(C_1+\varepsilon)^k > \min \max_{v=2,3,\cdots,k+1} |z_1^v+\cdots+z_k^v| > (C_1-\varepsilon)^k$$

因由式 (4.12) 对于 $m=0$ 仅得出较弱的不等式

$$\max_{v=1,2,\cdots,k} |z_1^v+\cdots+z_k^v| > \left(\frac{1}{2\mathrm{e}^{1+\frac{4}{\mathrm{e}}}}\right)^k$$

故定理 4.2, 4.3 与 4.4 在第 3 节中小段 2 的意义下真正是属于第五类型的,从而由第一或第三类型的一般结果不能单纯地导出.

以后的不等式 (4.99) 将会示明定理 4.1 也是属于第五类型的. 不过有问题的是,第 4 节的小段 10 中, Erdös 的那个令人惊异的现象不知道在 $\min\limits_{j=1,\cdots,k} |z_j| = 1$ 的限制下是否也会成立. 我的猜测是不会成立,也就是说,若 E 具有 $\min\limits_{j=1,\cdots,k} |z_j| = 1$ 限制的数系 ($z_1,z_2,\cdots,z_k$),则对于

$$\min_E \max_{v=2,3,\cdots,k+1} |z_1^v+\cdots+z_k^v|$$

有一个大致像 $\dfrac{1}{k^2}$ 的下估计.

12. 类似于小段 3 我们现在提出一个问题,就是要定出所有的具体性质

$$s_2 = s_3 = \cdots = s_k = 0 \quad (4.74)$$

的数系$(z_1,\cdots,z_k)$. 于是要讨论的是当 $\max\limits_{j=1,\cdots,k} |z_j| = 1$ 或 $\min\limits_{j=1,\cdots,k} |z_j| = 1$ 时,两个问题

$$\max_{v=2,3,\cdots,k} |z_1^v + z_2^v + \cdots + z_k^v| = \min$$

的准确解答. 多项式

$$g_k(z) = z^k + \frac{1}{1!}z^{k-1} + \cdots + \frac{1}{(k-1)!}z + \frac{1}{k!} \quad (4.75)$$

在此处起着突出的作用,这多项式是指数级数第 k 个部分和的倒转式.

定理 4.5　所有具有性质(4.74)的数系$(z_1,\cdots,z_k)$都是由

$$\sum_{v=0}^{k} \frac{b^v}{v!} z^{k-v} = 0 \quad (4.76)$$

的根给出的,此处 b 表示一个任意的常数.

这个定理的证明也是很容易地由 Newton-Girard 公式就可以得出来的,可以留待读者自证. 我们要注意,对于这个数系有

$$s_{k+1} = -a_k s_1 = \frac{b^{k+1}}{k!}$$

因此

$$s_{k+1} \neq 0 \quad (4.77)$$

假使我们除掉那些平凡的数系 $z_1 = z_2 = \cdots = z_k = 0$ 的话.

若我们考虑到 Szego① 的一个定理,依照这个定理指数级数 $e^z = \sum\limits_{0}^{\infty} \frac{z^v}{v!}$ 的第 k 个部分和的零点除以 k 之

---

① Über eine Eigenschaft der Exponentialreihe. Sitzungsber. der Berl. Math. Ges. ,1924,XXIII:50-64.

第二部分　中外名家论 Riemann 函数与 Riemann 猜想

后收敛于曲线
$$|ze^{1-z}|=1 \qquad (4.78)$$
那么,至少对于大的 k 值,由定理 4.5 也可得出(4.73)的上估计.是故,若一个数系$(z_1,\cdots,z_k)$不能在某一意义下用曲线(4.78)的一个相当的图像来接近,则我们也可以对
$$\max_{v=2,3,\cdots,k}|z_1^v+\cdots+z_k^v|$$
来期待一个正的下估计,从而期待 v 值的一个比以前更狭窄的限制.

13. 所以定理 4.5 可以应用来制造反例.若我们能够定出满足
$$s_3=s_4=\cdots=s_k=s_{k+1}=0 \qquad (4.79)$$
的所有的数系$(z_1,z_2,\cdots,z_k)$,我们就可以盼望得到较为精密的结果.于是要讨论的是,当 $\max\limits_{j=1,\cdots,k}|z_j|=1$ 或 $\min\limits_{j=1,\cdots,k}|z_j|=1$ 时,两个问题
$$\max_{v=3,4,\cdots,k+1}|z_1^v+\cdots+z_k^v|=\min$$
的准确解答.在解答这问题时,$k+1$ 个多项式
$$\sum_{j=0}^{k}\frac{H_j(\lambda_v)}{j!}z^{k-j},v=1,2,\cdots,k+1 \qquad (4.80)$$
起着突出的作用,此处 $H_j(y)$ 表示第 j 个 Hermite 多项式,这个多项式是由
$$e^{-y^2}H_j(y)=(-1)^j\frac{d^j}{dy^j}e^{-y^2} \qquad (4.81)$$
所定义,又诸数 λ_v 表示方程式
$$H_{k+1}(y)=0 \qquad (4.82)$$
的根.即有:

定理 4.6　具有性质(4.79)的所有的数系$(z_1,z_2,\cdots,z_k)$都由方程式

$$\sum_{j=0}^{k} \frac{H_j(\lambda_v)}{j!} b^j z^{k-j} = 0, v = 1,2,\cdots,k+1 \quad (4.83)$$

的根所给出,此处 b 表示一任意的复数,$H_j(y)$ 表示第 j 个 Hermite 多项式(4.81),又 λ_v 表示(4.82)的根.

定理 4.5 与 4.6 之间的一个区别就在于:在定理 4.5 中,实质上只存在一个极值多项式,而在定理 4.6 中,实质上存在 $k+1$ 个不同的极值多项式.

14. 要想证明定理 4.6 我们仍用 Newton-Girard 公式. 设

$$z^k + a_1 z^{k-1} + \cdots + a_k = 0$$

为一方程式,其根具有性质(4.79),又设

$$s_1 = -2a, s_2 = 2b^2 \quad (4.84)$$

于是由 Newton-Girard 公式得

$$a_1 = -s_1 = 2a = b\left(2\frac{a}{b}\right) = \frac{b}{1!} H_1\left(\frac{a}{b}\right) \quad (4.85)$$

$$2a_2 = -(s_2 + a_1 s_1) = -2b^2 + 4a^2 = b^2 H_2\left(\frac{a}{b}\right)$$

$$a_2 = \frac{b^2}{2!} H_2\left(\frac{a}{b}\right) \quad (4.86)$$

我们假定

$$a_j = \frac{b^j}{j!} H_j\left(\frac{a}{b}\right), j = 1,2,\cdots,t \quad (4.87)$$

已得证明,此处 $l<k$. 于是由 Newton-Girard 公式

$$(l+1)a_{l+1} = -(s_{l+1} + a_1 s_l + \cdots + a_l s_1) = -(a_{l-1} s_2 + a_l s_1)$$

再由归纳法以及式(4.84)得

$$(l+1)a_{l+1} = \frac{b^l}{l!} H_l\left(\frac{a}{b}\right) 2a - \frac{b^{l-1}}{(l-1)!} H_{l-1}\left(\frac{a}{b}\right) 2b^2 =$$

$$\frac{b^{l+1}}{l!} \left\{ 2\frac{a}{b} H_l\left(\frac{a}{b}\right) - 2l H_{l-1}\left(\frac{a}{b}\right) \right\} \quad (4.88)$$

但众所周知(并且由式(4.81)也很容易证明)
$$2xH_l(x)-2lH_{l-1}(x)=H_{l+1}(x) \quad (4.89)$$
故由式(4.88)得
$$a_{l+1}=\frac{b^{l+1}}{(l+1)!}H_{l+1}\left(\frac{a}{b}\right)$$
从而式(4.87)对于 $j=1,2,\cdots,k$ 为真实的,直到如今我们仅用了 $s_3=s_4=\cdots=s_k=0$. 若再有 $s_2=0$,则由式(4.77)即得 $z_1=z_2=\cdots=z_k=0$. 若我们除掉这一平凡的数系,则有 $s_2\neq 0$,那就是说在式(4.84)中
$$b\neq 0 \quad (4.90)$$
此外,由式(4.79)与式(4.87)并据式(4.89),得
$$s_{k+1}=-(a_1 s_k+\cdots+a_k s_1)=-(a_{k-1}s_2+a_k s_1)=$$
$$\frac{b^k}{k!}H_k\left(\frac{a}{b}\right)2a-\frac{b^{k-1}}{(k-1)!}H_{k-1}\left(\frac{a}{b}\right)2b^2=$$
$$\frac{b^{k+1}}{k!}\left\{2\frac{a}{b}H_k\left(\frac{a}{b}\right)-2kH_{k-1}\left(\frac{a}{b}\right)\right\}=$$
$$\frac{b^{k+1}}{k!}H_{k+1}\left(\frac{a}{b}\right)$$
由这以及 $s_{k+1}=0$ 得出
$$\frac{a}{b}=\lambda_v, v=1,2,\cdots,k+1$$
(在式(4.82)的意义之下). 反转过来,Newton-Girard 公式也证明对于方程式(4.83)条件(4.79)真可以得到满足. 证毕.

若我们把定理 4.6 像定理 4.5 一样拿来应用去构造一个数系 $(z_1^*,\cdots,z_k^*)$,则对于式(4.83)数系我们必须也要知道 $|s_{k+2}|$. Newton-Girard 公式给出
$$|s_{k+2}|=|a_k||s_2|=2\frac{|b|^{k+2}}{k!}|H_k(\lambda)|$$

因此对于我们的数系有

$$\max_{v=3,4,\cdots,k+2}|s_v|=2\frac{|b|^{k+2}}{k!}|H_k(\lambda)| \qquad (4.91)$$

在此处,条件 $\max_{j=1,\cdots,k}|z_j|=1$ 尚未被满足,不过经过一定的放大之后可以得到. 若 $C_k(\lambda)$ 表示方程式

$$\sum_{j=0}^{k}\frac{H_j(\lambda)}{j!}z^j=0$$

的根离原点的最小距离,则式(4.83)的零点间的最大距离为

$$\frac{|b|}{C_k(\lambda)}$$

因此在式(4.83)中,若我们选

$$b=C_k(\lambda) \qquad (4.92)$$

则 $\max_{j=1,\cdots,k}|z_j|=1$ 得到满足,而且

$$\max_{v=3,4,\cdots,k+2}|s_v|=\frac{2}{k!}|H_k(\lambda)||C_k(\lambda)|^{k+2} \qquad (4.93)$$

于是要想能够由数系(4.93)来改进式(4.73)中的上估计,那就必须对于 $k\to\infty$ 至少渐近地定出 $C_k(\lambda)$ 或者做出上估计. 此时式(4.73)中的 1.321^{-k} 可以用

$$\frac{2}{k!}\min_{H_{k+1}(\lambda)=0}|H_k(\lambda)||C_k(\lambda)|^{k+2} \qquad (4.94)$$

来代换. 我们目前尚不知道 $C_k(\lambda)$ 的一个好的估计.

15. 要对于任意预先指定的整数 m 去找出所有的满足

$$s_{m+1}=s_{m+2}=\cdots=s_{m+k-1}=0 \qquad (4.95)$$

的数系 $(z_1,\cdots,z_k)$ 的这一问题,明显是很困难的. 即使是比较容易的问题,就是要对于每个正整数 m 明显地定出这样的数系,也发生了困难. 除去两种情形,那就

第二部分　中外名家论 Riemann 函数与 Riemann 猜想

是 $\dfrac{k}{m}$ 或 $\dfrac{m}{k}$. 在第一种情形下,1 的 k 次根形成这样一个数系,在第二种情形之下,根据 J. Surányi 的考查,$k = mr$ 个数

$$z_j^{\frac{1}{m}}, j=1,2,\cdots,r \qquad (4.96)$$

形成这样的一个数系,此处,在式(4.96)中,所有的 m 次根皆属于一个固定的 j 值,诸数 z_j 表示

$$\sum_{v=0}^{r} \frac{z^{r-v}}{v!} = 0$$

的根.

16. 若 $\max\limits_{j=1,\cdots,k} |z_j| = 1$ 或者 $\min\limits_{j=1,\cdots,k} |z_j| = 1$,则我们对于

$$\max_{v=m+1,m+2,\cdots,m+k} |z_1^v + \cdots + z_k^v| \qquad (4.97)$$

的极小值能说些什么呢? 在这个方向的一些结果不再是属于第五类型的,除了一个例外,它们由第 5 节,第 7 节与第 8 节中第一与第三类型的一些定理是可以得出来的,此处暂且不谈. 那单独的一个例外关系着式(4.97)的上估计把 P. Stein[①] 的想法加以修改之后,我们至少可以给出无穷多个 k 值,而且对于每个整数 $m > 10k$,可以给出一个数系 $(\eta_1,\cdots,\eta_k)$ 使

$$|\eta_j| = 1, j=1,2,\cdots,k \qquad (4.98)$$

及

$$\max_{v=m+1,m+2,\cdots,m+k} |\eta_1^v + \cdots + \eta_k^v| < \left(\frac{k\pi}{m}\right)^{\frac{\log k}{\log 2}} \qquad (4.99)$$

设

$$k = 2^K$$

---

① 参阅第 3 节的小段 4 中引用的 Littlewood 的论文.

K 为任意的正整数,此外

$$\eta_1 = e^{\frac{\pi i K}{2m}}, \eta_2 = e^{\frac{-\pi i K}{2m}}$$

其次,$\binom{K}{1}$ 个数 η_j 等于 $e^{\frac{\pi i(K-2)}{2m}}$;再次,$\binom{K}{K-1}$ 个数 η_j 等于 $e^{\frac{-\pi i(K-2)}{2m}}$. 一般地,对于 $l \leqslant \frac{K}{2}$,设 $\binom{K}{l}$ 个数 η_j 等于

$$e^{\frac{\pi i}{2m}(K-2l)}$$

又 $\binom{K}{K-l}$ 个数 η_j 等于

$$e^{-\frac{\pi i}{2m}(K-2l)}$$

于是对于每个整数 v 有

$$\sum_{j=1}^{K} \eta_j^v = \sum_{j=1}^{2K} \eta_j^v = \sum_{0 \leqslant l \leqslant \frac{K}{2}} \binom{K}{l} e^{\frac{i\pi}{2m}(K-2l)v} + \sum_{0 \leqslant l \leqslant \frac{K}{2}} \binom{K}{K-l} e^{-\frac{\pi i}{2m}(K-2l)v} =$$

$$(e^{\frac{\pi i v}{2m}} + e^{-\frac{\pi i v}{2m}})^K = \left(2\cos\frac{\pi v}{2m}\right)^K$$

所以,对于我们的 v 值有

$$|s_v| \leqslant \left(2\sin\frac{\pi k}{2m}\right)^K < \left(\frac{\pi k}{m}\right)^K = \left(\frac{\pi k}{m}\right)^{\frac{\log k}{\log 2}}$$

从而命题(4.98)(4.99)已得证明. 这个估计式与定理 5.1 联合起来给出

$$\left(\frac{k}{2e(m+k)}\right)^k < \min_{P} \max_{v=m+1,\cdots,m+k} |z_1^v + \cdots + z_k^v| \leqslant \left(\frac{\pi k}{m}\right)^{\frac{\log k}{\log 2}}$$

$$(4.100)$$

此处 P 遍历过所有的满足 $\min\limits_{j=1,\cdots,k} |z_j| = 1$ 的数系 $(z_1, \cdots, z_k)$. 式(4.100)中的上估计与下估计相离颇远.

17. 因此之故,那些纯方幂和——用范式 $M_1(t)$ 与 $M_2(t)$ 度量起来——结果都会是很小的,假使对于 $m+$

第二部分　中外名家论 Riemann 函数与 Riemann 猜想

$1 \leqslant v \leqslant m+k$ 我们考查它们的话. 若 m 与 k 对比起来很大,则这种位置规定是很精密的. 一个在精密方面比较差一点的位置规定就可以由我们把整数 v 限制在实际上大得多的

$$m+1 \leqslant v \leqslant (m+1)k$$

上而给出. 在这个情形之下,假使取 z_j 为 z_j^{m+1},则由定理 4.1 可知,对于一个任意的整数 m,在 $\min\limits_{j=1,\cdots,k} |z_j| = 1$ 的情形下,有估计式

$$\min_{\substack{m+1 \leqslant v \leqslant (m+1)k \\ v\text{为整数}}} |z_1^v + \cdots + z_k^v| \geqslant 1 \quad (4.101)$$

同样,由定理 4.2 与 4.4 可知,在 $\min\limits_{j=1,\cdots,k} |z_j| = 1$ 的情形下,有估计式

$$\max_{\substack{m+1 \leqslant v \leqslant (m+1)k \\ v\text{为整数}}} |z_1^v + \cdots + z_k^v| \geqslant \frac{\log 2}{\frac{1}{1} + \cdots + \frac{1}{k}} \quad (4.102)$$

与

$$\max_{\substack{m+1 \leqslant v \leqslant (m+1)2k \\ v\text{为整数}}} |z_1^v + \cdots + z_k^v| \geqslant \frac{1}{2} \quad (4.103)$$

18. 式 (4.102) 中的下估计式我们可以用来对

$$\max_{v=m+1, m+2, \cdots, m+k} |z_1^v + z_2^v + \cdots + z_k^v|$$

得出一个初步的下估计,若 $\max\limits_{j=1,\cdots,k} |z_j| = 1$ 的话. 再设

$$z^k + a_1 z^{k-1} + \cdots + a_k = 0 \quad (4.104)$$

为以 $z_1, z_2, \cdots, z_k$ 为根的方程式. 由 $\max\limits_{j=1,\cdots,k} |z_j| = 1$ 立刻得到

$$1 + \sum_{j=1}^{k} |a_j| \leqslant 2^k \quad (4.105)$$

若我们把 $z_1^v + \cdots + z_k^v$ 再简写成 s_v,则由式 (4.102) 得知存在一个满足

的整数 v_0 满足

$$m+1 \leqslant v_0 \leqslant (m+1)k$$

$$|s_{v_0}| \geqslant \frac{\log 2}{\frac{1}{1}+\frac{1}{2}+\cdots+\frac{1}{k}} \equiv D \quad (4.106)$$

若 $m+1 \leqslant v_0 \leqslant m+k$,则有

$$\max_{v=m+1,\cdots,m+k}|s_v| \geqslant D \quad (4.107)$$

我们于是可以设 $v_0 > m+k$. 但此时有

$$s_{v_0} + a_1 s_{v_0-1} + \cdots + a_k s_{v_0-k} = 0$$

所以

$$D \leqslant |s_{v_0}| = |a_1 s_{v_0-1}+\cdots+a_k s_{v_0-k}| \leqslant 2^k \max_{j=v_0-1,\cdots,v_0-k}|s_j|$$

亦就是

$$|s_{v_1}| = \max_{j=v_0-1,\cdots,v_0-k}|s_j| \geqslant \frac{D}{2^k}$$

若 $m+1 \leqslant v_1 \leqslant m+k$,则有

$$\max_{v=m+1,\cdots,m+k}|s_v| \geqslant \frac{D}{2^k}$$

我们于是可设 $v_1 > m+k$. 但此时,将 v_0 换为 v_1 又将 D 换为 $\frac{D}{2^k}$,我们可以重复以上的结论,因此至多经过

$$(m+1)k-(m+1)$$

个这样的步骤,v 就会落到 $(m+1)$ 与 $(m+k)$ 之间,是故,当 $\max_{j=1,\cdots,k}|z_j|=1$ 时,有

$$\max_{v=m+1,\cdots,m+k}|z_1^v+\cdots+z_k^v| \geqslant \frac{\log 2}{\frac{1}{1}+\cdots+\frac{1}{k}} 2^{-k^2(m+1)}$$

$$(4.108)$$

在第 7 节中我们将证出比这好得多的估计式来.

19. 由定理 4.4 自然就会问道,要想将极值问题

(4.103)至少是渐近地,那就是说对于大的 k 值,解出来,还需要将区间 $(m+1) \leqslant v \leqslant (m+1)2k$ 放大到什么样的程度. 显然,我们可以限于只研究 $m=0$ 的情形. 若我们引入记号

$$N''_k = \min_{z_1,\cdots,z_k} \max_{\substack{1 \leqslant v \leqslant 2+k^2\log 2k^2 \\ v \text{为整数}}} \frac{|z_1^v + \cdots + z_k^v|}{(\max_{j=1,\cdots,k}|z_j|)^v}$$

则有①:

定理 4.7 对于每个整数 k,有不等式

$$1 \geqslant N''_k \geqslant 1 - \frac{1}{k}$$

这个上估计仍旧是平凡不足道的. 这个下估计我们是由一个特殊的关于广义方幂和 $\sum_{j=1}^{k} a_j z_j^x$ 的普遍性定理推出来的,其中,位置规定与诸系数 a_j 有关. 设诸正数 a_j 为预先给出的,而且对于数 ε,有不等式

$$0 < \varepsilon < \min\left(1, \frac{2(a_2 + \cdots + a_k)}{a_1}\right) \quad (4.109)$$

此外设

$$G = \left[\frac{a_1 + \cdots + a_k}{a_1 \varepsilon} \log \frac{2(a_1 + \cdots + a_k)}{a_1 \varepsilon}\right] \quad (4.110)$$

于是有:

定理 4.8 对于每个满足

$$\max_{j=1,\cdots,k}|z_j| = 1$$

的数系 $(z_1, z_2, \cdots, z_k)$,有不等式

$$U \equiv \max_{\substack{1 \leqslant v \leqslant G+2 \\ v \text{为整数}}} \left|\sum_{j=1}^{k} a_j z_j^v\right| \geqslant a_1(1-\varepsilon)$$

---

① 参阅与 A. Renyi 合著的论文[12].

若 $a_1 = a_2 = \cdots = a_k = 1$ 又 $\varepsilon = \dfrac{1}{k}$，则定理 4.7 由定理 4.8 得出。

20. 要证明这个定理，我们先来研究函数
$$g(z) = \sum_{j=1}^{k} \frac{a_j}{z - z_j} \qquad (4.111)$$

设
$$\sum_{j=1}^{k} a_j z_j^v = f(v)$$

则因 $|z_j| \leqslant 1$，故对于 $|z| > 1$ 有
$$g(z) = \frac{f(0)}{z} + \sum_{v=1}^{\infty} \frac{f(v)}{z^{v+1}} \qquad (4.112)$$

若 $R > 1$，随后再精确地来决定，则由式 (4.112) 可知
$$|g(R)| \leqslant \frac{f(0)}{R} + U\left(\frac{1}{R} + \frac{1}{R^2} + \cdots + \frac{1}{R^{G+2}}\right) +$$
$$f(0)\left(\frac{1}{R^{G+3}} + \cdots\right) <$$
$$f(0)\left(\frac{1}{R} + \frac{1}{R^{G+2}(R-1)}\right) + \frac{U}{R(R-1)}$$
$$\qquad (4.113)$$

由 $|z_j| \leqslant 1, R > 1$，有
$$\mathscr{R}\frac{1}{R - z_j} \geqslant \frac{1}{R + 1}$$

不失其普遍性，设
$$z_1 = \max_{j=1,\cdots,k} |z_j| = 1$$

于是有
$$|g(R)| \geqslant \mathscr{R} g(R) = \frac{a_1}{R - 1} + \sum_{j=2}^{k} a_j \mathscr{R} \frac{1}{R - z_j} \geqslant$$
$$\frac{a_1}{R - 1} + \frac{1}{R + 1} \sum_{j=2}^{k} a_j$$

亦就是,由这以及式(4.113)得出

$$\frac{a_1}{R-1}+\frac{f(0)-a_1}{R+1} \leqslant f(0)\left(\frac{1}{R}+\frac{1}{R^{G+2}(R-1)}\right)+\frac{U}{R(R-1)}$$

或

$$U \geqslant \frac{2a_1 R}{R+1}-f(0)\left(\frac{R-1}{R+1}+\frac{1}{R^{G+1}}\right) \quad (4.114)$$

我们现在决定 R 使

$$2a_1 R-f(0)(R-1)=a_1\left(1-\frac{\varepsilon}{2}\right)(R+1)$$

那就是说

$$R=1+\frac{a_1\varepsilon}{f(0)-a_1\left(1-\frac{\varepsilon}{2}\right)} \quad (4.115)$$

由于式(4.109),故有 $f(0)-a_1\left(1+\frac{\varepsilon}{2}\right)>0$,从而 $R>1$.

于是由式(4.114)可知

$$U \geqslant a_1\left(1-\frac{\varepsilon}{2}\right)-\frac{f(0)}{R^{G+1}} \quad (4.116)$$

由式(4.115)最后得

$$\log R \geqslant \frac{R-1}{R}=\frac{a_1\varepsilon}{f(0)-a_1\left(1-\frac{\varepsilon}{2}\right)}>\frac{a_1\varepsilon}{f(0)}$$

因此由式(4.110)得

$$R^{G+1} \geqslant \exp\left(\frac{f(0)}{a_1\varepsilon}\log\frac{2f(0)}{a_1\varepsilon} \cdot \frac{a_1\varepsilon}{f(0)}\right)=\frac{2f(0)}{a_1\varepsilon}$$

从而由式(4.116)有

$$U \geqslant a_1(1-\varepsilon)$$

证毕.

究竟在定理4.7中,区间

$$1 \leqslant v \leqslant 2 + [k^2 \log 2k^2]$$

能不能够用一个小得多的区间来代换,这一问题还未得到解决.

21. 定理 4.8 是我们在这里可以证出与之类似的积分定理的唯一定理,即使只是在与

$$|z_j| = 1, j = 1, \cdots, k$$

相应的情形之下. 我们现在来证明

定理 4.9 设 $F(x)$ 在实数轴上为正且又是不下降的,而且

$$\int_{-\infty}^{\infty} a \mathrm{d}F(x) = 1 \qquad (4.117)$$

以及

$$F(+0) - F(-0) = \Delta \qquad (4.118)$$

则当

$$0 < \varepsilon < \min\left(1, \frac{2(1-\Delta)}{\Delta}\right) \qquad (4.119)$$

时,有估计式①

$$V \equiv \max_{\substack{1 \leqslant v \leqslant 2 + \left[\frac{1}{\Delta \varepsilon} \log \frac{2}{\Delta \varepsilon}\right] \\ v \text{为整数}}} \left| \int_{-\infty}^{\infty} e^{ivx} \mathrm{d}F(x) \right| \geqslant (1-\varepsilon)\Delta$$

这一类的定理似乎可以用到概率论中去. 这个定理的证明完全与定理 4.8 的证明相似,所以只给出这个证明的一个概略就够了. 若

$$R = 1 + \frac{\Delta \varepsilon}{1 - \Delta\left(1 + \frac{\varepsilon}{2}\right)} (>1)$$

则令

---

① 参阅与 Renyi 合著的论文 [12].

$$\left[\frac{1}{\Delta\varepsilon}\log\frac{2}{\Delta\varepsilon}\right]=E$$

得

$$\frac{\Delta}{R-1}+\frac{1-\Delta}{R+1}\leqslant \mathscr{R}\int_{-\infty}^{\infty}\frac{\mathrm{d}F(x)}{R-\mathrm{e}^{ix}}\leqslant$$

$$\frac{1}{R}+\frac{V}{R(R-1)}+\frac{1}{R^{E+2}(R-1)}$$

因此

$$V\geqslant R(R-1)\left\{\frac{\Delta}{R-1}+\frac{1-\Delta}{R+1}-\frac{1}{R}\right\}-\frac{1}{R^{E+1}}=\left(1-\frac{\varepsilon}{2}\right)\Delta-\frac{1}{R^{E+1}}$$

(4.120)

因

$$(E+1)\log R\geqslant\frac{1}{\Delta\varepsilon}\log\frac{2}{\Delta\varepsilon}\frac{R-1}{R}>\log\frac{2}{\Delta\varepsilon}$$

故由式(4.120)得出定理4.9.

22. 最后我们在关于纯方幂和的"单边的"定理上作若干注释. 有如我们将要在第二章第9节看到,有些结果在素数分布的 Ω 理论中也有应用,这些结果表示着,若 $m+1\leqslant v\leqslant m+k$,则 $z_1,\cdots,z_k$ 的 v 次纯方幂和中至少有一个就其绝对值而言可以与 $(\max_{j=1,\cdots,k}|z_j|)^v$ 相比较. 说得更确切些就是,我们可以借助于它们来证明差数

$$\Delta(x)\equiv\sum_{n\leqslant x}\Lambda(n)-x$$

能取得任意大的绝对值,此处 $\Lambda(n)$ 表示 Dirichlet 记号

$$\Lambda(n)=\begin{cases}\log p, n=p^\alpha\\ 0, n\neq p^\alpha\end{cases}\quad(p\text{ 为素数})\quad(4.121)$$

然而这也是大家知道的, $\Delta(x)$ 能取任意大的正数与负数值. 若我们把这结果也安排在我们的理论中,那么我

们就遇到一个问题,这个问题是我们怎样可以保证,在一些情形之下,对于 $v = (m+1), \cdots, (m+k)$,式子
$$\mathrm{Re}(z_1^v + z_2^v + \cdots + z_k^v)$$
能取"大的"正数与负数值. 但是现今尚未能找到"好的"陈述. 有一个浅显猜测,那就是存在有"不太小的"正数 $c_1 = c_1(m, k)$ 与 $c_2 = c_2(m, k)$ 具有性质:对于适当的整数 v_1 与 v_2 有

$$\mathrm{Re}(z_1^{v_1} + \cdots + z_k^{v_1}) > c_1 \max_{j=1,\cdots,k} \mathscr{R}z_j^{v_1} \quad (4.122)$$

以及

$$\mathrm{Re}(z_1^{v_2} + \cdots + z_k^{v_2}) < c_2 \max_{j=1,\cdots,k} \mathscr{R}z_j^{v_2} \quad (4.123)$$

并且

$$m+1 \leqslant v_1 \leqslant m+k, m+1 \leqslant v_2 \leqslant m+k$$

简单地由

$$k = 4, z_1 = z_2 = 1, z_3 = \mathrm{e}^{\frac{\mathrm{i}\pi}{20}}, z_4 = \mathrm{e}^{-\frac{\mathrm{i}\pi}{20}}, m = 10$$

我们就可以驳倒这个猜测,因为,对于每个 v 有

$$\mathrm{Re}(z_1^v + \cdots + z_k^v) = 4\cos^2\frac{v\pi}{40} \geqslant 0$$

又对于每个满足 $11 \leqslant v \leqslant 15$ 的 v,有

$$\min_{j=1,\cdots,k} \mathscr{R}z_j^v = \min\left(1, \cos\frac{v\pi}{20}\right) < 0$$

S. Chowla 提出①过在这方面的一个问题. 他的问题关系着形如

$$h(x) = 1 + \sum_{v=1}^{k} \cos \lambda_v x$$

的三角多项式,其中 $0 < \lambda_1 < \lambda_2 < \cdots < \lambda_k$ 皆为整数,并且

---

① 口头告知.

听说,相应于任意大的正数 M,对于 $k>k_0(M)$,有
$$\min_{0\leqslant x\leqslant 2\pi} h(x) < -M$$
然而,据我所知,这个问题迄今也还没有得到解决.

第五节　第一主要定理

1. 现在我们转到广义方幂和
$$f(v) = \sum_{j=1}^{k} b_j z_j^v \quad (5.1)$$
而且要拿它与范式
$$M_1(v) = (\min_{j=1,\cdots,k} |z_j|)^v$$
相比较. 这样结果所得的一些定理将会是属于第一类型的. 我们研究这样的一些正数 B 的下确界 A,对于这些正数 B,相应于每个 $(z_1, z_2, \cdots, z_k)$ 数系,每个整数 $m \geqslant 0$ 以及 $k \geqslant 1$,不等式
$$\max_{v=m+1,\cdots,m+k} \frac{|f(v)|}{(\min_{j=1,\cdots,k}|z_j|)^v} \geqslant |b_1+\cdots+b_k| \left(\frac{k}{B(m+k)}\right)^k$$
(5.2)

是得到满足的,我们将要证明下列的[①]:

定理 5.1　对于不等式(5.2)中所定义的常数 A,我们有
$$1.27 \approx \frac{4}{\pi} \leqslant A \leqslant 2e \approx 5.43$$

2. 这个定理含有两个论断. 第一,取 $B=2e$ 时不等式(5.2)必然成立,第二,对于任意小的正数 ε,可以给

---

①　A 的下估计,由前面提到过的 Stein 观念,只要加上一个很容易的修改,就可以得出.

出特殊的广义方幂和 $f^*(v)$，对于它，有 $|z_j|=1, j=1, 2,\cdots,k$，而且

$$\max_{v=m+1,\cdots,m+k}|f^*(v)|<\left(\dfrac{1}{\dfrac{4}{\pi}(1-\varepsilon)}\cdot\dfrac{k}{m+k}\right)^k\Big|\sum_{j=1}^{k}b_j\Big|$$

设 k 为一奇数并且如此的大使得

$$\left(1-\dfrac{\pi^2}{32k^4}\right)^k>\dfrac{1}{1+\dfrac{1}{k}},\ \left(1+\dfrac{1}{k}\right)\dfrac{4}{\pi}(k^2+1)<\dfrac{1}{(1-\varepsilon)^k}$$

(5.3)

此外

$$m=k^3 \qquad (5.4)$$

于是令

$$z_j=\mathrm{e}^{\frac{\pi\mathrm{i}}{2(m+k)}(2j-k-1)}$$

$$b_j=\dfrac{1}{2^{k-1}}\binom{k-1}{j-1}\mathrm{e}^{\frac{\pi\mathrm{i}k}{4(m+k)}(2j-k-1)} \qquad (5.5)$$

$$j=1,2,\cdots,k$$

则有

$$f^*(v)=\dfrac{1}{2^{k-1}}\sum_{j=1}^{k}\binom{k-1}{j-1}\mathrm{e}^{(2j-k-1)\left(\frac{\pi\mathrm{i}k}{4(m+k)}+\frac{v\pi\mathrm{i}}{2(m+k)}\right)}=$$

$$\dfrac{1}{2^{k-1}}\sum_{j=1}^{k}\binom{k-1}{j-1}\mathrm{e}^{(2j-k-1)\frac{\pi\mathrm{i}}{2(m+k)}\left(v+\frac{k}{2}\right)}=$$

$$\dfrac{1}{2^{k-1}}\sum_{j=0}^{k-1}\binom{k-1}{j}\mathrm{e}^{(2j-k+1)\frac{\pi\mathrm{i}}{2(m+k)}\left(v+\frac{k}{2}\right)}=$$

$$\cos^{k-1}\dfrac{\pi\left(v+\dfrac{k}{2}\right)}{2(m+k)} \qquad (5.6)$$

又依照式(5.3)有

第二部分　中外名家论 Riemann 函数与 Riemann 猜想

$$\sum_{j=1}^{k} b_j = f^*(0) = \cos^{k-1}\frac{\pi k}{4(m+k)} = \cos^{k-1}\frac{\pi}{4(k^2+1)} >$$

$$\cos^k\frac{\pi}{4k^2} > \left(1 - \frac{\pi^2}{32k^4}\right)^k > \frac{1}{1+\frac{1}{k}}$$

但此时由式(5.6)有

$$|f^*(v)| < \left(1+\frac{1}{k}\right) \left| \sum_{j=1}^{k} b_j \right| \cos^{k-1}\frac{\pi\left(v+\frac{k}{2}\right)}{2(m+k)}$$

因此由式(5.3)得

$$\max_{v=m+1,\cdots,m+k} |f^*(v)| \leq$$

$$\left(1+\frac{1}{k}\right) \left| \sum_{j=1}^{k} b_j \right| \cos^{k-1}\left(\frac{\pi}{2} + \frac{\pi k}{4(m+k)}\right) =$$

$$\left| \sum_{j=1}^{k} b_j \right| \left(1+\frac{1}{k}\right) \sin^{k-1}\frac{\pi k}{4(m+k)} <$$

$$\left| \sum_{j=1}^{k} b_j \right| \left(\frac{\pi k}{4(m+k)}\right)^{k-1}\left(1+\frac{1}{k}\right) =$$

$$\left| \sum_{j=1}^{k} b_j \right| \left(\frac{\pi k}{4(m+k)}\right)^{k}\left(1+\frac{1}{k}\right)\frac{4}{\pi}(k^2+1) <$$

$$\left(\frac{k}{\frac{4}{\pi}(1-\varepsilon)(m+k)}\right)^{k} \left| \sum_{j=1}^{k} b_j \right|$$

但这已经是论断的第二部分了.

3. 现在让我们转入第一部分的证明,那也就是要证:对于 $f(v)$ 以及非负的整数 m,存在一个满足

$$m+1 \leq v_1 \leq m+k \qquad (5.7)$$

的整数 v_1 使

$$\frac{|f(v_1)|}{(\min_{j=1,\cdots,k}|z_j|)^{v_1}} \geq \left(\frac{k}{2\mathrm{e}(m+k)}\right)^{k} \left| \sum_{j=1}^{k} b_j \right| \qquad (5.8)$$

我们显然可以假定

$$\min_{j=1,\cdots,k}|z_j|=1 \qquad (5.9)$$

于是我们要证的就是

$$M\equiv\max_{v=m+1,m+2,\cdots,m+k}|f(v)|\geqslant\left(\frac{k}{2\mathrm{e}(m+k)}\right)^k|\sum_{j=1}^k b_j|$$
$$(5.10)$$

首先我们构造出下面的辅助函数

$$F(z)=\prod_{j=1}^k\left(1-\frac{z}{z_j}\right)=1+\sum_{l=1}^k a_l^{(1)}z^l \qquad (5.11)$$

于是由式(5.9)可知对于$|z|<1$,$\dfrac{1}{F(z)}$为正规的,且此处

$$\frac{1}{F(z)}=\prod_{j=1}^k\frac{1}{1-\dfrac{z}{z_j}}=1+\sum_{l=1}^\infty a_l^{(2)}z^l \qquad (5.12)$$

此外设

$$s_m\left(\frac{1}{F}\right)=1+\sum_{l=1}^m a_l^{(2)}z^l \qquad (5.13)$$

以及

$$G(z)=1-F(z)s_m\left(\frac{1}{F}\right) \qquad (5.14)$$

则$G(z)$显然为一个$m+k$次的多项式,用于决定诸数$a_j^{(2)}$的一次方程组(对诸数$a_j^{(2)}$而言)

$$0=a_1^{(1)}+a_1^{(2)}$$
$$0=a_2^{(1)}+a_1^{(1)}a_1^{(2)}+a_2^{(2)}$$
$$\vdots$$
$$0=a_m^{(1)}+a_{m-1}^{(1)}a_1^{(2)}+\cdots+a_m^{(2)}$$
$$\vdots$$

立刻示明在$G(z)$中$1,z,\cdots,z^m$的系数皆为零. 故有

$$G(z) = \sum_{l=m+1}^{m+k} a_l^{(3)} z^l$$

在 $G(z)$ 中我们将 z 依次换为值 $z_1, \cdots, z_k$,根据式 (5.14)代入后所得的值等于 1,因此

$$1 = \sum_{l=m+1}^{m+k} a_l^{(3)} z_j^{(l)}, j = 1, 2, \cdots, k \qquad (5.15)$$

若我们在此处乘以 b_j 再对 j 求和,则得重要的公式

$$\sum_{l=m+1}^{m+k} a_l^{(3)} f(l) = \sum_{j=1}^{k} b_j \qquad (5.16)$$

这个式子表示多复变数的一个有理恒等式而且一定也可以直接证出来. 由这个恒等式立刻得出

$$M \geqslant \frac{|b_1 + \cdots + b_k|}{\sum_{l=m+1}^{m+k} |a_l^{(3)}|} \qquad (5.17)$$

于是我们只需要对 $\sum_{l=m+1}^{m+k} |a_l^{(3)}|$ 找到一个上估计.

4. 然而想找出这样的一个上估计是很容易的. 因

$$a_l^{(1)} = (-1)^l \sum_{1 \leqslant i_1 < \cdots < i_l \leqslant k} (z_{i_1} z_{i_2} \cdots z_{i_l})^{-1}$$

故由式(5.9)得

$$|a_l^{(1)}| \leqslant \binom{k}{l}, l = 1, 2, \cdots, k \qquad (5.18)$$

此外由

$$a_j^{(2)} = \sum_{\substack{i_1 + i_2 + \cdots + i_k = j \\ i_l \geqslant 0}} z_1^{-i_1} z_2^{-i_2} \cdots z_k^{-i_k}$$

同样依据式(5.9)有

$$|a_j^{(2)}| \leqslant \sum_{\substack{i_1 + \cdots + i_k = j \\ i_l \geqslant 0}} 1 \equiv c_j$$

因 c_j 显然是属于 $z_1 = z_2 = \cdots = z_k = 1$ 的那种 $a_j^{(2)}$,故

$$1+\sum_{j=1}^{\infty} c_j z^j = \frac{1}{(1-z)^k}$$

从而有

$$c_j = (-1)^j \binom{-k}{j} = \binom{k+j-1}{j}$$

以及

$$|a_j^{(2)}| \leq \binom{k+j-1}{j}, j=1,2,\cdots \quad (5.19)$$

最后由式(5.15)与(5.14)对于 $j=m+1,\cdots,m+k$ 有

$$a_j^{(3)} = -(a_m^{(2)} a_{j-m}^{(1)} + a_{m-1}^{(2)} a_{j-m+1}^{(1)} + \cdots)$$

所以

$$\sum_{j=m+1}^{m+k} |a_j^{(3)}| \leq \left(1+\sum_{j=1}^{k} |a_j^{(1)}|\right)\left(1+\sum_{j=1}^{m} |a_j^{(2)}|\right)$$

再应用式(5.18)与(5.19)得

$$\sum_{j=m+1}^{m+k} |a_j^{(3)}| \leq 2^k \binom{m+k}{k} < \frac{2^k(m+k)^k}{k!} < \left(\frac{2e(m+k)}{k}\right)^k$$

$$(5.20)$$

由这与式(5.17)于是就证明了式(5.8),随之也证明了定理 5.1 的第一部分.

5. 这个简单的定理在本书第二章里将多次用到. 听起来或许颇为惊奇. 那就是,比较经典的法布里缺隙定理(Fabrysche Lückensatz)只要几行就可以得出来. 是把不等式(5.8)变成一个更适合于应用的形式,我们首先注意,若 m_1 是一个正的但不必要再是整数,则区间 $[m_1]+1 \leq x \leq [m_1]+k$ 全部位于 $m_1 \leq x \leq m_1+k$ 中,于是

$$\max_{\substack{m_1 \leq v \leq m_1+k \\ v\text{为整数}}} \frac{|f(v)|}{(\min_{j=1,\cdots,k}|z_j|)^v} \geq \max_{v=[m_1]+1,\cdots,[m_1]+k} \frac{|f(v)|}{(\min_{j=1,\cdots,k}|z_j|)^v} \geq$$

第二部分 中外名家论 Riemann 函数与 Riemann 猜想

$$\left(\frac{k}{2\mathrm{e}([m_1]+k)}\right)^k \Big|\sum_{j=1}^{k} b_j\Big| \geqslant \left(\frac{k}{2\mathrm{e}(m_1+k)}\right)^k \Big|\sum_{j=1}^{k} b_j\Big|$$
(5.21)

现在设 a 与 d 为任意预先给定的正数,又 $w_1,\cdots,w_k$ 为满足

$$\mathscr{R}w_j \geqslant 0, j=1,2,\cdots,k \qquad (5.22)$$

的任意复数. 我们应用式(5.21)取

$$m_1 = \frac{ak}{d}, z_j = \mathrm{e}^{\frac{d}{k}w_j}, j=1,2,\cdots,k$$

于是显然有

$$\min_{j=1,\cdots,k} |z_j| \geqslant 1$$

因此由式(5.21)得知存在一整数 v_0 满足

$$\frac{ak}{d} \leqslant v_0 \leqslant \frac{ak}{d}+k \qquad (5.23)$$

与

$$\Big|\sum_{j=1}^{k} b_j \mathrm{e}^{\frac{d}{k}w_j v_0}\Big| \geqslant \left(\frac{k}{2\mathrm{e}\left(\frac{ak}{d}+k\right)}\right)^k \Big|\sum_{j=1}^{k} b_j\Big| =$$

$$\left(\frac{d}{2\mathrm{e}(a+d)}\right)^k \Big|\sum_{j=1}^{k} b_j\Big|$$

只需令

$$\frac{dv_0}{k} = x_0$$

则由式(5.23)有

$$a \leqslant x_0 \leqslant a+d$$

因此

$$\max_{a \leqslant x \leqslant a+d} \Big|\sum_{j=1}^{k} b_j \mathrm{e}^{w_j x}\Big| \geqslant \Big|\sum_{j=1}^{k} b_j \mathrm{e}^{w_j x_0}\Big| \geqslant \left(\frac{d}{2\mathrm{e}(a+d)}\right)^k \Big|\sum_{j=1}^{k} b_j\Big|$$

于是我们就得到定理 5.1 的以下的推论,这个推论因

为有很多的应用,所以我们用定理 5.2 来表示它.

定理 5.2 对于 $a>0, d>0$ 及
$$\mathscr{R}w_j \geqslant 0, j=1,2,\cdots,k$$
有
$$\max_{a \leqslant x \leqslant a+d} \left| \sum_{j=1}^{k} b_j e^{w_j x} \right| \geqslant \left(\frac{d}{2e(a+d)} \right)^k \left| \sum_{j=1}^{k} b_j \right|$$

6. 由于假设很少,这个定理或许也有一个独立的趣味. 另外一个类似的,简单的问题关系着,用
$$\int_0^D |f(x)|^2 dx$$
来对
$$\int_A^{A+D} |f(x)|^2 dx$$
做出下估计,此处 $f(x) = \sum_{j=1}^{k} b_j e^{W_j x}$. 在这方面,我们仅证明:

定理 5.3 对于 $A>0, D>0$ 以及
$$f(x) = \sum_{j=1}^{K} b_j e^{W_j x}$$
此处
$$\mathscr{R}W_j \geqslant 0, j=1,2,\cdots,K$$
有
$$\int_A^{A+D} |f(x)|^2 dx \geqslant \left(\frac{D}{6(2A+D)} \right)^{K^2} \int_0^{\frac{D}{2}} |f(x)|^2 dx$$

要想证明这个定理,我们来研究积分
$$J(u) = \int_u^{u+\frac{D}{2}} |f(x)|^2 dx$$
显然有

$$J(u) = \sum_{\mu} \sum_{v} b_{\mu} \bar{b}_{v} \frac{\mathrm{e}^{(W_{\mu}+\overline{W}_{v})\frac{D}{2}}-1}{W_{\mu}+\overline{W}_{v}} \mathrm{e}^{(W_{\mu}+\overline{W}_{v})u}$$

此处 $\overline{W}_v$ 表示 W_v 的共轭复数. 我们可以把定理 5.2 应用在 $J(u)$ 上,取

$$w_j = W_\mu + \overline{W}_v, k = K^2, a = A, d = \frac{D}{2}$$

这就给出了

$$\max_{A \leqslant u \leqslant A+\frac{D}{2}} J(u) \geqslant \left(\frac{\frac{D}{2}}{2\mathrm{e}\left(A+\frac{D}{2}\right)} \right)^{K^2} J(0)$$

显然有

$$\max_{A \leqslant u \leqslant A+\frac{D}{2}} J(u) \leqslant \int_A^{A+D} |f(x)|^2 \mathrm{d}x$$

因此定理 5.3 得证.

很有可能,在定理 5.3 中,指数 K^2 用 K 来代换,式子右端 $\left(0, \frac{D}{2}\right)$ 上的积分用 $(0, D)$ 上的积分来代换. 此外,类似的定理存在于 $|f(x)|^q$ 的积分之间,此处 $q>0$.

7. 在第 4 节中我们已经提到过在纯方幂和的情形下单边性定理的问题. 在广义方幂和

$$\sum_{j=1}^{k} b_j z_j^x \qquad (5.24)$$

的情形下,这问题以一种非常隐蔽的形式在 Littlewood 那篇曾经多次提到过的与

$$\pi(x) - \int_2^x \frac{\mathrm{d}v}{\log v}$$

的符号有关的论文中起着重要的作用. 此处 $\pi(x)$ 表示小于或等于 x 的素数的个数. 在这里事态仍然不佳,

即使所有的系数 b_j 皆为正,也可能出现有对于 $m+1 \leqslant x \leqslant m+k$, $\sum_{j=1}^{k} b_j z_j^x$ 的实数部分始终为负的情形. 要想得出一个形如式(5.24)且具有正系数的函数,而这函数对于一个整数 m, 在区间 $m+1 \leqslant x \leqslant m+k$ 中不取正数值,则需要研究略加修改后的 Stein 函数

$$g_0(x) = \sum_{j=1}^{k} \frac{1}{2^{k-1}} \binom{k-1}{j-1} (e^{\frac{\pi i}{2m}(2j-k-1)})^x - 2\sin^{k-1}\frac{k\pi}{2m}$$

就行了,此处 k 为足够大的奇数,且 $m \geqslant 10k$ 为整数. 至于 $g_0(x)$ 的系数为正,只有常数项可能有问题,然而常数项是

$$\frac{1}{2^{k-1}}\binom{k-1}{\frac{k-1}{2}} - 2\sin^{k-1}\frac{k\pi}{2m} \geqslant \frac{1}{2^{k-1}}\binom{k-1}{\frac{k-1}{2}} - 2\sin^{k-1}\frac{\pi}{20} > 0$$

假使 k 的值是足够大的话. 此外有

$$g_0(x) = \left(\frac{e^{\frac{i\pi}{2m}x} + e^{-\frac{i\pi}{2m}x}}{2}\right)^{k-1} - 2\sin^{k-1}\frac{k\pi}{2m} =$$

$$\cos^{k-1}\frac{\pi x}{2m} - 2\sin^{k-1}\frac{k\pi}{2m}$$

因此

$$\max_{m+1 \leqslant x \leqslant m+k} g_0(x) = \sin^{k-1}\frac{k\pi}{2m} - 2\sin^{k-1}\frac{k\pi}{2m} < 0$$

第六节 第二主要定理的一些辅助定理

1. 对于处理我们的第二主要定理,我们还需要一些关于 Newton 插值法理论方面的事实. 众所周知,对于预先给定的异的复数 $w_1, w_2, \cdots, w_l$ 以及值 $f_1, f_2, \cdots, f_l$, 必存在唯一的一个次数小于或等于 $l-1$ 的多项式

第二部分　中外名家论 Riemann 函数与 Riemann 猜想

$f(w)$，这个多项式对于 $w_1,\cdots,w_l$ 依次地取值 $f_1,\cdots,f_l$.
Newton 把这多项式表示为形式

$$e_0 + e_1(w-w_1) + e_2(w-w_1)(w-w_2) + \cdots +$$
$$e_{l-1}(w-w_1)(w-w_2)\cdots(w-w_l) \quad (6.1)$$

这些系数的一种表达式是大家都知道的；在下面，在一个重要的特殊情形之下，我们给出一个积分表达式，它是由 Nörlund 所得出的. 设 L 为复数平面上由一些解析弧段接连成的一条闭曲线，在这条曲线外部所形成的闭域上，设 $g(w)$ 为正则的，且对于 $|w|\to\infty$ 有

$$|g(w)| \to 0 \quad (6.2)$$

我们假定 $w_1,\cdots,w_l$ 都在 L 之外，而且那些先给定的函数值就是诸 $g(w_j)$ 值. 则对于诸系数 e_h 有 Nörlund 表达式

$$e_h = \frac{1}{2\pi i}\int_{(L)} \frac{g(z)}{(z-w_1)(z-w_2)\cdots(z-w_{h+1})}dz \quad (6.3)$$

因为知道这个表达式的人看来是比较少，所以我们重新构造一个简短的证明. 若整数 μ 与 v 满足条件

$$2 \leqslant \mu \leqslant v \leqslant l$$

则对于任意的 z 有

$$\frac{1}{z-w_v}\left\{\frac{(w_v-w_1)(w_v-w_2)\cdots(w_v-w_{\mu-1})}{(z-w_1)(z-w_2)\cdots(z-w_{\mu-1})} - \frac{(w_v-w_1)(w_v-w_2)\cdots(w_v-w_\mu)}{(z-w_1)(z-w_2)\cdots(z-w_\mu)}\right\} = $$
$$\frac{(w_v-w_1)(w_v-w_2)\cdots(w_v-w_{\mu-1})}{(z-w_1)(z-w_2)\cdots(z-w_{\mu-1})(z-w_\mu)}$$

固定 v 而对 $\mu=2,3,\cdots,v$ 求和得

$$\sum_{\mu=2}^{v} \frac{(w_v-w_1)(w_v-w_2)\cdots(w_v-w_{\mu-1})}{(z-w_1)(z-w_2)\cdots(z-w_{\mu-1})(z-w_\mu)} = \frac{1}{z-w_v} \cdot \frac{w_v-w_1}{z-w_1}$$

两端同时加上 $\dfrac{1}{z-w_1}$ 后,我们就得到了所谈的恒等式

$$\dfrac{1}{z-w_1}+\dfrac{w_v-w_1}{(z-w_1)(z-w_2)}+\cdots+\dfrac{(w_v-w_1)\cdots(w_v-w_{v-1})}{(z-w_1)\cdots(z-w_v)}=\dfrac{1}{z-w_v} \qquad (6.4)$$

但是由这个恒等式立即就可以得出表达式(6.3). 这是因为:由于以上所说的唯一性,我们只需要证明,对于系数恰由积分式(6.3)给出而次数小于或等于 $l-1$ 的一个形如式(6.1)的多项式 $N(w)$,有关系式

$$N(w_v)=g(w_v),v=1,2,\cdots,l \qquad (6.5)$$

成立. 因为,把积分表达式代入后, $N(w)$ 取得形式

$$N(w)=\dfrac{1}{2\pi\mathrm{i}}\int_{(L)}g(z)\left\{\dfrac{1}{z-w_1}+\dfrac{w-w_1}{(z-w_1)(z-w_2)}+\cdots+\dfrac{(w-w_1)(w-w_2)\cdots(w-w_{l-1})}{(z-w_1)(z-w_2)\cdots(z-w_l)}\right\}\mathrm{d}z$$

因此对于 $v=1,2,\cdots,l$ 有

$$N(w_v)=\dfrac{1}{2\pi\mathrm{i}}\int_{(L)}g(z)\left\{\dfrac{1}{z-w_1}+\dfrac{w_v-w_1}{(z-w_1)(z-w_2)}+\cdots+\dfrac{(w_v-w_1)\cdots(w_v-w_{v-1})}{(z-w_1)\cdots(z-w_v)}\right\}\mathrm{d}z$$

于是由恒等式(6.4)得出

$$N(w_v)=\dfrac{1}{2\pi\mathrm{i}}\int_{(L)}\dfrac{g(z)}{z-w_v}\mathrm{d}z$$

因此,由式(6.2)可知(6.5),从而表达式(6.3)得证.

2. 此外我们需要:

辅助定理 6.1 设 $0\leqslant\delta\leqslant 1$,又 P 表示所有形如

$$f(z)=z^n+a_1z^{n-1}+\cdots+a_n$$

的多项式 $f(z)$ 的集合. 则对于每个 $f(z)\in P$,存在一满足

$$\delta \leqslant r_0 \leqslant 1 \qquad (6.6)$$

的 r_0 使得在整个的圆周 $|z|=r_0$ 上有

$$|f(z)| \geqslant 2\left(\frac{1-\delta}{4}\right)^n$$

为了要证明这,可设

$$f(z)=\prod_{j=1}^{n}(z-z_j) \qquad (6.7)$$

我们首先来研究多项式

$$f^*(z)=\prod_{j=1}^{n}(z-|z_j|) \qquad (6.8)$$

依照 Чебышев 的一个古典定理,对于 $\delta \leqslant \xi \leqslant 1$,有

$$|f^*(z)| \geqslant 2\left(\frac{1-\delta}{4}\right)^n \qquad (6.9)$$

但在圆周 $|z|=\xi$ 上显然有

$$|z-z_j| \geqslant ||z|-|z_j|| = |\xi-|z_j||$$

因此,经过相乘之后,有

$$|f(z)| \geqslant |f^*(\xi)|$$

于是已由式(6.9)得出这个辅助定理.

第七节 第二主要定理

1. 现在我们转到第二主要定理,这个定理是用范式 $M_2(v)=(\max_{j=1,\cdots,k}|z_j|)^v$ 来作

$$\max_{v=m+1,\cdots,m+k}\left|\sum_{j=1}^{k}b_j z_j^v\right|$$

的下估计. 结果所得的一些定理是属于第一类型的,我们将得到一个与第一主要定理完全对称的定理,假使我们能证明存在一个数值 C 使得对于每个非负的整数 m,每列复数 $b_1,\cdots,b_k,z_1,\cdots,z_k$,有一个满足

$$m+1 \leqslant v \leqslant m+k \qquad (7.1)$$

的整数 v, 使不等式

$$\frac{\left|\sum_{j=1}^{k} b_j z_j^v\right|}{(\max_{j=1,\cdots,k}|z_j|)^v} \geqslant \left(\frac{k}{C(m+k)}\right)^k |b_1+\cdots+b_k| \quad (7.2)$$

成立的话. 其次一个问题就是要尽可能好地由上面以及下面来估计常数 D(具有性质(7.1)(7.2)的"最小的"C). 但我们容易证明, (7.1)(7.2)这样的一个估计没有任何常数 C 能够使之成立. 我们只需研究一下例子

$$\begin{aligned} &b_1=0, b_2+b_3+\cdots+b_k=1 \\ &z_1=1, z_2=z_3=\cdots=z_k=0 \end{aligned} \quad (7.3)$$

就知道了. 因此我们必须满足于一个条件比较宽松些的定理. 为明白地陈述这个定理, 我们令(不失一般性)

$$|z_1| \geqslant |z_2| \geqslant \cdots \geqslant |z_k| \qquad (7.4)$$

于是有:

定理 7.1 对于每个非负的整数 m 与复数列(b_1, $b_2,\cdots,b_k;z_1,\cdots,z_k$), 存在一个满足

$$m+1 \leqslant v \leqslant m+k$$

的整数 v, 使①

$$\frac{\left|\sum_{j=1}^{k} b_j z_j^v\right|}{|z_1|^v} \geqslant \left(\frac{k}{2\mathrm{e}^{1+\frac{4}{e}}(m+k)}\right)^k \min_{j=1,\cdots,k}\left|\frac{b_1+\cdots+b_j}{j}\right| \quad (7.5)$$

---

① 用 $24\mathrm{e}^2$ 代替 $2\mathrm{e}^{1+\frac{4}{e}}$, 又用 $m+2k$ 代替 $m+k$, 参阅资料[14]. 定理对于 $m=-1$ 也是成立的, 但在这种情形下, 是平凡不足道的.

2. 由于这个定理与诸数 b_j 有一个"不良好的"依存关系,它只在诸系数 b_j 具有正的实数部分时可以应用;在这种情形下显然我们可以把式(7.5)中最后的一个因子换为

$$\min_{j=1,\cdots,k} \mathscr{R} b_j = \min_{j=1,\cdots,k} |\mathscr{R} b_j| \quad (7.6)$$

虽然如此,但如果与诸系数 b_j 的依存关系是属于比较好处理的一种,那么定理7.1就可能有很多其他的重要应用. 式(7.3)这个例子并不否定

$$\min_{j=1,\cdots,k} \left| \frac{b_1+\cdots+b_j}{j} \right|$$

完全可以由

$$\min_{j=1,\cdots,k} |b_j| \quad (7.7)$$

来代替. 可是,例子

$$z_1=z_2=\cdots=z_k=1, b_1=1, b_2=b_3=\cdots=b_k=-\frac{1}{k-1}$$
$$(7.8)$$

指出这个猜测也是错的. 然而有可能的是,当那些向量 z_j "依照方向是分散的"时候,那也就是当

$$\max_{1\leqslant \mu,v\leqslant k} \left| \arc \frac{z_\mu}{z_v} \right| \geqslant \delta(>0) \quad (7.9)$$

的时候,有一个形如

$$\max_{v=m+1,\cdots,m+k} \frac{\left| \sum_{j=1}^{k} b_j z_j^v \right|}{|z_1|^v} \geqslant C_0(m,k,\delta) \min_{j=1,\cdots,k} |b_j| \quad (7.10)$$

的估计式. 定理8.3是这一类型的一个结果. 第4节的小段10中的实践更指出定理7.1对于 k 的相关性"在实质上"要算是可能最好的.

3. 现在来证明定理 7.1. 不失其普遍性,可设

$$|z_1| = \max_{j=1,\cdots,k} |z_j| = 1 \qquad (7.11)$$

在这里证明也将依赖多复变数的一个有理恒等式. 为了导出这个恒等式,可设

$$F(z) = \prod_{v=1}^{k}(z-z_v) \qquad (7.12)$$

又在此刻让 δ 这个量只受

$$0 < \delta < 1 \qquad (7.13)$$

的限制. 按照辅助定理 6.1 存在一个满足

$$\delta \leq r_0 \leq 1 \qquad (7.14)$$

的 r_0,使得在整个圆周 $|z|=r_0$ 上有不等式

$$F(z) \geq 2\left(\frac{1-\delta}{4}\right)^k$$

因此,对于任意选取的标数

$$1 \leq i_1 < i_2 < \cdots < i_j \leq k \qquad (7.15)$$

在这圆周上有

$$\prod_{d=1}^{j}|z-z_{i_d}| \geq 2\left(\frac{1-\delta}{8}\right)^k 2^j \qquad (7.16)$$

此外设

$$\sum_{j=1}^{k} b_j z_j^v = f(v) \qquad (7.17)$$

我们分成两个情形:

4. **情形 I** 对于 $j=1,2,\cdots,k$,设

$$|z_j| > r_0 \qquad (7.18)$$

这时候,由定理 5.1 也就是说由式(5.8),有一个满足

$$m+1 \leq v_0 \leq m+k$$

的整数 v_0,使

$$|f(v_0)| \geq r_0^{v_0}\left(\frac{k}{2e(m+k)}\right)^k \left|\sum_{j=1}^{k} b_j\right|$$

于是更有

$$|f(v_0)| \geqslant r_0^{m+k}\left(\frac{k}{2\mathrm{e}(m+k)}\right)^k |b_1+\cdots+b_k| \geqslant$$

$$r_0^{m+k}\left(\frac{k}{2\mathrm{e}(m+k)}\right)^k \min_{j=1,\cdots,k}\left|\frac{b_1+\cdots+b_j}{j}\right|$$

(7.19)

5. 情形 II 存在一个满足

$$1 = |z_1| \geqslant |z_2| \geqslant \cdots \geqslant |z_l| > r_0 > |z_{l+1}| \geqslant \cdots \geqslant |z_k|$$

(7.20)

的 l. 由 r_0 的定义, $|z_l| = r_0$ 或 $|z_{l+1}| = r_0$ 皆需除外. 设

$$f_1(z) = \prod_{j=l+1}^{k}(z-z_j) = \sum_{j=0}^{k-l} c_j^{(1)} z^{k-l-j}, c_0^{(1)} = 1 \quad (7.21)$$

由公式

$$c_j^{(1)} = (-1)^j \sum_{l+1 \leqslant t_1 < t_2 < \cdots < t_j \leqslant k} z_{t_1} z_{t_2} \cdots z_{t_j}$$

依照式(7.20)得

$$|c_j^{(1)}| \leqslant \binom{k-l}{j} r_0^j, j=0,1,\cdots,k-l \quad (7.22)$$

此外设 $f_2(z)$ 是次数最高为 $l-1$ 的一个多项式,它对于 $z=z_1,z_2,\cdots,z_l$ 依次取值

$$\frac{1}{z_1^{m+1}f_1(z_1)},\cdots,\frac{1}{z_l^{m+1}f_1(z_l)} \quad (7.23)$$

若 $l=1$,则

$$f_2(z) \equiv \frac{1}{z_1^{m+1}f_1(z_1)} \equiv c_0^{(2)}$$

若 $1<l<k$,则我们把 $f_2(z)$ 当作一个形如

$$f_2(z) = c_0^{(2)} + c_1^{(2)}(z-z_1) + c_2^{(2)}(z-z_1)(z-z_2) + \cdots +$$
$$c_{l-1}^{(2)}(z-z_1)(z-z_2)\cdots(z-z_{l-1}) \quad (7.24)$$

的 Newton 插值多项式. 对于诸系数 $c_j^{(2)}$,我们应用

Nörlund 公式(6.3),取

$$g(z) = \frac{1}{z^{m+1}f_1(z)}$$

于是有

$$c_h^{(2)} = \frac{1}{2\pi i} \int_{|z|=r} \frac{\mathrm{d}w}{(w-z_1)(w-z_2)\cdots(w-z_{h+1})w^{m+1}f_1(w)}$$
$$h = 0, 1, \cdots, l-1$$

因多项式

$$(w-z_1)(w-z_2)\cdots(w-z_{h+1})f_1(w)$$

具有形式(7.16),故由积分表达式知,若我们又应用式(7.16),取 $j=k-l+h+1$,再按照中值定理,即得

$$|c_h^{(2)}| \leq \frac{1}{r_0^m} \cdot \frac{1}{2}\left(\frac{8}{1-\delta}\right)^k \frac{1}{2^{k-l+h+1}} = \frac{1}{2r_0^m}\left(\frac{4}{1-\delta}\right)^k 2^{l-k-1}$$
$$h = 0, 1, \cdots, l-1 \qquad (7.25)$$

但是我们需要一个关于表达形式

$$f_2(z) = \sum_{j=0}^{l-1} c_j^{(3)} z^j \qquad (7.26)$$

的系数 $c_j^{(3)}$ 的一个估计式来代替式(7.24),于是我们需要将系数 $c_j^{(3)}$ 用诸数 $c_h^{(2)}$ 来表示出. 现在有

$$c_{l-1}^{(3)} = c_{l-1}^{(2)}$$

并且,若 $l>1$,则又有

$$c_j^{(3)} = c_j^{(2)} - c_{j+1}^{(2)} \sum_{1\leq r_1\leq j+1} z_{r_1} + c_{j+2}^{(2)} \sum_{1\leq r_1<r_2\leq j+1} z_{r_1}z_{r_2} +$$
$$(-1)^{l-j-1} c_{l-1}^{(2)} \sum_{1\leq r_1<r_2\cdots<r_{l-j-1}\leq l-1} z_{r_1}z_{r_2}\cdots z_{r_{l-j-1}}$$

因此

$$|c_j^{(3)}| \leq |c_j^{(2)}| + |c_{j+1}^{(2)}|\binom{j+1}{1} + \cdots + |c_{l-1}^{(2)}|\binom{l-1}{l-j-1}$$

于是依照式(7.25)得

$$|c_j^{(3)}| \leq \frac{1}{2r_0^m}\left(\frac{4}{1-\delta}\right)^k 2^{l-j-1}\left\{1+\binom{j+1}{1}\frac{1}{2}+\binom{j+2}{2}\frac{1}{2^2}+\cdots\right\} =$$

$$\frac{1}{2r_0^m}\left(\frac{4}{1-\delta}\right)^k 2^{l-j-1}\left(1-\frac{1}{2}\right)^{-j-1} = \frac{1}{r_0^m}\left(\frac{4}{1-\delta}\right)^k 2^{l-1} \quad (7.27)$$

$$j = 0, 1, \cdots, l-1$$

最后设

$$f_3(z) = z^{m+1} f_1(z) f_2(z) = \sum_{j=m+1}^{m+k} c_j^{(4)} z^j \quad (7.28)$$

则由 $f_1(z)$ 与 $f_2(z)$ 的定义有

$$f_3(z_1) = \cdots = f_3(z_l) = 1$$
$$f_3(z_{l+1}) = \cdots = f_3(z_k) = 0$$

那就是说有

$$\sum_{j=m+1}^{m+k} c_j^{(4)} z_\mu^j = 1, \mu = 1, 2, \cdots, l \quad (7.29)$$

以及

$$\sum_{j=m+1}^{m+k} c_j^{(4)} z_\mu^j = 0, \mu = l+1, \cdots, k \quad (7.30)$$

式 (7.29) 与 (7.30) 就是所说关于变数 $z_1, z_2, \cdots, z_k$ 的有理恒等式. 若我们在式 (7.29) 与 (7.30) 中乘以 b_μ 然后依 μ 相加, 则得

$$\sum_{j=m+1}^{m+k} c_j^{(4)} f(j) = \sum_{\mu=1}^{l} b_\mu \quad (7.31)$$

由这个恒等式得

$$|b_1 + \cdots + b_l| = \Big|\sum_{j=m+1}^{m+k} c_j^{(4)} f(j)\Big| \leq$$

$$\Big(\sum_{j=m+1}^{m+k} |c_j^{(4)}|\Big) \max_{j=m+1,\cdots,m+k} |f(j)|$$

那就是说, 在第二种情形下, 有

$$M \equiv \max_{j=m+1,\cdots,m+k} |f(j)| \geq \frac{|b_1+\cdots+b_l|}{\sum_{j=m+1}^{m+k}|c_j^{(4)}|} \quad (7.32)$$

6. 为了完成这个证明,我们仅需作数量

$$\sum_{j=m+1}^{m+k}|c_j^{(4)}|$$

的上估计. 由式(7.28)得出

$$c_j^{(4)} = \sum_{k-l+j_1+j_2=j-m-1} c_{j_1}^{(1)} c_{j_2}^{(3)}$$

因此

$$\sum_{j=m+1}^{m+k}|c_j^{(4)}| \leq \Big(\sum_{j_1=0}^{k-l}|c_{j_1}^{(1)}|\Big)\Big(\sum_{j_2=0}^{l-1}|c_{j_2}^{(z)}|\Big) \quad (7.33)$$

由式(7.22)得

$$\sum_{j=0}^{k-l}|c_j^{(1)}| \leq (1+r_0)^{k-l} \quad (7.34)$$

此外,由式(7.27)有

$$\sum_{j=0}^{l-1}|c_j^{(3)}| \leq \frac{1}{r_0^m}\Big(\frac{4}{1-\delta}\Big)^k l \cdot 2^{l-1}$$

因此,由式(7.33)得

$$\sum_{j=m+1}^{m+k}|c_j^{(4)}| \leq \frac{(1+r_0)^{k-l}}{r_0^m}\Big(\frac{4}{1-\delta}\Big)^k l \cdot 2^{l-1} \quad (7.35)$$

于是可知在第二种情形下存在一个整数 v_1 满足

$$m+1 \leq v_1 \leq m+k$$

使得

$$|f(v_1)| \geq \frac{r_0^m}{(1+r_0)^{k-l}}\Big(\frac{1-\delta}{4}\Big)^k \frac{1}{2^{l-1}} \min_{j=1,2,\cdots,k}\Big|\frac{b_1+\cdots+b_j}{j}\Big|$$

$$(7.36)$$

因 $\delta \leq r_0 \leq 1$,故由式(7.19)可知,在第一种情形下有

$$\max_{v=m+1,\cdots,m+k}|f(v)|\geq\delta^{m+k}\left(\frac{k}{2\mathrm{e}(m+k)}\right)^k\min_{j=1,\cdots,k}\left|\frac{b_1+\cdots+b_j}{j}\right|$$
$$(7.37)$$

由式(7.36),在第二种情形下有

$$\max_{v=m+1,\cdots,m+k}|f(v)|\geq\delta^m\left(\frac{1-\delta}{8}\right)^k\min_{j=1,\cdots,k}\left|\frac{b_1+\cdots+b_j}{j}\right|$$
$$(7.38)$$

现在若我们选取 δ 使

$$\delta^k\left(\frac{k}{2\mathrm{e}(m+k)}\right)^k=\left(\frac{1-\delta}{8}\right)^k$$

即

$$\delta=\frac{1}{1+\dfrac{4}{\mathrm{e}}\cdot\dfrac{k}{m+k}}\equiv\delta_0 \qquad (7.39)$$

则果真有 $0<\delta_0<1$,而且在每个情形下有

$$\max_{v=m+1,\cdots,m+k}|f(v)|\geq\delta_0^{m+k}\left(\frac{k}{2\mathrm{e}(m+k)}\right)^k\min_{j=1,\cdots,k}\left|\frac{b_1+\cdots+b_j}{j}\right|$$
$$(7.40)$$

最后,因

$$\left(1+\frac{4}{\mathrm{e}}\cdot\frac{k}{m+k}\right)^{m+k}\leq\mathrm{e}^{\frac{4}{\mathrm{e}}k},\delta_0^{m+k}\geq\mathrm{e}^{-\frac{4}{\mathrm{e}}k}$$

故由式(7.40)得出我们的定理.

7. 在应用上,我们还需要定理 7.1 的一个另外的形式. 首先,设 m 为任意一个非负的数. 因

$$\max_{\substack{m\leq v\leq m+k\\ v\text{为整数}}}|f(v)|\geq\max_{\substack{[m]+1\leq v\leq [m]+k\\ v\text{为整数}}}|f(v)|$$

故由定理 7.1 立刻得出

$$\max_{\substack{m\leq v\leq m+k\\ v\text{为整数}}}\frac{|f(v)|}{(\max_{j=1,\cdots,k}|z_j|)^v}\geq$$

$$\left(\frac{k}{2\mathrm{e}^{1+\frac{4}{e}}([m]+k)}\right)^k \min_{j=1,\cdots,k}\left|\frac{b_1+\cdots+b_j}{j}\right| \geqslant$$

$$\left(\frac{k}{2\mathrm{e}^{1+\frac{4}{e}}(m+k)}\right)^k \min_{j=1,\cdots,k}\left|\frac{b_1+\cdots+b_j}{j}\right| \qquad (7.41)$$

此外,在第 5 节的小段 5 中,设 a 与 d 为任意预先给定的正数,又 $w_1,\cdots,w_k$ 为满足

$$\max_{j=1,\cdots,k}\mathscr{R}w_j=0 \qquad (7.42)$$

的任意的复数. 我们应用式(7.41),取

$$m=\frac{ak}{d},z_j=\mathrm{e}^{\frac{d}{k}w_j},j=1,\cdots,k$$

于是显然有

$$\max_{j=1,\cdots,k}|z_j|=1$$

因此由式(7.41)可知存在一个整数 v_1 满足

$$\frac{ak}{d}\leqslant v_1\leqslant\frac{ak}{d}+k \qquad (7.43)$$

且

$$\left|\sum_{j=1}^{k}b_j\mathrm{e}^{\frac{d}{k}w_jv_1}\right|\geqslant\left(\frac{k}{2\mathrm{e}^{1+\frac{4}{e}}\left(\frac{ak}{d}+k\right)}\right)^k\min_{j=1,\cdots,k}\left|\frac{b_1+\cdots+b_j}{j}\right|$$

若我们令

$$\frac{dv_1}{k}=x_1$$

则由式(7.43)得出

$$a\leqslant x_1\leqslant a+d$$

所以

$$\max_{a\leqslant x\leqslant a+d}\left|\sum_{j=1}^{k}b_j\mathrm{e}^{w_jx}\right|\geqslant\left|\sum_{j=1}^{k}b_j\mathrm{e}^{w_jx_1}\right|\geqslant$$

$$\left(\frac{d}{2\mathrm{e}^{1+\frac{4}{e}}(a+d)}\right)^k\min_{j=1,\cdots,k}\left|\frac{b_1+\cdots+b_j}{j}\right|$$

因为这样的关系,我们现在把它叙述成下面的:

定理 7.2 对于 $a>0, d>0$,又
$$\max_{j=1,\cdots,k} \mathscr{R}w_j = 0$$

则有

$$\max_{a \leqslant x \leqslant a+d} \left| \sum_{j=1}^{k} b_j e^{w_j x} \right| \geqslant \left(\frac{d}{2e^{1+\frac{4}{e}}(a+d)} \right)^k \min_{j=1,\cdots,k} \left| \frac{b_1 + \cdots + b_j}{j} \right|$$

另外的一些应用使得我们有必要作另外一种叙述.我们将证明:

定理 7.3 对于 $m>0, k \leqslant N$ 以及
$$|z_1| \geqslant |z_2| \geqslant \cdots \geqslant |z_k|, |z_1| \geqslant 1$$

又对于任意的复数 b_j,存在一个整数 v 满足
$$m \leqslant v \leqslant m+N$$

且

$$|b_1 z_1^v + b_2 z_2^v + \cdots + b_k z_k^v| \geqslant$$

$$\left(\frac{1}{2e^{1+\frac{4}{e}}} \cdot \frac{N-1}{m+N-1} \right)^N \min_{j=1,\cdots,k} \left| \frac{b_1 + \cdots + b_j}{j} \right|$$

为了证明这定理,我们引入满足
$$z_{k+1} = \cdots = z_{[N]} = 0$$

的 $z_{k+1}, z_{k+2}, \cdots, z_{[N]}$ 以及满足
$$z_j = z_1 w_j, j=1,2,\cdots,[N]$$

的 $w_1, w_2, \cdots, w_{[N]}$.我们在诸数 w_j 上应用定理 7.1,于是可知存在一个整数 v 使
$$m \leqslant v \leqslant m+[N]$$

且

$$\left| \sum_{j=1}^{k} b_j w_j^v \right| \geqslant \left(\frac{1}{2e^{1+\frac{4}{e}}} \cdot \frac{[N]}{m+[N]} \right)^{[N]} \min_{j=1,\cdots,k} \left| \frac{b_1 + \cdots + b_j}{j} \right|$$

但因显然有

$$\left(\frac{[N]}{m+[N]}\right)^{[N]} = \left(1-\frac{m}{m+[N]}\right)^{[N]} \geqslant \left(1-\frac{m}{m+N-1}\right)^{[N]} >$$
$$\left(\frac{N-1}{m+N-1}\right)^{[N]}$$

故由以上得

$$\left|\sum_{j=1}^{k} b_j w_j^v\right| \geqslant \left(\frac{1}{2e^{1+\frac{4}{e}}} \cdot \frac{N-1}{m+N-1}\right)^N \min_{j=1,\cdots,k}\left|\frac{b_1+\cdots+b_j}{j}\right|$$
$$(7.44)$$

于是,因

$$\left|\sum_{j=1}^{k} b_j z_j^v\right| = |z_1|^v \left|\sum_{j=1}^{k} b_j w_j^v\right| \geqslant \left|\sum_{j=1}^{k} b_j w_j^v\right|$$

从而定理 7.3 得证.

第八节 第三主要定理

1. 现在我们转到第二类型的一个定理的证明,在定理里式子的右端不依赖于诸系数 b_j. 它与 Bohr 的范式有关,但并不意味着完美. 不过,由它我们将立刻导出一些优雅的推论,这些推论我们将当作定理来陈述出来,因为它们有许多的应用. 对于诸数 z_j 我们要求

$$\prod_{\mu \neq v}(z_\mu - z_0) \neq 0, z_j \neq 0 \qquad (8.1)$$

且又设

$$w(z) = \prod_{j=1}^{k}(z-z_j) \qquad (8.2)$$

于是有:

定理 8.1 若诸数 b_j 为任意的复数且式(8.1)成立,则对于预先给定的非负的整数 m,存在一个满足

$$m+1 \leqslant v \leqslant m+k$$

的整数 v 使①

$$\frac{|\sum_{j=1}^{k} b_j z_j^v|}{\sum_{j=1}^{k} |b_j||z_j|^v} \geqslant \frac{\prod_{j=1}^{k} \frac{1}{1+|z_j|}}{\max_{v=0,1,\cdots,k-1} \sum_{j=1}^{k} \frac{|z_j|^v}{(1+|z_j|)|\omega'(z_j)|}}$$

若我们应用 Lagrange 插值法理论中的若干简单事实,定理的证明就很简单. 若 $L_k(f)$ 是一个次数小于或等于 $k-1$ 的多项式,它对于 $z_1,\cdots,z_k$ 依次取值 $f(z_1),\cdots,f(z_k)$,则有

$$L_k(f) = \sum_{j=1}^{k} f(z_j) \frac{\omega(z)}{\omega'(z)(z-z_j)} \qquad (8.3)$$

此外,若 l 表示满足 $0 \leqslant l \leqslant k-1$ 的任意一个整数,则多项式

$$L_k(z^l) - z^l$$

最多只有 $k-1$ 次,但对于 $z=z_1,z_2,\cdots,z_k$,此多项式取值为零,因此

$$L_k(z^l) \equiv z^l, l=0,1,\cdots,k-1 \qquad (8.4)$$

2. 要想证明定理 8.1,我们首先注意,若广义多项式

$$f_1(x) = \sum_{j=1}^{k} a_j z_j^x, f_2(x) = \sum_{j=1}^{k} c_j z_j^x$$

对于 $x=m+1,m+2,\cdots,m+k$ 取等值,它们也同时会彼此恒等,那就是说

$$a_j = c_j, j=1,\cdots,k \qquad (8.5)$$

上列条件表示

$$\sum_{j=1}^{k} (a_j - c_j) z_j^v = 0, v=m+1,\cdots,m+k$$

---

① 这定理对于 $m=-1$ 也成立.

而这却立刻给出一组齐次线性方程式以诸数 a_j-c_j 作为其未知量且其系数行列式为

$$(z_1z_2\cdots z_k)^{m+1}\prod_{1\leqslant j<l\leqslant k}(z_j-z_l)\neq 0$$

所以式(8.5)成立. 由式(8.5)就已经很容易得出定理 8.1. 我们现研究广义多项式

$$f(x)=\sum_{j=1}^{k}b_jz_j^x \qquad (8.6)$$

以及

$$g(x)=\sum_{j=1}^{k}z_j^x\left\{\frac{z_j^{-(m+1)}}{\omega'(z_j)}\sum_{l=m+1}^{m+k}f(l)\frac{\omega(z)}{z-z_j}\text{中的}z^{l-m-1}\text{的系数}\right\} \qquad (8.7)$$

我们可以将 $g(x)$ 写为

$$g(x)=\sum_{l=m+1}^{m+k}f(l)\left\{\sum_{j=1}^{k}z_j^{x-m-1}\frac{\omega(z)}{\omega'(z)(z-z_j)}\right\}$$

中的 z^{l-m-1} 的系数的形状,因此

$$g(m+v+1)=\sum_{l=m+1}^{m+k}f(l)\left\{\sum_{j=1}^{k}z_j^{v}\frac{\omega(z)}{\omega'(z)(z-z_j)}\right\}$$

中的 z^{l-m-1} 的系数

$$v=0,1,\cdots,k-1$$

但由于式(8.4),括弧内的和数恒等于 z^v,故 z^{l-m-1} 的系数等于0,除了使

$$l-m-1=v$$

的那种 l 以外, 也就是说除 $l=m+1+v$ 以外, 在这个情形之下系数就是1.

因此有

$$g(m+v+1)=f(m+v+1)$$
$$v=0,1,\cdots,k-1$$

那就是说,依据式(8.5),多项式(8.6)与(8.7)恒等.
但这表示关于系数的公式为

$$b_j = \frac{z_j^{-(m+1)}}{\omega'(z_j)} \sum_{l=0}^{k-1} f(m+l+1) \frac{\omega(z)}{z-z_j}$$

中 z^l 的系数等于

$$\frac{z_j^{-(m+1)}}{\omega'(z_j)} \left\{ f(m+k) + \sum_{l=0}^{k-2} f(m+l+1)(-1)^{k-l-1} \cdot \sum_{\substack{1 \le i_1 < i_2 < \cdots < i_{k-l-1} \le k \\ i_1 \ne j, i_2 \ne j, \cdots, i_{k-l-1} \ne j}} z_{i_1} z_{i_2} \cdots z_{i_{k-l-1}} \right\} \quad (8.8)$$

若我们令

$$\max_{l=0,1,\cdots,k-1} |f(m+l+1)| = M \equiv |f(m+l_0+1)| \quad (8.9)$$

则有

$$|b_j||\omega'(z_j)||z_j|^{m+1} \le M \prod_{\substack{l=1 \\ l \ne j}}^{k} (1+|z_l|) \quad (8.10)$$

或者也就是

$$|b_j||z_j|^{m+l_0+1} \le M \frac{|z_j|^{l_0}}{|\omega'(z_j)|(1+|z_j|)} \prod_{l=1}^{k} (1+|z_l|) \quad (8.11)$$

经过相加之后给出

$$\frac{|f(m+l_0+1)|}{\sum_{j=1}^{k} |b_j||z_j|^{m+l_0+1}} \ge \frac{\prod_{l=1}^{k} \frac{1}{1+|z_l|}}{\prod_{j=1}^{k} \frac{|z_j|^{l_0}}{|\omega'(z_j)|(1+|z_j|)}} \quad (8.12)$$

显然式子右端是

$$\frac{|f(m+l_0+1)|}{\sum_{j=0}^{k}|b_j||z_j|^{m+l_0+1}} \geqslant \frac{\prod_{l=1}^{k}\frac{1}{1+|z_l|}}{\max_{l=0,1,\cdots,(k-1)}\sum_{j=0}^{k}\frac{|z_j|^l}{|\omega'(z_j)|(1+|z_j|)}}$$

(8.13)

故由式(8.12)与(8.13)得出定理 8.1.

3. 为了要判断定理 8.1 给出怎样好的估计,我们研究例子(5.5),其中 k 为奇数, m 为任意整数. 于是有

$$\max_{m+1 \leqslant v \leqslant m+k} \frac{\left|\sum_{j=1}^{k} b_j z_j^v\right|}{\sum_{j=1}^{k}|b_j||z_j|^v} \leqslant \left(\frac{\pi}{4} \cdot \frac{k}{m+k}\right)^{k-1}$$

定理 8.1 给出下估计

$$\frac{1}{2^{k-1}}\left(\sum_{j=1}^{k}\frac{1}{|\omega'(z_j)|}\right)^{-1}$$

对于 $m > m_0(k,\varepsilon)$ 有

$$|z_\mu - z_v| > (1-\varepsilon)\frac{|\mu-v|\pi}{2(m+k)}$$

因此

$$|\omega'(z_j)| > \left((1-\varepsilon)\frac{\pi}{2(m+k)}\right)^{k-1}(j-1)!(k-j)!$$

$$\sum_{j=1}^{k}\frac{1}{|\omega'(z_j)|} \leqslant \left(\frac{2(m+k)}{(1-\varepsilon)\pi}\right)^{k-1}\frac{2^{k-1}}{(k-1)!} < $$

$$\left(\frac{4e}{\pi(1-2\varepsilon)} \cdot \frac{m+k}{k}\right)^{k-1}$$

从而给出下估计

$$\left\{(1-2\varepsilon)\frac{\pi}{8e} \cdot \frac{k}{m+k}\right\}^{k-1}$$

这指明定理 8.1 中的估计式不是太坏.

4. 为了能够应用定理 8.1,我们设

$$\max_{j=1,\cdots,k}|z_j|=1 \qquad (8.14)$$

以及

$$\min_{\mu\neq v}|z_\mu-z_v|\geqslant\delta \qquad (8.15)$$

于是有

$$|\omega'(z_j)|\geqslant\delta^{k-1},j=1,2,\cdots,k$$

所以

$$\max_{v=0,1,\cdots,k-1}\sum_{j=1}^{k}\frac{|z_j|^v}{(1+|z_j|)|\omega'(z_j)|}\leqslant\frac{k}{\delta^{k-1}}$$

从而有:

定理 8.2 若 m 为非负整数,又

$$\max_{j=1,\cdots,k}|z_j|=1,\min_{a\neq b}|z_a-z_b|\geqslant\delta$$

则存在一个整数 v 满足

$$m+1\leqslant v\leqslant m+k$$

使得

$$\frac{\left|\sum_{j=1}^{k}b_jz_j^v\right|}{\sum_{j=1}^{k}|b_j||z_j|^v}\geqslant\frac{\delta^{k-1}}{k2^{k-1}} \qquad (8.16)$$

或者,稍微减弱一点有:

定理 8.3 在以上的假设之下,存在一个整数 v 满足

$$m+1\leqslant v\leqslant m+k$$

使得

$$\frac{\left|\sum_{j=1}^{k}b_jz_j^v\right|}{(\min_{j=1,\cdots,k}|z_j|)^v}\geqslant\frac{\delta^{k-1}}{k2^{k-1}}(|b_1|+|b_2|+\cdots+|b_k|)$$

$$(8.17)$$

定理 8.4 在以上的假设之下,存在一个整数 v 满足

$$m+1 \leq v \leq m+k$$

使得

$$\frac{\left|\sum_{j=1}^{k} b_j z_j^v\right|}{(\max_{j=1,\cdots,k} |z_j|)^v} = \left|\sum_{j=1}^{k} b_j z_j^v\right| \geq \frac{\delta^{k-1}}{k2^{k-1}} \min_j |b_j| \quad (8.18)$$

5. 最后我们将定理 8.2 表达成这样一种形式,在这个形式里我们用 $a \leq x \leq a+d$ 这个区间代替 $m+1 \leq v \leq m+k$. 对于一个非整数 m,定理 8.2 对于一个满足 $m \leq v \leq m+k$ 的整数 v 的确是对的. 若我们令 $m = \dfrac{ak}{d}$,则有

$$a \leq \frac{dv}{k} \leq a+d$$

及

$$\frac{\left|\sum_{j=1}^{k} b_j (z_j^{\frac{k}{d}})^{\frac{d}{k}v}\right|}{\sum_{j=1}^{k} |b_j| |z_j^{\frac{k}{d}}|^{\frac{d}{k}v}} \geq \frac{\delta^{k-1}}{k2^{k-1}}$$

若我们令 $z_j^{\frac{k}{d}} = w_j$,则由

$$\max_{j=1,\cdots,k} |w_j| = 1$$

得

$$\min_{a \neq b} |w_a^{\frac{d}{k}} - w_b^{\frac{d}{k}}| \geq \delta$$

$$\max_{a \leq x \leq a+d} \frac{\left|\sum_{j=1}^{k} b_j w_j^x\right|}{\sum_{j=1}^{k} |b_j| |w_j|^x} \geq \frac{\delta^{k-1}}{k2^{k-1}} \quad (8.19)$$

因此,若诸数 η_j 为任意的,但
$$|\eta_1| \geqslant |\eta_2| \geqslant \cdots \geqslant |\eta_k|$$
则由式(8.19),以 $w_j = \dfrac{\eta_j}{\eta_1}$,又 $\delta|\eta_1|^{\frac{d}{k}} = \delta_1$ 即得:

定理 8.5 若 $0 < a < a+d$,且有
$$\min_{c \neq b} |\eta_c^{\frac{d}{k}} - \eta_b^{\frac{d}{k}}| = \delta_1$$
则
$$\max_{a \leqslant x \leqslant a+d} \frac{\left|\sum\limits_{j=1}^{k} b_j \eta_j^x\right|}{\sum\limits_{j=1}^{k} |b_j||\eta_j|^x} \geqslant \frac{1}{k}\left(\frac{\delta_1}{2\max\limits_{j=1,\cdots,k}|\eta_j|^{\frac{d}{k}}}\right)^{k-1}$$

第九节 补充注意

1. 我们的一些定理与 S. Pincherle, Ch. E. Widder 以及 G. Pólya 的某些研究有若干接触. 此处我想到的是关于函数族
$$F(z) = \sum_{j=1}^{k} P_j(z) e^{c_j z} \qquad (9.1)$$
的研究,此处 $P_j(z)$ 表示多项式. 有如 Pólya① 所证明, $F(z)$ 可表示为形式
$$F(z) = F(0) e^{cz} \prod_{j=1}^{\infty}\left(1 - \frac{z}{\alpha_j}\right) \qquad (9.2)$$
假使 $F(0) \neq 0$ 的话. 此处 C 为一个仅与诸数 c_j 有关的常数,而且在条件收敛的无穷乘积里的一些因子都是依照 $|\alpha_j|$ 的递增次序来排列的. 若充分地知道诸根 α_j

---

① Münchener Sitzungsber,1920:285-290.

的分布,则由式(9.2)显然可得出所想的关于 $\max\limits_{m+1 \leqslant x \leqslant m+k} |F(x)|$ 的下估计式. 有如 Pólya 已经证明过, 若 $N(r)$ 表示 $F(z)$ 在圆 $|z| \leqslant r$ 上的零点的个数,则有

$$N(r) = Ar + O(\log r)$$

A 仅与 c_j 有关. 依照一个附注①,余项可以改进为 $O(1)$. 若这个 $O(1)$ 可以改换成为一个与诸根 α_j 的形象无关的明显不等式,则很有可能由它得出我们定理的另外的证明以及改善.

2. 前两个主要定理似乎也与 Chebyshev 关于最佳逼近的理论有关. 这将会是很明白的,若我们固定 m 与诸数 z_j,而要求

$$\max_{m \leqslant x \leqslant m+k} \left| 1 + \sum_{j=2}^{k} b_j z_j^x \right| \qquad (9.3)$$

取极小值的话.

这个问题的解答看起来是困难的,因为关于具有 $|\arg z_j| < \dfrac{\pi}{2}$ 的积分式

$$\int_{-\infty}^{\infty} \left| 1 + \sum_{j=1}^{k} b_j z_j^x \right|^2 \frac{\mathrm{d}x}{\operatorname{ch} \pi x}$$

的极小值的方法是知道的②,但是用那个方法去找出

$$\int_{m}^{m+k} \left| 1 + \sum_{j=2}^{k} b_j z_j^x \right|^2 \frac{\mathrm{d}x}{\operatorname{ch} \pi x}$$

的极小值似乎并不适当. 即使这个极小值或者它的精

---

① Pólya G. Lücken und Singularitäten von Potenzreihen, Math. Zeitschr,1929(29):549-640. 特别是在 594 面上的附注. 依照这个附注可知余式项 $O(1)$ 这个证明至少在 1929 年尚未发表.

② 参阅 Н. И. Ахцезер 著的书: Vorlesungen über die Theorie der Approximation, Гостехиздат 1947, Ergäzung und Probleme.

良的估计能够得出,这仍然不能保证,对于我们的目的,它会是有用. 因为这个结果,关于所有的数 z_j, m, k 以及 b_1,对于

$$\max_{m \leqslant x \leqslant m+k} \left| \sum_{j=1}^{k} b_j z_j^x \right| \qquad (9.4)$$

给出一个下估计式. 这个估计式为了可以应用在我们的问题上,首先就要使其与诸数 z_j 的形象无关. 若这点成功,那它关于 $m, k, \max_j |z_j|, b_1$ 或者关于 $m, k, \min_j |z_j|, b_1$ 就会对式(9.4)给出一个下估计,不过,由于

$$z_1 = z_2 = \cdots = z_k = 1, b_1 = 1, b_2 = \cdots = b_k = -\frac{1}{k-1}$$

这是不可能的. 但很有可能用这个方法我们可以改进定理 8.1.

3. 之前的两个主要定理也可以用另外的方法得到. 这个观念就是要引进下面的 Perron[①] 定理. 设 $f_{rs}(t)$ 为在 $0 \leqslant t \leqslant T$ 内所定义的满足条件

$$|f_{rs}(t)| \leqslant C \qquad (9.5)$$

的实的或复的函数,我们来研究线性齐次微分方程组

$$\frac{\mathrm{d} x_r}{\mathrm{d} t} = \sum_{S=1}^{k} f_{rs}(t) x_S(t), r = 1, \cdots, k \qquad (9.6)$$

若我们令

$$\sum_{r=1}^{k} |x_r(t)|^2 = \phi(t)$$

则对于 $0 \leqslant t \leqslant T$ 有估计式

[①] Die Ordnungszahlen linearer Differentialgleichungssysteme, Math. Zeitschr. 1930(31):748-766,特别参看 749-750.

$$\phi(t) \geqslant \phi(0) \mathrm{e}^{-2kCt} \qquad (9.7)$$

若我们现在将所要研究的式子写成

$$F(t) = \sum_{j=1}^{k} b_j \mathrm{e}^{\rho_j t}, \rho_\mu \neq \rho_v, \mu \neq v \qquad (9.8)$$

我们现在作方程式

$$G(\rho) = \rho^k + a_1 \rho^{k-1} + \cdots + a_k = 0$$

它的根恰好就是我们的 ρ_j. 于是 $F(t)$ 显然满足方程式

$$f^{(k)}(t) + a_1 f^{(k-1)}(t) + \cdots + a_k F(t) = 0 \qquad (9.9)$$

若我们现在令

$$F(t) = x_1(t)$$

又

$$\frac{\mathrm{d}x_1}{\mathrm{d}t} = x_2(t)$$

$$\frac{\mathrm{d}x_2}{\mathrm{d}t} = x_3(t)$$

$$\vdots$$

$$\frac{\mathrm{d}x_{k-1}}{\mathrm{d}t} = x_k(t)$$

则式(9.9)化为

$$\frac{\mathrm{d}x_k}{\mathrm{d}t} = -a_k x_1(t) - a_{k-1} x_2(t) - \cdots - a_1 x_k(t)$$

于是我们可以应用估计式(9.7),取

$$C = \max(1, |a_1|, \cdots, |a_k|) \equiv A \qquad (9.10)$$

因显然有 $x_v(t) = f^{(v-1)}(t)$,故得出估计式

$$\sum_{j=0}^{k-1} |f^{(j)}(t)|^2 \geqslant \mathrm{e}^{-2kAt} \left(\sum_{j=0}^{k-1} |f^{(j)}(0)|^2 \right) \qquad (9.11)$$

因此对于每个 $t \geqslant 0$,存在一个整数 $v_0 = v_0(t, F)$ 满足 $0 \leqslant v_0 \leqslant k-1$ 使得

$$\Big|\sum_{j=1}^{k} b_j \rho_j^{v_0} e^{\rho_j t}\Big|^2 \geqslant \frac{1}{k} e^{-2kA t} \Big(\sum_{v=0}^{k-1} |f^{(v)}(0)|^2\Big)$$

于是

$$\Big|\sum_{j=1}^{k} b_j \rho_j^{v_0} e^{\rho_j t}\Big|^2 \geqslant \frac{1}{\sqrt{k}} e^{-kA t} \Big|\sum_{j=1}^{k} b_j \rho_j^{v_0}\Big| \quad (9.12)$$

或

$$\Big|\sum_{j=1}^{k} b_j \rho_j^{v_0} e^{\rho_j t}\Big| \geqslant \frac{1}{\sqrt{k}} e^{-kA t} \Big|\sum_{j=1}^{k} b_j\Big| \quad (9.13)$$

我们还不能够由这个估计式找出

$$\max_{m \leqslant i \leqslant m+k} \Big|\sum_{j=1}^{k} b_j e^{\rho_j t}\Big|$$

的一个下界. 即使这是可能的,我们仍旧不能由这个方法得到定理 7.2,因为,由 $\max\limits_{j=1,\cdots,k} \mathscr{R} \rho_j = 0$,对于式(9.10)中的常数 A 尚不能得出上估计式. 由这个方法于是我们仅可以希望得出定理 7.2 的一个变体来,其中,不是用 $\max\limits_{j} \mathscr{R} \rho_j$ 而是用 $|\rho_j|$ 有上界这一性质.

4. 关于定理 8.1 我们要注意有些类似的结果已经在文献中出现过. 设

$$z_j = e^{-\lambda_j}, 0 \leqslant \lambda_1 < \lambda_2 < \cdots < \lambda_k$$

于是

$$f_1(x) = \sum_{j=1}^{k} b_j e^{-\lambda_j x} \quad (9.14)$$

这时估计式(8.10)意味着对于 $j=1,2,\cdots,k$ 有

$$|b_j| \leqslant e^{(m+1)\lambda_j} \prod_{\substack{l=1 \\ l \neq j}}^{k} \frac{1+e^{-\lambda_l}}{|e^{-\lambda_j}-e^{-\lambda_l}|} \max_{m \leqslant x \leqslant m+k} |f_1(x)|$$

若 $a>0, d>0, m=\dfrac{ak}{d}$,又

$$\lambda_j \frac{k}{d} = \mu_j$$

则有：

定理 9.1 设 $a>0, d>0$ 及

$$f_2(x) = \sum_{j=1}^{k} b'_j e^{-\mu_j x}, 0 \leqslant \mu_1 < \mu_2 < \cdots < \mu_k$$

则对 $j=1,2,\cdots,k$ 有估计式

$$|b'_j| \leqslant e^{\left(a+\frac{d}{k}\right)\mu_j} \prod_{\substack{l=1 \\ l \neq j}}^{k} \frac{1+e^{-\frac{d}{k}\mu_l}}{|e^{-\frac{d}{k}\mu_j} - e^{-\frac{d}{k}\mu_l}|} \max_{a \leqslant y \leqslant a+d} |f_2(y)|$$

此外设 $a>0, d>0$，又

$$0 \leqslant \lambda_1 < \lambda_2 < \cdots < \lambda_k < \frac{\pi k}{d} \quad (9.15)$$

再

$$m = a\frac{k}{d}, z_j = e^{\frac{d}{k}i\lambda_j}, j=1,2,\cdots,k \quad (9.16)$$

依照定理 8.1 有一满足

$$\frac{ak}{d} \leqslant v_0 \leqslant \frac{ak}{d} + k$$

的整数 v_0，使

$$\frac{\left|\sum_{j=1}^{k} b_j e^{i\frac{d}{k}\lambda_j v_0}\right|}{\sum_{j=1}^{k} |b_j|} \geqslant \frac{1}{2^{k-1}} \cdot \frac{1}{\sum_{j=1}^{k} \frac{1}{\prod_{\substack{l=1 \\ l \neq j}}^{k} |e^{\frac{d}{k}i\lambda_j} - e^{\frac{d}{k}i\lambda_l}|}}$$

略加整理之后有

$$\sum_{j=1}^{k} |b_j| \leqslant \left(\sum_{j=1}^{k} \frac{1}{\prod_{\substack{l=1 \\ l \neq j}}^{k} \left|\sin\frac{d}{2k}(\lambda_j - \lambda_l)\right|} \right) \cdot$$

第二部分　中外名家论 Riemann 函数与 Riemann 猜想

$$\max_{a \leqslant x \leqslant a+d} | \sum_{j=1}^{k} b_j e^{i\lambda_j x} |$$

因由式(9.15)有

$$\left| \sin \frac{d}{2k}(\lambda_j - \lambda_l) \right| \geqslant \frac{1}{\pi} \cdot \frac{d}{k} |\lambda_j - \lambda_l|$$

于是得出:

定理 9.2　对于 $a>0, d>0$, 又

$$f_3(x) = \sum_{j=1}^{k} b_j'' e^{i\lambda_j x}, 0 \leqslant \lambda_1 < \lambda_2 < \cdots < \lambda_k < \frac{\pi k}{d}$$

有估计式

$$\sum_{j=1}^{k} |b_j''| \leqslant \left(\frac{\pi k}{d}\right)^{(k-1)} \left(\sum_{j=1}^{k} \frac{1}{\prod_{\substack{l=1 \\ l \neq j}}^{k-1} |\lambda_j - \lambda_l|} \right) \max_{a \leqslant y \leqslant a+d} |f_3(y)|$$

定理 9.1 与 9.2 仅仅是定理 8.1 的一些推论. 这都不过是对于 Dirichlet 多项式 $f_2(x)$ 与 $f_3(x)$ 的 Cauchy 型的系数估计式, 而且, 实在说起来, 是一种稍微改进了的形式, 因为线段上的极大绝对值代替了圆上的极大绝对值而出现. 类似地, 更精密的估计式已经在 L. Schwartz[1] 的完美的工作中得出. 在圆上取极大绝对值的 Cauchy 型的系数估计式已经被 S. Mandelbrojt[2] 找到了. 这两个作者, 在 Dirichlet 级数的理论中, 在亚解析函数(quasi-analytischen Funktionen)的理论中, 以及

---

[1]　请看他的论文: Étude des sommes d'exponentielles réelles Actualités Scientifiqueset Industrielles, 1943:88. 以及其续篇: Approximation d'une fonction quelconque par des sommes d'exponentielles imaginaires, Ann. de la Fac. des Sciences de l'Univ. de Toulouse, 1943(4):111-174.

[2]　Séries lacunaires. Paris, 1936 以及 Trans. of Amer. Math. Soc, 1944:96-131.

渐近展开式的理论中,多次地应用着他们的结果. 一开始我们就已经猜测到我们的定理也将多次地应用.

5. 若
$$|z_j|=1, j=1,\cdots,k \qquad (9.17)$$
又$|z_j-z_l|$对于$j\neq l$得有下界,则我们可以很容易地将Furtwängler[①]的一个著名定理,这样的叙述出来,使得它表达出一个采用了范式

$$M_3(t)=\Big(\sum_{j=1}^{k}|b_j|^2|z_j|^{2t}\Big)^{\frac{1}{2}}$$

的结果. 设
$$z_j=e^{i\alpha_j}, j=1,\cdots,k$$
以及
$$\alpha_1<\alpha_2<\cdots<\alpha_k$$
此处
$$|\alpha_{l+1}-\alpha_l|\geqslant\delta, l=1,2,\cdots,k-1 \qquad (9.18)$$
若
$$\sum_{j=1}^{k}b_j e^{i\alpha_j t}=f(t)$$
又取一个D,它的值我们即刻就要定出,再令
$$\max_{a-D\leqslant t\leqslant a+D}|f(t)|\equiv M$$
依照 Heilbronn-Landau 的一个观念作积分
$$J=\int_{-D}^{D}\Big(1-\frac{|t|}{D}\Big)|f(t+a)|^2 dt \qquad (9.19)$$
因有

---

① A class of gap-theorems. Annali di Pisa,1934:367-372.

$$\int_{-D}^{D}\left(1-\frac{|t|}{D}\right)e^{i\beta t}dt = D\left(\frac{\sin\frac{\beta D}{2}}{\frac{\beta D}{2}}\right)^2$$

故得

$$J = D\sum_{j=1}^{k}|b_j|^2 + D\sum_{\substack{j_1,j_2\\j_1\neq j_2}}b_{j_1}\bar{b}_{j_2}\left(\frac{\sin\frac{D(\alpha_{j_1}-\alpha_{j_2})}{2}}{\frac{D(\alpha_{j_1}-\alpha_{j_2})}{2}}\right)^2 \geqslant$$

$$D\left\{\sum_{j=1}^{k}|b_j|^2 - \sum_{\substack{j_1,j_2\\j_1\neq j_2}}\frac{|b_{j_1}|^2+|b_{j_2}|^2}{2}\left(\frac{2}{D(\alpha_{j_1}-\alpha_{j_2})}\right)^2\right\} =$$

$$D\sum_{j=1}^{k}|b_j|^2\left\{1 - 2\sum_{\substack{j_2=1\\j_2\neq j}}^{k}\frac{1}{D^2(\alpha_j-\alpha_{j_2})^2}\right\} \quad (9.20)$$

因此, 若

$$D \geqslant \frac{3}{\delta}$$

则

$$|\alpha_j - \alpha_{j_2}|D \geqslant |j-j_2|\delta D \geqslant 3|j-j_2|$$

从而由式(9.20)得出

$$J \geqslant D\sum_{j=1}^{k}|b_j|^2\left\{1 - \frac{4}{9}\sum_{j=1}^{\infty}\frac{1}{j^2}\right\} > \frac{D}{9}\sum_{j=1}^{k}|b_j|^2$$

另外

$$J \leqslant \max_{-D\leqslant t\leqslant D}|f(t+a)|^2\int_{-D}^{D}\left(1-\frac{|t|}{D}\right)dt = DM^2$$

于是得出:

定理 9.3 对于 $z_j = e^{i\alpha_j}$ 以及 $\alpha_1 < \cdots < \alpha_k$ 与 $|\alpha_{j_1} - \alpha_{j_2}| \geqslant \delta$, 此处 $j_1 \neq j_2$, 有

$$\max_{a-\frac{3}{\delta}\leqslant t \leqslant a+\frac{3}{\delta}} \frac{\left|\sum_{j=1}^{k} b_j z_j^t\right|}{\left(\sum_{j=1}^{k}|b_j|^2|z_j|^{2t}\right)^{\frac{1}{2}}} > \frac{1}{3}$$

若不研究式(9.19)中的 J 而研究和数

$$J' = \sum_{\substack{-D \leqslant j \leqslant D \\ j\text{为整数}}} \left(1 - \frac{|j|}{D}\right)|f(a+j)|^2$$

则我们即得不等式

$$\max_{\substack{a-\frac{3}{\delta}\leqslant v \leqslant a+\frac{3}{\delta} \\ v\text{为整数}}} \frac{\left|\sum_{j=1}^{k} b_j z_j^v\right|}{\left(\sum_{j=1}^{k}|b_j|^2|z_j|^{2v}\right)^{\frac{1}{2}}} > \frac{1}{3} \qquad (9.21)$$

第十节 若 干 推 广

1. 本节里的一些推广都朝向着在式(3.7)与(3.8)中所给出的方向. 我们研究情形

$$f_v(z) = z^v \left(\frac{1+z}{2}\right)^n \qquad (10.1)$$

与

$$f_v(z) = P(z^v) \qquad (10.2)$$

此处

$$P(z) = \sum_{v=0}^{n} a_v z^v$$

表示具有非负系数的一个多项式. 若 $g(z)$ 表示任意一个具有固定次数的多项式,则更一般的情形

$$f_v(z) = z^v g(z)$$

的一个探讨也是可能的. 我们首先证明这是比较容易的:

第二部分　中外名家论 Riemann 函数与 Riemann 猜想

定理10.1　若 m 与 n 为正整数,且

$$\min_{j=1,\cdots,k}|z_j|=1,\ \min_{j=1,\cdots,k}|1+z_j|=d^{①} \quad (10.3)$$

则存在一个满足

$$m+1 \leqslant v_0 \leqslant m+2k-1$$

的整数 v_0,使得②

$$\left|\sum_{j=1}^{k} b_j z_j^{v_0} \left(\frac{1+z_j}{2}\right)^n \right| \geqslant$$

$$\left(\frac{d}{2}\right)^{n-1} \left(\frac{dk^2}{8\mathrm{e}^2(m+k)(n+k)}\right)^k |b_1+\cdots+b_k|$$

2. 要想在这个形式下证明这个定理,我们由研究和数

$$\sum_{j=1}^{k} b_j \left(\frac{1+z_j}{2}\right)^x$$

出发,由式(10.3)有

$$\left|\frac{1+z_j}{d}\right| \geqslant 1, j=1,2,\cdots,k$$

因此由定理 5.1(更确切点说由式(5.8)),取 $m=n$,得知存在一个整数 v_0 满足

$$n+1 \leqslant v_0 \leqslant n+k \quad (10.4)$$

与

$$\left|\sum_{j=1}^{k} b_j \left(\frac{1+z_j}{d}\right)^{v_0}\right| \geqslant |b_1+\cdots+b_k|\left(\frac{k}{2\mathrm{e}(n+k)}\right)^k$$

$$(10.5)$$

这个 v_0 我们可以把它表示成

---

①　因此有 $d \leqslant 2$.

②　直至现今还不能够把因子 $\left(\frac{d}{2}\right)^{n-1}$ 换为 $\frac{2}{d}\min\limits_{j=1,\cdots,k}\left|z_j^{v_0}\left(\frac{1+z_j}{2}\right)^n\right|$.

此处 v_1 为满足

$$1 \leqslant v_1 \leqslant k \tag{10.6}$$

的整数,于是式(10.5)的左端为

$$\frac{1}{d^{v_0}} \left| \sum_{j=1}^{k} b_j (1+z_j)^n (1+z_j)^{v_1} \right| =$$

$$\frac{1}{d^{v_0}} \left| \sum_{r=0}^{v_1} \binom{v_1}{r} \left\{ \sum_{j=1}^{k} b_j z_j^r (1+z_j)^n \right\} \right| \leqslant$$

$$\frac{2^{v_1}}{d^{v_0}} \max_{r=0,1,\cdots,u_1} \left| \sum_{j=1}^{k} b_j z_j^r (1+z_j)^n \right|$$

由这以及式(10.5)得知存在一个满足

$$0 \leqslant v_2 \leqslant v_1 (\leqslant k) \tag{10.7}$$

的整数 v_2 使得

$$\left| \sum_{j=1}^{k} b_j z_j^{v_2} \left(\frac{1+z}{2} \right)^n \right| \geqslant \left(\frac{d}{2} \right)^{v_0} \left(\frac{k}{2\mathrm{e}(n+k)} \right)^k |b_1 + \cdots + b_k| \tag{10.8}$$

经过这项准备之后,我们就由恒等式(5.15)出发,我们以

$$b_j z_j^{v_2} \left(\frac{1+z_j}{2} \right)^n$$

乘式子的两边并且依 $j=1,2,\cdots,k$ 求和,于是得

$$\sum_{l=m+1}^{m+k} a_l^{(3)} \left\{ \sum_{j=1}^{k} b_j z_j^{l+v_2} \left(\frac{1+z_j}{2} \right)^n \right\} = \sum_{j=1}^{k} b_j z_j^{v_2} \left(\frac{1+z_j}{2} \right)^n$$

再依照式(10.8)有

$$\left(\frac{d}{2} \right)^{v_0} \left(\frac{k}{2\mathrm{e}(m+k)} \right)^k |b_1 + \cdots + b_k| \leqslant$$

$$\left\{ \sum_{l=m+1}^{m+k} |a_l^{(3)}| \right\} \max_{\substack{m+1+v_2 \leqslant r \leqslant m+k+v_2 \\ r\text{为整数}}} \left| \sum_{j=1}^{k} b_j z_j^r \left(\frac{1+z_j}{2} \right)^n \right| \leqslant$$

$$\left\{\sum_{l=m+1}^{m+k}|a_l^{(3)}|\right\}\max_{\substack{m+1\leqslant r\leqslant m+2k\\r\text{为整数}}}\left|\sum_{j=1}^{k}b_jz_j^r\left(\frac{1+z_j}{2}\right)^n\right|$$

若我们考虑到式(5.20)与 $d\leqslant 2$,就立刻得出了定理 10.1.

3.对偶问题,就是当

$$\max_{j=1,\cdots,k}|z_j|=1,\quad \max_{j=1,\cdots,k}|1+z_j|=d$$

为已知时,求出

$$\max_{\substack{m+1\leqslant l\leqslant m+2k-1\\l\text{为整数}}}\left|\sum_{j=1}^{k}b_jz_j^l\left(\frac{1+z_j}{2}\right)^n\right|$$

的下估计. 这个问题我们只能在

$$z_1=\max_{j=1,\cdots,k}|z_j|=1$$

从而也只能在 $d=2$ 的情形下来讨论. 我们将证出下面的定理.

定理10.2 若 m 与 n 为正整数,又

$$z_1=\max_{j=1,\cdots,k}|z_j|=1 \qquad (10.9)$$

则必存在一个满足

$$m+1\leqslant v_3\leqslant m+2k-1 \qquad (10.10)$$

的整数 v_3,使得

$$\frac{\left|\sum_{j=1}^{k}b_jz_j^{v_3}\left(\frac{1+z_j}{2}\right)^n\right|}{\max_{j=1,\cdots,k}\left|z_j^{v_3}\left(\frac{1+z_j}{2}\right)^n\right|}\geqslant \frac{2}{k}\left(\frac{k^2}{4e^{2+\frac{8}{e}}(m+k)(n+k)}\right)\cdot$$

$$\min_{\substack{j=1,\cdots,k\\h_j\text{为相异的整数}}}\left|\frac{b_{h_1}+b_{h_2}+\cdots+b_{h_j}}{j}\right|$$

由假设得知

$$\max_{j=1,\cdots,k}\left|z_j^{v_3}\left(\frac{1+z_j}{2}\right)^n\right|=1$$

故只待证明存在一个具有性质(10.10)的数 v_3,使得

$$\left|\sum_{j=1}^{k} b_j z_j^{v_3} \left(\frac{1+z_j}{2}\right)^n\right| \geq \frac{2}{k} \left(\frac{k^2}{4e^{2+\frac{8}{e}}(m+k)(n+k)}\right)^k \cdot \min_{\substack{j=1,\cdots,k \\ h_j \text{为相异的整数}}} \left|\frac{1}{j}(b_{h_1}+\cdots+b_{h_j})\right|$$

(10.11)

就够了.

4. 要想证明式(10.11)那个称述, 为了简便起见, 仍设

$$\delta_0 = \frac{1}{1+\frac{4}{e} \cdot \frac{k}{m+k}}$$

正如在式(7.39)中一样, 又如同式(7.14)中一样设出 r_0 的值. 我们区别两种情形.

情形 Ⅰ

$$1 = z_1 = |z_1| \geq \cdots \geq |z_k| \geq r_0 (\geq \delta_0)$$

我们应用定理 7.1 于诸数

$$w_j = \frac{1+z_j}{2}, j=1,2,\cdots,k$$

之上且换 m 为 n. 于是显然有

$$\max_{j=1,\cdots,k} |w_j| = 1$$

从而可知存在一个满足

$$n+1 \leq v_4 \leq n+k \qquad (10.12)$$

的整数 v_4, 使得当

$$|1+z_1| = |1+z_{i_1}| \geq |1+z_{i_2}| \geq \cdots \geq |1+z_{i_k}|$$

(10.13)

时有

$$\left|\sum_{j=1}^{k} b_j \left(\frac{1+z_j}{2}\right)^{v_4}\right| \geq \left(\frac{k}{2e^{1+\frac{4}{e}}(n+k)}\right)^k \min_{j=1,\cdots,k} \left|\frac{b_{i_1}+\cdots+b_{i_j}}{j}\right|$$

(10.14)

第二部分　中外名家论 Riemann 函数与 Riemann 猜想

若我们将 v_4 写成

$$v_4 = n + v_5$$

的形式,则对于整数 v_5 有

$$1 \leqslant v_5 \leqslant k \qquad (10.15)$$

而式(10.14)的左端

$$\left| \sum_{j=1}^{k} b_j \left(\frac{1+z_j}{2}\right)^{v+4} \right| = \left| \sum_{j=1}^{k} b_j \left(\frac{1+z_j}{2}\right)^{n} \left(\frac{1+z_j}{2}\right)^{v_5} \right| =$$

$$\frac{1}{2^{v_5}} \left| \sum_{r=0}^{v_5} \binom{v_5}{r} \left\{ \sum_{j=1}^{k} b_j z_j^r \left(\frac{1+z_j}{2}\right)^{n} \right\} \right| \leqslant$$

$$\max_{r=0,1,\cdots,v_5} \left| \sum_{j=1}^{k} b_j z_j^r \left(\frac{1+z_j}{2}\right)^{n} \right| \leqslant$$

$$\max_{r=0,1,\cdots,k} \left| \sum_{j=1}^{k} b_j z_j^r \left(\frac{1+z_j}{2}\right)^{n} \right|$$

由式(10.15),于是存在一个整数 v_6 满足

$$0 \leqslant v_6 \leqslant k \qquad (10.16)$$

使得

$$\left| \sum_{j=1}^{k} b_j z_j^{v_6} \left(\frac{1+z_j}{2}\right)^{n} \right| \geqslant \left(\frac{k}{2\mathrm{e}^{1+\frac{4}{e}}(n+k)}\right)^{k} \min_{j=1,\cdots,k} \left| \frac{b_{i_1}+\cdots+b_{i_j}}{j} \right|$$

$$(10.17)$$

现在我们来研究

$$M = \max_{\substack{m+1 \leqslant l \leqslant m+2k-1 \\ l \text{为整数}}} \left| \sum_{j=1}^{k} b_j z_j^l \left(\frac{1+z_j}{2}\right)^{n} \right|$$

显然有

$$M \geqslant \max_{l=m+1,m+2,\cdots,m+k-1} \left| \sum_{j=1}^{k} \left\{ b_j z_j^{v_6} \left(\frac{1+z_j}{2}\right)^{n} \right\} z_j^l \right|$$

$$(10.18)$$

若我们应用定理 5.1 的第二部分,那就是说应用不等式(5.8)且换 $\min_{j=1,\cdots,k} |z_j|$ 为 δ_0,换 m 为 $m-1$,又换 b_j 为

$$b_j z_j^{v_6}\left(\frac{1+z_j}{2}\right)^n$$

于是依照式(10.17)有

$$M \geqslant \delta_0^{m+k}\left(\frac{k}{2\mathrm{e}(m+k)}\right)^k\left(\frac{k}{2\mathrm{e}^{1+\frac{4}{\mathrm{e}}}(n+k)}\right)^k \min_{j=1,\cdots,k}\left|\frac{b_{i_1}+\cdots+b_{i_j}}{j}\right|$$

从而有

$$M \geqslant \left(\frac{k^2}{4\mathrm{e}^{2+\frac{8}{\mathrm{e}}}(m+k)(n+k)}\right)^k \min_{j=1,\cdots,k}\left|\frac{b_{i_1}+\cdots+b_{i_j}}{j}\right|$$

所以,在情形 I 之下,定理 10.2 已得证明.

5. 现在我们转到比较难些的:

情形 II 存在一个满足 $1 \leqslant L < k$ 的整数 L 使得

$$1 = z_1 = |z_1| \geqslant |z_2| \geqslant \cdots \geqslant |z_L| > r_0 > |z_{L+1}| \geqslant \cdots \geqslant |z_k|$$
$$(10.19)$$

我们应用定理 7.1 于诸数

$$w_j = \frac{1+z_j}{2}, j=1,\cdots,L \qquad (10.20)$$

之上,由于 $z_1 = 1$,故条件

$$\max_{j=1,\cdots,L}|w_j|=1$$

得到满足①. 于是我们仍然可以应用定理 7.1 于诸数 w_j 上,且换 k 为 L,又换 m 为 n. 从而可知存在一整数 v_7 满足

$$n+1 \leqslant v_7 \leqslant n+L$$

使得当

$$2 = |1+z_1| \equiv |1+z_{i_1}| \geqslant |1+z_{i_2}| \geqslant \cdots \geqslant |1+z_{i_L}|$$

时,有

---

① 因此我们必须假定 $z_1 = 1$.

$$\left|\sum_{\mu=1}^{L} b_{\mu}\left(\frac{1+z_{\mu}}{2}\right)^{v_7}\right| \geqslant \left(\frac{L}{2e^{1+\frac{4}{e}}(L+n)}\right)^{L} \min_{\substack{1=i_1<\cdots<i_h \\ h=1,\cdots,L}} \left|\frac{b_{i_1}+\cdots+b_{i_h}}{h}\right|$$

(10.21)

若我们写 v_7 成为

$$v_7 = n + v_8$$

的形式,而且考虑到函数

$$\left(\frac{x}{2e^{1+\frac{4}{e}}(n+x)}\right)^{x}$$

对于 $1 \leqslant x \leqslant k$ 为递降的①,则由式(10.20)与(10.21)可知存在一个整数 v_8 满足

$$1 \leqslant v_8 \leqslant L$$

且

$$\left|\sum_{\mu=1}^{L} b_{\mu}\left(\frac{1+z_{\mu}}{2}\right)^{n}\left(\frac{1+z_{\mu}}{2}\right)^{v_8}\right| \geqslant$$

$$\left(\frac{k}{2e^{1+\frac{4}{e}}(k+n)}\right)^{k} \min_{\substack{1\leqslant i_1<\cdots<i_h\leqslant L \\ h=1,\cdots,L}} \left|\frac{b_{i_1}+\cdots+b_{i_h}}{h}\right|$$

但此式左端

$$|S| = \frac{1}{2^{v_8}}\left|\sum_{r=0}^{v_8}\binom{v_8}{r}\left\{\sum_{\mu=1}^{L} b_{\mu}z_{\mu}^{r}\left(\frac{1+z_{\mu}}{2}\right)^{n}\right\}\right| \leqslant$$

$$\max_{r=0,1,\cdots,v_3}\left|\sum_{\mu=1}^{L} b_{\mu}z_{\mu}^{r}\left(\frac{1+z_{\mu}}{2}\right)^{n}\right|$$

于是可知存在一个整数 v_9 满足

$$0 \leqslant v_9 \leqslant v_8 (\leqslant L < k) \qquad (10.22)$$

---

① $\left(x\left\{\log x - \log(n+x) - \log 2 - \left(1+\frac{4}{e}\right)\right\}\right)' = \log\frac{x}{n+x} - \left(1+\frac{4}{e}\right) - \log 2 + 1 - \frac{x}{n+x} = \log\frac{x}{n+x} - \log 2 - \frac{4}{e} - \frac{x}{n+x} < 0.$

使得

$$\left|\sum_{u=1}^{L} b_\mu z_\mu^{v_9}\left(\frac{1+z_\mu}{2}\right)^n\right| \geqslant$$

$$\left(\frac{k}{2e^{1+\frac{4}{e}}(n+k)}\right)^k \min_{\substack{1\leqslant i_1<i_2<\cdots<i_h \\ h=1,\cdots,L}} \left|\frac{b_{i_1}+\cdots+b_{i_h}}{h}\right|$$

(10.23)

现在我们来看恒等式(7.29)与(7.30)(换 l 为 L). 我们用

$$b_\mu z_\mu^{v_9}\left(\frac{1+z_\mu}{2}\right)^n$$

乘之, 又对于 $\mu=1,2,\cdots,k$ 求和. 于是我们得

$$\sum_{j=m+1}^{m+k} c_j^{(4)}\left\{\sum_{\mu=1}^{k} b_\mu z_\mu^{j+v_9}\left(\frac{1+z_\mu}{2}\right)^n\right\} = \sum_{\mu=1}^{L} b_\mu z_\mu^{v_9}\left(\frac{1+z_\mu}{2}\right)^n$$

(10.24)

若我们将式(10.23)应用于此式右端上,则得

$$\left(\frac{k}{2e^{1+\frac{4}{e}}(n+k)}\right)^k \min_{\substack{1=i_1<\cdots<i_h\leqslant k \\ h=1,2,\cdots,k}} \left|\frac{b_{i_1}+\cdots+b_{i_h}}{h}\right| \leqslant$$

$$\left(\frac{k}{2e^{1+\frac{4}{e}}(n+k)}\right)^k \min_{\substack{1=i_1<\cdots<i_h\leqslant L \\ h=1,2,\cdots,L}} \left|\frac{b_{i_1}+\cdots+b_{i_h}}{h}\right| \leqslant$$

$$\left(\sum_{j=m+1}^{m+k}|c_j^{(4)}|\right) \max_{j=m+1,\cdots,m+k}\left|\sum_{\mu=1}^{L} b_\mu z_\mu^{j+v_9}\left(\frac{1+z_\mu}{2}\right)^n\right|$$

因此依照式(10.22)以及依照式(7.35)的稍稍减弱了的形式

$$\sum_{j=m+1}^{m+k}|c_j^{(4)}| \leqslant \frac{2^{k-4}}{\delta_0^m}\left(\frac{4}{1-\delta_0}\right)^k L^{2^{L-1}} \leqslant \frac{k}{2}\cdot\frac{1}{\delta_0^m}\left(\frac{8}{1-\delta_0}\right)^k$$

又有

$$\max_{d=m+1,\cdots,m+2k-1}\left|\sum_{\mu=1}^{k} b_\mu z_\mu^d\left(\frac{1+z_\mu}{2}\right)^n\right| \geqslant$$

$$\max_{j=m+1,\cdots,m+k}\left|\sum_{\mu=1}^{k}b_\mu z_\mu^{j+v_9}\left(\frac{1+z_\mu}{2}\right)^n\right|\geqslant$$

$$\frac{2}{k}\delta_0^m\left(\frac{1-\delta_0}{8}\right)^k\left(\frac{k}{2\mathrm{e}^{1+\frac{4}{e}}(n+k)}\right)^k\min_{\substack{1=i_1<\cdots<i_h\leqslant k\\h=1,\cdots,k}}\left|\frac{b_{i_1}+\cdots+b_{i_h}}{h}\right|$$

依照 δ_0 的定义有

$$\left(\frac{1-\delta_0}{8}\right)^k=\delta_0^k\left(\frac{k}{2\mathrm{e}(m+k)}\right)^k$$

因此根据式(7.39)可知定理 10.2 在情形 II 之下也得到了证明.

在 $b_1=b_2=\cdots=b_k=1$ 的情形之下,我们现在要提及:

推论 由 $z_1=\max\limits_{j=1,\cdots,k}|z_j|=1$ 即得

$$\max_{K=m+1,\cdots,m+2k-1}\left|\sum_{j=1}^{k}z_j^K\left(\frac{1+z_j}{2}\right)^n\right|\geqslant\frac{2}{k}\left(\frac{k^2}{4\mathrm{e}^{2+\frac{8}{e}}(n+k)(m+k)}\right)^k$$

本节里的一些估计式并不太坏,这是根据前一节它们在 $n=0$ 的情形下不算坏的缘故.

6. 有如前述,我们可以对表达式

$$\sum_{j=1}^{k}b_j P(z_j^v)$$

建立一个类似的定理①,此处 $P(z)$ 表示一个具有非负系数的多项式. 设 b_j 为正,又设

$$0<\varepsilon\leqslant\min\left(1,\frac{2(b_2+\cdots+b_k)}{b_1}\right) \qquad (10.25)$$

此处

$$z_1=\max_{j=1,\cdots,k}|z_j|=1 \qquad (10.26)$$

———
① 参阅论文[12].

又为了简便,设

$$\left[\frac{b_1+\cdots+b_k}{b_1\varepsilon}\log\frac{2(b_1+\cdots+b_k)}{b_1\varepsilon}\right]=N \quad (10.27)$$

于是有:

定理 10.3 用以上的记号,则存在一个满足

$$1\leqslant v\leqslant N+2$$

的整数 v,使

$$\frac{\left|\sum_{j=1}^{k}b_jP(z_j^v)\right|}{\max_{j=1,\cdots,k}|P(z_j^v)|}\geqslant(1-\varepsilon)b_1$$

因 $P(z)$ 只具有非负的系数,故由式(10.26)有

$$\max_{j=1,\cdots,k}|P(z_j^v)|=|P(1)|=P(1)$$

因此我们只要证明

$$U=\max_{v=1,2,\cdots,N+2}\left|\sum_{j=1}^{k}b_jP(z_j^v)\right|\geqslant(1-\varepsilon)b_1P(1)$$

$$(10.28)$$

这个命题的证明完全与定理 4.8 的平行,所以给出一个摘要就够了. 我们由函数

$$h(z)=\sum_{j=1}^{k}b_j\sum_{r=0}^{k}\frac{a_r}{z-z_j^r}$$

出发,于是令

$$R=1+\frac{b_1\varepsilon}{(b_1+\cdots+b_k)-b\left(1+\frac{\varepsilon}{2}\right)}(>1)$$

则有

$$\frac{P(1)b_1}{R-1}+\frac{P(1)(b_2+\cdots+b_k)}{R+1}\leqslant\mathscr{R}h(R)\leqslant|h(R)|=$$
$$\left|\sum_{l=0}^{\infty}\frac{1}{R^{l+1}}\left(\sum_{j=1}^{k}b_jP(z_j^l)\right)\right|\leqslant$$

$$\frac{P(1)}{R}\sum_{j=1}^{k}b_j + \frac{U}{R(R-1)} + \frac{P(1)}{R^{N+2}}\sum_{j=1}^{k}\frac{b_j}{(R-1)}$$

但此时,有如在第 4 节的小段 20 中一样,即得出

$$U \geqslant P(1)\left\{b_1\left(1-\frac{\varepsilon}{2}\right) - \frac{b_1+\cdots+b_k}{R^{N+1}}\right\} \geqslant P(1)(1-\varepsilon)b_1$$

7. 在式(3.8)这个方向,有若干结果是很平凡不足道的. 对于满足

$$m_1+1 \leqslant x \leqslant m_1+k, m_1+1 \leqslant y \leqslant m_1+k$$

的整数值 x,y(m_1 在应用中为整数且大于 k),我们可以用

$$\min_{j=1,\cdots,k}|z_j| \text{ 以及 } \min_{j=1,\cdots,k}|w_j|$$

经过应用式(5.8)两回之后,由下面来估计

$$\max|f(x,y)| = \max\left|\sum_{j=1}^{k}b_j z_j^x w_j^y\right| \quad (10.29)$$

但这比我们令 $x=y$ 然后应用一回式(5.8)所得到的结果要差些,因为

$$\min_{j=1,\cdots,k}|z_j w_j| \geqslant \min_{j=1,\cdots,k}|z_j|\min_{j=1,\cdots,k}|w_j|$$

不过,若 x 与 y 不同在一个具有长度为 k 的区间中,则那结果即再不包括在定理 5.1 之内,而结果如下:

定理 10.4 若 m_1 与 m_2 表示非负的整数,则存在整数 v_1 与 v_2 满足

$$m_1+1 \leqslant v_1 \leqslant m_1+k, m_2+1 \leqslant v_2 \leqslant m_2+k$$

且

$$\left|\sum_{j=1}^{k}b_j z_j^{v_1} w_j^{v_2}\right| \geqslant (\min_{j=1,\cdots,k}|z_j|)^{v_1}(\min_{j=1,\cdots,k}|w_j|)^{v_2} \cdot$$

$$\left(\frac{k^2}{4\mathrm{e}^2(m_1+k)(m_2+k)}\right)^k \left|\sum_{j=1}^{k}b_j\right|$$

此外我们想要对于满足

$$m_1+1 \leq x \leq m_1+k, m_1+1 \leq y \leq m_1+k$$

的整数值 x,y(在应用中,m_1 为大于 k 的整数),用

$$\max_{j=1,\cdots,k}|z_j| \quad 与 \quad \min_{j=1,\cdots,k}|w_j|$$

由下面来估计式(10.29)中的 $\max|f(x,y)|$. 因为

$$\max_{j=1,\cdots,k}|z_j w_j| \geq (\max_{j=1,\cdots,k}|z_j|)(\min_{j=1,\cdots,k}|w_j|)$$

所以,若我们令 $x=y$ 而且应用定理7.1,我们就又可以得到一个更好的估计式. 但若 x 与 y 不同在一个具有长度为 k 的区间之中,则那结果即不再包括在定理7.1之内,而结果如下:

定理 10.5 若 m_1 与 m_2 表示非负的整数,则存在整数 v_1 与 v_2 满足

$$m_1+1 \leq v_1 \leq m_1+k, m_2+1 \leq v_2 \leq m_2+k$$

且

$$\left|\sum_{j=1}^{k} b_j z_j^{v_1} w_j^{v_2}\right| \geq (\max_{j=1,\cdots,k}|z_j|)^{v_1}(\min_{j=1,\cdots,k}|w_j|)^{v_2} \cdot$$

$$\left(\frac{k^2}{4e^{2+\frac{4}{e}}(m_1+k)(m_2+k)}\right)^k \cdot$$

$$\min_{j=1,\cdots,k}\left|\frac{b_{i_1}+\cdots+b_{i_h}}{j}\right|$$

且 $|z_1| \geq |z_2| \geq \cdots \geq |z_k|$.

定理10.4与定理10.5的证明是相类似的,是故给出定理10.5的一个证明摘要就够了. 依照定理7.1,存在一整数 v_1 满足 $m_1+1 \leq v_1 \leq m_1+k$ 且

$$\left|\sum_{j=1}^{k} b_j z_j^{v_1}\right| > \left(\frac{k}{2e^{1+\frac{4}{e}}(m_1+k)}\right)^k \min_{j=1,\cdots,k}\left|\frac{b_1+\cdots+b_j}{j}\right|$$

$$(10.30)$$

依照式(5.8),于是存在一个满足 $m_2+1 \leq v_2 \leq m_2+k$ 的整数 v_2 使得

$$\left|\sum_{j=1}^{k} b_j z_j^{v_1} w_j^{v_2}\right| = \left|\sum_{j=1}^{k} (b_j z_j^{v_1}) w_j^{v_2}\right| \geqslant$$

$$\left(\frac{k}{2\mathrm{e}(m_2+k)}\right)^k \left|\sum_{j=1}^{k} b_j z_j^{v_1}\right|$$

那就是说,按照式(10.30),定理 10.5 已得证明.

我们要注意,关于式(10.29)中的 $\max|f(x,y)|$,再用 $\max\limits_{j=1,\cdots,k}|z_j|$ 与 $\max\limits_{j=1,\cdots,k}|w_j|$ 来做出下估计,对于应用是很要紧的,虽仅是在 $b_1=b_2=\cdots=b_k=1$ 的情形下.

第十一节 若干未解决问题的汇集

1. 在第 3 节中我们曾经做过初步的尝试想把理论中的一些问题加以系统化. 自然,所有在前些节里没有解决的问题都要算是未解决问题. 在下面我们谈及的仅仅是那样的一些问题,它们或者对于树立基础方面讲起来是有趣的,或者是具有其他的应用可能性的,或者由我们看起来是具有一种独立的兴趣的[1]. 在少数的问题中,当我对于正确的问题提法还没有确定的想法的时候,为了决定方针还是把问题提出来(例如问题 8).

问题 1 若 $\omega>4$,又

$$1<\lambda_1<\cdots<\lambda_k$$

且诸正数 a_j 为任意预先给定的,然后要直接地证明

$$\max_{1\leqslant t\leqslant w^k}\left|1+\sum_{j=1}^{k} a_j \mathrm{e}^{\mathrm{i}\lambda_j t}\right| \geqslant \left(1+\sum_{j=1}^{k} a_j\right) c(\omega)$$

此处 $c(\omega)$ 仅与 ω 有关而且是大于 0 的.

---

[1] 所谈及的一些问题并不是依照它们的重要性来排序的.

问题 2 存在一个数值常数 $C(<1)$，使得对于每组满足
$$\max_{j=1,\cdots,k}|z_j|=1$$
的 k 个复数 z_j，有不等式
$$\max_{j=1,\cdots,k}|z_1^v+z_2^v+\cdots+z_k^v|\geq C$$

问题 3 若对于一组数 z_j，有
$$|z_j|\geq 1, j=1,2,\cdots,k$$
则
$$\max_{v=2,3,\cdots,k,k+1}|z_1^v+\cdots+z_k^v|>\frac{1}{k^2}$$

问题 4 对于任意的整数 m 与 k，要来决定出满足
$$z_1^v+z_2^v+\cdots+z_k^v=0$$
$$v=m+1,m+2,\cdots,m+k-1$$
的尽可能普遍的 z_j 数系.

问题 5 定出定理 5.1 的"可能最好的"常数 A，或将所得到的界限范围变小.

问题 6 决定那"可能最好的"常数 D，使得对于每个正整数 k 与 m，以及每组满足
$$\max_{j=1,\cdots,k}|z_j|=1$$
的数 z_j，成立有
$$\max_{v=m+1,\cdots,m+k}|z_1^v+\cdots+z_k^v|\geq\left(\frac{k}{D(k+m)}\right)^k$$

问题 7 判断究竟是否有一个形如
$$\max_{v=m+1,\cdots,m+k}|b_1z_1^v+\cdots+b_kz_k^v|\geq\left(\frac{k}{c_1(m+k)}\right)\min_{j=1,\cdots,k}|b_j|$$
的不等式存在，此处 $c_1=c_1(\delta)$，这不等式，对于每组复数 b_j，正整数 m 与 k，以及对于满足

$$\max_{j=1,\cdots,k}|z_j|=1, \max_{\mu\neq v}\left|\operatorname{arc}\frac{z_\mu}{z_v}\right|\geq\delta$$

的 z_j 数系,皆成立.

问题 8 要判断对于正整数 k 与满足

$$\max_{\mu\neq v}\left|\operatorname{arc}\frac{z_\mu}{z_v}\right|\geq\delta$$

的任意 z_j 数系,究竟是否存在这样的 $c_1=c_1(k,\delta), c_2=c_2(k,\delta)$ 以及 $\psi=\psi(k,\delta)\geq k$,使得对于适当的整数

$$1\leq v_1\leq\psi(k,\delta)$$
$$1\leq v_2\leq\psi(k,\delta)$$

有两个不等式

$$\operatorname{Re}(z_1^{v_1}+\cdots+z_k^{v_1})\geq c_1\max_{j=1,\cdots,k}\operatorname{Re}(z_j^{v_1})$$
$$\operatorname{Re}(z_1^{v_2}+\cdots+z_k^{v_2})\geq c_2\min_{j=1,\cdots,k}\operatorname{Re}(z_j^{v_2})$$

问题 9 要判断究竟对于每个非负的整数 m,对于满足条件

$$\max_{\mu\neq v}\left|\operatorname{arc}\frac{z_\mu}{z_v}\right|\geq\delta$$

的每组数 z_j,是否存在一个满足

$$m+1\leq v\leq m+k$$

的整数 v,使得对于一个正的 $c(\delta)$,不等式

$$\frac{\left|\sum_{j=1}^{k}b_jz_j^v\right|}{\left(\sum_{j=1}^{k}|b_j|^2|z_j|^{2v}\right)^{\frac{1}{2}}}\leq k^{\frac{1}{2}-c(\delta)}$$

成立.

问题 10 什么是最小的整数值 $N=N(k)$,它使得从

$$\max_{j=1,\cdots,k}|z_j|=1$$

一定就得出

$$\max_{v=1,2,\cdots,N}|z_1^v+z_2^v+\cdots+z_k^v|\geqslant 1$$

(这点,有如例子 $z_1=1,z_2=\cdots=z_k=0$ 所示,是再不能够改良的了)

问题 11 对于
$$\mathscr{R}w_j\geqslant 0, j=1,2,\cdots,k$$
在 $a>0, d>0$,有一个 $\phi=\phi(a,d)$ 使不等式
$$\int_a^{a+b}\Big|\sum_{j=1}^k b_j e^{w_j x}\Big|^2 dx > \phi^k\int_0^d\Big|\sum_{j=1}^k b_j e^{w_j x}\Big|^2 dx$$
成立,这一命题是否正确?

问题 12 若对于诸 w_j 向量,仅有
$$\max_{j=1,\cdots,k}\mathscr{R}w_i=0$$
在这种情形下,讨论与前一问题相类似的问题.

问题 13 对于 $f(z)$ 以及曲线 l 种不同的几何条件,找到
$$\max_{a\leqslant t\leqslant b}\Big|\int_{(l)}f(z)e^{tz}dz\Big|$$
的下估计式.

问题 14 我们的几个主要定理有没有纯算术的等价定理呢?

问题 15 要决定尽可能普遍的函数系 $f_1(z),\cdots,f_k(z)$,使得具有下列性质的一个正定函数 $\psi(x_1,\cdots,x_k)$ 存在. 这性质是:对于每一组数 $(b_1,\cdots,b_k,z_1,\cdots,z_k)$,存在一个标数 $v_0(1\leqslant v_0\leqslant k)$ 使得估计式
$$\frac{\Big|\sum_{j=1}^k b_j f_{v_0}(z_j)\Big|}{\max_{j=1,\cdots,k}|f_{v_0}(z_j)|}\geqslant\psi(b_1,\cdots,b_k)$$
成立.

第二章 应　用

第一节　论 Littlewood 的一个定理

1. 在第一章中第 3 节的小段 4 中我们曾经提到过 Littlewood 定理,那是把它当成定理 5.1 的铺垫来研究的. 他的定理可以述之如下.

设
$$a_j>0, \lambda_j>0, 1\leqslant j\leqslant N$$

又
$$f(x)=1+\sum_{j=1}^{N} a_j\cos \lambda_j x$$

此外,记
$$U=U(f,\xi)=\max_{\xi-1\leqslant x\leqslant \xi+1}|f(x)|$$

及
$$U^*=U^*(f,\xi)=\max_{\xi-\xi^{\frac{3}{4}}\leqslant x\leqslant \xi+\xi^{\frac{3}{4}}}|f(x)|$$

(1) 若 $\xi>1$ 又对于 $j=1,\cdots,N$,有
$$\lambda_j\leqslant 1$$

则
$$U>(A_1 N\xi)^{-2N}$$

(2) 若诸数 λ_j 不受任何限制,但
$$N<e^{\xi}\frac{1}{3}, a_j<e^{\xi}\frac{1}{3}, 1\leqslant j\leqslant N$$

则
$$U^*>(A_2 N\xi)^{-2N-1}, \xi>A_3$$

A_1, A_2, A_3 表示数值常数.

2. 这个定理我们可以改进如下：

定理 1.1 若

$$g(x) = \sum_{j=1}^{k} b_j e^{i\mu_j x}$$

且

$$\mu_1 < \mu_2 < \cdots < \mu_k$$
$$0 < |a| < |b|, ab \geqslant 0$$

则有

$$\max_{a \leqslant x \leqslant b} |g(x)| \geqslant |g(0)| \left(\frac{|b-a|}{2e|b|}\right)^k$$

要证明这个定理,不失其普遍性,我们可以假定 $0 < a < b$. 于是取

$$d = b-a, w_j = i\mu_j, j = 1, 2, \cdots, k$$

则由第一章中定理 5.2 即可得出定理 1.1,因此定理 1.1 为第一个主要定理的一个容易的推论.

另外,定理 1.1 为所谈到的 Littlewood 定理的一种推广,这将会是很明显的,若我们取

$$a = \xi - 1, b = \xi + 1, k = 2N + 1$$
$$-\mu_1 = \mu_{2N+1} = \lambda_N, -\mu_2 = \mu_{2N} = \lambda_{N-1}, \cdots,$$
$$-\mu_N = \mu_{N+2} = \lambda_1, \mu_{N+1} = 0$$
$$b_1 = b_{2N+1} = \frac{1}{2} a_N, b_2 = b_{2N} = \frac{1}{2} a_{N-1}, \cdots,$$
$$b_N = b_{N+2} = \frac{1}{2} a_1, b_{N+1} = 1$$

而应用它的话,于是不等式

$$\max_{\xi-1 \leqslant x \leqslant \xi+1} |1 + a_1 \cos \lambda_1 x + \cdots + a_N \cos \lambda_N x| \geqslant$$
$$|1 + a_1 + \cdots + a_N| \left(\frac{1}{e(\xi+1)}\right)^{2N+1}$$

其中对于诸系数与诸实指数 λ 并无任何假定. 假使这些系数皆为正数,则我们得到 Littlewood 原来定理的(1). 类似的情形对于(2)也成立.

若
$$0<|a|<|b|, ab<0$$
则显然又有
$$\max_{a\leqslant x\leqslant b}|g(x)|\geqslant|g(0)|$$
由这以及定理 1.1,对于 $0\leqslant|a|\leqslant|b|$ 有不等式
$$|g(x)|\geqslant|g(0)|\min\left\{1,\left(\frac{|b-a|}{2e|b|}\right)^k\right\} \quad (1.1)$$

第二节　论 Bernstein 的若干定理

1. 下面的一个有趣的定理起源于 C. Вернштейн[①],这个定理在某种程度上也可以认为是第一章中定理 5.1(那就是说不等式(5.8))的一个铺垫.

若
$$n\geqslant 1, 0\leqslant\alpha\leqslant\pi$$
又
$$f(x)=\sum_{j=0}^{n}(a_j\cos jx+b_j\sin jx) \quad (2.1)$$
则
$$\max_{-\alpha\leqslant x\leqslant\alpha}|f(x)|\geqslant\frac{2}{\tan^{2n}\frac{\alpha}{4}+\cot^{2n}\frac{\alpha}{4}}|a_n| \quad (2.2)$$

[①] Leçons sur les propriétés extrémales et la meilleure approximation des fonctions analytiques d'une variable réelle, Coll, Paris: Borel, 1926

等号当(例如)
$$\alpha = \pi, f(x) = \cos nx$$
时,可以达到.

因 $n \geq 1$ 及
$$a_n = \frac{1}{\pi}\int_0^{2\pi} f(t)\cos nt \mathrm{d}t$$
故
$$|a_n| \leq 2 \max_{0 \leq t \leq 2\pi} |f(t)|$$
从而不等式
$$\max_{-\alpha \leq x \leq \alpha} |f(x)| > \frac{4}{\tan^{2n}\frac{\alpha}{4} + \cot^{2n}\frac{\alpha}{4}} \max_{0 \leq t \leq 2\pi} |f(t)| \quad (2.3)$$

为 Bernstein 不等式在我们方向中的一个推广. 但是,一般说起来,这个不等式不正确,例子
$$\alpha = \pi, f(x) = \cos nx$$
已经足以证明这一点. 不过很容易推知——并且不依赖我们的定理——存在一个正的,与 f 及 n 无关的 $C(\alpha) < 1$,使得对于式(2.1)中所有的 $f(x)$,有估计式
$$\max_{-\alpha \leq x \leq \alpha} |f(x)| \geq C(\alpha)^n \max_{0 \leq t \leq 2\pi} |f(t)| \quad (2.4)$$
第一章中定理 5.2 推出一个更一般的定理,依照这个定理,在式(2.4)中,次数 n 可以换为 $f(x)$ 的项数. 这个事实的重要性我们将会在第 4 节中认识到. 我们将证明下列:

定理 2.1 对于相异的整数 m_j 及 $0 < b - a < 2\pi$,有不等式
$$\max_{0 \leq x \leq 2\pi} \left| \sum_{j=1}^k d_j \mathrm{e}^{\mathrm{i}m_j x} \right| \leq \left(\frac{4\mathrm{e}\pi}{b-a} \right)^k \max_{a \leq x \leq b} \left| \sum_{j=1}^k d_j \mathrm{e}^{\mathrm{i}m_j x} \right|$$
$$(2.5)$$

若我们要想对三角多项式

$$f_1(x) = \sum_{j=0}^{k}(a_j\cos n_j x + b_j \sin n_j x)$$

推出式(2.4)的不等式,我们就需应用定理 2.1 且取

$$k = 2K+1, a = -b$$

$$-m_1 = m_{2K+1} = n_K, -m_2 = m_{2K} = n_{K-1}, \cdots$$
$$-m_K = m_{K+2} = n_1, \; m_{K+1} = n_0 = 0$$

$$d_{K+1} = d_0$$

$$d_j = \frac{1}{2}(a_{K-j+1} + \mathrm{i}b_{K-j+1}), 1 \leqslant j \leqslant K$$

$$d_j = \frac{1}{2}(a_{j-K-1} + \mathrm{i}b_{j-K-1}), K+2 \leqslant j \leqslant 2K+1$$

于是有:

定理 2.2 若

$$f_1(x) = \sum_{j=0}^{K}(a_j\cos n_j x + b_j \sin n_j x)$$

此处整数

$$0 = n_0 < n_1 < \cdots n_K$$

则对于 $0 < b < \pi$ 有不等式

$$\max_{-b \leqslant x \leqslant b}|f_1(x)| \geqslant \left(\frac{b}{2\mathrm{e}\pi}\right)^{2K+1}\max_{0 \leqslant x \leqslant 2\pi}|f_1(x)|$$

2. 由于周期性,所以在定理 2.1 中可以取 $0 \leqslant x \leqslant b-a$ 代替 $a \leqslant x \leqslant b$。不过,我们即刻就要来证明一个比较更一般的定理,在这定理中所出现的指数并不必为整数. 我们有:

定理 2.3 设

$$g_1(x) = \sum_{j=1}^{k} b_j \mathrm{e}^{\mathrm{i}\mu_j x}$$

其中

又
$$\mu_1 < \mu_2 < \cdots < \mu_k$$

$$\alpha \leqslant \beta < \gamma \leqslant \delta$$

则有不等式

$$\max_{\alpha \leqslant x \leqslant \delta} |g_1(x)| \leqslant \left(2e\frac{\delta-\alpha}{\gamma-\beta}\right)^k \max_{\beta \leqslant x \leqslant \gamma} |g_1(x)| \quad (2.6)$$

若把定理2.3证出来了,则显然本节中所有以前的一些定理都证出来了,我们十分简短地由定理1.1导出定理2.3来,因而使得定理2.3也成了第一章中定理5.1的一个简单推论.因为,设 η 为这样的一点,对于

$$\max_{\alpha \leqslant x \leqslant \delta} |g_1(x)|$$

得以达到.若 $\beta \leqslant \eta \leqslant \gamma$,则我们的命题显然是对的.若 η 不在 $[\beta, \gamma]$ 中,则我们不失其普遍性可以假定

$$\alpha \leqslant \eta < \beta$$

这时我们应用定理1.1而取

$$g(x) = g_1(x+\eta), a = \beta-\eta, b = \gamma-\eta$$

于是有

$$|g_1(\eta)| = |g(0)| \leqslant \left(2e\frac{\gamma-\eta}{\gamma-\beta}\right)^k \max_{\beta-\eta \leqslant x \leqslant \gamma-\eta} |g(x)| \leqslant$$

$$\left(2e\frac{\delta-\alpha}{\gamma-\beta}\right)^k \max_{\beta \leqslant x \leqslant \gamma} |g(x-\eta)| =$$

$$\left(2e\frac{\delta-\alpha}{\gamma-\beta}\right)^k \max_{\beta \leqslant x \leqslant \gamma} |g_1(x)|$$

从而定理2.3已得证.

3.我们可以把 $\max\limits_{a \leqslant x \leqslant b} |g_1(x)|$ 认为是 $g_1(x)$ 关于 $a \leqslant x \leqslant b$ 的范式.若我们代换它而研究范式

$$\left(\frac{1}{b-a}\int_a^b |g_1(x)|^2 dx\right)^{\frac{1}{2}}$$

第二部分　中外名家论 Riemann 函数与 Riemann 猜想

则在文章中已经有一个与式(2.6)相类似的不等式. 此不等式是在 1934 年由温勒发现的[①]. 这一不等式, 譬如说在周期性的情形之下, 在一个叫 Ingham[②] 的人改进了的形式中是这样: 当多项式

$$f(x) = \sum_{j=1}^{k} b_j e^{im_j x} \qquad (2.7)$$

中的指数 m_j 为相异的整数, 又

$$m_{j+1} - m_j \geqslant \gamma > 0, j = 1, 2, \cdots, k-1 \qquad (2.8)$$

时, 则有

$$\int_0^{2\pi} |f(x)|^2 \mathrm{d}x \leqslant \frac{2(\pi+\varepsilon)^2}{\varepsilon(\pi+\varepsilon)} \gamma \int_a^b |f(x)|^2 \mathrm{d}x \qquad (2.9)$$

但此处

$$b - a > \frac{2(\pi+\varepsilon)}{\gamma} \qquad (2.10)$$

不等式(2.9)与(2.6)显然在某些方面是相类似的. 第一个比较精密一点, 不依赖 k. 第二个不包含像式(2.8)与(2.10)那样的约束条件.

4. 此外, 由第一章中定理 9.2 很容易地可以得出 Bernstein[③] 的另外一个重要定理的一种推广. 他证明, 若对于 $F(z) = \sum_{v=0}^{n} a_v z^v$ 在区间 $[-1, +1]$ 上有不等式

$$|F(z)| \leqslant M$$

则在复数 z 平面上处处皆有

[①] 参阅本书第一章第 9 小节小段 5 的脚注.
[②] Some trigonometrical inequalities with applications to the theory of series, Math. Zeitschrift, 1936(41):367-379.
[③] Mém. sc. Acad. Belg, 1912, 4(2).

$$|F(z)|\leqslant M|z+\sqrt{z^2-1}|^n$$

有一个问题是同样的重要,那就是对于

$$H(z)=\sum_{j=1}^{k}b_j\mathrm{e}^{\mathrm{i}\lambda_j z}, z=x+\mathrm{i}y \qquad (2.11)$$

的绝对值在复数平面上的估计,我们可以做出怎样的论断. 如果在区间 $a\leqslant z\leqslant a+d$ 上,有不等式

$$|H(z)|\leqslant M \qquad (2.12)$$

的话. 下列的一个定理给出这个问题的一个部分回答.

定理 2.4 若 $H(z)$ 表示殆周期多项式(2.11),其中

$$0=\lambda_1<\lambda_2<\cdots<\lambda_k<\frac{\pi k}{d} \qquad (2.13)$$

则由式(2.12)对于每个 z 有估计式

$$|H(z)|\leqslant\left(\frac{\pi k}{d}\right)^{k-1}\left\{\sum_{j=1}^{k}\frac{1}{\prod\limits_{\substack{l=1\\l\neq j}}^{k}{}'|\lambda_j-\lambda_l|}\right\}\mathrm{e}^{\lambda_k y}\max_{a\leqslant z\leqslant a+d}|H(z)|$$

$$(2.14)$$

这个定理的证明立刻可以由不等式

$$|H(z)|\leqslant\Big(\sum_{j=1}^{k}|b_j|\Big)\mathrm{e}^{\lambda_k|y|}$$

以及第一章中定理 9.2 得出,因此它是第一章中第三主要定理 8.1 的一个很简单的推论. 要想指出不等式(2.14)并不太坏,我们可以研究周期性的情形. 此时有

$$\prod_{\substack{l=1\\l\neq j}}^{k}{}'|\lambda_j-\lambda_l|=(k-j)!\;(j-1)!$$

所以

$$\sum_{j=1}^{k}\frac{1}{\prod_{\substack{l=1\\l\neq j}}^{k}{}'|\lambda_j-\lambda_l|}=\frac{2^{k-1}}{(k-1)!}$$

那就是说

$$|H(z)|\leqslant\left(\frac{2\pi k}{d}\right)^{k-1}\frac{e^{k|y|}}{(k-1)!}\max_{a\leqslant z\leqslant a+d}|H(z)|\leqslant$$

$$\left(\frac{2\pi ek}{d(k-1)}\right)^{k-1}e^{k|y|}\max_{a\leqslant z\leqslant a+d}|H(z)|<$$

$$\left(\frac{4\pi e}{d}\right)^{k}e^{k|y|}\max_{a\leqslant z\leqslant a+d}|H(z)|$$

但此处 $0<d<\pi$. 另外, 对于

$$H_0(z)=(1-e^{iz})^k, a=-\frac{d}{2}$$

若 d 颇小, 则有

$$\max_{a\leqslant z\leqslant a+d}|H_0(z)|=\sin^k\frac{d}{4}\approx\left(\frac{d}{4}\right)^k$$

又对于 $y<0$, 有

$$|H_0(z)|\geqslant(e^{|y|}-1)^k$$

是故设有不等式

$$|H(z)|\leqslant\left(\frac{c}{d}\right)^k e^{k|y|}\max_{a\leqslant z\leqslant a+d}|H(z)|$$

对于 $c<4$ 能够普遍成立.

在一种最重要的情形, 即当

$$\lambda_v=\log v \qquad (2.15)$$

则根据第一章中定理 9.1, 假使条件 (2.13) 并未被满足, $|H(z)|$ 也可以由上面来做估计. 但因所得到的估计式颇为粗糙, 所以我们不去讨论它. 在式 (2.15) 的情形下, 我认为 $|H(z)|$ 的一个好的估计式在 Riemann ζ 函数的理论中是重要的.

第三节 论殆周期多项式的实零点

1. 现在我们来打断应用的自然次序,依照这个自然次序,接着就应该讨论缺隙级数(Lückenreihe),不过我们先讨论另外一个应用,这个应用明白地指出,我们的第一章中定理 5.1 怎样会引出比 Dirichlet 定理更好的估计式. 关系着 Riemann ζ 函数的 Riemann-Siegel 公式,那应该多少有几分趣味来证明多项式

$$g_0(t) = \sum_{v=1}^{n} \frac{1}{\sqrt{v}} \cos t \log v \qquad (3.1)$$

在区间

$$2\pi n^2 \leqslant t < 2\pi (n+1)^2 \qquad (3.2)$$

中,对于每个足够大的 n,至多有

$$c n \log n$$

个零点(依照根的重数计算),此处

$$c < 4 \qquad (3.3)$$

表示一个数值常数. 很清楚,首先是要在区间

$$(0 <) a \leqslant x \leqslant a + d$$

中,对于

$$f(x) = \sum_{v=0}^{n} (a_v \cos \lambda_v x + b_v \sin \lambda_v x) \qquad (3.4)$$

的实的零点的个数,寻求出一个上估计式,此处

$$0 = \lambda_0 < \lambda_1 < \cdots < \lambda_n \qquad (3.5)$$

若我们以 $N(f, a, a+d)$ 记这个所说的个数,则当所有的 λ_v 皆为整数时,大家都知道有

$$N(f, a, a+d) \leqslant \left(1 + \left[\frac{d}{2\pi}\right]\right) \lambda_n$$

第二部分　中外名家论 Riemann 函数与 Riemann 猜想

这个估计式于是就不依赖 $\lambda_1, \lambda_2, \cdots, \lambda_{n-1}$, 项数 n, 以及 a. 但是很容易证出, 在一般的情形下, 不能存在形如

$$N(f, a, a+d) < \psi(d, \lambda_n)$$

的估计式, 我们只要在

$$N\pi \leqslant x \leqslant N\pi + 1$$

中(N 任意大且为整数) 研究多项式 $\left(1 + \cos\dfrac{x}{N}\right)^N$ 就可以知道, 但此处 $\lambda_N = 1$. 不过很有可能存在一个估计式

$$N(f, a, a+d) < \psi(d, n, \lambda_n) \quad (3.6)$$

以下, 在这个方面, 我们将证明两个定理, 它们将是由第一章中定理 5.1 与 8.1 得出的推论.

2. 首先假定 $f(x)$ 只含余弦项, 并且系数皆为正, 相应于式(3.1). 摆在面前的是, 用 $z = x + \mathrm{i}y$ 平面上的一个圆来覆盖区间 $a \leqslant x \leqslant a+d$, 并且用 Jensen 公式来估计圆中的零点的个数. 我们用公式的这种形式, 在 $|z - z_0| \leqslant \mathrm{e}R$ 里为正则的, $g(z)$ 在圆 $|z - z_0| \leqslant R$ 中的零点的个数不超过

$$\max_{|z - z_0| \leqslant \mathrm{e}R} \log \left| \dfrac{g(z)}{g(z_0)} \right| \quad (3.7)$$

于是困难就在于对 $|g(z_0)|$ 做出下估计. 首先一种可能就是

$$z_0 = 0, R = a + d$$

由于系数为正, 有

$$\left| \dfrac{g(z)}{g(z_0)} \right| \leqslant \mathrm{e}^{\lambda_n |y|}$$

所以

$$N(f, a, a+d) < \lambda_n \mathrm{e}(a+d) \quad (3.8)$$

在式(3.1)和(3.2)的情形下给出

$$N(f, a, a+d) < 2\pi \mathrm{e}(n+1)^2 \log n$$

这个估计式太粗糙了,其粗糙的原因是覆盖面太大. 若我们借助于 Dirichlet 定理来寻求别出的一个实的 z_0,那么我们对于 z_0 不能希望比(譬如说)$1 \leqslant z_0 \leqslant 100^n$ 更好,于是覆盖区间 $a \leqslant z \leqslant a+d$ 的圆 $|z-z_0| \leqslant R$ 的半径 R 仍然很大,而数量(3.7)亦然. 如果我们能够使 z_0 受到更狭窄的位置限制,从而

$$\max_{|z-z_0| \leqslant eR} \log|f(z)|$$

就会比较小得多,这种收获不会因为 $|f(z_0)|$ 的下估计有所减弱的那一事实而受到大的损害. 但这恰好是第一章中定理 5.2 能够提供出的,假使我们应用它而取

$$k = 2n+1, b_1 = a_0, w_1 = 0$$

$$\begin{cases} w_{j+1} = \mathrm{i}\lambda_j, w_{n+j+1} = -\mathrm{i}\lambda_j, j=1,\cdots,n \\ b_{j+1} = \dfrac{a_j}{2}, b_{n+j+1} = \dfrac{a_j}{2}, \quad j=1,\cdots,n \end{cases}$$

由此,在 $(a,a+d)$ 中存在一个 x_0,使得

$$|f(x_0)| \equiv \max_{a \leqslant x \leqslant a+d} \left| \sum_{j=0}^{n} a_j \cos \lambda_j x \right| \geqslant$$

$$\left(\dfrac{d}{2\mathrm{e}(a+d)} \right)^{2n+1} \left| \sum_{j=0}^{n} a_j \right| \quad (3.9)$$

若我们选择 x_0 使圆 $|z-x_0| \leqslant d$ 覆盖区间 $[a,a+d]$,于是

$$N(f,a,a+d) \leqslant \max_{|z-x_0| \leqslant ed} \log\left\{ \left(\dfrac{2\mathrm{e}(a+d)}{d} \right)^{2n+1} \left| \dfrac{f(z)}{f(z_0)} \right| \right\} \leqslant$$

$$(2n+1)\log \dfrac{2\mathrm{e}(a+d)}{d} + \lambda_n \mathrm{e}d$$

从而我们得到:

定理 3.1 若在

$$f(x) = a_0 + \sum_{v=1}^{n} a_v \cos \lambda_v x$$

第二部分 中外名家论 Riemann 函数与 Riemann 猜想

中,有

$$a_v > 0 \, (v = 0, 1, \cdots, n) \text{ 以及 } 0 < \lambda_1 < \cdots < \lambda_n$$

则在区间 $(0<)a \leqslant x \leqslant a+d$ 中,$f(x)$ 最多有

$$(2n+1)\log\frac{2\mathrm{e}(a+d)}{d} + \lambda_n \mathrm{e} d \qquad (3.10)$$

个零点. 若我们去掉条件 $a_v > 0$,则在式(3.10)内添加一项

$$\log\frac{\left|\sum_{v=1}^{n} a_v\right|}{\sum_{v=1}^{n} |a_v|}$$

在式(3.1)和(3.2)的情形下,定理 3.1 给出估计式

$$4\pi \mathrm{e} n \log n + O(n)$$

是故这个简单的定理 3.1,尽管只是第一章中定理 5.3 的一个容易的推论,但已能给出一个正确的阶,虽然具有一个太大的常数①. 估计式(3.10)在某种程度上讲

---

① 我们对于式(3.1)中的 $g_0(x)$ 能够得出一个比较好的常数,设使我们注意到,对于足够大的 n,有

$$\int_{2\pi n^2 + 2\pi n - \sqrt{n}}^{2\pi n^2 + 2\pi n + \sqrt{n}} g_0(x) \, \mathrm{d}x > 2\sqrt{n} - 2\sum_{j=2}^{n} \frac{1}{\sqrt{j \log n}} > \sqrt{n}$$

是故存在一个 x_1 满足

$$-\sqrt{n} \leqslant x_1 - (2\pi n^2 + 2\pi n) \leqslant \sqrt{n}$$

以及

$$g_0(x_1) > \frac{1}{2}$$

于是我们可以选 $R = 2\pi n + O(\sqrt{n})$,是故,在区间(3.2)中,$g_0(x)$ 的零点的个数小于

$$\log\frac{2\sqrt{n}\exp\{\mathrm{e}2\pi n + O(\sqrt{n})\log n\}}{\frac{1}{6}} = 2\pi \mathrm{e} n \log n + O(\sqrt{n} \log n)$$

是不可以改善的了,我们简单地由
$$f(x) = \cos \lambda x, d = a$$
就可以指出来,此时零点的真实个数与 $\dfrac{d}{\pi}\lambda$ 最多只相差 1,而定理 3.1 则给出估计值
$$ed\lambda + 3\log 4e$$

在单纯的正弦多项式的情形下,对于零点的个数,罗尔定理(Rolle Satz)立即给出一个相类似的估计式来,这里我们不准备去明显地详细陈述它.

3. 若我们不用第一章中定理 5.2 而用定理 8.5,则我们可以对于一般的三角多项式
$$f(x) = \sum_{v=0}^{n} (a_v \cos \lambda_v x + b_v \sin \lambda_v x) \quad (3.11)$$
证出一个类似的估计式,此处系数并未受限制,而这个估计式仅依赖 d, n, λ_n 以及
$$0 = \lambda_0 < \cdots < \lambda_n, \Delta = \min_{j=0,1,\cdots,n-1} |\lambda_{j+h} - \lambda_j| \quad (3.12)$$
从而也与 a 无关. 首先我们研究多项式
$$F(z) = \sum_{j=1}^{k} c_j e^{i\mu_j z} \quad (3.13)$$
其中有
$$0 \leqslant \mu_1 < \mu_2 < \cdots < \mu_k \quad (3.14)$$
以及
$$\min_{j=1,\cdots,k-1} (\mu_{j+1} - \mu_j) = \Delta_1 \quad (3.15)$$
于是我们来证明:

定理 3.2 若 $z = x + iy$,则 $F(z)$ 在实区间 $A \leqslant x \leqslant A+D$ 中的零点的个数不超过
$$2eD\mu_k + \log 2k + k\log\left(\pi e^2 \dfrac{\mu_k}{\Delta}\right)$$

第二部分　中外名家论 Riemann 函数与 Riemann 猜想

要想证明这定理,首先注意我们可以预先假定

$$D > \frac{10k}{\mu_k} \qquad (3.16)$$

设

$$\alpha = -\frac{k}{D\mu_k} \qquad (3.17)$$

我们现来考查线段 L

$$z = A + \frac{D}{2} + \rho e^{i\alpha}, 0 \leqslant \rho \leqslant D \qquad (3.18)$$

于是我们可以把 $F(z)$ 写成

$$F(z) = \sum_{j=1}^{k} c_j e^{i\mu_j(A+\frac{D}{2})} e^{i\mu_j e^{i\alpha}\rho} \equiv \phi(\rho) \equiv \sum_{j=1}^{k} r_j e^{v_j \rho} \qquad (3.19)$$

的形式,此处

$$v_j = i\mu_j e^{i\alpha}, r_j = c_j e^{i\mu_j(A+\frac{D}{2})}, j = 1, 2, \cdots, k$$

现在我们应用第一章中定理 8.5 而取

$$a = 0, d = D, b_j = r_j, \eta_j = e^{v_j}, j = 1, 2, \cdots, k$$

于是有

$$\delta_1 = \min_{a \neq b} \left| \eta_a^{\frac{D}{k}} - \eta_b^{\frac{D}{k}} \right| = \min_{b < a} \left| e^{\frac{D}{k}i\mu_a e^{i\alpha}} - e^{\frac{D}{k}i\mu_b e^{i\alpha}} \right| =$$

$$\min_{b<a} e^{-\frac{D}{k}\mu_b \sin\alpha} \left| e^{\frac{D}{k}i(\mu_a - \mu_b)e^{i\alpha}} - 1 \right|$$

因依照式(3.16)与(3.17)有

$$0 > \alpha > -\frac{\pi}{2}$$

故更有

$$\delta_1 \geqslant \min_{a>b}(e^{\frac{D}{k}(\mu_a-\mu_b)|\sin\alpha|} - 1)$$

从而依照式(3.15)得

$$\delta_1 \geqslant e^{\frac{D}{k}\Delta_1|\sin\alpha|} - 1$$

根据第一章中定理 8.5 于是存在一个 ρ_1 满足
$$0 \leqslant \rho_1 \leqslant D$$
且
$$\frac{|\phi(\rho_1)|}{\sum\limits_{j=1}^{k}|r_j||e^{v_j\rho_1}|} > \frac{1}{2k}\left(\frac{e^{\frac{D}{k}\Delta_1|\sin\alpha|}-1}{2e^{\frac{D}{k}\mu_k|\sin\alpha|}}\right)^{k-1}$$

但是由式(3.16)表明,在 L 上有一个满足
$$\frac{|F(z_0)|}{\sum\limits_{j=1}^{k}|c_j|} > \frac{1}{2k}\left(\frac{e^{\frac{D}{k}\Delta_1|\sin\alpha|}-1}{2e^{\frac{D}{k}\mu_k|\sin\alpha|}}\right)^{k-1} \quad (3.20)$$

的 z_0 存在. 不过,因为由式(3.16)与(3.17)有
$$\frac{D}{k}\mu_k|\sin\alpha| < \frac{|\alpha|D\mu_k}{k} = 1$$

以及
$$\frac{D}{k}\Delta_1|\sin\alpha| > \frac{2}{\pi}\cdot\frac{D}{k}|\alpha|\Delta_1 = \frac{2}{\pi}\frac{\Delta_1}{\mu_k}$$

是故由式(3.20)得
$$\frac{|F(z_0)|}{\sum\limits_{j=1}^{k}|c_j|} \geqslant \frac{1}{2k}\left(\frac{1}{\pi e}\cdot\frac{\Delta_1}{\mu_k}\right)^{k-1}$$

因为圆 $|z-z_0|\leqslant 2D$ 覆盖着线段 $A\leqslant z\leqslant A+D$, 故由 Jensen 公式得

$$N(F,A,A+D) < \max_{|z-z_0|\leqslant 2eD}\log\left\{\frac{|F(z)|}{\sum\limits_{j=1}^{k}|c_j|}\cdot 2k\left(\pi e\frac{\mu_k}{\Delta_1}\right)^{k-1}\right\} <$$

$$k\log\left(\pi e\frac{\mu_k}{\Delta_1}\right)^{k-1} + \log 2k +$$

第二部分　中外名家论 Riemann 函数与 Riemann 猜想

$$\max_{|z-z_0|\leqslant 2eD} \log \frac{|F(z)|}{\sum_{j=1}^{k}|c_j|}$$

最后因为在圆 $|z-z_0|\leqslant 2eD$ 上,有

$$|y|\leqslant 2eD+D|\sin\alpha|<2eD+\frac{k}{\mu_k}$$

因此

$$|F(z)|\leqslant \Big(\sum_{j=1}^{k}|c_j|\Big)e^{2eD\mu_k+k}$$

从而定理 3.2 得证.

若能够得出一个仅与 k,μ_k 以及 D 有关的上估计式,那倒是很有趣的. 因为圆 $|z-z_0|\leqslant 2eD$ 包含着,譬如说,平行四边形

$$A+\frac{D}{4}\leqslant x\leqslant A+\frac{3}{4}D, |y|\leqslant \frac{D}{8}$$

所以当我们把 $A+\frac{D}{4}$ 用 a,把 D 用 $2d$ 来代替的时候,我们就可以得出下列的:

定理 3.3　若对于

$$F(z)=\sum_{j=1}^{k}c_j e^{i\mu_j z}, z=x+iy$$

其中

$$0\leqslant \mu_1<\mu_2<\cdots<\mu_k$$

有不等式

$$\min_{j=1,2,\cdots,k-1}(\mu_{j+1}-\mu_j)\geqslant \Delta_1$$

则在平行四边形

$$a\leqslant x\leqslant a+d, |y|\leqslant \frac{d}{4}$$

中,$F(z)$ 的零点的个数不超过

$$4\mathrm{e}d\mu_k+\log 2k+k\log\left(\pi\mathrm{e}^2\frac{\mu_k}{\Delta_1}\right)$$

要想在式(3.11)中的 $f(x)$ 的零点得到一个上估计式,我们必须在

$$F(z)=\mathrm{e}^{\mathrm{i}\lambda_n z}f(z)$$

上应用定理 3.2 而取

$$k=2n+1,\mu_j=\lambda_j+\lambda_n$$

于是有:

定理 3.4 若对于

$$f(x)=\sum_{v=0}^{n}(a_v\cos\lambda_v x+b_v\sin\lambda_v x)$$

有

$$0=\lambda_0<\lambda_1<\cdots<\lambda_n,\lambda_{v+1}-\lambda_v\geq\Delta$$

则对于 $(0<)a\leq x\leq a+d$ 而言,$f(x)$ 的零点的个数不超过

$$4\mathrm{e}d\lambda_n+\log(4n+2)+(2n+1)\log\left(2\pi\mathrm{e}^2\frac{\lambda_n}{\Delta}\right)$$

关于这个问题的文献很多,除了 M. Kac[①] 与 T. Ganelius[②] 的一些作品以外,它们还汇集在 Jessen 与 H. Tornehave[③] 的一个作品中.

---

① On the distribution of values of trigonometric sums with linearly independent frequencies, Amer. Journ. of Math., 1943(65):609-615.

② Sequences of analytic functions and their zeros, Ark. Mat., 1954(3):1-50.

③ Mean motions and zeros of almost periodical functons, Acta. Math., 77.

第四节　在具有缺隙的幂级数与 Dirichlet 级数理论上的应用

1. 本节中的一些定理是属于另外一类的,所有这些都是第一与第三主要定理的第一章式(5.8)的一些简单的推论. 我们将要在本节的小段 11 内说出这些结果. 我们首先讨论:

定理 4.1　若对于序列
$$\lambda_1 < \lambda_2 < \cdots$$
有
$$\lim_{j \to \infty} \frac{\lambda_j}{j} = +\infty \tag{4.1}$$

又级数
$$f(s) = \sum_{j=1}^{\infty} a_j \mathrm{e}^{-\lambda_j s}, s = \sigma + \mathrm{i} t \tag{4.2}$$

的收敛直线为直线 $\sigma = 0$,则这条直线上的每个点都是 $f(s)$ 的一个奇异点,或者这条直线上没有任何一个奇异点.

要想证明以上结论,我们需用辅助定理 4.1① 设
$$0 < \eta < \frac{1}{100} \tag{4.3}$$

又 A, B 依次表示平行四边形
$$-\eta \leq \sigma \leq \eta, |t| \leq 2 \tag{4.4}$$

---

① 这个引理在幂级数的情形下出现在 1947 年的作品[3]内. 在 S. Bochner 的论文:Localization of best approximation, Contrib. to Four. Anal;3-23. Annals of Math. Studies,1950(25) 中,我们可以寻找到有关的以及更一般的问题的提出.

以及

$$-\frac{\eta}{2} \leqslant \sigma \leqslant \frac{\eta}{2}, |t| \leqslant 1 \qquad (4.5)$$

因式(4.2)中的级数对于 $\sigma>0$ 为收敛的. 因此,依照一个已知的定理①,存在一个 $c=c(\eta,f)$ 使

$$|f(\eta+it)| < c(1+|t|) \qquad (4.6)$$

若 $f(s)$ 在 A 中为正则的,则存在一个满足

$$\max_{s\in A}|f(s)| \leqslant M \qquad (4.7)$$

的 $M>0$. 最后,设对于式(4.2)中的数 λ_j,有

$$b_{nj} = 1 - e^{-\frac{\lambda_n - \lambda_j}{3\sqrt{\eta}}} \sum_{l=0}^{[\lambda_n]} \frac{1}{l!}\left(\frac{\lambda_n - \lambda_j}{3\sqrt{\eta}}\right)^l, j=1,2,\cdots,n \qquad (4.8)$$

于是有:

辅助定理 4.1 假使 $\lambda_n > 20$,则在 B 中有不等式

$$\left|f(s) - \sum_{j=1}^n b_{nj} a_j e^{-\lambda_j s}\right| \leqslant \frac{C+M}{\eta} e^{-\frac{\lambda_n \eta}{4}} \equiv C_1 e^{-\frac{\lambda_n \eta}{4}}$$

2. 要想证明这个辅助定理我们可以研究积分

$$J_n(s_0) = \frac{1}{2\pi i}\int_{(\eta)} \frac{e^{\lambda_n s}}{s(1+3s\sqrt{\eta})^{[\lambda_n]+1}} f(s+s_0) ds \qquad (4.9)$$

此处 (η) 记沿着直线 $\sigma=\eta$ 取积分,并且

$$s_0 \in B$$

这里,因子

$$\frac{e^{\lambda_n s}}{s(1+3s\sqrt{\eta})^{1+[\lambda_n]}}$$

由式(4.3),对于 $\sigma \geqslant -\eta$,除去在 $s=0$ 处有一个一阶的

---

① 譬如,参看 E. Landau: Handbuch der Lehre von der PrimzahIen, Bd. II. Leipzig, 1909:824.

极点外,是正则的. 显然我们可以在 $J_n(s_0)$ 中,用一个级数来代换 $f(s+s_0)$ 并且逐项积分. 于是有

$$J_n(s_0) = \sum_{j=1}^{\infty} a_j e^{-\lambda_j s_0} \frac{1}{2\pi i} \int_{(\eta)} \frac{e^{(\lambda_n - \lambda_j)s}}{s(1+3s\sqrt{\eta})^{1+[\lambda_n]}} ds$$

对于这个积分做一个寻常的处理就得到

$$J_n(s_0) = \sum_{j=1}^{n} b_{nj} a_j e^{-\lambda_j s_0} \qquad (4.10)$$

我们研究下列的折线

$$\begin{cases} \text{I}. \ t=1, \ -\dfrac{\eta}{2} \leqslant \sigma \leqslant \eta \\ \text{II}. \ \sigma = -\dfrac{\eta}{2}, \ -1 \leqslant t \leqslant +1 \\ \text{III}. \ t=-1, \ -\dfrac{\eta}{2} \leqslant \sigma \leqslant \eta \\ \text{IV}. \ \sigma = \eta, \ t \geqslant 1 \\ \text{V}. \ \sigma = \eta, \ t \leqslant -1 \end{cases} \qquad (4.11)$$

若 L 表示这个折线,则依照 Cauchy 积分定理得

$$J_n(s_0) = f(s_0) + \frac{1}{2\pi i} \int_{(L)} \frac{e^{\lambda_n s}}{s(1+3s\sqrt{\eta})^{1+[\lambda_n]}} f(s+s_0) ds$$

(4.12)

要想证明辅助定理我们仅需对式(4.12)中的积分做出估计. 用 L_1 与 L_5 依次地记线段 I ~ V 上的积分. 依照式(4.6)有

$$|L_1| \leqslant \frac{1}{2\pi} \int_1^{\infty} \frac{e^{\lambda_n \eta} c(1+t)}{|t| \, |1+3it\sqrt{\eta}|^{1+[\lambda_n]}} dt <$$

$$\frac{c e^{\lambda_n \eta}}{\pi} \int_1^{\infty} \frac{dt}{(1+9\eta t)^{\frac{1}{2}\lambda_n}} =$$

$$\frac{c e^{\lambda_n \eta}}{9\pi \eta} \cdot \frac{2}{\lambda_n - 2} \cdot \frac{1}{(1+9\eta)^{\frac{1}{2}(\lambda_n - 2)}} <$$

$$\frac{c}{2\eta}\exp\left\{\lambda_n\eta - \frac{9\eta}{1-9\eta}\cdot\frac{\lambda_n-2}{2}\right\} < $$

$$\frac{c}{2\eta}e^{-\lambda_n\eta}$$

对于 $|L_5|$ 也有类似的一个式子,是故

$$|L_1|+|L_5|<\frac{c}{\eta}e^{-\lambda_n\eta} \qquad (4.13)$$

此外有

$$|L_2|<\frac{1}{2\pi}\int_{-\frac{\eta}{2}}^{\eta}\frac{Me^{\lambda_n\sigma}}{|1+3\sigma\sqrt{\eta}+3i\sqrt{\eta}|^{1+[\lambda_n]}}d\sigma<$$

$$\frac{\eta}{\pi}\cdot\frac{Me^{\lambda_n\eta}}{(1-3\eta^{\frac{3}{2}}+9\eta)^{\frac{1}{2}\lambda_n}}<\frac{\eta M}{\pi}\cdot\frac{e^{\lambda_n\eta}}{(1+6\eta)^{\frac{1}{2}\lambda_n}}<$$

$$\frac{\eta M}{\pi}e^{-\lambda_n\eta}$$

因为对于 $|L_4|$ 有类似的估计式,所以十分粗糙地得出

$$|L_2|+|L_4|<\frac{M}{4\eta}e^{-\frac{\lambda_n\eta}{4}} \qquad (4.14)$$

最后对于 $|L_3|$ 得

$$|L_3|\leq\frac{e^{-\frac{\lambda_n\eta}{2}}}{2\pi}M\int_{-1}^{1}\frac{dt}{\left|\frac{\eta}{2}\left|1-\frac{3}{2}\eta^{\frac{3}{2}}+3it\eta\right|\right|^{\lambda_n}}<$$

$$\frac{2M}{\pi\eta}e^{-\frac{\lambda_n\eta}{2}}(1-3\eta^{\frac{3}{2}})^{-\lambda_n}<\frac{2M}{\pi\eta}e^{-\frac{\lambda_n\eta}{4}}$$

由式(4.13)(4.14)以及(4.12)就得出了辅助定理.

3. 由辅助定理我们可以得出定理 4.1 如下. 假设 $f(s)$ 在 $\sigma=0$ 上的一点为正则的. 显然我们可以假定这一点就是 $s=0$. 于是也存在正的 δ_1 与 δ_2 数,使得在区域

$$-\delta_1\leq\sigma\leq\delta_1,-\delta_2\leq t\leq\delta_2$$

第二部分　中外名家论 Riemann 函数与 Riemann 猜想

中,函数为正则的. 由一个线性变换,很容易就可以得知,我们可以假定在区域

$$-\eta \leqslant \sigma \leqslant \eta, -2 \leqslant t \leqslant 2$$

中,函数 $f(s)$ 为正则的,此处

$$0 < \eta < \frac{1}{200}$$

若 n 如此地大致使

$$\lambda_n > 20$$

则我们研究辅助定理 4.1 中的式子

$$P_n(s) = \sum_{j \leqslant n} b_{nj} a_j e^{-\lambda_j s} \qquad (4.15)$$

对于一个满足

$$-\frac{\eta}{2} \leqslant \sigma_0 \leqslant \frac{\eta}{2}$$

的固定的 σ_0,我们作

$$P_{n+1}(\sigma_0 + \mathrm{i}t) - P_n(\sigma_0 + \mathrm{i}t) = \sum_{j=1}^{n} (b_{n+1,j} - b_{nj}) a_j e^{-\lambda_j \sigma_0} e^{-\lambda_j \mathrm{i}t} + b_{n+1,n+1} a_{n+1} e^{-\lambda_{n+1} \sigma_0} e^{-\lambda_{n+1} \mathrm{i}t}$$

$$(4.16)$$

设 $t_0 > 1$,并且在多项式上应用定理 2.3(那是第一主要定理的一个很容易的推论),而且取

$$k = n+1, \alpha = \beta = -1, \gamma = 1, \delta = t_0$$

于是有

$$|P_{n+1}(\sigma_0 + \mathrm{i}t_0) - P_n(\sigma_0 + \mathrm{i}t_0)| \leqslant$$

$$\max_{-1 \leqslant t \leqslant t_0} |P_{n+1}(\sigma_0 + \mathrm{i}t_0) - P_n(\sigma_0 + \mathrm{i}t_0)| \leqslant$$

$$\left(2\mathrm{e}\frac{1+t_0}{2}\right)^{n+1} \max_{-1 \leqslant t \leqslant +1} |P_{n+1}(\sigma_0 + \mathrm{i}t_0) - P_n(\sigma_0 + \mathrm{i}t_0)| =$$

$$\{\mathrm{e}(1+t_0)\}^{n+1} |P_{n+1}(\sigma_0 + \mathrm{i}\eta_0) - P_n(\sigma_0 + \mathrm{i}\eta_0)| \qquad (4.17)$$

其中

$$-1 \leqslant \eta_0 \leqslant +1$$

但由辅助定理 4.1，因 $\sigma_0 + i\eta_0$ 在 B 中，故有

$$|P_{n+1}(\sigma_0+i\eta_0)-P_n(\sigma_0+i\eta_0)| \leqslant$$
$$|P_{n+1}(\sigma_0+i\eta_0)-f(\sigma_0+i\eta_0)| +$$
$$|P_n(\sigma_0+i\eta_0)-f(\sigma_0+i\eta_0)| \leqslant$$
$$2C_1 e^{-\frac{\lambda_n \eta}{4}}$$

从而由式(4.17)有

$$|P_{n+1}(\sigma_0+it_0)-P_n(\sigma_0+it_0)| \leqslant$$
$$2C_1 e^{-\frac{\lambda_n \eta}{4}}\{e(1+t_0)\}^{n+1} =$$
$$2C_1\{(e(1+t_0))^{\frac{n+1}{\lambda_n}} e^{-\frac{\eta}{4}}\}^{\lambda_n} \quad (4.18)$$

此处 C_1 既不依赖 t_0 又不依赖 n。此时——而且仅是在此时——我们来利用缺隙条件(4.1)。若对于已给的

$$1 < a < b$$

我们来研究平行四边形

$$-\frac{\eta}{2} \leqslant \sigma \leqslant \frac{\eta}{2}, a \leqslant t \leqslant b \quad (4.19)$$

则对于每个

$$n > N_0(\eta, b)$$

有

$$(e(1+b))^{\frac{n+1}{\lambda_n}} < e^{\frac{\eta}{8}}$$

是故由式(4.18)，对于 $n > N(\eta, b)$，在区域(4.19)中有

$$|P_{n+1}(s)-P_n(s)| \leqslant 2C_1 e^{-\frac{\eta}{8}\lambda_n}$$

但这表示着，在每个平行四边形(4.19)中，序列 $P_n(s)$ 一致收敛于一个解析的极限函数，是故在直线 $\sigma = 0$ 上 $f(s)$ 不能有任何奇异点。这就是所要证明的。

4. 我们现在转而去证明一个类似的定理。这个定

理如下：

定理 4.2 设

$$f(z)=\sum_{v=0}^{\infty}a_v z^v$$

对于 $|z|<1$ 为正则的,并且在圆周 $|z|=1$ 上,它除了有 k 个极点外没有其他奇异点,在这 k 个极点中,设有 l ($l \le k$) 个具有最高的(彼此相等的)重数,则存在一正的 $c=c(f)$,使得当 $v \le x$ 时,满足 $|a_v|>c$ 的系数 a_v 的个数,对于 $x \to +\infty$,必大于或等于 $\frac{x}{l}-O(1)$.

这个定理的证明很容易地就可以由第一章中定理 8.2 得出来. 若我们把 $f(z)$ 的相异的极点记为 $\frac{1}{z_1}$, $\frac{1}{z_2}$, $\cdots$, $\frac{1}{z_k}$,则我们可以写

$$f(z)=\sum_{j=1}^{l}\frac{A_j}{(1-z_j z)^v}+\sum_{j=l+1}^{k}\frac{A_j}{(1-z_j z)^{d_j}}+g(z) \quad (4.20)$$

此处第二个和数当 $l=k$ 时为零,对于正整数 d_j,有

$$d_j<v$$

并且 $g(z)$ 在圆

$$|z| \le \frac{1}{1-\delta}, \delta>0$$

中为正则的. 由此立即得出系数公式

$$a_n=\binom{n+v-1}{v-1}\sum_{j=1}^{l}A_j z_j^n+\sum_{j=l+1}^{k}A_j\binom{n+d_j-1}{d_j-1}z_j^n+e_n$$

$$(4.21)$$

此处

$$|e_n| \le C\left(1-\frac{\delta}{2}\right)^n \quad (4.22)$$

并且 C 与 f 有关但与 n 无关. 是故有

$$|a_n| \geq \binom{n+v-1}{v-1} \Big| \sum_{j=1}^{l} A_j z_j^n \Big| - \binom{n+v-2}{v-2} \sum_{j=l+1}^{k} |A_j| - C\left(1-\frac{\delta}{2}\right)^n$$
(4.23)

此处 $\binom{n+v-2}{v-2}$ 当 $v=1$ 时为 0. 设 λ 为任意一个正整数,又取

$$m = \lambda l$$

我们在 $\sum_{j=1}^{l} A_j z_j^n$ 上应用第一章中定理 8.2,于是有一个整数 v_0 满足

$$l\lambda + 1 \leq v_0 \leq l(\lambda+1)$$

使得

$$\Big| \sum_{j=1}^{l} A_j z_j^{v_0} \Big| \geq \Big(\sum_{j=1}^{l} |A_j| \Big) \frac{1}{l2^l} (\min_{\mu \neq v} |z_\mu - z_v|)^{l-1} \equiv 2C(f)$$
(4.24)

对于这个标数 v_0,有

$$|a_{v_0}| \geq 2C(f) \binom{v_0+v-1}{v-1} - \binom{v_0+v-2}{v-2} \sum_{j=1}^{k} |A_j| - C\left(1-\frac{\delta}{2}\right)^{v_0}$$

由此显然可见,对于每个足够大的 λ,那就是说对于

$$\lambda > \lambda_0(f)$$

有一个 v_0 满足

$$l\lambda + 1 \leq v_0 \leq l(\lambda+1) \quad (4.25)$$

以及

$$|a_{v_0}| > C(f)$$

由此得出了定理 4.2,并且得出了比这个定理略微更多一点的内容.

5. 现在让我们转向属于这意念范围的另外一个应

用. 我们为了简单起见,仅对幂级数来说明陈述所发生的定理. 设

$$f(z) = \sum_{j=0}^{\infty} a_j z^{\lambda_j}, \lambda_0 = 0 \qquad (4.26)$$

为具有非负的递增的整数指数 λ_j 的一个整函数,这些指数 λ_j 假定满足 Fabrysche 条件

$$\lim_{j \to \infty} \frac{\lambda_j}{j} = +\infty \qquad (4.27)$$

如同寻常一样,我们记

$$\max_{|z|=r} |f(z)| = M(r,f)$$
$$\max_{\substack{|z|=r \\ \alpha \leq \arg z \leq \beta}} |f(z)| = M(r,f,\alpha,\beta)$$

则有:

定理 4.3 对于满足 Fabrysche 条件 (4.27) 的整函数 $f(z)$,对于任意预先给定的 $0<\varepsilon<\dfrac{1}{2}$ 以及 $0 \leq \alpha < \beta \leq 2\pi$,对于 $r>r_0(f,\varepsilon,\beta-\alpha)$,有不等式

$$M(r,f) \leq 44 \left(\frac{4\mathrm{e}\pi}{\beta-\alpha}\right)^4 M(2r,f)^{2\varepsilon} M(r,f,\alpha,\beta)$$

这个定理我们将立刻能够由一个更一般些的定理引导出来,这个更一般些的定理与调和展开有关. 设 λ_k 为非负整数的一个递增序列 ($\lambda_0 = 0$) 并且仍然满足 (4.27),又设

$$U(r,\phi) = \sum_{j=1}^{\infty} r^{\lambda_j} (a_j \cos \lambda_j \phi + b_j \sin \lambda_j \phi) \qquad (4.28)$$

在全平面上收敛,因而我们可以称 $U(r,\phi)$ 为一个调和整函数. 我们引入记号

$$\max_{0 \leq \phi \leq 2\pi} |U(r,\phi)| = M_1(r,U)$$
$$\max_{\alpha \leq \phi \leq \beta} |U(r,\phi)| = M_1(r,U,\alpha,\beta)$$

于是有：

定理 14.4 对于满足 Fabrysche 条件(4.27)的调和整函数 $U(r,\phi)$，相应于每个 $0<\varepsilon<\dfrac{1}{2}$ 以及 $0\leqslant\alpha<\beta\leqslant 2\pi$，对于每个 $r>r_1(U,\varepsilon,\beta-\alpha)$，有不等式

$$M_1(r,U)\leqslant 22\left(\dfrac{4\mathrm{e}\pi}{\beta-\alpha}\right)^4 M_1(2r,U)^{2\varepsilon}\cdot M_1(r,U,\alpha,\beta)$$

定理 4.3 可以由定理 4.4 得出，其原因是：对于式(4.26)中的 $f(z)$ 设

$$f(r\mathrm{e}^{\mathrm{i}\phi})=U_1(r,\phi)+\mathrm{i}U_2(r,\phi)$$

以及

$$r>\max\{r_1(U_1,\varepsilon,\beta-\alpha),r_1(U_2,\varepsilon,\beta-\alpha)\}$$

对于每个 r 值显然成立以下不等式

$$M_1(r,U_v)\leqslant M(r,f), v=1,2$$
$$M(r,f)\leqslant M_1(r,U_1)+M_1(r,U_2)$$
$$M_1(r,U_v,\alpha,\beta)\leqslant M(r,f,\alpha,\beta), v=1,2$$

不失其普遍性，如果我们假设

$$M_1(r,U_2)\leqslant M_1(r,U_1)$$

即得

$$M(r,f)\leqslant 2M_1(r,U_1)\leqslant 2\times 22\left(\dfrac{4\mathrm{e}\pi}{\beta-\alpha}\right)^4 M_1(2r,U_1)^{2\varepsilon}$$

$$M_1(r,U_1,\alpha,\beta)\leqslant 44\left(\dfrac{4\mathrm{e}\pi}{\beta-\alpha}\right)^4 M(2r,f)^{2\varepsilon}M(r,f,\alpha,\beta)$$

因此能证出定理 4.4 就足够了，因为在定理 4.4 中只出现一个函数 U，所以为了以后简便起见，我们记

$$M_1(r,U)=M_1(r), M_1(r,U,\alpha,\beta)=M_1(r,\alpha,\beta)$$

6. 设

$$s_k(r,\phi)=\sum_{j=0}^{\infty}r^{\lambda_j}(a_j\cos\lambda_j\phi+b_j\sin\lambda_j\phi) \quad (4.29)$$

我们应用定理 2.2 而取

$$f_1(\phi) = s_k\left(r, \frac{\alpha+\beta}{2}-\phi\right), b = \frac{\beta-\alpha}{2}$$

(这实质上是应用了第一主要定理),则得

$$\max_{0 \leq \phi \leq 2\pi} |s_k(r,\phi)| \leq \left(\frac{4e\pi}{\beta-\alpha}\right)^{2k+1} \max_{\alpha \leq \phi \leq \beta} |s_k(r,\phi)|$$

(4.30)

设在此式左端以及右端的极大值分别当 $\phi = \phi_1$ 以及 $\phi = \phi_2$ 时达到,显然有

$$|s_k(r,\phi_2)| \leq |U(r,\phi_2)| + |s_k(r,\phi_2) - U(r,\phi_2)| \leq$$
$$M_1(r,\alpha,\beta) + |U(r,\phi_2) - s_k(r,\phi_2)|$$

(4.31)

又

$$U(r,\phi_2) - s_k(r,\phi_2) = \sum_{j=k+1}^{\infty} r^{\lambda_j}(a_j \cos \lambda_j \phi_2 + b_j \sin \lambda_j \phi_2)$$

并且对于 $j \geq 1$ 有

$$a_j(2r)^{\lambda_j} = \frac{1}{\pi}\int_0^{2\pi} U(2r,\vartheta) \cos \lambda_j \vartheta \, d\vartheta$$

$$b_j(2r)^{\lambda_j} = \frac{1}{\pi}\int_0^{2\pi} U(2r,\vartheta) \sin \lambda_j \vartheta \, d\vartheta$$

因此

$$|U(r,\phi_2) - s_k(r,\phi_2)| =$$
$$\frac{1}{\pi}\left|\int_0^{2\pi} U(2r,\vartheta)\left\{\sum_{j=k+1}^{\infty} \frac{\cos \lambda_j(\phi_2 - \vartheta)}{2^{\lambda_j}}\right\}d\vartheta\right| \leq$$
$$2M_1(2r)\frac{2}{2^{\lambda_{k+1}}} < \frac{2M_1(2r)}{2^{\lambda_k}}$$

从而依照式(4.31)有

$$\max_{\alpha \leq \phi \leq \beta} |s_k(r,\phi)| \leq M_1(r,\alpha,\beta) + \frac{2M_1(2r)}{2^{\lambda_k}} \quad (4.32)$$

设对于已给的 r, $|U(r,\phi)|$ 的极大值在 $\phi=\phi_3$ 时达到,则类似地可得出

$$|s_k(r,\phi_1)| \geq |s_k(r,\phi_3)| \geq$$
$$|U(r,\phi_3)| - |U(r,\phi_3) - s_k(r,\phi_3)| \geq$$
$$M_1(r) - \frac{2M_1(2r)}{2^{\lambda_k}}$$

根据上式以及式(4.32),可知式(4.30)变成

$$M_1(r) \leq \frac{2M_1(2r)}{2^{\lambda_k}} + \left(\frac{4e\pi}{\beta-\alpha}\right)^{2k+1} \left\{M_1(r,\alpha,\beta) + \frac{2M_1(2r)}{2^{\lambda_k}}\right\} <$$
$$\left(\frac{4e\pi}{\beta-\alpha}\right)^{2k+1} M_1(r,\alpha,\beta) +$$
$$\frac{16e\pi}{\beta-\alpha} M_1(2r) \left\{\frac{1}{2}\left(\frac{4e\pi}{\beta-\alpha}\right)^{\frac{2k}{\lambda_k}}\right\}^{\lambda_k} \qquad (4.33)$$

一直到现在,正数 r 与正整数 k 都作为是任意的并且也没有用到 Fabrysche 的缺隙条件. 依照这个缺隙条件,存在一个正的,单调地趋于 $+\infty$ 的函数 $\omega(k)$, 使

$$\frac{\lambda_k}{k} \geq \omega(k) \qquad (4.34)$$

现在对于固定的,正数 $0 < \varepsilon < \frac{1}{2}$, 设 $r_1(U, \varepsilon, \beta-\alpha)$ 为如此地大,以致对于每个 $r > r_1$, 有

$$M_1(r) > 4$$

$$\varepsilon\omega\left(\frac{\varepsilon\log\sqrt{M_1(r)}}{\log\frac{4\pi e}{\beta-\alpha}}\right) > 8\log\frac{4\pi e}{\beta-\alpha} \qquad (4.35)$$

并且(选[ ]表示整数部分)

$$k = 1 + \left[\cfrac{\varepsilon}{\log\cfrac{4\pi e}{\beta-\alpha}}\log\left\{\cfrac{64e\pi}{\beta-\alpha}\cdot\cfrac{M_1(2r)}{M_1(r)}+\sqrt{M_1(r)}\right\}\right]$$

$$(4.36)$$

我们由上面来估计 $\cfrac{k}{\lambda_k}$。因 $\omega(x)$ 为单调，由式 (4.35) 有

$$\cfrac{k}{\lambda_k} \leqslant \cfrac{1}{\omega(k)} \leqslant \cfrac{1}{\omega\left(\cfrac{\varepsilon}{\log\cfrac{4\pi e}{\beta-\alpha}}\log\left\{\cfrac{64e\pi}{\beta-\alpha}\cdot\cfrac{M_1(2r)}{M_1(r)}+\sqrt{M_1(r)}\right\}\right)} \leqslant$$

$$\cfrac{\varepsilon}{8\log\cfrac{4\pi e}{\beta-\alpha}}$$

亦即

$$\cfrac{1}{2}\left(\cfrac{4\pi e}{\beta-\alpha}\right)^{\frac{2k}{\lambda_k}} < \cfrac{1}{2}e^{\frac{\varepsilon}{4}} < \cfrac{3}{4}$$

在式 (4.33) 中的第末项于是就小于

$$\cfrac{16e\pi}{\beta-\alpha}M_1(2r)\left(\cfrac{3}{4}\right)^{\lambda_k} \qquad (4.37)$$

但由式 (4.34) 与 (4.36) 有

$$\lambda_k \geqslant k\omega(k) > \omega(k)\cfrac{\varepsilon}{\log\cfrac{4\pi e}{\beta-\alpha}}\log\left\{\cfrac{64e\pi}{\beta-\alpha}\cdot\cfrac{M_1(2r)}{M_1(r)}\right\} >$$

$$\cfrac{\varepsilon}{\log\cfrac{4\pi e}{\beta-\alpha}}\log\left\{\cfrac{64e\pi}{\beta-\alpha}\cdot\cfrac{M_1(2r)}{M_1(r)}\right\}\cdot$$

$$\omega\left(\cfrac{\varepsilon}{\log\cfrac{4\pi e}{\beta-\alpha}}\log\sqrt{M_1(r)}\right)$$

故由式(4.35)得出

$$\lambda_k \geq 8\log\left\{\frac{64e\pi}{\beta-\alpha}\cdot\frac{M_1(2r)}{M_1(r)}\right\}$$

若我们将这代入式(4.37),则对于式(4.33)中的最末一项我们可以推知它不超过

$$\frac{16e\pi}{\beta-\alpha}M_1(2r)\exp\left\{-\log\frac{4}{3}\cdot 8\log\left(\frac{64e\pi}{\beta-\alpha}\cdot\frac{M_1(2r)}{M_1(r)}\right)\right\}<$$

$$\frac{16e\pi}{\beta-\alpha}M_1(2r)\frac{1}{\dfrac{64e\pi}{\beta-\alpha}\cdot\dfrac{M_1(2r)}{M_1(r)}}=\frac{M_1(r)}{4}$$

由式(4.33)得出

$$M_1(r)<\frac{4}{3}\cdot\frac{4e\pi}{\beta-\alpha}\left(\frac{4e\pi}{\beta-\alpha}\right)^{2k}M_1(r,\alpha,\beta) \quad (4.38)$$

若我们再一次应用式(4.36)并且又应用不等式

$$\log(a+b)\leq \log a+\log b$$
$$a\geq 2, b\geq 2$$

则最后由式(4.38)得

$$M_1(r)<\frac{4}{3}\left(\frac{4e\pi}{\beta-\alpha}\right)^3 M_1(r,\alpha,\beta)\cdot$$

$$\exp\left\{2\varepsilon\log\left(\frac{64e\pi}{\beta-\alpha}\cdot\frac{M_1(2r)}{M_1(r)}\right)+2\varepsilon\log\sqrt{M_1(r)}\right\}=$$

$$\frac{4}{3}\left(\frac{4\pi e}{\beta-\alpha}\right)^3 M_1(r,\alpha,\beta)\frac{64e\pi}{\beta-\alpha}\left(\frac{M_1(2r)}{M_1(r)}\right)^{2\varepsilon}M_1(r)^{2\varepsilon}<$$

$$2^2\left(\frac{4e\pi}{\beta-\alpha}\right)^4 M_1(2r)^{2\varepsilon}M(r,\alpha,\beta)$$

这只是定理4.4的另外一个形式.

7. 要想更好地了解定理4.3的重要性,设 $f(z)$ 为具有有限阶的一个整函数,于是必然存在一个整数 k 以及一个 $r_2=r_2(f)$,使得对于 $|z|>r_2$,有

$$|f(z)| \leq 2^{|z|^{k+\frac{1}{2}}}, M(r,f) \geq 2 \qquad (4.39)$$

记

$$\rho_1 = \max(5, r_2(f)) \qquad (4.40)$$

$$C = \max\left(1, \frac{M(2\rho_1, f)}{M(\rho_1, f)^{25^{k+1}}}\right) \qquad (4.41)$$

则有：

定理 4.5 若 $f(z)$ 为具有有限阶小于或等于 k（k 为整数）的一个整函数，并且满足 Fabrysche 的缺隙条件 (4.27)，则对于每个 $0 < \eta \leq \frac{1}{5}$ 以及 $0 \leq \alpha < \beta \leq 2\pi$，存在一个无穷序列的圆 $|z| = \rho_j$，此处

$$2\rho_j \leq \rho_{j+1} \leq \rho_j^{k+2} \qquad (4.42)$$

（即 $\lim\limits_{j \to \infty} \rho_j = +\infty$），使得不等式

$$\frac{1}{44C}\left(\frac{\beta-\alpha}{4e\pi}\right)^4 M(\rho_j, f)^{1-\eta} \leq M(\rho_j, f, \alpha, \beta) \leq M(\rho_j, f)$$

对于一切满足 $\rho_j > r_0\left(f, \frac{\eta}{2 \cdot 25^{\frac{k+1}{\beta-\alpha}}}\right)$ 的 j 值成立.

这个定理的证明立刻可以由定理 4.3 得出，假使我们能证明能够如此的选择满足限制 (4.42) 的圆 $|z| = \rho_j$ 使得对于式 (4.41) 中的 C 以及 $j = 1, 2, \cdots$，有

$$\frac{M(2\rho_j, f)}{M(\rho_j, f)^{25^{k+1}}} \leq C \qquad (4.43)$$

若我们选 j 如此地大使得

$$\rho_j \geq r_0(f, \varepsilon, \beta - \alpha)$$

则由定理 4.3 即得

$$M(\rho_j, f) \leq 44\left(\frac{4e\pi}{\beta-\alpha}\right)^4 C \cdot M(\rho_j, f)^{2\varepsilon \cdot 25^{k+1}} \cdot M(\rho_j, f, \alpha, \beta)$$

这也不过是定理 4.5 中的下估计式的另一个形式而

已,此处 $\varepsilon = \dfrac{\eta}{2 \cdot 25^{k+1}}$. $M(\rho_j, f, \alpha, \beta)$ 的上估计则是平凡不足道的.

所以我们只需要证明式(4.43). 此时, 由于式(4.41)的定义, 对于 $j=1$, 不等式(4.43)是正确的. 假定式(4.42)和(4.43)对于 $j \leqslant n$ 已经证明, 我们先来研究环形

$$2\rho_n \leqslant |z| \leqslant \rho_n^{k+2} \qquad (4.44)$$

假设此处不存在相应于条件(4.43)的圆, 则有

$$M(2^2 \rho_n) > M(2\rho_n)^{25^{k+1}}$$
$$M(2^3 \rho_n) > M(2^2 \rho_n)^{25^{k+1}} > M(2\rho_n)^{25^{2(k+1)}}$$
$$\vdots$$
$$M(2^l \rho_n) > M(2\rho_n)^{25^{(l-1)(k+1)}}$$

又因式(4.39)有

$$M(2\rho_n) \geqslant M(2\rho_1) \geqslant 2$$

故对 $2^l \leqslant 2\rho_n^{k+1}$ 有

$$M(2^l \rho_n) > 2^{25^{(l-1)(k+1)}} \qquad (4.45)$$

现在由

$$2^{l-1} \leqslant \rho_n^{k+1} < 2^l \qquad (4.46)$$

定出正整数 l, 则有

$$2\rho_n \leqslant 2^l \rho_n < (2\rho_n^{k+1})\rho_n = 2\rho_n^{k+2}$$

因式(4.46)与(4.40)

$$2^l > \rho_n^{k+1} \geqslant \rho_1^{k+1} \geqslant 5$$

故 $l > 2$, $l-1 > \dfrac{l}{2}$, 从而由式(4.45)得出

$$M(2^l \rho_n) > 2^{5^{l(k+1)}} > 2^{5^{l(k+\frac{1}{2})}} \qquad (4.47)$$

此时由于 $M(x)$ 为单调以及

$$\rho_n < 2^{\frac{l}{k+1}} < 2^l$$

于是由式(4.47)更有

$$M(2^{2l}) > M(2^l \rho_n) > 2^{5l\left(k+\frac{1}{2}\right)}$$

是故由式(4.39)有

$$2^{5l\left(k+\frac{1}{2}\right)} < 2^{(2^{2l})k+\frac{1}{2}} = 2^{4l\left(k+\frac{1}{2}\right)}$$

这是一个矛盾. 从而定理4.5得证.

若$f(z)$具有阶K以及型k,则最初就可以有,譬如说

$$M(\rho_j) < e^{\frac{k}{2}\rho_j^K}, j = 1, 2, \cdots$$

至少在$0<k<\infty$的情形下,于是对于具有正则型的(von Normaltyp)整函数,由定理4.3很容易地得出:

定理4.6 若$f(z)$为整函数且具有正则型,则在每一个任意小的角域中,恰如在全平面上一样,$f(z)$具有同一的阶以及同一的型.

因为,设在全平面上,阶以及型分别为K以及k. 则依照假设有

$$0 < k < +\infty \tag{4.48}$$

此外相应于任意小的正数ε,对于$r > r_1(\varepsilon, f)$有

$$|f(z)| \leqslant e^{(k+\varepsilon)|z|^K} \tag{4.49}$$

又对于满足

$$|z_1| < |z_2| < \cdots \to +\infty \tag{4.50}$$

的一个适当的z_n序列,有不等式

$$|f(z_n)| \geqslant e^{(k-\varepsilon)|z_n|^K} \tag{4.51}$$

现在设$|z_n|$也大于$r_0(f, \varepsilon, \beta-\alpha)$,此处$(\alpha, \beta)$表示预先给定的角域,应用定理4.3立刻得出

$$e^{(k-\varepsilon)|z_n|^K} \leqslant M(r_n, f) \leqslant 44 \left(\frac{4e\pi}{\beta-\alpha}\right)^4 e^{2\varepsilon(k+\varepsilon)2^K|z_n|^K} \cdot M(r_n, f, \alpha, \beta)$$

那就是说

$$M(r_n,f,\alpha,\beta) \geq \frac{1}{44}\left(\frac{\beta-\alpha}{4\mathrm{e}\pi}\right)^4 \exp\{(k-\varepsilon-2^{K+1}\varepsilon(k+\varepsilon))r_n^K\}$$

因此定理 4.6 已经得证.

8. 定理 4.5 及 4.6 是用于具有有限阶的整函数的. 对于具有无限阶的函数情形应该是怎样的呢? 我们至少对于一个情形, 那就是相应于一个(任意小的)固定的正数 δ 对于 $n>n_0$ 有

$$\lambda_n \geq n^{1+\delta} \quad (4.52)$$

的时候, 我们将给出一个类似的定理. 我们将证明下列定理:

定理 4.7 设 $f(z)$ 为满足缺隙条件(4.52)的一个整函数, 若它的阶大于 $\dfrac{1+\delta}{\delta}$, 则对于一个任意小的正数 η 以及任意的 $0 \leq \alpha < \beta \leq 2\pi$, 存在一个增大至无穷的圆的序列 $|z|=r_v$ 使得①

$$M(r_v)^{1-\eta} \leq M(r_v,\alpha,\beta) \leq M(r_v)$$

9. 此处也只需要证明定理的前一半. 我们需要一个简单的:

辅助定理 4.2 若 $f(z)$ 表示一个具有阶大于 ϑ ($\vartheta>0$)的整函数, 则存在一个增大至无穷的 r_v 序列使得

$$\log M(r_v) \geq r_v^\vartheta \quad (4.53)$$

及

$$M\left(r_v+\frac{1}{(\log\log M(r_v))^2}\right) \leq M(r_v)^2 \quad (4.54)$$

要想证明这个辅助定理, 我们注意, 由 $f(z)$ 的定

---

① 代替 $M(r,f)$ 我们仍旧单纯地写它为 $M(r)$.

义，我们能够很容易地证明存在一个增大至无穷而且满足

$$\log M(\rho_j) \geqslant (2\rho_j)^{\vartheta}, j=1,2,\cdots$$

的 ρ_j 序列．但是这表示着，对于

$$\rho_j \leqslant r \leqslant 2\rho_j \qquad (4.55)$$

有不等式

$$\log M(r) \geqslant (2\rho_j)^{\vartheta} \geqslant r^{\vartheta} \qquad (4.56)$$

我们可以假设 ρ_j 如此地大使得

$$M(\rho_j) \geqslant e^e \qquad (4.57)$$

且

$$\rho_j > 12 \qquad (4.58)$$

我们固定着这样一个 ρ_j 并且用

$$r_1 = \rho_j, y_l = (\log \log M(r_l))^2$$

$$r_{l+1} = r_l + \frac{1}{y_l}, l=1,2,\cdots \qquad (4.59)$$

来定义出 r_l 与 y_l．我们断定说，对于每个满足式 (4.57) 与 (4.58) 的 j，存在一个 v 标数满足

$$\rho_j \leqslant r_v \leqslant 2\rho_j \qquad (4.60)$$

及

$$M\left(r_v + \frac{1}{(\log \log M(r_v))^2}\right) \leqslant M(r_v)^2 \qquad (4.61)$$

由此这个辅助定理就得到了证明，另外的一个要求式 (4.53)，因为式 (4.55) 和 (4.57) 自动地得到了满足．

如果我们的辅助定理不正确，那么对于每个满足 $r_l \leqslant 2\rho_j$ 的标数 l 有

$$M(r_{l+1}) > M(r_l)^2$$

即

$$M(r_l) > M(r_1)^{2^{l-1}} = M(\rho_j)^{2^{l-1}} > e^{2^{l-1}}$$

由此显然得知,只有有限多个这样的标数能够存在. 设

$$\rho_j = r_1 < \cdots < r_n \leqslant 2\rho_j < r_{n+1} < \cdots \quad (4.62)$$

$$M(r_{l+1}) > M(r_l)^2, l=1,2,\cdots,n \quad (4.63)$$

因此仍旧有

$$M(r_l) > e^{2^{l-1}}, l=1,2,\cdots,n$$

于是有

$$y_l = (\log \log M(r_l))^2 > ((l-1)\log 2)^2 > \frac{(l-1)^2}{4}$$

$$r_{l+1} - r_l = \frac{1}{y_l} < \frac{4}{(l-1)^2}$$

对于 $l=2,\cdots,n$ 相加之后得

$$r_{n+1} - r_2 < 4\sum_{l=2}^{n} \frac{1}{(l-1)^2} < \frac{2\pi^2}{3}$$

$$r_{n+1} < \frac{2\pi^2}{3} + r_2 = \frac{2\pi^2}{3} + \rho_j + \frac{1}{(\log \log M(\rho_j))^2} <$$

$$\rho_j + \frac{2\pi^2}{3} + 1 < \rho_j + 12 < 2\rho_j$$

这与式(4.62)相抵触. 是故不等式(4.63)至少有一次是不对的,证毕.

10. 由辅助定理 4.2 可以依照下列方法得出定理 4.6 的证明. 我们由定理 2.1 出发(那就是说在实质上是由第一个主要定理出发),把这个定理应用于

$$S_k(z) = \sum_{j=0}^{k} a_j z^{\lambda_j}$$

其中的 k 以后再去确定它. 于是有(用辅助定理 4.2 中的 r_v)

$$\max_{\phi} |S_k(r_v e^{i\phi})| \leqslant \left(\frac{4e\pi}{\beta-\alpha}\right)^{k+1} \max_{\alpha \leqslant \phi \leqslant \beta} |S_k(r_v e^{i\phi})|$$

$$(4.64)$$

我们研究

$$R_k(z) = \sum_{j=k+1}^{\infty} a_j z^{\lambda_j} \qquad (4.65)$$

若我们取

$$\rho = r_v + \frac{1}{(\log \log M(r_v))^2}$$

而应用 Cauchy 估计式

$$|a_j| \leq \frac{M(\rho)}{\rho^{\lambda_j}}$$

(r_v 是由辅助定理 4.2 中出来的, 用 $\vartheta = \frac{1+\delta}{\delta}$), 则有

$$|a_j| r_v^{\lambda_j} \leq M\left(r_v + \frac{1}{(\log \log M(r_v))^2}\right) \cdot$$

$$\left(\frac{r_v}{r_v + \frac{1}{(\log \log M(r_v))^2}}\right)^{\lambda_j}$$

于是, 对于 $v > v_0(f)$, 依照辅助定理 4.2 得

$$|R_k(r_v e^{i\phi})| \leq M(r_v)^2 \left(\frac{1}{1 - \frac{r_v}{r_v + \frac{1}{(\log \log M(r_v))^2}}}\right) \cdot$$

$$\left(\frac{1}{1 + r_v \frac{1}{(\log \log M(r_v))^2}}\right)^{\lambda_{k+1}} <$$

$$M(r_v)^2 (\log \log M(r_v))^2 \cdot$$

$$(r_v + (\log \log M(r_v))^{-2}) e^{-\frac{\lambda_{k+1}}{2 r_v (\log \log M(r_v))^2}} <$$

$$2M(r_v)^2 r_v (\log \log M(r_v))^2 \cdot$$

$$\exp\left\{-\frac{\lambda_k}{2r_v(\log\log M(r_v))^2}\right\}$$

因此,若

$$\lambda_k \geq 10 r_v \log M(r_v)(\log\log M(r_v))^2 \quad (4.66)$$

则在圆 $|z|=r_v$ 上,此处 $r_v \leq \log^{\frac{\delta}{1+\delta}} M(r_v)$,对于 $v>v_1(f)$ 有

$$|R_k(z)| \leq \frac{2r_v(\log\log M(r_v))^2}{M(r_v)^3} < \frac{1}{M(r_v)^2}$$

从而,与在定理4.4中相仿,由式(4.64),对于 $v>\max(v_0,v_1)$ 得出

$$M(r_v) < 2\left(\frac{4e\pi}{\beta-\alpha}\right)\left\{M(r_v,\alpha,\beta)+\frac{1}{M(r_v)^2}\right\} \quad (4.67)$$

设

$$k = 1 + \{10 r_v \log M(r_v)(\log\log M(r_v))^2\}^{\frac{1}{1+\delta}} \quad (4.68)$$

依照式(4.53)有

$$r_v \leq \log^{\frac{\delta}{1+\delta}} M(r_v)$$

因此对于 $v>v_2(\delta,f)$,有

$$k+1 < 2 + \{10\log^{\frac{1+2\delta}{1+\delta}} M(r_v)(\log\log M(r_v))^2\}^{\frac{1}{1+\delta}} < \log^{1-\frac{\delta^2}{2(1+\delta)^2}} M(r_v) \quad (4.69)$$

从而对于 $v>v_3(\delta,f,\beta-\alpha)$,有

$$M(r_v) < 3\left(\frac{4e\pi}{\beta-\alpha}\right)^{k+1} M(r_v,\alpha,\beta)$$

并且又有

$$M(r_v)\exp\left\{-\log\frac{4e\pi}{\beta-\alpha}\log^{1-\frac{1}{2}(\frac{\delta}{1+\delta})^2} M(r_v)\right\} < 3M(r_v,\alpha,\beta)$$

而这仅是定理4.6的另外一种表达形式. 我们只需要

第二部分　中外名家论 Riemann 函数与 Riemann 猜想

证明式(4.66). 然而依照式(4.52),对 $k>n_0$,即对于 $v>v_4(\delta,f)$,确有

$$\lambda_k \geq k^{1+\delta} > 10 r_v \log M(r_v)(\log \log M(r_v))^2$$

11. 在定理4.1中,我们已经得知了经典的Fabrysche 缺隙定理的一个推广定理,对于整数的 λ_j 指数的情形,这个推广定理意味着直线 $\sigma=0$ 上每一个点都是所表示函数的一个奇异点. 这由定理4.1就可得出,因为,在这个情形之下,大家都知道在直线 $\sigma=0$ 上至少存在一个奇异点,因此,定理4.1中的第二个可能性是不会有的. 由于同样的理由,熟知的 Carlson-Landau[①] 推广定理以及 O. Szász[②] 的推广定理都包含在定理4.1之中,但与此相反,Pólya[③] 的推广定理还是较为有力的. 不过,此处所做的证明仍然是颇有几分趣味的. 有如温勒[④]在1934年已经指出过,Fabrysche 的缺隙定理,在诸数 λ_j 皆为整数且满足条件

$$\lim_{j \to +\infty} (\lambda_{j+1} - \lambda_j) = +\infty \qquad (4.70)$$

的那个特别情形之下,是类型(2.9)的一个不等式的一个容易的推论. 他的方法——虽然他没有显明地说出来——似乎有可能使我们把 Fabrysche 定理安置在"实函数理论"定理的一个更普遍的系统之中,而 Fabrysche 定理本身原来在某种程度上是"灿烂地孤立着"

[①] Neuerer Beweis und Verallgemeinerungen des Fabryschen Lückensatzes. Gött. Nachr. ,1921;184-188.

[②] Über Singularitäten von Potenzreihen und Dirichletschen Reihen am Rande des Konvergenzbereiches. Math. Ann. ,1922(85):99-110.

[③] Lücken und Singularitäten von Potenzreihen. Math. Zeitschr,1929(29):549-640. 特别是626页.

[④] 参阅本书第一章,第9小节小段5里的脚注.

的. 因为他的定理我们也可以说成是:若一个具有周期为 2π 的函数的 Fourier 指数(Fourier-Exponenten)满足条件(4.70),并且在一个任意小的区间里函数属于 L^2 族,则对于 $[0,2\pi]$ 也必有同样的性质,那就是说,此时函数在整个的实数轴上是"L^2 可开拓的". 在之前的小段 3 中我们的证明指出过,若具有周期为 2π 的函数的 Fourier 指数满足 Fabrysche 条件(4.1),并且函数在一个任意小的区间里为解析的,则对于 $[0,2\pi]$ 必也是如此;那就是说,此时函数在整个的实数轴上是解析可开拓的. 所猜测的定理于是谓(譬如说),若具有周期为 2π 的一个函数的 Fourier 指数满足某一种缺隙条件,并且函数在一个任意小的区间里属于某一函数族 A,则对于 $[0,2\pi]$,它也属于函数族 A,那就是说,在整个的实数轴上,它是"A 可开拓的".

Pólya 的推广定理中有一个是用于这样一种情形的,那就是不等于零的那些系数的"密度"("Dichtigkeit")不为零. 在之前小段 3 中所开展的思路也能在这个情形下给出结果来,但是这些结果可能没有 Pólya 的一些定理那样精密.

此外,有一个陈旧的企图,那就是想借助于 Diophantus 近似法证明 Fabrysche 定理. 对于这,具有代表性的证明方法就是在教科书中我们应用于级数 $\sum_{1}^{\infty} z^n!$ 的那一种;也可以参看当 $\dfrac{\lambda_{k+1}}{\lambda_k} \geqslant K(K>3)$ 时,H. Bohr[①]

[①] Om den Hadamard'ske "Hulsaetning". Matematisk. Tidsskrift B,1919:15-21.

第二部分　中外名家论 Riemann 函数与 Riemann 猜想

对于 Hadamard 缺隙定理情形的证明. 我们的证明也可以认为是属于这一类的；在某种程度上，A. O. Гелъфонд[①] 对于 Fabrysche 缺隙定理给出的那一个富于意义的证明也要算是这一类的一个.

关于定理 4.2，有趣的是，c 与(4.25)中的 λ 无关. 对于 $c=0$ 的情形可参看 Pólya[②] 的一个作品；对于另外用别的方法处理的这一类的结果，可以参看门德不罗瓦与 ЛЧакалов[③] 的一些作品.

定理 4.5,4.6 与 4.7 都与 Pólya 的一个定理[④]属同一方向，依照这个定理，满足 Fabrysche 缺隙条件(4.1)的有限阶的整函数，在任意小的角域中，必须具有与在整个平面上相同的阶以及型(Type). 很有可能，依这一条路径，经过适当的修改以后，全面地把 Pólya 的定理证明出来. 定理 4.5 与 4.7 合拢起来意味着，假使缺隙条件(4.52)对于整函数 $f(z)$ 得到满足，则对于任意小的正 η 以及增大至无穷的 r_v 序列，有不等式

$$M(r_v)^{1-\eta} \leq M(r_v,\alpha,\beta) \leq M(r_v) \quad (4.71)$$

也很有可能，对于每个在比较弱一些的缺隙条件

$$\sum_v \frac{1}{\lambda_v} < \infty \quad (4.72)$$

[①] Über einige allgemeine Fälle der Verteilung von gebrochenen Teilen der Funktionen. докл. Акад. наук СССР(нов. с.),1949(64):437-440.

[②] Journ. für Math. Bd,1921(151):24-25；又可参阅 Pólya 与 Szász 合著:Aufgaben und Lehrsätze aus der Analysis. Springer Verl. 1925:311.

[③] Чакалов Л, Ивв. На Матем. Инст. Вулг. Акал. Наук, 1953:69-82.

[④] 参阅本小节(11 小段)中前面的脚注 2，特别是 622 页.

之下的整函数,以上的不等式也能成立. 如果能够证得出,式(4.71)和(4.72)不仅是个充分条件而且也是个必要条件,那倒是很美丽的; Macintyre[1] 的某些结果似乎支持着这个猜测. Zygmund 与 Marczinkie-wicz[2] 认识到,在特别缺隙条件(4.70)的情形之下,我们可以由温勒-英厄姆不等式(2.9)得出一个类似的定理来. 把不等式(4.71)与门德不罗瓦[3], Schwartz[4] 以及 F. Sunyer[5] 的这样的一些定理相比较,那倒是很有趣的,这些定理在幂级数的情形下用

$$\max_{\substack{(1-\varepsilon)r \leq |z| \leq (1+\varepsilon)r \\ \alpha \leq \arg z \leq \beta}} |f(z)| \qquad (4.73)$$

来估计 $M(r)$.

这个方法在 Pólya[6] 的每个猜测方向里也容许获得一些结果,依照这个猜测,对于满足 Fabrysche 条件 (4.1)的每个有限阶的整函数 $f(z)$ 有

$$\varlimsup_{r \to +\infty} \frac{\log m(r)}{\log M(r)} = 1 \qquad (4.74)$$

此处 $m(r)$ 由

$$m(r) = \min_{|z|=r} |f(z)| \qquad (4.75)$$

来定义. 在这里我不加证明而只提到一个关于这方面

---

① Asymptotic paths of integral functions with gap power-series. Proc. Lond. Math. Soc,1952,2(3):286-296.

② Proof of a gap-theorem. Duke Math. Journ,1938:469-472.

③ Sur l'inégalité fondamentale. Ann. De l'École Norm. Sup, 1946 (63):351.

④ 参阅第 9 小节的小段 4 中脚注 1.

⑤ Propriedados de las functiones enteras representadas par series de Taylor lagunaras(orden finito). Semin. Math. de Barcelona,1949(2):1-48.

⑥ 参阅 Lücken und Singularitäten von Potenzreihen. Math. Zeitschr,1929(29):549-640(特别是 626 页).

的结果,这个结果我们自然是容易把它加以推广. 设 $f(z)$ 为一个具有阶 K 以及正则型的整函数

$$f(z) = \sum_{k=0}^{\infty} a_k z^{\lambda_k}$$

其中对于 $k>k_0$ 有 $\lambda_k \geq k^2$. 若我们不研究 $m(r)$ 而研究数量

$$m_1(r) = \min_{\alpha \text{为实数}} M(r, \alpha, \alpha + e^{-r^{\frac{K}{3}}})$$

则有

$$\overline{\lim_{r \to \infty}} \frac{\log m_1(r)}{\log M(r)} = 1 \qquad (4.76)$$

一个与定理 4.3 以及 4.4 相类似的定理,据我所知,在文献里面还找不到在整个平面上收敛的调和展开式,至今,还没有引起任何注意.

第五节　在亚解析函数理论上以及在解析函数的边界值上的应用

1. 若 $y=f(x)$ 对于 $a \leq x \leq b$ 是解析的,则由

$$f^{(n)}(x_0) = 0, n=0,1,\cdots, a<x_0<b \qquad (5.1)$$

即得 $f(x) \equiv 0$. Hadamard 提出了一个问题,那就是对于比较弱些的假设,这个结论还对不对,比较弱些的假设是:若 $f(x)$ 可微分至任意多次,又对于 $a<x<b$,诸导数不太大. 在 $a=-\infty, b=+\infty$ 的情形下,Carleman 根据 Denjoy 的初步结果建立了以下的定理. 若对于一个常数 k,有

$$\max_x |f^{(n)}(x)| \leq k^n M_n, n=0,1,\cdots \qquad (5.2)$$

(不失其普遍性,像大家所悉知的一样,M_n 序列可以预先假定为对数凸形的(logarithmisch-konvex)),则

$$\sum_{n=1}^{\infty}\frac{M_{n-1}}{M_n} \qquad (5.3)$$

的发散,就是由式(5.2)能推出 $f(x)$ 恒等于零的一个必要且充分的条件. 对于有限值的 a 与 b,他也建立了相应的定理.

这个定理我们也可以这样表达出来,那就是,若对于满足式(5.2)和(5.3)的函数族中的两个任意的函数,在 $x=x_0$ 处所有各次导数皆对应地两两相等,则此两函数恒等. Hadamard 的问题,在一种稍微推广了的形式之下要求探索这样的函数族 A,对于这个函数族,由它的两个任意元素 f_1 与 f_2 "在一个 $x=x_0$ 点的附近有全同的状态表现"这一事实,就会得出,对于 $a<x<b$ "在实质上" $f_1(x) \equiv f_2(x)$. Bernstein[1] 与门德不罗瓦[2] 曾经指出,引号里的话语也可以用一种与 Hadamard 所用的不相同的方法来精确表示出来. Bernstein 称两个函数"在 $x=x_0$ 的近邻有全同的状态表现",假使有一个包含 x_0 的区间存在,在这个区间里,所研究的那两个函数为全同的. 譬如说,依照 M. Riesz 的定理,在单位圆里为正则并且有界的函数的边界值即构成这样的一个函数族,又依据 Bohr-Fourier 展开式中指数序列为单边有界的殆周期函数也构成这样的一个函数族;这两个函数族里的元素并不需要是可以微分的. N. Levinson[3] 曾经给出另外一个在 Bernstein 的意义之

---

[1] 参阅第 2 小节小段 1 中所引的他的书.

[2] Séries de Fourier et classes quasianalytiques, Gauthier Villars, Paris:107.

[3] A theorem relating non-vanishing and analytic functions, Journ. of Math. and Phys,1938(16):186-190.

下的亚解析函数族. 重新设 $a = -\infty$, $b = +\infty$；那个函数族可以这样来定义,那就是,若 $f(x)$ 表示族里的任意一个元素并且表示为

$$f(x) = \frac{1}{\sqrt{2\pi}} \int_{-\infty}^{\infty} g(u) e^{-ixu} du$$

则对于 $u \to \pm\infty$, 有

$$g(u) = O(e^{-\vartheta(|u|)})$$

此处 $\vartheta(u)$ 为一个,对于 $u>1$ 为正而且不下降的函数,并且

$$\int_1^\infty \frac{\vartheta(u)}{u^2} du = +\infty$$

在所有这些情形之下,所谓"在实质上恒等"表示着所讨论的函数几乎处处相同(fastüberall übereinstimmen). 在门德不罗瓦的了解之下,"$f_1(x)$ 与 $f_2(x)$ 在 $x=x_0$ 的近邻有全同的状态"意味着"存在一个固定的正数 α",使得

$$\lim_{h \to +0} e^{h^{-\alpha}} \int_{x_0-h}^{x_0} |f_1(t) - f_2(t)| dt < \infty \quad (5.4)$$

而"在实质上恒等"则表示几乎处处相等(fast überall Gleichheit). 门德不罗瓦研究了周期为 2π 的函数,他把它展开成 Fourier 级数

$$f(x) = \sum_{j=1}^{\infty} (a_j \cos m_j x + b_j \sin m_j x) \quad (5.5)$$

并且假定级数 $\sum_l m_l^{-\delta}$ 的收敛指数 δ 小于 1. 他的定理说,对于固定的 δ 与 α,这些函数构成一个在式 (5.4) 意义上的亚解析函数族,若①

---

① 有如 В. Левин 在 Докл. Акад. наук СССР, 1950(65) 中证明过,对于任意一个实的递增 m_j 指数序列,也有一个类似的定理.

$$\alpha > \frac{\delta}{1-\delta}$$

这也是一个很自然的问题,在式(5.4)的意义下,我们是不是能够给出一些亚解析函数族,它们的分类不是根据所出现的指数,而是根据系数,有几分与 Levinson 定理中的情形相似. 我们将证明这确实是可能的,而且对于在实轴上为殆周期函数的情形也行,只要式(5.4)用一个更精密一些的要求来代替即可. 我们有:

定理 5.1 对于固定的正数 α,我们来研究所有这样的函数

$$f(x) = \sum_{j=1}^{\infty} a_j e^{i\lambda_j x} \quad (5.6)$$

的集合,对于这样的函数假设有

$$\varlimsup_{\omega \to \infty} e^{\frac{2}{\alpha}\omega \log \omega} \sum_{j>\omega} |a_j| < \infty \quad (5.7)$$

若对于集合中的两个元素 $f_1(x)$ 与 $f_2(x)$,有一个实数 x_0,使

$$\varlimsup_{h \to +0} e^{h^{-\alpha}} \max_{x_0-h \leqslant x \leqslant x_0} |f_1(x) - f_2(x)| < \infty \quad (5.8)$$

则对于每个实数 x,有

$$f_1(x) = f_2(x)$$

我们的函数族里的元素显然到处都是连续的,但若指数增大得很快,则相应的函数可以在任何处都不能微分. 我们也许能够把条件(5.7)减弱①.

---

① 有如对于足够大的正数 α,$f_1(x) = \exp\{-|\sin x|^{-\alpha}\}$ 以及 $f_2(x) \equiv 0$ 这样的两个函数的例子所示,式(5.8)不要求 $f_1(x) \equiv 0$ 也可能是对的,假使代替式(5.7)只要求 $\varlimsup_{\omega \to \infty} e^{\omega^{-\varepsilon}} \sum_{j>\omega} |a_j| < \infty$ 对于任意小的正数 ε 成立的话.

第二部分　中外名家论 Riemann 函数与 Riemann 猜想

2. 要证明这个定理，我们首先注意，随同 $f_1(x)$ 与 $f_2(x)$ 显然 $f_1(x)-f_2(x)$ 也属于我们的函数族。于是只需要证明，若对于一个形如式(5.6)的 $f(x)$，不等式 (5.7)，以及对于一个实数 x_0

$$\lim_{h\to +0} e^{h^{-\alpha}} \max_{x_0-h\leq x\leq x_0} |f(x)| < \infty \qquad (5.9)$$

得到满足，则 $f(x)$ 在实数轴上恒等于零。如果这个说法是错的，那么存在一个满足 $f(x_1)\neq 0$ 的 x_1 ($x_1\neq x_0$)。不失其普遍性，我们可以假定

$$x_1=0, x_0=1, f(0)=1 \qquad (5.10)$$

由式(5.9)得知存在一序列

$$h_1 > h_2 > \cdots \to 0$$

满足

$$\max_{1-h_n\leq x\leq 1} |f(x)| < C e^{-h_n^{-\alpha}} \qquad (5.11)$$

此处 C 表示一个数值常数。设

$$N = \left[\frac{1}{2h_n^\alpha \log \frac{1}{h_n}} \right] \qquad (5.12)$$

此处 n 很大，使 $N>10$ 成立，然后令 n 固定。我们写 $f(x)$ 成为

$$f(x) = \sum_{j\leq N} a_j e^{i\lambda_j x} + \sum_{j>N} a_j e^{i\lambda_j x}$$

由式(5.7)得出

$$\left| \sum_{j>N} a_j e^{i\lambda_j x} \right| \leq \left| \sum_{j>N} |a_j| \right| < C' e^{-\frac{2}{\alpha} N\log N}$$

C' 表示一个适当的数。对于每个 x 于是有

$$\left| f(x) - \sum_{j\leq N} a_j e^{i\lambda_j x} \right| < C' e^{-\frac{2}{\alpha} N\log N}$$

那就是说，若 $1-h_n\leq x\leq 1$，则由这以及式(5.11)有

$$\max_{1-h_n \leqslant x \leqslant 1} \left| \sum_{j \leqslant N} a_j e^{i\lambda_j x} \right| \leqslant C e^{-h_n^{-\alpha}} + C' e^{-\frac{2}{\alpha} N \log N}$$

若我们用 N 的定义,则得

$$\max_{1-h_n \leqslant x \leqslant 1} \left| \sum_{j \leqslant N} a_j e^{i\lambda_j x} \right| < C'' e^{-\frac{3}{4} h_n^{-\alpha}} \qquad (5.13)$$

C'' 为一数值.

现在我们借助于第一章中定理 5.2 来由下面估计左端的极大值,且取

$$k = N, \ a = 1 - h_n, \ a + d = 1, \ b_j = a_j, \ w_j = i\lambda_j$$

则得出

$$\max_{1-h_n \leqslant x \leqslant 1} \left| \sum_{j \leqslant N} a_j e^{i\lambda_j x} \right| \geqslant \left(\frac{h_n}{6} \right)^N \left| \sum_{j \leqslant N} a_j \right| \qquad (5.14)$$

由式(4.7)与 $f(0) = 1$ 立刻得知,对于一切足够大的 n,有

$$\left| \sum_{j \leqslant N} a_j \right| \geqslant \frac{1}{2}$$

因此,由式(5.14)以及 N 的定义得知,对于足够大的 n,有

$$\max_{1-h_n \leqslant x \leqslant 1} \left| \sum_{j \leqslant N} a_j e^{i\lambda_j x} \right| > e^{-\frac{2}{3} h_n^{-\alpha}} \qquad (5.15)$$

但这与式(5.13)相抵触.

3. 在门德不罗瓦意义上的亚解析性在解析函数边界值的理论中也是很有趣的. Jenkins 与 Hirschman① 从事研究一个有趣的问题,那就是,我们对于在 $\sigma > 0$ 中用级数

---

① J. A. Jenkins, I. J. Hirschman Jr. : On lacunary Dirichlet-series. Proc. Amer. Math. Soc. ,1950(1):512-517. 在此处只有他们的较普遍定理的一个特例.

$$\sum_{j=1}^{\infty} a_j \mathrm{e}^{-\lambda_j s}, \lambda_1 < \lambda_2 < \cdots \to +\infty$$

表示的函数 $F(s)$ 在 $\sigma=0$ 上的边界值,以及对于第 5 节小段 1 中提到的 Bohr 定理能说些什么. 他们的定理意味着,若 λ_j 序列的收敛指数 δ 小于 1,且 $\rho > \dfrac{\delta}{1-\delta}$,又对于一个实数 t_0,有

$$\varlimsup_{h \to +0} \mathrm{e}^{h^{-\rho}} |f(\mathrm{i}(t_0+h))| < \infty$$

则 $f(s) \equiv 0$. 这不能直接由门德不罗瓦定理得出来;与此相反,由对偶定理 5.1 立即可以得出:

定理 5.2 若对于一个正数 ρ,有

$$\varlimsup_{\omega \to +\infty} \mathrm{e}^{\frac{2}{\rho}\omega \log \omega} \sum_{j > \omega} |a_j| < \infty$$

又对于

$$f(s) = \sum_{j=1}^{\infty} a_j \mathrm{e}^{-\lambda_j s}, \lambda_1 < \lambda_2 < \cdots$$

以及一个实数 t_0 有

$$\varlimsup_{h \to +0} \mathrm{e}^{h^{-\rho}} |f(\mathrm{i}(t_0+h))| < \infty$$

则 $f(s) \equiv 0$.

第六节 论某些整函数的线性组合

1. 若 $h(z)$ 表示一个整函数,b_j 与 τ_j 表示任意的复数,则线性组合

$$H(z) = \sum_{j=1}^{n} b_j h(z\tau_j) \qquad (6.1)$$

在文献中就多方面已被研究过. А. О. Гельфонд[①] 已经证明过,若 h 满足一些限制,则我们可以用适当的 $H(z)$ 以任意的精确度来接近[②]每个在圆 $|z| \leqslant R$ 里为正则的函数 $f(z)$. Bohr[③] 发现,对于"有非常厉害的缺隙的"幂级数 $f(z)$,其收敛圆若为圆 $|z|<1$,则出现有任意小的"乘法周期"("multiplikative Perioden"),那就是说,对于任意小的正数 ε 以及 η,可以找出这样的一个实数 α,使 $|\alpha| \leqslant \eta$,并且,对于 $|z|<1$,有

$$|f(ze^{i\alpha}) - f(z)| \leqslant \varepsilon$$

在

$$h(z) = g(u), e^u = z \qquad (6.2)$$

($g(u)$ 为 u 的一个整函数),与

$$\tau_j = e^{\beta_j}, j=1,\cdots,n \qquad (6.3)$$

的情形下,$H(z)$ 化为

$$G(u) = \sum_{j=1}^{n} b_j g(u+\beta_j) \qquad (6.4)$$

在实数域内用表达式 $G(u)$ 做出的近似法在温勒的陶伯类型定理(Sätze Tauberscher Art)的理论中起着重要的作用. 在复数域内,G. D. Birkhoff 已经证明了与 А. О. Гельфонд 定理相应的近似法定理,G. Whittaker[④] 引入了一个近似法定理并且研究了具有有限阶 k 的一

---

① Sur les systèmes complets de fonctions analytiques. Rec. Math. Moscou,1938,46(4):149-156.

② 关于这,А. Ф. Леонтьев 在 Rec. Mathem. Bd. ,1952(73) 中也发表过一篇有趣的作品.

③ Om Potensraekker med Huller. En Pseudo-Kontinuitetsegenskab. Matem. Tidsskrift B,1942:1-11.

④ The interpolatory function theory. Cambr. Univ,Press,1935.

第二部分 中外名家论 Riemann 函数与 Riemann 猜想

个整函数 $F(z)$ 的渐近周期的概念. 他称 τ 为 $F(z)$ 的一个渐近周期,假使函数
$$F(z+\tau)-F(z)$$
具有一个小于 k 的阶. 以下我们将要从事研究一个问题,那就是,在一个具有有限阶的函数 $h(z)$ 的情形下,诸系数 b_j 要受到怎样的条件,我们才可以说式(6.1)中的函数 $H(z)$ 与 $h(z)$ 有相同的阶,于是也就排除了由于一个渐近周期的存在而出现的这样一个干涉现象. 在小段 7 中,为了研究 A. O. Гепьфонд 近似法的唯一性问题,我们也将要应用一些这个结果.

2. 至于我们不能直接就说式(6.1)中的 $H(z)$ 必须只是与 $h(z)$ 同阶,这由例子
$$h(z)=\sum_{v=0}^{\infty}\frac{z^{5v+1}}{(5v+1)!}$$
$$n=5, b_j=1, \tau_j=e^{\frac{2\pi i j}{5}}, j=1,\cdots,5 \quad (6.5)$$
即可指明. 此时显然有 $H(z)\equiv 0$. 对于 $h(z)$ 假设,它满足所谓的 $E_n(\omega)$ 条件,那就是说,存在一个正整数 ω 与一个正数 $A(n)$,使得对于每个整数 $g\geqslant 0$ 以及
$$g\leqslant \mu, v\leqslant g+n-1$$
不等式
$$\left|\frac{c_\mu}{c_v}\right|\geqslant A(n)(g+n)^{-\omega n} \quad (6.6)$$
成立,此处
$$h(\omega)=\sum_{j=0}^{\infty}c_j w^j \quad (6.7)$$
由式(6.6)显然得知,若 $h(w)$ 满足条件 $E_n(\omega)$,则对于 $\omega'>\omega$,它也满足条件 $E_n(\omega')$. 我们注意,$h(z)=e^z$,甚至

$$\omega = 1, A(n) = 1$$

对于每个 n 满足条件 $E_n(\omega)$,因为在这个情形下有

$$\left|\frac{c_\mu}{c_\nu}\right| \geq \frac{1}{(g+1)(g+2)\cdots(g+n-1)} > \frac{1}{(g+n)^n} \quad (6.8)$$

条件 $E_n(\omega)$ 似乎适合于这一事实,譬如说,依照前面所谈到的 А. О. Гельфонд 定理,欲使 $H(z)$ 能一致接近于每一个在圆 $|z| \leq R$ 内为正则的函数,则条件

$$c_j \neq 0, j = 0, 1, \cdots$$

仍为必要.

3. 有了这种限制,我们将要证明以下的一些定理:

定理 6.1 要想对于一个具有有限阶而且满足条件 $E_n(\omega)$ (6.6) 的整函数 $h(\omega)$,函数

$$H(z) = \sum_{j=1}^{n} b_j h(z\tau_j) \quad (6.9)$$

对每次选取满足关系 $\sum |\tau_j|^2 \neq 0$ 的复数 τ_j,与 $h(z)$ 同阶,其必要且充分的条件是

$$b_1 + \cdots + b_n \neq 0 \quad (6.10)$$

这个条件是必要的,这由一个平凡的例子

$$H(z) = b_1 h(z) + b_2 h(z) + \cdots + b_n h(z)$$

就可以指明. 条件 (6.10) 是充分的(并且甚至不止如此),这很容易地就可以由不等式

$$\max_{|z|=r}\left|\sum_{j=1}^{n} b_j f(z\lambda_j)\right| \geq$$

$$\left(\frac{n}{e}\right)^n \frac{A(n)}{\sqrt{2n}} \cdot \frac{(2\varepsilon)^{n(\omega+1)+\frac{1}{2}}}{\sqrt{\{2n(\omega+1)\}!}} \cdot$$

$$|b_1 + \cdots + b_n| \frac{(r-\varepsilon)^{n-\frac{1}{2}}}{r^{n(\omega+3)-1}} \max_{|z|=r\cdot 2\varepsilon}|f(z)| \quad (6.11)$$

得出来,此处 $f(z)$ 表示一个满足条件 $E_n(\omega)$ 的整函数

第二部分　中外名家论 Riemann 函数与 Riemann 猜想

$$|\lambda_1| \geqslant |\lambda_2| \geqslant \cdots \geqslant |\lambda_n| \geqslant 1 \quad (6.12)$$

$r \geqslant 1$,并且 ε 表示一个任意小的正数小于或等于 $\frac{1}{4}$. 因为,若在式(6.9)中,有

$$|\tau_1| \geqslant |\tau_2| \geqslant \cdots \geqslant |\tau_n|$$

则我们只需要应用式(6.11),取

$$f(z) = h(z\tau_n), \lambda_j = \frac{\tau_j}{\tau_n}, j = 1, \cdots, n \quad (6.13)$$

由此得知式(6.9)中的 $H(z)$ 与 $h(z\tau_n)$ 同阶,这就是说,真的是具有与 $h(z)$ 相同的阶. 对于无穷阶的整函数,自然式(6.11)也有一个意义.

4. 我们可以给出一个简单的充分条件,使得式(6.9)中的 $H(z)$ 与 $h(z\tau_1)$ 同阶且同型,此处仍然有

$$|\tau_1| \geqslant \cdots \geqslant |\tau_n| \quad (6.14)$$

因为有:

定理 6.2　若具有有限阶的整函数 $h(w)$ 满足条件 $E_n(\omega)(6.6)$,则对于式(6.14)

$$H(z) = \sum_{j=1}^{n} b_j h(z\tau_j)$$

果真是与 $h(z\tau_1)$ 同阶且同型,假使

$$\min_{j=1,\cdots,n} |b_1 + \cdots + b_j| > 0$$

的话.

这个定理(并且甚至不止如此)我们可以像在小段 4 中一样,简单地由以下的不等式推导出来.

若

$$1 = |\lambda_1| \geqslant |\lambda_2| \geqslant \cdots \geqslant |\lambda_n| \quad (6.15)$$

且整函数 $f(w)$ 满足式(6.6)中的条件 $E_n(\omega)$,则对于每个 $r \geqslant 1$ 以及任意小的正数 $\varepsilon \leqslant \frac{1}{4}$,有不等式

$$\max_{|z|=r} \Big| \sum_{j=1}^{n} b_j f(z\lambda_j) \Big| \geqslant$$

$$\left(\frac{n}{2\mathrm{e}^{1+\frac{4}{e}}} \right)^n \frac{A(n)}{\sqrt{2n}} \cdot \frac{(2\varepsilon)^{n(\omega+1)+\frac{1}{2}}}{\sqrt{\{2n(\omega+1)\}!}} \cdot$$

$$\frac{(r-\varepsilon)^{n-\frac{1}{2}}}{r^{n(\omega+3)-1}} \Big\{ \min_{j=1,\cdots,n} |b_1+\cdots+b_j| \Big\} \max_{|z|=r-2\varepsilon} |f(z)| \quad (6.16)$$

对于具有无穷阶的整函数,自然这个不等式也有一个意义.

不论对于函数 $H(z)$ 的阶,这些定理给出了多么好的知识,由于对于系数 b_j 的"不好的"相关性,用来证明唯一性定理是不相宜的. 这些缺点要归咎到第一与第二主要定理那些相应的缺点. 但是若我们适当地应用第三主要定理,则我们就会达到定理 6.3,而它却是可以应用在这样的目的上的. 我们有:

定理 6.3 设 $f(z)$ 满足条件 $E_n(\omega)$ (6.6) 并且对于复数 λ_j 有

$$\max_{j=1,\cdots,n} |\lambda_j| = 1, \min_{j=1,\cdots,n} |\lambda_j| \geqslant \gamma (\gamma \leqslant 1)$$

$$\min_{\mu \neq v} |\lambda_\mu - \lambda_v| \geqslant \delta \quad (6.17)$$

则对于每个 $r \geqslant \dfrac{1}{\gamma}$,有

$$\frac{1}{2\pi} \int_0^{2\pi} \Big| \sum_{j=1}^{n} b_j f(r\mathrm{e}^{\mathrm{i}\vartheta} \lambda_j) \Big|^2 \mathrm{d}\vartheta \geqslant$$

$$\frac{\delta^{2n-2} A(n)^2}{n^3 16^n} \cdot \frac{(2\log 2)^{2n\omega}}{\{2n\omega\}!} \cdot$$

$$\frac{1}{r^{2n}} \Big(\sum_{j=1}^{n} |b_j|^2 \Big) \frac{1}{2\pi} \int_0^{2\pi} \Big| f\Big(\frac{r\gamma}{2} \mathrm{e}^{\mathrm{i}\vartheta}\Big) \Big|^2 \mathrm{d}\vartheta$$

$$(6.18)$$

在证明以上所述的一些定理的过程中,我们需要

第二部分　中外名家论 Riemann 函数与 Riemann 猜想

多次将函数

$$K(\rho) = \sum_{l=0}^{\infty} \frac{|c_l|^2}{(l+a)^b} \rho^{2l} \qquad (6.19)$$

（此处 a, b 表示正整数）用

$$k(\rho) = \sum_{l=0}^{\infty} |c_l|^2 \rho^{2l} \qquad (6.20)$$

来表示. 若我们应用积分公式

$$\frac{1}{(l+a)^b} = \frac{1}{(b-1)!} \int_0^{\infty} e^{-(l+a)t} t^{b-1} dt$$

则立刻得出

$$K(\rho) = \frac{1}{(b-1)!} \int_0^{\infty} e^{-at} t^{b-1} k(\rho e^{-\frac{t}{2}}) dt$$

再经过代换 $t = 2\log \frac{\rho}{y}$ 之后，所寻求的表达式就是

$$K(\rho) = \frac{2^b}{\rho^{2a}(b-1)!} \int_0^{\rho} y^{2a-1} \log^{b-1} \frac{\rho}{y} k(y) dy$$

5. 现在我们转向以上的一些定理的证明，并且平行地来处理它们. 于是我们需要证出不等式(6.11)(6.16)以及(6.18). 若

$$\sum_{j=1}^{n} b_j f(z\lambda_j) = H_1(z) \qquad (6.21)$$

以及

$$f(w) = \sum_{l=0}^{\infty} c_l w^l \qquad (6.22)$$

则有

$$H_1(z) = \sum_{l=0}^{\infty} c_l \Big(\sum_{j=1}^{n} b_j \lambda_j^l \Big) z^l$$

因此

$$M_2(r, H_1) \equiv \frac{1}{2\pi} \int_0^{2\pi} |H_1(re^{i\phi})|^2 d\phi =$$

$$\sum_{l=0}^{\infty} |c_l|^2 \Big|\sum_{j=1}^{n} b_j \lambda_j^l\Big|^2 r^{2l} =$$
$$\sum_{\mu=0}^{\infty} \sum_{v=\mu n}^{(\mu+1)n-1} |c_v|^2 \Big|\sum_{j=1}^{n} b_j \lambda_j^v\Big|^2 r^{2v}$$

(6.23)

在不同的假设(6.12)(6.15)以及(6.17)之下,我们对于 $\Big|\sum_{j=1}^{n} b_j \lambda_j^v\Big|$ 可以得出不同的下估计式来,假使我们依次地应用第一章中定理 5.1(即式(5.8)),定理 7.1(即式(7.5)),以及定理 8.2(即式(8.16)),并且取

$$m = \mu n - 1, k = n, \mu \geq 0$$

我们将简短地对于情形 I,II 以及 III 来说一下. 由此,在情形 I 之下,对于每个整数 $\mu \geq 0$,存在一个整数 v_μ 使得

$$\mu n \leq v_\mu \leq (\mu+1)n-1$$

及

$$M_2(r, H_1) \geq \sum_{\mu=0}^{\infty} |c_{v_\mu}|^2 r^{2v_\mu} \left(\frac{n}{2e}\right)^{2n} \left(\frac{1}{(\mu+1)n-1}\right) \cdot$$
$$|b_1 + \cdots + b_n|^2$$

(6.24)

此外在情形 II 之下有

$$M_2(r, H_1) \geq \sum_{\mu=0}^{\infty} |c_{v_\mu}|^2 r^{2v_\mu} \left(\frac{n}{2e^{1+\frac{4}{e}}}\right)^{2n} \left(\frac{1}{(\mu+1)n-1}\right) \cdot$$
$$\min_{j=1,\cdots,n} |b_1 + \cdots + b_j|^2$$

(6.25)

并且在情形 III 之下,因

$$\Big(\sum_{j=1}^{n} |b_j| |\lambda_j|^{v_\mu}\Big)^2 \geq \sum_{j=1}^{n} |b_j|^2 |\lambda_j|^{2v_\mu}$$

故有

$$M_2(r,H_2) \geq \frac{\delta^{2n-2}}{n^2 4^n} \sum_{j=1}^{n} |b_j|^2 \Big(\sum_{\mu=0}^{\infty} |c_{v_\mu}|^2 (r|\lambda_j|)^{2v_\mu} \Big)$$

(6.26)

6. 一直到现在,我们还没有利用过条件 $E_n(\omega)$. 然而,由其可以得知,对于每个

$$\mu n \leq K \leq (\mu+1)n-1$$

有估计式

$$\left| \frac{c_{v_\mu}}{c_K} \right| \geq A(n)^2 \{(\mu+1)n-1\}^{-2n\omega}$$

所以,有

$$\frac{|c_{v_\mu}|^2}{\{(\mu+1)n-1\}^{2n}} \geq A(n)^2 \frac{|c_K|^2}{\{(\mu+1)n-1\}^{2n(\omega+1)}} \geq$$

$$A(n)^2 \frac{|c_K|^2}{(K+n)^{2n(\omega+1)}}$$

并且,又由于 $r \geq 1$,故得

$$\frac{|c_{v_\mu}|^2 r^{2v_\mu}}{\{(\mu+1)n-1\}^{2n}} \geq A(n)^2 r^{2(v_\mu - K)} \frac{|c_K|^2 r^{2K}}{(K+n)^{2n(\omega+1)}} \geq$$

$$\frac{A(n)^2}{r^{2n-2}} \cdot \frac{|c_K|^2 r^{2K}}{(K+n)^{2n(\omega+1)}} \quad (6.27)$$

从而

$$\frac{|c_{v_\mu}|^2 r^{2v_\mu}}{\{(\mu+1)n-1\}^{2n}} \geq \frac{A(n)^2}{nr^{2n-2}} \sum_{K=\mu n}^{(\mu+1)n-1} \frac{|c_K|^2 r^{2K}}{(K+n)^{2n(\omega+1)}}$$

若我们将这代入(6.24),则在情形 I 之下,对于 $r \geq 1$ 有

$$M_2(r,H_1) \geq \left(\frac{n}{2l}\right)^{2n} |b_1+\cdots+b_n|^2 \frac{A(n)^2}{nr^{n-2}} \cdot$$

$$\sum_{\mu=0}^{\infty} \frac{|c_\mu|^2 r^{2\mu}}{(\mu+n)^{2n(\omega+1)}} \quad (6.28)$$

同样,在情形 II 之下,对于 $r \geq 1$ 有

$$M_2(r,H_1) \geqslant \left(\frac{n}{2\mathrm{e}^{1+\frac{4}{e}}}\right)^2 \left\{\min_{j=1,\cdots,n} |b_1+\cdots+b_j|^2\right\} \cdot$$

$$\frac{A(n)^2}{nr^{n-2}} \sum_{\mu=0}^{\infty} \frac{|c_\mu|^2 r^{2\mu}}{(\mu+n)^{2n(\omega+1)}} \qquad (6.29)$$

并且,在情形Ⅲ之下,对于 $r \geqslant \dfrac{1}{\gamma}$ 有

$$M_2(r,H_1) \geqslant \frac{\delta^{2n-2}}{n^3 4^n} \cdot \frac{A(n)^2}{r^{2n}} \sum_{j=1}^{n} \frac{|b_j|^2}{|\lambda_j|^{2n}} \left\{\sum_{\mu=0}^{\infty} \frac{|c_\mu|^2 (r|\lambda_j|)^{2\mu}}{(\mu+n)^{2n\omega}}\right\}$$

$$(6.30)$$

若在式(6.28)(6.29)以及(6.30)的右端,我们应用恒等式且取

$$a=n, b=2n(\omega+1)$$

则这些不等式依次地取得形式

$$M_2(r,H_1) \geqslant \left(\frac{n}{2\mathrm{e}}\right)^{2n} \frac{A(n)^2}{nr^{4n-2}} |b_1+\cdots+b_n|^2 \frac{2^{2n(\omega+1)}}{\{2n(\omega+1)-1\}!} \cdot$$

$$\int_0^r y^{2n-1} \log^{2n(\omega+1)-1} \frac{r}{y} M_2(y,f) \mathrm{d}y \qquad (6.31)$$

$$M_2(r,H_1) \geqslant \left(\frac{n}{2\mathrm{e}^{1+\frac{4}{e}}}\right)^2 \frac{A(n)^2}{nr^{4n-2}} \left\{\min_{j=1,\cdots,n} |b_1+\cdots+b_j|^2\right\} \cdot$$

$$\frac{2^{2n(\omega+1)}}{\{2n(\omega+1)-1\}!} \int_0^r y^{2n-1} \log^{2n(\omega+1)-1} \frac{r}{y} \cdot$$

$$M_2(y,f) \mathrm{d}y \qquad (6.32)$$

以及

$$M_2(r,H_1) > \frac{\delta^{2n-2}}{n^3 4^n} \cdot \frac{A(n)^2}{r^{4n}} \sum_{j=1}^{n} |b_j|^2 \frac{2^{2n\omega}}{\{2n\omega-1\}!} \cdot \frac{1}{|\lambda_j|^{2n}} \cdot$$

$$\int_0^{r|\lambda_j|} y^{2n-1} \log^{2n\omega} \frac{r|\lambda_j|}{y} \cdot M_2(y,f) \mathrm{d}y$$

$$(6.33)$$

若 $0 < \varepsilon \leqslant \dfrac{1}{4}\left(\varepsilon < \dfrac{r}{2}\right)$,则因 $M_2(y,h)$ 为 y 的一个正单调

函数,故得出

$$\int_0^r y^{2n-1} \log^{2n(\omega+1)-1} \frac{r}{y} \cdot M_2(y,f) \mathrm{d}y >$$

$$\int_{r-\varepsilon}^r (r-\varepsilon)^{2n} \frac{1}{y} \log^{2n(\omega+1)-1} \frac{r}{y} M_2(r-\varepsilon,f) \mathrm{d}y =$$

$$M_2(r-\varepsilon,f)(r-\varepsilon)^{2n} \frac{\log^{2n(\omega+1)} \frac{r}{r-\varepsilon}}{2n(\omega+1)} >$$

$$M_2(r-\varepsilon,f) \frac{(r-\varepsilon)^{2n} \varepsilon^{2n(\omega+1)}}{r^{2n(\omega+1)}} \cdot \frac{1}{2n(\omega+1)}$$

从而在情形 I 与 II 之下分别有

$$M_2(r,H_1) > |b_1+\cdots+b_n|^2 \left(\frac{n}{2\mathrm{e}}\right)^{2n} \frac{A(n)^2(2\varepsilon)^{2n(\omega+1)}}{n\{2n(\omega+1)\}!} \cdot$$

$$\frac{(r-\varepsilon)^{2n}}{r^{2n(\omega+3)-2}} M_2(\gamma-\varepsilon,f) \qquad (6.34)$$

以及

$$M_2(r,H_1) > \left\{\min_{j=1,\cdots,n} |b_1+\cdots+b_j|^2\right\} \left(\frac{n}{2\mathrm{e}^{1+\frac{4}{\mathrm{e}}}}\right)^{2n} \cdot$$

$$\frac{A(n)^2(2\varepsilon)^{2n(\omega+1)}}{n\{2n(\omega+1)\}!} \cdot$$

$$\frac{(r-\varepsilon)^{2n}}{r^{2n(\omega+3)-2}} M_2(r-\varepsilon,f) \qquad (6.35)$$

在情形Ⅲ之下,稍微粗糙一点,有

$$\int_0^{r|\lambda_j|} y^{2n-1} \log^{2n\omega-1} \frac{r|\lambda_j|}{y} M_2(y,f) \mathrm{d}y >$$

$$\int_{\frac{1}{2}r|\lambda_j|}^{r|\lambda_j|} y^{2n-1} \log^{2n\omega-1} \frac{r|\lambda_j|}{y} \cdot M_2(y,f) \mathrm{d}y >$$

$$\left(\frac{r|\lambda_j|}{y}\right)^{2n} M_2\left(\frac{r\gamma}{2},f\right) \int_{\frac{1}{2}r|\lambda_j|}^{r|\lambda_j|} \frac{1}{y} \log^{2n\omega-1} \frac{r|\lambda_j|}{y} \mathrm{d}y =$$

$$\left(\frac{r|\lambda_j|}{y}\right)^{2n} M_2\left(\frac{r\gamma}{2}, f\right) \frac{\log^{2n\omega} 2}{2n\omega}$$

因此由式(6.33)在情形Ⅲ之下有

$$M_2(r, H_1) > \frac{\delta^{2n-2}}{n^3 16^n} \cdot \frac{A(n^2)(2\log 2)^{2n\omega}}{\{2n\omega\}!} \cdot$$

$$M_2\left(\frac{r\gamma}{2}, f\right) \left(\sum_{j=1}^{n} |b_j|^2\right) \frac{1}{r^{2n}} \quad (6.36)$$

从而定理6.3得证. 最后, 若我们考虑到, 显然有

$$M_2(r, H_1) \leqslant \max_{|z|=r} |H(z)|^2$$

并且, $\max_{|z|=r-2\varepsilon} |f(z)| = |f(z_0)|$, 则依 Cauchy 积分定理有

$$|f(z_0)|^2 = \left|\frac{1}{2\pi i}\int_{|z|=r-\varepsilon} \frac{f(z)^2}{z-z_0} dz\right| \leqslant \frac{r-\varepsilon}{\varepsilon} M_2(r-\varepsilon, f)$$

那么用来证明定理6.1与6.2的两个不等式(6.11)与(6.16)就立刻可以得出来了.

7. 现在我们转向一个问题, 那就是, 对于 A. O. Гельфонд 近似法的唯一性, 从而, 在 $h(z) = e^z$ 的特别情形下, 对于在一个 $|z| \leqslant R$ 圆里正则的函数 $F(z)$ 用指数函数多项式 $\sum_{j=1}^{n} b_j e^{\tau_j z}$ 的可接近性的唯一性, 我们能够说些什么, 此处诸指数 τ_j 皆为复数. 设 $h(z)$ 满足条件 $E_n(\omega)$, 并且在圆 $|z| \leqslant R$ 里, 对于一个正的 η, 有

$$\left|F(z) - \sum_{j=1}^{n} b'_j h(z\tau_j)\right| \leqslant \eta$$
$$\left|F(z) - \sum_{j=1}^{n} b''_j h(z\tau_j)\right| \leqslant \eta$$
(6.37)

此处 $F(z)$ 在这个圆里为正则的. 此外设

$$|\tau_1| \geqslant |\tau_2| \geqslant \cdots \geqslant |\tau_n| \quad (6.38)$$

且

$$\left|\frac{\tau_n}{\tau_1}\right| \geq \gamma_1, \min_{\mu \neq v}\left|\frac{\tau_\mu - \tau_v}{\tau_1}\right| \geq \delta_1 \quad (6.39)$$

则有下列的:

定理 6.4 若 R 这样的大,以致 $R \geq \dfrac{1}{\gamma_1}$ 并且

$$8\pi \frac{n^3 16^n}{\delta_1^{2n-2} A(n)^2} \cdot \frac{\{2n\omega\}!}{(2\log 2)^{2n\omega}} \cdot$$

$$\frac{R^{2n}}{\int_0^{2\pi}\left|h\left(\dfrac{R|\tau_1|\gamma_1}{2}\mathrm{e}^{i\vartheta}\right)\right|^2 \mathrm{d}\vartheta} \leq 1$$

则有

$$\sum_{j=1}^n |b_j' - b_j''|^2 \leq \eta^2$$

这个定理由定理 6.3 很容易地就可以得出来. 因为由式(6.1),对于 $|z| \leq R$ 有

$$\left|\sum_{j=1}^n (b_j' - b_j'') h(z\tau_j)\right| \leq 2\eta \quad (6.40)$$

我们应用定理 6.3 取

$$f(z) = h(z\tau_1), \lambda_j = \frac{\tau_j}{\tau_1}, b_j = b_j' - b_j'', j = 1, 2, \cdots, n$$

以及

$$\gamma = \gamma_1, \delta = \delta_1$$

于是对于 $|z| \leq R$ 有

$$\left|\sum_{j=1}^n b_j f(z\lambda_j)\right| \leq 2\eta$$

从而对于 $r = R$ 可以应用定理 6.3,因为,此时条件 $r \geq \dfrac{1}{\gamma}$ 成立. 故得

$$4\eta^2 \geq \frac{\delta_1^{2n-2} A(n)^2}{n^3 16^n} \cdot \frac{(2\log 2)^{2n\omega}}{\{2n\omega\}!} \cdot \frac{1}{R^{2n}}\left\{\sum_{j=1}^n |b_j' - b_j''|^2\right\} \cdot$$

$$\frac{1}{2\pi}\int_0^{2\pi}\left|f\left(\frac{R\gamma_1}{2}\mathrm{e}^{\mathrm{i}\vartheta}\right)\right|^2\mathrm{d}\vartheta=$$

$$\frac{\delta_1^{2n-2}A(n)^2}{n^3 16^n}\frac{(2\log 2)^{2n\omega}}{\{2n\omega\}!}\frac{1}{R^{2n}}\left\{\sum_{j=1}^n |b'_j-b''_j|^2\right\}\cdot$$

$$\frac{1}{2\pi}\int_0^{2\pi}\left|h\left(\frac{R|\tau_1|\gamma_1}{2}\mathrm{e}^{\mathrm{i}\vartheta}\right)\right|^2\mathrm{d}\vartheta$$

这只是定理 6.3 的另外一个形式.

8. 要研究这个定理在 $h(z)=\mathrm{e}^z$ 的特别情形下给出什么,那倒是一件有趣的事. 此时有, $\omega=1, A(n)=1$, 此外①

$$\frac{1}{2\pi}\int_0^{2\pi}\left|\mathrm{e}^{\frac{R|\tau_1|\gamma_1}{2}\mathrm{e}^{\mathrm{i}\vartheta}}\right|^2\mathrm{d}\vartheta=\mathrm{J}_0(R\gamma_1\,|\tau_1|\mathrm{i})$$

于是可知,若

$$|\tau_1|\geqslant|\tau_2|\geqslant\cdots\geqslant|\tau_n|$$

$$\left|\frac{\tau_n}{\tau_1}\right|\geqslant\gamma_1,\min_{\mu\neq\nu}\left|\frac{\tau_\mu-\tau_\nu}{\tau_1}\right|\geqslant\delta_1 \quad (6.41)$$

并且 R 如此的大,使致

$$R\geqslant\frac{1}{\gamma_1} \quad (6.42)$$

以及

$$8\pi\frac{n^3(2n)!}{\delta_1^{2n-2}}\left(\frac{2}{\log 2}\right)^{2n}\frac{R^{2n}}{\mathrm{J}_0(\mathrm{i}R\gamma_1|\tau_1|)}\leqslant 1 \quad (6.43)$$

则由

$$\left|F(z)-\sum_{j=1}^n b'_j\mathrm{e}^{\tau_j z}\right|\leqslant\eta$$

$$\left|F(z)-\sum_{j=1}^n b''_j\mathrm{e}^{\tau_j z}\right|\leqslant\eta \quad (6.44)$$

---

① $\mathrm{J}_0(x)$ 表记 0 级的 Bessel 函数.

对于 $|z| \leqslant R$ 得出估计式

$$\sum_{j=1}^{n} |b'_j - b''_j|^2 \leqslant \eta^2 \qquad (6.45)$$

这一类的估计式,在这个情形下,也出现于门德不罗瓦以及他的学生的作品中,然而是用另外的方法来讨论的. 最后我们注意,在 $|\lambda_j|=1$ 的情形下,由温勒的第一章中定理9.3,我们同样地也可以得出这样的唯一性的结论.

第七节 在微分与差分方程式理论中的应用

1. 我们研究正则形式的微分方程式组

$$\frac{\mathrm{d}X_v(t)}{\mathrm{d}t} = \sum_{j=1}^{n} a_{vj} X_j(t) + w_v(X_1, \cdots, X_n, t)$$
$$v = 1, 2, \cdots, n \qquad (7.1)$$

此处 a_{vj} 表示常数并且

$$w_v(0, 0, \cdots, 0, t) \equiv 0, v = 1, 2, \cdots, n \qquad (7.2)$$

这意味着

$$X_v(t) \equiv 0, v = 1, 2, \cdots, n \qquad (7.3)$$

表示式(7.1)的一个解. 这组微分方程式的稳定理论提出一个问题,那就是,我们对于取"小的"初值 $X_v(\theta)$ 的解在 $t>0$ 处能说些什么. 由这个理论的许多问题,在这里我们只提出完全不稳定性的问题来讨论. 对于微分方程式组(7.1),依照 Perron① 的说法,解(7.3)称为完全不稳定,假使对于任意小的预先给定的 $\varepsilon>0$,式

---

① Über Stabilität und asymptotisches Verhalten der Integrale von Differentialgleichungssysteme. Math. Zeitschr. Bd. ,1929(29):129-160.

(7.1) 没有一个解,满足

$$0 < \sum_{v=1}^{n} |X_v(\theta)|^2 \leq \varepsilon$$

且使得解的范式(Norm)

$$\sum_{j=1}^{n} |X_j(t)|^2$$

对于 $t>0$ 保持"很小". 他曾证过,若对于适当的正数 a 与 A,函数 $w_v(y_1, y_2, \cdots, y_n, t)$ 对于

$$t \geq 0, |y_1| \leq a, \cdots, |y_n| \leq a \quad (7.4)$$

皆为连续的,并且满足不等式

$$\frac{\sum_{v=1}^{n} |w_v(y_1, \cdots, y_n, t)|}{\sum_{v=1}^{n} |y_v|} \leq A \quad (7.5)$$

又对于任意小的 $\varepsilon > 0$,对于

$$t \geq t_0(\varepsilon), |y_1| \leq \delta(\varepsilon), \cdots, |y_n| \leq \delta(\varepsilon) \quad (7.6)$$

有不等式

$$\sum_{k=1}^{n} |w_k(y_1, \cdots, y_n, t)| \leq \varepsilon \sum_{k=1}^{n} |y_k| \quad (7.7)$$

而且方程式

$$\phi(\lambda) = \begin{vmatrix} a_{11}-\lambda & a_{12} & \cdots & a_{1n} \\ a_{21} & a_{22}-\lambda & \cdots & a_{2n} \\ \vdots & \vdots & & \vdots \\ a_{n_1} & a_{n_2} & \cdots & a_{nn}-\lambda \end{vmatrix} = 0 \quad (7.8)$$

的根都位于右半平面上,则出现完全的不稳定性.

2. 作为定理 8 的一个新应用,我们将对于完全不稳定性导出另外一个检查的标准来,这个检查标准惊人地改进了式(7.7). 我们对于固定的

第二部分　中外名家论 Riemann 函数与 Riemann 猜想

$$\min_{j=1,\cdots,n} \mathscr{R}\lambda_j = L > 0 \tag{7.9}$$

以及

$$\max_{1\leqslant v,j\leqslant n} |a_{vj}| = C \tag{7.10}$$

来研究微分方程式组(7.1). 设 Δ 如此的大,以致

$$\Delta > 1 \tag{7.11}$$

以及①

$$e^{2l\Delta} > 3n\{2e(\Delta+1)\}^{2n} \tag{7.12}$$

用这样的一个(尽可能小的)Δ,我们对于下列两个条件来研究微分方程式组(7.1).

(a) 过域

$$t \geqslant 0, |y_1| \leqslant a, \cdots, |y_n| \leqslant a \tag{7.13}$$

中的每一个点,恰好有式(7.1)的一个解.

(b) 在域(7.13)中满足有②不等式

$$\frac{\sum_{k=1}^{n} |w_k(y_1,\cdots,y_n,t)|^2}{\sum_{k=1}^{n} |y_k|^2} \leqslant \frac{e^{-4nC(\Delta^2+\Delta)}}{n\{4(\Delta^2+\Delta)\}^2} \tag{7.14}$$

于是有:

定理 7.1　对于满足条件(a)与(b)的微分方程式组(7.1),解(7.3)是完全不稳定的.

值得注意的是这样一个事实,那就是,在式(7.14)的右端出现的一个常数,仅依赖微分方程式组的几个容易决定的参数. Perron 对于他的定理所做的证明,是根据对于每个 $t>0$ 关于范式的一个明显的下

---

①　这些条件,我们是可以大大地减轻它们.
②　点 $t=0$ 自然是没有什么特殊的地位的,我们可以用 $t=c$ 来代替它.

估计式,这个证明在特殊情形

$$a_{vj}=0, j>v \quad (7.15)$$

之下是成立的.这个修改只需要用一个另外的明显不等式就行了,这个不等式由下面估计出范式在有限区间中的极大值,并且是第一章中定理 5.2 的一个容易的推论.

3. 若我们用

$$t \geqslant 0, 任意 y_1, y_2, \cdots, y_n \quad (7.16)$$

这样的一个域来代替域(7.13),则我们即得:

定理 7.2 若微分方程式组(7.1)在以式(7.16)代替了式(7.13)的域中满足条件(a)与(b),则对于在 $t \geqslant 0$ 中的每个具有长度($\Delta^2 + \Delta$)的区间,存在一个 t^* 满足

$$\sum_{j=1}^{n} |X_j(t^*)|^2 \geqslant e^{2Lt^*\left(1-\frac{2}{\Delta+1}\right)} \sum_{j=1}^{n} |X_j(\theta)|^2 \quad (7.17)$$

这个不等式,甚至对于定理 7.2 中的微分方程式组的一个大的子类,在某种程度上要算是可能最好的了.因为,若我们研究形如

$$\frac{\mathrm{d}Y_v(t)}{\mathrm{d}t} = \sum_{j=1}^{n} f_{vj}(t) Y_j(t)$$

$$v = 1, 2, \cdots, n \quad (7.18)$$

的微分方程式组,此处 $f_{vj}(t)$ 为连续函数,并且对于它们存在

$$\lim_{t \to +\infty} f_{vj}(t) = a_{vj}, 1 \leqslant v, j \leqslant n$$

显而易见这组方程式满足条件(a)与(b).依照著名的 Poincaré-Perron 定理的一个部分,若

$$\mathscr{R}\lambda_1 = \min_{j=1,\cdots,n} \mathscr{R}\lambda_j = L$$

则存在式(7.18)的一组满足

第二部分　中外名家论Riemann函数与Riemann猜想

$$\varlimsup_{t\to+\infty}\frac{1}{t}\log(|Y_1|+|Y_2|+\cdots+|Y_n|)=L$$

的解$(Y_1,Y_2,\cdots,Y_n)$. 因此对于这样的方程式组,式(7.17)在这样的意义下果真是不能再改良的了,那就是,若用具有$\eta>0$的$(2+\eta)Lt^*\left(1-\dfrac{2}{\Delta+1}\right)$来代替$2Lt^*\left(1-\dfrac{2}{\Delta+1}\right)$,则定理7.2就不成立.

定理7.1和7.2是处理所有的零点都在右半平面上的情形. 对于仅有若干个数λ_j位于右半平面上的更普遍的情形,若也能够得到这样的明显的结果,那倒是一件很有趣的事. 在这样的一些探讨里,第一章中定理7.2起着与定理5.2相类似的作用. 本章中定理7.2中的不稳定性改良成为一个明显的不等式,这个事实在应用中或许不是完全不关重要的. 它或许可以用来作为天文学中估计年代的一个新的出发点.

本节的7里将包含一些关于微分方程式方面的注意事项.

4. 只要证明定理7.2就够了. 定理7.1的证法与这相同的,不过只需要加上一点适当的修改而已. 设$b\geqslant 0$但不受其他限制,我们来研究方程式组

$$\frac{\mathrm{d}x_v(t)}{\mathrm{d}t}=\sum_{j=1}^n a_{vj}x_j(t),v=1,2,\cdots,n \quad (7.19)$$

其初始条件为

$$x_v(b)=X_v(b),v=1,\cdots,n \quad (7.20)$$

我们首先假定诸零点λ_j都是单重的. 于是,有如大家所知

$$x_v(t)=\sum_{j=1}^n c_{vj}\mathrm{e}^{\lambda_j t},v=1,2,\cdots,n$$

因此

$$\psi_v(t) \equiv x_v(t) e^{-Lt} = \sum_{j=1}^{n} c_{vj} e^{(\lambda_j - L)t} \qquad (7.21)$$

现在我们在 $\psi_v(t+b)$ 上应用第一章中定理 5.2 且取

$$a = \Delta^2, d = \Delta$$

于是得出

$$\max_{b+\Delta^2 \leq t \leq b+\Delta^2+\Delta} |x_v(t)| e^{-Lt} = \max_{\Delta^2 \leq t \leq \Delta^2+\Delta} |\psi_v(t+b)| \geq$$

$$\left(\frac{\Delta}{2e(\Delta^2+\Delta)}\right)^n |\psi_v(b)| = \frac{1}{(2e(\Delta+1))^n} |x_v(b)| e^{-Lb}$$

$$(7.22)$$

在这个不等式中,因为没有什么与诸数 λ_j 的相互布置相干,所以无需假设诸零点 λ_j 的单重性,由一个平凡的极限手续就可以证明式(7.22)成立. 若 j_0 为一个满足

$$|x_{j_0}(b)|^2 \geq \frac{1}{n} \sum_{j=1}^{n} |x_j(b)|^2$$

的一个标数,则式(7.22)立刻给出

$$\max_{b+\Delta^2 \leq t \leq b+\Delta^2+\Delta} \sum_{j=1}^{n} |x_j(t)|^2 \geq$$

$$\max_{b+\Delta^2 \leq t \leq b+\Delta^2+\Delta} |x_{j_0}(t)|^2 \geq$$

$$\frac{e^{2L\Delta^2}}{n} \cdot \frac{1}{(2e(\Delta+1))^{2n}} \sum_{j=1}^{n} |x_j(b)|^2 =$$

$$\frac{e^{2L\Delta^2}}{n} \frac{1}{(2e(\Delta+1))^{2n}} \sum_{j=1}^{n} |X_j(b)|^2 \qquad (7.23)$$

若考虑到式(7.20)的话.

5. 我们将需用两个有名的辅助定理,为着完备起见,我们复制出它们的简短证明. 第一个辅助定理归源于 Liouville, 第二个辅助定理则要归源于 Ляпунов

与 Perron. 除研究式(7.1)与(7.19)(7.20)以外，我们对于 $k=1,\cdots,n$，还要研究函数

$$x_{k1}(t), x_{k2}(t), \cdots, x_{kn}(t)$$

这些函数在初始条件

$$\begin{cases} x_{kv}(b) = 1, v = k \\ 0, v \neq k \end{cases} \quad (7.24)$$

之下满足微分方程式组(7.19). 于是有：

辅助定理 7.1 对于 $v = 1, 2, \cdots, n$ 与 $t \geq b$，我们有

$$X_v(t) = x_v(t) +$$

$$\int_b^t \left\{ \sum_{k=1}^n x_{kv}(t+b-\tau) w_k(X_1(\tau), \cdots, X_n(\tau), \tau) \right\} d\tau$$

要证明这个辅助定理，我们研究诸函数

$$z_v(t) = x_v(t) +$$

$$\int_b^t \left\{ \sum_{k=1}^n x_{kv}(t+b-\tau) w_k(X_1(\tau), \cdots, X_n(\tau), \tau) \right\} d\tau$$

$$v = 1, \cdots, n \quad (7.25)$$

于是依照式(7.25)与(7.20)有

$$Z_v(b) = x_v(b) = X_v(b), v = 1, \cdots, n \quad (7.26)$$

此外由式(7.25)，运用式(7.24)，有

$$\frac{dZ_v(t)}{dt} = \frac{dx_v(t)}{dt} + w_v(X_1(t), \cdots, X_n(t), t) +$$

$$\int_b^t \left\{ \sum_{k=1}^n \frac{dx_{kv}(t+b-\tau)}{dt} \cdot w_k(X_1(\tau), \cdots, X_n(\tau), \tau) d\tau \right\}$$

若我们考虑到式(7.19)，则得

$$\frac{dZ_v(t)}{dt} = w_v(X_1, \cdots, X_n, t) + \sum_{j=1}^n a_{vj} \left[x_j(t) + \right.$$

$$\int_b^t \left\{ \sum_{k=1}^n x_{kj}(t+b-\tau) w_k(X_1,\cdots,X_n,\tau) \right\} d\tau$$

因此，依照 $Z_j(t)$ 的定义，有

$$\frac{dZ_v(t)}{dt} = \sum_{j=1}^n a_{vj} Z_j(t) + w_v(X_1(t),\cdots,X_n(t),t)$$

(7.27)

但这表示着 $(Z_1,\cdots,Z_n)$ 为方程式组 (7.27) 的一个解；由于式 (7.1)，$(X_1,\cdots,X_n)$ 也是如此，而且，由于式 (7.26)，果真得出

$$Z_v(t) \equiv X_v(t), v=1,\cdots,n$$

辅助定理 7.2 如下：

辅助定理 7.2 若对于区间 $b \leqslant t \leqslant T$，我们在微分方程式组

$$\frac{dy_v(t)}{dt} = \sum_{j=1}^n G_{vj}(t) y_j(t), v=1,2,\cdots,n$$

的系数函数 $G_{vj}(t)$ 上要求估计式

$$|G_{vj}(t)| \leqslant G$$

则对于 $b \leqslant t \leqslant T$，有

$$\sum_{j=1}^n |y_j(t)|^2 \leqslant e^{2nG(t-b)} \sum_{j=1}^n |y_j(b)|^2$$

要想证明它，我们注意，对于 $1 \leqslant j \leqslant n$，有估计式

$$\frac{1}{2} \cdot \frac{d}{dt} |y_j|^2 = \mathscr{R}\left(\bar{y}_j \frac{dy_j}{dt}\right) = \mathscr{R}\left(\bar{y}_j \sum_{l=1}^n G_{jl}(t) y_l\right) \leqslant$$

$$G|y_j| \sum_{l=1}^n |y_l| \leqslant G \sum_{l=1}^n \frac{|y_l|^2 + |y_j|^2}{2}$$

就 j 相加得

$$\frac{1}{2} \cdot \frac{d}{dt}\left(\sum_{j=1}^n |y_j|^2\right) \leqslant Gn \sum_{j=1}^n |y_j|^2$$

或者，用记号

$$\sum_{j=1}^{n}|y_j|^2 = \phi(t)$$

得

$$\frac{\mathrm{d}}{\mathrm{d}t}(\mathrm{e}^{-2nGt}\phi(t)) \leq 0$$

由 b 至 t, 就 t 积分即可了结这个辅助定理的证明.

若我们把这个辅助定理 7.2 应用于函数

$$x_{k1}(t),\cdots,x_{kn}(t)$$

上, 则对于 $k=1,2,\cdots,n$ 以及 $t \geq b$ 有

$$\sum_{v=1}^{n}|x_{kv}(t)|^2 \leq \mathrm{e}^{2nC(t-b)} \qquad (7.28)$$

此处 C 由式 (7.10) 定义.

6. 我们现在来证明定理 7.2. 设 t 为 b 与 $b+\Delta^2+\Delta$ 间的任意数. 则对于 $v=1,2,\cdots,n$, 辅助定理 7.1 显然给出

$$|X_v(t) - x_v(t)| \leq$$

$$\int_b^t \left\{ \sum_{k=1}^n |x_{kv}(t+b-\tau)| |w_k(X_1,\cdots,X_n,\tau)| \right\} \mathrm{d}\tau$$

$$(7.29)$$

此外, 很容易地得出

$$|X_v(t)-x_v(t)|^2 \leq$$

$$(\Delta^2+\Delta)\int_b^t \left\{ \sum_{k=1}^n |x_{kv}(t+b-\tau)|^2 \cdot |w_k(X_1,\cdots,X_n,\tau)| \right\}^2 \mathrm{d}\tau \leq$$

$$(\Delta^2+\Delta) \cdot$$

$$\int_b^t \left\{ \sum_{k=1}^n |x_{kv}(t+b-\tau)|^2 \right\} \left\{ \sum_{k=1}^n |w_k(X_1,\cdots,X_n,\tau)|^2 \right\} \mathrm{d}\tau$$

就 v 相加得

$$\sum_{v=1}^{n}|X_v(t)-x_v(t)|^2\leqslant$$

$$(\Delta^2+\Delta)\int_b^t\left\{\sum_{k=1}^{n}|w_k(X_1,\cdots,X_n,\tau)|^2\right\}\cdot$$

$$\left\{\sum_{v=1}^{n}\sum_{k=1}^{n}|x_{kv}(t+b-\tau)|^2\right\}\mathrm{d}\tau=$$

$$(\Delta^2+\Delta)\int_b^t\left\{\sum_{k=1}^{n}|w_k(X_1,\cdots,t)|^2\right\}\cdot$$

$$\left\{\sum_{k=1}^{n}\sum_{v=1}^{n}|x_{kv}(t+b-\tau)|^2\right\}\mathrm{d}\tau \qquad (7.30)$$

由式(7.28)得知在积分区域内有

$$\sum_{k=1}^{n}\sum_{v=1}^{n}|x_{kv}(t+b-\tau)|^2\leqslant n\mathrm{e}^{2nC(t-\tau)}\leqslant n\mathrm{e}^{2nC(\Delta^2+\Delta)}$$

因此由式(7.30)得

$$\sum_{v=1}^{n}|X_v(t)-x_v(t)|^2\leqslant$$

$$(\Delta^2+\Delta)n\mathrm{e}^{2nC(\Delta^2+\Delta)}\int_b^{b+\Delta^2+\Delta}\left\{\sum_{k=1}^{n}|w_k(X_1,\cdots,X_n,\tau)|^2\right\}\mathrm{d}\tau$$

若我们考虑到式(7.14),则有

$$\sum_{v=1}^{n}|X_v(t)-x_v(t)|^2\leqslant\frac{\mathrm{e}^{-2nC(\Delta^2+\Delta)}}{16(\Delta^2+\Delta)}\int_b^{b+\Delta^2+\Delta}\left\{\sum_{k=1}^{n}|X_k(\tau)|^2\right\}\mathrm{d}\tau$$

因

$$|u+v|^2\leqslant 2(|u|^2+|v|^2) \qquad (7.31)$$

故得

$$\sum_{v=1}^{n}|X_v(t)-x_v(t)|^2\leqslant$$

$$\frac{\mathrm{e}^{-2nC(\Delta^2+\Delta)}}{8(\Delta^2+\Delta)}\Bigl(\int_b^{b+\Delta^2+\Delta}\left\{\sum_{k=1}^{n}|x_k(\tau)|^2\right\}\mathrm{d}\tau+$$

$$\int_b^{b+\Delta^2+\Delta}\left\{\sum_{k=1}^{n}|X_k(\tau)-x_k(\tau)|^2\right\}\mathrm{d}\tau\Bigr)$$

由中值定理即得

$$\sum_{v=1}^{n}|X_v(t)-x_v(t)|^2 \leq \frac{e^{-2nC(\Delta^2+\Delta)}}{8}\left\{\max_{b\leq \tau \leq b+\Delta^2+\Delta}\sum_{v=1}^{n}|x_v(\tau)|^2 + \max_{b\leq \tau \leq b+\Delta^2+\Delta}\sum_{v=1}^{n}|X_v(\tau)-x_v(\tau)|^2\right\}$$

(7.32)

若函数

$$U(t)=\sum_{j=1}^{n}|x_j(t)|^2$$

以及

$$V(t)=\sum_{v=1}^{n}|X_v(t)-x_v(t)|^2$$

在 $b\leq t \leq b+\Delta^2+\Delta$ 上的 $t=\tau^*$ 以及 $t=\tau'$ 处,分别取得它们在这区间中的绝对极大值,则在式(7.32)当我们对于 $t=\tau'$ 而应用它的时候,给出

$$V(\tau')\leq \frac{e^{2nC(\Delta^2+\Delta)}}{8}\{U(\tau^*)+V(\tau')\}<\frac{e^{-2nC(\Delta^2+\Delta)}}{8}U(\tau^*)+\frac{1}{8}V(\tau')$$

因此

$$V(\tau')\leq \frac{1}{7}e^{-2nC(\Delta^2+\Delta)}U(\tau^*) \qquad (7.33)$$

若函数 $U(t)$ 在 $t=\tau^{**}$ 处取它在 $(b+\Delta^2,b+\Delta^2+\Delta)$ 上的绝对极大值,则由辅助定理7.2很容易地就可得出

$$U(\tau^*)\leq e^{2nC(\Delta^2+\Delta)}U(\tau^{**})$$

于是由式(7.33)得

$$V(\tau')\leq \frac{1}{7}U(\tau^{**}) \qquad (7.34)$$

因为依照式(7.31)一般有

$$|u_1|^2 = |v_1+(u_1-v_1)|^2 \leqslant 2(|v_1|^2+|u_1-v_1|^2)$$
$$|v_1|^2 \geqslant \frac{1}{2}|u_1|^2-|u_1-v_1|^2$$

所以用
$$u_1 = x_v(\tau^{**}), v_1 = X_v(\tau^{**})-x_v(\tau^{**})$$
$$v = 1,2,\cdots,n$$

并且考虑到式(7.34)即可得出估计式

$$\max_{b+\Delta^2 \leqslant t \leqslant b+\Delta^2+\Delta} \sum_{v=1}^{n}|X_v(t)|^2 = \sum_{v=1}^{n}|X_v(t_1)|^2 \geqslant$$

$$\sum_{v=1}^{n}|X_v(\tau^{**})|^2 \geqslant$$

$$\frac{1}{2}\sum_{v=1}^{n}|x_v(\tau^{**})|^2 - \sum_{v=1}^{n}|X_v(\tau^{**})-x_v(\tau^{**})|^2 =$$

$$\frac{1}{2}U(\tau^{**})-V(\tau^{**}) \geqslant$$

$$\frac{1}{2}U(\tau^{**})-V(\tau') \geqslant \frac{1}{2}U(\tau^{**})-\frac{1}{7}U(\tau^{**}) >$$

$$\frac{1}{3}U(\tau^{**})$$

依照式(7.23)于是更得出

$$\sum_{v=1}^{n}|X_v(t_1)|^2 \geqslant \frac{e^{2L\Delta^2}}{3n} \cdot \frac{1}{\{2e(\Delta+1)\}^{2n}} \sum_{v=1}^{n}|X_v(b)|^2$$

由式(7.12),有

$$\sum_{v=1}^{n}|X_v(t_1)|^2 \geqslant e^{2L(\Delta^2-\Delta)} \sum_{v=1}^{n}|X_v(b)|^2 \quad (7.35)$$

此外

$$b+\Delta^2 \leqslant t_1 \leqslant b+\Delta^2+\Delta \quad (7.36)$$

现在,首先设在式(7.35)和(7.36)中 $b=0$. 于是依照式(7.35)和(7.36)知,存在一个 $t=\tau_1$ 满足

第二部分　中外名家论 Riemann 函数与 Riemann 猜想

$$\Delta^2 \leqslant \tau_1 \leqslant \Delta^2 + \Delta$$

使得

$$\sum_{v=1}^{n} |X_v(\tau_1)|^2 \geqslant e^{2L(\Delta^2-\Delta)} \sum_{v=1}^{n} |X_v(0)|^2$$

现在我们应用式 (7.35) 和 (7.36) 且取 $b = \tau_1$. 则存在一个 $t = \tau_2$ 满足

$$\tau_1 + \Delta^2 \leqslant \tau_2 \leqslant \tau_1 + \Delta^2 + \Delta$$

使得

$$\sum_{v=1}^{n} |X_v(\tau_2)|^2 \geqslant e^{2L(\Delta^2-\Delta)} \sum_{v=1}^{n} |X_v(\tau_1)|^2 \geqslant$$

$$(e^{2L(\Delta^2-\Delta)})^2 \sum_{v=1}^{n} |X_v(0)|^2$$

继续下去,则我们得到一个序列

$$0 = \tau_0 < \tau_1 < \tau_2 < \cdots$$

满足

$$\tau_{m-1} + \Delta^2 \leqslant \tau_m \leqslant \tau_{m-1} + \Delta^2 + \Delta, \quad m = 1, 2, \cdots \quad (7.37)$$

使得

$$\sum_{v=1}^{n} |X_v(\tau_m)|^2 \geqslant e^{2mL(\Delta^2-\Delta)} \sum_{v=1}^{n} |X_v(0)|^2$$

因由式 (7.37) 显然有

$$\tau_m \leqslant m(\Delta^2 + \Delta)$$

于是得出

$$2Lm(\Delta^2 - \Delta) \geqslant \frac{2L\tau_m(\Delta^2 - \Delta)}{\Delta^2 + \Delta} = 2L\tau_m\left(1 - \frac{2}{\Delta+1}\right)$$

若我们更注意到,由于式 (7.37),每个完全位于 $t \geqslant 0$ 中且具有长度 $\Delta^2 + \Delta$ 的区间至少含有一个数 τ_m,则定理 7.2 就已经得到证明了.

7. 以上的研究一般都是能够搬到差分方程式上面去的. 要想建立起这一研究的基础, 我们来研究差分方程式组

$$X_v(t+1) = \sum_{j=1}^{n} a_{vj} X_j(t), v=1,\cdots,n \quad (7.38)$$

(t 为整数)并且用初始条件

$$X_v(0) = A_v, v=1,\cdots,n \quad (7.39)$$

此处 a_{vj} 表示任意数. 首先设方程式

$$\phi(\rho) = \begin{vmatrix} a_{11}-\rho & a_{12} & \cdots & a_{1n} \\ a_{21} & a_{22}-\rho & \cdots & a_{2n} \\ \vdots & \vdots & & \vdots \\ a_{n1} & a_{n2} & \cdots & a_{nn}-\rho \end{vmatrix} = 0$$

只有相异的根 ρ_j, 则众所周知, 式(7.38)和(7.39)的解具有形状

$$X_v(t) = \sum_{j=1}^{n} c_{vj} \rho_j^t$$
$$v=1,2,\cdots,n$$

若

$$\min_j |\rho_j| = D$$

则我们可以在 $X_v(t)$ 上应用第一章中定理 5.1, 且取任意一个正整数为 m. 这就给出了估计式

$$\max_{\substack{m+1\leq t\leq m+n \\ t\text{为整数}}} D^{-t} |X_v(t)| \geq \left(\frac{n}{2\mathrm{e}(m+n)}\right)^n |X_v(0)|$$
$$v=1,2,\cdots,n \quad (7.40)$$

一个平凡的极限过程就重新又证明了式(7.40)的成立, 而不需要对诸根 ρ_j 作任何假设. 最后, 与以上相类似, 我们得到

$$\max_{\substack{m+1\leqslant t\leqslant m+n \\ t\text{为整数}}} \sum_{v=1}^{n} |X_v(t)|^2 \geqslant$$

$$\frac{1}{n}\left(\frac{n}{2\mathrm{e}(m+n)}\right)^{2n} D^{2(m+1)} \sum_{v=1}^{n} |X_v(0)|^2 \quad (7.41)$$

从这里,对于方程式组(7.38)我们可以推导出与定理7.1 相类似的定理. 但在此处我们却不去讨论它.

第八节 论代数方程式的近似解法

1. 本节里的研究关系着在第一章中第 3 节中提到过的 Bernoulli 法则,以及那些由 Dandelin, Лобачевский 以及 Greffe 修改过的法则,这些法则在文献中一般称为 Greffe-Bernoulli 方法. 方法是这样的,由要想求解的方程式

$$f_0(z) = a_0 + a_1 z + \cdots + a_n z^n = 0, a_n = 1 \quad (8.1)$$

我们造出那些由递推公式

$$f_{\mu+1}(z) = (-1)^n f_\mu(\sqrt{z}) f_\mu(-\sqrt{z}), \mu = 0, 1, \cdots \quad (8.2)$$

定出的多项式,这些就是所谓的 Greffe 变换式. 若对于 $\mu = 1, 2, \cdots$,有

$$f_\mu(z) = a_{0\mu} + a_{1\mu} z + \cdots + a_{n\mu} z^n, a_{n\mu} = 1 \quad (8.3)$$

并且对于 $f_0(z)$ 的根 $z_1, z_2, \cdots, z_n$,有

$$|z_n| < |z_{n-1}| < \cdots < |z_2| < |z_1| \quad (8.4)$$

则对于 $f_0(z)$ 的根的绝对值,这个方法给出公式

$$z_j = \lim_{k \to \infty} \left| \frac{a_{n-j,\mu}}{a_{n-j+1,\mu}} \right|^{2^{-\mu}}, j = 1, 2, \cdots, n \quad (8.5)$$

若 $|z_j|$ 比 $|z_{j+1}|$ "大得多"($j = 1, 2, \cdots, n-1$),这个方

法用起来实际上倒是很好的. 但是在具体的情形下,要判断什么时候才是这样的情形,那是很难的. 有很多的文献谈论到这个法则,关于这,我仅引证 C. Runge 在《数学百科全书》(卷一)(*Enzyklopädie der math. Wissenschaften*(I. Bd))中的一篇报告. 但是,若我们取消了假设(8.4),则关于法则的成立是怎样的情形,在这里,以及后来至 1939 年的文献里都没有表示出一定的意见. 这种情况的一个典型的例子就是在 Fricke 所著代数学[①]中的那个审慎的说法. 我们由 R. San Juan[②] 的一个作品中取出例子 $f_0(z) = z^3 - 1$ 来说. 所有的 Greffe 变换式 $f_\mu(z)$ 都全同于 $f_0(z)$, 于是极限值(8.5)一部分是 0, 一部分没有意义. A. Ostrowski[③] 在 1940 年他的伟大的作品的开头几行里所说的话是完全正确的, 他说:"C'est l'état assez rudimentaire dans lequel la théorie de cette méthode (Greffe) était restée jusqu'a aujourd'hui qui a provoqué ces recherches…." 只有在现今才发生一个问题,那就是,我们能不能把手续"适当地"改变. 此处"适当地"一词的意思是,要满足两个主要要求. 第一,是不必要求式(8.4). 第二,对于已给定的任意小的正数 ε, 经过一些只依赖 ε, n 以及所给方程式的系

---

① 参阅该代数学第 246 页脚注.

② Revista Mat. Hispano-Americana Ser. ,1939,1(3).

③ Recherches sur la méthode de Greffe et les zéros des polynomes et des Séries de Laurent, Acta. Math. ,1940(72):99-257.

"C'est l'état assez rudimentaire dans lequel la théorie de cette méthode (Greffe) était restée jusqu'a aujourd'hui qui a provoqué ces recherches…."
这一段的译文是:

"正是因为一直到今日这个方法(指 Greffe 的)的理论还停留在颇为初等的状态之中,所以就引起了这种研究……".

第二部分　　中外名家论 Riemann 函数与 Riemann 猜想

数的步骤以后,我们可以得到 $|z_j|$ 的这样一些近似值,其误差的绝对值小于 ε. San Juan① 的重要作品之后,上面谈到的 Ostrowski 的论文给出了这个问题的完全解答. 由这两个作品,一个有趣的事实得到了解释,那个事实就是,对于一个预先给定的 ε-逼近所必须的步骤的数目,与方程式的系数无关. 以下我们将要证明,第一章中定理 4.2,4.4,4.8 以及 7.1 中的每一个也都能引到所提出的问题的一个解答;这个解答是与以上所说的那两个作者的解答不相同的,我们甚至可以给出这种手续的一个程序. 若我们对 $|z_1|$(或 $|z_n|$)求近似,则这一切是最简单的. 在这情形下,这些方法的特征可以这样地表示出,那就是,在造出第 μ 个 Greffe 变换式以后,我们不像在式(8.5)中那样立刻去研究系数 $a_{j\mu}$,我们却借助于 Newton-Girard 公式转向方程式 $f_\mu(z)=0$ 的根的方幂和. 若我们把这些方幂和表示记为 $s_{1\mu},s_{2\mu},\cdots$,则它们表示

$$\begin{aligned}
0 &= a_{n-1,\mu}+s_{1\mu} \\
0 &= 2a_{n-2,\mu}+a_{n-1,\mu}s_{1\mu}+s_{2\mu} \\
&\vdots \\
0 &= na_{0\mu}+a_{1\mu}s_{1\mu}+a_{2\mu}s_{2\mu}+\cdots+s_{n\mu} \\
0 &= a_{0\mu}s_{1\mu}+a_{1\mu}s_{2\mu}+\cdots+a_{n-1,\mu}s_{n\mu}+s_{n+1,\mu} \\
&\vdots
\end{aligned} \tag{8.6}$$

但是,由这些式子,虽然我们果真也能够在实际上很容

---

① Complétement à la méthode de Greffe pour la résolution des équations algébriques. Bull. Soc. Math. ,1935(59):104-109. 其他的有趣的讨论,我们可以在 J. Augé 的论文:Investigaciones sobre el metodo de Greffe(Madrid 1943)中找到.

易地决定出诸数 $s_{j\mu}$. 这时候,最简单的法则如下(以下总是设 $|z_n| \leqslant |z_{n-1}| \leqslant \cdots \leqslant |z_1|$).

定理 8.1 若我们由式(8.6)递推地定出

$$s_{1\mu}, s_{2\mu}, \cdots, s_{2n,\mu}$$

则有估计式

$$\left(\frac{1}{n}\right)^{2^{-\mu}} \leqslant \frac{|z_1|}{(\max\limits_{j=1,2,\cdots,2n} |s_{j\mu}|^{\frac{1}{j}})^{2^{-\mu}}} \leqslant 2^{2^{-\mu}}$$

定理 8.2 若由式(8.6)我们仅递推的定出

$$s_{1\mu}, \cdots, s_{n\mu}$$

则有

$$\left(\frac{1}{n}\right)^{2^{-\mu}} \leqslant \frac{|z_1|}{(\max\limits_{j=1,\cdots,n} |s_{j\mu}|^{\frac{1}{j}})^{2^{-\mu}}} \leqslant \left(\frac{1+\frac{1}{2}+\cdots+\frac{1}{n}}{\log 2}\right)^{2^{-\mu}}$$

两个估计式都是不对称的,上估计式总是比较好些. 一般说来,我们对于这也没有什么办法来补救,因为,对于

$$z_1 = \cdots = z_n = 1$$

以上两个定理中的左端的不等式显然化为等式. 因为有时候我们仅仅需要 $|z_1|$ 的上估计,所以力图改进上估计式并不是没有意义的. 我们可以得到这样一个改进,设使我们代替起初的 $2n$ 或 n 个数 $s_{j\mu}$ 而定出起初的 $[c_n]$ 个数 $s_{j\mu}$,此处 $c>2$. 因此增加必要的计算工作,$|z_1|$ 的上界有可能会减小. 这也是进行手续的一个程序. 我们的程序可以由下列定理来给出.

定理 8.3 若 $0<\varepsilon<1$ 并且数 $s_{j\mu}$ 具有上述的意义,则

$$\left(\frac{1}{n}\right)^{2^{-\mu}} \leqslant \frac{|z_1|}{\left(\max\limits_{j=1,2,\cdots,2+\left[\frac{n}{\varepsilon}\log\frac{2n}{\varepsilon}\right]} |s_{j\mu}|^{\frac{1}{j}}\right)^{2^{-\mu}}} \leqslant \left(\frac{1}{1-\varepsilon}\right)^{2^{-\mu}}$$

如果第一章中第 4 节小段 9 中的猜测已经证出,那么由算出诸数

$$s_{1\mu}, s_{2\mu}, \cdots, s_{n\mu}$$

我们实际上已经可以达到定理 8.1 的准确程序,这表示大大地缩减了计算,这个猜测的重要性就在于此. 由定理 8.1 得出①,若对于固定的次数 n,我们选

$$\mu = \max\left(7, 1+\left[\frac{\log(100\log n)}{\log 2}\right]\right)$$

则我们的确能得到 $|z_1|$ 而其最大的误差不超过 1%,并且必要的计算步骤的数目,正像 R. San Juan 与 Ostrowski 所做的一样,只与 n 有关. 对于所有其他以上的定理也成立有类似的情形. 因为必要的运算的回数是有止境的,并且各个单独的运算都可以由基本运算所构成,所以或许我们的一些定理可以用来作为一部解代数方程的机器的理论基础. 若所要解的方程式的系数依赖参数,我们的定理似乎也可以应用. 譬如说,在磁场光谱线的研究中,就会出现这种方程式.

此外有:

定理 8.4 若 s_v 表示要求解的方程式 $f_0(z) = 0$ 的根的 v 次方幂和,则对于正整数 m,有

$$n^{-\frac{1}{m}} \leqslant \frac{|z_1|}{\max\limits_{v=m+1,\cdots,m+n} |s_v|^{\frac{1}{v}}} \leqslant \left(\frac{2e^{1+\frac{4}{e}}(m+n)}{n}\right)^{\frac{1}{m}}$$

---

① 对数乃是指自然对数而言.

我在论文[8]里谈过这个定理,但是,在那里,这个定理的形状完全被印刷的错误以及其他的缺点所毁坏.

2. 所有这些定理的证明,按照第一章中定理 4.2, 4.4,4.8,以及 7.1,都是很简单的,并且其经过也是完全平行的;因此,证出定理 8.1 就够了. 用记号 $|z_n| \leqslant |z_{n-1}| \leqslant \cdots \leqslant |z_1|$,则对于每个满足 $1 \leqslant j \leqslant 2n$ 的整数 j,有

$$|s_{j\mu}| = \left| \sum_{l=1}^{n} z_l^{j2^\mu} \right| \leqslant n|z_1|^{j2^\mu} \leqslant n^j|z_1|^{j2^\mu}$$

因此

$$|z_1| \geqslant n^{-2^{-\mu}} (|s_{j\mu}|^{\frac{1}{j}})^{2^{-\mu}} \qquad (8.7)$$

我们对于 j 由 $1 \leqslant j \leqslant 2n$ 中选出这样的一个 j 值,对于这个 j 值

$$\max_{j=1,\cdots,2n} |s_{j\mu}|^{\frac{1}{j}}$$

能达到. 于是由式(8.7)有

$$\frac{|z_1|}{(\max\limits_{j=1,\cdots,2n} |s_{j\mu}|^{\frac{1}{j}})^{2^{-\mu}}} \geqslant \left(\frac{1}{n}\right)^{2^{-\mu}}$$

这已经就给出下估计来了.

要想达成上估计,我们在诸数

$$\left(\frac{z_j}{z_1}\right)^{2^\mu}, j=1,2,\cdots,n$$

上应用第一章中定理 4.4. 这些数的绝对值的最大值显然是 1. 按照这个定理得知存在一个满足 $1 \leqslant v_0 \leqslant 2n$ 的整数 v_0,使

$$\left| \sum_{j=1}^{n} \left(\frac{z_j}{z_1}\right)^{v_0 2^\mu} \right| \geqslant \frac{1}{2}$$

$$|z_1||v_0 2^\mu \leqslant 2|s_{v_0,\mu}| \leqslant 2^{v_0}|s_{v_0,\mu}|$$

$$|z_1| \leqslant 2^{2^{-\mu}}(|s_{v_0,\mu}|^{\frac{1}{v_0}})^{2^{-\mu}} \leqslant 2^{2^{-\mu}}\left\{\max_{1\leqslant j\leqslant 2n}|s_{j\mu}|^{\frac{1}{j}}\right\}^{2^{-\mu}}$$

是故定理 8.1 的证明已告完结.

3. Ostrowski 也研究过(在以上所引的他的论文中)

$$|z_1 z_2 \cdots z_l|, l=1,2,\cdots,n$$

的估计方法,仍然依从记号 $|z_n| \leqslant \cdots \leqslant |z_1|$. 第一章中定理 4.4 重新又使我们能够用求解的方程式的系数的有理表达式来估计这个乘积. 对于求解的方程式 (8.1),我们造出第 μ 次的 Greffe 变换式 $f_\mu(z)$,此外,对于 $k=1,2,\cdots,2\binom{n}{l}$,造出方程式

$$a_{0\mu}^{(k)} + a_{1\mu}^{(k)} z + \cdots + a_{n\mu}^{(k)} z^n = 0, a_{n\mu}^{(k)} = 1$$

其根由

$$z_v^{k2^\mu}, v=1,2,\cdots,n$$

所给出. 诸数 $a_{n\mu}^{(k)}$ 都是系数 a_j 的一些有理式. 这时有:

定理 8.5 用以上的记号,则有估计式

$$\frac{1}{\binom{n}{l}^{2^{-\mu}}} \leqslant \frac{|z_1 z_2 \cdots z_l|}{\max_{k=1,2,\cdots,2\binom{n}{l}}|a_{n-l,\mu}^{(k)}|^{\frac{1}{k2^\mu}}} \leqslant 2^{2^{-\mu}}$$

对于 $\mu \to \infty$,这个不等式就变成了一个等式. 要想证明定理 8.5,我们一方面注意,对于每个 k 有

$$|a_{n-l,\mu}^{(k)}| = \left|\sum (z_{i_1} z_{i_2} \cdots z_{i_l})^{k2^\mu}\right| \leqslant \binom{n}{l}|z_1 \cdots z_l|^{k2^\mu}$$

此处求和记号展布于数组

$$1 \leqslant i_1 < i_2 < \cdots i_l \leqslant n$$

上,由这,就得出了定理的下估计,正像此前一样. 若我们在 $\binom{n}{l}$ 个数

$$\left(\frac{z_{i_1}z_{i_2}\cdots z_{i_l}}{z_1 z_2 \cdots z_l}\right)^{2^\mu}, \quad 1\leqslant i_1<i_2<\cdots<i_l\leqslant n$$

上应用第一章中定理 4.4,则又得出了上估计.

这个方法显然在原则上使我们能够,由预先给定的百分数的准确程度 P,来定出所有的 $|z_j|$ 值,使得运算的回数只与 n 及 P 有关.

第九节 在素数定理的余式项上的第一个应用

1. 如同寻常一样,令 $\Lambda(n)$ 表示 Dirichlet 的数论函数,这个函数,当 $n=p^\alpha$ 为质数的方幂时,为 $\log p$,其他的时候等于 0. 此外设

$$\psi(x)=\sum_{n\leqslant x}\Lambda(n) \qquad (9.1)$$

$$\Delta(x)=\psi(x)-x \qquad (9.2)$$

大家都知道 Riemann ζ 函数①在复数 $s=\sigma+it$ 面上条带域 $0<\sigma<1$ 中的零点与 Δx 的阶之间有一个美妙的联系,即若 Θ 表示这样的数 ϑ 的下确界,对于这样的数 ϑ,在半平面 $\sigma>\vartheta$ 中 $\zeta(s)\neq 0$,又 Θ' 表示这样的数 α

---

① 这函数在第 1 节中对于 $\sigma>1$ 已经有定义. 众所周知,函数 $\zeta(s)-\dfrac{1}{s-1}$ 为一整函数,$\zeta(s)$ 在 $\sigma\leqslant 0$ 中只对于 $s=-2,-4,-6,\cdots$ 为零,并且在条带 $0<\sigma<1$ 中有无穷多个零点. 对于所有这些事实请参看 TITCHMARSH E C. The zeta-function of Riemann. Oxford Clarendon,1951.

的下确界,对于这样的数 α,有
$$\Delta(x) = O(x^\alpha) \qquad (9.3)$$
则
$$\Theta = \Theta' \qquad (9.4)$$
由此就很容易了解,为什么这个问题的决断会是如此的重要,这个问题是,究竟是 $\Theta = 1$ 还是 $\Theta < 1$,并且,实在说起来,究竟是否像 Riemann 所说的应该 $\Theta = \frac{1}{2}$. 从 Riemann 以来就遵循的围道积分的方法,很容易地就得出 $\Theta' \leq \Theta$ 这个不等式来. 反过来的不等式 $\Theta \leq \Theta'$ 则很容易地由式子
$$-\frac{\zeta'}{\zeta}(s) - \frac{s}{s-1} = s\int_1^\infty \frac{\Delta(x)}{x^{s+1}}dx \qquad (9.5)$$
得出. 因为,若式(9.3)对于一个 α 为真实的,则右端的被积函数的绝对值为 $O(x^{\alpha-\sigma-1})$,是故右端代表 s 的一个函数,这个函数对于 $\sigma > \alpha$ 为正则的. 从而有 $\Theta \leq \alpha$,那就是说 $\Theta \leq \Theta'$. 由式(9.4)又证明出,若在半平面 $\sigma > \vartheta_0$ 中我们找到了一个复数的零点,则对于一个任意小的正数 ε,我们可以推断出存在一个正数 $c_1 = c_1(\varepsilon)$ 以及一个序列
$$1 < x_1 < x_2 < \cdots \to +\infty$$
使得对于 $n = 1, 2, \cdots$,有
$$|\Delta(x_n)| \equiv |\psi(x_n) - x_n| > c_1(\varepsilon) x_n^{\vartheta_0-\varepsilon} \qquad (9.6)$$
这一类的估计式我们称它们为 Ω 估计式.

2. 我们获得这个重要结果的方法,在简单方面讲起来已经用不着再苛求了,并且也可以用到很多其他的数论函数的 Ω 估计上去. 但是,在有些情形之下,对于解答这样的一些问题而给出一些另外的方法,倒是

很需要的. 一个这样的情形就是那个事实,那就是,在 $\Theta = 1$ 的情形下只得出一个较弱的结果,并且对于大多数的数论函数也发现有与 $\Theta = 1$ 相类似的情形. 一个另外的情形就是那个事实,那就是式(9.6)中的数值 $c_1(\varepsilon)$ 原则上是得不出来的. 这也正是引起 Littlewood 去写他那篇在本书第 3 节小段 4 中引过了的论文的原因. 正如同他在有关的地方写道:"…Those familiar with the theory of the Riemann zeta-function in connection with the distribution of primes may remember that the interference difficulty arises with the function

$$f(x) = \sum_{\rho} \frac{x^{\rho}}{\rho} = \sum \frac{x^{\beta+i\gamma}}{\beta+i\gamma}$$

(where ρ's are the complex zeros of $\zeta(s)$). There exist proofs that if Θ is the upper bound of the β's (so that $\Theta = \frac{1}{2}$, if Riemann hypothesis is true) then $f(x)$ is of order at least $x^{\Theta-\varepsilon}$ in x. But these proofs are curiously indirect; if ($\Theta > \frac{1}{2}$ and) we are given a particular $\rho = \rho_0$, for which $\beta = \beta_0 \geq \frac{1}{2}$, they provide no explicit X depending only upon β_0, γ_0 and ε such that $|f(x)| > X^{\beta_0 - \varepsilon}$ for some x in $(0, X)$. There are no known ways of showing (for any explicit X) that the single term $\frac{x^{\beta_0 + i\gamma_0}}{\beta_0 + i\gamma_0}$ of f is not interfered with by other terms of the series over the range $(0,$

第二部分　中外名家论 Riemann 函数与 Riemann 猜想

$X)\cdots$"[①]是故,所讨论的是一个原则上新的问题,那就是,与一个单一的根有关的,显明的 Ω 估计式究竟是否存在. 有如我们即将证明,第一章中定理 7.3(是故实际上就是第二个主要定理)能够提供出来. 因为,若 $c_1 c_2 \cdots$ 表示可以明白地给出来数值常数,则我们能证出:

定理 9.1　若对于 $\rho_0 = \beta_0 + i\gamma_0 (\beta_0 \geqslant \frac{1}{2}, \gamma_0 > 0)$, $\zeta(s)$ 的值为零,并且

$$T > \max(c_2, e^{e^{60\log^2|\rho_0|}}) \qquad (9.7)$$

则有

$$\max_{1 \leqslant x \leqslant T} |\Delta(x)| \geqslant T^{\beta_0} e^{-12} \frac{\log T}{\sqrt{\log \log T}} \qquad (9.8)$$

---

① 这一段的译文是:"……那些联系着素数分布而熟悉 Riemann ζ 函数理论的人可能记得函数

$$f(x) = \sum_\rho \frac{x^\rho}{\rho} = \sum \frac{x^{\beta+i\tau}}{\beta+i\tau}$$

里会发生干扰性的困难(此处 ρ 是 $\zeta(s)$ 的复零点). 有一些证法,它们都能够证明,若 Θ 为诸 β 的上确界(从而 $\Theta = \frac{1}{2}$,若 Riemann 猜想果然为真的话),则 $f(x)$ 对于 x 讲起来至少是 $w^{\Theta-\varepsilon}$ 的阶. 但是这些证法都间接到了稀奇的程度;若 $(\Theta > \frac{1}{2}$ 并且)已给予我们一个特别的 $\rho = \rho_0$,对于这个 $\rho = \rho_0$ 有 $\beta = \beta_0 \geqslant \frac{1}{2}$,则才所说的那些证法都提供不出一个只依赖 β_0, γ_0 以及 ε 的显明的 X,对于 $(0, X)$ 上的某些 x 能有 $|f(x)| > X^{\beta_0-\varepsilon}$. 现在并没有什么已知的方法可以来证明(对于任何一个显明的 X), f 中的一个单独的项 $\frac{\beta_0 + i\gamma_0}{\beta_0 + i\gamma_0}$ 在区间 $(0, X)$ 上不被级数中其他的项所干扰……".

由此,自然可知,对于一个满足 $\lim_{n\to\infty} x_n = +\infty$ 的 x_n 序列,有

$$|\Delta(x_n)| \geqslant x_n^{\beta_0} e^{-21} \frac{\log x_n}{\sqrt{\log \log x_n}} \qquad (9.9)$$

而且,略微粗糙一点有

$$x_n < x_{n+1} < x_n^3, n = 1, 2, \cdots \qquad (9.10)$$

对于一个带普遍性的数论函数族,我们也可以做出定理 9.1 的证明;但是,我们仍限于研究 $\Delta(x)$ 的情形. 由这个定理显然可见,在 $\Theta = 1$ 的情形下,我们在式(9.9)中也可以得出一个比 $x^{1-\varepsilon}$ 更好的 Ω 估计式. 在这个情形之下,在第 10 节中,将得到更好的结果,在那里,将得到在某种程度上可能算是最好的估计式.

关于余式项 $\Delta(x)$,Phragmen①,E. Schmidt②,Landau③,Pólya④,以及 A. E. Ingham⑤ 都已找到了值得注意的一边性的定理,那就是这样的一些定理,依照这些定理,$\Delta(x)$ 无穷多回地取绝对值为任意大的正数与负数值. 以上 Littlewood 的言论也关联着这些定理. 如果我们能够将第一章中定理 7.3 换为一个"一边性的"定理,那么这个困难就很容易地可以去掉. 我们理论中

---

① Sur une loi de symétrie relative à certaines formules asymptotiques. ofversigt of Kongl. Vetenskaps. Aked. Förhandlinger,1901(58):189-202.

② Über die Anzahl der Primzahlen unter gegebener Grenze. Math. Ann.,1905(57):195-204.

③ Über einen Satz von Tschebyschew. Math. Ann.,1905(61):527-550.

④ Über das Vorzeichen des Restgliedes im Primzahlsatz. Gött. Nachr,1930:19-27.

⑤ A note on the distribution of primes. Acta. Arith.,1936(1):201-211.

第二部分　中外名家论 Riemann 函数与 Riemann 猜想

的一边性的定理的趣味就是这样发生的；那些困难的情形在第一章中第 5 节的 7 中曾经描述过.

3. 首先我们不加证明地列出 Riemann ζ 函数理论中一些简单而且熟知的定理，这些都是往后我们所需要的①.

Ⅰ. 对于 $|s| \leqslant \dfrac{3}{2}$，有

$$\zeta(s) \neq 0 \qquad (9.11)$$

Ⅱ. 我们用 $N(T)$ 表示平行四边形

$$0 < \sigma < 1, 0 < t \leqslant T (\geqslant 2)$$

中零点的个数，则有

$$N(T+1) - N(T) < c_3 \log T \qquad (9.12)$$

以及

$$N(T) < c_4 T \log T \qquad (9.13)$$

Ⅲ. 对于 $\sigma \geqslant -\dfrac{3}{2}$，有

$$\left| \zeta(s) - \dfrac{1}{s-1} \right| \leqslant c_5 \left\{ 1 + (|t|+2)^{\frac{1-\sigma}{2}} \right\} \log(|t|+2)$$

$$\qquad (9.14)$$

并且对于 $\sigma \geqslant 1, t \geqslant 2$，有

$$|\zeta(s)| \geqslant c_5 \log^{-10} t \qquad (9.15)$$

Ⅳ. 函数

$$F(s) = -\left(\zeta(s) + \dfrac{\zeta'}{\zeta}(s) \right) \qquad (9.16)$$

对于 $s=1$ 为正则的，在半平面 $\sigma \geqslant -\dfrac{3}{2}$ 上仅有的异点只是在点 $s=\rho$ 处的单重极点.

---

① 关于称述Ⅰ~Ⅳ. 可参看前面引过的 Titchmarsh 的书.

Ⅴ. 对于每个 $v \geq 2$ 存在一个满足
$$v \leq T_v \leq v+1$$
的 T_v 而在线段
$$t = T_v, -\frac{3}{2} \leq \sigma \leq 2$$
上, 有不等式
$$\left| \frac{\zeta'}{\zeta}(s) \right| \leq c_6 \log^2 T_v \qquad (9.17)$$

此外, 在直线 $\sigma = -\frac{3}{2}$ 上, 有估计式
$$\left| \frac{\zeta'}{\zeta}(s) \right| \leq c_7 \log(|t|+2) \qquad (9.18)$$

4. 为了使定理 9.1 的证明易于了解, 我们叙述一个概要. 出发点就是首先研究积分
$$J = \frac{1}{2\pi i} \int \frac{\xi^s}{s^{k+1}} F(s) \mathrm{d}s$$

此处 $F(s)$ 具有式(9.16)中的意义, ξ 与 k 待定, k 为正整数, 积分路线是一条靠近 $\sigma=1$ 的线段. 若我们将 $\zeta(s) + \frac{\zeta'}{\zeta}(s)$ 的 Dirichlet 级数代入 J 内, 则我们可以经由 $\max_{1 \leq x \leq U} |\Delta(x)|$ 用某个 U 由上面来估计 $|J|$. 另外, 用围道积分的方法, 我们可以用 ζ 函数的零点来表示出 J. 这样得出来的项中绝大部分是"很小的", 剩下的有限多个项具有一个纯粹的方幂和的性质, 其指数为 $k+1$. 但对于适当的整数 k 我们可以依第一章中定理 7.3 的方法把下面估计出来. 比较这两种估计就会给出我们的定理了.

为了写出证明的详细过程, 我们可以引入若干记号. 设 $T > 100$, 此外

$$K_0 = 10 \frac{\log T}{\log \log T} \quad (9.19)$$

以及

$$N_0 = \log^{\frac{1}{10}} T (\log \log T)^2 \quad (9.20)$$

则对于 $T \geq c_8$，有

$$9 < N_0 < K_0 \quad (9.21)$$

再者，对于 $T > C_3$ 存在一个 $L > 2$，使

$$(L^{K_0} <) L^{K_0+N_0} \leq T < L^{K_0+N_0+1} (< L^{3K_0}) \quad (9.22)$$

对于这个 L 显然有

$$(9<) \log^{\frac{1}{30}} T \leq L \leq \log^{\frac{1}{10}} T \quad (9.23)$$

现在设 T_L 为一个由式(9.17)定义的数量，则

$$L \leq T_L \leq L+1 \quad (9.24)$$

再者，关于整数 l 我们预先只要求

$$(9<) K_0 \leq l+1 \leq K_0 + N_0 (< 2K_0) \quad (9.25)$$

若我们更设

$$L^{l+1} = \xi \quad (9.26)$$

$$\frac{1}{\log(L^{l+1})} = \frac{1}{\log \xi} = \eta \quad (9.27)$$

我们可以由积分

$$J(T) = \frac{1}{2\pi i} \int_{1+\eta-iT_L}^{1+\eta+iT_L} \frac{\xi^s}{s^{l+1}} F(s) \, ds \quad (9.28)$$

出发($F(s)$ 的定义见式(9.16))．因对于 $\sigma > 1$ 有

$$F(s) = \sum_n \frac{\Lambda(n)-1}{n^s}$$

故显然在式(9.28)中我们可以逐项积分，从而有

$$J(T) = \sum_n (\Lambda(n) - 1) \frac{1}{2\pi i} \int_{1+\eta-iT_L}^{1+\eta+iT_L} \frac{\left(\frac{\xi}{n}\right)^s}{s^{l+1}} ds$$

由大家都知道的积分公式

$$\frac{1}{2\pi\mathrm{i}}\int_{1+\eta-\mathrm{i}\infty}^{1+\eta+\mathrm{i}\infty}\frac{r^s}{s^{l+1}}\mathrm{d}s=\begin{cases}\dfrac{1}{l!}\log^l r, & r\geqslant 1\\ 0, & 0\leqslant r\leqslant 1\end{cases}$$

并且由估计式①

$$\left|\frac{1}{2\pi\mathrm{i}}\int_{1+\eta\pm\mathrm{i}T_l}^{1+\eta\pm\mathrm{i}\infty}\frac{\left(\dfrac{\xi}{n}\right)^s}{s^{l+1}}\mathrm{d}s\right|\leqslant\frac{\mathrm{e}}{2\pi}\cdot\frac{\xi}{n^{1+\eta}}\int_{T_l}^{\infty}\frac{\mathrm{d}t}{t^{l+1}}=$$

$$\frac{\mathrm{e}}{2\pi l}\cdot\frac{\xi}{n^{1+\eta}}T_L^{-l}$$

利用式(9.26)(9.24)(9.27)(9.25)以及(9.23),则更可以得出

$$\left|\sum_n(\varLambda(n)-1)\frac{1}{2\pi\mathrm{i}}\int_{1+\eta\pm\mathrm{i}T_l}^{1+\eta\pm\mathrm{i}\infty}\frac{\left(\dfrac{\xi}{n}\right)^s}{s^{l+1}}\mathrm{d}s\right|\leqslant$$

$$\sum_n\log n\frac{\mathrm{e}}{2\pi l}\cdot\frac{\xi}{n^{1+\eta}}T_L^{-l}<$$

$$c_{10}\frac{L^{l+1}}{l}\cdot\frac{1}{L^l}\sum_n\frac{\log n}{n^{1+\eta}}<c_{11}\frac{L}{l}\left(1+\frac{1}{\eta^2}\right)<$$

$$c_{12}lL\log^2 L<c_{13}\log^2 T$$

因此

$$|J(T)|\leqslant\sum_{n\leqslant\xi}(\varLambda(n)-1)\frac{\log^l\dfrac{\xi}{n}}{l!}+c_{13}\log^2 T$$

(9.29)

此外,因

$$\varLambda(1)-1=\varDelta(1)$$

---

① 在下列积分式子的上下限中,应同时采用正号或同时采用负号.

并且对于 $n \geqslant 2$ 有
$$\Lambda(n)-1=\Delta(n)-\Delta(n-1)$$
故我们可以将式(9.29)右端的和数写成
$$\frac{1}{l!}\sum_{v=1}^{[\xi]=1}\Delta(v)\left(\log^l\frac{\xi}{v}-\log^l\frac{\xi}{v+1}\right)+\Delta([\xi])\log^l\frac{\xi}{[\xi]}$$
于是,因由式(9.26)(9.25)以及(9.22)有
$$\xi=L^{l+1}\leqslant L^{K_0+N_0}\leqslant T \quad (9.30)$$
故由式(9.29)得出
$$|J(T)|\leqslant c_{13}\log^2 T+\frac{\log^l\xi}{l!}\max_{1\leqslant x\leqslant \xi}|\Delta(x)| \quad (9.31)$$

5. 要想由下面来估计 $|J(T)|$,我们对于函数 $\frac{\xi^s}{s^{l+1}}F(s)$ 在平行四边形
$$1+\eta\pm iT_L,-\frac{3}{2}\pm iT_L \quad (9.32)$$
上应用 Cauchy 积分定理. 对于沿左边垂直的线段所取的积分 J_1,依照式(9.18)与(9.14)有
$$|J_1|<\frac{\xi^{-\frac{3}{2}}}{2\pi}\int_{-T_L}^{T_L}\frac{1}{\left(\frac{9}{4}+l^2\right)^{\frac{l+1}{2}}}\{c_7\log(|t|+2)+$$
$$1+c_5\log(|t|+2)+$$
$$c_5(|t|+2)^{\frac{5}{4}}\log(|t|+2)\}\mathrm{d}t\leqslant$$
$$\frac{1}{2\pi\xi^{\frac{3}{2}}}\int_{-\infty}^{\infty}\frac{\log(|t|+2)(c_5+c_7+c_5(|t|+2)^{\frac{5}{4}})}{\left(\frac{9}{4}+t^2\right)^{10}}\mathrm{d}t\leqslant$$
$$c_{14} \quad (9.33)$$
沿着上边的横线段所取的积分 J_2 的绝对值,依照式(9.17)与(9.14)为

$$|J_2| < \frac{1}{2\pi} \int_{-\frac{3}{2}}^{1+\eta} \frac{\xi^{\sigma}}{T_L^{l+1}} \{1 + 2c_5(2T_L)^{\frac{1-\sigma}{2}} \log T_L +$$
$$c_6 \log^2 T_L\} d\sigma$$

是故依照式(9.26)(9.27)(9.24)以及(9.23)有
$$|J_2| < c_{15} \log T$$

对于在下边的横线段也有同样的情形. 于是, 因 $s=1$ 为 $F(s)$ 的一个正则点, 有

$$|J(T)| \geq |\sum \text{res}| - c_{16} \log T =$$
$$\left| -\sum_{|\vartheta_\rho| < T_L} \frac{\xi^\rho}{\rho^{l+1}} + \frac{1}{l!} (\xi^s F(s))_{s=0}^{(l)} \right| - c_{15} \log T >$$
$$\left| \sum_{|\vartheta_\rho| < T_L} \frac{\xi^\rho}{\rho^{l+1}} \right| -$$
$$\frac{1}{l!} |(\xi^s F(s))^{(l)}|_{s=0} - c_{15} \log T \quad (9.34)$$

我们研究式(9.34)中的第二项. 依照 Leibniz 法则有

$$\left| \frac{1}{l!} (\xi^s F(s))_{s=0}^{(l)} \right| \leq \frac{1}{l!} \sum_{j=0}^{l} \binom{l}{j} \log^j \xi |f^{(l-j)}(0)| =$$
$$\sum_{j=0}^{l} \frac{\log^j \xi}{j!(l-j)!} |f^{(l-j)}(0)|$$

依照 IV, 对于 $|s| \leq \frac{3}{2}$, $F(s)$ 为正则的, 因此
$$|F(s)| \leq c_{16}$$

于是依照 Cauchy 估计式有
$$|f^{(l-j)}(0)| \leq c_{16} \left(\frac{2}{3}\right)^{l-j} (l-j)!$$

从而依照式(9.30)得
$$\left| \frac{1}{l!} (\xi^s F(s))_0^{(l)} \right| \leq c_{16} \left(\frac{2}{3}\right)^l \sum_{j=0}^{l} \frac{\left(\frac{3}{2} \log \xi\right)^j}{j!} \leq$$

$$c_{16}\left(\frac{2}{3}\right)^l \sum_{j=0}^{l} \frac{1}{j!}\left(\frac{3}{2}\log T\right)^j$$

此外,序列

$$\frac{1}{j!}\left(\frac{3}{2}\log T\right)^j$$

直至

$$j \leqslant \frac{3}{2}\log T$$

为递增,并且

$$j \leqslant l < K_0 + N_0 < 2K_0 = 20\,\frac{\log T}{\log\log T} < \frac{3}{2}\log T$$

是故

$$\left|\frac{1}{l!}(\xi^s F(s))_{s=0}^{(l)}\right| < c_{16}\left(\frac{3}{2}\right)^l (l+1)\frac{1}{l!}\left(\frac{3}{2}\log T\right)^l <$$

$$c_{16}\frac{2K_0}{l!}\log^l T <$$

$$c_{17}\frac{\log T}{\log\log T}\left(\frac{e\log T}{l}\right)^l \leqslant$$

$$c_{17}\frac{\log T}{\log\log T}\left(2e\,\frac{\log T}{2K_0}\right)^{2K_0} <$$

$$c_{17}\log T(\log\log T)^{20\frac{\log T}{\log\log T}}$$

因此,由式(9.34)与(9.31),对于 $T > c_{18}$ 得出

$$\left|\sum_{|\vartheta_\rho| < T_L}\frac{\xi^\rho}{\rho^{l+1}}\right| \leqslant c_{19}e^{21\frac{\log T \log\log\log T}{\log\log T}} + \frac{\log^l T}{l!}\max_{1\leqslant x \leqslant T}|\Delta(x)|$$

$$(9.35)$$

6. 我们把式(9.35)中左端的和数写成

$$\frac{\xi^{\beta_0}}{|\rho_0|^{l+1}}\left|\sum_{|\vartheta_\rho|<T_L}\xi^{\rho-\rho_0}\left(\frac{\rho_0}{\rho}\right)^{l+1}\right| =$$

$$\left(\frac{L^{\beta_0}}{|\rho_0|}\right)^{l+1}\cdot\left|\sum_{|\vartheta_\rho|<T_L}\left(L^{\rho-\rho_0}\frac{\rho_0}{\rho}\right)^{l+1}\right| \quad (9.36)$$

依照式(9.23),又根据 $\beta_0 \geq \dfrac{1}{2}$ 以及式(9.7),有

$$L^{\beta_0} \geq L^{\frac{1}{2}} > \log^{\frac{1}{60}} T > |\rho_0|$$

因此有

$$\left(\dfrac{L^{\beta_0}}{|\rho_0|}\right)^{l+1} \geq \left(\dfrac{L^{\beta_0}}{|\rho_0|}\right)^{K_0} = \dfrac{L^{\beta_0(K_0+N_0+1)}}{|\rho_0|^{K_0}} \cdot L^{-\beta_0(N_0+1)}$$

从而依照式(9.22)(9.19)与(9.20)得

$$\left(\dfrac{L^{\beta_0}}{|\rho_0|}\right)^{l+1} \cdot \geq \dfrac{T^{\beta_0}}{|\rho_0|^{\frac{10\log T}{\log\log T}}} \cdot e^{-2\log \frac{1}{10}T(\log\log T)^2} \quad (9.37)$$

我们尚需由下面来估计式(9.36)右端的和数;令 Z 表示这个和数. 一直到现在,整数 l 只受了式(9.25)中的限制;取 $b_1 = b_2 = \cdots = b_l = 1$ 而应用第一章中定理 7.3,我们将可以准确地决定 l. 数

$$L^{\rho-\rho_0}\dfrac{\rho_0}{\rho}$$

以及 T_L 显然与 l 无关;于是这些数能够起着第一章中定理 7.3 中诸数 z_j 的作用. 条件 $\max\limits_{j=1,\cdots,k} |z_j| \geq 1$ 得到满足吗? 若 ρ_0 在满足 $|\vartheta_\rho| < T_L$ 的诸根 ρ 中出现,那么答案是肯定的. 因为由式(9.24)(9.23)以及(9.7),对于 $T > c_{20}$,有

$$T_L > L > \log^{\frac{1}{30}} T > e^{\sqrt{\log\log T}} \geq |\rho_0| \geq |\vartheta_\rho|$$

所以果真如此. 于是我们在 Z 上应用每一章中定理 7.3 而且取

$$m = K_0 \quad (9.38)$$

首先我们需要对这个定理中的 N 做出一个上估计. 在我们的情形下,显然,对于诸数 z_j 的个数 k,有 $k = 2N(T_L)$,是故依照式(9.24)(9.13)以及(9.23)有

$$k \leqslant 2N(L+1) < 2c_4(L+1)\log(L+1) < c_{21}\log^{\frac{1}{10}}T \log\log T$$

因此,对于第一章中定理7.3中的数 N,我们可以选取

$$N = c_{21}\log^{\frac{1}{10}}T \log\log T \qquad (9.39)$$

在 l 上,我们只有唯一的限制(9.25);要想能够选第一章中定理7.3中的 v 作为我们的 $l+1$,只要证出 $N<N_0$ 就行了;若 $T>c_{22}$,依据式(9.39)与(9.20),情形果真如此. 若我们这样地选择 $l+1$,则由第一章中定理7.3,对于 $T>c_{23}$,有

$$|Z| > \left(\frac{N}{50m}\right)^N = \left(\frac{N}{50K_0}\right)^N > \exp\{-\log^{\frac{1}{10}}T(\log\log T)^2\}$$

$$(9.40)$$

由以上,式(9.35)(9.36)以及(9.37)得出

$$\frac{\log^l T}{l!} \max_{1 \leqslant x \leqslant T} |\Delta(x)| > \frac{T^{\beta_0}}{|\rho_0|^{10\frac{\log T}{\log\log T}}} e^{-2\log^{\frac{1}{10}}T(\log\log T)^2} -$$

$$c_{19} e^{21\frac{\log T \log\log\log T}{\log\log T}} \qquad (9.41)$$

因依照式(9.7)对于 $T>c_{24}$,有

$$\frac{1}{2} \frac{T^{\beta_0}}{|\rho_0|^{10\frac{\log T}{\log\log T}}} e^{-3\log^{\frac{1}{10}}T(\log\log T)^2} \geqslant$$

$$\frac{\sqrt{T}}{2} \frac{e^{-3\log^{\frac{1}{10}}T(\log\log T)^2}}{\{\exp(\sqrt{\log\log T})\}^{10\frac{\log T}{\log\log T}}} >$$

$$\frac{1}{2}\sqrt{T}\exp\left\{-11\frac{\log T}{\sqrt{\log\log T}}\right\} >$$

$$c_{19}\exp\left\{21\frac{\log T \log\log\log T}{\log\log T}\right\}$$

故由式(9.41)得

$$\frac{\log^l T}{l!}\max_{1\le x\le T}|\Delta(x)|>\frac{1}{2}T^{\beta_0}\frac{\mathrm{e}^{-3\log^{\frac{1}{10}}T(\log\log T)^2}}{|\rho_0|\cdot 10^{\frac{\log T}{\log\log T}}}>T^{\beta_0}\mathrm{e}^{-12\frac{\log T}{\sqrt{\log\log T}}}$$

$$(9.42)$$

因为我们的 $l+1$ 十分粗糙地位于 K_0 与 $2K_0$ 之间,于是对于 $T>c_{25}$,有

$$\frac{\log^l T}{l!}<\left(\frac{\mathrm{e}\log T}{l}\right)^l<\left(\frac{2\mathrm{e}\log T}{K_0}\right)^{2K_0}<\mathrm{e}^{21\frac{\log T\log\log\log T}{\log\log T}}<\mathrm{e}^{\frac{\log T}{\sqrt{\log\log T}}}$$

$$(9.43)$$

依照上面以及式(9.42)已可得出定理 9.1.

7. 值得考虑一下,若我们不用第一章中定理 7.3(是即不用第二主要定理),而只运用 Dirichlet 定理时,以上的证明会变成怎样的形状. 此时,在式(9.40)的右端,代替着 $\exp\{-\log^{\frac{1}{10}}T(\log\log T)^2\}$ 会出现一个比较大些的表达式(大于 1),这对于我们的目的是过分大了一些. 对于 $l+1$,我们大约只能说

$$K_0\le l+1\le K_0 5^{N(T_L)} \qquad (9.44)$$

是故由于 l 太不确定,譬如说,代替着式(9.43),我们仅能说

$$\frac{\log^l T}{l!}<\left(\frac{\mathrm{e}\log T}{l}\right)^l<T$$

因而式(9.42)就会不成立了.

8. 最后我们注意定理 9.1 的一个另外的形式,这比起定理 9.1 来要稍微不醒目一点,但对于某一个结果更能适合一点,正有如我们在下节中将会见到. 我们有:

定理 9.2 若 $T>c_{26}$ 并且对于零点 $\beta_0+\mathrm{i}\gamma_0=\rho_0$,有 $\beta_0\ge\frac{1}{2}$,$|\rho_0|\le\log^{\frac{1}{60}}T$

则有

$$\max_{1\leqslant x\leqslant T}|\Delta(x)|\geqslant \frac{T^{\beta_0}}{|\rho_0|10^{\frac{\log T}{\log\log T}}}e^{-c_{27}\frac{\log T\log\log\log T}{\log\log T}}$$

这个定理的证明方法,进行起来与定理 9.1 的证明方法完全类似,所以不去详细讨论它.

第十节 在素数定理的余式项上的第二个应用

1. 第一章中定理 7.3(即第二主要定理)使得关于素数定理余式项的另外一个重要的问题能够得到解决. 设有 ζ 函数零点

$$\rho_j=\beta_j+\mathrm{i}\gamma_j$$

的一个无穷序列,使得

$$20<\gamma_1<\gamma_2<\cdots\to+\infty \quad (10.1)$$

以及①

$$\beta_j>1-\frac{c_1}{\sqrt{\log\gamma_j}} \quad (10.2)$$

则相应于固定的 j 对于每个

$$T\geqslant e^{(1+\gamma_j)^{60}} \quad (10.3)$$

依照定理 9.2 有不等式

$$\max_{1\leqslant x\leqslant T}|\Delta(x)|\geqslant \frac{T^{1-\frac{c_1}{\sqrt{\log\gamma_j}}}}{(1+\gamma_j)10^{\frac{\log T}{\log\log T}}}e^{-c_{27}\frac{\log T\log\log\log T}{\log\log T}}$$

若我们由

$$\log\log T_j=\gamma_j$$

定出 T_j,则 T_j 随同 j 趋于 ∞,(10.3)得到满足,而且对

---

① 诸常数 c 的编号在每节中我们都从第一号重新开始.

于 $T>c_2$,有

$$\max_{1\leqslant x\leqslant T_j} |\Delta(x)|>T_j e^{-c_1\frac{\log T_j}{\sqrt{\log\log\log T_j}}}\frac{1}{(2\log\log T_j)^{10\frac{\log T}{\log\log T}}}\cdot$$

$$e^{-c_{27}\frac{\log T_j\log\log\log T_j}{\log\log T_j}}>T_j e^{-c_3\frac{\log T_j}{\sqrt{\log\log\log T_j}}}$$

于是存在一无穷序列

$$10<y_1<y_2<\cdots\to+\infty$$

使

$$|\Delta(y_v)|>y_v e^{-c_3\frac{\log y_v}{\sqrt{\log\log\log y_v}}}$$

因此若我们知道,譬如说,对于 $x>c_4$,有

$$\Delta(x)<c_5 x e^{-\frac{\log x}{\sqrt[3]{\log\log\log x}}} \quad (10.4)$$

则可推知满足(10.2)的零点不能有无穷多个,从而对于每个正数 c_6,域

$$\sigma>1-\frac{c_6}{\sqrt{\log t}}, t>2 \quad (10.5)$$

只能含有有限多个 $\zeta(s)$ 的零点.

但是若我们假设(10.5)成立,则我们由习知的方法仅能导出

$$\Delta(x)<x e^{-c_7\log^{\frac{2}{3}}x} \quad (10.6)$$

这个事实唤起了一个问题,那就是,或许寻常处理素数问题的技术太粗糙了. 下式是一个好的估计①

$$\sigma>1-\frac{c_8}{(\log t\log\log t)^{\frac{3}{4}}}, t>c_9 \quad (10.7)$$

或许可以导出一个比现在所知道的

---

① 这依寻常的 Landau 方法可以由 Виноградов 估计式得出. 可参阅前面提到过的 Titchmarch 的书.

第二部分　中外名家论 Riemann 函数与 Riemann 猜想

$$\Delta(x) < x\mathrm{e}^{-c_{10}\frac{\log^{\frac{4}{7}}x}{\log\log x}} \quad (10.8)$$

更好得多的估计来.

现在所谈到的问题就是要怎样来得到数 γ_1 与 γ_2 之间的一个准确的对应关系,此处 γ_1 表示这样的一些数 γ 的上确界,对于这些数 γ 有

$$\Delta(x) < x\mathrm{e}^{-\log^{\gamma}x}, \frac{1}{2} \leqslant \gamma < 1, x > c_{11} \quad (10.9)$$

又 γ_2 表这样的一些 γ' 的下确界,对于这些 γ',在域

$$\sigma > 1 - \frac{1}{\log^{\gamma'}t}, t \geqslant 2, 0 < \gamma' \leqslant 1 \quad (10.10)$$

中,$\zeta(s)$ 只有有限多个零点. 这个问题可以由下列的一个定理得到解决①.

定理 10.1　在式(10.9)与(10.10)的条件下所定义出来的数 γ_1 与 γ_2 之间,有关系式

$$\gamma_1 = \frac{1}{1+\gamma_2}$$

2. 这个定理是由两部分组成的. 第一部分称,若对于一个 $\gamma'>0$,式(10.10)得到满足,则对于

$$\gamma = \frac{1}{1+\gamma'} \text{ 亦即 } \gamma_1 \geqslant \frac{1}{1+\gamma_2}$$

得有式(10.9). 这一部分,在一种略微更一般的形状下,我们可以由茵干的书②里找得到,所以我们不必去

---

① 我要感谢 H. Heilbronn 教授在 1946 年 10 月 19 日在信函中给我的指示,他指出我的方法可以应用在这问题上. 很有可能,对于余式项的更一般的形式以及不含零点的区域,这样的一一对应关系类似地可以得到证明.

② The distribution of prime numbers. Cambr. Tracts in Math., 1932 (30).

重复它. 第二部分称,若用一个 $0<\gamma\leqslant 1$,对于 $x\geqslant 2$,有

$$|\Delta(x)|\leqslant x\mathrm{e}^{-A\log^{\frac{1}{1+\gamma}}x} \qquad (10.11)$$

则可推知 $\zeta(s)$ 在域①

$$\sigma>1-\frac{B}{\log^{\gamma}t},t>c_{12} \qquad (10.12)$$

中不为零,那就是说

$$\gamma_1\leqslant\frac{1}{1+\gamma_2}$$

由此定理 10.1 即将得证.

我们或许以为,将以上证明过程略加修改,对于若干参数更好的选择,会得出我们命题的证明. 这我却没有做到. 虽然前一节与这一节的证明在形式上有些相像,但实质上是不同的,因为在前一节里我们是在处理着一个"大的"区间里的 ζ 零点(Zeta-Nullstellen),在此处则是处理着一个"小的"区间里的 ζ 零点. 证明纲要如下. 由所设的不等式(10.11),我们依次地对于和数

$$\left|\sum_{N_1\leqslant n\leqslant N_2}\Lambda(n)\mathrm{e}^{it\log n}\right|,\left|\sum_{N_1\leqslant n\leqslant N_2}\frac{\Lambda(n)}{n^s}\right|$$

$$\left|\sum_{n>\eta}\frac{\Lambda(n)}{n^s}\right|,\left|\sum_{n\geqslant\xi}\frac{\Lambda(n)}{n^s}\log^{l+1}\frac{n}{\xi}\right|$$

导出估计式,在此处出现的 N_1,N_2,t,s,η,ξ,l 受着若干限制. 这些估计式使我们能够对于和数(ρ 仍旧表示 $\zeta(s)$ 在 $0<\sigma<1$ 中的零点)

$$\left|\sum_{\rho}\frac{\xi^{\rho}}{(s-\rho)^{l+1}}\right|$$

---

① 实在说起来有 $B=\frac{1}{40}\left(\frac{A}{2}\right)^{1+\gamma}$.

第二部分 中外名家论 Riemann 函数与 Riemann 猜想

由围道积分得出一个不平凡的估计,并且,由平凡的估计就可示明有关重要的只是 ρ 的位置"靠近"s 的那些项. 现在若在域(10.12)中 $\zeta(s)$ 具有无穷多个零点

$$\rho^* = \sigma^* + \mathrm{i}t^*$$

则在半平面 $\sigma>1$ 内,在直线 $\sigma=1$ 的适当的附近,在高度 t^* 处我们选择 s. 若我们选 $\xi = \mathrm{e}^{l+1}$,则剩下各项仍又具有纯方幂和的性质,于是若 $B = \dfrac{1}{40}\left(\dfrac{A}{2}\right)^{1+r}$,则应用第一章中定理 7.3 之后,仍又引到相互矛盾的结果.

我们注意,代替着定理 10.1 我们可以说出一个更为普遍的定理,但是为了清楚起见,我们仅限于研究 ζ 函数.

3. 为了要证明定理 10.1,那就是说要证明式 (10.11)(10.12)我们需要一些辅助定理.

辅助定理 10.1 对于 $\sigma>1, \xi>1$ 以及正整数 l,有

$$\left| \frac{1}{l!} \sum_{n \geq \xi} \frac{\Lambda(n)}{n^s} \log^l \frac{n}{\xi} - \frac{\xi^{1-s}}{(s-1)^{l+1}} + \sum_\rho \frac{\xi^{\rho-s}}{(s-\rho)^{l+1}} \right| < c_{12} \xi^{1-\sigma} \log(2+|t|)$$

这个辅助定理的证明可以完全依照 Riemann-Mangoldtschen 准确素数公式(genauen Primzahlformel)的证明方法得出,所以给出一个证明纲要就够了. 我们由积分($w = u + \mathrm{i}v$)

$$J = -\frac{1}{2\pi\mathrm{i}} \int_{u = -\frac{\sigma-1}{2}} \frac{\xi^w}{w^{l+1}} \cdot \frac{\zeta'}{\zeta}(s+w)\,\mathrm{d}w$$

出发. 一方面我们可以逐项积分,是故依照一个皆知的

公式①

$$J = \frac{(-1)^{l+1}}{l!} \sum_{n \geq \xi} \frac{\Lambda(n)}{n^s} \log^l \frac{n}{\xi} \qquad (10.13)$$

另一方面,我们在具有角顶点

$$-\frac{\sigma-1}{2} \pm iT_m, -1-\sigma \pm iT_m$$

的平行四边形上应用 Cauchy 的积分定理,此处 T_m 在第 8 节,V 中有过定义. 容易看出,我们可以令 m 趋于无限,于是得

$$J = \frac{\xi^{1-s}}{(1-s)^{l+1}} - \sum_\rho \frac{\xi^{\rho-s}}{(\rho-s)^{l+1}} - \frac{1}{2\pi i} \int_{(-1-\sigma)} \frac{\xi^w}{w^{l+1}} \frac{\zeta'}{\zeta}(s+w) \, dw \qquad (10.14)$$

我们考虑到,由 ζ 函数的函数方程式有

$$\left| \frac{\zeta'}{\zeta}(-1+i(t+v)) \right| \leq c_{13} \log(2+|t+v|)$$

则由式(10.13)与(10.14)已可得出辅助定理.

此外我们常常需要:

辅助定理 10.2 对于整数 a, $\mathscr{R}z > 1$ 以及 $\xi > 0$,有积分公式

$$\int_\xi^\infty r^{-z} \log^a \frac{r}{\xi} \, dr = a! \frac{\xi^{1-z}}{(z-1)^{a+1}}$$

要想证明这个,我们首先假定 z 也是实数. 于是,若我们用

$$r = \xi e^{\frac{v}{z-1}}$$

---

① 这意味着,若 $\lambda < 0$ 而且 l 为正整数,则有

$$\frac{1}{2\pi i} \int_{(\lambda)} \frac{r^w}{w^{l+1}} dw = \begin{cases} -\frac{\log^l r}{l!}, & 0 < r \leq 1 \\ 0, & r \geq 1 \end{cases}$$

引入一个新的积分变数 y，则积分化为

$$\frac{\xi^{1-z}}{(z-1)^{a+1}} \int_0^\infty e^{-y} y^a dy = a! \frac{\xi^{1-z}}{(z-1)^{a+1}}$$

(10.15)

因为所要证的积分公式的两端对于 $\mathcal{R}z>1$ 都是正则函数，所以由式(10.15)即得出了辅助定理.

最后我们需要下面简单的：

辅助定理 10.3 设

$$0<\mu\leqslant\frac{1}{40}$$

$$s_0 = 1+\mu+i\tau_0, \tau_0>10$$

又设 $f(s)$ 对于 $\sigma\geqslant\frac{1}{2}, t\geqslant 3$ 为正则函数，这函数在域 $\sigma\geqslant 1, t\geqslant 3$ 中满足不等式

$$|f(s)|\geqslant c_{14}\log^{-10}(|t|+3) \quad (10.16)$$

在域 $\sigma\geqslant\frac{1}{2}, t\geqslant 3$ 中对于数值 C 满足

$$|f(s)|\leqslant c_{15}(1+t^{C(1-\sigma)})\log^{10}t \quad (10.17)$$

则对于 $f(s)$ 在圆 $|s-s_0|\leqslant 8\mu$ 中零点的个数 N_1 有估计式

$$N_1 < 25C\mu\log\tau_0 + c_{16}\log\log\tau_0$$

这个辅助定理的证明由 Jensenschen Abschätzung 很容易地就可以得出来，依照 Jensen 估计式，若在圆 $|s-s_0|\leqslant R$ 中，$F(s)$ 为正则的，则在圆 $|s-s_0|\leqslant r(<R)$ 中 $F(s)$ 的零点的个数小于

$$\frac{1}{\log\frac{R}{r}} \max_{|s-s_0|\leqslant R} \log\left|\frac{F(s)}{F(s_0)}\right| \quad (10.18)$$

若对于 $r=8\mu, R=16\mu$ 我们应用这个不等式，则可推知

圆 $|s-s_0|\leq R$ 完全落在式(10.17)的域中,并且所讨论的个数小于或等于

$$\frac{1}{\log 2}\log\frac{c_{15}\{1+(\tau_0+1)^{C\cdot 15\mu}\}\log^{10}(1+\tau_0)}{c_{14}\log^{-10}(1+\tau_0)}\leq$$

$$25C\mu\log\tau_0+c_{16}\log\log\tau_0.$$

4. 现在我们转到式(10.11)(10.12)的证明. 首先假定

$$f_{N_1N_2}(t)=\sum_{N_1\leq n\leq N_2}\Lambda(n)\mathrm{e}^{-it\log n} \quad (10.19)$$

此处 $t>0$ 是如此地大以致对于式(10.11)中的 A 有

$$10<1+t^2<\exp\left\{\left(\frac{2}{A}\log t\right)^{1+\gamma}\right\} \quad (10.20)$$

与

$$(10<)\exp\left\{\left(\frac{2}{A}\log t\right)^{1+\gamma}\right\}\leq\frac{N}{2}\leq N_1<N_2\leq N$$
$$(10.21)$$

此外设

$$1<\sigma\leq\frac{3}{2} \quad (10.22)$$

因对于 $n>1$,有

$$\Lambda(n)=1+(\Delta(n)-\Delta(n-1))$$

故由式(10.19)得出

$$|f_{N_1N_2}(t)|\leq\left|\sum_{N_1\leq n\leq N_2}\mathrm{e}^{-it\log n}\right|+$$
$$\left|\sum_{N_1\leq n\leq N_2}(\Delta(n)-\Delta(n-1))\mathrm{e}^{-it\log n}\right|\equiv$$
$$J_1+J_2 \quad (10.23)$$

首先 N_1 与 N_2 表示整数并且大于 1,则经过部分作和法之后得出

$$J_2 = \left| -\Delta(N_1-1)\mathrm{e}^{-\mathrm{i}t\log N_1} + \sum_{n=N_1}^{N_2-1}\Delta(n)(\mathrm{e}^{-\mathrm{i}t\log n}-\mathrm{e}^{-\mathrm{i}t\log(n+1)}) + \Delta(N_2)\mathrm{e}^{-\mathrm{i}t\log N_2}\right| \leqslant$$

$$|\Delta(N_1-1)| + |\Delta(N_2)| + \sum_{n=N_1}^{N_2-1}|\Delta(n)||1-\mathrm{e}^{\mathrm{i}t\log(1+\frac{1}{n})}|$$

依照式(10.11)与(10.21)得出

$$J_2 < c_{17}\left(N\exp\left\{-A\log^{\frac{1}{1+r}}N\right\}+\exp\left\{-A\log^{\frac{1}{1+r}}N\right\}\right)\sum_{n=N_1}^{N_2-1}n\frac{t}{n} <$$

$$c_{18}Nt\exp\left\{-A\log^{\frac{1}{1+r}}N\right\} \qquad (10.24)$$

由式(10.21)更得出

$$\left(\frac{2}{A}\log t\right)^{1+r} \leqslant \log N, t \leqslant \exp\left\{\frac{A}{2}\log^{\frac{1}{1+r}}N\right\}$$

$$\exp\left\{-A\log^{\frac{1}{1+r}}N\right\} \leqslant \frac{1}{t^2}$$

因此由式(10.24)

$$J_2 < c_{19}\frac{N}{t} \qquad (10.25)$$

为着估计 J_1 我们注意

$$|(n+1)^{1-\mathrm{i}t}-n^{1-\mathrm{i}t}-(1-\mathrm{i}t)n^{-\mathrm{i}t}| =$$

$$n\left|\left(1+\frac{1}{n}\right)^{1-\mathrm{i}t}-1-\frac{1-\mathrm{i}t}{n}\right| \leqslant$$

$$n\left|\left(1+\frac{1}{n}\right)^{1-\mathrm{i}t}-1-(1-\mathrm{i}t)\log\left(1+\frac{1}{n}\right)\right| +$$

$$n|1-\mathrm{i}t|\left|\log\left(1+\frac{1}{n}\right)-\frac{1}{n}\right|$$

因对于 $\mathscr{R}z \leqslant 1$,有

$$|\mathrm{e}^z-1-z| \leqslant |z|^2$$

故得

$$|(n+1)^{1-it}-n^{1-it}-(1-it)n^{-it}| \leq \frac{1+t^2}{n}+\frac{\sqrt{1+t^2}}{n}<2\frac{1+t^2}{n}$$

于是一方面有

$$\left|\sum_{n=N_1}^{N_2}\{(n+1)^{1-it}-n^{1-it}-(1-it)n^{-it}\}\right|=$$

$$\left|(N_2+1)^{1-it}-N_1^{1-it}-(1-it)\sum_{n=N_1}^{N_2}e^{-it\log n}\right|\geq$$

$$|1-it|\left|\sum_{n=N_1}^{N_2}e^{-it\log n}\right|-3N$$

另一方面有

$$\left|\sum_{n=N_1}^{N_2}\{(n+1)^{1-it}-n^{1-it}-(1-it)n^{-it}\}\right|\leq$$

$$\sum_{n=N_1}^{N_2}|(n+1)^{1-it}-n^{1-it}-(1-it)n^{-it}|\leq 2\frac{1+t^2}{\frac{N}{2}}\cdot\frac{N}{2}<4t^2$$

因此

$$J_1\leq\frac{3N}{t}+4t$$

又因由式(10.20)与(10.21)有

$$t^2<\frac{N}{2},t<\frac{N}{2t}$$

故

$$J_1\leq\frac{5N}{t} \qquad (10.26)$$

由式(10.23)(10.25)以及(10.26)于是得出

$$|f_{N_1N_2}(t)|\leq c_{20}\frac{N}{t} \qquad (10.27)$$

而且 N_1 与 N_2 为整数,这样一个要求显然是不关重要

的. 因 $\sigma>1$, 故用部分求和法由式(10.27)立即得出

$$\left|\sum_{N_1\leqslant n\leqslant N_2}\frac{\Lambda(n)}{n^s}\right|<c_{20}\frac{N^{1-\sigma}}{t} \qquad (10.28)$$

现在若在 η 上只要求

$$\eta\geqslant\exp\left\{\left(\frac{2}{A}\log t\right)^{1+\gamma}\right\} \qquad (10.29)$$

我们应用式(10.28)且取

$$N_1=\eta^{2^j}, N_2=\eta^{2^{j+1}}, j=0,1,\cdots$$

于是式(10.21)得到满足,那就是说

$$\left|\sum_{n\geqslant\eta}\frac{\Lambda(n)}{n^s}\right|<c_{20}\frac{\eta^{1-\sigma}}{t}\sum_{j=0}^{\infty}2^{j(1-\sigma)}<c_{21}\frac{\eta^{1-\sigma}}{t(\sigma-1)}$$

$$(10.30)$$

此外,在 ξ 上假设仅要求

$$\xi\geqslant\exp\left\{\left(\frac{2}{A}\log t\right)^{1+\gamma}\right\} \qquad (10.31)$$

并且设 $l>1$ 为一个正整数,它的值我们随后再去确切决定. 对于

$$I=\int_\xi^\infty\left(\sum_{n\geqslant\eta}\left(\frac{\Lambda(n)}{n^s}\right)\right)\frac{\log^{l-1}\frac{\eta}{\xi}}{\eta}\mathrm{d}\eta$$

依照式(10.30)与辅助定理10.2,一方面,有

$$|I|<\frac{c_{21}}{t(\sigma-1)}\int_\xi^\infty\eta^{-\sigma}\log^{l-1}\frac{\eta}{\xi}\mathrm{d}\eta=$$

$$\frac{c_{21}\xi^{1-\sigma}}{t(\sigma-1)^{l+1}}(l-1)!$$

另一方面

$$I=\sum_{n\geqslant\xi}\frac{\Lambda(n)}{n^s}\int_\xi^n\frac{1}{\eta}\log^{l-1}\frac{\eta}{\xi}\mathrm{d}\eta=\frac{1}{l}\sum_{n\geqslant\xi}\frac{\Lambda(n)}{n^s}\log^l\frac{n}{\xi}$$

因此

$$\left|\sum_{n\geqslant \xi}\frac{\Lambda(n)}{n^s}\log^l\frac{n}{\xi}\right|\leqslant \frac{c_{21}\xi^{1-\sigma}}{t(\sigma-1)^{l+1}}l!\quad (10.32)$$

依照辅助定理 10.1 有

$$\left|\frac{\xi^{1-s}}{(s-1)^{l+1}}-\sum_{\rho}\frac{\xi^{\rho-s}}{(s-\rho)^{l+1}}\right|\leqslant$$

$$c_{22}\left(\frac{\xi^{1-\sigma}}{t(\sigma-1)^{l+1}}+\frac{\log(2+|t|)}{\xi}\right)\quad (10.33)$$

因

$$\left|\frac{\xi^{1-s}}{(s-1)^{l+1}}\right|\leqslant \frac{\xi^{1-\sigma}}{t(\sigma-1)^l}$$

故由式(10.33)与(10.22)得出

$$\left|\sum_{\rho}\frac{\xi^{\rho-s}}{(s-\rho)^{l+1}}\right|\leqslant c_{23}\left(\frac{\xi^{1-\sigma}}{t(\sigma-1)^{l+1}}+\frac{\log t}{\xi}\right)$$
$$(10.34)$$

此外由式(10.22)(10.31)与(10.20)有

$$\xi^{2-\sigma}\geqslant \sqrt{\xi}>t$$

那就是说

$$\frac{\xi^{1-\sigma}}{t}>\frac{1}{\xi}$$

所以式(10.44)变成

$$\left|\sum_{\rho}\frac{\xi^{\rho-s}}{(s-\rho)^{l+1}}\right|\leqslant c_{24}\frac{\xi^{1-\sigma}\log t}{t(\sigma-1)^{l+1}}\quad (10.35)$$

假使已要求过——我们重复说一遍——式(10.20)(10.31)以及(10.22)的话. 不等式(10.35)将成为证明的出发点.

5. 若定理 10.1 不正确,则有无穷多个零点

$$\rho^*=\sigma^*+it^*,t^*\to +\infty$$

满足

$$\sigma^* > 1 - \frac{1}{40}\left(\frac{A}{2}\right)^{1+\gamma}\frac{1}{\log^\gamma t^*} \quad (10.36)$$

于是我们立刻可以设

$$t^* > \max(e^{36}, e^{40\frac{1}{\gamma}\left(\frac{A}{2}\right)^{\frac{1+\gamma}{\gamma}}}) \equiv T_0 \quad (10.37)$$

我们现在应用不等式(10.35)且取

$$s = 1 + \left(\frac{A}{2}\right)^{1+\gamma}\frac{1}{\log^\gamma t^*} + it^* \equiv \sigma_1 + it^* \equiv s_1 \quad (10.38)$$

与

$$\xi = \exp\left\{(l+1)\left(\frac{2}{A}\right)^{1+\gamma}\log^\gamma t^*\right\} = e^{(l+1)\omega} \quad (10.39)$$

在整数 l 上我们现在仅再假定

$$\log t^* \leq l+1 \leq \frac{5}{4}\log t^* \quad (10.40)$$

我们首先需要证明(10.20)(10.31)以及(10.22)对于这个选择得到了满足. 依照(10.38)与(10.37)显然有(10.22). 由(10.39)与(10.40)得出

$$\xi \geq \exp\left\{\left(\frac{2}{A}\right)^{1+\gamma}\log^{1+\gamma} t^*\right\}$$

因此(10.32)也得到满足. 由(10.37)与

$$3\left(\frac{A}{2}\right)^{1+\gamma} < \log^\gamma t^*$$

得出

$$\log(t^{*2}+1) < 3\log t^* < \left(\frac{2}{A}\right)^{1+\gamma}\log^{1+\gamma} t^*$$

这只是(10.20)的另外一个形式. 于是(10.35)对于这种值真的可以应用,两边都乘以

$$|\xi^{s_1-\rho^*}(s_1-\rho^*)^{l+1}| = \xi^{\sigma_1-\sigma^*}(\sigma_1-\sigma^*)^{l+1}$$

则我们得到不等式

$$\left|\sum_{\rho}\xi^{\rho-\rho^*}\left(\frac{s_1-\rho^*}{s_1-\rho}\right)^{l+1}\right|\leq c_{24}\frac{\xi^{1-\sigma^*}\log t^*}{t^*}\left(\frac{\sigma_1-\sigma^*}{\sigma_1-1}\right)^{l+1}$$

(10.41)

因

$$\left(\frac{\sigma_1-\sigma^*}{\sigma_1-1}\right)^{l+1}=\left(1+\frac{1-\sigma^*}{\sigma_1-1}\right)^{l+1}$$

于是依照 σ_1 的定义以及假设(10.36)得出

$$\left(\frac{\sigma_1-\sigma^*}{\sigma_1-1}\right)^{l+1}<\left(1+\frac{\frac{1}{40}\left(\frac{A}{2}\right)^{1+\gamma}\log^{-\gamma}t^*}{\left(\frac{A}{2}\right)^{1+\gamma}\log^{-\gamma}t^*}\right)^{l+1}=\left(\frac{41}{40}\right)^{l+1}<e^{\frac{l+1}{40}}$$

从此由于限制式(10.40)可知

$$\left(\frac{\sigma_1-\sigma^*}{\sigma_1-1}\right)^{l+1}<t^{*\frac{1}{32}}$$

因此由式(10.41)得出

$$\left|\sum_{\rho}\xi^{\rho-\rho^*}\left(\frac{s_1-\rho^*}{s_1-\rho}\right)^{l+1}\right|\leq c_{24}\frac{\xi^{1-\sigma^*}\log t^*}{(t^*)^{\frac{31}{32}}}$$

(10.42)

6. 现在我们对于式(10.42)中的这样的部分和数 S_1 的绝对值来做估计,对于这样的部分和数假设有

$$t_\rho\geq t^*+8$$

依照式(10.14)与(10.40),对于它有

$$|S_1|<c_{25}\sum_{n=8}^{\infty}\log(t^*+n)\xi^{1-\sigma^*}\left(\frac{2}{n}\right)^{l+1}<$$

$$c_{26}\frac{\xi^{1-\sigma^*}\log t^*}{3^{l+1}}<c_{26}\frac{\xi^{1-\sigma^*}\log t^*}{t^*}$$

若 S_2 表示满足

$$t_\rho\leq t^*-8$$

的那些项的绝对值,则类似地有

$$|S_2| < c_{26}\frac{\xi^{1-\sigma^*}\log t^*}{t^*}$$

此外若 S_3 表示满足

$$t^* + 6(\sigma_1 - \sigma^*) \leq t_\rho < t^* + 8$$

的那些项的绝对值,则仍然由式(10.14)与(10.40)得出

$$|S_3| \leq c_{27}\log t^* \left(\frac{\sigma_1-\sigma^*}{\sigma(\sigma-\sigma^*)}\right)^{l+1}\xi^{1-\sigma^*} < c_{27}\frac{\xi^{1-\sigma^*}\log t^*}{t^*}$$

并且对于满足

$$t^* - 8 < t_\rho \leq t^* - \sigma(\sigma_1 - \sigma^*)$$

的那些项 S_4 的绝对值也有类似的结果. 最后对于满足两个条件

$$|t_\rho - t^*| < 6(\sigma_1 - \sigma^*), \sigma_\rho \leq 1 - 3(\sigma_1 - \sigma^*)$$

的那些项所组成的部分和数 S_5 也类似地有

$$|S_5| < c_{28}\log t^* \xi^{-2(\sigma_1-\sigma^*)}\left(\frac{\sigma_1-\sigma^*}{3(\sigma_1-\sigma^*)}\right)^{l+1} < c_{28}\frac{\xi^{1-\sigma^*}\log t^*}{t^*}$$

由所有这些以及式(10.42),若我们又考虑式到(10.39),则得出

$$|V| \equiv \left|\sum_{\substack{|t_\rho-t^*|\leq 6(\sigma_1-\sigma^*) \\ \sigma_\rho > 1-3(\sigma_1-\sigma^*)}} \left(e^{\omega(\rho-\rho^*)} \cdot \frac{s_1-\rho^*}{s_1-\rho}\right)^{l+1}\right| <$$

$$c_{29}\frac{\xi^{1-\sigma^*}\log t^*}{(t^*)^{\frac{31}{32}}} \qquad (10.43)$$

7. 要想由式(10.43)导出一个矛盾,我们仍然应用第一章中定理 7.3(那就是说,第二主要定理)且取 $b_1 = \cdots = b_k = 1$. 我们自然把诸数

$$e^{\omega(\rho-\rho^*)}\frac{s_1-\rho^*}{s_1-\rho}$$

当作数 z_j. 这些数以及(10.43)中的求和范围都是与 l

的选择无关,是故 V 仍然是一些固定复数的纯方幂和. 因 ρ^* 显然落在求和范围内,故条件 $\max_j |z_j| \geq 1$ 得到满足. 要想获得第一章中定理 7.3 中的数 N,我们必须由上面来估计 $\zeta(s)$ 在域

$$\sigma \geq 1-3(\sigma_1-\sigma^*),\ |t-t^*| \leq 6(\sigma_1-\sigma^*)$$

(10.44)

中的零点的个数. 为了这,我们可以应用辅助定理 10.3 且取

$$s_0 = s_1,\ \mu = \left(\frac{A}{2}\right)^{1+\gamma}\frac{1}{\log^\gamma t},\ C = \frac{1}{2}$$

因为在 ζ 函数的情形下,这个辅助定理的条件 (10.16) 与 (10.17) 依照式 (9.14) 与 (9.15) 是满足的. 此外, 因域 (10.44) 的一个点离 s_1 的最大距离 d 是

$$|\sigma_1-1+3(\sigma_1-\sigma^*)+i6(\sigma_1-\sigma^*)|$$

并且由于

$$1-\sigma^* \leq \frac{1}{40}\left(\frac{A}{2}\right)^{1+\gamma}\frac{1}{\log^\gamma t^*} = \frac{1}{40}(\sigma_1-1)$$

$$\sigma_1-\sigma^* = (\sigma_1-1)+(1-\sigma^*) \leq \frac{41}{40}(\sigma_1-1)$$

可知道这个距离

$$d \leq \left|1+\frac{123}{40}+i\frac{246}{40}\right|(\sigma_1-1) < 8(\sigma_1-1) = 8\mu$$

是故域 (10.44) 可以用圆 $|s-s_0| \leq 8\mu$ 掩盖得住. 于是 (10.43) 中 V 的项数小于或等于 $13\mu\log t^* + c_{16}\log\log t^*$ 并且 N 可以选为

$$N = 13\left(\frac{A}{2}\right)^{1+\gamma}\log^{1-\gamma}t^* + c_{16}\log\log t^*\quad (10.45)$$

其中 m 我们选

$$m = \log t^*$$

(10.46)

第二部分　中外名家论 Riemann 函数与 Riemann 猜想

要想保证第一章中定理 7.3 可以应用, 我们必须证明

$$N < \frac{1}{4} \log t^* \qquad (10.47)$$

但这由于 (10.45) 对于 $t > c_{30}(\gamma)$ 为正确的. 是故我们可以选第一章中定理 7.3 的 v 作为 (10.43) 中的指数 $l+1$, 此时因

$$N < \frac{1}{4} \log t^* = \frac{1}{4} m, \frac{N-1}{m+N-1} > \frac{N}{2m+N} > \frac{1}{3} \cdot \frac{N}{m}$$

故有不等式

$$|V| > \left\{ \frac{1}{80} \cdot \frac{13\left(\frac{A}{2}\right)^{1+\gamma} \log^{1-\gamma} t^*}{\log t^*} \right\}^{13\left(\frac{A}{2}\right)^{1+\gamma} \log^{1-\gamma} t^* + c_{16} \log \log t^*} >$$

$$\exp\left\{ -13\gamma \left(\frac{A}{2}\right)^{1+\gamma} \log^{1-\gamma} t^* \log \log t^* - c_{31}(\gamma) \log^{1-\gamma} t^* \right\}$$

由以上以及 (10.43) 得出

$$\xi^{1-\sigma^*} > \frac{1}{c_{29}} \cdot \frac{(t^*)^{\frac{31}{32}}}{\log t^*} \exp\left\{ -13\gamma \left(\frac{A}{2}\right)^{1+\gamma} \log^{1-\gamma} t^* \cdot \right.$$

$$\left. \log \log t^* - c_{30}(\gamma) \log^{1-\gamma} t^* \right\} >$$

$$\sqrt{t^*}$$

假使 $t^* > c_{32}(\gamma)$ 的话. 因此, 如果

$$t^* > \max(T_0, c_{31}(\gamma), c_{32}(\gamma))$$

那么依照 (10.39) 与 (10.40) 得

$$\frac{1}{2} \log t^* < (1-\sigma^*) \log \xi < (1-\sigma^*) \frac{5}{4} \log t^* \left(\frac{2}{A}\right)^{1+\gamma} \log^{\gamma} t^*$$

那就是说

$$1-\sigma^* > \frac{2}{5} \left(\frac{A}{2}\right)^{1+\gamma} \log^{-\gamma} t^*$$

但这是与 (10.36) 相抵触的.

第十一节　论类似 Riemann 猜想[①]

1. 分析以上的证明我们看到，由于三角不等式 (10.27)，在式 (10.20) 与 (10.21) 的限制之下，我们可以对 $\zeta(s)$ 导出一个不含零点的区域. 于是发生一个问题，那就是，将限制式 (10.20)(10.21) 加以适当变更，或许能证明存在一个不平凡的半平面

$$\sigma > \vartheta, \frac{1}{2} \leqslant \vartheta < 1 \tag{11.1}$$

其中只含 $\zeta(s)$ 的有限多个零点. 若我们把这样一个半平面的存在记为类似 Riemann 猜想，则我们将在这一节与下一节里证明，在类似 Riemann 猜想与指数函数和的某些估计式之间，存在一个内在的联系，而且是类似 Riemann 猜想[②]成立的一个必要且充分的条件. 我们即将证明下列较为精密的定理.

定理 11.1　要想存在一个满足 $\frac{1}{2} \leqslant \vartheta < 1$ 的 ϑ 使得在半平面 $\sigma > \vartheta$ 内函数 $\zeta(s)$ 不为零，其必要且充分的条件是，存在正的数值 α 与 β 使得对于 $l > c_1$ 以及

$$t^\alpha \leqslant \frac{N}{2} \leqslant N_1 < N_2 \leqslant N \tag{11.2}$$

有不等式

$$\left| \sum_{N_1 \leqslant p \leqslant N_2} \mathrm{e}^{\mathrm{i} t \log p} \right| < c_2 \frac{N \log^2 N}{t^\beta} \tag{11.3}$$

[①] 我们又重新开始对常数 c 编号.
[②] 但我在证明定理 10.1 之前已证出定理 11.1.

第二部分　中外名家论 Riemann 函数与 Riemann 猜想

此处 p 历遍 $[N_1, N_2]$ 中的素数①.

把证明稍稍变更,我们可以将式(11.3)换为

$$\left| \sum_{N_1 \leqslant p \leqslant N_2} \cos(t\log p) \right| < c_2 \frac{N\log^2 N}{t^\beta} \quad (11.4)$$

值得注意的是,对于

$$N > \exp(t^{\frac{\beta}{3}}) \quad (11.5)$$

不等式(11.3)很容易地就可以得到证明,因为,显然有

$$\left| \sum_{N_1 \leqslant p \leqslant N_2} e^{it\log p} \right| < \sum_{N_1 \leqslant p \leqslant N_2} 1 < c_3 \frac{N}{\log N} < c_3 \frac{N\log^2 N}{t^\beta}$$

因为对于和数(11.3)与(11.4)我们没有能直接得到非平凡的估计式,于是就发生一个问题,那就是,这个定理是否只是一些尚未证明的命题之间的一个有趣的联系. 我们认为,这里牵连更多,而且有许多的根据. 无论如何在下一节即将由定理 11.1 推出,若 $\frac{1}{2} \leqslant \vartheta < 1$,则一个不含零点的半平面 $\sigma > \vartheta$ 的存在是等价于和数

$$\sum_{N_1 \leqslant p \leqslant N_2} e^{it}\log^\gamma p \quad (11.6)$$

的某一估计式,此处 γ 表示任一满足 $\frac{1}{2} \leqslant \gamma \leqslant 2$ 的定数. 但是,这些和数——值得注意的是除了情形 $\gamma = 1$ 外——可以借助一个直接的由 Виноградов 首创的,富有意义的初等方法,得到估计,这个方法与 ζ 函数完全无关,而是回到素数的算术性质上去的,并且,这个方法改善的可能性看来尚未竭尽. 第二种理由将在第

---

① 对数上的指数在本书中并不太重要.

14节与第15节中阐明;那就是说,用适当的方法我们可以证明,对于"大多数的"t值,式(11.3)得到满足,并由此得出关于ζ函数在直线$\sigma=1$附近的零点个数目前已知的最精密的估计.

2. 一个很自然的问题,就是来分析一下,在定理11.1的证明中,$\zeta(s)$的哪些性质是重要的. 显现出来的是,对于有一类函数也有一个类似的结果,这类函数中也包含所有的 Dirichlet L 函数,并且值得注意的是这里面的函数不必像$\zeta(s)$一样满足一个函数方程式. 直到如今,我还没有能够改良证明方法以致果真能够利用$\zeta(s)$的函数方程式,但对于这点我希望能够再回头来研究. 假如我们的函数族 Π 里的函数$F(s)$满足以下的条件,设使A_v表示这样的数值常数而其值是至关重要的.

I. 设在半平面$\sigma>1$内,$F(s)$可表示为

$$F(s) = 1 + \sum_{n=2}^{\infty} \frac{a_n}{n^s} \qquad (11.7)$$

并且此处满足不等式

$$|F(s)| \geq \frac{1}{c_4}\log^{-10}(|t|+3) \qquad (11.8)$$

II. 设$F(s)$对于$\sigma \geq \frac{1}{2}$为半纯的(meromorph)并且对于$\sigma \geq \frac{1}{2}, |t| \geq 3$,设①

---

① 于是所有在半平面$\sigma \geq \frac{1}{2}$中的(有限多个)极点都位于平行四边形$\frac{1}{2} \leq \sigma < 1, |t| < 3$中.

$$|F(s)| \leqslant c_4(1+|t|)^{A_1(1-\sigma)}\log^{10}|t| \quad (11.9)$$

Ⅲ. 在半平面 $\sigma>1$ 内设

$$\frac{F'(s)}{F(s)} = \sum_{n=2}^{\infty}\frac{b_n}{n^s} \quad (11.10)$$

且

$$|b_n| \leqslant c_4 \log n, n=2,3,\cdots \quad (11.11)$$

于是有：

定理 11.2 要想对函数族 $Ⅱ$ 里的一个 $F(s)$ 函数存在一个满足 $\frac{1}{2} \leqslant \vartheta < 1$ 的 ϑ，使 $F(s)$ 在半平面 $\sigma > \vartheta$ 内只具有有限多个零点，其必要且充分的条件是存在 A_2 与 A_3 使得对于

$$t \geqslant c_4, t^{A_2} \leqslant \frac{N}{2} \leqslant N_1 < N_2 \leqslant N \quad (11.12)$$

有不等式

$$\left|\sum_{N_1 \leqslant n \leqslant N_2} b_n e^{-it\log n}\right| \leqslant c_5 \frac{N\log^3 N}{t^{A_3}} \quad (11.13)$$

要想由定理 11.2 导出定理 11.1，我们只要注意，$\zeta(s)$ 对于 $\sigma=1$ 不为零[①]，此外由

$$\left|\sum_{N_1 \leqslant n \leqslant N_2} \Lambda(n) e^{-it\log n}\right| \leqslant c_5 \frac{N\log^3 N}{t^{A_3}}$$

能得出式(11.3)并且逆之亦然，故只需证出定理 11.2 即可.

3. 定理 11.2 可以拆开成为两部分.

定理 11.3 （必要性）若函数族 $Ⅱ$ 里的 $F(s)$，对

[①] 阿达玛-德·拉·瓦雷·普森定理（Satz von Hadamard-De la Vallée Poussin）：参阅前面引过的 Titchmarsh 的书.

于一个 $\frac{1}{2} \leqslant \vartheta < 1$ 以及每个任意小的 $\varepsilon > 0$, 在半平面

$$\sigma \geqslant \vartheta + \varepsilon$$

中仅具有有限多个零点, 则对于每个满足

$$\frac{A_3}{A_2} \leqslant 1 - \vartheta - 2\varepsilon, 0 < A_3 \leqslant 1 \qquad (11.14)$$

的正的 A_2 与 A_3, 对于 $t > c_6(\varepsilon, F)$ 以及

$$t^{A_2} \leqslant \frac{N}{2} \leqslant N_1 < N_2 \leqslant N \qquad (11.15)$$

有不等式

$$\left| \sum_{N_1 \leqslant n \leqslant N_2} b_n \mathrm{e}^{-it\log n} \right| \leqslant c_8(\varepsilon, F) \frac{N\log^2 N}{t^{A_3}} \qquad (11.16)$$

为了能够简单地把充分性陈述出来, 我们给出一个正数 A_4 使得

$$A_4 \log \frac{\mathrm{e}^3 A_3}{12 A_1 A_4} \leqslant \frac{1}{300 A_1} \cdot \frac{A_3^2}{A_2} \qquad (11.17)$$

$$A_4 \leqslant \frac{A_3}{4A_2} \exp\left\{ -\frac{4A_2 + A_3}{A_2} \right\} \qquad (11.18)$$

$$A_4 \leqslant \frac{9}{1\,000} \cdot \frac{A_3}{A_1} \qquad (11.19)$$

以及

$$A_4 < \frac{1}{160} \cdot \frac{A_3}{A_2} \qquad (11.20)$$

因由式 (11.19) 更加有 $A_4 \leqslant \frac{\mathrm{e}^2}{12} \cdot \frac{A_3}{A_2}$, 故知函数

$$\frac{100 A_1 A_2}{A_3} x \log\left(\frac{\mathrm{e}^3}{12} \cdot \frac{A_3}{A_1 x} \right) \qquad (11.21)$$

对于 $0 \leqslant x \leqslant A_4$ 单调地增加.

对于这个 A_4 于是有:

第二部分　中外名家论 Riemann 函数与 Riemann 猜想

定理 11.4　（充分性）若对函数族 Д 里的一个 $F(s)$ 函数,存在正数 A_2 与 A_3 使得 $A_2 \geqslant A_3$,并且对于 $t > c_9$ 以及对于

$$t^{A_2} \leqslant \frac{N}{2} \leqslant N_1 < N_2 \leqslant N \qquad (11.22)$$

有①不等式

$$\left| \sum_{N_1 \leqslant n \leqslant N_2} b_n e^{-it\log n} \right| \leqslant c_{10} \frac{N\log^2 N}{t^{A_3}} \qquad (11.23)$$

则在半平面 $\sigma > 1 - A_4$ 中 $F(s)$ 只具有有限多个零点②.

4. 首先我们证明定理 11.3 这一部分并不需用我们的新方法,但是为了完备起见,我们给出一个证明摘要. 我们固定 ε 的值,依照所设,对于足够大的 $c_{11}(\varepsilon, F)$,对于

$$\sigma \geqslant \vartheta + \varepsilon, |t| \geqslant c_{11}(\varepsilon, F) \qquad (11.24)$$

有 $F(s) \neq 0$. 我们只要研究

$$t > \max(30, 3c_{11}(\varepsilon, F)) \equiv c_{12}(\varepsilon, F) \qquad (11.25)$$

就行了. 设 m 为大于或等于 3 的整数,并且对于 $w = u + iv$,设

$$J^* = \frac{1}{2\pi i} \int_{1+\frac{1}{\log m} - i\frac{t}{2}}^{1+\frac{1}{\log m} + i\frac{t}{2}} \frac{\left(m+\frac{1}{2}\right)^w}{w} \cdot \frac{F'(w+it)}{F(w+it)} dw$$

$$(11.26)$$

显然我们可以把级数 (11.10) 代进去并且逐项积分. 于是有

---

①　$A_2 \geqslant A_3$ 这个假定,显然总是可以做得到的.

②　做更仔细的估计, A_4 可放大. 在 Zeta 函数情形下,在 [5] 中（见书末参考资料 [5]）,已证出有 $A_4 = e^{-10\frac{A_3^3}{A_2^2}}$,这仍可增大.

$$J^* = \sum_{n=2}^{\infty} b_n \mathrm{e}^{-\mathrm{i}t\log n} \frac{1}{2\pi\mathrm{i}} \int_{1+\frac{1}{\log m}-\mathrm{i}\frac{t}{2}}^{1+\frac{1}{\log m}+\mathrm{i}\frac{t}{2}} \frac{\left(\dfrac{m+\dfrac{1}{2}}{n}\right)^w}{w} \mathrm{d}w$$

依照熟知的积分公式

$$\left| \frac{1}{2\pi\mathrm{i}} \int_{a-\mathrm{i}T}^{a+\mathrm{i}T} \frac{r^w}{w} \mathrm{d}w - 1 \right| < \frac{2r^a}{|\log r| T}, 1 < r$$

$$\left| \frac{1}{2\pi\mathrm{i}} \int_{a-\mathrm{i}T}^{a+\mathrm{i}T} \frac{r^w}{w} \mathrm{d}w - 0 \right| < \frac{2r^a}{|\log r| T}, 0 < r < 1$$

此处 $a>0, T>1$,于是得出

$$\left| J^* - \sum_{n \leqslant m} b_n \mathrm{e}^{-\mathrm{i}t\log n} \right| \leqslant \frac{c_{13}}{t} m \sum_{n=2}^{\infty} \frac{1}{m^{1+\frac{1}{\log m}}} \cdot \frac{1}{\left| \log \dfrac{m+\dfrac{1}{2}}{n} \right|} <$$

$$c_{14} \frac{m\log^2 m}{t} \qquad (11.27)$$

假使我们把右端的和数相应于 $n \leqslant \dfrac{m}{2}, \dfrac{m}{2} < n \leqslant 2m, 2m < n$ 分成三部分而且将通常的技巧应用上去得到上式.

若我们应用 Hadamard-Carathéodory 定理①,则对于

$$u \geqslant \vartheta + \varepsilon, v \geqslant c_{12}(\varepsilon, F)$$

很容易地得出估计式

$$\left| \frac{F'(w)}{F(w)} \right| < c_{15}(\varepsilon, F) \log v$$

设若我们应用 Cauchy 积分定理于平行四边形

---

① 这个定理意味着,若 $H(z)$ 对于 $|z-z_0| \leqslant r$ 为正规的,又 $H(z_0) = 0$ 并且此处 $\mathscr{R}H(z) \leqslant M$,则对于 $|z-z_0| \leqslant r_1 (<r)$ 得出不等式 $|H'(z)| \leqslant 2rM(r-r_1)^{-2}$ 而且对于每个正整数 d,又有

$$|H^{(d)}(z_0)| \leqslant d! \, 2Mr^{-d}$$

$$1+\frac{1}{\log m}\pm i\frac{t}{2}, \vartheta+2\varepsilon\pm i\frac{t}{2}$$

以及函数

$$\frac{\left(m+\frac{1}{2}\right)^w}{w}\frac{F'(w+it)}{F(w+it)}$$

上,则由所设知被积分式为正则的,而且经过一个很容易的估计以后由式(11.27)得出

$$\left|\sum_{n\leqslant m}b_n e^{-it\log n}\right|\leqslant c_{16}(\varepsilon,F)\left\{\frac{m\log^2 m}{t}+\frac{m\log t}{t}+m^{\vartheta+2\varepsilon}\log t\right\}$$

$$(11.28)$$

直到如今还未利用到条件(11.14)与(11.15)并且 m 还是任意的.我们选正数 A_2 与 A_3 使式(11.14)得满足.于是由式(11.28)得

$$\left|\sum_{n\leqslant m}b_n e^{-it\log n}\right|\leqslant c_{16}(\varepsilon,F)\left\{\frac{m\log^2 m}{t}+\frac{m\log t}{t}+m^{1-\frac{A_3}{A_2}+2\varepsilon}\log t\right\}$$

$$(11.29)$$

现在我们依照式(11.15)选 N, N_1 与 N_2 并且取 $m=[N_1]$ 以及 $m=[N_2]$ 依次应用式(11.29),于是得

$$\left|\sum_{N_1\leqslant n\leqslant N_2}b_n e^{-it\log n}\right|\leqslant$$

$$c_{17}(\varepsilon,F)\left\{\frac{N\log^2 N}{t}+\frac{N\log t}{t}+N^{1-\frac{A_3}{A_2}+2\varepsilon}\log t\right\}\leqslant$$

$$c_{18}(\varepsilon,F)\log^2 N\left\{\frac{N}{t}+N^{1-\frac{A_3}{A_2}+2\varepsilon}\right\}\leqslant$$

$$c_{19}(\varepsilon,F)\frac{N\log^2 N}{t^{A_3}}$$

5. 为了要证明定理10.4我们需要几个辅助定理.

辅助定理10.1 设对于 $|z-z_0|\leqslant R$,函数 $G(z)$ 为正则的, $G(z_0)\neq 0$,又对于 $|z-z_0|\leqslant R$ 有

$$\left|\frac{G(z)}{G(z_0)}\right| \leq e^M, M>1 \qquad (11.30)$$

并且 $G(z)$ 在圆 $|z-z_0| \leq \frac{R}{2}$ 中具有零点 $z_1, \cdots, z_k$. 则对于每个正整数 v，有不等式

$$\left|\frac{G'}{G}(z)_{z=z_0}^{(v)}+(-1)^{v+1}v!\sum_{|z_j-z_0|\leq\frac{R}{2}}\frac{1}{(z_0-z_j)^{v+1}}\right| \leq$$

$$(v+1)!\frac{M \cdot 2^{v+2}}{R^{v+1}}$$

要想证明这个辅助定理 10.1，我们跟随着 Landau 研究函数

$$G_1(z) = G(z) \prod_{j=1}^{k}(z-z_j)^{-1} \qquad (11.31)$$

于是有

$$\left|\frac{G_1(z)}{G_1(z_0)}\right| = \left|\frac{G(z)}{G(z_0)}\right| \cdot \prod_{j=1}^{k}\left|\frac{z_0-z_j}{z-z_j}\right|$$

因此对于 $|z-z_0|=R$ 有

$$\left|\frac{G_1(z)}{G_1(z_0)}\right| \leq \left|\frac{G(z)}{G(z_0)}\right| \leq e^M$$

这对于 $|z-z_0| \leq R$ 也是成立的. 于是，对于 $|z-z_0| \leq \frac{R}{2}$，函数

$$G_2(z) = \log \frac{G_1(z)}{G_1(z_0)}$$

为正则（$G_2(z_0)$ 规定为 0），并且此处

$$\mathscr{R}G_2(z) \leq M$$

从而依照 Hadamard-Carathéodory 定理（参阅第 11 节，小段 4 中脚注）取 $r=\frac{R}{2}$ 与 $d=v+1$ 得出

$$|G_2^{(v+1)}(z_0)| \leq (v+1)!\, 2M\left(\frac{R}{2}\right)^{-v-1} = (v+1)!\, \frac{2^{v+2}M}{R^{v+1}}$$

但因

$$|G_2^{(v+1)}(z_0)| = |(\log G_2(z))_{z=z_0}^{(v+1)}| = \left|\frac{G_1'(z)}{G_1(z)}_{z=z_0}^{(v)}\right| =$$

$$\left|\frac{G'(z)}{G(z)}_{z=z}^{(v)} + (-1)^{v+1}v!\sum_{j=1}^{k}\frac{1}{(z_0-z_j)^{v+1}}\right|$$

故辅助定理 11.1 得证.

6. 我们用间接法来证明定理 11.4. 若这个定理不正确,则存在 $F(s)$ 在一个零点

$$\rho^* = \sigma^* + \mathrm{i}t^*$$

具有任意大的 t^* 而且 σ^* 大于 $1-A_4$. 若 v 表示一个适当的整数,又 s_0 表示一个仅与 ρ^* 有关的参数,则矛盾将由估计和数

$$\left|\sum_{|s_0-\rho|\leq\frac{1}{4}}\left(\frac{s_0-\rho^*}{s_0-\rho}\right)^{v+1}\right|$$

导出,此处 ρ 遍历 $F(s)$ 的零点. 根据函数族 $\varPi$ 的定义以及由于辅助定理 11.1 我们就能得到上估计式,又,若我们取 $b_1 = \cdots = b_k = 1$,而在这个和数的"主要"部分上重新应用第一章中定理 7.3,我们就可以得出下估计式.

于是我们假设定理 11.4 不正确. 我们固定 A_4 的值使得式 (11.17)(11.18)(11.19)(11.20) 得到满足并且设 $\rho^* = \sigma^* + \mathrm{i}t^*$ 为 $F(s)$ 的一个零点而且满足

$$\sigma^* > 1 - A_4 \qquad (11.32)$$

以及

$$t^* > \max(\mathrm{e}^{1\,600}, \exp\{\mathrm{e}^{\frac{4A_2+A_3}{A_2}}\}) \qquad (11.33)$$

为简略起见，令 $4\dfrac{A_2}{A_3}=A_5$，我们显然可以假定

$$A_2 \geqslant A_3 \qquad (11.34)$$

并且设

$$s_0\ 1+\max\left\{A_5(1-\sigma^*),\log^{-\frac{1}{2}}t^*\right\}+it^* =$$
$$1+\mu^*+it^* \equiv \sigma_0+it^* \qquad (11.35)$$

于是依照式(11.20)与(11.18)有

$$A_4 A_5 \leqslant \min\left(\dfrac{1}{40},\exp\left\{-\dfrac{4A_2+A_3}{A_2}\right\}\right) \qquad (11.36)$$

由式(11.33)显然得出

$$\log^{-\frac{1}{2}}t^* < \dfrac{1}{40},\ \log^{-\frac{1}{2}}t^* < e^{-\frac{4A_2+A_3}{A_2}}$$

是故依照 μ^* 在式(11.35)中的定义，根据式(11.32)与(11.36)得

$$0<\mu^*<\dfrac{1}{40} \qquad (11.37)$$

此外

$$\dfrac{1}{\mu^*}>e^{\frac{4A_2+A_3}{A_2}}$$

于是有

$$A_2\log\dfrac{1}{\mu^*}>4A_2+A_3 \qquad (11.38)$$

我们在 $F(s)$ 以及圆 $|s-s_0|\leqslant\dfrac{1}{2}$ 上应用辅助定理 11.1. 首先我们应当决定这个辅助定理中的 M. 依照式 (11.8)确实有 $F(s_0)\neq 0$，并且依照式(11.9)与 (11.8)对于 $|s-s_0|\leqslant\dfrac{1}{2}$ 有

$$\left|\dfrac{F(s)}{F(s_0)}\right|\leqslant 2c_4 t^{*\frac{A_1}{2}}\log^{20}t^*$$

是故对于 $t^* > c_{20}(A_1)$ 可选

$$M = (1+A_1)\log t^* \qquad (11.39)$$

于是对于每个正整数 v,有新的起始公式

$$\left| \frac{F'(s)}{F(s)}{}^{(v)}_{s=s_0} + (-1)^{v+1} v! \sum_{|\rho - s_0| \leq \frac{1}{4}} \frac{1}{(s_0-\rho)^{v+1}} \right| \leq$$

$$c_{21}(A_1)(v+1)! \, 4^v \log t^* \qquad (11.40)$$

成立. 对于 v 我们首先只要求 v 为整数而且

$$A_2 \log t^* \leq v+1 \leq 2A_2 \log t^* \qquad (11.41)$$

7. 因为 s_0 位于半平面 $\sigma > 1$ 内,所以我们可以把式 (11.22)(11.23)用来估计

$$\left| \frac{F'(s)}{F(s)}{}^{(v)}_{s=s_0} \right|$$

此处显然有

$$\left| \frac{F'(s)}{F(s)}{}^{(v)}_{s=s_0} \right| = \left| \sum_{n=2}^{\infty} \frac{\log^v n}{n^{\sigma_0}} \cdot e^{-it^* \log n} \right| \qquad (11.42)$$

我们依照

$$n \leq (t^*)^{A_2} \text{ 或 } n > (t^*)^{A_2}$$

将右端和数拆开成为 Z_1 与 Z_2 两部分. 因函数

$$x^{-\sigma_0} \log^{v+1} x$$

对于

$$x \leq e^{\frac{v+1}{\sigma_0}}$$

为单调递增,然后下降而且极大值为

$$\left(\frac{v+1}{e\sigma_0} \right)^{v+1} < \frac{(v+1)!}{\sigma_0^{v+1}} \qquad (11.43)$$

于是,考虑到式 (11.11) 与 (11.40),对于第一个部分和数 Z_1 的绝对值有

$$|Z_1| < c_4 \sum_{n \leq (t^*)^{A_2}} \frac{\log^{v+1} n}{n^{\sigma_0}} < c_4 (t^*)^{A_2} \frac{(v+1)!}{\sigma_0^{v+1}} <$$

$$c_{22}(A_1, A_3) v! (t^*)^{A_2} \log t^* \qquad (11.44)$$

现在我们利用式(11.22)(11.23)来估计 Z_2. 我们依

$$(t^*)^{A_2} 2^l < n \leqslant (t^*)^{A_2} 2^{l+1}, l = 0, 1, \cdots \qquad (11.45)$$

而将 Z_2 分拆成为一些部分和数 S_l, 并且 l_0 表示这样的一个标数, 对于它有

$$(t^*)^{A_2} 2^{l_0} < e^{\frac{v}{\sigma_0}} \leqslant (t^*)^{A_2} 2^{l_0+1} \qquad (11.46)$$

首先我们研究 S_{l_0}. 经过部分求和法之后得出

$$|S_{l_0}| \leqslant 4 \left(\max_n \frac{\log^v n}{n^{\sigma_0}} \right) \max \left| \sum_{N_1 \leqslant n \leqslant N_2} b_n e^{-it^* \log n} \right|$$

此处第二个极大值(max)是就满足下列条件的 N_1, N_2 而取的

$$(t^*)^{A_2} 2^{l_0} < N_1 < N_2 \leqslant (t^*)^{A_2} 2^{l_0+1}$$

因依照式(11.43), 第一个极大值的值为 $\dfrac{v!}{\sigma_0^v}$, 并且对于第二个极大值, 由于式(11.22)得到满足, 所以可以应用式(11.23), 于是有

$$|S_{l_0}| \leqslant 4 \frac{v!}{\sigma_0^v} c_{10} \frac{(t^*)^{A_2} 2^{l_0+1} \log^2 \{(t^*)^{A_2} 2^{l_0+1}\}}{(t^*)^{A_3}}$$

若我们又考虑到式(11.46)与(11.41), 则我们得

$$(t^*)^{A_2} 2^{l_0+1} < 2 e^{\frac{v}{\sigma_0}} < 2 e^v$$

$$\log \{(t^*)^{A_2} 2^{l_0+1}\} < v+1 < 2 A_2 \log t^*$$

因此

$$|S_{l_0}| \leqslant c_{23}(A_1, A_3) \frac{v!}{\sigma_0^v} \frac{e^v \log^2 t^*}{(t^*)^{A_3}} < c_{23}(A_1, A_3) \frac{v! \, e^v \log^2 t^*}{(t^*)^{A_3}}$$

$$(11.47)$$

此外, 对于 $l < l_0$, 由于因子 $n^{-\sigma_0} \log^v n$ 为单调, 有

$$|S_l| < 2 \frac{\log^v \{(t^*)^{A_2} 2^{l+1}\}}{((t^*)^{A_2} 2^{l+1})^{\sigma_0}} \cdot c_{10} \frac{(t^*)^{A_2} 2^{l+1} \log^2 \{(t^*)^{A_2} 2^{l+1}\}}{(t^*)^{A_3}} =$$

第二部分　中外名家论 Riemann 函数与 Riemann 猜想

$$2c_{10}\frac{\log^{v+2}\{(t^*)^{A_2}2^{l+1}\}}{(t^*)^{A_3}\{(t^*)^{A_2}2^{l+1}\}^{\mu^*}} \tag{11.48}$$

对于 $l > l_0$，类似地有

$$|S_l| < \frac{\log^v\{(t^*)^{A_2}2^l\}}{((t^*)^{A_2}2^l)^{\sigma_0}} c_{10}\frac{(t^*)^{A_2}2^{l+1}\log^2\{(t^*)^{A_2}2^{l+1}\}}{(t^*)^{A_3}} =$$

$$c_{10}2^{\sigma_0}\frac{\log^{v+2}\{(t^*)^{A_2}2^{l+1}\}}{(t^*)^{A_3}\{(t^*)^{A_2}2^{l+1}\}^{\mu^*}}$$

因 $\sigma_0 < 1 + \frac{1}{40}$，$2^{\sigma_0} < 4$，于是有

$$|S_l| < 4c_{10} < \frac{\log^{v+2}\{(t^*)^{A_2}2^{l+1}\}}{(t^*)^{A_3}\{(t^*)^{A_2}2^{l+1}\}^{\mu^*}}$$

由这，式 (11.48)(11.47) 以及 (11.45) 有

$$|Z_2| < c_{24}(A_1, A_2, A_3)\frac{1}{(t^*)^{A_3}} \cdot$$

$$\left\{v! \, \mathrm{e}^v \log^2 t^* + \sum_{l=0}^{\infty}\frac{\log^{v+2}\{(t^*)^{A_2}2^{l+1}\}}{((t^*)^{A_2}2^{l+1})^{\mu^*}}\right\}$$

$$\tag{11.49}$$

我们把式 (11.49) 中的和数记为 Z_3。因函数

$$x^{-\mu^*}\log^{v+2}x$$

由两个单调的部分所形成，并且对于 $x > 1$，它的极大值为

$$\frac{(v+2)!}{(\mu^*)^{v+2}}$$

故有

$$|Z_3| < 2\frac{(v+2)!}{(\mu^*)^{v+2}} + \int_0^{\infty}\frac{\log^{v+2}\{2^{y+1}(t^*)^{A_2}\}}{\{2^{y+1}(t^*)^{A_2}\}^{\mu^*}}\mathrm{d}y$$

并且经过代换

$$2^{y+1}(t^*)^{A_2} = x$$

之后有

$$|Z_3| < 2\frac{(v+2)!}{(\mu^*)^{v+2}} + 2\int_0^\infty \frac{\log^{v+2}x}{x^{\sigma_0}}dx =$$

$$2\frac{(v+2)!}{(\mu^*)^{v+2}} + 2\frac{(v+2)!}{(\mu^*)^{v+3}} <$$

$$4\frac{(v+2)!}{(\mu^*)^{v+3}} < c_{25}(A_2)\frac{v!\log^2 t^*}{(\mu^*)^{v+3}}$$

设使我们还考虑到式(11.41)的话.于是依照式(11.37)由式(11.49)给出

$$|Z_2| < c_{26}(A_1,A_2,A_3)\frac{v!\log^2 t^*}{(t^*)^{A_3}(\mu^*)^{v+3}}$$

由这以及式(11.44)得出

$$\left|\frac{F'(s)}{F(s)}_{s=s_0}^{(v)}\right| < c_{27}(A_1,A_2,A_3)v!\ \log^2 t^* \cdot$$

$$\left\{(t^*)^{A_2} + \frac{1}{(t^*)^{A_3}(\mu^*)^{v+3}}\right\}$$

$$\frac{1}{(\mu^*)^{v+3}(t^*)^{A_3}} > \exp\left\{\left(A_2\log\frac{1}{\mu^*} - A_3\right)\log t^*\right\} >$$

$$(t^*)^{4A_2} > (t^*)^{A_2} \qquad (11.50)$$

故依照式(11.50)有

$$\left|\frac{F'(s)}{F(s)}_{s=s_0}^{(v)}\right| < c_{28}(A_1,A_2,A_3)\frac{v!\log^2 t^*}{(t^*)^{A_3}(\mu^*)^{v+3}}$$

若我们把这个不等式代入式(11.40)之中,则得

$$\left|\sum_{|s_0-\rho|\leq\frac{1}{4}}\frac{1}{(s_0-\rho)^{v+1}}\right| < c_{29}(A_1,A_2,A_3) \cdot$$

$$\left\{4^v + \frac{1}{(t^*)^{A_3}(\mu^*)^{v+3}}\right\}\log^2 t^*$$

再由式(11.41)与(11.38)有

$$4^v \leq (t^*)^{2A_2\log 4} \leq (t^*)^{4A_2} < (t^*)^{A_2\log\frac{1}{\mu^*}-A_3} =$$

$$\left(\frac{1}{\mu^*}\right)^{A_2 \log t^*} \cdot \frac{1}{(t^*)^{A_3}} < \frac{1}{(\mu^*)^{v+3}(t^*)^{A_3}}$$

故由前面的不等式得出

$$\left|\sum_{|s_0-\rho|\leqslant\frac{1}{4}}\frac{1}{(s_0-\rho)^{v+1}}\right| < c_{30}(A_1,A_2,A_3)\frac{\log^2 t^*}{(t^*)^{A_3}(\mu^*)^{v+3}}$$

(11.51)

8. 我们现在来估计式(11.51)左端的和数中,满足

$$\frac{1}{4} \geqslant |s_0-\rho| \geqslant 8\mu^* \qquad (11.52)$$

若我们取 $R=\frac{1}{2}, r=\frac{1}{4}$ 而应用 Jensen 估计式(10.18),则依照式(11.8)与(11.9)立即可知道这种项的数目小于 $c_{31}(A_1)\log t^*$,因此依照式(11.41)与(11.34)对于这种项之和 $\sum_1$,有

$$|\sum_1| < c_{31}(A_1)\frac{\log t^*}{(\mu^*)^{v+1}8^{v+1}} < c_{31}(A_1)\frac{\log t^*}{(\mu^*)^{v+3}(t^*)^{A_2 \log 8}} <$$
$$c_{31}(A_1)\frac{\log t^*}{(\mu^*)^{v+3}(t^*)^{A_3}}$$

于是由式(11.51)有

$$\left|\sum_{|s_0-\rho|<8\mu^*}\frac{1}{(s_0-\rho)^{v+1}}\right| < c_{32}(A_1,A_2,A_3)\frac{\log^2 t^*}{(t^*)^{A_3}(\mu^*)^{v+3}}$$

两端乘以

$$|s_0-\rho^*|^{v+1} = (\sigma_0-\sigma^*)^{v+1}$$

我们得到

$$\left|\sum_{|s_0-\rho|<8\mu^*}\left(\frac{s_0-\rho^*}{s_0-\rho}\right)^{v+1}\right| < c_{32}(A_1,A_2,A_3)\frac{\log^2 t^*}{(t^*)^{A_3}}\left(1+\frac{1-\sigma^*}{\mu^*}\right)^{v+3}$$

但依照 μ^* 的定义有

$$\left(1+\frac{1-\sigma^*}{\mu^*}\right)^{v+3} < \left(1+\frac{1}{A_5}\right)^{v+3} < c_{33}(A_2,A_3)\left(1+\frac{1}{A_5}\right)^{v+1} <$$

$$c_{33}(A_2,A_3)(t^*)^{2\frac{A_2}{A_5}} =$$

$$c_{33}(A_2,A_3)(t^*)^{\frac{A_3}{2}}$$

因此

$$Z \equiv \left| \sum_{\substack{\rho \\ |s_0-\rho|<8\mu^*}} \left(\frac{s_0-\rho^*}{s_0-\rho}\right)^{v+1} \right| <$$

$$c_{34}(A_1,A_2,A_3)(t^*)^{-\frac{A_3}{2}}\log^3 t^* \quad (11.53)$$

9. 直到现在，整数 v 仅受式(11.41)的限制，现在我们取 $b_1=b_2=\cdots=1$，而重新应用第一章中定理7.3. 设

$$m=A_2\log t^* \quad (11.54)$$

若我们由上面估计出 $F(s)$ 在 $|s-s_0|<8\mu^*$ 的零点的个数，则我们就可以得出这个定理中的数 N. 我们的办法就是取

$$\mu=\mu^*,\tau=t^*,C=A_1$$

而应用辅助定理10.3，于是我们就得上界

$$25A_1\mu^*\log t^* + c_{35}(A_1)\log\log t^*$$

因依照 μ^* 的定义有

$$\mu^* < A(1-\sigma^*) + \frac{1}{\sqrt{\log t^*}}$$

于是，对于 N 我们可选取

$$N=25A_1A_5(1-\sigma^*)\log t^* + c_{35}(A_1)\sqrt{\log t^*}$$

$$(11.55)$$

我们又必须证明，区间 $(m,m+N)$ 落在 $(A_2\log t^*,2A_2\log t^*)$ 内，或者，依照(11.54)，证明

第二部分 中外名家论Riemann函数与Riemann猜想

$$N < A_2 \log t^* = m$$

是即证明

$$\frac{100 A_1 A_2}{A_3}(1-\sigma^*) + \frac{c_{35}(A_1)}{\sqrt{\log t^*}} < A_2$$

但这确实是正确的,因为依照所设有 $1-\sigma^* \leqslant A_4$ 而且由式(11.19)有

$$\frac{100 A_1 A_2}{A_3}(1-\sigma^*) \leqslant \frac{100 A_1 A_2 A_4}{A_3} < \frac{9}{10} A_2$$

此外对于 $t^* > c_{36}(A_1, A_2)$ 有

$$\frac{c_{35}(A_1)}{\sqrt{\log t^*}} < \frac{A_2}{10}$$

因此我们可以选取第一章中定理 7.3 中的 v 作为式 (11.53) 中的 $v+1$. 于是有

$$Z > \left(\frac{1}{4\mathrm{e}^{1+\frac{4}{\mathrm{e}}}} \cdot \frac{N}{m+N}\right)^N > \left(\frac{1}{8\mathrm{e}^3} \cdot \frac{N}{m}\right)^N >$$

$$\left(\frac{1}{8\mathrm{e}^3} \cdot \frac{100 A_1 (1-\sigma^*)}{A_3}\right)^{\frac{100 A_1 A_2}{A_3}(1-\sigma^*)\log t^*} \cdot$$

$$\left(\frac{1}{8\mathrm{e}^3 A_2 \log t^*}\right)^{c_{35}(A_1) \sqrt{\log t^*}} >$$

$$(t^*)^{-\frac{100 A_1 A_2}{A_3}(1-\sigma^*)\log \frac{\mathrm{e}^3 A_3}{12 A_1 (1-\sigma^*)}} \cdot$$

$$\exp\{-c_{35}(A_1)\sqrt{\log t^*} \log \log t^*\}$$

因 $1-\sigma^* \leqslant A_4$,故由单调性质(11.21)以及(11.17)得出

$$Z > (t^*)^{-\frac{100 A_1 A_2 A_4}{A_3} \log \frac{\mathrm{e}^3 A_3}{12 A_1 A_4}} \exp\{-c_{35}(A_1)\sqrt{\log t^*} \log \log t^*\} >$$

$$(t^*)^{-\frac{A_2}{3}} \exp\{-c_{35}(A_1)\sqrt{\log t^*} \log \log t^*\}$$

由这以及式(11.53)得出

$$1 < c_{34}(A_1, A_2, A_3) \frac{\log^3 t^* \cdot \exp\{c_{35}(A_1)\sqrt{\log t^*}\log\log t^*\}}{(t^*)^{\frac{1}{6}A_3}}$$

这对于充分大的 t^* 是不会正确的.

第十二节　与类似 Riemann 猜想等价的另外一些定理

1. 我们在前一节中已经见到,类似 Riemann 猜想这一问题是与和数

$$\sum_{N_1 \leqslant p \leqslant N_2} e^{-it\log p} \qquad (12.1)$$

的估计问题等价的. 我们不久也曾经谈到过,为什么对于和数

$$\sum_{N_1 \leqslant p \leqslant N_2} e^{-it\log^\gamma p} \qquad (12.2)$$

值得盼望提出类似的等价定理来. 因为, Виноградов 与 ζ 函数理论完全无关的算术方法使我们能够证明下列定理①.

若 $f(x)$ 在区间

$$2e^{e^7} \leqslant \frac{N}{2} \leqslant x \leqslant N$$

中两次连续可微,并且②

$$|f''(x)| > 0, \quad |xf'''(x) + 2f''(x)| > 0 \qquad (12.3)$$

$$\frac{1}{A} \leqslant |f'(x)| \leqslant \frac{C_1}{A} \qquad (12.4)$$

---

① 参阅资料[5]的附录.
② 常数 c_v 的编号我们又重新从头开始.

第二部分　中外名家论 Riemann 函数与 Riemann 猜想

$$\frac{C_2}{A\log^2 N} \leq |xf''(x)+f'(x)| \leq \frac{C_2}{A} \qquad (12.5)$$

$$N^{\frac{8}{9}} \leq A \leq N\log^2 N \qquad (12.6)$$

则对于 $\frac{N}{2} \leq N_1 < N_2 \leq N$ 有不等式

$$\left| \sum_{N_1 \leq p \leq N_2} e^{2\pi i f(p)} \right| < \left(24 + \frac{5c_1^2}{8} + \frac{8}{\sqrt{c_2}} + 4c_3\right) \cdot$$

$$\sqrt{NA}\, e^{22(\log\log N)^2} \qquad (12.7)$$

此处 p 遍历 $[N_1, N_2]$ 中的素数。对于 $f(x)=t\log x$，条件 (12.5) 未被满足，因此，对于式 (12.1) 中的和数，估计式 (12.7) 不能应用。与此相反，它却可以应用在

$$f(x)=t\log^\gamma x, \frac{1}{2} \leq \gamma \leq 2, \gamma \neq 1$$

$$f(x)=t\log x(\log\log x)^\gamma, -\frac{1}{2} \leq \gamma \leq \frac{1}{2}, \gamma \neq 0$$

等情形上；在 $f(x)=t\log^\gamma x$ 的情形下，它给出估计式

$$\left| \sum_{N_1 \leq p \leq N_2} e^{it\log^\gamma p} \right| \leq c_4 \frac{N e^{22(\log\log N)^2}}{\sqrt{|\gamma-1|}\sqrt{t}} \qquad (12.8)$$

假使有 $t>c_5$ 以及

$$t^{10} \leq \frac{N}{2} \leq N_1 < N_2 \leq N \qquad (12.9)$$

成立的话，于是在这节中我们的第一个目的就是要证明下列定理.

定理 12.1　设固定满足 $\frac{1}{2} \leq \gamma \leq 2, \gamma \neq 1$ 的 γ. 则类似 Riemann 猜想成立的必要且充分的条件是，存在一个数值的 $0<\delta<\frac{1}{2}$ 以及一个正数 α，使得对于 $t>c_6$ 与

$$t^\alpha \leq \frac{N}{2} \leq N_1 < N_2 \leq N$$

有不等式

$$|S_\gamma(N,t)| \equiv \left|\sum_{N_1 \le p \le N_2} e^{-it\log^\gamma p}\right| < c_7(\gamma,\alpha,\delta) \frac{N\log^2 N}{t^{\frac{1}{2}+\delta}}$$

(12.10)

一个明显的困难是式(12.8)中出现的是因子 $e^{22(\log\log N)^2}$ 而不是定理 12.1 中的因子 $(\log N)^2$. 但这是不重要的,在每一个地方,我们可以写 $\psi(N)$ 来代替对数的一个方幂,此处仅设对于任意小的 $\varepsilon > 0$ 有 $\psi(N) = O(N^\varepsilon)$.

若我们把定理 12.1 与定理 11.1 比较,我们就可以发现一个值得注意的差异. 在不等式(11.3)中,当指数 β 为一个任意小的正的常数就够了,然而在式(12.10)中,不管 γ 是如何地接近于 1,相应的指数总是大于 $\frac{1}{2}$. 这个稀奇的不连续性,虽在某种程度上是易于了解的,但是在详情方面还很不够了解.

定理 11.1 与 12.1 中有下列的共同点. 由估计一个只与素数相关的指数函数和,就推断出存在一个 $\Theta < 1$ 使得对于 $\sigma > \Theta$ 有 $\zeta(s) \ne 0$,但正像以前说过,由此可以得知

$$\left|\pi(x) - \int_2^x \frac{dv}{\log v}\right| < c_8 x^\Theta \log x \quad (12.11)$$

于是这个命题所含的东西不与 ζ 函数的根相干而仅与素数相干. 这个推论方法显然是可逆的. 因此,两个定理都表示,若干仅与素数相关的指数函数和的某些估计式的发生,对于式(12.11)的真实,是一种必要且充分的条件. 在这个陈述中,ζ 函数的根完全没有出现,而只出现素数. 若能够寻出定理的一个直接的证明,那

倒是一件很有趣的事. 由式(12.11)得出指数函数和的估计式自然是容易的,整个的困难乃是发生在命题的另一半,并且一直到现在我还没有克服这个困难.

证明下列定理来代替定理 12.1,那倒是一件比较合适的事.

定理 12.2 若我们用

$$S_r^*(N,t) = \sum_{N_1 \leq n \leq N_2} \Lambda(n) e^{-it\log^r n}$$

来代替和数 $S_\gamma(N,t)$ 并且同时在右端用 $\log^3 N$ 来代替 $\log^2 N$,则定理 12.1 中的说法仍然成立.

定理 12.1 与 12.2 间的相互推演用部分求和的方法就可以办到,因此不必详细去讨论它.

2. 定理 12.2 的证明也将拆开成为两部分.

定理 12.3 (必要性)若对于一个 $\vartheta < 1$, $\zeta(s)$ 在半平面 $\sigma > \vartheta$ 内仅有有限多个零点,则对于每个 $\vartheta < \vartheta_1 < 1$,对于 $t > 100$,有

$$t^{\frac{2}{1-\vartheta_1}} \leq \frac{N}{2} \leq N_1 < N_2 \leq N \qquad (12.12)$$

以及对于 $\frac{1}{2} \leq \gamma \leq 2$,有估计式

$$|S_\gamma^*(N,t)| \equiv \left| \sum_{N_1 \leq n \leq N_2} \Lambda(n) e^{-it\log^\gamma n} \right| < c_9 \frac{N\log^3 N}{t}$$

定理 12.4 (充分性)若存在一个 $\frac{1}{2} \leq \gamma \leq 2$, $\gamma \neq 1$,以及正数 α 与 δ 具备条件,对于 $y > c_{10}(\alpha, \gamma, \delta)$ 与

$$y^\alpha \leq \frac{N}{2} \leq N_1 < N_2 \leq N$$

有不等式

$$|S_\gamma^*(N,y)| < c_{11}(\gamma) \frac{N\log^3 N}{y^{\frac{1}{2}+\delta}}$$

则在一个满足 $\vartheta(\alpha,\delta)<1$ 的半平面 $\sigma>\vartheta=\vartheta(\alpha,\delta)$ 内，$\zeta(s)$ 只具有有限多个零点.

3. 要想证明定理 12.3，我们将 $S_\gamma^*(N,t)$ 写成

$$S_\gamma^*(N,t)=\sum_{N_1\leqslant n\leqslant N_2}\mathrm{e}^{-it\log^r n}+\sum_{N_1\leqslant n\leqslant N_2}(\Lambda(n)-1)\mathrm{e}^{-it\log^r n}\equiv T_1+T_2 \qquad (12.13)$$

为了估计 T_1，我们利用下列的 Kuz'min① 定理. 若对于诸数 α_v 有一个 $0<P<\dfrac{1}{2}$，使

$$P\leqslant \alpha_2-\alpha_1\leqslant \alpha_3-\alpha_2\leqslant \cdots \leqslant \alpha_n-\alpha_{n-1}\leqslant 1-P$$

则

$$\left|\sum_{v=1}^n \mathrm{e}^{2\pi i\alpha_v}\right|<\frac{2}{\pi P} \qquad (12.14)$$

若我们令

$$\alpha_v=\frac{t}{2\pi}\log^\gamma v, v=1,2,\cdots,n$$

则由 $\dfrac{1}{2}\leqslant \gamma\leqslant 2$，故有

$$\alpha_{v+1}-\alpha_v=\frac{t}{2\pi}\gamma\int_v^{v+1}\frac{\log^{\gamma-1}x}{x}\mathrm{d}x > \frac{t}{4\pi}\cdot\frac{1}{\log N}\cdot\frac{1}{4N}>\frac{t}{64N\log N}$$

此外设，若

$$P=\frac{t}{64N\log N}$$

则单调性的条件以及 $0<P<\dfrac{1}{2}$ 也都得到满足. 是故有

---

① Über einige trigonometrischen Ungleichungen. Soc. Math. Phys. Ленинград, 1927：233-239.

$$|T_1| < c_{12}\frac{N\log N}{t} \qquad (12.15)$$

为了估计 T_2,我们重新引入

$$\Delta(x) = \sum_{n \leq x} \Lambda(n) - x$$

由所设可以推知对于每个 $\vartheta < \vartheta_1 < 1$ 有

$$|\Delta(x)| \leq c_{13} x^{\vartheta_1} \log^2 x \qquad (12.16)$$

于是,不失其普遍性,若我们设 N_1 与 N_2 为整数,这样就得出

$$T_2 = \sum_{n=N_1}^{N_2} (\Delta(n) - \Delta(n-1)) e^{-it\log^r n}$$

因此

$$|T_2| < c_{14}\Big(N^{\vartheta_1}\log^2 N + \sum_{n=N_1+1}^{N_2} N^{\vartheta_1}\log^2 N \,|\,1-e^{it|\log^r(n+1)-\log^r n|}\,|\Big) <$$

$$c_{15}\log^3 N\Big(N^{\vartheta_1} + N^{\vartheta_1} t \sum_{\frac{N}{2} \leq n \leq N} \frac{1}{n}\Big) < c_{16} t N^{\vartheta_1}\log^3 N$$

于是,依据式(12.12),得出

$$|S_\gamma^*(N,t)| < c_{17}\log^3 N\Big(\frac{N}{t} + tN^{\vartheta_1}\Big) < c_{18}\frac{N\log^3 N}{t}$$

4. 定理 12.4 的证明 这样一来就可以把它归到定理 11.4 上去;是故定理 12.4 可以看成第二主要定理的一个应用. 为了简单起见,我们在证明中限制在 $\gamma = \frac{1}{2}$ 的情形之下. 于是,我们的假设即谓,对于 $y > c_{19}(\alpha, \delta)$ 与

$$y^\alpha \leq \frac{N}{2} \leq N_1 < N_2 \leq N \qquad (12.17)$$

不等式

$$\Big|\sum_{N_1 \leq n \leq N_2} \Lambda(n) e^{-iy\sqrt{\log n}}\Big| \leq c_{20}\frac{N\log^3 N}{y^{\frac{1}{2}+\delta}} \qquad (12.18)$$

正确. 若
$$\int_{-\infty}^{+\infty} e^{iv^2} dv = \sqrt{\pi} e^{i\frac{\pi}{4}} \equiv E(\neq 0)$$
则对于每个实数 x 有
$$Ee^{-ix^2} = \int_{-\infty}^{+\infty} e^{i(v^2-x^2)} dv = \int_{-\infty}^{+\infty} e^{i(v^2-2vx)} dv$$
若 X 与 Y 表示正数,它们的值我们以后再确切地去决定,则我们可以把右端的积分如下地划分成为三部分
$$\int_{-\infty}^{x-X} + \int_{x-X}^{x+Y} + \int_{x+Y}^{+\infty} \qquad (12.19)$$
最后一个积分的绝对值,由于第二中值定理,等于
$$\left| \int_{Y}^{+\infty} e^{ir^2} dr \right| \leq \frac{1}{Y}$$
并且对于式(12.19)中的第一个积分也有一个类似的估计式. 于是有
$$\left| Ee^{-ix^2} - \int_{x-X}^{x+Y} e^{i(v^2-2vx)} dv \right| \leq \frac{1}{X} + \frac{1}{Y} \quad (12.20)$$
我们取
$$t \geq 6, N \geq 2e^3, N_1 \leq n \leq N_2$$
$$x = \sqrt{t \log n}, \quad x - X = \frac{1}{2}\sqrt{t \log \frac{N}{2}}, \quad x + Y = 2\sqrt{t \log N}$$
而应用这个不等式. 则有
$$X \geq \sqrt{t \log \frac{N}{2}} - \frac{1}{2}\sqrt{t \log \frac{N}{2}} = \frac{1}{2}\sqrt{t \log \frac{N}{2}}$$
$$Y \geq 2\sqrt{t \log N} - \sqrt{t \log N} = \sqrt{t \log N}$$
是故由式(12.20)得出
$$\left| E\Lambda(n) e^{-it\log N} - \int_{\frac{1}{2}\sqrt{t \log \frac{N}{2}}}^{2\sqrt{t \log N}} e^{iv^2} \cdot \Lambda(n) e^{-2iv\sqrt{t\log n}} dv \right| <$$

$$\frac{3\log N}{\sqrt{t\log\frac{N}{2}}} < \frac{6\sqrt{\log N}}{\sqrt{t}}$$

对于 n 求和则得

$$\Big| E \sum_{N_1 \leqslant n \leqslant N_2} \Lambda(n) \mathrm{e}^{-it\log n} -$$

$$\int_{\frac{1}{2}\sqrt{t\log\frac{N}{2}}}^{2\sqrt{t\log N}} \mathrm{e}^{iv^2} \Big(\sum_{N_1 \leqslant n \leqslant N_2} \Lambda(n) \mathrm{e}^{-2iv\sqrt{t\log n}} \Big) \mathrm{d}v \Big| <$$

$$\frac{3N\sqrt{\log N}}{t}$$

由此有

$$\Big| \sum_{N_1 \leqslant n \leqslant N_2} \Lambda(n) \mathrm{e}^{-it\log n} \Big| \leqslant$$

$$\frac{3N\sqrt{\log N}}{t} + \int_{\frac{1}{2}\sqrt{t\log\frac{N}{2}}}^{2\sqrt{t\log N}} \Big| \sum_{N_1 \leqslant n \leqslant N_2} \Lambda(n) \mathrm{e}^{-i(2\sqrt{t})\sqrt{\log n}} \Big| \mathrm{d}v$$

$$(12.21)$$

为了由上面来估计右端的积分,我们取 $y = 2v\sqrt{t}$ 而应用式(12.17)和(12.18). 一直到现在,对于 N_1 与 N_2 只利用过 $\frac{N}{2} \leqslant N_1 < N_2 \leqslant N$,而没有利用过与 t 的关系. 此时,设在 $t \geqslant 3, N > 2\mathrm{e}^3$ 上,对于足够大的 $c_{21} > c_{19}(\alpha, \delta)$,还要求

$$c_{21}^{\alpha+1} < t^{\alpha+1} \leqslant \frac{N}{2} \leqslant N_1 < N_2 \leqslant N \quad (12.22)$$

则有

$$\frac{N}{2} > (4t\sqrt{\log N})^{\alpha} \geqslant (2v\sqrt{t})^{\alpha} = y^{\alpha}$$

以及

$$y = 2v\sqrt{t} \geqslant t\sqrt{\log\frac{N}{2}} > t > c_{21} > c_{19}(\alpha, \delta)$$

是故式(12.18)可以应用在式(12.21)的估计上. 在式(12.21)中的积分

$$\int_{\frac{1}{2}\sqrt{t\log\frac{N}{2}}}^{2\sqrt{t\log N}} \left| \sum_{N_1 \leqslant n \leqslant N_2} \Lambda(n) \mathrm{e}^{-\mathrm{i}(2\sqrt{t})\sqrt{\log n}} \right| \mathrm{d}v <$$

$$c_{20} N \log^3 N \int_{\frac{1}{2}\sqrt{t\log\frac{N}{2}}}^{2\sqrt{t\log N}} \frac{\mathrm{d}v}{(2v\sqrt{t})^{\frac{1}{2}+\delta}} <$$

$$c_{22}(\delta) \frac{N\log^4 N}{t^\delta}$$

但这时候可以得知,在式(12.22)的限制之下,有

$$\left| \sum_{N_1 \leqslant n \leqslant N_2} \Lambda(n) \mathrm{e}^{-\mathrm{i}t\log n} \right| \leqslant c_{23}(\delta) \frac{N\log^4 N}{t^\delta}$$

是故依照定理11.4(更精确点说,依照稍稍修改后的定理,这是因为对数上的指数),定理12.4得证.

5. 我们可以由定理11.4导出类似的等价定理,但此处代替 $\sum_p \mathrm{e}^{\mathrm{i}t\log^\gamma p}$ 出现比较简单的多项式

$$\sum_{N_1 \leqslant p \leqslant N_2} \mathrm{e}^{\mathrm{i}px} \qquad (12.23)$$

那就是说,有:

定理12.5 类似 Riemann 猜想成立的必要且充分的条件是存在正数 δ 与 α 使得对于 $t > c_{24}(\alpha, \delta)$ 与

$$t^\alpha \leqslant \frac{N}{2} \leqslant N_1 < N_2 \leqslant N \qquad (12.24)$$

有不等式

$$\max_{\frac{t}{10N} \leqslant y \leqslant \frac{3t}{N}} \left| \sum_{N_1 \leqslant p \leqslant N_2} \mathrm{e}^{\mathrm{i}py} \right| \leqslant c_{25}(\alpha, \delta) \frac{N\log^{10} N}{t^{\frac{1}{2}+\delta}} \quad (12.25)$$

一个精确性稍微差一点的,用算术方法得来的,式(12.23)中多项式的估计式,在 Виноградов 的关于每个充分大的奇数能表示为三个素数之和的这一著名的证明中,是一个很重要的工具. 或许多少会觉得有点惊

第二部分　中外名家论 Riemann 函数与 Riemann 猜想

奇的是,改良他的估计式,在 Riemann 的猜测上,也会有一种影响. Ю. В. Линник[①] 也独立地找出了一个定理,这个定理表示与定理 12.5 有某些相像之处,他的证明与我们的完全不同.

6. 必要性的证明经过可以完全依照定理 12.4 的范例,故我们不必详细去讨论它. 条件(12.24)和(12.25)为充分性的证明,其经过也相似于小段 4 中的思想方法,我们只需要另外一个"转渡公式"("Übergangsformel")来代替公式(12.20). 我们可以预先假定 $\alpha \geqslant 3+2\delta$. 我们公式

$$\int_0^\infty e^{-iy} y^{s-1} dy = \Gamma(s) e^{-\frac{i\pi s}{2}}, s = \sigma + it, 0 < \sigma < 1$$
(12.26)

出发,并且,若 $N_1 \geqslant 3$,则我们很容易地会得到

$$\sum_{N_1 \leqslant p \leqslant N_2} p^{-s} = \frac{e^{\frac{i\pi s}{2}}}{\Gamma(s)} \int_0^\pi \Big(\sum_{N_1 \leqslant p \leqslant N_2} e^{-piy} \Big) \{ y^{s-1} - (y+\pi)^{s-1} + (y+2\pi)^{s-1} - \cdots \} dy$$
(12.27)

因

$$0 \leqslant \sigma \leqslant \frac{1}{2}, t \geqslant 3 \qquad (12.28)$$

有估计式

$$\Big| \sum_{m=1}^\infty (-1)^m (y+m\pi)^{s-1} \Big| =$$
$$\Big| \sum_{l=1}^\infty (s-1) \int_{2l-1}^{2l} (y+v\pi)^{s-2} dv \Big| \leqslant$$

---

① On the expression of *L*-series by means of ζ-Function. Докл. Акад. наук СССР,нов. с,1947(57):435-437.

从 Riemann 到 Enoch——Riemann 猜想的历史

$$\sqrt{1+t^2}\sum_{l=1}^{\infty}\int_{2l-1}^{2l}(v\pi)^{-\frac{3}{2}}\mathrm{d}v < c_{26}t$$

所以对于 $\frac{N}{2}\leqslant N_1 < N_2 \leqslant N$,也有

$$\left|\int_0^\pi \Big(\sum_{N_1\leqslant p \leqslant N_2} \mathrm{e}^{-ipy}\Big)\{-(y+\pi)^{s-1}+(y+2\pi)^{s-1}-\cdots\}\mathrm{d}y\right| \leqslant$$

$$c_{26}t\sqrt{\pi\int_0^\pi \Big|\sum_{N_1\leqslant p\leqslant N_2}\mathrm{e}^{-ipy}\Big|^2 \mathrm{d}y} < c_{27}t\sqrt{N}$$

此外在域(12.28)中有

$$\left|\frac{1}{\Gamma(s)}\mathrm{e}^{\frac{\mathrm{i}\pi s}{2}}\right| < c_{28}t^{\frac{1}{2}-\sigma}\leqslant c_{28}\sqrt{t}$$

所以由式(12.27)得

$$\left|\sum_{N_1\leqslant p\leqslant N_2}p^{-s}\right|\leqslant c_{28}\sqrt{t}\left\{t\sqrt{N}+\left|\int_0^\pi\Big(\sum_{N_1\leqslant p\leqslant N_2}\mathrm{e}^{-ipy}\Big)y^{s-1}\mathrm{d}y\right|\right\}$$

因 c_{28} 与 σ 无关,对于 $\sigma\to 0$ 我们得到不等式

$$\left|\sum_{N_1\leqslant p\leqslant N_2}\mathrm{e}^{-it\log p}\right|\leqslant$$

$$c_{28}\sqrt{t}\left\{t\sqrt{N}+\left|\int_0^\pi\Big(\sum_{N_1\leqslant p\leqslant N_2}\mathrm{e}^{-ipy}\Big)y^{-1+it}\mathrm{d}y\right|\right\} \quad (12.29)$$

假使

$$t\geqslant 3, 3\leqslant \frac{N}{2}\leqslant N_1 < N_2 \leqslant N \quad (12.30)$$

我们把式(12.29)中的积分拆开成为三部分 J_v 而令

$$J_1 = \int_0^{\frac{t}{10N}}, J_2 = \int_{\frac{t}{10N}}^{\frac{3t}{N}}, J_3 = \int_{\frac{3t}{N}}^\pi \quad (12.31)$$

显然有

$$|J_3|\leqslant \sum_{N_1\leqslant p\leqslant N_2}\left|\int_{\frac{3t}{N}}^\pi \frac{1}{y}\mathrm{e}^{\mathrm{i}(t\log y-py)}\mathrm{d}y\right| =$$

$$\sum_{N_1\leqslant p\leqslant N_2}\left|\int_{\frac{3t}{N}}^\pi (\mathrm{e}^{\mathrm{i}(t\log y-py)})' \frac{\mathrm{d}y}{-t+py}\right|$$

因为因子 $(-t+py)^{-1}$ 在 J_3 的积分区间里为单调正函数,所以依照第二中值定理,推知对于适当的 $\frac{3t}{N} \leq \xi_p \leq \pi$ 有

$$|J_3| \leq \sum_{N_1 \leq p \leq N_2} \frac{1}{p\frac{3t}{N}-t} \left| \int_{\frac{3t}{N}}^{\xi_p} \{e^{i(t\log y - py)}\}' dy \right| \leq$$

$$\frac{N}{2} \cdot \frac{2}{t} \cdot 2 = \frac{2N}{t}$$

对 J_1 做出类似的处理之后,我们由式(12.29)得出

$$\left| \sum_{N_1 \leq p \leq N_2} e^{-it\log p} \right| \leq c_{29}\sqrt{t}\left\{ t\sqrt{N} + \frac{N}{t} + \int_{\frac{t}{10N}}^{\frac{3t}{N}} \left| \sum_{N_1 \leq p \leq N_2} e^{-ipy} \right| \frac{dy}{y} \right\}$$

$$(12.32)$$

直到如今,关于 N 与 t 还只利用过式(12.30).若现在我们利用假设式(12.24)与(12.25),则得出

$$\left| \sum_{N_1 \leq p \leq N_2} e^{-it\log p} \right| \leq c_{30}(\alpha,\delta)\sqrt{t}\left(t\sqrt{N} + \frac{N}{t^{\frac{1}{2}+\delta}} \right)$$

故依照 $\alpha \geq 3+2\delta$ 得

$$\left| \sum_{N_1 \leq p \leq N_2} e^{-it\log p} \right| \leq c_{31}(\alpha,\delta)\frac{N}{t^\delta}$$

于是依照定理 11.4 得出式(12.24)和(12.25)的充分性.

下列定理的证明可以用类似的方法办到.

定理 12.6 类似 Riemann 猜想成立的必要且充分的条件是,对于正数 α 与 δ 以及 $t \geq c_{32}(\alpha,\delta)$

$$t^\alpha \leq \frac{N}{2} \leq N_1 < N_2 \leq N$$

有不等式

$$\int_{\frac{t}{10N}}^{\frac{3t}{N}} \left| \sum_{N_1 \leqslant p \leqslant N_2} \mathrm{e}^{-ipy} \right| \mathrm{d}y < c_{33}(\alpha,\delta) t^{\frac{1}{2}-\delta} \log^2 N$$

第十三节 论 Dirichlet 级数论中若干值得注意的半平面

1. 在第 11 节中我们对于在 $\sigma>1$ 内具有形式

$$F(s) = 1 + \sum_{n=2}^{\infty} \frac{a_n}{n^s}$$

的函数 $F(s)$ 的一个族 $Д$(其中也含有一切 Dirichlet L 函数)找出过一个必要且充分的条件,为的是,有一个满足 $\vartheta<1$ 的半平面 $\sigma>\vartheta$ 存在,使得对于每个 $\varepsilon>0$,在半平面 $\sigma\geqslant\vartheta+\varepsilon$ 中 $F(s)$ 只具有有限多个零点. 然而,定理 11.2 没有可能决定出"最小的"这样的数 ϑ;在以下,我们将只对于函数族 $Д$ 的某一个部分族来讨论这种决定法. 这个部分族 $\mathscr{B}$ 乃是由 $\mathscr{U}$ 中的那样一些函数所组成. 若我们对于要求式(11.7)~(11.11),代替式(11.9)我们还添上一个要求,那就是,对于

$$\sigma \geqslant \frac{1}{2}, |t| \geqslant 3$$

与任意小的正数 δ,我们可以立刻假设它满足

$$\delta < \frac{1}{100^{10}} \qquad (13.1)$$

有不等式①

$$|F(s)| \leqslant c_1(\delta) |t|^\delta \qquad (13.2)$$

要找到一个最大的函数族,对于这个函数族,这个半平

---

① 常数 c_v 的编号我们又从头开始.

第二部分　中外名家论 Riemann 函数与 Riemann 猜想

面可以显明地给出来①,这并不是怎样困难的事,相反,我还不能消除那个最沉重的假设(13.2). 在 ζ 函数的情形下,式(13.2)恰好就是尚未证出的所谓的 Lindelöf 猜测②,是故,精确地来决定具有这样一种性质的"最大的"半平面 $\sigma > \vartheta$ 只有在承认了 Lindelöf 猜测的情形下才办得到,这种性质是,对于每个任意小的 $\varepsilon > 0$,半平面 $\sigma \geq \vartheta + \varepsilon$ 仅含有限多个 ζ 函数的零点. 若我们定义横坐标 σ_W 简称"$F(s)$ 的零点稀少性横坐标"(Nullstellen-seltenheit-abscissa von $F(s)$)为对于每个任意小的正数 ε,半平面

$$\sigma \geq \sigma_W + \varepsilon \qquad (13.3)$$

仅含 $F(s)$ 有限多个零点,反之,半平面

$$\sigma > \sigma_W - \varepsilon \qquad (13.4)$$

含有 $F(s)$ 的无限多个零点,于是,定理 13.1 称说如下:

定理 13.1　对于以上定义的函数族 $\mathscr{B}$,其零点稀少性横坐标 σ_W 由

$$\sigma_W = 1 - \overline{\lim} \frac{A_3}{A_2} = 1 - \lambda \qquad (13.5)$$

给出,此处 A_2 与 A_3 遍历一切这样的正数值,对于这些正数值,式(11.12)和(11.13)对于

$$A_2 > 2A_3, \ A_3 \leq 1 \qquad (13.6)$$

正确（此处于是得出 $\sigma_W \geq \frac{1}{2}$）.

---

① 于是这些结果可以扩张到更一般的 Dirichlet 级数 $\sum a_v e^{-\lambda_v s}$ 族上去.

② 参看前面已引过的 Titchmarch 的书.

有趣的是,拿横坐标 σ_W 与 $\dfrac{F'(s)}{F(s)}$ 的一致收敛横坐标 σ_G 相比较,σ_G 众所周知[①]在 $\sigma_G>0$ 的情形下,依照 $\dfrac{F'(s)}{F(s)}$ 的表达式(11.10),由

$$\sigma_G = \varlimsup_N \varlimsup_t \frac{\log\left|\sum_{j=1}^N b_j e^{-it\log j}\right|}{\log N} \quad (13.7)$$

所给出. 很有可能的是,我们能够把 σ_W 的形式(13.5)化为一个类似的形式,不过,那时,t 的域由 N 来约制.

2. 定理 13.1 的证明仍然可以拆开成为两部分.

定理 13.2 (必要性) 若对于函数族 $\mathscr{B}$ 中的一个函数 $F(s)$(甚至对于函数族 $\mathscr{U}$ 中的一个),对于 $\dfrac{1}{2}\leqslant\vartheta<1$,零点稀少性横坐标 σ_W 等于 ϑ,则对于每个满足

$$1-\frac{A_3}{A_2}>\vartheta, A_3 \leqslant 1$$

的正数 A_2, A_3,式(11.22)(11.23)成立(因为 $\vartheta\geqslant\dfrac{1}{2}$,所以自动地有 $A_2>2A_3$).

这与定理 11.3 完全一致.

定理 13.3 (充分性) 若对于函数族 $\mathscr{B}$ 中的一个函数 $F(s)$,可以找出正数 A_2, A_3,使得,第一

$$A_2>2A_3, A_3 \leqslant 1 \quad (13.8)$$

第二,对于 $t>c_2$ 以及

---

① 参阅,例如说 Bohr–Cramér 在德国数学百科全书中的文章. Bd. Ⅱ. 3. 2,Hälfte C. 8,S. Teub,1923;722-849.

第二部分　中外名家论 Riemann 函数与 Riemann 猜想

$$t^{A_2} \leq \frac{N}{2} \leq N_1 < N_2 \leq N \qquad (13.9)$$

不等式

$$\left| \sum_{N_1 \leq n \leq N_2} b_n \mathrm{e}^{-it\log n} \right| \leq c_3 \frac{N\log^2 N}{t^{A_3}} \qquad (13.10)$$

满足,则对于任意小的正数 ε,在半平面

$$\sigma \geq 1 - \frac{A_3}{A_2} + \varepsilon \qquad (13.11)$$

中,$F(s)$ 仅有有限多个零点.

这个定理 13.3 比定理 11.4 来得更深一些. 为了使其简便,我们首先给出证明的一个概略. 设对于一个 $\varepsilon > 0$, 半平面 (13.11) 具有 $F(s)$ 的无穷多个零点. 于是我们可以选择具有足够大的正虚部的一个这样的零点 $\rho^* = \sigma^* + it^*$. 现在在高度 t^* 处我们定出 s_2, 但是,这却引起新的困难——要远离边界直线 $\sigma = 1$. 若 L 表示某一条折线,这个折线经过只与 ε 有关的,在直线 $\sigma = \frac{1}{2}$ 的右旁的一个近邻,但需在 ρ^* 的左旁,于是我们用以上的 s_2 以及整数 $l \geq 2$ 造出表达式

$$W = \sum_\rho \frac{\xi^{\rho - s_2}}{(s_2 - \rho)^{l+1}}$$

此处 ξ 即将决定,ρ 遍历 $F(s)$ 的零点中位于 L 的右边者 (是故 ρ^* 也在其内). 若我们选 $\xi = \mathrm{e}^{l+1}$ 并且把 $l+1$ 限制在 $A_2 \log t^*$ 的一个"小的"右旁近邻内 (但是,现在所表示的只是相对的小,因为数 $s_2 - \rho$ 都是大的),则 W 重新又化为一些固定复数的纯方幂和."远"离着 s_2 的那些 ρ 的影响很容易证明它是"小的". 下余和数的绝对值,我们可以适当选择 $l+1$, 借助于第一章中定理 7.3 (是即借助于第二主要定理) 由下面来估计它 (此

处将需用式(13.2)). 矛盾可以由这样来得到,那就是,我们依照下法来导出$|W|$的一个上估计式. 对于变数$r>1$我们首先借助于积分

$$K = \frac{1}{2\pi i} \int \frac{r^w}{w^2} \cdot \frac{F'}{F}(s_2+w) \, dw$$

在函数

$$h(r,s_2) = \sum_{n \geqslant r} \frac{b_n}{n^{s_2}} \log \frac{n}{r}$$

与

$$H(r,s_2) = \sum_{\rho} \frac{r^{\rho-s_2}}{(s_2-\rho)^2}$$

之间导出一个近似的关联,此处ρ遍历位于L右边的,$F(s)$的零点,积分是沿着直线$\mathscr{R}w = -\frac{\mathscr{R}s_2-1}{2}$而取的.

现在,W的一个近似值可由积分式

$$\int_{\xi}^{\infty} h(r,s_2) \frac{\log^{l-1} \frac{r}{\xi}}{r} dr$$

给出,并且由条件(13.9)(13.10)我们可以用两次部分求和法来估计$h(r,s_2)$. 因为在运算中并不利用s的特别选择,所以我们对于每个满足$\sigma>1$的s来完成相应的不等式. 在应用式(13.2)的时候,δ自然应当选为ε的一个适宜的函数.

3. 我们需用若干个辅助定理,这些辅助定理比以前那些相当的辅助定理略微深一点.

辅助定理13.1 对于函数族$\mathscr{B}$里的函数$F(z)$在域

$$\frac{1}{2} + \sqrt{\delta} \leqslant x \leqslant 1, T \leqslant y \leqslant T+1, z = x+iy \quad (13.12)$$

第二部分　中外名家论 Riemann 函数与 Riemann 猜想

中零点的个数 $V(T)$ 有

$$V(T) < 4\delta^{\frac{1}{6}}\log T \qquad (13.13)$$

假使 $|T| > c_4(\delta)$ 并且 δ 足够小的话,此外对于每个实数 T 以及足够小的 δ,有

$$V(T) < c_5(\delta)\log(3+|T|) \qquad (13.14)$$

设

$$z_l = 2 + \mathrm{i}(T + l\delta^{\frac{1}{3}}), l = 1, 2, \cdots, [\delta^{-\frac{1}{3}}]$$

我们首先来研究圆

$$|z - z_l| \leq \frac{3}{2}\left(1 - \frac{1}{2}\sqrt{\delta}\right) \qquad (13.15)$$

中零点的个数 V_l。因依照式(13.2)与(11.8),对于 $|z - z_l| \leq \frac{3}{2}$ 及 $|T| > c_4(\delta)$ 有

$$\left|\frac{F(z)}{F(z_l)}\right| < |T|^{2\delta} \qquad (13.16)$$

故由 Jensen 不等式得

$$\frac{1}{2}\sqrt{\delta} V_l \leq \log \frac{\frac{3}{2}}{\frac{3}{2}\left(1 - \frac{1}{2}\sqrt{\delta}\right)} V_l \leq \max_{|z - z_l| \leq \frac{3}{2}}\left|\frac{F(z)}{F(z_l)}\right| \leq 2\delta\log|T|$$

是即

$$V_l \leq 4\sqrt{\delta}\log|T|$$

当 δ 足够小的时候,显而易见,圆(13.15)能掩盖住矩形(13.12),是故

$$V(T) < \delta^{-\frac{1}{3}} 4\sqrt{\delta}\log|T| = 4\delta^{\frac{1}{6}}\log|T|$$

式(13.14)的证明比这更简单.

4. 辅助定理 13.2　设 $G(z_0) \neq 0, G(z)$ 在圆 $|z - z_0| \leq R$ 里为正则,并且其中有不等式

$$\left|\frac{G(z)}{G(z_0)}\right| \leqslant e^M, M>1 \qquad (13.17)$$

若 $z_k = x_k + \mathrm{i}y_k$ 表示 $G(z)$ 在这圆里的零点,又 $0 < \eta < 10^{-6}$,则对于

$$|z-z_0| \leqslant (1-2\eta)R, z=x+\mathrm{i}y \qquad (13.18)$$

有估计式

$$\left|\frac{G'}{G}(z) - \sum_{\substack{|x-x_k| \leqslant \frac{R\eta}{2} \\ |y-y_k| \leqslant \frac{R\eta}{2}}} \frac{1}{z-z_k}\right| < \frac{5}{\eta^2} \cdot \frac{M}{R} \qquad (13.19)$$

为证明这个辅助定理,不失其普遍性,我们可以假定 $z_0 = 0$. 把辅助定理 11.1 中的 Landau 方法略加修改,我们研究辅助函数①

$$G_1(z) = G(z) \prod_{|z_k| \leqslant R(1-\eta)} \left(R \frac{z-z_k}{R^2 - \overline{z_k}z}\right)^{-1}$$

于是在圆 $|z| = R$ 上有

$$\left|\frac{G_1(z)}{G_1(0)}\right| = \left|\frac{G(z)}{G(0)}\right| \prod_{|z_k| \leqslant R(1-\eta)} \frac{|z_k|}{R} < \left|\frac{G(z)}{G(0)}\right| \leqslant e^M$$

这从而对于 $|z| \leqslant R$ 也能成立. 所以若

$$G_2(z) = \log \frac{G_1(z)}{G_1(0)}$$

并且由 $G_2(0) = 0$ 来决定对数的值,则对于 $|z| \leqslant R(1-\eta)$, $G_2(z)$ 为正则,而且在此处有

$$\mathscr{R}G_2(z) \leqslant M$$

现在,依照曾经提过的 Hadamard-Carathéodory 定理(参阅第 11 节小段 4),对于 $|z| \leqslant (1-2\eta)R$(取 $r = (1-\eta)R, r_1 = (1-2\eta)R$),得出

---

① 遇空的乘积时,则总是表示 1.

$$\left|\frac{G_1'}{G_1}(z)\right| \leq \frac{2RM}{\eta^2 R^2} = \frac{2}{\eta^2} \cdot \frac{M}{R}$$

是即

$$\left|\frac{G'}{G}(z) - \sum_{|z_k| \leq (1-\eta)R} \left(\frac{1}{z-z_k} + \frac{1}{\frac{R^2}{\bar{z}_k}-z}\right)\right| \leq \frac{2}{\eta^2} \cdot \frac{M}{R}$$

(13.20)

对于 $|z| \leq (1-2\eta)R$ 有

$$\left|\frac{R^2}{\bar{z}_k} - z\right| \geq \frac{R}{1-\eta} - (1-2\eta)R \geq 3\eta R$$

而且依照那已经用过多回的 Jensen 估计式（参阅第 10 节小段 3）$G(z)$ 在圆 $|z| \leq (1-\eta)R$ 中至多有 $\frac{M}{\eta}$ 个零点，因此由式 (13.20) 对于 $|z| \leq (1-2\eta)R$ 得出

$$\left|\frac{G'}{G}(z) - \sum_{|z_k| \leq R(1-\eta)} \frac{1}{z-z_k}\right| < \frac{3}{\eta^2} \cdot \frac{M}{R} \quad (13.21)$$

以点 $\left(x \pm R\frac{\eta}{2}, y \pm R\frac{\eta}{2}\right)$ 为其顶角的正方形显然位于圆 $|z| \leq (1-\eta)R$ 中. 式 (13.21) 中的和数里，相应于 $|z_k| \leq R(1-\eta)$，但 z_k 不在正方形里的那些项之和的绝对值显然小于或等于

$$\frac{M}{\eta}\left(\frac{2}{\eta} \cdot \frac{1}{R}\right) = \frac{2}{\eta^2} \cdot \frac{M}{R}$$

由这以及式 (13.21) 即可得出辅助定理.

由这个辅助定理很容易地就可以得出:

辅助定理 13.3 若对于 $z = x + iy, F(z) \in \mathscr{B}$ 并且 δ 为足够小的正数，则对于

$$\frac{1}{2} + 12\delta^{\frac{1}{4}} \leq x \leq 3, |y| \geq c_6(\delta) \quad (13.22)$$

有公式

$$\left|\frac{F'(z)}{F(z)} - \sum_{\substack{k \\ |x-x_k| \leq 3\delta^{\frac{1}{4}} \\ |y-y_k| \leq 3\delta^{\frac{1}{4}}}} \frac{1}{z-z_k}\right| < \sqrt{\delta} \log y \quad (13.23)$$

为了证明这个辅助定理我们取

$$G(z) = F(z), z_0 = 2 + \mathrm{i}y', R = \frac{3}{2}, \eta = 4\delta^{\frac{1}{4}}$$

而应用辅助定理 13.2. 由于式 (13.2) 与 (11.8), 对于 $|y'| > c_7(\delta)\,(>2)$, 在圆 $|z-z_0| \leq \frac{3}{2}$ 中, 有

$$\left|\frac{F(z)}{F(z_0)}\right| \leq |y'|^{2\delta}$$

是故可选

$$M = 2\delta \log |y'| \,(>1)$$

于是, 对于

$$|z-(2+\mathrm{i}y')| \leq \frac{3}{2}(1+8\delta^{\frac{1}{4}})$$

有

$$\left|\frac{F'(z)}{F(z)} - \sum_{\substack{k \\ |x-x_k| \leq 3\delta^{\frac{1}{4}} \\ |y-y_k| \leq 3\delta^{\frac{1}{4}}}} \frac{1}{z-z_k}\right| \leq \frac{5}{16\sqrt{\delta}} \cdot \frac{2\delta \log |y'|}{\frac{3}{2}} = \sqrt{\delta} \log |y'| \frac{5}{12}$$

因

$$|y'| \leq |y| + \frac{3}{2} < y^2$$

故对于 $|y'| > c_7(\delta), |z-(2+\mathrm{i}y')| \leq \frac{3}{2}(1+8\delta^{\frac{1}{4}})$, 得出估计式

$$\left|\frac{F'(z)}{F(z)} - \sum_{\substack{k \\ |x-x_k| \leq 3\delta^{\frac{1}{4}} \\ |y-y_k| \leq 3\delta^{\frac{1}{4}}}} \frac{1}{z-z_k}\right| \leq \sqrt{\delta}\log|y|$$

现在若$|y'|$历遍大于$c_7(\delta)$的值,则圆$|z-(2+\mathrm{i}y')| \leq \frac{3}{2}(1-8\delta^{\frac{1}{4}})$即掩盖住区域(13.22),只需

$$c_6(\delta) = c_7(\delta) + 2$$

这就是所要证明的.

由辅助定理13.1和13.3很容易地就可得出:

辅助定理13.4 若正数δ充分小,则在条带域

$$\frac{1}{2} + \delta^{\frac{1}{10}} \leq x \leq \frac{1}{2} + 2\delta^{\frac{1}{10}} \quad (13.24)$$

中,我们可以找出一根折线L,它的线段平行于x或y轴,它两端都伸张到无穷远,并且它具有下列性质. 若水平线段的纵坐标用y_K来表示,则对于每个整数$-\infty < K < +\infty$有

$$K < y_K < K+1 \quad (13.25)$$

此外,对于$\frac{1}{2} + 12\delta^{\frac{1}{4}} \leq x \leq 3, y = y_K$,有

$$\left|\frac{F'(z)}{F(z)}\right| < c_8(\delta)\log^2(2+|K|) \quad (13.26)$$

并且在L上有

$$\left|\frac{F'(z)}{F(z)}\right| < c_8(\delta)\log^2(3+|y|) \quad (13.27)$$

显然,研究条带域里满足

$$y > \max(c_6(\delta), c_4(\delta))$$

的那一部分就已足够了($c_4(\delta)$指式(13.16)而言). 若我们考虑到式(13.13),则由式(13.23)可以得出命题(13.26),因为,此时在K与$K+1$之间,存在一个y_K,

使得对于每个满足

$$K \leqslant \vartheta z_j \leqslant K+1, \mathscr{R} z_j \geqslant \frac{1}{2}+\sqrt{\delta}$$

的 z_j,成立不等式

$$|y_K - \vartheta z_j| \geqslant (8\delta^{\frac{1}{6}} \log K)^{-1}$$

即 $z = x + \mathrm{i} y_K, x \geqslant \frac{1}{2} + 12\delta^{\frac{1}{4}}$,由式(13.13),得出

$$\left| \sum_{\substack{|x-x_k| \leqslant 3\delta^{\frac{1}{4}} \\ |y-y_k| \leqslant 3\delta^{\frac{1}{4}}}} \frac{1}{z-z_k} \right| < 8\delta^{\frac{1}{6}} \cdot \log K \cdot 4\sqrt{\delta} \log K = 32\delta^{\frac{2}{3}} \log^2 K$$

从而对于 $\frac{1}{2} + 12\delta^{\frac{1}{4}} \leqslant x \leqslant 3, y = y_K$,有

$$\left| \frac{F'(z)}{F(z)} \right| \leqslant 32\delta^{\frac{2}{3}} \log^2 K + \sqrt{\delta} \log y < c_8(\delta) \log^2 K$$

现在,若对于每个整数 K 已经定出了数 y_K,我们注意,同样根据辅助定理 13.1 与 13.3,可知存在一个满足

$$\frac{1}{2} + \delta^{\frac{1}{10}} \leqslant x_K \leqslant \frac{1}{2} + 2\delta^{\frac{1}{10}}$$

的 x_K,使得对于每个 z_j,它甚至满足

$$\mathscr{R} z_j \geqslant \frac{1}{2} + \sqrt{\delta}, K-2 \leqslant \vartheta z_j \leqslant K+3$$

都有

$$|x_k - \mathscr{R} z_j| \geqslant \frac{1}{5 \cdot 4\delta^{\frac{1}{6}} \log(K+2)} \cdot \frac{1}{\delta^{\frac{1}{10}}} = \frac{1}{20\delta^{\frac{4}{15}} \log(K+2)}$$

因此对于 $z = x_K + \mathrm{i} y, y_K \leqslant y \leqslant y_{K+1}$ 有

$$\left| \sum_{\substack{|x-x_k| \leqslant 3\delta^{\frac{1}{4}} \\ |y-y_k| \leqslant 3\delta^{\frac{1}{4}}}} \frac{1}{z-z_k} \right| < \sum_{\substack{|x-x_k| \leqslant 3\delta^{\frac{1}{4}} \\ |y-y_k| \leqslant 3\delta^{\frac{1}{4}}}} \frac{1}{|z-z_k|} < c_9(\delta) \log^2 y$$

从而对于 $x = x_K, y_K \leqslant y \leqslant y_{K+1}$ 有

$$\left|\frac{F'(z)}{F(z)}\right| \leq c_9(\delta)\log^2 y + \sqrt{\delta}\log y < c_8(\delta)\log^2(3+|y|)$$

由此,辅助定理 13.4 得证. $c_8(\delta)$ 同 δ 变小的这一事实是不关重要的.

5. 现在转到定理 13.3 的证明. 由假设(13.9)与(13.10),经过对于

$$\sigma > 1, t > 10 \qquad (13.28)$$

以及

$$U \geq t^{A_2}$$

行部分求和法之后得出不等式

$$\left|\sum_{U \leq n < 2U} \frac{b_n}{n^s}\right| < c_{10}\left(\frac{U^{1-\sigma}\log^2 U}{t^{A_3}} + U^{-\sigma}\log U\right)$$

若我们利用 $A_2 > A_3$,则有

$$U^{-\sigma} < t^{A_2 - A_3}U^{-\sigma} \leq \frac{U^{1-\sigma}}{t^{A_3}}$$

于是得出

$$\left|\sum_{U \leq n < 2U} \frac{b_n}{n^s}\right| \leq c_{11}\frac{U^{1-\sigma}\log^2 U}{t^{A_3}} \qquad (13.29)$$

若

$$\omega \geq t^{A_2} \qquad (13.30)$$

则我们依次取

$$U = \omega, 2\omega, 2^2\omega, \cdots, 2^j\omega, \cdots$$

而应用式(13.29),于是得

$$\left|\sum_{n \geq \omega} b_n n^{-s}\right| \leq c_{11}\frac{\omega^{1-\sigma}}{t^{A_3}}\sum_{j=0}^{\infty} 2^{j(1-\sigma)}(\log \omega + j)^2 <$$

$$c_{12}\frac{\omega^{1-\sigma}\log^2 \omega}{t^{A_3}}\left(1 + \frac{1}{(\sigma-1)^3}\right) \qquad (13.31)$$

若

$$r \geq t^{A_2} \qquad (13.32)$$

并且我们设

$$h(r,s) = \sum_{n \geqslant r} \frac{b_n \log \dfrac{n}{r}}{n^s} \qquad (13.33)$$

则对于

$$Q = \int_r^\infty \left(\sum_{n \geqslant \omega} \frac{b_n}{n^s} \right) \frac{\mathrm{d}\omega}{\omega}$$

一方面有

$$Q = \sum_{n \geqslant r} \frac{b_n}{n^s} \int_r^n \frac{\mathrm{d}\omega}{\omega} = \sum_{n \geqslant r} \frac{b_n}{n^s} \log \frac{n}{r} = h(r,s)$$

另一方面依照式(13.31)有

$$|Q| \leqslant \frac{c_{12}}{t^{A_3}} \left(1 + \frac{1}{(\sigma-1)^3}\right) \int_r^\infty \omega^{-\sigma} \log^2 \omega \, \mathrm{d}\omega$$

$$< \frac{c_{12}}{t^{A_3}} \left(1 + \frac{1}{(\sigma-1)^3}\right)^2 \frac{r^{1-\sigma} \log^2 r}{\sigma-1}$$

因此

$$|h(r,s)| \leqslant \frac{c_{13}}{t^{A_3}} \left(1 + \frac{1}{(\sigma-1)^6}\right) \frac{r^{1-\sigma} \log^2 r}{\sigma-1} \qquad (13.34)$$

此外设

$$\xi \geqslant t^{A_2} \qquad (13.35)$$

l 为整数且大于或等于3,又

$$H = \int_\xi^\infty h(r,s) \frac{\log^{l-2} \dfrac{r}{\xi}}{r} \mathrm{d}r \qquad (13.36)$$

于是由式(13.34)得

$$|H| \leqslant \frac{c_{13}}{t^{A_3}} \left(1 + \frac{1}{(\sigma-1)^6}\right) \frac{1}{\sigma-1} \int_\xi^\infty r^{-\sigma} \log^2 r \log^{l-2} \frac{r}{\xi} \mathrm{d}r$$

因

$$\log^2 r = \left(\log \xi + \log \frac{r}{\xi}\right)^2 < 2\left(\log^2 \xi + \log^2 \frac{r}{\xi}\right)$$

故依照辅助定理 10.2 得

$$|H| \leq \frac{2c_{13}}{t^{A_3}}\left(1 + \frac{1}{(\sigma-1)^6}\right)\frac{1}{\sigma-1} \cdot$$

$$\left\{\log^2\xi \int_\xi^\infty r^{-\sigma}\log^{l-2}\frac{r}{\xi}dr + \int_\xi^\infty r^{-\sigma}\log^l\frac{r}{\xi}dr\right\} =$$

$$\frac{2c_{13}}{t^{A_3}(\sigma-1)}\left(1+\frac{1}{(\sigma-1)^6}\right) \cdot$$

$$\left\{(l-2)!\frac{\xi^{1-\sigma}\log^2\xi}{(\sigma-1)^{l-1}}+l!\frac{\xi^{1-\sigma}}{(\sigma-1)^{l+1}}\right\} <$$

$$\frac{c_{14}\xi^{1-\sigma}\log^2\xi}{t^{A_3}(\sigma-1)^l}l!\left(1+\frac{1}{(\sigma-1)^8}\right) \qquad (13.37)$$

6. 要想把 H 用 $F(s)$ 的零点表达出来，首先应当把 $h(r,s)$ 表达出来. 我们由积分式

$$Q_1 = \frac{1}{2\pi i}\int_{(\frac{\sigma+1}{2})} \frac{r^{z-s}}{(z-s)^2} \cdot \frac{F'(z)}{F(z)}dz$$

$$z = x + iy, r \geq 2 \qquad (13.38)$$

出发. 因为此时有 $\mathscr{R}z>1$，所以对于 $\frac{F'(z)}{F(z)}$ 我们可以把级数 (11.10) 代入式 (13.28) 中，于是

$$Q_1 = h(r,s)$$

我们把积分路径移至辅助定理 13.4 中的折线 L 上. 若我们依照寻常的方法来应用这个辅助定理中的式 (13.26)，则得出

$$h(r,s) = \sum_\rho \frac{r^{\rho-s}}{(s-\rho)^2} - \sum_K \frac{r^{K-s}}{(s-K)^2} +$$

$$\frac{1}{2\pi i}\int_{(L)} \frac{r^{z-s}}{(z-s)^2} \cdot \frac{F'(z)}{F(z)}dz \equiv$$

$$V_1 + V_2 + V_3 \qquad (13.39)$$

此处 ρ 遍历 $F(z)$ 在 L 右边的那些零点，而 K 则遍历

$F(z)$ 在 L 右边的那些极点. 由于式(11.9)以及 $t \geq 10$, 有

$$|V_2| \leq c_{15} \frac{r^{1-\sigma}}{t^2}$$

并且依照辅助定理 13.4 中的式(13.27)有

$$|V_3| \leq c_{16}(\delta) \left(r^{\frac{1}{2}+2\delta^{\frac{1}{10}}-\sigma} \int_{-\infty}^{\infty} \frac{\log^2(3+|y|)}{\frac{1}{4}+(y-t)^2} dy + r^{\frac{1}{2}+2\delta^{\frac{1}{10}}-\sigma} \cdot \right.$$

$$\left. \sum_{l=-\infty}^{\infty} \frac{\log^2(3+|l|)}{\frac{1}{4}+(l-t)^2} \right) < c_{17}(\delta) + r^{\frac{1}{2}+2\delta^{\frac{1}{10}}-\sigma} \log^2 t$$

是故对于 $\sigma > 1, t \geq 10, r \geq 2$, 得出

$$\left| h(r,s) - \sum_{\rho} \frac{r^{\rho-s}}{(\rho-s)^2} \right| \leq c_{18} \delta \left\{ \frac{r^{1-\sigma}}{t^2} + r^{\frac{1}{2}+2\delta^{\frac{1}{10}}-\sigma} \log^2 t \right\}$$

$$(13.40)$$

依照式(13.36)中 H 的定义, 有

$$\left| H - \sum_{\substack{\rho \text{ 在} L \\ \text{的右旁}}} \frac{1}{(s-\rho)^2} \int_{\xi}^{\infty} r^{\rho-s-1} \log^{l-2} \frac{r}{\xi} dr \right| \leq$$

$$c_{18}(\delta) \left\{ \frac{1}{t^2} \int_{\xi}^{\infty} r^{-\sigma} \log^{l-2} \frac{r}{\xi} dr + \log^2 t \int_{\xi}^{\infty} r^{-\frac{1}{2}+2\delta^{\frac{1}{10}}-\sigma} \log^{l-2} \frac{r}{\xi} dr \right\}$$

应用辅助定理 10.2, 得出

$$\left| H - (l-2)! \sum_{\substack{\rho \text{ 在} L \\ \text{的右旁}}} \frac{\xi^{\rho-s}}{(s-\rho)^{l+1}} \right| \leq$$

$$c_{18}(\delta)(l-2)! \left\{ \frac{\xi^{1-\sigma}}{t^2(\sigma-1)^{l+1}} + \frac{\xi^{\frac{1}{2}+2\delta^{\frac{1}{10}}-\sigma}}{\left(\sigma-\frac{1}{2}-2\delta^{\frac{1}{10}}\right)^{l-1}} \right\}$$

若我们把这代入式(13.37)中, 则在

$l \geq 3$ 且为整数，$\sigma > 1$，$t \geq 10$，$\xi \geq t^{A_2}$，$0 < \delta \leq 10^{-6}$

(13.41)

诸条件下即得作为出发点的不等式

$$\left| \sum_{\substack{\rho \text{ 在 } L^\rho \\ \text{的右旁}}} \frac{\xi^{\rho-s}}{(s-\rho)^{l+1}} \right| \leq c_{19}(\delta) \left\{ \frac{\xi^{\frac{1}{2}+2\delta^{\frac{1}{10}}-\sigma}}{\left(\sigma - \frac{1}{2} - 2\delta^{\frac{1}{10}}\right)^{l-1}} + \frac{l^2 \xi^{1-\sigma} \log^2 \xi}{t^{A_3}(\sigma-1)^{l-1}} \left(1 + \frac{1}{(\sigma-1)^8}\right) \right\} \quad (13.42)$$

7. 要想证明定理 13.3，我们假定它不正确。这意味着，在函数族 $\mathscr{B}$ 中存在一个函数 $F(s)$，使得对于正数 A_1, A_2 以及 $A_3 < \frac{1}{2} A_2$ 及正数 ε，半平面

$$\sigma > 1 - \frac{A_3}{A_2} \left\{ 1 - \varepsilon \left(2 + \frac{1}{10 A_2} \right) \right\} \quad (13.43)$$

内具有无穷多个 $F(s)$ 的零点。不失其普遍性，我们可以假定存在这样的零点，其虚部为正且任意的大。于是，固定住数 A_1, A_2, A_3，那么数 ε 也可以选得如此的小，致使 $0 < \varepsilon < \frac{1}{100}$ 成立外，还有

$$\frac{1}{1+\varepsilon}\left(1 + \frac{\varepsilon}{10 A_2}\right) \leq \frac{3}{2} \quad (13.44)$$

$$\frac{A_2 - 2 A_3}{4 A_2} \geq \varepsilon^3 \quad (13.45)$$

$$320 \varepsilon^4 \log \frac{A_2}{6 \varepsilon^4} < \frac{A_3}{4} \varepsilon \quad (13.46)$$

以及

$$320 \varepsilon^4 < A_2 \quad (13.47)$$

设 $\rho^* = \sigma^* + it^*$ 为 $F(s)$ 的这样一个零点，于是此处有

$$\sigma^* > 1 - \frac{A_3}{A_2}\left\{1 - \varepsilon\left(2 + \frac{1}{10A_2}\right)\right\} \quad (13.48)$$

并且,对于 t^* 预先只要求

$$t^* > \max(\mathrm{e}^{\frac{4}{A_2}}, \mathrm{e}^{\frac{30}{\varepsilon}}, 100) \quad (13.49)$$

以后我们将要对于 t^* 也另外加一些形如 $t^* > c_v(A_2, A_3, \varepsilon)$ 的限制,并且选择 t^* 很大,以至所有这些限制得到满足,然后再固定住 t^*。用这个 ρ^* 并且取

$$s = 1 + \max\left(\frac{1}{\sqrt{\log t^*}}, \frac{1+\varepsilon}{\varepsilon} \cdot \frac{A_2}{A_3}(1-\sigma^*)\right) + \mathrm{i}t^* \equiv$$

$$\sigma_2 + \mathrm{i}t^* \equiv s_2 \quad (13.50)$$

以及

$$\xi = \mathrm{e}^{l+1} \quad (13.51)$$

我们来应用不等式(13.42),此处对于整数 l 我们预先只假定

$$A_2 \log t^* \leqslant l+1 \leqslant \left(A_2 + \frac{\varepsilon}{10}\right)\log t^* \quad (13.52)$$

由式(13.49)可知这个区间大于或等于3。作为 δ 我们最后选择

$$\delta = \varepsilon^{30} \quad (13.53)$$

于是可知 s_2 远离直线 $\sigma=1$,因为依照定理11.4只能有有限多个零点距离 $\sigma=1$"很近"。由式(13.42)给出

$$\left|\sum_{\substack{\rho \text{ 在 } L^{\rho} \\ \text{ 的右旁}}} \frac{\xi^{\rho-s_2}}{(s_2-\rho)^{l+1}}\right| <$$

$$c_{20}(\varepsilon, A_v)\left\{\frac{\xi^{\frac{1}{2}+2\varepsilon^3-\sigma_2}}{\left(\sigma_2 - \frac{1}{2} - 2\varepsilon^3\right)^{l-1}} + \frac{2l^2 \xi^{1-\sigma_2}\log^2 \xi}{t^{A_3}(\sigma_2-1)}\right\}$$

或者考虑到式(13.51)与(13.52),得

第二部分 中外名家论 Riemann 函数与 Riemann 猜想

$$\left|\sum_{\substack{\rho 在 L^\rho \\ 的右旁}} \frac{\xi^{\rho-s_2}}{(s_2-\rho)^{l+1}}\right| \leqslant c_{20}(\varepsilon, A_v) \frac{\xi^{1-\sigma_2}\log^4 t^*}{(t^*)^{A_3}(\sigma_2-1)^{l-1}} \cdot$$

$$\left\{1+(t^*)^{A_3\xi^{2\varepsilon^3}-\frac{1}{2}}\left(\frac{\sigma_2-1}{\sigma_2-\frac{1}{2}-2\varepsilon^3}\right)^{l-1}\right\}$$

但因

$$0<\frac{\sigma_2-1}{\sigma_2-\frac{1}{2}-2\varepsilon^3}<1$$

而且由式(13.51)与(13.45)有

$$(t^*)^{A_3\xi^{2\varepsilon^3}-\frac{1}{2}} \leqslant (t^*)^{A_3-\left(\frac{1}{2}-2\varepsilon^3\right)A_2} = (t^*)^{2A_2\left(\varepsilon^3-\frac{A_2-2A_3}{4A_2}\right)} \leqslant 1$$

于是得出①

$$\left|\sum_{\substack{\rho 在 L^\rho \\ 的右旁}} \frac{\xi^{\rho-s_2}}{(s_2-\rho)^{l+1}}\right| \leqslant 2c_{20}(\varepsilon, A_v) \frac{\xi^{1-\sigma_2}\log^4 t^*}{(t^*)^{A_3}(\sigma_2-1)^{l-1}}$$

或者,我们以

$$|\xi^{s_2-p^*}(s_2-p^*)^{l+1}| = \xi^{\sigma_2-\sigma^*}(\sigma_2-\sigma)^{l+1}$$

乘其两端,并且考虑到$(\sigma_2-1)^2 < c_{21}(\varepsilon, A_v)$,则得

$$\left|\sum_{\substack{\rho 在 L^\rho \\ 的右旁}} \xi^{\rho-p^*}\left(\frac{s_2-\rho^*}{s_2-\rho}\right)^{l+1}\right| \leqslant$$

$$c_{22}(\varepsilon, A_v)\frac{\xi^{1-\sigma^*}\log^4 t^*}{(t^*)^{A_3}}\left(\frac{\sigma_2-\sigma^*}{\sigma_2-1}\right)^{l+1} \quad (13.54)$$

现在我们来研究因子$\left(\frac{\sigma_2-\sigma^*}{\sigma_2-1}\right)^{l+1}$. 因

---

① 在这个不等式中,我们可以清楚地看得见条件(13.10)的效应,若我们在式子的右端去掉因子$(t^*)^{A_3}$,则这个不等式就会变成不足道了.

$$\left(\frac{\sigma_2-\sigma^*}{\sigma_2-1}\right)^{l+1}=\left(1+\frac{1-\sigma^*}{\sigma_2-1}\right)^{l+1}\leq\left(1+\frac{1-\sigma^*}{\frac{1+\varepsilon}{\varepsilon}\cdot\frac{A_2}{A_3}(1-\sigma^*)}\right)^{l+1}=$$

$$\left(1+\frac{A_3\varepsilon}{(1+\varepsilon)A_2}\right)^{l+1}$$

于是由式(13.52)与(13.44)得出

$$\left(\frac{\sigma_2-\sigma^*}{\sigma_2-1}\right)^{l+1}\leq\exp\left\{\left(A_2+\frac{\varepsilon}{10}\right)\frac{A_3\varepsilon}{(1+\varepsilon)A_2}\log t^*\right\}\leq(t^*)^{\frac{3}{2}A_3\varepsilon}$$

再依照式(13.51)与(13.52)有

$$\frac{\xi^{1-\sigma^*}}{(t^*)^{A_3}}<(t^*)^{(A_2+\frac{\varepsilon}{10})(1-\sigma^*)-A_3}$$

是故依照式(13.48)得

$$\frac{\xi^{1-\sigma^*}}{(t^*)^{A_3}}<(t^*)^{\{1-\varepsilon(2+\frac{1}{10A_2})\}(A_3+\frac{\varepsilon}{10}\cdot\frac{A_3}{A_2})-A_3}<$$

$$(t^*)^{-A_3\varepsilon(2+\frac{1}{10A_2})+\frac{\varepsilon}{10}\cdot\frac{A_3}{A_2}}=$$

$$(t^*)^{-2A_3\varepsilon} \quad\quad (13.55)$$

于是式(13.54)取得形式

$$\left|\sum_{\substack{\rho\text{在}L_\rho\\ \text{的右旁}}}\xi^{\rho-\rho^*}\left(\frac{s_2-\rho^*}{s_2-\rho}\right)^{l+1}\right|\leq c_{22}(\varepsilon,A_v)(t^*)^{-\frac{A_3}{2}\varepsilon}\log^4 t^*$$

$$(13.56)$$

8. 我们来估计和数,其中 $\rho=\sigma_\rho+\mathrm{i}t_\rho$ 里的 t_ρ 满足

$$t_\rho\geq t^*+10(\sigma_2-\sigma^*) \quad\quad (13.57)$$

的项所产生的影响 P_1,我们把它分成部分和数 $\sum^{(v)}$,它相应于

$$t^*+v(\sigma_2-\sigma^*)\leq t_\rho<t^*+(v+1)(\sigma_2-\sigma^*)$$
$$v=10,11,\cdots$$

依照 σ_2 的定义(13.50)以及(13.48)有

第二部分　中外名家论 Riemann 函数与 Riemann 猜想

$$\sigma_2 - \sigma^* < \sigma_2 < \frac{2}{\varepsilon} \qquad (13.58)$$

并且由辅助定理 13.1 中的称述(13.14)有

$$\left| \sum{}^{(v)} \right| \leqslant c_{23}(\varepsilon) \xi^{1-\sigma^*} \frac{\log\left(t^* + \frac{2v}{\varepsilon}\right)}{v^{l+1}}$$

是故,注意式(13.52)与(13.8),则相应于式(13.57)的那些项之和 S,就其绝对值而论,有

$$|S| < c_{24}(\varepsilon) \frac{\xi^{1-\sigma^*} \log t^*}{10^{l+1}} < c_{24}(\varepsilon) \frac{\xi^{1-\sigma^*} \log t^*}{(t^*)^{A_2}} \leqslant c_{24}(\varepsilon) \frac{\xi^{1-\sigma^*} \log t^*}{(t^*)^{2A_3}}$$

由式(13.55)有

$$\frac{\xi^{1-\sigma^*}}{(t^*)^{A_3}} \leqslant 1$$

于是得出

$$|P_1| \leqslant c_{24}(\varepsilon) \frac{\log t^*}{(t^*)^{A_3}}$$

并且相应于

$$t_\rho \leqslant t^* - 10(\sigma_2 - \sigma^*)$$

的项的和也能得出类似的估计式. 是故,若我们把 $\xi = \mathrm{e}^{l+1}$ 代进去,则有

$$Z \equiv \left| \sum_{\substack{\rho \text{ 在 } L \text{ 的右旁} \\ |t_\rho - t^*| < 10(\sigma_2 - \sigma^*)}} \left(\mathrm{e}^{\rho - \rho^*} \frac{s_2 - \rho^*}{s_2 - \rho} \right)^{l+1} \right| \leqslant$$

$$c_{25}(\varepsilon, A_v)(t^*)^{-\frac{A_3}{2}\varepsilon} \log^4 t^* \qquad (13.59)$$

9. 不便的假设(13.2)在实质上还没有被利用过. 在辅助定理 13.1 中的估计式(13.13)的形式下,现在将要来应用它,因为此时 σ_2 很大,并且式(13.59)的

和数中的项数就会很多.

我们取 $b_1=b_2=\cdots=1$ 而仍然应用第一章中定理 7.3 来决定式(13.59)中的 $l+1$. 和数里的项以及求和的范围显然都与 l 无关,是故 Z 仍然具有一个纯方幂和的性质. 相应于 $\rho=\rho^*$ 的项显然是 1 并且这项在 Z 中出现,于是取

$$m=A_2\log t^* \qquad (13.60)$$

就可以应用第一章中定理 7.3. 首先要给出这个定理中的 N. 因 $\delta=\varepsilon^{30}$ 是已经选过了的,故考虑到式(13.58)与(13.49)并且依照式(13.13)可知项数

$$P<4\varepsilon^5\log\left(t^*+\frac{20}{\varepsilon}\right)\cdot\frac{40}{\varepsilon}<320\varepsilon^4\log t^*$$

于是设

$$N=320\varepsilon^4\log t^* \qquad (13.61)$$

依照式(13.47)与(13.60)这时有

$$N<m \qquad (13.62)$$

由于 $\varepsilon<\frac{1}{100}$,故有

$$320\varepsilon^4<\frac{\varepsilon}{10}$$

那就是说区间 $[m,m+N]$ 包含在区间(13.52)之内. 所以我们可以选第一章中定理7.3中的 v 作为 $l+1$;于是根据式(13.46),有

$$Z>\left(\frac{1}{50}\cdot\frac{N}{m}\right)^N=\left(\frac{32}{5}\cdot\frac{\varepsilon^4}{A_2}\right)^{320\varepsilon^4\log t^*}>$$

$$(t^*)^{-320\varepsilon^4\log\frac{A_2}{6\varepsilon^4}}>(t^*)^{-\frac{A_3\varepsilon}{4}}$$

但依照(13.59)此时有

$$(t^*)^{\frac{A_3\varepsilon}{4}}<c_{25}(\varepsilon,A_v)\log^4 t^*$$

这对于充分大的 t^* 不能成立.

第十四节 论 ζ 函数论中 Carlson 的一个定理

1. 在第 11 节中曾经证明过,要想类似 Riemann 猜想成立,则和数

$$\sum_{N_1 \leqslant n \leqslant N_2} \Lambda(n) e^{-it\log n}$$

的某些估计式是必要而且充分的. 一个浅显的想法是:想办法来证明问题中的不等式,至少在除一个小的集合之外,确定成立. 在这一节中,我们将要证明,最简单的方法,即作绝对值平方积分的方法,就已经在某一方面给出精密而新颖的结果,其在数论中的重要性,二十年前即已为人所知①. 这方面的定理是,在具有形状

$$\sigma \geqslant \vartheta,\ 0 < t \leqslant T,\ \frac{1}{2} \leqslant \vartheta < 1$$

的域中,ζ 函数只能含"不太多的"零点. 若我们把这个数目记为 $N(\vartheta, T)$,则依照 Bohr-Landau 的开创性的结果

$$N(\vartheta, T) = o(T)\left(\frac{1}{2} < \vartheta < 1\ 为固定, T \to \infty\right)$$

以及 Carlson-Hoheisel 的结果

$$N(\vartheta, T) = O(T^{4\vartheta(1-\vartheta)} \log^6 T) \qquad (14.1)$$

---

① 我们只提起,由这样的一些结果,随着 Hoheisel 的发起,茵干在 1937 年证出,对于每个足够大的整数 n,在 n^3 与 $(n+1)^3$ 之间必存在素数,此外,Линник 能够——经过扩张到 Dirichlet L 函数之后——在 1945 年由此导出,每个足够大的奇数可以表示为三个素数的和.

Ingham[①] 的定理指,对于[②] $\frac{1}{2} \leq \vartheta \leq 1, T \geq 3$,有

$$N(\vartheta, T) < c_1 T^{\lambda(\vartheta)(1-\vartheta)} \log^5 T \qquad (14.2)$$

此处

$$\lambda(\vartheta) = \min\left(\frac{8}{3}, \frac{3}{2-\vartheta}\right) \qquad (14.3)$$

若我们想证明,对于一个 $\frac{1}{2} < b \leq 1$ 以及 $x > x_0(b)$,在 x 与 $x + x^b$ 之间,恒有素数存在,则依照 Hoheisel-Ingham,有决定性的只是数

$$\lambda = \min_{\frac{1}{2} \leq \vartheta \leq 1} \lambda(\vartheta) \qquad (14.4)$$

因为,作为 b 我们可以选每个值

$$b > 1 - \frac{1}{\lambda} \qquad (14.5)$$

依照式(14.3)于是每个满足 $b > \frac{5}{8}$ 的 b 都是被容许的[③]. 要想改进这个重要的数论定理,我们就必须缩小 λ 值,依照式(14.3)可知,就这个观点看起来,位于 $\vartheta = 1$ 附近的那些 ϑ 值是"最坏的". 我们的方法恰好对于这种 ϑ 值有效,我们将证明下列:

定理 14.1 若 d^* 具有意义(14.10)和(14.11),则对于

---

① On the difference between consecutive primes. Quart. J. of Math. , 1937:255-266 以及 On the estimation of $N(\sigma, T)$ Quart. J. of Math. ,1940: 291-292.

② 对于诸数 c_v 的编号,我们又重新由 1 开始.

③ 现今所知道的最小的 λ 值,仅比 $\frac{8}{3}$ 略微小一点.

第二部分　中外名家论 Riemann 函数与 Riemann 猜想

$$T>c_2,\ 1\geqslant\vartheta\geqslant 1-\max\left(\mathrm{e}^{-1\,600},\left(\frac{d^*}{3}\right)^{\frac{7}{6}}\right)\equiv 1-d$$

有估计式

$$N(\vartheta,T)<c_3 T^{2(1-\vartheta)+6(1-\vartheta)^{1.1}} \tag{14.6}$$

重要的是对于 d 寻求出一个更好的数值,因为,在 $\vartheta=1$ 的附近,这个定理 14.1 代表现今所知道的关于 $N(\vartheta,T)$ 的最好的估计式. 要想证明对于 $n>n_0(\varepsilon)$,有

$$p_{n+1}-p_n<p_n^{\frac{1}{2}+\varepsilon} \tag{14.7}$$

此处 p_n 表示第 n 个素数,则我们必须对于

$$\frac{1}{2}\leqslant\vartheta\leqslant 1,T\geqslant 3 \tag{14.8}$$

来证明估计式

$$N(\vartheta,T)\leqslant c_4(\varepsilon)T^{(2+\varepsilon)(1-\vartheta)} \tag{14.9}$$

定理 14.1 对于所谓最有关键的 ϑ 值证出了这个论断. 因此,由定理 14.1 我们不是不可能导出不等式 (14.7),我们需要注意,式(14.6)中的项 $(1-\vartheta)^{1.1}$,我们更好地选择参数之后可以来改善它.

证明中将用到一个事实,那就是,存在一个(小的)的正的常数,使得对于

$$\sigma\geqslant 1-d^*,t\geqslant 3 \tag{14.10}$$

不等式①

$$|\zeta(\sigma+\mathrm{i}t)|\leqslant c_5 t^{(1-\sigma)^{1.3}}\log^2 t \tag{14.11}$$

成立,并且,由此可知,$\zeta(s)$ 在域

$$\sigma>1-\frac{1}{\log^{0.81}t},t\geqslant c_6 \tag{14.12}$$

---

① 这(并且甚至将 1.3 换为 $\frac{4}{3}-\varepsilon$)我们可以由 Виноградов 估计式用标准的方法推导出来.

中不为零. 很有可能,将证法做一些修改之后,我们可以在比较弱些的假定①

$$|\zeta(\sigma+it)| \leq c_6 t^4 \frac{1-\sigma}{\log \frac{1}{1-\sigma}} \cdot \log t \quad (14.13)$$

下得出结果. 这有一种便利,那就是 d^* 在数值上是可以决定的,因为对于

$$\frac{63}{64} \leq \sigma \leq 1, t \geq c_7$$

式(14.13)可得证明. 由定理 14.1 得出一个一般性的定理,那倒是一件值得费力的事.

证明的经过大略如下. 采用固定的正数 ξ 以及正整数 l,由

$$g_l(s) = \sum_{n \geq \xi} \frac{\Lambda(n) \log^l \frac{n}{\xi}}{n^s}, s = \sigma + it$$

沿着位于直线 $\sigma = 1$ 的右侧的一根长的线段 L 上关于 t 所作的绝对值平方积分做出上估计,我们可以推出,除了在 L 上一个"小的"集合,$|g_l(s)|$"并不太大". 这个集合依赖于 l,若我们把 l 的位置限制在一个"小的"区间 Δ 上,则我们可以这样来安排那个例外集合 Θ,使得在余集 $\overline{\Theta}$ 上,对于 l 在 Δ 中的每一种选择,问题中的不等式均成立. 我们用 $\zeta(s)$ 的零点,以一个"准确的"公式把 $g_l(s)$ 表示出来,并且,若 s 属于 $\overline{\Theta}$,则相应于零点 ρ "远" 离 s 的那些项影响不大. 余下的和数是一个纯方幂和,而且经过 l 的适当选择后,可以用第一

---

① 参阅 E. Landau. Vorlesungen über Zahlentheorie. Bd. H,1927.

章中定理 7.3 来做出下估计,这所包含的矛盾将证明只在集合 Θ 的邻近才存在 $\zeta(s)$ 的零点,由此即将得出了那个定理.

2. 为了证明,我们需用两个简单的辅助定理.

辅助定理 14.1 设 $K \geqslant 9, \lambda \geqslant 5, h > 1$,并且

$$J(K,\lambda,h) \equiv \sum_{n \geqslant \lambda} \frac{1}{n^h} \log^K \frac{n}{\lambda}$$

则有

$$J(K,\lambda,h) \leqslant 2K! \frac{h\lambda^{1-h}}{(h-1)^{K+1}}$$

这个辅助定理的证明十分容易地就可以得出,只需注意到

$$\frac{\mathrm{d}}{\mathrm{d}y}\left(y^{-h}\log^K \frac{y}{\lambda}\right) = y^{-h-1}\log^{K-1}\frac{y}{\lambda}\left(K - h\log\frac{y}{\lambda}\right)$$

这对于 $y > h$,在而且只在

$$y = \lambda \mathrm{e}^{\frac{K}{h}}$$

的时候,才为零. $J(K,\lambda,h)$ 的最大项于是就不能超过值

$$\frac{1}{\lambda^h}\left(\frac{K}{\mathrm{e}h}\right)^K < \frac{1}{\mathrm{e}\lambda^h} \cdot \frac{K!}{h^K}$$

彼此依照积分检验法得出

$$J(K,\lambda,h) < \frac{2}{\mathrm{e}} \cdot \frac{K!}{\lambda^h h^K} + \int_\lambda^\infty y^{-h}\log^K \frac{y}{\lambda}\mathrm{d}y$$

是故依照辅助定理 10.2 有

$$J(K,\lambda,h) < \frac{K!}{\lambda^h h^K} + \frac{K!}{(h-1)^{K+1}}\lambda^{1-h} < 2\frac{K!}{(h-1)^{K+1}}\lambda^{1-h}h$$

此外我们需要:

辅助定理 14.2 设 $\xi \geqslant \mathrm{e}^{10}, l$ 为整数

$$10 \leqslant l+1 \leqslant 2\log \xi \qquad (14.14)$$

并且

$$T \geqslant 2, \sigma_0 > 1 \quad (14.15)$$

则有

$$J_l(T) \equiv \int_T^{2T} |g_l(\sigma_0 + \mathrm{i}t)|^2 \mathrm{d}t \equiv \int_T^{2T} \left| \sum_{n \geqslant \xi} \frac{\Lambda(n)}{n^{\sigma_0 + \mathrm{i}t}} \log^l \frac{n}{\xi} \right|^2 \mathrm{d}t <$$

$$c_8 \left(1 + \frac{1}{(\sigma_0 - 1)^4}\right) l!^2 \sigma_0^2 \cdot$$

$$\log^3 \xi \left\{ \frac{T \xi^{1-2\sigma_0}}{\left(\sigma_0 - \frac{1}{2}\right)^{2l+2}} + 4^{\sigma_0} \frac{\xi^{2(1-\sigma_0)}}{(\sigma_0 - 1)^{2l+2}} \right\} \quad (14.16)$$

要想证明上式,照寻常一样,我们将 $|g_l|^2$ 认为是 $g_l \cdot \overline{g}_l$. 于是经过一个容易的估计得出

$$J_l(T) \leqslant T \sum_{n \geqslant \xi} \frac{\log^2 n \log^{2l} \frac{n}{\xi}}{n^{2\sigma_0}} +$$

$$4 \sum_{m > n > \xi} \frac{\log m \log n}{(mn)^{\sigma_0} \log \frac{m}{n}} \log^l \frac{m}{\xi} \cdot \log^l \frac{n}{\xi}$$

因对于 $j = 0, 1, 2$ 有

$$\log^j n = \left(\log \xi + \log \frac{n}{\xi}\right)^j \leqslant 2 \left(\log^j \xi + \log^j \frac{n}{\xi}\right)$$

故采用辅助定理 14.1 中的记号由以上的不等式提出

$$J_l(T) \leqslant 2T \max_{j=0,2} \{\log^{2-j} \xi \cdot J(2l+j, \xi, 2\sigma_0)\} +$$

$$16 \max_{\substack{j_1=0,1 \\ j_2=0,1}} \left\{ \log^{2-j_1-j_2} \xi \sum_{m > n \geqslant \xi} \frac{\log^{l+j_1} \frac{n}{\xi} \log^{l+j_2} \frac{m}{\xi}}{(mn)^{\sigma_0} \log \frac{m}{n}} \right\}$$

$$(14.17)$$

我们分拆式(14.17)中的和数成为两部分,那就是依照 $m \geqslant 2n$ 和 $2n > m > n$ 而拆成 S_1 与 S_2. 对于第一个部

分和有 $\log\dfrac{m}{n}\geqslant\log 2$,是故这个部分和

$$S_1<\frac{1}{\log 2}J(l+j_1,\xi,\sigma_0)\cdot J(l+j_2,\xi,\sigma_0)\quad(14.18)$$

对于 S_2 我们利用 $2n>m>n$ 有

$$\log\frac{m}{n}=\log\left(1+\frac{m-n}{n}\right)>\frac{m-n}{n}\log 2$$

由此得出

$$S_2<\frac{1}{\log 2}\sum_{n\geqslant\xi}\frac{\log^{l+j_1}\dfrac{n}{\xi}}{n^{\sigma_0-1}}\sum_{2n>m>n}\frac{\log^{l+j_2}\dfrac{m}{\xi}}{m^{\sigma_0}(m-n)}<$$

$$\frac{1}{\log 2}\sum_{n\geqslant\xi}\frac{\log^{l+j_1}\dfrac{n}{\xi}\log^{l+j_2}\dfrac{2n}{\xi}}{n^{2\sigma_0-1}}\left(\log\xi+\log\frac{2n}{\xi}\right)<$$

$$\frac{1}{\log 2}\left\{\log\xi\sum_{n\geqslant\frac{\xi}{2}}\frac{\log^{2l+j_1+j_2}\dfrac{2n}{\xi}}{n^{2\sigma_0-1}}+\sum_{n\geqslant\frac{\xi}{2}}\frac{\log^{2l+j_1+j_2+1}\dfrac{2n}{\xi}}{n^{2\sigma_0-1}}\right\}\leqslant$$

$$\frac{2}{\log 2}\max_{j_3=0,1}\left\{\log^{1-j_3}\xi\cdot J\left(2l+j_1+j_2+j_3,\frac{\xi}{2},2\sigma_0-1\right)\right\}$$

由式(14.17)以及(14.18)得出

$$J_l(T)\leqslant 2T\max_{j=0,2}\{\log^{2-j}\xi\cdot J(2l+j,\xi,2\sigma_0)\}+$$

$$\frac{16}{\log 2}\max_{\substack{j_1=0,1\\j_2=0,1}}\{\log^{2-j_1-j_2}\xi\cdot$$

$$J(l+j_1,\xi,\sigma_0)J(l+j_2,\xi,60)\}+$$

$$\frac{32}{\log 2}\max_{j=0,1,2,3}\left\{\log^{3-j}\xi\cdot J\left(2l+j,\frac{\xi}{2},2\sigma_0-1\right)\right\}$$

现在我们来应用辅助定理 14.1,这就给出了估计式

$$J_l(T)<8T\max_{j=0,2}\left\{\log^{2-j}\xi\cdot(2l+j)!\frac{\sigma_0\xi^{1-2\sigma_0}}{(2\sigma_0-1)^{2l+j+1}}\right\}+$$

$$\frac{64}{\log 2}\max_{\substack{j_1=0,1\\j_2=0,1}}\left\{\log^{2-j_1-j_2}\xi\cdot(l+j_1)!\ (l+j_2)!\ \frac{\sigma_0^2\xi^{2(1-\sigma_0)}}{(\sigma_0-1)^{2l+j_1+j_2+2}}\right\}+$$

$$\frac{128}{\log 2}\max_{j=0,1,2,3}\left\{\log^{3-j}\xi\cdot(2l+j)!\ \frac{\sigma_0\left(\dfrac{\xi}{2}\right)^{2(1-\sigma_0)}}{(2\sigma_0-2)^{2l+j+1}}\right\}\quad(14.19)$$

若我们考虑到,由式(14.14)有

$$\max_{j=0,2}\left\{\frac{(2l+j)!\ \log^{-j}\xi}{(2l)!}\right\}=\max\left(1,\frac{(2l+1)(2l+2)}{\log^2\xi}\right)\leqslant 16$$

$$\max_{\substack{j_1=0,1\\j_2=0,1}}\left\{\frac{(l+j_1)!\ \log^{-j_1-j_2}\xi}{(l!)^2}\right\}=\max\left(1,\frac{l+1}{\log\xi},\left(\frac{l+1}{\log\xi}\right)^2\right)\leqslant 4$$

$$\max_{j=0,1,2,3}\left\{\frac{(2l+j)!\ \log^{-j}\xi}{(2l)!}\right\}=$$

$$\max\left(1,\frac{2l+1}{\log\xi},\frac{(2l+1)(2l+2)}{\log^2\xi},\frac{(2l+1)(2l+2)(2l+3)}{\log^3\xi}\right)\leqslant$$

96

于是由式(14.19)得

$$J_l(T)<256T(2l)!\ \frac{\sigma_0\xi^{1-2\sigma_0}\log^2\xi}{(2\sigma_0-1)^{2l+2}}+\frac{256}{\log 2}l!^2\cdot$$

$$\frac{\sigma_0^2\xi^{2(1-\sigma_0)}\log^2\xi}{(\sigma_0-1)^{2l+2}}\left(1+\frac{1}{(\sigma_0-1)^4}\right)+$$

$$\frac{96\times 256}{\log 2}(2l)!\ \frac{\sigma_0^2\xi^{2(1-\sigma_0)}\log^3\xi}{(2\sigma_0-2)^{2l+2}}2^{2\sigma_0-2}\cdot$$

$$\left(1+\frac{1}{(\sigma_0-1)^4}\right)$$

此外,因$(2l)!\leqslant l!4^l$,故经过一个很容易的计算之后即可得出辅助定理.

我们再证明简单的:

辅助定理 14.3 设 $G(t)$ 对于 $T\leqslant t\leqslant 2T$, 为连续

的,并且 β 为实数且 $0 \leq \beta \leq 1$。则在 $T \leq t \leq 2T$ 中,除一个具有测度 $m(D) \leq \dfrac{T^\beta}{\log^6 T}$ 的集合 D 外,有

$$|G(t)| \leq T^{-\frac{\beta}{2}} \log^3 T \left(\int_T^{2T} |G(x)|^2 \mathrm{d}x \right)^{\frac{1}{2}}$$

要想证明它,我们只需注意,依照中值定理有

$$\int_T^{2T} |G(x)|^2 \mathrm{d}x \geq \int_{(D)} |G(x)|^2 \mathrm{d}x \geq$$
$$m(D) T^{-\beta} \log^6 T \int_T^{2T} |G(x)|^2 \mathrm{d}x$$

现在我们来应用辅助定理 14.3. 于是,考虑到辅助定理 14.2 得知,若 l 表示满足式(14.14)的任意一个整数,则在 $[T, 2T]$ 中,除一个具有测度小于或等于 $\dfrac{T^\beta}{\log^6 T}$ 的集合 D_l 外,有

$$|g_l(t)| \leq c_9 \left(1 + \dfrac{1}{(\sigma_0 - 1)^2}\right) l! \ \sigma_0 \log^2 \xi \cdot T^{-\frac{\beta}{2}} \log^3 T \cdot$$
$$\left\{ \dfrac{\sqrt{T} \xi^{\frac{1}{2} - \sigma_0}}{\left(\sigma_0 - \dfrac{1}{2}\right)^{l+1}} + 2^{\sigma_0} \dfrac{\xi^{1-\sigma_0}}{(\sigma_0 - 1)^{l+1}} \right\}$$

但因 l 至多可取 $2\log \xi$ 个值,于是得出:

辅助定理 14.4 若 $\xi \geq \mathrm{e}^{10}$ 为整数且

$$10 \leq l+1 \leq 2\log \xi \qquad (14.20)$$

$T \geq 2, \sigma_0 > 1, 0 \leq \beta \leq 1$ 为固定,又在 $[T, 2T]$ 中使得不等式

$$\left| \sum_{n \geq \xi} \dfrac{\Lambda(n)}{n^{\sigma_0 + it}} \log^l \dfrac{n}{\xi} \right| \leq$$
$$c_9 \left(1 + \dfrac{1}{(\sigma_0 - 1)^2}\right) l! \ \sigma_0 \log^2 \xi \cdot$$

$$T^{-\frac{\beta}{2}}\log^3 T\left\{\frac{\sqrt{T}\xi^{\frac{1}{2}-\sigma_0}}{\left(\sigma_0-\frac{1}{2}\right)^{l+1}}+2^{\sigma_0}\frac{\xi^{1-\sigma_0}}{(\sigma_0-1)^{l+1}}\right\}$$

(14.21)

对式(14.20)中至少一个整数 l 为不正确的 t 值所形成的集合 D^* 具有一个小于或等于 $2T^\beta\dfrac{\log \xi}{\log^6 T}$ 的测度.

为了指示一下方向,我们再注意,没有因子 $T^{-\frac{\beta}{2}}$ 则不等式(14.21)是不足道的.

3. 现在我们转向定理 14.1 的证明,我们不久将要陈述而且证明一个(最重要的)辅助定理. 设① 对式(14.10)中的 d^* 有

$$T>\max\left\{\left(\frac{3}{d^*}\right)^{\frac{35}{27}},\exp(\mathrm{e}^{1\,778})\right\} \quad (14.22)$$

此外

$$\log^{-0.9}T\leqslant\beta\leqslant\min\left\{\left(\frac{d^*}{3}\right)^{\frac{7}{6}},\mathrm{e}^{-1\,600}\right\} \quad (14.23)$$

因为式(14.22),所以这是可能的. 函数

$$h(x)=x^{\frac{1}{200}}\log\frac{1}{32x}$$

由 0 增至 $\dfrac{1}{32}\mathrm{e}^{-200}$,是故对于 $0\leqslant x\leqslant \mathrm{e}^{-1\,600}$ 有

$$h(x)\leqslant \mathrm{e}^{-8}\log\frac{\mathrm{e}^{1\,600}}{32}<1\,600\mathrm{e}^{-8}<1$$

于是对式(14.23)有

$$\beta^{1.11}\log\frac{1}{32\beta}<\beta^{1.105} \quad (14.24)$$

---

① 除式(14.22)之外我们还需要形如 $T>c_v$ 的另外一些限制.

设对式(14.23)中的任意一个 β 有

$$\sigma_0 = 1 + \frac{1}{20}\beta^{\frac{6}{7}} \qquad (14.25)$$

并且设整数 $l+1$ 预先只受到限制

$$\frac{\beta^{0.99}}{200}\log T \leq l+1 \leq \frac{\beta^{0.99}}{200} \cdot \frac{1}{1-\beta^{0.1}}\log T \quad (14.26)$$

此外设

$$\xi = \exp\left\{\frac{200}{\beta^{0.99}}(l+1)\right\} \qquad (14.27)$$

由这显然可得

$$l+1 = \frac{\beta^{0.99}}{200}\log \xi < 2\log \xi$$

另外,由于式(14.26)(14.23)以及(14.22),有

$$l+1 \geq \frac{\beta^{0.99}}{200}\log T > \frac{\beta}{200}\log T > \frac{\log^{0.1} T}{200} > 10$$

并且由式(14.26)(14.27)有

$$\xi \geq T > e^{10} \qquad (14.28)$$

是故辅助定理对于现在所选取的参数是可以应用的. 于是集合 D^* 得以决定. 我们在线段

$$\sigma = \sigma_0, T \leq t \leq 2T$$

上标记出具有长度 $\log^{-3} T$ 的区间 l_j

$$\sigma = \sigma_0, T + \frac{j}{\log^3 T} \leq t < T + \frac{j+1}{\log^3 T}, j = 0, 1, \cdots, [T\log^3 T]$$

$$(14.29)$$

此处,最后一个区间当然可能只有一部分属于 $[T, 2T]$. 因例外集合 D^* 的测度

$$\alpha \leq 2T^\beta \frac{\log \xi}{\log^6 T}$$

依照式(14.27)与(14.26)有

$$\log \xi \leq 2\log T \qquad (14.30)$$

所以它最多只能够完全掩盖住

$$2T^\beta \frac{\log \xi}{\log^3 T} < 4 \frac{T^\beta}{\log^2 T} \qquad (14.31)$$

个 l_j 区间. 我们把这些区间记为 l_j'' 而且为了简单起见称它们为"坏"区间. 其余的 l_j 区间,我们用 l_j' 来记它们,并且称它们为"好"区间,它们都至少包含有一个 t 值,在这个值的处所,对式(14.20)中的每一个整数 l,式(14.21)都是正确的. 对式(14.29)中的每个 l_j' 区间,让我们来研究 L_j 条域

$$0 < \sigma < 1, \ T + \frac{j}{\log^3 T} \leq t < T + \frac{j+1}{\log^3 T} \qquad (14.32)$$

让它们也被称为好的或者坏的条域. 于是我们来证明这个最重要的辅助定理,由这个辅助定理,定理 14.1 只要几句话就可以得出来.

辅助定理 14.5 设 $T > c_{10}$,又设 β 满足式(14.23),则 $\zeta(s)$ 在每个"好的" L_j 条域中对于

$$\sigma > 1 - \frac{\beta}{2} + \beta^{1.1} \qquad (14.33)$$

不为零.

4. 要想证明这个辅助定理,我们假定它不是正确的. 于是存在一个 L_j' 具备一个 $\rho^* = \sigma^* + it^*$,有

$$\sigma^* > 1 - \frac{\beta}{2} + \beta^{1.1} \qquad (14.34)$$

依照 L_j' 的定义,在 l_j' 中存在一个 $t^{(j)}$,使得对式(14.20)中的每个整数 l,式(14.21)为正确的. 若我们又应用辅助定理 10.1 并且写

$$\sigma_0 + it^{(j)} s_j \qquad (14.35)$$

则有不等式

$$\left| \frac{\xi^{1-s_j}}{(s_j-1)^{l+1}} - \sum_\rho \frac{\xi^{\rho-s_j}}{(s_j-\rho)^{l+1}} \right| <$$

$$c_{11}\left\{ \frac{\log(2+2T)}{\xi^{1+\sigma_0}} + T^{-\frac{\beta}{2}} \cdot \log^3 T \cdot \sigma_0 \log^2 \xi \left(1 + \frac{1}{(\sigma_0-1)^2}\right) \right. \cdot$$

$$\left. \left(\frac{\sqrt{T}\xi^{\frac{1}{2}-\sigma_0}}{\left(\sigma_0-\frac{1}{2}\right)^{l+1}} + 2^{\sigma_0} \frac{\xi^{1-\sigma_0}}{(\sigma_0-1)^{l+1}} \right) \right\} \qquad (14.36)$$

依照 σ_0 的定义(14.25)以及 $\beta<1$,有

$$1 < \sigma_0 < \frac{21}{20} \qquad (14.37)$$

若我们又考虑到式(14.28),则有

$$\xi^2 > \sqrt{\xi} \geqslant \sqrt{T} > T^{\frac{\beta}{2}}$$

$$\frac{1}{\xi^{1+\sigma_0}} \leqslant T^{-\frac{\beta}{2}} \xi^{1-60} < T^{-\frac{\beta}{2}} \frac{\xi^{1-\sigma_0}}{(\sigma_0-1)^{l+1}}$$

注意式(14.30),则式(14.36)变成

$$\left| \frac{\xi^{1-s_j}}{(s_j-1)^{l+1}} - \sum_\rho \frac{\xi^{\rho-s_j}}{(s_j-\rho)^{l+1}} \right| <$$

$$c_{12} T^{-\frac{\beta}{2}} \frac{\log^5 T}{(60-1)^2} \cdot \left\{ \frac{\sqrt{T}\xi^{\frac{1}{2}-\sigma_0}}{\left(\sigma_0-\frac{1}{2}\right)^{l+1}} + \frac{\xi^{1-\sigma_0}}{(\sigma_0-1)^{l+1}} \right\}$$

此外,由式(14.25)与(14.23)有

$$\frac{1}{(\sigma_0-1)^2} = 400\beta^{-\frac{12}{7}} < 400\beta^{-2} < 400\log^2 T$$

故又有

$$\left| \frac{\xi^{1-s_j}}{(s_j-1)^{l+1}} - \sum_\rho \frac{\xi^{\rho-s_j}}{(s_j-\rho)^{l+1}} \right| <$$

$$c_{13} T^{-\frac{\beta}{2}} \log^7 T \left\{ \frac{\sqrt{T}\xi^{\frac{1}{2}-\sigma_0}}{\left(\sigma_0-\frac{1}{2}\right)^{l+1}} + \frac{\xi^{1-\sigma_0}}{(\sigma_0-1)^{l+1}} \right\} \qquad (14.38)$$

再者,依照式(14.26)有

$$l+1 > \frac{\log T}{\dfrac{200}{\beta^{0.99}} + \log \dfrac{1}{4(\sigma_0-1)^2}}$$

$$(l+1)\left\{\frac{200}{\beta^{0.99}} + \log \frac{1}{4(\sigma_0-1)^2}\right\} > \log T$$

是故由于 ξ 的定义以及 $\sigma_0 > 1$,有

$$\left(\frac{\sigma_0 - \dfrac{1}{2}}{\sigma_0 - 1}\right)^{l+1} > \left(\frac{1}{2(\sigma_0-1)}\right)^{l+1} > \sqrt{\frac{T}{\xi}}$$

是即

$$\frac{\sqrt{T}}{\left(\sigma_0 - \dfrac{1}{2}\right)^{l+1}} < \frac{\sqrt{\xi}}{(\sigma_0-1)^{l+1}}$$

于是由式(14.38)得出

$$\left| \frac{\xi^{1-s_j}}{(s_j-1)^{l+1}} - \sum_\rho \frac{\xi^{\rho-s_j}}{(s_j-\rho)^{l+1}} \right| < 2c_{13} T^{-\frac{\beta}{2}} \frac{\xi^{1-\sigma_0} \log^7 T}{(\sigma_0-1)^{l+1}}$$

(14.39)

因依据构造

$$|s_j - \rho^*| \leq (\sigma_0 - \sigma^*) + \log^{-3} T$$

因此

$$|\xi^{s_j-\rho^*}(s_j-\rho^*)^{l+1}| \leq \xi^{\sigma_0-\sigma^*}\{(\sigma_0-\sigma^*)+\log^{-3}T\}^{l+1}$$

于是由式(14.39)经过相乘之后得出

$$\left| \xi^{1-\rho^*}\left(\frac{s_j-\rho^*}{s_j-1}\right)^{l+1} - \sum_\rho \xi^{\rho-\rho^*}\left(\frac{s_j-\rho^*}{s_j-\rho}\right)^{l+1} \right| <$$

$$2c_{13}T^{-\frac{\beta}{2}}\xi^{1-\sigma^*}\log^7 T \cdot$$

$$\left(\frac{(\sigma_0-\sigma^*)+\log^{-3}T}{\sigma_0-1}\right)^{l+1} \qquad (14.40)$$

又

$$\left|\xi^{1-\rho^*}\left(\frac{s_j-\rho^*}{s_j-1}\right)^{l+1}\right|<\xi^{1-\sigma^*}\left(\frac{2}{T}\right)^{l+1}<2^{10}\frac{\xi^{1-\sigma^*}}{T^{10}}$$

此外,正像在第 11 节中一样,有

$$\left|\sum_{|t_\rho-t_j|>20}\xi^{\rho-\rho^*}\left(\frac{s_j-\rho^*}{s_j-\rho}\right)^{l+1}\right|\leqslant\xi^{1-\sigma^*}\log Te^{-2(l+1)}$$

因此,由式(14.26)与(14.23)有

$$e^{-2(l+1)}\leqslant T^{-\frac{1}{100}}\beta^{0.99}<T^{-\frac{\beta}{2}}$$

于是由式(14.40)得出

$$\left|\sum_{|t_\rho-t_j|\leqslant 20}\xi^{\rho-\rho^*}\left(\frac{s_j-\rho^*}{s_j-\rho}\right)^{l+1}\right|\leqslant$$

$$c_{14}T^{-\frac{\beta}{2}}\cdot\xi^{1-\sigma^*}\log^7 T\cdot\left(\frac{(\sigma_0-\sigma^*)+\log^{-3}T}{\sigma_0-1}\right)^{l+1}$$

(14.41)

5. 直到如今,假设(14.34)还未曾被利用过,现在我们将借助它来对因子

$$\xi^{1-\sigma^*}\left(\frac{(\sigma_0-\sigma^*)+\log^{-3}T}{\sigma_0-1}\right)^{l+1}\equiv\xi^{1-\sigma^*}U^{l+1}$$

做出上估计. 依照式(14.34)(14.23)以及(14.25)有

$$U=1+\frac{(1-\sigma^*)+\log^{-3}T}{\sigma_0-1}<1+\frac{\frac{\beta}{2}-\beta^{1.1}+\beta^{\frac{30}{9}}}{\frac{1}{20}\beta^{\frac{6}{7}}}<$$

$$1+10\beta^{\frac{1}{7}}<\exp(10\beta^{\frac{1}{7}})$$

因此依照 ξ 的定义以及 $0<\beta<1$,有

$$\xi^{1-\sigma^*}U^{l+1}\leqslant\exp\left\{(l+1)\frac{200}{\beta^{0.99}}\left(\frac{\beta}{2}-\beta^{1.1}\right)+(l+1)10\beta^{\frac{1}{7}}\right\}<$$

$$\exp\{(l+1)(100\beta^{0.01}-200\beta^{0.11}+10\beta^{0.14})\}<$$

$$\exp((l+1)\beta^{0.01}\{100(1-\beta^{0.1})-50\beta^{0.1}\})$$

由式(14.26)得出

$$(l+1)\beta^{0.01}\{100(1-\beta^{0.1})-50\beta^{0.1}\}\leqslant$$

$$\frac{\beta}{200}\log T \frac{1}{1-\beta^{0.1}}\{100(1-\beta^{0.1})-50\beta^{0.1}\}=$$

$$\frac{\beta}{2}\log T-\frac{1}{4}\beta^{1.1}\frac{\log T}{1-\beta^{0.1}}<$$

$$\frac{\beta}{2}\log T-\frac{1}{4}\beta^{1.1}\log T$$

因此

$$\xi^{1-\sigma^*}U^{l+1}\leqslant T^{\frac{\beta}{2}-\frac{1}{4}\beta^{1.1}}$$

那就是说,依照式(14.41)有

$$\left|\sum_{|t_\rho-t_j|\leqslant 20}\xi^{\rho-\rho^*}\left(\frac{s_j-\rho^*}{s_j-\rho}\right)^{l+1}\right|<c_{14}T^{\frac{\beta}{4}^{1.1}}\log^7 T$$

由式(14.27)于是得出

$$\left|\sum_{|t_\rho-t_j|\leqslant 20}\left(e^{\frac{200}{\beta^{0.99}}(\rho-\rho^*)}\frac{s_j-\rho^*}{s_j-\rho}\right)^{l+1}\right|<c_{14}T^{\frac{\beta}{4}^{1.1}}\log^7 T$$

(14.42)

现在我们估计在式(14.42)中相应于

$$|\rho-s_j|\geqslant \beta^{\frac{7}{6}} \qquad (14.43)$$

的那些项的影响. 依照式(14.34)与(14.23)有

$$\left|e^{\frac{200}{\beta^{0.99}}(\rho-\rho^*)}\right|\leqslant e^{\frac{200}{\beta^{0.99}}(1-\sigma^*)}\leqslant e^{100\beta^{0.01}}<e$$

此外依照式(14.25)(14.34)以及(14.23)有

$$\left|\frac{s_j-\rho^*}{s_j-\rho}\right|\leqslant\frac{(\sigma_0-\sigma^*)+\log^{-3}T}{\beta^{\frac{6}{7}}}<\frac{\frac{1}{20}\beta^{\frac{6}{7}}+\frac{\beta}{2}+\beta^{\frac{30}{9}}}{\beta^{\frac{6}{7}}}<\frac{1}{6e}$$

而且项数,依照式(9.12),小于 $c_{15}\log T$. 是故所讨论的影响小于

$$c_{15}\log T\frac{1}{6^{l+1}}<c_{15}\log T\cdot T^{-\frac{1}{200}\beta^{0.99}}<c_{15}T^{-\frac{1}{4}\beta^{1.1}}\log T$$

第二部分 中外名家论 Riemann 函数与 Riemann 猜想

若我们考虑到式(14.26)与(14.23)的话. 由式(14.42)得出

$$Z \equiv \left| \sum_{|\rho-s_j| \leqslant \beta^{\frac{6}{7}}} \left(e^{\frac{200}{\beta^{0.99}}(\rho-\rho^*)} \frac{s_j-\rho^*}{s_j-\rho} \right)^{l+1} \right| < c_{16} T^{-\frac{1}{4}\beta^{1.1}} \log^7 T$$

(14.44)

6. 剩下来的和数仍然是一个纯方幂和,其原因是,项以及求和范围与 $l+1$ 无关,是故我们可以取 $b_1 = b_2 = \cdots = 1$ 而重新应用第一章中定理 7.3. 但是,条件 $\max_j |z_j| \geqslant 1$ 能得到满足吗? 由式(14.25)(14.34)以及(14.23)有

$$|\rho^* - s_j| \leqslant (\sigma_0 - \sigma^*) + \log^{-3} T \leqslant \frac{1}{20} \beta^{\frac{6}{7}} + \frac{\beta}{2} + \beta^{\frac{30}{9}} < \beta^{\frac{6}{7}}$$

是故 ρ^* 是我们 ρ 零点中的一个并且那相应的 z_j 是 1. 作为第一章中定理 7.3 中的 m,我们选择

$$m = \frac{1}{200} \beta^{0.99} \log T \qquad (14.45)$$

什么量将会起着第一章中定理 7.3 中的 N 的作用呢? 我们要来估计 $\zeta(s)$ 在圆 $|s-s_j| < \beta^{\frac{6}{7}}$ 内的零点的个数. 这借助 Jensen 估计式(14.27),以及式(14.11)就可以办到. 依照式(14.25)与(14.23)对 $T > c_{17}$ 有

$$\left| \frac{1}{\zeta(s_j)} \right| \leqslant \zeta \left(1 + \frac{1}{20} \beta^{\frac{6}{7}} \right) < 40 \beta^{-\frac{6}{7}} < c_{18} \log T$$

故在圆 $|s-s_j| \leqslant e\beta^{\frac{6}{7}}$ 中,因此由式(14.22)有

$$\sigma \geqslant 1 - \left(e - \frac{1}{20} \right) \beta^{\frac{6}{7}} > 1 - 3\beta^{\frac{6}{7}} > 1 - d^*$$

于是对 $T > c_{19}$ 有

$$\log \left| \frac{\zeta(s)}{\zeta(s_j)} \right| \leqslant \left\{ \left(e - \frac{1}{20} \right) \beta^{\frac{6}{7}} \right\}^{1.3} \log(2T) + c_{20} \log \log T <$$

$$8\beta^{1.11}\log T+(\log\log T)^2$$

是故我们可以选择

$$N=8\beta^{1.11}\log T+(\log\log T)^2 \quad (14.46)$$

我们还需证明区间位于式(14.26)的区间中. 依照式(14.45),这只需要证明

$$N<\frac{\beta^{0.99}}{200}\log T\left(\frac{1}{1-\beta^{0.1}}-1\right) \quad (14.47)$$

成立. 由式(14.23)

$$\beta<\frac{1}{3\,200^{50}},\beta^{\frac{1}{50}}<\frac{1}{3\,200}$$

此外,对于 $T>c_{21}$ 有

$$(\log\log T)^2<\frac{\log^{0.019}T}{400} \quad (14.48)$$

因此依照式(14.23)有

$$(\log\log T)^2<\frac{1}{400}\cdot\frac{1}{\log^{0.981}T}\cdot\log T=$$

$$\frac{1}{400}\left(\frac{1}{\log^{0.9}T}\right)^{1.09}\log T<$$

$$\frac{1}{400}\beta^{1.09}\log T \quad (14.49)$$

于是由式(14.48)与(14.49)得出

$$N=8\beta^{1.11}\log T+(\log\log T)^2<\frac{1}{200}\beta^{1.09}\log T=$$

$$\frac{\beta^{0.99}}{200}\log T\cdot\beta^{0.1}<\frac{\beta^{0.99}}{200}\cdot\log T\left(\frac{1}{1-\beta^{0.1}}-1\right)$$

$$(14.50)$$

从而式(14.47)果真是正确的. 是故在式(14.44)中,我们可以把第一章中定理 7.3 中的数 v 选为 $l+1$. 此外,由式(14.50)可得出

第二部分　中外名家论 Riemann 函数与 Riemann 猜想

$$N < \frac{\beta^{1.09}}{200}\log T < \frac{\beta^{0.99}}{200}\log T = m \quad (14.51)$$

第一章中定理 7.3 给出估计式

$$Z > \left(\frac{1}{2\mathrm{e}^{1+\frac{4}{\mathrm{e}}}} \cdot \frac{N}{N+m}\right)^N > \left(\frac{1}{50} \cdot \frac{N}{m}\right)^N >$$

$$\left(\frac{1}{50} \cdot \frac{8\beta^{1.11}}{\frac{1}{200}\beta^{0.99}}\right)^{8\beta^{1.1}\log T + (\log\log T)^2} >$$

$$(32\beta)^{\beta^{1.11}\log T + (\log\log T)^2} > T^{-\beta^{1.11}\log\frac{1}{32\beta}} \cdot$$

$$\exp\left\{\log\frac{1}{32\beta} \cdot (\log\log T)^2\right\} >$$

$$T^{-\beta^{1.11}\log\frac{1}{32\beta}} \cdot \mathrm{e}^{-(\log\log T)^3}$$

由此以及式 (14.44) 及 (14.24) 得出

$$c_{16}T^{-\frac{1}{4}\beta^{1.1}}\log^7 T > T^{-\beta^{1.11}\log\frac{1}{32\beta}}\mathrm{e}^{-(\log\log T)^3} > T^{-\beta^{1.105}} \cdot \mathrm{e}^{(\log\log T)^3}$$

因此对 $T > c_{22}$ 有

$$T^{\frac{1}{4}\beta^{1.1} - \beta^{1.105}} < c_{16}\log^7 T \mathrm{e}^{(\log\log T)^3} < \mathrm{e}^{2(\log\log T)^3}$$

但由式 (14.23) 有

$$\beta^{1.105} < \frac{1}{8}\beta^{1.1}$$

于是得出

$$T^{\frac{1}{8}\beta^{1.1}} < \mathrm{e}^{2(\log\log T)^3} < \mathrm{e}^{\frac{1}{8}(\log\log T)^4}$$

$$\beta^{1.1} < \frac{(\log\log T)^4}{\log T}$$

依据 $\beta \geqslant \log^{-0.9} T$ 得

$$\frac{1}{\log^{0.99} T} = \left(\frac{1}{\log^{0.9} T}\right)^{1.1} \leqslant \beta^{1.1} < \frac{(\log\log T)^4}{\log T}$$

但这对 $T > c_{23}$ 是不正确的. 因此,辅助定理 14.5 得证.

7. 现在我们可以来完结定理 14.1 的证明如下. 由以上的辅助定理, $\zeta(s)$ 在域

$$\sigma > 1 - \frac{\beta}{2} + \beta^{1.1}, \quad T \leqslant t \leqslant 2T \quad (14.52)$$

中只能在一个"坏的"条域内为零, 若

$$T > c_{23}, \quad \log^{-0.9} T \leqslant \beta \leqslant \min\left(e^{-1\,600}, \left(\frac{d^*}{3}\right)^{\frac{7}{6}}\right) \quad (14.53)$$

依照式 (9.12) 与 (14.31), 于是有

$$N\left(1 - \frac{\beta}{2} + \beta^{1.1}, 2T\right) - N\left(1 - \frac{\beta}{2} + \beta^{1.1}, T\right) < c_{24} \frac{T^\beta}{\log T} \quad (14.54)$$

若对式 (14.54) 中的 β 与 T, 代替式 (14.53), 我们要求

$$T > c_{24}, \quad 6\log^{-0.9} T \leqslant \beta \leqslant \min\left(e^{-1\,600}, \left(\frac{d^*}{3}\right)^{\frac{7}{6}}\right) \quad (14.55)$$

则式 (14.54) 成立, 若在式 (14.54) 中我们把 T 依次地用

$$\frac{T}{2}, \frac{T}{2^2}, \cdots, \frac{T}{2^\gamma}$$

来代换, 而此处整数 γ 由

$$\frac{T}{2^{\gamma-1}} > \sqrt[5]{T} \geqslant \frac{T}{2^\gamma}$$

来决定的话. 于是经过相加之后得

$$N\left(1 - \frac{\beta}{2} + \beta^{1.1}, T\right) < N\left(1 - \frac{\beta}{2} + \beta^{1.1}, T^{\frac{1}{5}}\right) + c_{24} T^\beta \sum_{v=1}^{\gamma} \frac{1}{2^{\beta v} \log \frac{T}{2^v}} <$$

第二部分 中外名家论 Riemann 函数与 Riemann 猜想

$$N\left(1-\frac{\beta}{2}+\beta^{1.1}, T^{\frac{1}{5}}\right)+c_{25}\frac{T^{\beta}}{\log T}\cdot\frac{1}{\beta}<N\left(1-\frac{\beta}{2}, T^{\frac{1}{5}}\right)+c_{26}T^{\beta}$$
(14.56)

对 $T>c_{27}$ 有

$$\beta\geqslant\frac{6}{\log^{0.9}T}>10\frac{\log\log T}{\log T}$$

因而有

$$\log^6 T<T^{\frac{3}{5}\beta}$$

因此,由式(14.1)得出

$$N\left(1-\frac{\beta}{2}, T^{\frac{1}{5}}\right)<c_{28}(T^{\frac{1}{5}})^{4\frac{\beta}{2}}\log^6 T=c_{28}T^{\frac{2}{5}\beta}\log^6 T<c_{28}T^{\beta}$$

那就是说,由式(14.56)得出

$$N\left(1-\frac{\beta}{2}+\beta^{1.1}, T\right)<c_{29}T^{\beta} \qquad (14.57)$$

只需

$$\frac{6}{\log^{0.9}T}\leqslant\beta\leqslant\min\left\{e^{-1\,600},\left(\frac{d^*}{3}\right)^{\frac{7}{6}}\right\}, T>c_{30}$$
(14.58)

现在我们研究 $N\left(1-\frac{\beta}{2}+\beta^{1.1}, T\right)$,假定

$$T>c_{30}, 0\leqslant\beta\leqslant\frac{6}{\log^{0.9}T} \qquad (14.59)$$

对于固定的 T,函数

$$1-\frac{x}{2}+x^{1.1}$$

对于

$$0\leqslant x\leqslant\frac{6}{\log^{0.9}T}(\leqslant e^{-1\,600})$$

单调下降,是故对于这些 β 值有

$$N\left(1-\frac{\beta}{2}+\beta^{1.1}, T\right) \leqslant N\left(1-\frac{3}{\log^{0.9} T}+\frac{6^{1.1}}{\log^{0.99} T}, T\right)$$

但由式(14.12)可知,当 c_{30} 充分大的时候,右端为零. 于是式(14.57)对于

$$T>c_{30}, 0 \leqslant \beta \leqslant \min\left\{e^{-1\,600}, \left(\frac{d^*}{3}\right)^{\frac{7}{6}}\right\} \quad (14.60)$$

也得到了证明. 若我们最后用代换

$$1-\frac{\beta}{2}+\beta^{1.1}=\vartheta$$

则很容易地就可得出

$$\beta<2(1-\vartheta)+6(1-\vartheta)^{1.1}$$

因此

$$N(\vartheta, T)<c_{29} T^{2(1-\vartheta)+6(1-\vartheta)^{1.1}} \quad (14.61)$$

能使式(14.61)得到证明的那些 ϑ 确实是包含着区间

$$1-\frac{1}{3}\min\left\{e^{-1\,600}, \left(\frac{d^*}{3}\right)^{\frac{7}{6}}\right\} \leqslant \vartheta \leqslant 1$$

的. 证毕.

第十五节 论 Lindelöf 猜想

1. 正像我们在前节中曾经见到,我们的方法能够在直线 $\sigma=1$ 的附近提供较精密的估计式. 于是自然会问起,它能在条域的"内部"提供些什么. 如果没有新的概念,这几乎是不可能的,其原因是,在运用第一章中定理 7.3 的最后一个步骤里,代替着一个"小的"圆里的零点,我们有,譬如说,一个以 $\frac{1}{3}$ 为半径的圆里的零点作为诸数 z_j,而它们的个数不再具有形式 $c(\varepsilon)\log T$. 不过,尽管如此,第一章中第 10 节经过一

个修改后似乎可以拯救这种情况;我想留待以后再转回来讨论它. 若我们把第 11 节与第 13 节中的方法拿来相比较,则显然可见,只要把第 11 节中的数 σ_0 "往右边远远的"移动就可以改善零点稀少性平面;但我们需要假定 Lindelöf 猜测的正确性. 这给出一种观念,它把向右移的新变化与中值的构成结合了起来,于是,由于这,我们所盼望的是在 Lindelöf 的猜测为正确的情形下 $N(\vartheta,T)$ 的一个估计式. 茵干已经找出了一个这样的结果,他证明出,在承认 Lindelöf 猜测为正确的情形下[①],对于任意小的正数 ε 以及

$$\frac{1}{2} \leqslant \vartheta \leqslant 1$$

有

$$N(\vartheta,T) < c_1(\varepsilon) T^{(2+\varepsilon)(1-\vartheta)} \log^5 T$$

我们将要证出下列定理,这个定理在许多方面要比茵干的定理精密些.

定理 15.1 对于

$$\frac{1}{2} < \Theta < 1 \qquad (15.1)$$

存在具有下列性质的一个 $c_1(\Theta)$. 若对于一个 $0 < \eta < c_1(\Theta)$,对于

$$\sigma \geqslant \Theta, t \geqslant 3 \qquad (15.2)$$

有不等式

$$|\zeta(\sigma+\mathrm{i}t)| \leqslant c_2(\eta) t^{\eta^{19}} \log t \qquad (15.3)$$

则对于

$$(1 \geqslant) \vartheta \geqslant \Theta + 4\eta, T > c_3(\eta) \qquad (15.4)$$

---

① 诸数 c_v 的编号我们又重新从头开始.

有估计式

$$N(\vartheta,T) < c_4(\eta) T^{2(1+3\eta)(1-\vartheta)} \qquad (15.5)$$

这个定理的主要内容也就是,若 Lindelöf 猜测仅在半平面 $\sigma \geq \Theta$ 中为正确,则在此半平面中,$N(\vartheta,T)$ 大略为 $T^{2(1-\vartheta)}$. 茵干的证明,至少就表面上的方针说起来,并不能够得出这样精密的结果.

众所周知,在一个半平面 $\sigma > \Theta$ 中, Riemann 猜想的正确能在同一半平面中推出 Lindelöf 猜测的正确. 那曾经是相当惊奇的事,当茵干的定理可以被证明,反过来, Lindelöf 的猜测居然在 $N(\vartheta,T)$ 的估计上起了一种影响,过去, Lindelöf 的猜测一直是被认为在深度上差得多的. 定理 15.1 的证明,尤其是这个证明的改良,引起了一种猜测,那就是,由 Lindelöf 猜测的正确,对于 $N(\vartheta,T)$ 可得出许多定理,比如说,对于 $\sigma \geq \frac{1}{2}+\varepsilon$, $T \geq 2$ 有

$$N(\vartheta,T) < c_5(\varepsilon)\sqrt{T}$$

远有力得多. 关于这种可能性可参看本节中的小段 7. 这种可能性使定理 15.1 的证法更有趣,尽管这个证法比茵干原来的证法要长一些. 我们注意,做进一步的修改之后,很有可能不用 Lindelöf 猜测的全部内容,我们只假定,对于每个 $0 < \varepsilon < \frac{1}{2}$, $0 < \eta < \frac{1}{2}$,有一个 $\delta = \delta(\varepsilon,\eta) > 0$,使得对于固定的 η,有

$$\lim_{\varepsilon \to 0} \delta(\varepsilon,\eta) = 0 \qquad (15.6)$$

并且对于 $T > T_0(\varepsilon,\eta)$ 有

$$N\left(\frac{1}{2}+\eta, T+\varepsilon\right) - N\left(\frac{1}{2}+\eta, T\right) < \delta \log T \qquad (15.7)$$

第二部分 中外名家论 Riemann 函数与 Riemann 猜想

这个估计式,我们若承认了 Lindelöf 猜测为正确就可以把它得出来;反过来,由它能不能够推导出 Lindelöf 猜测尚成问题.

2. 设 $c_1(\Theta)$ 很小,以致对于每个 $0 \leq x \leq c_1(\Theta)$ 有

$$\Theta + 4x < 1 - x^{10} \qquad (15.8)$$

$$x < \frac{1}{30} \qquad (15.9)$$

并且对于定理 14.1 中的 d,设

$$x^{10} < d \qquad (15.10)$$

$$480 x^{12} \log \frac{2}{x} < x^{11} \qquad (15.11)$$

为正确,再设满足式(15.2)(15.3)的 η 满足不等式

$$0 < \eta \leq c_1(\Theta) \qquad (15.12)$$

若

$$1 \geq \vartheta \geq 1 - \eta^{10} \qquad (15.13)$$

则由于式(15.10),定理 14.1 可以应用到 $N(\vartheta, T)$ 上,并且,因有

$$2(1-\vartheta) + 6(1-\vartheta)^{1.1} \leq 2(1+3\eta)(1-\vartheta)$$

故在此情形下(甚至不需承认猜测)已可得出定理 15.1. 于是设

$$\Theta + 4\eta \leq \vartheta < 1 - \eta^{10} \qquad (15.14)$$

依据式(15.8)这样的 ϑ 是存在的. 设

$$\beta = \frac{2}{1-2\eta}(1-\vartheta) \qquad (15.15)$$

对于这个选择,由式(15.14)显然

$$\frac{2\eta^{10}}{1-2\eta} \leq \beta \leq \frac{2}{1-2\eta}(1-\Theta-4\eta) \qquad (15.16)$$

满足. 于是有

$$0 < \beta < 1 \qquad (15.17)$$

因为 $\beta>0$ 是很明显的,并且依照

$$\vartheta \geqslant \Theta + 4\eta > \frac{1}{2} + \eta, 1 - \vartheta < \frac{1}{2} - \eta$$

果真可以得出

$$\beta = \frac{1-\vartheta}{\frac{1}{2}-\eta} < 1$$

设

$$\sigma_0 = 1 + \frac{1}{\eta} \qquad (15.18)$$

于是也就在直线 $\sigma = 1$ 的"右边远处". 设 T 甚大,使得

$$\frac{1}{\log^3 T} < \frac{\eta^{11}}{2(1-2\eta)} (<\eta^3 < 4\eta) \qquad (15.19)$$

$$T > \max\left(e^{22}, \frac{4}{\eta^3}\right) \qquad (15.20)$$

以后我们将有另外一些条件加在 T 上,不过这些也都具有形式 $T > T_0(\eta)$,从而都是与式(15.19)(15.20)相容的. 现在设整数 l 只受到

$$\frac{1-(1-\eta)\beta}{1-(1-2\eta)\beta} \log T \leqslant l+1 \leqslant \frac{1-\eta}{1-2\eta+\eta\left(1-\frac{3}{2}\eta\right)} \log T$$

$$(15.21)$$

的限制. 这个限制能够得以满足吗? 因为

$$\frac{1-(1-\eta)y}{1-(1-2\eta)y}$$

对于 $0 \leqslant y \leqslant 1$ 在 $y = 0$ 处取得极大值 1,所以我们只需要证明对于 $0 < \eta \leqslant c_1(\Theta)$ 有

$$\frac{1-\eta}{1-2\eta+\eta\left(1-\frac{3}{2}\eta\right)} > 1$$

就行了,但情形果真是如此的.甚至有

$$\frac{1-\eta}{1-2\eta+\eta\left(1-\frac{3}{2}\eta\right)}-\frac{1-(1-\eta)\beta}{1-(1-2\eta)\beta}\geqslant c_6(\eta)$$

于是对于 $T>c_7(\eta)$,区间(15.21)包含有整的 l 值.因由式(15.17)有

$$\frac{1-(1-\eta)\beta}{1-(1-2\eta)\beta}>\frac{1-(1-\eta)}{1-(1-2\eta)}=\frac{1}{2}$$

并且由式(15.9)有

$$\frac{1-\eta}{1-2\eta+\eta\left(1-\frac{3}{2}\eta\right)}<2$$

故由区间(15.21)又可得出

$$\frac{1}{2}\log T\leqslant l+1\leqslant 2\log T \qquad (15.22)$$

而且,依照式(15.20)得出

$$l\geqslant 10 \qquad (15.23)$$

此外设

$$\xi=e^{l+1} \qquad (15.24)$$

所以也有

$$\frac{1}{2}\log T\leqslant \log \xi\leqslant 2\log T \qquad (15.25)$$

因为 $l+1\leqslant 2\log \xi$ 自动地得到满足,所以可以应用辅助定理 14.4,若我们也考虑到式(15.25),则得出

$$\left|\sum_{n\geqslant \xi}\frac{\Lambda(n)}{n^{\sigma_0+it}}\log^l\frac{n}{\xi}\right|\leqslant$$

$$c_7(\eta)T^{-\frac{\beta}{2}}\log^5 T\cdot l!\left\{\frac{\sqrt{T}\xi^{\frac{1}{2}-\sigma_0}}{\left(\sigma_0-\frac{1}{2}\right)^{l+1}}+\frac{\xi^{1-\sigma_0}}{(\sigma_0-1)^{l+1}}\right\} \qquad (15.26)$$

而且除了一个具有测度小于或等于

$$\frac{4T^\beta}{\log^5 T} \quad (15.27)$$

的集合 D^* 而外,对于 $T \leqslant t \leqslant 2T$,式子是成立的. 依照辅助定理 10.1,由式(15.26)更可推知,在集合 D^* 的余集上有

$$\left| \frac{\xi^{1-(\sigma_0+it)}}{(\sigma_0+it-1)^{l+1}} - \sum_\rho \frac{\xi^{\rho-(\sigma_0+it)}}{(\sigma_0+it-\rho)^{l+1}} \right| \leqslant c_8(\eta) \left\{ \xi^{-1-\sigma_0} + \right.$$

$$\left. T^{-\frac{\beta}{2}} \left(\frac{\sqrt{T} \xi^{\frac{1}{2}-\sigma_0}}{\left(\sigma_0-\frac{1}{2}\right)^{l+1}} + \frac{\xi^{1-\sigma_0}}{(\sigma_0-1)^{l+1}} \right) \right\} \log^5 T \quad (15.28)$$

因,依照式(15.25)以及 $\beta<1$,有

$$\xi \geqslant \sqrt{T} > T^{\frac{\beta}{4}}, \frac{1}{\xi} < \frac{\xi}{T^{\frac{\beta}{2}}}$$

故式(15.28)对于 $\sigma_0+it=s$ 有

$$\left| \frac{\xi^{1-s}}{(s-1)^{l+1}} - \sum_\rho \frac{\xi^{\rho-s}}{(s-\rho)^{l+1}} \right| \leqslant$$

$$c_9(\eta) T^{-\frac{\beta}{2}} \log^5 T \left\{ \frac{\sqrt{T} \xi^{\frac{1}{2}-\sigma_0}}{\left(\sigma_0-\frac{1}{2}\right)^{l+1}} + \frac{\xi^{1-\sigma_0}}{(\sigma_0-1)^{l+1}} \right\}$$

$$(15.29)$$

若我们同在定理 14.1 中一样,把线段($T \leqslant t \leqslant 2T, \sigma = \sigma_0$)划分成为具有长度小于或等于 $\frac{1}{\log^3 T}$ 的"好的"以及"坏的" l_j 线段,并且把半条域

$$0 \leqslant \sigma \leqslant 1, T \leqslant t \leqslant 2T$$

划分成为"好的"以及"坏的" L_j 条域,则可知,坏的半条域 L_j'' 的个数

$$P < 4 \frac{T^\beta}{\log^2 T} \qquad (15.30)$$

并且在每个好的线段 l_j' 上存在一个满足

$$\left| \frac{\xi^{1-s_j'}}{(s_j'-1)^{l+1}} - \sum_\rho \frac{\xi^{\rho-s_j'}}{(s_j'-\rho)^{l+1}} \right| \leqslant$$

$$c_9(\eta) T^{-\frac{\beta}{2}} \log^5 T \cdot \left\{ \frac{\sqrt{T} \xi^{\frac{1}{2}-\sigma_0}}{\left(\sigma_0 - \frac{1}{2}\right)^{l+1}} + \frac{\xi^{1-\sigma_0}}{(\sigma_0-1)^{l+1}} \right\}$$

$$(15.31)$$

的

$$s_j' = \sigma_0 + \mathrm{i}\tau_j$$

这个不等式与前节中的式(14.38)十分相像,但是大多数字母的意义却不同了.

3. 同样,此处起着一个决定性的作用的是:

辅助定理 15.1 在好的条域 L_j' 中,对于

$$\sigma \geqslant 1 - \left(\frac{1}{2} - \eta\right)\beta$$

ζ 函数的值并不为零.

假定辅助定理 15.1 不正确,并且存在一个含零点 $\rho^* = \sigma^* + \mathrm{i}t^*$ 的好的条域 L_j',而且

$$\sigma^* \geqslant 1 - \left(\frac{1}{2} - \eta\right)\beta \qquad (15.32)$$

固定这个 j,从而也固定了 s_j'. 我们将式(15.31)乘以不等式

$$\left| \xi^{s_j'-\rho^*} (s_j'-\rho^*)^{l+1} \right| \leqslant \xi^{\sigma_0-\sigma^*} \left\{ (\sigma_0-\sigma^*) + \log^{-3} T \right\}^{l+1}$$

则得出

$$\left| \xi^{1-\rho^*} \left(\frac{s_j' - \rho^*}{s_j' - 1} \right)^{l+1} - \sum_{\rho} \xi^{\rho - \rho^*} \left(\frac{s_j' - \rho^*}{s_j' - \rho} \right)^{l+1} \right| \leqslant$$

$$c_9(\eta) T^{-\frac{\beta}{2}} \log^5 T \left\{ \sqrt{T} \xi^{\frac{1}{2} - \sigma^*} \left(\frac{(\sigma_0 - \sigma^*) + \log^{-3} T}{\sigma_0 - \frac{1}{2}} \right)^{l+1} + \right.$$

$$\left. \xi^{1-\sigma^*} \left(\frac{(\sigma_0 - \sigma^*) + \log^{-3} T}{\sigma_0 - 1} \right)^{l+1} \right\} \quad (15.33)$$

我们研究式(15.33)中的第一项. 依照 β 的定义式(15.15)以及式(15.32)有

$$\sigma^* > 1 - \left(\frac{1}{2} - \eta \right) \beta = \vartheta > \Theta + 4\eta > \frac{1}{2} + 4\eta > \frac{1}{2} + \log^{-3} T$$

若我们也考虑到式(15.14)与式(15.19)的话. 于是有

$$(\sigma_0 - \sigma^*) + \log^{-3} T < \sigma_0 - \frac{1}{2}$$

是即(由式(15.32))

$$\sqrt{T} \xi^{\frac{1}{2} - \sigma^*} \left(\frac{(\sigma_0 - \sigma^*) + \log^{-3} T}{\sigma_0 - \frac{1}{2}} \right)^{l+1} < \sqrt{T} \xi^{\frac{1}{2} - \sigma^*} =$$

$$\sqrt{T} e^{(l+1)\left(\frac{1}{2} - \sigma^*\right)} < \sqrt{T} \cdot e^{(l+1)\left\{ -\frac{1}{2} + \left(\frac{1}{2} - \eta\right)\beta \right\}}$$

此外, 由式(15.21)有

$$(l+1)\left\{ -\frac{1}{2} + \left(\frac{1}{2} - \eta \right) \beta \right\} < \frac{(1-2\eta)\beta - 1}{2} \cdot \frac{1 - (1-\eta)\beta}{1 - (1-2\eta)\beta} \log T =$$

$$-\frac{1 - (1-\eta)\beta}{2} \log T$$

因此

$$\sqrt{T} \xi^{\frac{1}{2} - \sigma^*} \left(\frac{(\sigma_0 - \sigma^*) + \log^{-3} T}{\sigma_0 - \frac{1}{2}} \right)^{l+1} < T^{\frac{1-\eta}{2} \beta} \quad (15.34)$$

至于式(15.33)中的第二项,则由于式(15.24)以及式(15.32)有

第二部分　中外名家论 Riemann 函数与 Riemann 猜想

$$\xi^{1-\sigma^*}\left(\frac{(\sigma_0-\sigma^*)+\log^{-3}T}{\sigma_0-1}\right)^{l+1} \leqslant$$

$$\left(e^{(\frac{1}{2}-\eta)\beta}\frac{\sigma_0-1+\left(\frac{1}{2}-\eta\right)\beta+\log^{-3}T}{\sigma_0-1}\right)^{l+1} \quad (15.35)$$

依照式(15.15)与(15.14)有

$$\beta > \frac{2}{1-2\eta}\eta^{10}$$

是故依照式(15.19)有

$$\frac{\eta\beta}{4} > \frac{1}{2} \cdot \frac{\eta^{11}}{1-2\eta} > \log^{-3}T \quad (15.36)$$

从而所讨论的第二项由式(15.35)

$$\xi^{1-\sigma^*}\left(\frac{(\sigma_0-\sigma^*)+\log^{-3}T}{\sigma_0-1}\right)^{l+1} <$$

$$\left\{e^{(\frac{1}{2}-\eta)\beta}\left(1+\frac{1-\frac{3}{2}\eta}{2(\sigma_0-1)}\beta\right)\right\}^{l+1} <$$

$$\exp\left\{(l+1)\left(\left(\frac{1}{2}-\eta\right)\beta+\frac{1-\frac{3}{2}\eta}{2(\sigma_0-1)}\beta\right)\right\} \quad (15.37)$$

于是,若我们利用式(15.21)中 $l+1$ 的上界,则有

$$(l+1)\left\{\left(\frac{1}{2}-\eta\right)\beta+\frac{1-\frac{3}{2}\eta}{2(\sigma_0-1)}\beta\right\} \leqslant$$

$$\frac{1-\eta}{1-2\eta+\eta\left(1-\frac{3}{2}\eta\right)} \cdot \log T \cdot \beta \cdot$$

$$\frac{1-2\eta+\eta\left(1-\frac{3}{2}\eta\right)}{2} = \frac{1-\eta}{2}\beta\log T$$

而所讨论的那个项就小于或等于 $T^{\frac{1-\eta}{2}\beta}$ 了. 由式 (15.34) 以及 (15.33), 得出

$$\left| \xi^{1-\rho^*}\left(\frac{s_j'-\rho^*}{s_j'-1}\right)^{l+1} - \sum_{\rho} \xi^{\rho-\rho^*}\left(\frac{s_j'-\rho^*}{s_j'-\rho}\right)^{l+1} \right| \leq c_9(\eta) T^{\frac{\eta\beta}{2}} \log^5 T$$

(15.38)

4. 在左端的一些项可以很容易地估计出来. 左端第一项 A 的绝对值, 由式 (15.23) 可知

$$|A| < T\left(\frac{2+\frac{1}{\eta}}{T}\right)^{10} = \frac{\left(2+\frac{1}{\eta}\right)^{10}}{T^9} \qquad (15.39)$$

因为由式 (15.25) 有 $\xi \leq T^2$. 此外, 我们研究相应于

$$t_\rho \geq \tau + 3\sigma_0 \qquad (15.40)$$

的那些项的影响. 依照式 (15.32) 以及辅助定理 13.1 可知这个部分和数 S 的绝对值, 依据式 (15.22), 有

$$|S| < c_{10}\xi^{\left(\frac{1}{2}-\eta\right)\beta}\sum_{n \geq 3\sigma_0}\left(\frac{\sigma_0}{n}\right)^{l+1}\log(2T+n+2) <$$

$$c_{11}(\eta)\,\mathrm{e}^{\frac{l+1}{2}\beta}\frac{\log T}{3^{l+1}} <$$

$$c_{11}(\eta)\,\mathrm{e}^{-\frac{l+1}{2}}\log T < c_{11}(\eta) T^{-\frac{1}{4}}\log T$$

相类似的考查我们也可以应用在相应于

$$t_\rho \leq \tau - 3\sigma_0 \qquad (15.41)$$

的那些项上. 此外我们来估计相应于

$$\sigma < 1-\frac{\beta}{2},\ |t-\tau_j| \leq 3\sigma_0 \qquad (15.42)$$

的那些项的影响. 因依照式 (15.32) 与 (15.36) 有

$$|s_j'-\rho^*| \leq \sigma_0 - 1 + \left(\frac{1}{2}-\eta\right)\beta + \log^{-3} T < \sigma_0 - 1 + \left(\frac{1}{2}-\eta\right)\beta + \frac{\eta\beta}{2} <$$

$$\sigma_0 - 1 + \frac{\beta}{2} \leq |s_j-\rho|$$

第二部分　中外名家论 Riemann 函数与 Riemann 猜想

故这个部分和数 S_1 的绝对值,依照式(15.22)

$$|S_1| < c_{12}(\eta) \log T \xi^{1-\frac{\beta}{2} - |1-(\frac{1}{2}-\eta)\beta|} = c_{12}(\eta) \xi^{-\eta\beta} \log T =$$
$$c_{12}(\eta) e^{-\eta\beta(l+1)} \log T < c_{13}(\eta) T^{-\frac{\eta\beta}{2}} \log T$$

由式(15.41)(15.40)(15.39)以及(15.38)得出

$$V \equiv \left| \sum_{\substack{\rho \\ \sigma_\rho \geq 1-\frac{\beta}{2} \\ |t_\rho - t_j| \leq 3\sigma_0}} \left(e^{\rho - \rho^*} \frac{s_j' - \rho^*}{s_j' - \rho} \right)^{l+1} \right| \leq c_{14}(\eta) T^{-\frac{\eta\beta}{2}} \log^5 T$$

$$(15.43)$$

5. 这个和数仍然是具有纯方幂和的性质的,显然 $\rho = \rho^*$ 出现在这个和数中,是故 $\max_j |z_j| \geq 1$ 得到满足. 设

$$m = \frac{1-(1-\eta)\beta}{1-(1-2\eta)\beta} \log T \ (< \log T) \quad (15.44)$$

直到如今,我们还没有利用过 Lindelöf 的猜测,只在现在,当我们用 Jensen 估计式(10.18)来决定第一章中定理 7.3 中的 N 的时候,才会用得上它,为此我们需要对于

$$\sigma \geq 1 - \frac{\beta}{2}, \ |t - \tau_j| \leq \frac{6}{\eta} \quad (15.45)$$

由上面来估计 $\zeta(s)$ 的零点的个数. 我们首先断言,平行四边形(15.45)包含在平行四边形

$$1 \geq \sigma \geq \Theta + \eta^3, \ |t - \tau_j| \leq \frac{6}{\eta} \quad (15.46)$$

之内,为证明它,我们只需证明

$$1 - \frac{\beta}{2} \geq \Theta + \eta^3 \quad (15.47)$$

但由式(15.9)有

$$4\eta \geq \eta^3 + \eta > \eta^3 + 2\eta(1 - \Theta - \eta^3)$$
$$1 - \Theta - 4\eta < (1-2\eta)(1-\Theta-\eta^3)$$

于是依照式(15.16)有

$$\beta < (1-\Theta-4\eta)\frac{2}{1-2\eta} < 2(1-\Theta-\eta^3)$$

由此确定地可以得出式(15.47). 现在要想由上面来估计式(15.46)中 $\zeta(s)$ 的零点的个数,我们取

$$F(s)=\xi(s), s_0=\frac{1}{\eta^3}+i\left(U+\frac{1}{2}\right), R=\frac{1}{\eta^3}-\Theta$$

而应用式(10.18),此处

$$2T \geqslant U \geqslant T\left(> \frac{4}{\eta^3} > \frac{2}{\eta^3}+1 \right)$$

这时 $|\zeta(s_0)| > \frac{1}{2}$,于是依照式(15.3)有

$$\log\left|\frac{\zeta(s)}{\zeta(s_0)}\right| \leqslant \log\left\{2c_2(\eta)\left(U+\frac{1}{2}+\frac{1}{\eta^3}\right)^{\eta^{10}}\log\left(U+\frac{1}{2}+\frac{1}{\eta^3}\right)\right\} <$$

$$\log\{2c_2(\eta)(3U)^{\eta^{19}}\log(3U)\} <$$

$$c_{15}(\eta)+\eta^{19}\log T+\log\log T$$

我们选 s_0 与平行四边形

$$1 \geqslant \sigma \geqslant \Theta+\eta^3, U \leqslant t \leqslant U+1$$

周边上点的最大距离作为 r,则有

$$r=\sqrt{\left(\frac{1}{\eta^3}-\Theta-\eta^3\right)^2+\frac{1}{4}}$$

于是有

$$\frac{R}{r}=\frac{\frac{1}{\eta^3}-\Theta}{\sqrt{\left(\frac{1}{\eta^3}-\Theta-\eta^3\right)^2+\frac{1}{4}}}=$$

$$\frac{1}{\sqrt{\left(1-\frac{\eta^6}{1-\Theta\eta^3}\right)^2+\frac{1}{4}\frac{\eta^6}{(1-\Theta\eta^3)^2}}} \geqslant$$

$$\frac{1}{\sqrt{1-\eta^6}} \geqslant e^{\frac{1}{2}\eta^\theta}$$

是故在圆

$$\left| s - \left(\frac{1}{\eta^3} + i\left(U + \frac{1}{2} \right) \right) \right| \leqslant r \qquad (15.48)$$

中 $\zeta(s)$ 的零点的个数 m，对于 $T > c_{16}(\eta)$，有

$$m < \frac{2}{\eta^6} \{ c_{15}(\eta) + \eta^{19} \log T + \log \log T \} < 3\eta^{13} \log T$$

因圆(15.48)对于

$$U = \left[\tau_j - \frac{6}{\eta} - 1 \right], \; \left[\tau_j - \frac{6}{\eta} \right], \; \cdots, \; \left[\tau_j + \frac{6}{\eta} \right]$$

能掩盖住平行四边形(15.46)，故对于平行四边形(15.46)中 $\zeta(s)$ 的零点的个数不超过

$$40\eta^{12} \log T \equiv N \qquad (15.49)$$

因依照式(15.44)有

$$m > \frac{1}{2} \log T \qquad (15.50)$$

于是由式(15.49)与(15.9)得出

$$m > N \qquad (15.51)$$

要想能够应用第一章中定理 7.3，我们还需证明区间 $\{m, m+N\}$ 含在

$$\left\{ \frac{1-(1-\eta)\beta}{1-(1-2\eta)\beta} \log T, \frac{1-\eta}{1-2\eta+\eta\left(1-\frac{3}{2}\eta\right)} \log T \right\}$$

中，由于式(15.44)这将会得到证明，假使我们能证出不等式

$$N < \left\{ \frac{1-\eta}{1-2\eta+\eta\left(1-\frac{3}{2}\eta\right)} - \frac{1-(1-\eta)\beta}{1-(1-2\eta)\beta} \right\} \log T$$

或者,依照式(15.49),能证出不等式

$$40\eta^2 < \frac{1-\eta}{1-2\eta+\eta\left(1-\dfrac{3}{2}\eta\right)} - \frac{1-(1-\eta)\beta}{1-(1-2\eta)\beta} \quad (15.52)$$

的话. 因(15.52)中的第二项对于 $\beta=0$ 能取得其关于 $0 \leqslant \beta \leqslant 1$ 的极大值,是故式(15.52)确定会得到满足,若

$$40\eta^2 < \frac{1-\eta}{1-\eta-\dfrac{3}{2}\eta^2} - 1 = \frac{\dfrac{3}{2}\eta^2}{1-\eta-\dfrac{3}{2}\eta^2}$$

的话;依照式(15.9)它是正确的. 我们于是选式(15.43)中的 $l+1$ 作为第一章中定理7.1中的 v. 依照式(15.51)与(15.44)给出

$$V \geqslant \left(\frac{1}{50} \cdot \frac{N}{m}\right)^N > \left(\frac{4}{5}\eta^{12}\right)^{40\eta^{12}\log T \big/ \eta^{12}} > T^{-40\eta^{12}\log\frac{2}{\eta^{12}}}$$

由这以及式(15.43)得出

$$T^{\frac{\eta\beta}{2} - 40\eta^{12}\log\frac{2}{\eta^{12}}} < c_{14}(\eta)\log^5 T$$

或者依照式(15.16)

$$T^{\frac{\eta^{11}}{1-2\eta} - 480\eta^{12}\log\frac{2}{\eta}} < c_{14}(\eta)\log^5 T$$

由式(15.11)于是有

$$T^{\frac{1}{2}\eta^{11}} < c_{14}(\eta)\log^5 T$$

这对于 $T > c_{17}(\eta)$ 却是不对的. 是故辅助定理15.1得证.

6. 但是,由这个辅助定理15.1来得出定理15.1比由定理14.1得出来还更容易. 由这个辅助定理仍可推知,在 $T > c_{18}(\eta)$ 的情形下,$\zeta(s)$ 对于

$$\sigma \geqslant 1 - \left(\frac{1}{2} - \eta\right)\beta, T \leqslant t \leqslant 2T$$

只能在"坏条域"中取零值,依照式(15.30)以及式

(9.12) 于是有
$$N\left(1-\left(\frac{1}{2}-\eta\right)\beta, 2T\right) - N\left(1-\left(\frac{1}{2}-\eta\right)\beta, T\right) < c_{19}\frac{T^\beta}{\log T}$$
(15.53)

因此,如果
$$T > c_{18}(\eta)^{10}$$
则代替 T 我们也可以取
$$\frac{T}{2}, \frac{T}{2^2}, \cdots, \frac{T}{2^r}$$
而应用式(15.53),此处 γ 由
$$\frac{1}{2}T^{\frac{1}{8}} \leq \frac{T}{2^\gamma} < T^{\frac{1}{8}}$$
唯一的决定. 于是经过相加之后得出
$$N\left(1-\left(\frac{1}{2}-\eta\right)\beta, T\right) < 8c_{19}\frac{T^\beta}{\log T}\sum_{j=1}^{\infty}\frac{1}{2^{j\beta}} + N\left(1-\left(\frac{1}{2}-\eta\right)\beta, T^{\frac{1}{8}}\right)$$
是故依照式(15.16)以及 Carlson 定理有
$$N\left(1-\left(\frac{1}{2}-\eta\right)\beta, T\right) < c_{20}(\eta)T^\beta$$
若我们将式(15.15)代进去,则得出定理 15.1,因为,此时依照式(15.9)有
$$N(\vartheta, T) < c_{20}(\eta)T^{\frac{2}{1-2\eta}(1-\vartheta)} < c_{20}(\eta)T^{2(1+3\eta)(1-\vartheta)}$$

7. 正如我们曾经见到过,在定理 14.1 与 15.1 的证明中,对于"坏"条域的数目做出一个上估计是至关重要的. 减小这个估计数值就能使这些定理变得更精密. 这个上估计式是由考查 $g_l(s)$ 的绝对值平方积分而得出来的. 一个这样的减小估计值的方法,可以由对于
$$\int_T^{2T}|g_l(\sigma_0+it)|dt$$
做出一个不平凡的估计来得到,而且求出这个估计似乎有着许多路径. 但是,或许不用估计积分也可以得到

一种减小估计值的办法.因为,我们真正需要的不过是这样的事实,那就是,譬如说,和数

$$\sum_{\xi \leq n \leq \xi^2} \frac{\Lambda(n)}{n^{\sigma_0}} \log^l \frac{n}{\xi} e^{-it\log n}$$

从而也就是数 $e^{-it\log n}$ 的一个广义方幂和,在彼此"紧密"靠近的点上取"不太大的"绝对值.这个问题显然是与我们的主要定理对偶的,我们的主要定理曾经需要的是下估计式,因此,按照第一章中第 3 节中的记号,此时的问题是第六类型的一个问题.于是,这个问题的重要性得证.

第十六节 论若干另外问题的提出与应用的可能

1. 在这最后一节里,我们将简短地谈一谈若干另外可能有的应用,关于这点,我们在前些节里没有机会来谈到.第 11 节与第 12 节中那些等价定理的证明方法曾经是这个方法的一些最初的应用,在那里,我们也知道了和数

$$\sum_{N_1 \leq p \leq N_2} e^{it\log^\alpha p}, \frac{1}{2} \leq \alpha \leq 2 \quad (16.1)$$

与类似 Riemann 猜想间的一种关联.正如前面说过,在 $\alpha \neq 1$ 的情形下,我们可以对于这个和数,依算术的途径来得出非平凡的估计式来.然而①,这些估计式我们也可以用 Carlson 估计式把它们导出来(参看式 (14.1)),是故,此处的纯算术性质的方法,在现今的

---

① On certain exponential sums. Indagationes Math.,1948,2(Vol. x):343-352.

第二部分　中外名家论 Riemann 函数与 Riemann 猜想

形状下,粗糙点说,是与 Carlson 估计式具有同样的力量的. 但是对于和数

$$\sum_{N_1 \leqslant n \leqslant N_2} \mu(n) \mathrm{e}^{it\log^\alpha n}, \frac{1}{2} \leqslant \alpha \leqslant 2 \qquad (16.2)$$

情况就不是如此了,对于这个和数,在 $\alpha \neq 1$ 的情形下,把一个 Виноградов 的证明方法①略加修改之后就重新又可以引导出不平凡的估计式来. 要知道,把式(16.2)的这种估计式,也想借助于 Carlson 定理推导出来,是不可能成功的,所以我们也就可以认为式(16.2)比式(16.1)要来得深一些. 但是,若我们尝试一下把式(16.2)类似地应用到 $\zeta(s)$ 零点的考查上,则由于零点与残数的种种不同的多重性,而出现新的困难.

最小的素数 $\equiv l(\mathrm{mod}\ k)$ 的这一问题看来提供出另外的一种应用. 正如 Линник② 以及 Ролосский③ 更简

---

① Some general property of distribution of products of prime numbers. Doklady de l'Akad. des Se. de l'URSS,1941;681-682.

② 他的完全的证法我们可以由下列作品里把它搜集起来:

On the distribution of characters. Doklady Ac. Sci. URSS, 1994(42):323-325.

On the possibility to avoid Riemann's extended hypothesis in the investigation of primes in progressions. Doklady Ac. Sci. URSS,1944(44):135-138.

On the characters of primes. I. Rec. Math. Moscou n. s. ,1945,16(58):101-120.

On Dirichlet's L-series and prime-number sums. I. Rec. Math. Moscou n. s. ,1944,15(57):3-12.

On the least prime in an arithmetic progression Ⅰ. I. Rec. Math. Moscou n. s. ,1944,15(57):139-178.

On the least prime in an arithmetic progression Ⅱ. I. Rec. Math. Moscou n. s. ,1944,15(57):347-368.

③ Матем. Сборник,1954,76(331).

单地证明,存在一个绝对常数 α,使得

$$P(k,l)<k^{\alpha} \tag{16.3}$$

此处设 $(k,l)=1$ 并且 $P(k,l)$ 表示 $\equiv l(\bmod k)$ 的最小的一个素数. 他们两个人的证明都有一个缺点,那就是,关于 α 的数值并未给出任何消息. 但我们所开展的方法则有种种可能给出一个证法,这个证法却能给出 α 的一个数值来. 这应该是更加值得我们盼望的,因为这个定理看来有很多的应用. 例如说,借助它我们可以看见,正如我已经拿那当成例子证明过①,有无穷多个素数 p 存在,对于这些素数讲起来,有最小的原根(die kleinste primitive Wurzel)$g(p)>\dfrac{1}{3\alpha}\log p$,此外还有一些类似的结果. 作为基础的是一个公式

$$\frac{1}{(\omega-1)!}\sum_{\substack{n\leqslant x \\ n\equiv l(\bmod k)}}\Lambda(n)\log^{\omega-1}\frac{x}{n}=$$

$$\frac{x}{\phi(k)}\left\{1-\sum_{x}\bar{x}(l)\sum_{\rho(x)}\left(\frac{\mathrm{e}^{\rho-1}}{\rho}\right)^{\omega}+o(1)\right\}$$

(16.4)

此处 $\phi(k)=o(x)$,ω 为一个"大的"整数,$x=\mathrm{e}^{\omega}$,$(k,l)=1$,$x(n)$ 为特征标$(\bmod k)$(Charakter $(\bmod k)$),又 $\rho(x)$ 遍历 Dirichlet 函数 $L(s,x)$ 在条带 $0<\sigma<1$ 内的零点. 式(16.4)中括号内的式子是一种方幂和;困难大半是由于这样引起的,那就是,此时系数并不是+1,而

---

① 参阅论文:A számelmélet ujabb eredményei a Szovjetunióban(苏联数论中较新的结果 Neuere Ergebnisse der Zahlentheorie in der Sowjetunion). Matematikai Lapok,1950(1):243-266. 特别是 263-265 页(匈牙利文).

第二部分　中外名家论 Riemann 函数与 Riemann 猜想

是 $-\overline{x}(l)$，因此，并不一定都是实数. 要考查 L 函数的"小的"零点，依这条路径看来也是可能的.

下面的定理起源于皮 M. Picone[①].

设 K, c, q 为正的常数并且 $p<0$. 若对于 $x>c$ 有

$$\left|\int_a^b e^{x(b-t)} f(t) dt\right| < K |x|^q e^{p|x|} \quad (16.5)$$

则在 (a,b) 中，几乎处处（fast überall）有 $f(t)=0$.

这个定理在偏微分方程式论的唯一性问题里可以找得到应用. 若我们令

$$b-a=d, f(b-t)=\phi(t)$$

则他的定理可表示为，若 $\phi(t)$ 在 $(0,d)$ 中的一个具有正测度的集合上不为零，则对于每个正的 K,q 以及 $p<0$ 有一序列

$$(0<) x_1 < x_2 < \cdots \to +\infty \quad (16.6)$$

存在使

$$\left|\int_0^d \phi(t) e^{x_v t} dt\right| \geq K x_v^q e^{p x_v} \quad (16.7)$$

这个定理，以及 Mikusinski[②] 的推广定理，都是简短而且初等直接地证得出来的. 依照这个推广定理，由

$$\left|\int_0^d \phi(t) t^n dt\right| = O(\varepsilon^n)$$

（$\varepsilon>0$ 为固定的任意小的数，并且 $n\to\infty$ 遍历整数）已

---

① Nuove determinazione per gl'integrali delle equazioni linéari a derivate parziali. Rendiconti della Acc. Naz. dei Lincei, 1939(28):339-348，以及 Nouvelles méthodes de recherche pour la determination des intégrales des équations linéaires aux dérivées partielles. Ann. de la Soc. Polon. de Math., 1946(19):36-61.

② Remarks on the moment problem and a theorem of Picone. Colloq. Math. Wroclaw,1951:138-141.

经可以推知 $\phi(t)$ 在 $(0,d)$ 中几乎处处为零. 但是, 两个式子显然都只具有一种方幂和. 是故, 在不等式 (16.7) 中我们想要能够定出诸 x_v 值的位置规定并不是不可能的, 这样一来, 明显会影响到唯一性定理. 在 $\phi(t)$ 表示一个具有有限多个阶梯的阶梯函数(Treppenfunktion)情形下, 我们可以立刻由第三主要定理推出这样一个限制位置的定理来, 假如 $\phi(t)$ 能够用一个这样的阶梯函数 $\phi_1(t)$ "很好地"来接近, 那就是说, 可以使

$$\int_0^d |\phi(t) - \phi_1(t)| \, dt$$

"很小", 则限制位置的定理也同样地可以推导出来.

参考资料

[1] TURÁN P. Über die Verteilung der Primzahlen Ⅰ. Acta. Szeged. ,1941(10):81-104.

[2] TURÁN P. On a theorem of Littlewood. Journ. of Lond. Math. Soc. ,1949(21):268-275.

[3] TURÁN P. On the gap-theorem of Fabry. Acta. Math. Hung. ,1947,1(2):1-29.

[4] TURÁN P. Sur la théorie des fonctions quasianalytiques. Compt. Rend. Paris,1947(224):1750-1752.

[5] TURÁN P. On Riemann's hypotheisis. Bull. de l'Acad. des Sciences de l'URSS. Ser. Math. ,1947(11):197-262.

[6] TURÁN P. On the distribution of real roots of almost periodical polynomials. Publ. Math. ,Debrecen,1949(1):38-41.

[7] TURÁN P. On the remainder-term of the prime-number-formula Ⅰ. Acta. Math. Hung. ,1950(1):48-63.

[8] TURÁN P. On the approximative solution of algebraic equations. Publ. Math. Debrecen,1951(2):26-42.

[9] TURÁN P. On the remainder-term of the prime-number-formula Ⅱ. Ac-

第二部分　中外名家论 Riemann 函数与 Riemann 猜想

ta. Math. Hung. ,1950(1):155-166.

[10] TURÁN P. On Carlson's theorem in the theory of zeta-function of Riemann. Acta. Math. Hung. ,1951(2):39-73.

[11] TURÁN P. On a property of lacunary power-series. Acta. Szeged. , 1952 (14):209-218.

[12] TURÁN P, RÉNYI A. On the zeros of polynomials. Acta. Math. Hung. ,1952 (3):275-285.

[13] TURÁN P. On Lindelöf's conjecture. Acta. Math. Hung. ,1954(5): 145-163.

[14] TURÁN P. Über eine neuc Methode in der Analysis und deren Anwendun-gen. Akad:Kiadó Budapest,1953.

从 Riemann 到 Enoch——Riemann 猜想的历史

附录　大问题之数学中未解决的问题

数学作为现代科学的根基被或深或浅地广泛应用于各行各业,普通人都或多或少地懂得基本的数学方法.然而现代数学却是一个令多数人望而却步的所在,人们对于其基本问题以及基本方法的了解程度远远低于其他科学,听说过"Langlands"的人远远少于听过"冷冻电镜"或者"弦论"的人.这一部分将介绍现代数学,特别是算术几何中的一系列猜想,它们共同构成了一幅极其宏伟壮阔的蓝图,那是一代代学者的梦想所在.

现代数学的多数部分层层叠叠地建立在越来越远离日常经验的抽象体系上,仅仅去透过迷雾管中窥豹的一瞥也会受阻于层层门槛,为避免过分浅薄下面将不可避免地使用一系列术语.尽管如此,为了简洁,几乎所有的陈述都具有一定的模糊性,有时甚至是故意的错误,精确的表述需要引进更多现代理论以及微妙的修正.

故事要从 Euler 开始, Euler 考虑了函数

$$\zeta(s) = \sum_{n=1}^{\infty} n^{-s}$$

并证明了其在 $s = 2$ 点的值

$$1 + \frac{1}{2^2} + \frac{1}{3^2} + \cdots = \frac{\pi^2}{6}$$

之后 Riemann 在其著名的论文中提出这一函数满足:

第二部分　中外名家论 Riemann 函数与 Riemann 猜想

① 其具有表达式

$$\sum_{n=1}^{\infty} \frac{1}{n^s} = \prod_{p \text{ prime}} \frac{1}{1-p^{-s}}$$

② 其中 $1-s$ 和 s 的值具有对称性，满足一定函数方程.

③ 其非平凡零点分布在直线 $\text{Re}(s) = \frac{1}{2}$ 上.

①和②很容易用初等方法证明，③则是著名的 Riemann 猜想（作为数学中最具挑战的问题之一）. 这个函数现在通常称之为 Riemann ζ 函数，其实是某一类函数的特殊情形，我们称之为 L 函数，我们猜测它们都具有类似①②和③的性质，同时它们在特殊点的值有类似 Euler 的表达式. 这一模糊的表述看似初等，实质上深刻无比，它包含了美国克雷研究所于 21 世纪初提出的七个千禧年百万问题中的三个问题——Birch and Swinnerton-Dyer 猜想（BSD），Hodge 猜想和 Riemann 猜想，以及许多其他同样著名的猜想. 这一表述的背后，隐藏了一系列无比宏伟的数学结构，这些结构帮助我们澄清并理解问题的含义，同时提供了强有力的解决工具，对很多人来说它们比问题本身更加迷人.

大体上来说，我们有两种不同起源的 L 函数，我们称之为 Motivic L 函数和自守 L 函数.

我们先解释 Motivic L 函数，它们起源于数论和代数几何. 代数数论的一个核心问题是求解整数系数的一元多项式方程，对于每一个素数 p 我们可以考虑模 p 的情形并得到有限域上的一元多项式方程，我们原则上可以很容易地求解，模 p 的解如何联系于整数解是一个数论的重要问题. Gauss 和 Euler 发现的著名二次互反律(Law of Quadratic Reciprocity)即为此问题在一元二次多项式的特殊情形的解.

20世纪初的一个重要发现——类域论(Class field theory),对于更大一类的一元多项式方程解决了这一问题.这一类方程并不是由多项式的次数限定的,而是取决于方程的内蕴对称性,更加精确地说取决于Galois群.Galois在19世纪初首次引进了群论,并利用它来精确地度量多项式的对称性,我们第一次能够绕开烦琐的计算,用更深层次的抽象性质去处理表面更加具体的问题,它标志着现代代数的开端.一元多项式的复杂性在于Galois群的复杂性,而类域论处理了交换Galois群的情形,非交换的情形要复杂得多,它是现代Langlands纲领的一个重要目标.

对于每一个一元多项式我们可以定义L函数,它们通常叫作Dedekind ζ函数,Riemann ζ函数则是一元一次多项式的特殊情况,它们可以初等地证明满足①和②.一个自然的推广是考虑多元多项式的情况,这里我们进入了代数几何的领域.多项式的零点定义了一个几何对象,我们称之为代数簇(Algebraic variety),对于它们的研究我们通常称为代数几何.代数几何作为一门古老的学科在20世纪经历了蔚为壮观的发展,20世纪初期意大利学派对代数曲面的研究有了长足的进展,然而其不严格的基础促使Oscar Zariski和André Weil重构了整个代数几何的基础,Weil更是指出了代数几何和数论与拓扑之间的惊人联系,之后Alexander Grothendieck为了理解Weil的猜想进一步用更抽象本质的方法重新构建了代数几何的基础并引进了一系列强大的工具,特别是他的上同调理论(cohomology),最终推动了 Pierre Deligne 完整证明了 Weil 猜想并因此得到了菲尔兹奖.

我们要重点提 Grothendieck 的上同调理论,其根植于代数拓扑,Grothendieck 同时构造了一系列上同调理论,它们具有非常类似的性质,但却起源于非常不同的构造,Grothendieck 试图寻找出它们的共同本质并由此提出了 Motive 理论. 这一理论并不完整,因为它基于一系列猜想,Grothendieck 称之为标准猜想. 如果标准猜想被证明,我们就能得到一套非常漂亮的理论,它导出了所有上同调,同时我们能证明一系列表面无关的问题. 著名的百万问题之一 Hodge 猜想的重要性就在于它能导出标准猜想.

每一个 Motivic L 函数都是由 Motive 给出的,对于这些函数,①很容易验证,但是②我们还无法证明一般情况,一个已知例子是有理数上椭圆曲线的情形,Andreú Wiles 关于 Fermat 大定理的证明的一个推论(谷山–志村猜想,完整情形于 2001 年由 Wiles 的几位学生证明). 对于几乎所有 L 函数③都是未知的,唯一的例外是 Motive 在有限域的情形,③即是 Deligne 所证明的 Weil 猜想.

对于 Motivic L 函数的特殊值的问题,我们需要 Motive 的一个推广,我们称之为 mixed motive,这是一个更加庞大但更加遥远的梦想,我们完全不知道如何构造它. 它的存在能够推导出一系列极其漂亮的等式,推广 Euler 对于 Riemann ζ 的公式,著名的 Beilinson 猜想,百万问题之一的 BSD 等都属此类. 虽然我们无法构造 mixed motive,却能够构造它的一个弱化变形,我们称之为导出范畴,Vladimir Voevodsky 给出了这样一个构造从而获得了 2002 年的菲尔兹奖.

Motive 是比 L 函数更本质的存在,但是我们很难直接计算它,替代的办法是考虑 Motive 的不同表达. 每一个 Motive 都能给出一系列 Galois 群的表示以及复几何中的 Hodge 结构,它们完全决定了 L 函数,因而考虑它们是更根本的问题. 我们已经看到类域论解决了交换 Galois 群的情形,一个简单但根本的想法是群的表示比群本身更加基本,因而我们需要考虑的不是 Galois 群本身,而是它的表示,这样所有的交换 Galois 群就等价于一维的 Galois 表示,而非交换的就等价于高维的表示. 为了能够理解它们,我们必须考虑它们的内在对称性,令人惊讶的是,这些对称性很大程度上来源于一类完全不同的数学对象——自守形式.

自守形式的起源可以追溯到 19 世纪, Klein 和 Henri Poincaré 是这一方向的先驱者. 如果我们再往前看,仔细阅读 Riemann 关于 ζ 函数性质②的证明,就会发现他实质上使用了一种非常特殊的自守形式的对称性,我们现在称之为权 $\frac{1}{2}$ 的模形式. 实际上几乎所有的已知的关于性质②(整体域上的 L 函数)的证明都使用了自守形式,我们猜测 Motivic L 函数都能从某类自守形式构造,这一大胆的猜测起源于志村五郎和谷山丰对于椭圆曲线的特殊情况,之后由 Langlands 推广到一般情况,亦即现代数学中如雷贯耳的 Langlands 纲领.

志村五郎的方法很大程度上是来源于代数几何,他从具体计算中看到了一些精致的特殊结构,他的方法太过具体以至于很难直接推广到一般情况. Lang-

第二部分 中外名家论 Riemann 函数与 Riemann 猜想

lands 的洞见在于看出了这些结构背后的表示论内核,他系统地将代数群的无穷维表示引进到数论中,找到了一个非常一般的全局性纲领,近五十年来它吸引了无数最杰出的学者.

通常认为 Langlands 纲领由两部分组成,第一部分称为互反猜想,它描述了数论与表示论的对应关系,最一般的猜测是 Motive 是等价于相当一部分自守形式的,特别地,它指出 Galois 表示应该等价于代数群的表示,因而 Motivic L 函数等价于自守 L 函数. 第二部分称之为函子性猜想,它描述了不同群之间的表示的联系. 这一纲领意义深远,它可以对最一般的 L 函数证明②,并且导出一系列困难的猜想,如 Artin 猜想.

经过几十年的努力,我们对这一纲领的理解有了很大进展;杰出的代表性学者包括菲尔兹奖得主 Vladimir Drinfeld, Laurent Lafforgue 和吴宝珠,不过距离完整的纲领仍然非常遥远. 必须要提的是, Langlands 纲领的范围还在不断扩展,类比经典的纲领,我们发展出了几何 Langlands, p-adic Langlands,甚至物理学家 Edward Witten 都提出了类似的 Langlands 对偶,它们牵涉到了非常不同的领域,使用非常不同的方法,但是它们都展现出了极深层次的相似性,从不同的角度丰富了纲领本身. 非常值得一提的进展来自 Peter Scholze 的工作,他利用由他发展的 p-adic 几何类比函数域的情形去证明局部数域的情形.

我们非常简略地回顾了一些现代数学(图 1),特别是算术几何领域的重要问题,从现在来看,几乎所有提到的猜想都还非常遥远(也许 BSD 是个例外),每一个也许都足以耗尽一个人毕生精力,然而正是其困难和深刻吸引了无数人. 某种程度上, 数学家和探险家是一类人.

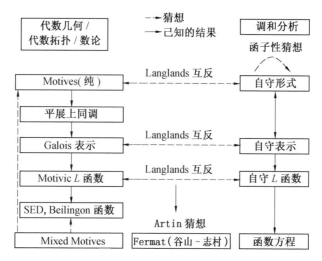

图 1

第三部分

Riemann 函数面面观

第一编

Riemann 猜想的计算

第一章 Riemann 猜想的理论和计算方面

第一节 Riemann 猜想

毫无疑问,目前最著名的尚未解决的数学问题之一是 Riemann 猜想. 首先介绍一些背景资料,熟知的 Riemann ζ - 函数定义为

$$\zeta(z) := \sum_{n=1}^{\infty} \frac{1}{n^z} \qquad (1.1)$$

Dirichlet 级数(1.1)对任何满足 $\text{Re}(z) > 1$ 的 z 收敛,此级数对任何一个固定的 $\sigma > 1$,在 $\text{Re}(z) > \sigma$ 的任一子集一致收敛. 这就证实了在 $\text{Re}(z) > 1$ 内 $\zeta(z)$ 是解析的. 人们也知道 $\zeta(z)$ 有表达式

$$\zeta(z) = \prod_{p \text{为素数}} \left(1 - \frac{1}{p^z}\right)^{-1} \qquad (1.2)$$

这个公式使 $\zeta(z)$ 在解析数论中具有十分重要的价值. 因为对于任何固定的 $\sigma > 1$,无穷乘积(1.2)在 $\text{Re}(z) > \sigma$ 中绝对收敛,而且因为在 $\text{Re}(z) > \sigma$ 中该无穷乘积的乘项没有一项为零,所以在 $\text{Re}(z) > 1$ 中 $\zeta(z)$ 不为零. 借助于解析开拓可知(见 Titchmarsh[32,p.13]),除去 $z = 1$ 之外对所有复数 z, $\zeta(z)$ 是解析的,1 是 $\zeta(z)$ 的简单极点而且留数为1,此外 $\zeta(z)$ 还满足泛函方程

$$\zeta(z) = 2^z \pi^{z-1} \sin\left(\frac{z\pi}{2}\right) \Gamma(1-z) \zeta(1-z) \quad (1.3)$$

从方程(1.3)可知,除去在简单实零点$\{-2m\}_{n=1}^{\infty}$上之外,$\zeta(z)$在$\mathrm{Re}(z) < 0$中不为零,而上述零点被称为$\zeta(z)$的平凡零点. 进一步还知道(见[32,p.30])$\{-2m\}_{n=1}^{\infty}$是$\zeta(z)$仅有的实零点并且$\zeta(z)$有无穷多个非实零点,这些非实零点都在所谓$\zeta(z)$临界带$0 \leqslant \mathrm{Re}(z) \leqslant 1$之中. 1859年,Riemann[30]提出了他的著名猜想:

Riemann 猜想(1859): $\zeta(z)$的全部非实零点都在

$$\mathrm{Re}(z) = \frac{1}{2} \quad (1.4)$$

上.

后来,1896年由 Hadamard 和 de la Vallée-Poussin 独立证明了$\zeta(z)$在直线$\mathrm{Re}(z) = 1$上没有零点. 他们还给出了著名的素数定理第一个证明

$$\pi(x) \sim \frac{x}{\log x}, x \to \infty$$

这里$\pi(x)$代表不超过x的素数的个数. 因为在$\mathrm{Re}(z) = 1$上$\zeta(z) \neq 0$,从方程(1.3)得出在$\mathrm{Re}(z) = 0$上也没有$\zeta(z)$的零点. 于是$\zeta(z)$在$0 < \mathrm{Re}(z) < 1$中有无穷多个非实零点. 后来,在1914年 Hardy[12]指出在临界线$\mathrm{Re}(z) = \frac{1}{2}$上$\zeta(z)$有无穷多个零点,1974年 Levinson 证明在临界带中$\zeta(z)$的零点至少有$\frac{1}{3}$落在临界线上. (1989年 Conrey[3]又把这个分数改善到$\frac{2}{5}$).

第三部分 Riemann 函数面面观

多少年来,甚至在超级计算机出现之前,已有人用数值计算去求 $\zeta(z)$ 在临界带内的零点. 注意到如果 z 是 $\zeta(z)$ 的非实零点,那么级数(1.1)和方程(1.3)隐含着 $\bar{z}$, $1-z$ 和 $1-\bar{z}$ 也是 $\zeta(z)$ 的非实零点. 所以只要在临界带的上半平面,即在

$$S := \{z \in \mathbb{C} : 0 < \text{Re}(z) < 1 \text{ 和 } \text{Im}(z) > 0\}$$

(1.5)

中找 $\zeta(z)$ 的零点就足够了. 1986 年由 van de Lune, te Riele 和 Winter[19] 所得到的新数值结果令人难忘地证实了

$$\begin{cases} \text{在由 } 0 < \text{Im}(z) \leqslant 545\,439\,823.215 \text{ 定义的 } S \text{ 的子} \\ \text{集中,正好有 } 1\,500\,000\,001 \text{ 个 } \zeta(z) \text{ 的非实零点,} \\ \text{它们全部落在 } \text{Re}(z) = \frac{1}{2} \text{ 之上而且都是单零点.} \end{cases}$$

(1.6)

这个计算在高速计算机上(主要是 Cyber 205)花费了 1 500 个小时. Odlyzko[22] 在超级计算机 Cray X-MP 上花费了 1 000 个小时完成了一项同样令人难忘的计算. 它一部分是为了验证 Riemann 假设,但主要是为了验证关于在 $\text{Re}(z) = \frac{1}{2}$ 上 $\zeta(z)$ 相邻零点在空间上分布的某些猜测. 他的计算给出了 $\zeta(z)$ 在 S 的子集 T 中的 78 893 234 个连续的零点, T 的定义如下

$$T := \begin{cases} z \in \mathbb{C} : 0 < \text{Re}(z) < 1 \text{ 且 } \alpha \leqslant \text{Im}(z) \leqslant \beta \\ \alpha = 152\,024\,401\,159\,161\,800.28 \\ \beta = 15\,202\,440\,115\,927\,890\,387.66 \end{cases}$$

(1.7)

在矩形 T 中找到的所有零点又都是简单零点并都落在

临界线 $\mathrm{Re}(z)=\frac{1}{2}$ 上. 经过了如此规模的计算,迄今没有找到 Riemann 猜想的反例,这就使某些人猜测 Riemann 猜想可能成立.

有几种应用范围很广的数学技巧可以用于探测 Riemann 猜想的真伪. 本章后面几节中,我们的目标将集中于几个较窄的方面,即 Riemann 猜想(以 Riemann ξ - 函数零点形式提出的),1927 年 Pólya 猜想及其最新结果,Laguerre 不等式,Turán 不等式,这些问题之间的联系.

第二节 Pólya 猜 想

这节介绍 1927 年的 G. Pólya 猜想,它是 Riemann 猜想的较弱形式. 开始先用 Riemann[30,p.147] 原来用的记号(也用于 Pólya[25] 中),定义 Riemann ξ - 函数如下

$$\xi(\mathrm{i}z)=\frac{1}{2}\left(z^2-\frac{1}{4}\right)\pi^{-\frac{z}{2}-\frac{1}{4}}\Gamma\left(\frac{z}{2}+\frac{1}{4}\right)\zeta\left(z+\frac{1}{2}\right)$$

(2.1)

其中 ζ 是级数(1.1)中的 ζ 函数.(我们提醒读者 Titchmarsh[32,p.16] 利用 Ξ 代替 ξ). 注意到 $\Gamma(z)$ 和 $\zeta(z)$ 的零点和极点已知,因此可以得出 $\xi(x)$ 是个整函数,并可以证明它的阶为 1(见[32,p.29]). 此外,Riemann ζ 函数的 Fourier 变换表达式为(见[32,p.255])

$$\frac{1}{8}\xi\left(\frac{x}{2}\right)=\int_0^\infty \phi(t)\cos(xt)\mathrm{d}t \qquad (2.2)$$

其中,如果

第三部分 Riemann 函数面面观

$$a_n(t) = (2\pi^2 n^4 e^{9t}) \cdot$$
$$\exp(-\pi n^2 e^{4t}), n = 1, 2, \cdots \quad (2.3)$$

那么

$$\phi(t) = \sum_{n=1}^{\infty} a_n(t), t \in IR \quad (2.4)$$

为了方便读者及我们后面叙述,下面我们介绍 Pólya[25] 中的某些结果,这些结果综述了函数 $\phi(t)$ 的某些已知性质. 在 Csordas, Norfolk 和 Varga[4,定理 A] 中可以找到 $\phi(t)$ 的其他一些性质.

定理 1(Pólya[25]) 对于式(2.4)中的 $\phi(t)$ 有下面结论

$$\begin{cases} (1) \text{对于每个 } n \geq 1 \text{ 和所有的 } t \geq 0, a_n(t) > 0, \\ \quad \text{所以对于所有的 } t \geq 0, \phi(t) > 0. \\ (2) \text{在带状区域 } -\frac{\pi}{8} < \text{Im}(z) < \frac{\pi}{8} \text{ 内 } \phi(z) \text{ 是解析的.} \\ (3) \phi(t) \text{ 是偶函数,所以 } \phi_{(0)}^{(2m+1)} = 0, m = 0, 1, \cdots. \\ (4) \text{对任何 } \varepsilon > 0, \lim_{t \to \infty} \phi^{(n)}(t) \exp[(\pi - \varepsilon) e^{4t}] = 0, \\ \quad n = 0, 1, \cdots. \end{cases}$$
$$(2.5)$$

可在 Pólya[25] 中可以找到 (2.5(1))—(2.5(4)) 的证明. 除(2.5(3))再明显不过以外,上述 $\phi(t)$ 的几个性质都可以用很直截了当的方法建立起来.

回到积分表达式(2.2),把 $\cos(xt)$ 展开并逐项积分,则可得到 $\zeta\left(\dfrac{x}{2}\right)/8$ 的 Maclaurin 级数为

$$\frac{1}{8}\xi\left(\frac{x}{2}\right) = \sum_{m=0}^{\infty} \frac{\hat{b}_m(-x^2)^m}{(2m)!} \quad (2.6)$$

其中

$$\hat{b}_m = \int_0^\infty t^{2m} \phi(t) \, dt, m = 0, 1, \cdots \quad (2.7)$$

在式(2.6)中设 $z = -x^2$,并定义 $F_0(z)$ 为

$$F_z(0) = \sum_{m=0}^\infty \frac{\hat{b}_m z^m}{(2m)!} \quad (2.8)$$

于是从式(2.6)就有

$$\frac{1}{8}\xi\left(\frac{x}{2}\right) = F_0(-x^2) \quad (2.9)$$

因为 ξ 是一个阶为 1 的整函数,式(2.9) 表明 F_0 是个阶为 $\frac{1}{2}$ 的整函数. 此外,从式(2.5(1))可以看出系数 $\hat{b}_m$ 全是正的,F_0 为一个实整函数(即实的 z 值时,$F_0(z)$ 是实数),而且对于所有 $x \geq 0$ 都有 $F_0(x) > 0$.

为了把式(2.8)中的 F_0 和 Riemann 猜想(1.4) 联系起来,首先提到下面一件事是很有兴趣的. Riemann 猜想(见 Riemann[30,p.148])的原来提法是函数 ξ(见式(2.1))的全部零点都是实的. 从式(2.9)我们可以看出,当且仅当 $z_0 = -x_0^2$ 是 $F_0(z)$ 的实零点时,x_0 才是 $\xi\left(\frac{x}{2}\right)$ 的一个零点. 因此,可以得到 Riemann 猜想的真实性等价于说 F_0 的所有零点都是实的而且是负的.

其次,引进下面一类实整函数是很方便的. 按照惯例 $\prod_{j=1}^0 := 1$,考虑形如

$$f(z) = ce^{-\lambda z^2 + \beta z} z^n \prod_{j=1}^\omega \left(1 - \frac{z}{x_j}\right) e^{\frac{z}{x_j}}, 0 \leq \omega \leq \infty$$

$$(2.10)$$

的实整函数,其中 $\lambda \geq 0, \beta$ 和 $c \neq 0$ 且为实数,n 为非负

整数,x_j 为实的和非零数且满足 $\sum_{j=1}^{\omega} x_j^{-2} < \infty$. 所有可以表示为这种形式的函数被称为 Lagurre-Pólya 类. 如果函数有式(2.10) 的形式,那么记为 $f \in \mathscr{L} - \mathscr{P}$. 下面的结果基本上是 Lagurre[17,p.174] 给出的(见 Boás[1, p.24]).

定理 2(Lagurre[17]) 令 f 是 $\mathscr{L} - \mathscr{P}$ 中的一个元素(见式(2.10)),则
$$L_{p+1}(x,f) = (f^{(p+1)}(x))^2 - f^{(p)}(x)f^{(p+2)}(x) \geqslant 0$$
$$x \in IR, p = 0,1,\cdots \quad (2.11)$$

证明 从式(2.10) 可知 f 对数的导数为
$$\frac{f'(z)}{f(z)} = -2\lambda z + \beta + \frac{n}{z} + \sum_{j=1}^{\omega} \left\{ \frac{1}{z - x_j} + \frac{1}{x_j} \right\}$$
利用 $f \in \mathscr{L} - \mathscr{P}$ 的假设,从这个式子可以得出
$$\left(\frac{f'(x)}{f(x)} \right)' = \frac{f(x)f''(x) - (f'(x))^2}{f^2(x)} =$$
$$- \left[2\lambda + \frac{n}{x^2} + \sum_{j=1}^{\omega} \frac{1}{(x - x_j)^2} \right] \leqslant 0$$
$$(2.12)$$
即
$$(f'(x))^2 - f(x)f''(x) \geqslant 0, x \in IR \quad (2.13)$$
我们还知道(见 Pólya 和 Schur[27]),f 在 $\mathscr{L} - \mathscr{P}$ 中包含了 f' 也在 $\mathscr{L} - \mathscr{P}$ 之中,这就可以用归纳法给出式(2.11).

如果 $\mathscr{L} - \mathscr{P}$ 中的函数 f 的 Maclaurin 展开式为 $f(x) = \sum_{m=0}^{\infty} c_m z^m$,那么在 $x = 0$ 点应用式(2.11) 显然得出
$$mc_m^2 \geqslant (m+1)c_{m-1}c_{m+1}, m = 1,2,\cdots \quad (2.14)$$
但如果对于给定的 $\mathscr{L} - \mathscr{P}$ 中的函数 $\lambda > 0$ 或者 $\omega = \infty$,

式(2.12)就给出式(2.13)中的严格不等式,从而式(2.14)也是严格不等式,即

$$mc_m^2 > (m+1)c_{m-1}c_{m+1}, m = 1,2,\cdots \quad (2.15)$$

这可以用到下文中.

因为 F_0 是一个阶为 $\frac{1}{2}$ 的实整函数,Riemann 猜想的真实性就隐含了 F_0 的无穷多个零点全部是实的和负的,若上述结论成立,则应用于式(2.8)的、更强的结果式(2.15)也成立,这就给出

$$(\hat{b}_m)^2 > \left(\frac{2m-1}{2m+1}\right)\hat{b}_{m-1}\hat{b}_{m+1}, m = 1,2,\cdots \quad (2.16)$$

或等价于

$$D_m = (\hat{b}_m)^2 - \left(\frac{2m-1}{2m+1}\right)\hat{b}_{m-1}\hat{b}_{m+1} > 0, m = 1,2,\cdots \quad (2.17)$$

因此,我们看到不等式(2.16)的所有不等式是 Riemann 猜想成立的必要条件.在当时的术语里,不等式(2.16)一般被称为 Turán 不等式,而式(2.17)中的数 D_m 被称为 Turán 差分.

1925 年 J. L. W. V. Jensen 逝世了,其后不久的 1925~1926 年 G. Pólya 得到允许研究 Jensen 未曾发表的笔记.这件事对数学界是很重要的,因为 Jensen 在十四年前就曾宣布他将发表 Riemann 猜想成立的充分必要条件,但却从未发表,这些未发表的笔记经 Pólya 重要的发展后,于 1927 年 Pólya 发表了他的论文[25],该论文包括了 Jensen 以前未曾发表的 Riemann 猜想成立的充要条件.在该文中,Pólya 用了记号

$$b_m = \frac{2 \cdot m!}{(2m)!}\hat{b}_m, m = 0,1,\cdots$$

第三部分 Riemann 函数面面观

其中 $\hat{b}_m$ 是式(2.7)中所定义的. 于是利用 Pólya 的记号,把较弱的形式(2.14)用到 F_0 就得出

$$b_n^2 - b_{n-1} b_{n+1} \geqslant 0, n = 1, 2, \cdots$$

在[25,p.16],Pólya 还提到[①]:"迄今我们连关于 ζ-函数零点真实性的几乎最简单的必要条件都没有验证,这就清楚地表明在这个方向上我们前进的步伐多么微小啊!"

这个提法已经成为熟知的了.

Pólya 猜想(1927)

$$(\hat{b}_m)^2 \overset{?}{>} \left(\frac{2m-1}{2m+1}\right) \hat{b}_{m-1} \hat{b}_{m+1}, m = 1, 2, \cdots \quad (2.18)$$

Pólya 猜想具有价值是很正常的:如果对于某个 $m \geqslant 1$,不等式(2.18)之一不成立,或者等价地,如果对某个 $m \geqslant 1$,式(2.17)中的 D_m 不是正的,那么 Riemann 猜想就不成立.

再谈点有关 1927 年 Pólya 猜想的历史是值得的. 近 40 年以来的文献中几乎没有触及这个问题. 在 1966 年和 1969 年 Grosswald[10,11] 在可允许函数上推广了 Hayman[13] 的一个公式,作为这个推广的一个应用,Grosswald 用式(2.16)和(2.17)中的记号证明了

$$D_{mi} = (\hat{b}_m)^2 - \left(\frac{2m-1}{2m+1}\right) \hat{b}_{m-1} \hat{b}_{m+1} =$$

$$\frac{(\hat{b}_m)^2}{m}\left\{1 + O\left(\frac{1}{\log m}\right)\right\}, m \to \infty \quad (2.19)$$

因为(2.5(1))对于所有的 $m \geqslant 0$,矩 $\hat{b}_m$ 必须都是正的. Grosswald 的结果(2.19)证明了对于充分大的 m,

---

[①] 原文中作者在脚注中还引证了这段话的德文部分,含意完全一样,故不重复译出. ——译者注

比如说 $m > m_0$, 式(2.16) 成立. 遗憾的是从他的分析中没有确定 m_0 的值, 并据我们所知, 在后来的文献中也没能填补 Grosswald 解决 Pólya 猜想所留下的这个空白.

从下面的计算中可以看出 Turán 不等式(2.16) 的绝妙性质. 因为从(2.5(1)) 得到对于所有的 $t \geqslant 0$, $\phi(t)$ 是正的. 我们可以把式(2.7) 中的 $\hat{b}_m$ 写成

$$\hat{b}_m^2 = \left\{ \int_0^\infty t^{\frac{2m-2}{2}} \sqrt{\phi(t)} \cdot t^{\frac{2m+2}{2}} \sqrt{\phi(t)} \, \mathrm{d}t \right\}^2$$

把 Cauchy-Schwarz 不等式用于这个积分就直接给出 $(\hat{b}_m)^2 \leqslant \hat{b}_{m-1} \hat{b}_{m+1}$, 我们可以把它等价地写为

$$(\hat{b}_m^2) \leqslant \left(\frac{2m-1}{2m+1} \right) \hat{b}_{m-1} \hat{b}_{m+1}, m = 1, 2, \cdots$$

(2.20)

然而 Turán 不等式(2.16) 却几乎是

$$(\hat{b}_m)^2 > \left(\frac{2m-1}{2m+1} \right) \hat{b}_{m-1} \hat{b}_{m+1}, m = 1, 2, \cdots$$

逆不等式 Pólya 猜想使我们着迷(即, G. Csordas, T. S. Norfork 和 R. S. Varga) 很大程度上是因为文献中还没有对 Turán 不等式进行过数值上的检验. 因为从 (2.5(4)) 看到当 $t \rightarrow \infty$ 时, $\phi(t)$ 特别快地趋于零, 所以高精度计算式(2.7) 中的矩 $\hat{b}_m$ 看上去并不可怕. 于是在 1983 年我们就热心地着手对矩 $\{\hat{b}_m\}_{m=0}^{109}$ 进行高精度的计算(到 50 位有效数字), 并由此来求解 Turán 差分 $\{D_m\}_{m=1}^{108}$, 但这毕竟和发现 $D_m < 0$ 的关系不大.

我们的计算并没给出什么令人惊奇的结果: 算出的 D_m 全部是正的. 在表 1 中我们列出 $\{b_m\}_{m=0}^{20}$, $\{D_m\}_{m=1}^{20}$ 和 $\{\tilde{D}_m\}_{m=1}^{20}$, 其中

$$\tilde{D}_m = \frac{m D_m}{(\hat{b}_m)^2}, m = 1, 2, \cdots \qquad (2.21)$$

从而(见式(2.19))

$$\tilde{D}_m = 1 + O\left(\frac{1}{\log m}\right), m \to \infty \quad (2.21')$$

在表 1 中所有的数都已截断到 11 位有效数字. 因为所有的矩 $\hat{b}_m$ 都是正的,从式(2.21)可以看出当且仅当 Turán 差分 D_m 是正的时,$\tilde{D}_m$ 才是正的.

表 1

m	$\hat{b}_m$	D_m	$\tilde{D}_m$
0	6.214 009 727 3(−2)	—	
1	7.178 732 598 4(−4)	3.588 449 148 6(−8)	6.963 238 060 9(−2)
2	2.314 725 338 8(−5)	3.163 299 395 0(−11)	1.180 786 454 2(−1)
3	1.170 499 895 6(−6)	7.056 732 441 9(−14)	1.545 199 198 5(−1)
4	7.859 696 022 9(−8)	2.832 220 223 0(−16)	1.833 899 411 4(−1)
5	6.474 442 660 9(−9)	1.736 366 689 4(−18)	2.071 126 721 9(−1)
6	6.248 509 280 6(−10)	1.478 031 720 1(−20)	2.271 340 090 6(−1)
7	6.857 113 566 0(−11)	1.641 533 684 5(−22)	2.443 797 153 0(−1)
8	8.379 562 856 4(−12)	2.277 443 847 7(−24)	2.594 746 524 0(−1)
9	1.122 895 900 5(−12)	3.822 737 726 0(−26)	2.728 588 342 7(−1)
10	1.630 766 572 4(−13)	7.575 377 587 7(−28)	2.848 529 250 0(−1)
11	2.543 075 058 3(−14)	1.738 493 426 8(−29)	2.956 973 150 8(−1)
12	4.226 693 865 4(−15)	4.549 255 646 7(−31)	3.055 765 348 5(−1)
13	7.441 357 184 5(−16)	1.340 195 434 8(−32)	3.146 351 103 8(−1)
14	1.380 660 423 3(−16)	4.397 768 675 7(−34)	3.229 882 067 7(−1)
15	2.687 936 596 4(−17)	1.593 011 938 2(−35)	3.307 289 780 9(−1)
16	5.470 564 386 9(−18)	6.320 855 730 9(−37)	3.379 337 695 6(−1)
17	1.160 183 185 8(−18)	2.728 993 526 8(−38)	3.446 658 799 3(−1)
18	2.556 698 594 9(−19)	1.274 579 325 0(−39)	3.509 783 347 3(−1)
19	5.840 019 662 3(−20)	6.406 797 431 2(−41)	3.569 159 654 5(−1)
20	1.379 672 872 0(−20)	3.450 250 458 3(−42)	3.625 169 920 7(−1)

应注意到表1中的 $\tilde{D}_m$ 随 m 的变化要比相应的 D_m 变化慢得多,这和式(2.21′)的结果一致.

从表 1 可以看出对于 $m \geq 0$,矩 $\hat{b}_m$ 严格减小但理论上可以容易地证明并非如此,因此,无论从数值上或数学上(用渐近分析)确定使 $\hat{b}_m$ 达到极小精确的 m 值就变成一个小小的令人感兴趣的数学之谜. 后来得出(见 Csordas,Norfolk 和 Varga[5]),当 $0 \leq m \leq 339$ 时,$\hat{b}_m$ 严格减少,而 $m \geq 339$ 时,$\hat{b}_m$ 严格增加,于是

$$\min_{m \geq 0} \hat{b}_m = \hat{b}_{339} = 2.185\,401\,046\,7\cdots 10^{-71} \quad (2.22)$$

最后,本节中还应做两点说明:第一,如何计算出矩 $\{\hat{b}_m\}_{m=0}^{109}$ 的细节将在第 6 节中给出,第二,确定出表 1 中的数值并非是做虚功,因为我们将在第 3 节中看到,这些数值计算对我们严格证明 Pólya 猜想的真实性给出了一些启发,也许还给出了更多东西.

第三节 Pólya 猜想再探

1986 年,Csordas,Norfolk 和 Varga[4] 对下述事实给出一个很长的证明(由 12 个引理构成),若(见式(2.4))

$$\Psi(t) = \int_t^\infty \phi(\sqrt{u}) \mathrm{d}u, t \geq 0 \quad (3.1)$$

则

$$\log \Psi(t) \text{ 在}(0,+\infty) \text{ 上是严格凹的} \quad (3.2)$$

利用式(3.2)在[4]中验证了 Pólya 猜想的真实性,亦即利用构造性的方法解决了长达近 60 年之久的 Pólya 猜想!

为了我们这里的需要,下面我们介绍 Csordas 和

Varga[7] 后来的结果,它类似于式(3.2),但由它可以得出比 Pólya 猜想更强的结果. 我们先给出

定理1([7]) 式(2.4)中的函数 $\Phi(t)$ 有如下性质

$$\log \phi(\sqrt{t}) \ 在(0, +\infty) \ 上是严格凹的 \quad (3.3)$$

证明 从第2节定理1的(2.5(2))函数 $\phi(z)$ 在带状区 $-\frac{\pi}{8} < \text{Im}(z) < \frac{\pi}{8}$ 上是解析. 它包含了 $\phi(t) \in \mathbb{C}^\infty(\mathbb{R})$,并因为从(2.5(1))可知对于所有的 $t > 0, \phi(t) > 0$,可以验证,当且仅当在$(0, +\infty)$时$g(t) > 0$,则 $\left(\dfrac{\mathrm{d}^2}{\mathrm{d}t^2}\right) \log \Phi(\sqrt{t}) < 0$. 其中

$$g(t) = t[(\Phi'(t))^2 - \phi(t)\phi''(t)] + \Phi(t)\Phi'(t), t \geq 0 \quad (3.4)$$

在[7]中,一个很长的推导(由10个引理组成,我们不在这里叙述)确定了不同区间上 $\phi^{(j)}(t)(j = 1, 2, \cdots, 6)$ 的界. 得到

$$\begin{cases} g(t) > 0, 0 < t \leq 0.03 \\ g(t) > 0, 0.03 \leq t \leq 0.06 \\ g(t) > 0, 0.056 \leq t < \infty \end{cases} \quad (3.5)$$

这就给出了式(3.3)所要的结果.

这里我们要提到,早在1982年,当时我们不知道,Matiyasevich[20] 已经把式(2.17)中的Turán差分表示为下面有用的三重积分:对任何 $m \geq 1$,我们有

$$2(2m+1)D_m = \int_0^\infty \int_0^\infty u^{2m} v^{2m} \phi(u) \phi(v) \Big[(v^2 - u^2) \cdot \int_u^v -\frac{\mathrm{d}}{\mathrm{d}t}\left(\frac{\phi'(t)}{t\phi(t)}\mathrm{d}t\right)\Big] \mathrm{d}u \mathrm{d}v \quad (3.6)$$

利用式(3.4)中 $g(t)$ 的定义,上述结果也可以表示为,对 $m \geq 1$,有

$$2(2m+1)D_m = \int_0^\infty \int_0^\infty u^{2m}v^{2m}\phi(u)\phi(v) \cdot \left[(v^2-u^2)\int_u^v \frac{g(t)dt}{t^2\phi^2(t)}\right]dudv$$

(3.7)

因为根据式(3.5)和(2.5(1))可知在$(0,+\infty)$上 $g(t)$ 和 $\Phi(t)$ 都是正的,显然对于 $0 \leq u, v < \infty$ 中所有的 u,v,式(3.7)括号中的量是非负的. 因为式(3.7)中被积函数里其余部分也是非负的,从而对于任何 $m \geq 1$ 有 $D_m > 0$. 最终得出(见式(2.12)和式(2.13)),Pólya猜想是对的.

有趣的是,Matiyasevich 声称,他利用的证明方法具有同样效用的区间计算验证式(3.4)的 $g(t)$ 在 $(0, +\infty)$ 上是正的. 然而和证明式(3.5)一样,说明 $g(t) > 0$ 的区间算法也是把区间 $(0, +\infty)$ 分成几个部分. 我们在[20]中没能找到足够的论据来完全验证他的计算,但他所说的在 $(0, +\infty)$ 上 $g(t) > 0$ 当然是对的,因为[7]中给出了正面的证明,在[4]中还给出了 $\Psi(t)$ 的对数凹性. 我们强调,我们解决 Pólya 猜想的途径是基于在 $(0, +\infty)$ 上 $\log \phi(\sqrt{t})$ 是严格凹函数这一独立概念,它还可用于证明更一般的结果——本节的定理2.

$$\begin{cases} (1) \text{ 在 } IR \text{ 上 } K \text{ 是可积的}. \\ (2) K(t) > 0, t \in IR. \\ (3) K(t) = K(-t), t \in IR. \\ (4) \text{ 对于某个 } \varepsilon > 0, K(t) = \\ O(\exp -|t|^{2+\varepsilon}), t \to \infty. \end{cases} \quad (3.8)$$

这种函数被称为可允许核函数. 众所周知(见 Pólya[26]) 可允许核函数 $K(t)$ 的 Fourier 变换

$$H(x,K) = \int_{-\infty}^{+\infty} K(t) e^{ixt} dt = 2\int_{0}^{\infty} K(t)\cos(xt)dt$$

(3.9)

为一个具有有限阶数 φ 的实整函数,如果用(3.8(4))中的 ε,那么这里的阶数 φ 满足

$$\varphi \leq \frac{2+\varepsilon}{1+\varepsilon} < 2 \qquad (3.10)$$

此外,如果 $K(t)$ 是一个可允许核函数并且式(3.9)中的 $H(x,K)$ 只有实零点,那么 Pólya[26] 中的另一个漂亮的结果是证明整函数

$$J(x;K,f) = \int_{-\infty}^{+\infty} f(it) K(t) e^{ixt} dt, f \in \mathscr{L}-\mathscr{P}$$

(3.11)

也只有实零点. 用 Pólya 所引用的术语来说(见[26], p.7),函数 $f(it)$ 是通用因子,它保证了式(3.9)中整函数 $H(x,K)$ 零点的实性(事实上,Pólya 在[26]中证明在 $\mathscr{L}-\mathscr{P}$ 中的函数是具有这种性质的唯一的解析函数).

进一步利用上述结果. 首先,从式(2.5)显然有 $\phi(t)$ 满足式(3.8),所以 $\phi(t)$ 是可允许核函数. 其次, 用式(3.9)的符号,我们有(见式(2.2))

$$H(x,\Phi) = 2\int_{0}^{\infty} \Phi(t)\cos(xt)dt = \frac{1}{4}\xi\left(\frac{x}{2}\right)$$

(3.12)

因此,Riemann 猜想成立将蕴含着 $H(x,\Phi)$ 只有实零点. 现在,考虑 $\mathscr{L}-\mathscr{P}$ 中的任意偶函数 f,即从式(2.10)得

$$f(z) = ce^{-\lambda z^2} z^{2n} \prod_{j=1}^{\omega} \left(1 - \frac{z^2}{x_j^2}\right) \quad (0 \leqslant \omega \leqslant \infty)$$

(3.13)

其中 $\lambda \geqslant 0, c$ 是一个非零实常数,n 是个非负整数,且 $x_j > 0$ 并满足 $\sum_{j=1}^{\infty} \frac{1}{x_j^2} < \infty$. 但是,除了一个符号以外,不难验证对于任何一个 $\mathscr{L} - \mathscr{P}$ 中的偶函数 $f(\mathrm{i}t)$, $\Phi(t)$ 是个可允许核函数,为此要用到性质(2.5). 进而

$$J(x;\Phi,t) = 2\int_0^{\infty} f(\mathrm{i}t)\Phi(t)\cos(xt)\mathrm{d}t \quad (3.14)$$

是阶数小于 2 的实整函数(从式(3.10)可知). 此外,从我们以上的讨论可知,Riemann 猜想成立隐含着,对任何 $\mathscr{L} - \mathscr{P}$ 中的偶函数 f, $J(x;\Phi,f)$ 仅有实零点. 现在 $J(x;\Phi,f)$ 的 Maclaurin 展开式为

$$J(x;\Phi,f) = \sum_{m=0}^{\infty} \frac{\hat{b}_m(f)(-x^2)^m}{(2m)!} \quad (3.15)$$

其中

$$\hat{b}_m(f) = 2\int_0^{\infty} t^{2m} f(\mathrm{i}t)\Phi(t)\mathrm{d}t, m = 0,1,\cdots$$

(3.16)

并在式(3.15)中设 $z = -x^2$,和式(2.8)相似我们得到

$$F(z;f) = \sum_{m=0}^{\infty} \frac{\hat{b}_m(f) z^m}{(2m)!} \quad (3.17)$$

由式(3.10)知它的阶数小于 1. 然后把第 2 节中定理 2 用到 $F(z;f)$,Riemann 猜想成立就隐含着

$$D_m(f) = (\hat{b}_m(f))^2 - \left(\frac{2m-1}{2m+1}\right)\hat{b}_{m-1}(f)\hat{b}_{m+1}(f) > 0$$

$$m = 1,2,\cdots \quad (3.18)$$

对于 $\mathscr{L} - \mathscr{P}$ 中任一偶函数 f 成立. 我们注意到式

(3.18)是 Pólya 猜想式(2.18)的广义形式,因为在式(2.18)中选择 $f(z) \equiv 1$,它就化为式(2.18).

根据定理1的式(3.3)中 $\phi(\sqrt{t})$ 的对数凹性,我们现在给出下面 Csordas 和 Varga[7]中的下述结果.

定理2([7]) 对于形如

$$h(z) = c e^{-\lambda z^2} z^{2n} \prod_{j=1}^{\omega} \left(1 - \frac{z^2}{x_j^2}\right), 0 \leq \omega \leq \infty$$

(3.19)

的整函数,其中 λ 和 $c \neq 0$ 是实常数,n 是非负整数 x_j 实的非零数满足 $\sum_{j=1}^{\omega} \frac{1}{x_j^2} < \infty$. 设

$$\hat{b}_m(h) = 2\int_0^{\infty} t^{2m} h(it) \mathrm{d}t, m = 0,1,\cdots \quad (3.20)$$

那么,由

$$D_m(h) = (\hat{b}_m(h))^2 - \left(\frac{2m-1}{2m+1}\right) \hat{b}_{m-1}(h) \hat{b}_{m+1}(h)$$

$$m = 1,2,\cdots \quad (3.21)$$

定义的 Turán 差分满足

$$D_m(h) > 0, m = 1,2,\cdots \quad (3.22)$$

证明 根据假设,核函数

$$K(t) = h(it)\Phi(t), t \in \mathrm{IR} \quad (3.23)$$

(可能差一个符号)是一个可允许核函数,并从式(3.7)和式(3.3)可以证明

$$\log K(\sqrt{t}) \text{ 在}(0, +\infty) \text{上是严格凹函数}$$

(3.24)

显然

$$K(\sqrt{t}) = \tilde{c} e^{\lambda t} t^n \prod_{j=1}^{\omega} \left(1 + \frac{t}{x_j^2}\right) \phi(\sqrt{t}), \tilde{c} = (-1)^n c$$

于是

$$\log K(\sqrt{t}) = \log \tilde{c} + \lambda t + m\log t + \sum_{j=1}^{\omega} \log\left(1 + \frac{t}{x_j^2}\right) + \log \Phi(\sqrt{t})$$

求导数后,我们得到

$$\frac{d^2}{dt^2}\log K(\sqrt{t}) = -\left[\frac{n}{t^2} + \sum_{j=1}^{\omega} \frac{1}{(x_j^2 + t)^2}\right] + \frac{d^2}{dt^2}\log \Phi(\sqrt{t}), t > 0$$

因为在上式括号中的项对于所有 $t > 0$ 都是非负的,并因为根据式(3.3),上式中最后一项是负的,于是就得到式(3.24).

重要的是要注意到定理 2 允许所有的实 λ,而上面关于偶普遍因子的讨论只允许 $\lambda \geqslant 0$.

定理 2 的结果也适用于非常一般的情况,其实考虑任何形如

$$\hat{H}(x) = \int_0^\infty K(t)\cos(xt)\,dt \qquad (3.25)$$

的任意整函数,其中 $K(t)$ 中 $\mathbb{C}^2(R)$ 中的任一函数,只要它是一个可允许核函数(见式(3.8)).令对应于函数 $K(t)$ 的矩定义为

$$\hat{c}_m = \int_0^\infty t^{2m}K(t)\,dt, m = 0,1,2,\cdots \qquad (3.26)$$

那么整函数 $\hat{H}(x)$ 只有实零点的一个必要条件是

$$\hat{c}_m^2 > \left(\frac{2m-1}{2m+1}\right)\hat{c}_{m-1}\hat{c}_{m+1}, m = 1,2,\cdots \qquad (3.27)$$

根据定理 2,式(3.27)成立的一个充分条件是

$$\frac{d^2}{dt^2}\log(K(\sqrt{t})) < 0, t > 0 \qquad (3.28)$$

为了给出如何应用式(3.28)的一个例子,和[7]里一样让我们考虑函数 $\hat{K}(t) := \exp(-2\cos h(t))$. 大家都知道(见 Pólya[24]) $\hat{K}(t)$ 的余弦变换,即

$$\int_0^\infty (-2\cos h(t))\cos(xt)\,dt$$

为一个仅有实零点的实整函数. 因为

$$\log \hat{K}(\sqrt{t}) = -2\cos h(\sqrt{t})$$

那么

$$\frac{d^2}{dt^2}\log \hat{K}(\sqrt{t}) = \frac{1}{2}\left\{\frac{\sin h(\sqrt{t})}{t^{\frac{3}{2}}} - \frac{\cos h(\sqrt{t})}{t}\right\}, t > 0$$

但因为括号中函数的 Maclaurin 展开式(关于变量 $u = \sqrt{t}$)的系数全为负的. 我们看到使不等式(3.27)成立的充分条件(3.28)得以满足. 有趣的是核函数 $\hat{K}(t) = \exp(-2\cos h(t))$ 不能被表示为 $f(it)$,这里 $f(z)$ 具有形如式(2.10)的形式,所以这个例子不能包含偶通用因子.

作为前面结果的另一个应用,我们有如下推论:

推论 1([7]) 令

$$K_\lambda(t) = \phi(t)\cos h(\lambda t), \lambda \in \mathbb{R} \quad (3.29)$$

其中 $\phi(t)$ 定义如式(2.4),且令

$$\hat{c}_m(\lambda) = \int_0^\infty t^{2m} K_\lambda(t)\,dt, m = 0,1,\cdots \quad (3.30)$$

那么

$$(\hat{c}_m(\lambda))^2 > \left(\frac{2m-1}{2m+1}\right)\hat{c}_{m-1}(\lambda)\hat{c}_{m+1}(\lambda)$$

$$m = 1,2,\cdots; \lambda \in \mathbb{R} \quad (3.31)$$

证明 只要证明下述不等式成立,就可推导出不等式(3.31).

$$\frac{\mathrm{d}^2}{\mathrm{d}t^2}\log K_\lambda(\sqrt{t}) = \frac{\mathrm{d}^2}{\mathrm{d}t^2}\log \Phi(\sqrt{t}) +$$
$$\frac{\mathrm{d}^2}{\mathrm{d}t^2}\log(\cos h(\lambda(\sqrt{t}))) < 0$$
$$0 < t < \infty$$

但由式(3.3),显然只要证明 $\frac{\mathrm{d}^2}{\mathrm{d}t^2}\log(\cos h(\lambda(\sqrt{t}))) \leqslant 0$ 对所有 $0 < t < \infty$ 和所有 $\lambda \in \mathrm{IR}$ 成立就足够了. 因为简单的计算表明,当且仅当

$$\sigma_\lambda(u) = -\lambda^2 u + \frac{\lambda \sin h(2\lambda u)}{2} \geqslant 0$$
$$0 < u < \infty, \lambda \in \mathrm{IR} \qquad (3.32)$$

($u = \sqrt{t}$) 成立时,所需不等式就成立. 但因为 $\sigma_\lambda(0) = 0$,且

$$\sigma'_\lambda(u) = \lambda^2\{-1 + \cos h(2\lambda u)\} \geqslant 0$$

所以式(3.32)成立.

已知不等式(3.31)在 $\lambda \geqslant 1$(见 Pólya[25, p.32])和 $\lambda = 0$(见[4])的特殊情况下成立. 对于 $\lambda = 1$,式(3.29)中的核函数 $K_1(t)$ 有重要价值,因为 Pólya 曾指出 $K_1(t)$ 的 Fourier 余弦变换[25],即

$$F_1(x) = \int_0^\infty K_1(t)\cos(xt)\mathrm{d}t \qquad (3.33)$$

仅有实零点,Pólya 的方法也指出整函数

$$F_\lambda(x) = \int_0^\infty K_\lambda(t)\cos(xt)\mathrm{d}t$$

如果 $\lambda \geqslant 1$ 也仅有实零点并且最终得到所有的 $\lambda \geqslant 1$,式(3.31)成立.

第四节　de Bruijn-Newman 常数 Λ

我们提醒读者注意,Riemann ξ 函数有 Fourier 变表达式(见式(2.2))

$$\frac{1}{8}\xi\left(\frac{x}{2}\right) = \frac{1}{2}\int_{-\infty}^{+\infty}\phi(t)\mathrm{e}^{itx}\mathrm{d}t = \int_0^\infty \phi(t)\cos(xt)\mathrm{d}t \quad (4.1)$$

其中

$$\phi(t) = \sum_{n=1}^{\infty}(2\pi^2 n^4 \mathrm{e}^{9t} - 3\pi n^2 \mathrm{e}^{5t})\exp(-\pi n^2 \mathrm{e}^{4t}) \quad (4.2)$$

对于任意实数 λ,在式(4.1)的被积函数中我们引进 $\mathrm{e}^{\lambda t^2}$ 并设

$$H_\lambda(x) = \frac{1}{2}\int_{-\infty}^{+\infty}\mathrm{e}^{\lambda t^2}\phi(t)\mathrm{e}^{itx}\mathrm{d}t = \int_0^\infty \mathrm{e}^{\lambda t^2}\phi(t)\cos(xt)\mathrm{d}t \quad (4.3)$$

因此由式(2.2),$H_0(x) = \dfrac{\zeta(x/2)}{8}$. 展开 $\cos(xt)$,则得到 $H_\lambda(x)$ 的 Maclaurin 展开式为

$$H_\lambda(x) = \sum_{m=0}^{\infty}\frac{\hat{b}_m(\lambda)(-x^2)^m}{(2m)!} \quad (4.4)$$

其中

$$\hat{b}_m(\lambda) = \int_0^\infty t^{2m}\mathrm{e}^{\lambda t^2}\phi(t)\mathrm{d}t, m = 0,1,\cdots,\lambda \in \mathrm{IR} \quad (4.5)$$

从 Csordas,Norfolk 和 Varga[6,附录 A]得知对每个实

值 λ，$H_\lambda(x)$ 是阶为 $1(\infty$ 类型）的整函数. 此外, 从 (2.5(1)) 可知, 对于所有的实值 t 有 $\phi(t) > 0$, 则对所有 $m = 0,1,2,\cdots$ 和所有实值 λ 都有 $\hat{b}_m > 0$. 最终有, 对于所有实值 λ, 式(4.4) 的 $H_\lambda(x)$ 是一个一阶整函数.

我们在本节中主要考虑把 $H_\lambda(x)$ 的零点作为实参数 λ 的函数时的性质, 并把它和 Riemann 猜想联系起来. 开始, 我们先注意到, $g(t) = e^{-\lambda t^2}$ 对于 $\lambda \geq 0$ (见式 (2.10)), 是 $\mathscr{L} - \mathscr{P}$ 的一个元素, 于是
$$g(it) = e^{\lambda t^2}, \lambda \geq 0$$
是一个由 Pólya 所定义的一个通用因子, 因此, 从 Pólya[26] 得知, 如果 $H_0(x) = \xi(x/2)/8$ 仅有实零点, 那么对任何 $\lambda \geq 0$, 式(4.3) 中的 $H_\lambda(x)$ 也如此. 接下来 Bruijn[2] 中的两个结果给出:

（1）对任何 $\lambda \geq \dfrac{1}{2} H_\lambda(x)$ 仅有实零点.

（2）如果对某个实值 $\lambda H_\lambda(x)$ 仅有实零点, 那么对任何 $\lambda' > \lambda$, $H_{\lambda'}(x)$ 也仅有实零点. (4.6)

特别地, Riemann 猜想成立就蕴含对任何 $\lambda \geq 0$, $H_\lambda(x)$ 仅有实零点.

有意思的是, 后来 Newman[21] 指出存在一个实数 Λ 满足 $-\infty < \Lambda \leq \dfrac{1}{2}$, 使得
$$\begin{cases} \text{当 } \lambda \geq \Lambda \text{ 时}, H_\lambda(x) \text{ 仅有实零} \\ \text{当 } \lambda < \Lambda \text{ 时}, H_\lambda(x) \text{ 有某些非实零点} \end{cases} \quad (4.7)$$
由于 de Bruijn 早年从事有关这一方面的研究工作, 称这个常数为 Bruijn-Newman 常数是合适的.

在 [21] 中的 Newman 证明 Λ 存在性的方法不是构

造性的,所以在[21]中没有关于 Λ 明显下界的任何信息. 至于 Λ 的上界,可以肯定 $\Lambda \leqslant \frac{1}{2}$ 成立. Riemann 猜想成立将蕴含着 $\Lambda \leqslant 0$. (Newman[21] 提供了一个附加的猜测 $\Lambda \geqslant 0$,他说到"这个新猜测是下述说法的一个量化形式,即使 Riemann 猜想成立也不过是很勉强的.)因此,我们将面临一个新问题(和 Riemann 猜想相关的),也就是要在数值上确定 de Bruijn-Newman 常数 Λ 的上、下界. 当写这部分时,就有人考虑要给出 Λ 下界的数值结果,下面我们报告这方面的活动,在讨论最近发现 Λ 下界之前,我们给出对于 $\mathscr{L}$-$\mathscr{P}$ 函数某些有用的理论结果.

首先,在式(4.4)中设 $z = -x^2$,并定义 $F_\lambda(z)$

$$F_\lambda(z) = \sum_{m=0}^{\infty} \frac{\hat{b}_m(\lambda) z^m}{(2m)!} \quad (4.8)$$

其中 $\hat{b}_m(\lambda)$ 由式(4.5)给出. 因为式(4.4)中的 $H_\lambda(x)$ 和式(4.8)中的 $F_\lambda(z)$ 有如下关系

$$H_\lambda(x) = F_\lambda(-x^2), \lambda \in \mathrm{IR} \quad (4.9)$$

因此,显然对于某个选定的实 λ,$F_\lambda(z)$ 是一个 $\frac{1}{2}$ 阶的实整函数,它必定有(见 Boas[1,p.24])无穷多个(可能有某些是非实的)零点,此外,因为 $\hat{b}_m(\lambda) > 0$ 蕴含了在射线 $z \geqslant 0$ 上,F_λ 是正的,那么从式(4.7)和(4.9)可知

$$\begin{cases} 当 \lambda \geqslant \Lambda 时, F_\lambda(z) 仅有负的实零点 \\ 当 \lambda < \Lambda 时, F_\lambda(z) 有某些非实零点 \end{cases} \quad (4.10)$$

但从式(2.10)中 Laguerre-Pólya 函数类的定义得知式(4.10)可简洁地表示为

$$\begin{cases} \text{当} \lambda \geq \Lambda \text{ 时}, F_\lambda \in \mathscr{L}\text{-}\mathscr{P} \\ \text{当} \lambda < \Lambda \text{ 时}, F_\lambda \notin \mathscr{L}\text{-}\mathscr{P} \end{cases} \quad (4.11)$$

它可以用在下面的叙述中.

考虑在 $\mathscr{L}\text{-}\mathscr{P}$ 中任一元素 $G(z)$,我们可以把它写成如下形式

$$G(z) = \sum_{m=0}^{\infty} \frac{\gamma_m}{m!} z^m \quad (4.12)$$

并令 $G_n(z)$ 代表相应于它的 n 阶 Jensen 多项式

$$G_n(t) = \sum_{k=0}^{n} \binom{n}{k} r_k t^k, n = 0, 1, \cdots \quad (4.13)$$

Pólya, Schur[27] 中的一个已知结果为

$G(z) \in \mathscr{L}\text{-}\mathscr{P}$ 当且仅当

$$G_n(t) \in \mathscr{L}\text{-}\mathscr{P}, n = 0, 1, \cdots \quad (4.14)$$

或者等价于

$G(z) \in \mathscr{L}\text{-}\mathscr{P}$ 当且仅当对于所有的 $n = 1, 2, \cdots$

$$G_n(t)(G_n(t) \not\equiv 0) \text{ 只有实零点} \quad (4.15)$$

利用式(4.15),我们立刻有下面结果.

命题1([6]) 假设有一个正整数 m 和实数 λ 使得式(4.8)给出函数的 m 阶 Jensen 多项式

$$G_m(t;\lambda) = \sum_{k=0}^{m} \binom{m}{k} \frac{\hat{b}_k(\lambda) \cdot k!}{(2k)!} t^k \quad (4.16)$$

仅有实零点,那么

$$\lambda < \Lambda \quad (4.17)$$

命题 1 给我们提供了按下面数值算法求出 de Bruijn-Newman 常数 Λ 下界的基础:

(1) 固定一个实数 $\lambda < 0$.

(2) 用式(4.5)高精度地算出矩 $\{\hat{b}_k(\lambda)\}_{k=0}^{N}$ 的估计值 $\{\hat{\beta}_k(\lambda)\}_{k=0}^{N}$.

(3) 用(2)和式(4.16)构成近似的 Jensen 多项式

$$g_m(t;\lambda) = \sum_{k=0}^{m} \binom{n}{k} \frac{\hat{\beta}_k(\lambda) \cdot k!}{(2k)!} t^k, m = 1, 2, \cdots, N$$

(4.18)

(4) 用高精度求多项式根的算法求 $g_m(t;t)(m = 1,2,\cdots,N)$ 的零点.

(5) 如果有一个正整数 $m(1 \leqslant m \leqslant N)$, (3) 中的 m 阶近似 Jensen 多项式 $g_m(t;\lambda)$ 有非实零点, 然后理论上证明, 相应准确的 Jensen 多项式 $G_m(t;\lambda)$ 也保证有非实零点, 则 $\lambda < \Lambda$.

当"保证"这个词用在上节中时肯定深得分析学家的心. 下节中我们更仔细地讨论这点.

第五节　通过 Jensen 多项式探索 Λ 的下界

在 Csordas, Norfolk 和 Varga[6] 中, 我们按照命题 1 的办法找到了 de Bruijn-Newman 常数 Λ 的一个具体的下界. 特别地, 选择 $\lambda = -50$, 我们用 Romberg 积分方法 (见 Stoer 和 Bulirsch[31,p.136]) 计算了矩 $\{\hat{b}_m(-50)\}_{m=0}^{16}$ 的数值, 其相对精度至少有 60 位有效数字, 式(4.18)中第 16 个相关的近似 Jensen 多项式 $g_{16}(t;-50)$ 有非实零点

$$z_1 = -220.919\,111\,736\,844\,951\cdots + i7.092\,565\,255\,363\,889\,67\cdots \quad (5.1)$$

其模为

$$|z_1| = 221.032\,935\,130\,713\,450\cdots \quad (5.2)$$

为了表明式(4.16)中准确的 Jensen 多项式 $G_{16}(t;-50)$ 也保证有非实零点, 在[6]中我们用到了下述

1639

Ostrowski 的结果[23,附录 B].

命题 1(Ostrowski[23]) 令 $f(z) = \sum_{j=0}^{n} a_j z^j (a_0 a_n \neq 0)$ 且 $h(z) = \sum_{j=0}^{n} b_j z^j$ 是两个复多项式,并令 $f(z)$ 的零点为 $\{z_j\}_{n=1}^{n}$ (它们均为非零,但允许是多重零),假定有一个正实数 τ 且满足 $4n\tau^{\frac{1}{n}} \leqslant 1$,使得

$$|b_j - a_j| < \tau |a_j|, j = 0,1,\cdots,n \quad (5.3)$$

那么,$h(z)$ 的 n 个零点 $\{w_j\}_{j=1}^{n}$ 可按一定次序排列,并使得

$$|w_j - z_j| < 8n\tau^{\frac{1}{n}} |z_j|, j = 1,2,\cdots,n \quad (5.4)$$

利用命题 1,在[6]中得到了如下结果:

命题 2([6]) 如果 Λ 是 de Bruijn-Newman 常数,那么

$$-50 < \Lambda \quad (5.5)$$

证明 设

$$f(z) = g_{16}(z;-50) = \sum_{k=0}^{16} \binom{16}{k} \frac{\hat{\beta}_k(-50) k!}{(2k)!} z^k$$

和

$$h(z) = G_{16}(z;-50) = \sum_{k=0}^{16} \binom{16}{k} \frac{\hat{b}_k(-50) k!}{(2k)!} z^k$$

由于近似矩(数值计算出)$\hat{\beta}_k(-50)$ 和精确矩 $b_k(-50)$ 之间的精确度使得

$$|\hat{b}_k(-50) - \hat{\beta}_k(-50)| \leqslant 10^{-60} \hat{\beta}_k(-50), k = 0,1,\cdots,16$$

我们看出如取 $\hat{\tau} = 10^{-60}$,则式(5.3)成立,这样 $8n\hat{\tau}^{\frac{1}{n}} \leqslant 2.27620 \times 10^{-2}$ 对 $n = 16$ 时成立.那么,对于式(5.1)

中的 z_1,从命题1的式(5.4)得出,存在 $G_{16}(z,-50)$ 的一个零点 w_1 使得

$$|w_1 - z_1| \leqslant (2.276\,20 \times 10^{-2})|z_1| < 5.031\,16 \tag{5.6}$$

但因 $|\operatorname{Im} w_1 - \operatorname{Im}(z)_1| \leqslant |w_1 - z_1|$,上述不等式和式(5.1)一起给出

$$|\operatorname{Im} w_1 - 7.092\,56\cdots| < 5.031\,16$$

于是有

$$\operatorname{Im} w_1 > 2.061\,64 \tag{5.7}$$

从而 $G_{16}(z;-50)$ 有一个非实零点,再用第四节命题1就得到所需结果.

Λ 的下界式(5.5)是得到的第一个下界. 正如[6]中提到的,这一结果的重要性不在其本身而在于找到了一种得到 Λ 下界的构造性方法. 那篇论文还很乐观地认为,可以用这种方法找到改进的下界.

Ostrowski的命题1虽给出了两个相近多项式所有零点之间的总体相对精度,但在利用命题1证明命题2时,即当比较两个相近多项式的两个特定简单零点(即非多重零点)时,命题1是远远不够用的. 基于这点,我们给出下面初等的但很有用的结果.

引理 1 令 $p(z)$ 为 n 阶复多项式,如果 $p'(z_1) \neq 0$,那么圆盘

$$|z - z_1| \leqslant \frac{n|p(z_1)|}{|p'(z)|} \tag{5.8}$$

至少包含 $p(z)$ 的一个零点.

证明 因为当 $p(z_1) = 0$ 时,引理1是显然的,所以假设 $p(z_1) \neq 0$. 并把 $p(z)$ 写成 $p(z) = r\prod_{k=1}^{n}(z - \zeta_k)$,其

中 ζ_k 是 $p(z)$ 的零点. 取 $p(z)$ 的对数导数并计算其在点 z_1 的值,得到

$$\frac{p'(z_1)}{p(z_1)} = \sum_{k=1}^{n} \frac{1}{z_1 - \zeta_k}$$

在上式中取绝对值,我们有

$$\frac{|p'(z_1)|}{|p(z_1)|} \leq \sum_{k=1}^{n} \frac{1}{|z_1 - \zeta_k|} \leq \frac{n}{\min_{1 \leq k < n} |z_1 - \zeta_k|}$$

把它再改写一次,恰好就是式(5.8).

不必再考虑细节,利用引理 1 而不用命题 1,在计算矩 $\hat{b}_m(\lambda)$ 时只要求少得多的准确数字位数就足可以保证 $G_{16}(z; -50)$ 有非实零点. 在 Varga, Norfolk 和 Ruttan[33] 中,利用这种方法相继得到了 n 个改进后的常数 Λ 的下界. 这些结果列在表 2 中,其中第二列数字是保证有非实零点的第一个 Jensen 多项式的阶数.

表 2

λ	阶数 n	所需数字位数	零点
-100	10	12	-453.840⋯ + i9.703⋯
-50	16	12	-220.919⋯ + i7.092⋯
-20	41	18	-111.065⋯ + i1.322⋯
-15	56	20	-79.834⋯ + i0.282⋯
-10	97	21	-45.530⋯ + i0.156⋯
-8	142	21	-30.993⋯ + i0.124⋯

从表 2 看出,随着 λ 逐渐递增到零,给出非实零点的 Jensen 多项式的阶也迅速增长,所要求的有效数字的位数(第三列)也有所增长. 为了避免这点,te Riele[29] 利用 Jensen 多项式的方法,并且利用有关

Sturm 序列的修正,给出了下界
$$-5 < \Lambda \qquad (5.9)$$
这个结果是在有关计算中用了 250 位精度对 406 阶 Jensen 多项式计算出来的!

在下节中用不同的方法给出大大改进的 de Bruijn-Newman 常数 Λ 的下界.

第六节　追踪 $F_\lambda(z)$ 的零点

从定义(4.8)中显然可以看出,如果对于某个实的 $\lambda < 0$,式(4.8)中的 $F_\lambda(z)$ 有非实零点,那么从式(4.11)可知, $F_\lambda(z) \notin \mathscr{L}\text{-}\mathscr{P}$,从而 $\lambda < \Lambda$. 因为 $F_\lambda(z)$ 是一个 $\frac{1}{2}$ 阶的整函数,它必有无穷多个零点(见 Boas[1,p.24]). 现在考虑直接追踪 $F_\lambda(z)$ 的特定零点. 进而,我们注意到式(4.8)中的 $F_\lambda(z)$ 和式(4.3)类似可以表示为积分方程形式

$$F_\lambda(z) = \int_0^\infty e^{\lambda t^2} \Phi(t) \cos h(t\sqrt{z}) dt, \lambda \in I\!R \quad (6.1)$$

现在假设对于一实的 $\lambda_0, z(\lambda_0)$ 是 $F_{\lambda_0}(z)$ 的某个单零点使得在包含 λ_0 的某个 λ 的小区间内, $z(\lambda)$ 仍为 $F_\lambda(z)$ 的一个单零点. 在该区间中, $F_\lambda(z(\lambda)) \equiv 0$,这里用到了式(4.5)中 $\hat{b}_m(\lambda)$ 的定义

$$F_\lambda(z(\lambda)) \equiv 0 = \int_0^\infty e^{\lambda t^2} \Phi(t) \cos h(t\sqrt{z}) dt =$$
$$\sum_{m=0}^\infty \frac{\hat{b}_m(\lambda)}{(2m)!} (z(\lambda))^m \qquad (6.2)$$

对于 λ 微分式(6.2),我们得到

$$0 \equiv \sum_{m=0}^{\infty} \frac{\hat{b}_{m+1}(\lambda)(z(\lambda))^m}{(2m)!} +$$
$$\frac{\mathrm{d}z(\lambda)}{\mathrm{d}\lambda} \sum_{m=0}^{\infty} \frac{(m+1)\hat{b}_{m+1}(\lambda)(z(\lambda))^m}{(2m+2)!}$$

因为 $z(\lambda)$ 假设为单零点,所以上式中与 $-\frac{\mathrm{d}z(\lambda)}{\mathrm{d}\lambda}$ 相乘的和项不为零,所以解出 $\frac{\mathrm{d}z(\lambda)}{\mathrm{d}\lambda}$.

$$\frac{\mathrm{d}z(\lambda)}{\mathrm{d}\lambda} = -\frac{\sum_{m=0}^{\infty}\frac{\hat{b}_{m+1}(\lambda)(z(\lambda))^m}{(2m)!}}{\sum_{m=0}^{\infty}\frac{(m+1)\hat{b}_{m+1}(\lambda)(z(\lambda))^m}{(2m+2)!}} \quad (6.3)$$

重要的是注意到 $\hat{b}_m(\lambda) = \int_0^{\infty} t^{2m} \mathrm{e}^{\lambda t^2} \phi(t)\mathrm{d}t$,那么用 $\mathrm{e}^{\lambda t^2}$ 的 Maclaurin 展开代替它并逐项积分得到

$$\hat{b}_m(\lambda) = \sum_{j=0}^{\infty} \frac{\hat{b}_{m+j}(0)\lambda^j}{j!}, j = 0,1,\cdots, \lambda \in IR$$
(6.4)

因此对于负的小 λ 来说,人们需要从式(6.4)中算出一个高精度的 $\{\hat{b}_m(0)\}_{m=0}^{N}$,从这个表再利用式(6.4)可以直接估计出矩 $\{\hat{b}_m(\lambda)\}_{m=0}^{N'}$. 事实上,在肯特州立大学数学系的 Encore 并行计算机上,在足够密的格点上用简单的梯形法则计算出矩 $\{\hat{b}_m(0)\}_{m=0}^{1\,600}$ 的具有 220 位有效数字的数值. 更准确地说,如果 $T_h(m)$ 利用梯形法则计算 $\hat{b}_m(0)$ 而得到的近似值(步长为 h 的均匀格点),那么从(2.5(2))可以证明(见[33])

$$|T_h(m) - \hat{b}_m(0)| = O\left(\exp\left(\frac{-(\pi^2-\varepsilon)}{4h}\right)\right), h \to 0$$

这种几何收敛性使得用梯形法则既快又准确.

第三部分 Riemann 函数面面观

接下,令 $\left\{\varphi_j = \dfrac{1}{2} + \mathrm{i} t_j\right\}_{j=1}^{15\,000}$ 代表已知的 ζ 函数在临界线 $\mathrm{Re}(z) = \dfrac{1}{2}$ 上的单零点,这些零点在 te Riele[28] 中已经列表给出. 利用变量替换 $z = -x^2$,可以得到 $\{z_j(0) = -4 t_j^2\}_{j=0}^{15\,000}$ 是 $F_0(z)$ 的零点. 于是 $F_0(z)$ 的某些对零点是很靠近的. 其中有一对这种零点是简单零点,我们集中注意于这对零点,它们是

$$z_{34}(0) = -49\,310.231\cdots \text{ 和 } z_{35}(0) = -50\,063.757\cdots$$
$$(6.5)$$

由公式(6.3)可以确定

$$\left.\dfrac{\mathrm{d} z_{34}(\lambda)}{\mathrm{d}\lambda}\right|_{\lambda=0} = +877.836\cdots$$

$$\left.\dfrac{\mathrm{d} z_{35}(\lambda)}{\mathrm{d}\lambda}\right|_{\lambda=0} = -26.627\cdots \qquad (6.6)$$

因为式(6.6)中两个导数的符号不一样,这意味着当 λ 从零减小时,这两个零点彼此靠近,也就是这两个零点彼此吸引.

对 $F_\lambda(z)$ 零点对的追踪产生了某种有趣的几何结果. 在图 1 中,我们画出了 21 个零点对

$$\{z_{34}(-[0.04]j) \text{ 和 } z_{35}(-[0.04]j)\}_{j=0}^{20} \quad (6.7)$$

我们看到零点 $z_{34}(\lambda)$ 和 $z_{35}(\lambda)$ 是从实零点开始互相靠近最终在 $\lambda = 0.38$ 处相遇形成 $F_\lambda(z)$ 的一个二重零点,然后这些零点分叉为一对共轭复零点对,并在复平面内沿一条抛物线似的轨迹运动. 从图 1 我们还看到,当 $\lambda \leqslant -0.40$ 时,点对 $z_{34}(\lambda)$ 和 $z_{35}(\lambda)$ 成为 $F_\lambda(z)$ 的两个非实零点. 对于这些 λ 值,$F_\lambda(z)$ 不可能是 $\mathscr{L}$-$\mathscr{P}$ 的元素,并从式(4.11)得出 -0.40 是 de Bruijn-Newman 常数 Λ 的一个下界. 实际上,利用第五

节中引理 1 经过稍长一点的分析,可以保证一个更好一点的下界. Varga, Norfolk 和 Ruttan[33] 中的结果为图 1 所示.

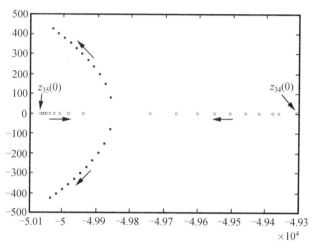

图 1 $\{z_{34}(-[0.04]j)\}_{j=0}^{20}$ 和 $\{z_{35}(-[0.04]j)\}_{j=0}^{20}$

定理 1([33]) 如果 Λ 是 de Bruijn-Newman 常数,那么

$$-0.385 < \Lambda$$

上述确定 de Bruijn-Newman 常数下界的方法有一个相当大的缺点,因为它要高精度地追踪式(6.1)中实整函数的非实零点. 显然,利用高精度算法只进行实数运算肯定是比较简单的. 后来在 Csordas, Ruttan 和 Varga[34] 中找到一种只用实运算确定 Λ 下界的新方法. 它的想法很简单. 对于式(4.3)中的实整函数 $H_\lambda(x)$,不难看出,类似于式(4.11)的下述两式成立

$$\begin{cases} H_\lambda \in \mathscr{L} - \mathscr{P}, 当 \lambda \geqslant \Lambda \\ H_\lambda \notin \mathscr{L} - \mathscr{P}, 当 \lambda < \Lambda \end{cases} \quad (6.8)$$

因此对于任何 $\lambda \geqslant \Lambda$,从式(6.8)和当 $\rho = 0$ 时的第二节中定理2,式(2.11)必可得出

$$L_1(H_\lambda(x)) = (H'_\lambda(x))^2 - H_\lambda(x)H''_\lambda(x) \geqslant 0$$
$$x \in \mathrm{IR} \qquad (6.9)$$

因而,如果能找到实 $\hat{\lambda}$ 和 X 使得 $L_1(H_\lambda(x)) < 0$,那么 $\hat{\lambda}$ 就自动地成为 Λ 的一个下界,即

$$\hat{\lambda} < \Lambda$$

从式(6.9)我们可知,计算 $L_1(H_\lambda(x))$ 只需高精度计算实积分,该积分由式(4.3)给出,即

$$\int_0^\infty e^{\lambda t^2}\phi(t)\cos(xt)\,\mathrm{d}t - \int_0^\infty t e^{\lambda t^2}\phi(t)\sin(xt)\,\mathrm{d}t$$

和

$$-\int_0^\infty t^2 e^{\lambda t^2}\phi(t)\cos(xt)\,\mathrm{d}t$$

利用这个办法,通过高精度计算实积分已经严格地得到了定理1的如下改进.

定理 2([34]) 如果 Λ 是 de Bruijn-Newman 常数,那么

$$-0.099\,1 < \Lambda \qquad (6.10)$$

第七节 Riemann 猜想的必要充分条件

我们讨论某些使 Riemann 猜想成立的已知的充分必要条件来结束本章. 我们先叙述基本上属于 Jensen[16] 的已知结果(此结果的全部证明请见 Csordas 和 Varga[8]).

定理 1 (Jensen[16]) 令

$$f(z) = e^{-\alpha z^2}f_1(z), \alpha \geqslant 0, f(z) \not\equiv 0 \qquad (7.1)$$

其中 f_1 是一个零或1类的实整函数,那么当且仅当

$$|f'(z)|^2 \geqslant \text{Re}\{f(z)\bar{f}''(z)\} \qquad (7.2)$$

(所以 $z \subset \mathbb{C}$)时,$f \in \mathscr{L}-\mathscr{P}$.

从式(2.6)和(4.3)中 $\lambda = 0$ 的情况,我们有

$$H_0(x) = \frac{\xi(x/2)}{8} = \frac{1}{2}\int_{-\infty}^{+\infty} \phi(t)e^{ixt}dt \qquad (7.3)$$

其中 $\phi(t)$ 有(2.5)中的性质. 正如我们已知的,当且仅当 $H_0(x)$ 的零点都是实的 Riemann 猜想才为真,它也等价于 $H_0 \in \mathscr{L}-\mathscr{P}$. 直接应用条件(7.2)到(7.3)中的函数 $H_0(z)$. 这就得到一个二重积分. 我们有下述已知的 Jensen 结果(未发表的),它源自 Pólya[25].

定理 2 (Pólya[25]) Riemann 猜想成立的充分必要条件是

$$\Delta(x,y) \geqslant 0, \forall x,y \in \mathbb{R} \qquad (7.4)$$

其中

$$\Delta(x,y) = \int_{-\infty}^{+\infty}\int_{-\infty}^{+\infty} \phi(t)\phi(s)e^{i(t+s)x}e^{(t-s)y}(t-s)^2 dtds$$

$$(7.5)$$

从对称性考虑(见 2.5(3)),仅对 $x,y \geqslant 0$ 计算式(7.5)中的 $\Delta(x,y)$ 就足够了. 即使做了这种简化,利用数值积分检查条件(7.4)中 $\Delta(x,y) \geqslant 0$ 也是很可怕的. 然而,在 Csordas 和 Varga[8] 中利用推广的 Hermite-Biehler 定理,所得出的结果进一步减小了要求 $\Delta(x,y)$ 为正的区域.

定理 3([8]) Riemann 猜想成立的一个充分必要条件是

$$\Delta(x,y) \geqslant 0, 0 < x < \infty \text{ 且 } 0 \leqslant y < 1 \qquad (7.6)$$

其他和二重积分有关的 Riemann 猜测成立的充要条件可以在 Pólya[25],Csordas 和 Varga[9] 以及 Csordas, Smith 和 Varga[35] 中找到. 例如在最后一个资料中,

条件(7.6)进一步被弱化为
$$\Delta(x,y) > 0, x > 10^9 \text{ 且 } 0 < y < 1$$

参 考 资 料

[1] BOAS R P. Entire Functions. Academic Press, Inc., New York, 1954.

[2] DE BRUIJN N G. The roots of trigonometric integrals. Duke J. Math., 1950,17:197-226.

[3] CONREY J B. At least two fifths of the zeros of the Riemann zeta function are on the critical line, Bull. Amer. Math. Soc., 1989,20:79-81.

[4] CSORDAS G, NORFOLK T S, VARGA R S. The Riemann Hypothesis and the Turán inequalities, Tráns. Amer. Math. Soc., 1986,296:521-541.

[5] CSORDAS G, NORFOLK T S, VARGA R S. Unpublished manuscript.

[6] CSORDAS G, NORFOLK T S, VARGA R S. A lower bound for the de Bruijn-Newman constant Λ, Numer. Math., 1988,52:483-497.

[7] CSORDAS G, VARGA R S. Moment iequalities and the Riemann Hypothesis, Constr. Approx., 1988,4:175-198.

[8] CSORDAS G, VARGA R S. Fourier transforms and the Hermite-Biehler Theorem, Proc. Amer. Math. Soc., 1989,107:645-652.

[9] CSORDAS G, VARGA R S. Necessary and sufficient conditions and the Riemann Hypothesis, Adv. in Appl. Math., 1990,11:328-357.

[10] GROSSWALD E. Generalization of a formula of Hayman, and its applications to the study of Riemann's zeta function, Illinois J. Math., 1966,10:9-23.

[11] GARRNIRE A E. Correction and completion of the paper Generalization of a formula of Hayman, Illinois J. Math., 1969, 13:276-280.

[12] HARDY G H. Sur les zéros de la fonction $\zeta(s)$ de Riemann, C. R. Acad. Sci. Paris, 1914,158:1012-1014.

[13] HAYMAN W K. A generalization of Stirling's formula, J. Reine Angew. Math., 1956,196:67-95.

[14] HENRICI P. Applied and Computational Complex Analysis, Vol. 1, John Wiley & Sons, New York, 1974.

[15] HENRICI P. Applied and Computational Complex Analysis, Vol. 2, John Wiley & Sons, New York, 1977.

[16] JENSEN J L W V. Recherches sur la théorie des équations, Acta Math., 1913,36:181-195.

[17] LAGUERRE E. Oeuvres, Vol. 1, Gauthier-Villars, Paris, 1898.

[18] LEVINSON N. More than one third of the zeros of Riemann's zeta-function are on $\sigma = \frac{1}{2}$, Adv. in Math., 1974,13:383-436.

[19] VAN DE LUNE J. TE RIELE H J J, WINTER D T. On the zeros of the Riemann zeta function in the critical strip. IV. Math. Comp., 1986,46:667-681.

[20] MATIYASEVICH YU V. Yet another machine experiment in supprot of Riemann's conjecture, Kiebernetika, 1982. (Russian, with English summary). Tránslated in Cybernetics, 1983,18: 705-707.

[21] NEWMAN C M. Fourier transforms with only real zeros, Proc. Amer. Math. Soc., 1976,61:245-251.

[22] ODLYZKO A M. The 10^{20}-th zero of the Riemann zeta function and its neighbors, preprint, 1989.

[23] OSTROWSKI A M. Solution of Equations and Systems of Equations. Academic Press, Inc., New York, 1960.

[24] PÓLYA G. On the zeros of certain trigonometric integrals, J. London Math. Soc., 1926,1:98-99.

[25] PÓLYA G. Über die algebraisch-funktionentheoretischen Untersuchungen von J L W V. Jensen, Kgl. Danske Vid. Sel. Math. Fys. Medd., 1927,7:3-33.

[26] PÓLYA G. Über trigonometrische Integrale mit nur reellen Nullstellen, J. Reine Angew. Math., 1927,158:6-18.

[27] PÓLYA G, SCHUR J. Über zwei Arten von Faktorenfolgen in der Theorie der algebraischen Gleichungen, J. Reine Angew. Math.,

第三部分 Riemann 函数面面观

1914,144:89-113.

[28] TE RIELE H J J. Table of the First 15,000 Zeros of the Riemann Zeta Function to 28 Significant Digits and Related Quantities, Report Number 67/79 of the Mathematisch Centrum, Amsterdam, 1979.

[29] TE RIELE H. A new lower bound of the de Bruijn-Newman constant, Numer. Math. , 1991,58:661-667.

[30] RIEMANN B. Über die Anzahl der Primzahlen unter einer gegebenen Grösse, Monatsh. der Berliner Akad. , (1858/1860), 671-680. Also in Gesammelte Mathematische Werke, 2nd edition, Teubner, Leipzig, 1982, No. VII, 145-153.

[31] STOER J, BULIRSCH R. Introducttion to Numerical Analysis, Springer-Verlag, Heidelberg, 1980.

[32] TITCHMARSH E C. The Theory of the Riemann Zeta-function, 2nd Edition (revised by D. R. Heath-Brown), Oxford University Press, Oxford, 1986.

[33] VARGA R S, NORFOLK T S, RUTTAN A. A lower bound for the de Bruijn-Newman constant. II. Conference Proceedings, USUSSR Conference on Approximation Theory, Tampa, 1990, to appear.

[34] CSORDAS G, RUTTAN R, VARGA R S. The Laguerre inequalities with applications to a problem associated with the Riemann Hypothesis, Numerical Algorithms, 1991,1:305-330.

[35] CSORDAS G, SMITH W, VARGA R S. Level sets of real entire functions and the Laguerre inequalities, Tráns. Amer. Math. Soc. , submitted.

第二章 Riemann ζ 函数的零点[①]

设 $N(\Delta, T)$ 是 $\zeta(s)$ 在区域
$$\sigma \geq \Delta, 1 \leq t \leq T$$
中的零点个数,其中 $\Delta \geq \frac{1}{2}$. 我们有[1,2,3]

$$N(\Delta, T) = O(T^{A(\Delta)(1-\Delta)})\log^{c_1} T \qquad (2.1)$$

$$A(\Delta) \leq \begin{cases} \dfrac{8}{3}, \Delta \geq \dfrac{1}{2} \\ \dfrac{3}{2-\Delta}, \Delta \geq \dfrac{1}{2} \end{cases} \quad (\text{A. E. Ingham}) \qquad (2.2)$$

$$A(\Delta) \leq \begin{cases} \dfrac{5}{2}, \Delta \geq 1 - \dfrac{1}{2^{15}} \\ 2 + 6(1-\Delta)^{0.1}, \Delta \to 1 \end{cases} \quad (\text{P. Turán}) \qquad (2.3)$$

$$A(\Delta) \leq 2 + c_2(1-\Delta)^{\frac{1}{3}}, \Delta \to 1 \quad (\text{К. А. Родосский}) \qquad (2.4)$$

其中 C_1, C_2 是绝对正常数.

1965 年潘承洞院士在本章中证明了

$$A(\Delta) \leq \frac{2 + \dfrac{2}{k+1}}{1 - (2^{k-1} - 2)(1-\Delta)}, \Delta \geq 1 - \frac{1}{2^{k-1}} \qquad (2.5)$$

[①] 摘编自《中国科学》,(14)1965:303-305.

其中 k 是正整数,$k \geq 2$,以及

$$A(\Delta) \leq 2 + 2^{18}(1-\Delta)^{\frac{1}{3}}, \Delta \geq 1 - \frac{1}{2^{18}} \quad (2.6)$$

设

$$\mu(\sigma) = \varlimsup_{t \to \infty} \frac{\log|\zeta(\sigma+it)|}{\log t} \quad (2.7)$$

我们有

$$\mu(\sigma) < \frac{1-\sigma}{k+1}, \sigma \geq 1 - \frac{1}{2^{k-1}}, k \geq 1 \,(\text{Hardy})$$
$$(2.8)$$

$$\mu(\sigma) < 2^{15}(1-\sigma)^{\frac{3}{2}}$$
$$\sigma \geq 1 - \frac{1}{2^{15}} (\text{И. М. Виноградов}) \quad (2.9)$$

利用式(2.8)和(2.9)容易证明以下引理:

引理 1　设 $s = 1 - \frac{1}{2^{k-1}} + it, k \geq 2$,我们有

$$\int_1^T |f(s)|^{2^{k-1}} dt = O(T^{1+\frac{1}{k+1}} \log^{4k} T) \quad (2.10)$$

其中

$$f(s) = \zeta(s) \sum_{n \leq T} \frac{\mu(n)}{n^s} - 1$$

引理 2　设 $s = 1 - \frac{1}{2k} + it, k \geq 2^{15}$,我们有

$$\int_1^T |f(s)|^{2^k} dt = O(T^{1+2^{15}k-\frac{1}{2}} \log^{k^2} T) \quad (2.11)$$

引理 3[1]

$$\int_1^T |f(1+\delta+it)|^2 dt = O(\log^4 T) \quad (2.12)$$

其中 $\delta = \frac{1}{\log T}$.

引理 4[4]　设

$$J(\sigma,\lambda) = \{\int_1^T |f(\sigma+it)|^{\frac{1}{\lambda}}dt\}^\lambda$$

我们有

$$J(\sigma,\kappa) = O\{J^p(\alpha,\lambda)J^q(\beta,\mu)\}, \alpha < \sigma < \beta$$

其中

$$p = \frac{\beta-\sigma}{\beta-\alpha}, q = \frac{\sigma-\alpha}{\beta-\alpha}, \kappa = p\lambda + q\mu$$

在这个两个变量的凸函数定理中取

$$\alpha = 1 - \frac{1}{2^{k-1}}, \beta = 1 + \frac{1}{\log T}, \lambda = \frac{1}{2^{k-1}}, \mu = \frac{1}{2}$$

并利用式(2.10)和(2.12)就得到

$$\int_1^T |f(\sigma+it)|^{\frac{1}{k}}dt =$$

$$O(T^{\frac{(2+\frac{2}{k+1})(1-\sigma)}{1-(2^{k-1}-2)(1-\sigma)}}\log^{4k}T), 1 - \frac{1}{2^{k-1}} < \sigma \leqslant 1$$

熟知

$$N(\sigma,T) = O(\log T\int_1^T |f(\sigma+it)|^{\frac{1}{k}}dt) =$$

$$O(T^{A(\sigma)(1-\sigma)}\log^k T)$$

其中

$$A(\sigma) \leqslant \frac{2+\frac{2}{k+1}}{1-(2^{k-1}-2)(1-\sigma)}$$

$$1 - \frac{1}{2^{k-1}} < \sigma \leqslant 1$$

在引理 4 中取 $\alpha = 1 - \frac{1}{2k}, \beta = 1 + \frac{1}{\log T}, \lambda = \frac{1}{2k}$,
$\mu = \frac{1}{2}$, 及利用式(2.11)和(2.12)就推出

第三部分 Riemann 函数面面观

$$\int_1^T |f(\sigma+rt)|^{\frac{1}{k}} \mathrm{d}t = O(T^{1-2(k-1)(1-\sigma)}^{2+2^{16}k-\frac{1}{2}}(1-\sigma) \log^{k^2} T)$$

取 $k = [(1-\Delta)^{-\frac{2}{3}}]$，有

$$A(\sigma) \leqslant 2 + 2^{18}(1-\Delta)^{\frac{1}{3}}, \Delta \geqslant 1 - \frac{1}{2^{18}}$$

参 考 资 料

[1] INGHAM A E. On the difference between consecutive primes, Q. J. O., 1937, 8.

[2] TURÁN P. Eine neue Methode in der Analysis und deren Anwendungen, Budapest, 1953.

[3] РОДОССКИЙ К А. О новом применении оценок Виноградова И. М. к теории дзета-функции Римана, ДАН СССР. т., 1960, 134;6.

[4] GUBRIEL R M. Some results concerning the integrals of moduli of regular functions along certain curves, J. L. M. S., 1927, 2.

第三章 Riemann ζ 函数在 $\sigma = \frac{1}{2}$ 线上零点个数的一个下界[①]

1. 引言

设 $T > 0$,$N(T)$ 表示 Riemann ζ 函数 $\zeta(s)$($s = \sigma + it$) 在区域 $0 \leqslant \sigma \leqslant 1, 0 < t \leqslant T$ 内的零点个数;$N_0(T)$ 表示 $\zeta(s)$ 在 $\sigma = \frac{1}{2}, 0 < t \leqslant T$ 时零点的个数. $N(T)$ 可以表示为

$$N(T) = \frac{T}{2\pi} \log \frac{T}{2\pi} - \frac{T}{2\pi} + O(\log T)$$

Selberg[1] 证明了函数 $\zeta(s)$ 在 $\sigma = \frac{1}{2}$ 线上存在零点. Selberg[2] 又证明了存在常数 c

$$N_0(T) > cN(T)$$

Levinson[3] 证明了

$$N_0(T) > \frac{1}{3} N(T)$$

Levinson[4] 又证明

$$N_0(T) > 0.347\,4 N(T)$$

山东大学数学的楼世拓、姚琦两位教授早在 1981 年就

---

① 摘编自《数学学报》,1981 年 5 月,第 24 卷,第 3 期.

得到
$$N_0(T) > 0.348\ 4N(T)$$
他们证明了下列定理:

定理 1 对于充分大的数 T,设 $L = \log\dfrac{T}{2\pi}, U = \dfrac{T}{L^{10}}$,则
$$N_0(T+U) - N_0(T) >$$
$$0.3484[N(T+U) - N(T)]$$

2. 问题的转化

记 $h(s) = \pi^{-\frac{s}{2}}\Gamma\left(\dfrac{s}{2}\right)$,$\Gamma$ 为 Γ - 函数,则成立[1]
$$h(s)\zeta(s) = h(1-s)\zeta(1-s) \qquad (3.1)$$
设 $h(s) = \exp f(s)$,应用 Stirling 公式([1, §4.4])
$$f(s) = \log h(s) = \dfrac{1}{2}(s-1)\log\dfrac{s}{2\pi} - \dfrac{s}{2} + c_0 + O\left(\dfrac{1}{s}\right)$$
$$(3.2)$$
由于
$$|\arg s| < \pi - \delta,\ \left|\operatorname{Im}\log\dfrac{s}{2\pi}\right| < \pi$$
故
$$\dfrac{h'(s)}{h(s)} = f'(s) = \dfrac{1}{2}\log\dfrac{s}{2\pi} + O\left(\dfrac{1}{s}\right) \qquad (3.3)$$
对于 $|\sigma| < 10$ 及充分大的 t,我们有
$$f'(s) + f'(1-s) =$$
$$\dfrac{1}{2}\log\dfrac{s}{2\pi} + \dfrac{1}{2}\log\dfrac{1-s}{2\pi} + O\left(\dfrac{1}{s}\right) =$$
$$\log\dfrac{t}{2\pi} + O\left(\dfrac{1}{s}\right) \qquad (3.4)$$

由式(3.1)可得
$$h(s)\zeta(s)[f'(s)+f'(1-s)] = -h(s)\zeta'(s) - h(1-s)\zeta'(1-s) \quad (3.5)$$

在 $s=\dfrac{1}{2}+it$ 时,式(3.5)右端恰是两个共轭复数之和,其零点必发生在辐角为 $\pm\dfrac{\pi}{2}$ 处,而 $\zeta\left(\dfrac{1}{2}+it\right)$ 的零点必使它为零. 因此

$$\arg\left[h\zeta'\left(\dfrac{1}{2}+it\right)\right] \equiv \dfrac{\pi}{2}(\bmod \pi) \quad (3.6)$$

记 $\chi(s)=\dfrac{h(1-s)}{h(s)}$,则由式(3.1) $\zeta(s)=\chi(s)\zeta(1-s)$,由式(3.5)

$$\zeta'(s) = -\chi(s)\{[f'(s)+f'(1-s)]\cdot\zeta(1-s)+\zeta'(1-s)\} \quad (3.7)$$

故由式(3.6), $\zeta\left(\dfrac{1}{2}+it\right)$ 的零点 s 必满足

$$\arg\{h(1-s)[f'(s)+f'(1-s)]\cdot\zeta(1-s)+\zeta'(1-s)\} \equiv \dfrac{\pi}{2}(\bmod \pi)$$

或

$$\arg\{h(s)[f'(s)+f'(1-s)]\zeta(s)+\zeta'(s)\} \equiv \dfrac{\pi}{2}(\bmod \pi) \quad (3.8)$$

令

$$G(s) = \zeta(s) + \dfrac{\zeta'(s)}{f'(s)+f'(1-s)} \quad (3.9)$$

问题已经转化为对 $G(s)$ 在 $\sigma=\dfrac{1}{2}$ 线上辐角变化的估计. 设 D 是以

$\frac{1}{2}+\mathrm{i}T, 3+\mathrm{i}T$

$3+\mathrm{i}(T+U), \frac{1}{2}+\mathrm{i}(T+U)$

为顶点的矩形,记 $N_G(D)$ 为 G 在区域 D 内零点的个数,则 $\arg G(s)$ 绕边界一周的变化值是 $2\pi N_G(D)$,当 t 充分大时,由式(3.4)

$$|G(3+\mathrm{i}t)-1| \leqslant \sum_{n=2}^{\infty} n^{-3} + O\left(\frac{1}{L}\right) \leqslant$$

$$\frac{1}{8} + \int_2^{\infty} \frac{\mathrm{d}v}{v^3} + O\left(\frac{1}{L}\right) < \frac{1}{3}$$

(3.10)

因此,$\arg G(s)$ 在 D 的右边界上的变化小于 π,而在上、下边界的变化可由 Jensen 公式([1,§9.4])得到是 $O(L)$,这样一来,我们有

$$\arg G\left(\frac{1}{2}+\mathrm{i}t\right)\bigg|_T^{T+U} = -2\pi N_G(D) + O(L)$$

(3.11)

我们取 a 为 $0 < a < \frac{1}{2}$

$$\frac{1}{2} - a = O\left(\frac{1}{L}\right) \qquad (3.12)$$

由 Littlewood 定理,对于整函数 $F(s)$,成立

$$\int_T^{T+U} \log|F(a+\mathrm{i}t)|\,\mathrm{d}t - \int_T^{T+U} \log|F(3+\mathrm{i}t)|\,\mathrm{d}t +$$
$$\int_a^3 \arg F(\sigma+\mathrm{i}(T+U))\,\mathrm{d}\sigma - \int_a^3 \arg F(\sigma+\mathrm{i}T)\,\mathrm{d}\sigma =$$
$$2\pi \sum \mathrm{dist} \qquad (3.13)$$

$\sum \mathrm{dist}$ 是指 F 在区域 D_1(顶点为 $a+\mathrm{i}T, 3+\mathrm{i}T, 3+$

$\mathrm{i}(T+U), a+\mathrm{i}(T+U)$ 的矩形)中的零点到 D_1 左边界的距离之总和.

现在我们来定义整函数 ϕ

$$\phi = \phi_1 + h_0 \phi_2$$

$$\phi_1(s) = \sum_{j \leqslant y} \frac{b_j}{j^s}, b_j = \frac{\mu(j)}{j^{1-2a}} \frac{y^{1-2a} - j^{1-2a}}{y^{1-2a} - 1} \quad (3.14)$$

$$\phi_2(s) = \sum_{k \leqslant y} \frac{b'_k}{k^s}, b'_k = \frac{\mu(k)}{k^{\frac{1}{2}-a} \log^2 y} \log \frac{y}{k} \cdot \log k$$

$$(3.15)$$

由 Jensen 定理可知

$$\int_a^3 \arg \phi G(\sigma + \mathrm{i}(T+U)) \mathrm{d}\sigma = O(L) \quad (3.16)$$

$$\int_a^3 \arg \phi G(\sigma + \mathrm{i}T) \mathrm{d}\sigma = O(L) \quad (3.17)$$

由 ζ 函数的性质(参看[3])可以得到

$$\int_T^{T+U} \log | G(3 + \mathrm{i}t) | \mathrm{d}t = O\left(\frac{U}{L}\right) \quad (3.18)$$

我们来证明

$$\int_T^{T+U} \log | \phi(3 + \mathrm{i}t) | \mathrm{d}t = O(1)$$

$$| b'_k | \leqslant \frac{1}{\log^2 y} \log \frac{y}{k} \log k \leqslant \frac{\log k}{\log y}$$

$$| \phi_2(s) | \leqslant \sum_{k \geqslant 2} \frac{\log k}{k^\sigma \log y}$$

存在 $M > 0$, 当 $k \geqslant M$ 时

$$\sum_{k \geqslant M} \frac{\log k}{k^\sigma \log y} \leqslant \frac{1}{\log y} \int_{M-1}^\infty \frac{\log k \mathrm{d}k}{k^\sigma} \leqslant \frac{1}{2^\sigma}$$

取 y 充分大可使得

$$\sum_{2 \leqslant k \leqslant M} \frac{\log k}{k^\sigma \log y} \leqslant \frac{1}{2^\sigma} \frac{1}{\log y} \sum_{k \leqslant M} \log k \leqslant \frac{\varepsilon}{2^\sigma}$$

第三部分　Riemann 函数面面观

因而在 $\sigma \geqslant 3$ 时

$$|\phi_2(s)| \leqslant \frac{2}{2^\sigma}$$

故

$$\log \phi(s) = \log(1 + \phi_3(s) + h_0 \phi_2(s))$$

在 $\sigma \geqslant 3$ 解析(这里 $\phi_1 = 1 + \phi_3$,$|\phi_3(s)| < \frac{2}{2^\sigma}$,证明参看[3]),即可得到

$$\left| \int_T^{T+U} \log \phi(3+it) \mathrm{d}t \right| \leqslant 16 \int_3^\infty \frac{\mathrm{d}\sigma}{2^\sigma} = O(1)$$
(3.19)

由式(3.16) ~ (3.19) 以及式(3.13),我们有

$$\int_T^{T+U} \log |\phi G(a+it)| \mathrm{d}t + O\left(\frac{U}{L}\right) = 2\pi \sum \mathrm{dist}$$

由于 G 在 D 内的零点到 $\sigma = a$ 线的距离至少为 $\frac{1}{2} - a$,因而有

$$\int_T^{T+U} \log |\phi G(a+it)| \mathrm{d}t + O\left(\frac{U}{L}\right) \geqslant 2\pi \left(\frac{1}{2} - a\right) N_G(D)$$
(3.20)

又由对数函数的凸性,可以将问题化为对于

$$\int_T^{T+U} |\phi G(a+it)|^2 \mathrm{d}t$$

的估计. 我们有

$$\frac{1}{2} U \log\left(\frac{1}{U} \int_T^{T+U} |\phi G(a+it)|^2 \mathrm{d}t\right) \geqslant \int_T^{T+U} \log |\phi G(a+it)| \mathrm{d}t$$
(3.21)

我们用 Riemann-Siegel 公式[3] 来展开 $G(s)$

$$G(a+it) = H(a+it) + H_1(t)$$

其中

$$H(s) = g_1(s) + \log^{-1}\frac{t}{2\pi}(-g_2(s) + \chi_1(s)g_3(s))$$

$$H_1(t) = O(t^{-\frac{1}{4}}) + (|g_2(a+it)| + |g_3(a+it)|)O(t^{-1}) = O(t^{-\frac{1}{4}})$$

$$\chi_1(s) = \left(\frac{t}{2\pi}\right)^{\frac{1}{2}-\sigma}\exp\left(\frac{\pi}{4}i - it\log\frac{2}{2\pi e}\right)$$

$$g_1(s) = \sum_{n\leq\tau}n^{-s}, g_2(s) = \sum_{n\leq\tau}n^{-s}\log n$$

$$g_3(s) = \sum_{n\leq\tau}n^{s-1}\log n$$

$$\tau = \sqrt{\frac{T}{2\pi}}$$

于是

$$\int_T^{T+U}|\phi H(a+it)|^2 dt =$$

$$\int_T^{T+U}|\phi_1 H(a+it)|^2 dt +$$

$$h_0(I + \bar{I}) + h_0^2 J \quad (3.22)$$

其中

$$I = \sum_{1\leq i,j\leq 3}I_{ij}, J = \sum_{1\leq i,j\leq 3}J_{ij}$$

$$I_{ij} = \int_T^{T+U}\phi_1\bar{\phi}_2 h_i h_j(a+it)dt$$

$$J_{ij} = \int_T^{T+U}\phi_2\bar{\phi}_2 h_i \bar{h}_j(a+it)dt$$

这里 $h_1 = g_1, h_2 = -g_2, h_3 = \chi_1 g_3$.

Levinson[3] 已经给出 $\int_T^{T+U}|\phi_1 H(a+it)|^2 dt$ 的估

计.

下一段我们将给出 I_{ij}, J_{ij} 的估计.

3. 一些公式

引理 1

$$\sum_{\substack{n \leqslant y \\ (n,Q)=1}} \frac{\mu(n)}{n^{a_1}} \log \frac{y}{n} = Q_0 + Q_1 + Q_2 \quad (3.23)$$

这里 Q 是正整数, 且 $\log Q = O(L)$, a_1 表示常数, $1 - a_1 = O\left(\frac{1}{L}\right)$, $b = \frac{1}{M \log L}$ (M 是正常数).

$$Q_0 = f^{-1}(Q, a_1)[1 - (a_1 - 1)\log y] + \frac{1}{L} O(f^{-1}(Q, a_1)\log L)$$

$$F(Q, a_1) = \prod_{p \mid Q}\left(1 - \frac{1}{p^{a_1}}\right)$$

$$Q_1 = O(f^{-1}(Q, 1-b) y^{-b} \log L)$$

$$Q_2 = O(f^{-1}(Q, 1-b) \log L \cdot L^{-20})$$

证明 当 $\operatorname{Re}(s) + a_1 > 1 + \varepsilon$ 时我们记

$$g(s) = \sum_{n < \infty, (n,Q) = 1} \frac{\mu(n)}{n^{s+a_1}} = \frac{1}{F(Q, s+a_1)\zeta(s+a_1)}$$

记

$$J = \sum_{n \leqslant y, (n,Q)=1} \frac{\mu(n)}{n^{a_1}} \log \frac{y}{n}$$

则用 Perron 公式

$$J = \frac{1}{2\pi i} \int_{2-i\infty}^{2+i\infty} g(s) \frac{y^s}{s^2} ds \quad (3.24)$$

取积分路线为 Q_3, Q_5, Q_1, Q_4, Q_6, 其中

$$Q_1: \sigma = -b, \ -L^{10} < t \leqslant L^{10}$$

$$Q_3: \sigma = 0, \ -\infty < t \leqslant -L^{10}$$

$$Q_4: -b < \sigma \leqslant 0, t = L^{10}$$

Q_5, Q_6 分别为 Q_4, Q_3 的对称线。我们仍用 $Q_i, i = 1,3,4,5,6$，表示式(3.24)中被积函数在 Q_i 上的积分，且记 $Q_2 = Q_3 + Q_4 + Q_5 + Q_6$。我们有

$$\left|\frac{1}{\zeta(s)}\right| \leqslant M_1 \log L, s \in Q_1, Q_4, Q_5, M_1 \text{ 为正常数}$$

且

$$\left|\frac{1}{\zeta(s)}\right| = O(\log|t|), s \in Q_3, Q_6$$

因而我们得到

$$Q_3, Q_6 = O\left(\frac{1}{F(Q,1)}\int_{L^{10}}^{\infty}\frac{\log t}{t^2}dt\right) =$$
$$O(L^{-10}\log L f^{-1}(Q,1))$$
$$Q_4, Q_5 = O(L^{-20}\log L f^{-1}(Q, 1-b))$$
$$Q_1 = \int_{-b-iL^{10}}^{-b+iL^{10}} g(s)\frac{y^s}{s^2}ds =$$
$$O(y^{-b}f^{-1}(Q, 1-b)\log^4 L)$$

又由于

$$Z(s) = \frac{1}{(s-1)\zeta(s)}$$

这里 $Z(1) = 1, Z(s)$ 在点 $x = 1$ 附近解析，故 $Z(a_1) = 1 + O(a_1)$，显然有

$$Q_0 = \left[\frac{d}{ds}(y^s f^{-1}(Q, s+a_1) \cdot\right.$$
$$\left.(s+a_1-1)Z(s+a_1))\right]\Big|_{s=0} =$$
$$f^{-1}(Q, a_1)[1-(a_1-1)\log y] +$$
$$\frac{1}{L}O(f^{-1}(Q, a_1)\log L)$$

证毕。

类似地可以得到

引理 2

$$\sum_{n \leq y, (n,Q)=1} \frac{\mu(n)}{n^{a_1}} \log \frac{y}{n} \log n =$$

$F^{-1}(Q, a_1)(-\log y) + O(F^{-1}(Q, a_1)\log L) +$

$O(F^{-1}(Q, 1-b)y^{-b}L\log L) +$

$O(F^{-1}(Q, 1-b)L^{-10}\log L)$ (3.25)

$$\sum_{n \leq y, (n,Q)=1} \frac{\mu(n)}{n^{a_1}} \log \frac{y}{n} \log^2 n =$$

$F^{-1}(Q, a_1)\left[\dfrac{y^{1-a_1}}{(1-a_1)^2} + \dfrac{\log y}{(a_1-1)} - \dfrac{1}{(a_1-1)^2}\right] +$

$O(F^{-1}(Q, a_1)L\log L) +$

$O(F^{-1}(Q, 1-b)y^{-b}L^2\log L) +$

$O(F^{-1}(Q, 1-b)L^{-8}\log L)$ (3.26)

引理 3 我们有

$$\sum_{k \leq y} \frac{\mu^2(k)}{k} \log^i \frac{y}{k} f(k) = \Gamma_1 A_i + O(L^i) \quad (3.27)$$

其中

$$f(k) = \prod_{p \mid k} f(p), f(p) = 1 + O(p^{-c}) \quad (3.28)$$

这里 c 是正常数.

$$\Gamma_1 = \prod \left(1 + \frac{f(p)-1}{p+1}\right)\left(1 - \frac{1}{p^2}\right) \quad (3.29)$$

($\prod$ 是对一切素数求积)

$$A_i = \frac{\log^{(i+1)} y}{i+1} \quad (3.30)$$

$$\sum_{k \leq y} \frac{\mu^2(k)}{k} \log^i \frac{y}{k} f(k) \log k = \Gamma_1 A_i^1 + O(L^{i+1})$$

(3.31)

其中
$$A_i^1 = \frac{\log^{(i+2)} y}{(i+1)(i+2)} \qquad (3.32)$$

$$\sum_{k \leq y} \frac{\mu^2(k)}{k} \log^i \frac{y}{k} f(k) \log^2 k = \Gamma_1 A_i^2 + O(L^{i+2}) \qquad (3.33)$$

其中
$$A_i^2 = \frac{2\log^{(i+3)} y}{(i+1)(i+2)(i+3)} \qquad (3.34)$$

引理 4 我们记

$$J_1 = \sum \frac{\mu^2(h)}{h^{a_1}} \frac{\mu(k')}{k'^{a_2}} [y^{1-2a} - (hk')^{1-2a}] \cdot$$

$$\log \frac{y}{h} F^{-1}(h, a_2)$$

其中"$\sum$"表示关于 h, k' 求和, 范围是 $hk \leq y$, $(h, k) = 1$. 我们有

$$J_1 = B_1^1(a_1, a_2) + O(1) \qquad (3.35)$$

其中
$$B_1^1(a_1, a_2) = (a_1 - 1)y^{1-2a} B_1^1(a_1) - (a_2 + 2a - 2)B_1^1(a_1 + 2a - 1)$$

当 $a_3 \neq -1$ 时

$$B_1^1(a_3) = \frac{y^{1-a_3}}{(1-a_3)^2} + \frac{\log y}{a_3 - 1} - \frac{1}{(a_3 - 1)^2}$$

$$B_1^1(1) = \frac{1}{2}\log^2 y$$

这里 $a_i (i = 2, 3)$. 表示常数, $1 - a_i = O\left(\frac{1}{L}\right)$.

又设

$$J_{i,2} = \sum \frac{\mu^2(h)}{h^{a_1}} \frac{\mu(k')}{k'^{a_2}} [y^{1-2a} - (hk')^{1-2a}] \cdot$$

$$J_{i,3} = \sum \frac{\mu^2(h)}{h^{a_1}} \frac{\mu(k')}{k'^{a_2}} [y^{1-2a} - (hk')^{1-2a}] \cdot \log^i \frac{y}{h} \log hF^{-1}(h,a_2)$$

$$J_{i,4} = \sum \frac{\mu^2(h)}{h^{a_1}} \frac{\mu(k')}{k'^{a_2}} [y^{1-2a} - (hk')^{1-2a}] \cdot \log^i \frac{y}{h} \log k' f F^{-1}(h,a_2)$$

$$\log^i \frac{y}{k} \log k' \log hF^{-1}(h,a_2)$$

其中"$\sum$"的意义与 J_1 中相同. 则我们有

$$J_{i,2} = B_i^2(a_1,a_2) + O(L^i) \quad (3.36)$$
$$J_{i,3} = B_i^3(a_1,a_2) + O(L^i) \quad (3.37)$$
$$J_{i,4} = B_i^4(a_1,a_2) + O(L^{i+1}) \quad (3.38)$$

其中

$$B_i^2(a_1,a_2) = (a_2-1)y^{1-2a}B_i^2(a_1) - (a_2+2a-2)B_i^2(a_1+2a-1) \quad (3.39)$$

而当 $a_3 \neq 1$ 时

$$B_1^2(a_3) = \frac{y^{1-a_3}\log y}{(1-a_3)^2} - \frac{2y^{1-a_3}}{(1-a_3)^3} + \frac{\log y}{(a_3-1)^2} - \frac{2}{(a_3-1)^3} \quad (3.40)$$

$$B_0^2(a_3) = \frac{1}{(a_3-1)^2} + \frac{y^{1-a_3}\log y}{(1-a_3)} - \frac{y^{1-a_3}}{(1-a_3)^2} \quad (3.41)$$

$$B_i^3(a_1,a_2) = -y^{1-2a}B_i^3(a_1) + B_i^3(a_1+2a-1) \quad (3.42)$$

$$B_i^3(a_3) = B_i^1(a_3) \qquad (3.43)$$

而

$$B_i^4(a_1, a_2) = -y^{1-2a} B_i^4(a_1) + B_i^4(a_1 + 2a - 1)$$
$$(3.44)$$

而

$$B_i^4(a_3) = B_i^2(a_3) \qquad (3.45)$$

引理 3 的证明可参看 Levinson[3,引理 3.11],引理 4 可以用引理 1 和引理 3 的方法得到.

4. J 的估计

用 Levinson[3] 同样的方法

$$\frac{J}{U} = \frac{S_0}{\log^4 y}\left(-\frac{1}{1-2a} - \frac{2}{L^2(1-2a)^3} - \frac{2}{L(1-2a)^2} + c_1 + \frac{c_2}{L} + \frac{c_3}{L^2}\right) +$$

$$\frac{S_1}{\log^4 y}\left(\frac{2}{L(1-2a)} + \frac{2}{L^2(1-2a)^2} + \frac{c_4}{L} + \frac{c_5}{L^2}\right) +$$

$$\frac{S_2}{\log^4 y}\left(-\frac{1}{L^2(1-2a)} + \frac{c_4}{L}\right) +$$

$$\frac{\tau^{2-4a}}{L^2 \log^4 y} K_0\left(\frac{2}{(1-2a)^3} + c_7\right) +$$

$$\frac{\tau^{2-4a}}{L^2 \log^4 y} K_1\left(\frac{2}{(1-2a)^2} + c_8\right) +$$

$$\frac{\tau^{2-4a}}{L^2 \log^4 y} K_2\left(\frac{1}{1-2a} + c_9\right) +$$

$$O\left(\frac{1}{L}\right) \qquad (3.46)$$

其中 $c_1 \sim c_9$ 增为常数

$$S_0 = \sum \frac{b'_{k_1} b'_{k_2}}{k_1^{2a} k_2^{2a}} k^{2a} \log^4 y$$

$$S_1 = \sum \frac{b'_{k_1} b'_{k_2}}{k_1^{2a} k_2^{2a}} k^{2a} \log \frac{k_1}{k} \log^4 y$$

$$S_2 = \sum \frac{b'_{k_1} b'_{k_2}}{k_1^{2a} k_2^{2a}} \log \frac{k_1}{k} \log \frac{k_2}{k} \log^4 y$$

$$K_0 = \sum \frac{b'_{k_1} b'_{k_2}}{k_1 k_2} k^{2-2a} \log^4 y$$

$$K_1 = \sum \frac{b'_{k_1} b'_{k_2}}{k_1 k_2} k^{2-2a} \log \frac{k_1}{k} \log^4 y$$

$$K_2 = \sum \frac{b'_{k_1} b'_{k_2}}{k_1 k_2} k^{2-2a} \log \frac{k_1}{k} \log \frac{k_2}{k} \log^4 y$$

这里"$\sum$"是指关于 k_1, k_2 求和,满足 $1 \leq k_1 \leq y, 1 \leq k_2 \leq y, (k_1, k_2) = 1$,且 $k = (k_1, k_2)$。我们应用 Möbius 函数的性质

$$k^{2a} = \sum_{j \mid k} j^{2a} F(j, 2a)$$

我们有

$$S_0 = \sum_{1 \leq j \leq y, k_1 \leq y} j^{2a} F(j, 2a) \left(\sum_{j \mid k_1} \frac{b'_{k_1}}{k_1^{2a}} \right)^2$$

若 $k_1 = nj$,则 $n \leq \frac{y}{j}$,我们就有

$$S_0 = \sum_{j \leq y} \frac{\mu^2(j) F(j, 2a)}{j} \left(\sum_{\substack{(n,j)=1 \\ n \leq \frac{y}{j}}} \frac{\mu(n) \log y}{nj \log nj} \cdot \frac{1}{n^{\frac{1}{2}+a}} \right)^2$$

运用引理 1,2,3 的结果,且与[3]同样计算常数系数,我们得到

$$S_0 = \frac{1}{3}\log^3 y + \frac{1}{30}\left(\frac{1}{2} - a\right)^2 \log^5 y +$$
$$O(L^2 \log^6 L) \qquad (3.47)$$

同样地

$$S_1 = \frac{1}{30}\left(\frac{1}{2} - a\right)\log^5 y + O(L^3 \log^{10} L) \quad (3.48)$$

$$S_2 = \frac{1}{30}\log^5 y + O(L^4 \log^{10} L) \quad (3.49)$$

$$K_0 = S_0 + O(L^2 \log^{10} L) \quad (3.50)$$

$$K_1 = -S_1 + O(L^3 \log^{10} L) \quad (3.51)$$

$$K_2 = S_2 + O(L^4 \log^{10} L) \quad (3.52)$$

用式(3.46) ~ (3.52)及 $\log y = \frac{L}{2} + O(\log L), \frac{1}{2} - a = \frac{R}{L}$ 并取 $R = 1.3$,我们有

$$S_0 \geqslant \left(\frac{1}{24} + \frac{R^2}{960}\right)L^3 \geqslant 0.044\,427\,0L^3$$

$$S_1 \leqslant \frac{R}{960}L^4 \leqslant 0.001\,354\,17L^4$$

$$S_1 \geqslant \frac{1}{960}L^5 \geqslant 0.001\,041\,6L^5$$

因而

$$J \leqslant 0.529\,310\,9U \qquad (3.53)$$

5. I 的估计

用 4 中 J 的估计的同样的方法

$$\frac{I}{U} = \frac{S'_0}{\log^2 y}\left(-\frac{1}{1-2a} - \frac{2}{L^2(1-2a)^3} -\right.$$
$$\left. \frac{2}{L(1-2a)^2} + c'_1 + \frac{c'_2}{L} + \frac{c'_3}{L^2}\right) +$$

$$\frac{S'_1}{\log^2 y}\left(\frac{2}{L(1-2a)} + \frac{2}{L^2(1-2a)^2} + \frac{c'_4}{L} + \frac{c'_5}{L^2}\right) +$$

$$\frac{S'_2}{\log^2 y}\left(-\frac{1}{L^2(1-2a)} + \frac{c'_4}{L}\right) +$$

$$\frac{\tau^{2-4a}}{L^2\log^2 y}K'_0\left(\frac{2}{(1-2a)^3} + c'_7\right) +$$

$$\frac{\tau^{2-4a}}{L^2\log^2 y}K'_1\left(\frac{2}{(1-2a)^2} + c'_8\right) +$$

$$\frac{\tau^{2-4a}}{L^2\log^2 y}K'_2\left(\frac{1}{1-2a} + c'_9\right) + O\left(\frac{1}{L}\right) \quad (3.54)$$

其中 $c'_1 \sim c'_9$ 均为常数.

$$S'_0 = \sum \frac{b_{k_1}b'_{k_2}}{k_1^{2a}k_2^{2a}}k^{2a}\log^2 y$$

$$S'_1 = \sum \frac{b_{k_1}b'_{k_2}}{k_1^{2a}k_2^{2a}}k^{2a}\left(\log\frac{k_1}{k} + \log\frac{k_2}{k}\right)\log^2 y$$

$$S'_2 = \sum \frac{b_{k_1}b'_{k_2}}{k_1^{2a}k_2^{2a}}k^{2a}\log\frac{k_1}{k}\log\frac{k_2}{k}\log^2 y$$

$$K'_0 = \sum \frac{b_{k_1}b'_{k_2}}{k_1 k_2}k^{2-2a}\log^2 y$$

$$K'_1 = \sum \frac{b_{k_1}b'_{k_2}}{k_1 k_2}k^{2-2a}\left(\log\frac{k_1}{k} + \log\frac{k_2}{k}\right)\log^2 y$$

$$K'_2 = \sum \frac{b_{k_1}b'_{k_2}}{k_1 k_2}k^{2-2a}\log\frac{k_1}{k}\log\frac{k_2}{k}\log^2 y$$

这里"$\sum$"是指关于 k_1,k_2 求和,满足 $1 \leq k_1 \leq y$, $1 \leq k_2 \leq y$, $(k_1,k_2)=1$,且 $k=(k_1,k_2)$. 与 4 中 J 的估计一样,可以将 S'_0 化为

$$S'_0 = \sum \frac{\mu(n_1)}{n_1}F(j,2a)\frac{\mu^2(j)\mu(n_2)}{j^{\frac{3}{2}-a}n_2^{\frac{1}{2}+a}}\log y /$$

$$n_2 j \log n_2 j \left[\frac{y^{1-2a} - (n_1 j)^{1-2a}}{y^{1-2a} - 1} \right]$$

这里"$\sum$"是指关于 n_1, n_2, j 求和,满足 $n_1 \leq \frac{y}{j}, n_2 \leq \frac{y}{j}, j \leq y, n_1, n_2, j$ 两两互素. 运用引理 1,2,4 可以对 $S'_0 - K'_2$ 进行估计,其常数系数亦与[3]同样估计. 我们得到

$$S'_0 = O(\log^3 L) \qquad (3.55)$$

$$S'_1 = \frac{1}{2(y^{1-2a} - 1)} \left[e^{-\frac{1}{2} - a} \left(-B_0^2 \left(\frac{3}{2} - a \right) + \left(\frac{1}{2} - a \right) B_1^2 \left(\frac{3}{2} - a \right) + 2B_1^1 \left(\frac{3}{2} - a \right) \right) + B_0^2 \left(\frac{1}{2} + a \right) - 3 \left(\frac{1}{2} - a \right) B_1^2 \left(\frac{1}{2} + a \right) - 2B_1^1 \left(\frac{1}{2} + a \right) \right] + O(L \log^3 L) \qquad (3.56)$$

$$S'_2 = \frac{1}{y^{1-2a} - 1} \left[e^{\frac{1}{2} - a} B_1^2 \left(\frac{3}{2} - a \right) - B_1^2 \left(\frac{1}{2} + a \right) \right] + O(L^2 \log^3 L) \qquad (3.57)$$

$$K'_0 = \frac{1}{y^{1-2a} - 1} \left[(1 - 2a) e^{\frac{1}{2} - a} B_0^2 \left(\frac{3}{2} - a \right) + 2 \left(\frac{1}{2} - a \right)^2 e^{\frac{1}{2} - a} B_1^2 \left(\frac{3}{2} - a \right) - 4 \left(\frac{1}{2} - a \right) e^{\frac{1}{2} - a} B_1^1 \left(\frac{3}{2} - a \right) \right] + O(\log^3 L) \qquad (3.58)$$

$$K'_1 = \frac{1}{2(y^{1-2a} - 1)} \left[e^{\frac{1}{2} - a} \left(-B_0^2 \left(\frac{3}{2} - a \right) - \right. \right.$$

$$3\left(\frac{1}{2}-a\right)B_1^2\left(\frac{3}{2}-a\right)+2B_1^1\left(\frac{3}{2}-a\right)\right)+$$

$$\left(\frac{1}{2}-a\right)B_1^2\left(\frac{3}{2}+a\right)+B_0^2\left(\frac{1}{2}+a\right)-$$

$$2B_1^1\left(\frac{1}{2}+a\right)\right]+O(L\log^3 L) \qquad (3.59)$$

$$K_2' = S_2' \qquad (3.60)$$

与 4 中 J 的估计同样用 $\log y = \frac{L}{2} + O(\log L), \frac{1}{2} - a = \frac{R}{L}$ 代入式(3.55)~(3.60),然后以 $R=1.3$ 代入,我们有

$$S_1' = \frac{L^2}{e^R - 1}\left[e^R\left(\frac{1}{R}-\frac{4}{R^2}\right)+e^{\frac{R}{2}}\frac{8}{R^2}-\right.$$

$$\left.\frac{1}{R}-\frac{4}{R^2}\right]+O(L\log L)\geqslant$$

$$\frac{L^2}{e^{1.3}-1}0.034\ 682\ 1$$

$$S_2' = \frac{L^3}{e^R-1}\left[e^{\frac{R}{2}}\frac{8}{R}-\frac{1}{R^2}-\frac{4}{R^3}-\right.$$

$$\left.e^R\left(-\frac{1}{R^2}+\frac{4}{R^3}\right)\right]+O(L^2\log^3 L)\leqslant$$

$$\frac{L^3}{e^{1.3}-1}0.026\ 678\ 5$$

$$K_0' = O(\log^3 L)$$

$$K_1' = -S_1' + O(L\log^3 L)$$

$$K_2' = S_2' + O(L^2\log^3 L)$$

$$I \geqslant 0.039\ 978\ 3U \qquad (3.61)$$

6. 定理的证明

我们取 $h_0 = 0.010\ 882\ 2$,由式(3.53)(3.61)及[3]

$$\frac{1}{U}\int_T^{T+U} |\phi_1 H(a+it)|^2 dt =$$

$$F(R) + O\left(\frac{1}{L}\log^5 L\right)$$

$$F(R) = \frac{(e^R+1)^2}{4R} - \frac{2e^R-1}{(e^R-1)^2}$$

当 $R = 1.3$

$$F(1.3) \leqslant 2.3356 \qquad (3.62)$$

我们记

$$A = \int_T^{T+U} |\phi H(a+it)|^2 dt$$

于是

$$A = UF(1.3) + h_0(I+\bar{I}) + h_0^2 J \leqslant 2.3326 U$$

与[3]同样可得对于充分大的 T,我们有

$$N_0(T+U) - N_0(T) > 0.3484[N(T+U) - N(T)]$$

于是证得了定理.

参 考 资 料

[1] TITCHMARSH E C. The Theory of the Riemann Zeta Function. Oxford, 1951.

[2] SELBERG A. On the Zeros of Riemann's Zeta Function. Skr. Norske, Vid. Acad. Oslo, 1942,C10:1-59.

[3] LEVINSON N. More than One Third of Zeros of Riemann's Zeta Function are on $\sigma = \frac{1}{2}$. Advances in Mathematics, 1974(13):383-436.

[4] LEVINSON N. Deduction of Semi Optinal mollifier for obtaining Lower Bound for $N_0(T)$ for Riemann's Zeta Function. Proc. Nat. Acad. Sci. U. S. A., 1975,72(1):294-297.

第四章 Riemann ζ 函数理论中一类积分的计算

1. 设 T 为大正数,命 $L = \log \dfrac{T}{2\pi}, U = TL^{-10}$. 设 $G(s) = \pi^{-\frac{s}{2}} \Gamma\left(\dfrac{s}{2}\right), s = \sigma + it$,且设 $\chi(s) = \dfrac{G(1-s)}{G(s)}$,由 Stirling 公式得

$$\chi(s) = \left(\dfrac{t}{2\pi}\right)^{\frac{1}{2}-\sigma} e^{\frac{\pi i}{4} - it\log\frac{t}{2e\pi}} (1 + O(t^{-1})) \quad (4.1)$$

当 $|\sigma| \leqslant 10, t > 1$ 时成立. 命

$$l(s) = \dfrac{G'(s)}{G(s)} + \dfrac{G'(1-s)}{G(1-s)} = \dfrac{1}{\chi(1-s)} \dfrac{\mathrm{d}}{\mathrm{d}s} \chi(1-s) \quad (4.2)$$

后一等号由 $\chi(s) = \dfrac{G(1-s)}{G(s)}$ 得到. 同样由 Stirling 公式,当 $T \leqslant t \leqslant T + U, |\sigma| \leqslant 10$ 时

$$l(s) = \log \dfrac{t}{2\pi} + O(t^{-1}) = L + O(L^{-10}) \quad (4.3)$$

设

$$l_k(s) = \dfrac{1}{\chi(1-s)} \dfrac{\mathrm{d}^k}{\mathrm{d}s^k} \chi(1-s) \quad (4.4)$$

由式(4.2),$l(s) = l_1(s)$. 直接逐次微商,并注意 $l'(s) = O(t^{-1})$,得

---

① 摘编自《数学学报》,1985 年 9 月,第 28 卷,第 5 期.

$$l_k(s) = l^k(s) + (L^{k-1}T^{-1}) = L^k + O(L^{k-10}) \quad (4.5)$$

当 $|\sigma| \leq 10, T \leq t \leq T + U$ 时成立. 设

$$\eta(s) = \zeta(s) + \frac{\zeta'(s)}{l(s)}$$

$$K(s) = \sum_{n \leq \tau} b(n) n^{-s}, \tau' = T^{\frac{1}{2}} L^{-20} \quad (4.6)$$

N. Levinson[1] 得到有名的结果:如果

$$b(n) = \frac{\mu(n)\log\frac{\tau}{n}}{\log \tau}, \beta = rL^{-1}, r > 0$$

那么积分

$$\frac{1}{U}\int_T^{T+U} \left|K\left(\frac{1}{2}+it\right)\right|^2 \left|\eta\left(\frac{1}{2}+it-\beta\right)\right|^2 dt =$$

$$e^{2r}\left(\frac{1}{2r^3}+\frac{1}{24r}\right)-\frac{1}{2r^3}-\frac{1}{r^2}-\frac{25}{24r}+$$

$$\frac{7}{12}-\frac{r}{12}+O(L^{-1}\log^5 L) \quad (4.7)$$

这个积分的计算很烦琐,潘承彪[3] 有一个简化证明.

上海市闸北区教育学院的莫国端教授早在 1985 年推广了此类积分并力求方法上的简单(定理 1). 利用本章结果可以估计函数 $\xi = G\zeta(s)$ 及它的各级微商在临界线上的零点个数的下界①. 本章定理 2 也是它的一个应用.

设 $s = \frac{1}{2} + it$,命

---

① 我们指出:对 ξ, ξ', ξ'' 而言,所提的下界分别超过 36.54% ,83.22% ,90.59% . 第二个值比[4] 中大 11.5% ,而 ξ'' 的结果尚未见有其他.

$$J_{\lambda_1\lambda_2}(v_1,v_2) = \frac{1}{UL^{\lambda_1+\lambda_2}}\int_T^{T+U} |K(s)|^2 \zeta^{(\lambda_1)}\cdot$$
$$(s-v_1)\overline{\zeta^{(\lambda_2)}(s-v_2)}\mathrm{d}t \quad (4.8)$$

其中

$$\begin{cases} v_1 = \alpha_1 + \mathrm{i}\beta_1 = O(L^{-1}) \\ v_2 = \alpha_2 + \mathrm{i}\beta_2 = O(L^{-1}) \end{cases} \quad (4.9)$$

定理 1 设 $K(s)$ 如式 (4.6) 所示,其中 $b(n) = O(1)$. 如果

$$\sum_{k_1,k_2 \leq \tau} \frac{b(k_1)\overline{b(k_2)}k^{1+v_1+\bar{v}_2}}{k_1^{1+v_1}k_2^{1+\bar{v}_2}}\log^{\lambda_1}j_1\log^{\lambda_2}j_2 = O(L^{\lambda_1+\lambda_2-1}) \quad (4.10)$$

其中 $(k_1,k_2) = k, k_1 = kj_1, k_2 = kj_2$,则

$$J_{\lambda_1,\lambda_2}(v_1,v_2) =$$
$$\frac{1}{L^{\lambda_1+\lambda_2}}\sum_{k_1,k_2 \leq \tau}\frac{b(k_1)\overline{b(k_2)}k^{1+v_1+\bar{v}_2}}{k_1^{1+v_1}k_2^{1+\bar{v}_2}}\int_{j_1j_2}^{\frac{T}{2\pi}}u^{v_1+\bar{v}_2-1}\cdot$$
$$\log^{\lambda_1}\frac{j_1}{u}\log^{\lambda_2}\frac{j_2}{u}\mathrm{d}u + O(L^{-1}) \quad (4.11)$$

我们以 $N_f(x,T)$ 表示函数 $f(s)$ 的零点在区域 $\sigma > x, 0 < t < T$ 内的个数. 熟知(见[2],9.24.1)

$$\int_{\frac{1}{2}}^{1}N_s(\sigma,T)\mathrm{d}\sigma = O(T)$$

利用定理1,我们可以得到:

定理 2

$$\int_{\frac{1}{2}}^{1}N_s(\sigma,T)\mathrm{d}\sigma \leq \frac{T}{4\pi}\log 3 + O(TL^{-1}\log^5 L)$$
$$(4.12)$$

2. 设 $A = T, B = T + U$

$$J^* = J^*_{\lambda_1\lambda_2}(v_1, v_2) = \frac{\int_A^B f\left(\frac{1}{2} + it\right) dt}{\chi\left(\frac{1}{2} + it + \bar{v}_2\right)} \quad (4.13)$$

其中

$$f(s) = \zeta^{(\lambda_1)}(s - v_1)\zeta^{(\lambda_2)}(s + \bar{v}_2)K(s)K^*(1 - s) \quad (4.14)$$

$$K^*(s) = \sum_{n \leqslant \tau} \overline{b(n)} n^{-s}$$

设 $\sigma_0 = 1 + a_0$,其中 $a_0 = O(L^{-1})$,且

$$a_0 - |v_1| - |v_2| \geqslant L^{-1}$$

对于 $\frac{1}{2} \leqslant \sigma \leqslant \sigma_0, T \leqslant t \leqslant T + U$,由 Cauchy 公式得

$$\frac{\zeta^{(\lambda_1)}(s - v_1)\zeta^{(\lambda_2)}(s - \bar{v}_2)}{\chi(s + \bar{v}_2)} =$$

$$\frac{1}{2\pi i}\int_{C_0} \frac{\zeta^{(\lambda_1)}(z - v_1)\zeta^{(\lambda_2)}(z + \bar{v}_2) dz}{\chi(z + \bar{v}_2)(z - s)}$$

其中 C_0 是 $\frac{1}{2} - a_0 + \frac{iT}{2}, 1 + 2a_0 + \frac{iT}{2}, 1 + 2a_0 + 2iT$ 及 $\frac{1}{2} - a_0 + 2iT$ 为顶点的长方形之周界。熟知 $\zeta(s) = O(t^{\frac{1}{6}})$,当 $t > 1, \sigma \geqslant \frac{1}{2} - \varepsilon$,对于充分小的 ε 成立。在 $s = \sigma_0 + it$ 上,$\zeta^{(\lambda)}(s) = O(L^{\lambda+1})$。由此我们有

$$\left|\frac{\zeta^{(\lambda_1)}(s - v_1)\zeta^{(\lambda_2)}(s + \bar{v}_2)}{\chi(s + \bar{v}_2)}\right| \ll T^{\frac{1}{2}}L^{\lambda_1+\lambda_2+3}$$

当 $\frac{1}{2} \leqslant \sigma \leqslant \sigma_0, T \leqslant t \leqslant T + U$ 时成立。又当 $\frac{1}{2} \leqslant \sigma \leqslant \sigma_0$ 时

$$|K(s)K^*(1 - s)| \ll \sum_{n \leqslant \tau} n^{-\sigma} \sum_{n \leqslant \tau} n^{\sigma-1} = O(\tau L)$$

第三部分 Riemann 函数面面观

于是我们得到

$$J^* = \int_A^B \frac{f(\sigma_0 + it)\,dt}{\chi(\sigma_0 + it + \bar{v}_2)} + O(UL^{\lambda_1+\lambda_2-7})$$

(4.15)

现由

$$|f(\sigma_0 + it)| \ll |\zeta^{(\lambda_1)}(1 + L^{-1})\zeta^{(\lambda_2)}(1 + L^{-1})| \cdot$$

$$\sum_{n \leqslant \tau} n^{-1} \sum_{n \leqslant \tau} 1 \ll \tau L^{\lambda_1+\lambda_2+3}$$

及式(4.1)(4.15)得

$$J^* = \int_A^B f(\sigma_0 + it) e^{-\frac{\pi i}{4} + i(t-\beta_2)\log\frac{t-\beta_2}{2e\pi}} \cdot$$

$$\left(\frac{t-\beta_2}{2\pi}\right)^{\sigma_0 - \frac{1}{2} + \alpha_2} dt + O(UL^{\lambda_1+\lambda_2-7}) =$$

$$\int_A^B f(\sigma_0 + i(t+\beta_2)) e^{-\frac{\pi i}{4} + it\log\frac{t}{2e\pi}} \cdot$$

$$\left(\frac{t}{2\pi}\right)^{\sigma_0 - \frac{1}{2} + \alpha_2} dt + O(UL^{\lambda_1+\lambda_2-7}) \quad (4.16)$$

3. 由式(4.16)得

$$f^* = \sum{}' C(n_1, n_2, k_1, k_2) \int_A^B e^{it\log\frac{t}{e\rho}} t^{\gamma} dt +$$

$$O(UL^{\lambda_1+\lambda_2-7}) \quad (4.17)$$

其中 $\sum{}'$ 通过 $n_1, n_2 \geqslant 1, 1 \leqslant k_1, k_2 \leqslant \tau$,且

$$C(n_1, n_2, k_1, k_2) =$$

$$\frac{(2\pi)^{-\gamma} e^{-\frac{\pi i}{4}} b(k_1) \overline{b(k_2)} \log^{\lambda_1} \frac{1}{n_1} \log^{\lambda_2} \frac{1}{n_2}}{n_1^{\sigma_0-\alpha_1+i(\beta_2-\beta_1)} n_2^{\sigma_0+\alpha_2} k_1^{\sigma_0+i\beta_2} k_2^{1-\sigma_0-i\beta_2}} \quad (4.18)$$

$$\gamma = \sigma_0 - \frac{1}{2} + \alpha_2 \quad (4.19)$$

$$\rho = 2\pi n_1 n_2 \frac{k_1}{k_2} \quad (4.20)$$

现命

$$\Sigma_1 = \sum_{\rho \leqslant B+T^{\frac{1}{2}}} {}'C(n_1,n_2,k_1,k_2) \int_A^B e^{it\log\frac{t}{\varphi}} t^\gamma \mathrm{d}t \quad (4.21)$$

对于

$$\rho \geqslant B + T^{\frac{1}{2}}$$

$$\gamma = \sigma_0 - \frac{1}{2} + \alpha_2 = \frac{1}{2} + O(L^{-1})$$

$$\int_A^B e^{it\log\frac{t}{\varphi}} t^\gamma \mathrm{d}t = \frac{t^\gamma e^{it\log\frac{t}{\varphi}}}{i\log\frac{t}{\rho}}\bigg|_A^B - \frac{1}{i}\int_A^B e^{it\log\frac{t}{\varphi}} \mathrm{d}\frac{t^\gamma}{\log\frac{t}{\rho}} \ll$$

$$\frac{T^{\frac{1}{2}}}{\log\frac{\rho}{B}} + \int_A^B t^{-\frac{1}{2}}\left(\frac{1}{\log\frac{\rho}{t}} + \frac{1}{\log^2\frac{\rho}{t}}\right)\mathrm{d}t \ll \frac{T^{\frac{1}{2}}}{\log\frac{\rho}{B}}$$

依据式(4.18)

$$|C(n_1,n_2,k_1,k_2)| \ll \frac{\log^{\lambda_1}n_1 \log^{\lambda_2}n_2}{k_1(n_1n_2)^{1+L^{-1}}} \quad (4.22)$$

我们有

$$\Sigma_1 \ll \sum_{\rho \geqslant B+T^{\frac{1}{2}}} T^{\frac{1}{2}} \frac{\log^{\lambda_1}n_1 \log^{\lambda_2}n_2}{k_1(n_1n_2)^{1+L^{-1}}} \log\frac{\rho}{B} =$$

$$\sum_{\rho > T^2} {}' + \sum_{B+T^{\frac{1}{2}}\leqslant \rho \leqslant T^2} \ll$$

$$T^{\frac{1}{2}} \sum_{k_1,k_2 \leqslant \tau} \frac{1}{k_1} \sum_{n_1,n_2 \geqslant 1} \frac{\log^{\lambda_1}n_1 \log^{\lambda_2}n_2}{(n_1n_2)^{1+L^{-1}}} +$$

$$T^{\frac{1}{2}}L^{\lambda_1+\lambda_2} \sum_{B+T^{\frac{1}{2}}\leqslant \rho \leqslant T^2} {}'\frac{1}{k^2}(\rho - B) \ll$$

$$T^{\frac{1}{2}}\tau L^{\lambda_1+\lambda_2+3} + T^{\frac{1}{2}}L^{\lambda_1+\lambda_2}\sum_{k \leqslant \tau}\eta(k) \quad (4.23)$$

其中

第三部分 Riemann 函数面面观

$$\eta(k) = \frac{\sum\limits_{(B+T^{\frac{1}{2}})\frac{k}{2\pi} \leq n \leq \frac{T^2 k}{2\pi}} d_3(n)}{n - \dfrac{Bk}{2\pi}}$$

$d_3(n)$ 是 $\zeta^3(s)$ 中项 n^{-s} 的系数. 设

$$D_3(x) = \sum_{n \leq x} d_3(x)$$

熟知

$$D_3(x) = c_1 x \log^2 x + c_2 x \log x + c_3 x + \delta(x)$$

其中 c_1, c_2, c_3 是实常数, $\delta(x) = O(\sqrt{x})$. 我们有

$$\eta(k) = \int_{(B+T^{\frac{1}{2}})k/2\pi}^{T^2 k/2\pi} \frac{\mathrm{d}D_3(x)}{x - \dfrac{Bk}{2\pi}} =$$

$$\int_{(B+T^{\frac{1}{2}})k/2\pi}^{T^2 k/2\pi} \frac{O(L^2)\,\mathrm{d}x + \mathrm{d}\delta(x)}{x - \dfrac{Bk}{2\pi}} \ll$$

$$L^2 \log \frac{T^2 - B}{T^{\frac{1}{2}}} + O_{(1)} +$$

$$\int_{(B+T^{\frac{1}{2}})k/2\pi}^{T^2 k/2\pi} \frac{O(\sqrt{x})\,\mathrm{d}x}{\left(x - \dfrac{Bk}{2\pi}\right)^2} = O(L^3)$$

由此及式(4.23)得

$$\Sigma_1 \ll T^{\frac{1}{2}} \tau L^{\lambda_1 + \lambda_2 + 3} \ll U L^{\lambda_1 + \lambda_2 - 7} \qquad (4.24)$$

类似地

$$\Sigma_2 = \sum_{\rho \leq A - T^{\frac{1}{2}}} {}' C(n_1, n_2, k_1, k_2) \int_A^B \mathrm{e}^{\mathrm{i}t\log\frac{t}{\varphi}} t^\gamma \mathrm{d}t =$$

$$O(U L^{\lambda_1 + \lambda_2 - 7}) \qquad (4.25)$$

由式(4.17)(4.24)及(4.25)

$$J^* = \sum_{A - T^{\frac{1}{2}} \leq \rho \leq B + T^{\frac{1}{2}}} {}' C(n_1, n_2, k_1, k_2) \int_A^B \mathrm{e}^{\mathrm{i}t\log\frac{t}{\varphi}} t^\gamma \mathrm{d}t +$$

$$O(UL^{\lambda_1+\lambda_2-7}) \qquad (4.26)$$

4. 设

$$S(\rho) = \int_A^B e^{it\log\frac{t}{\varphi}} t^\gamma dt, \gamma = \frac{1}{2} + O(L^{-1}) \quad (4.27)$$

则由式(4.26)

$$J^* = \sum_{A-T^{\frac{1}{2}} \leqslant \rho \leqslant B+T^{\frac{1}{2}}} {}'C(n_1,n_2,k_1,k_2)S(\rho) +$$

$$O(UL^{\lambda_1+\lambda_2-7}) \qquad (4.28)$$

根据[1]中引理3.4的证明可得

$$S(\rho) = O(P^{\gamma+\frac{1}{2}}), A - T^{\frac{1}{2}} \leqslant \rho \leqslant B + T^{\frac{1}{2}}$$

$$(4.29)$$

$$S(\rho) = \sqrt{2\pi} e^{\frac{\pi i}{4}-i\rho} \rho^{\frac{1}{2}+\gamma} + O\left(\frac{\rho^{1+\gamma}}{B-\rho}\right) + O\left(\frac{\rho^{1+\gamma}}{\rho-A}\right)$$

$$(4.30)$$

$$A + T^{\frac{1}{2}} \leqslant \rho \leqslant B - T^{\frac{1}{2}}$$

由式(4.29),注意 $\frac{1}{2} + \gamma = 1 + O(L^{-1})$ 及式(4.22)

$$\sum_{\substack{|\rho-B|\leqslant T^{\frac{1}{2}} \\ \text{或} |\rho-A|\leqslant T^{\frac{1}{2}}}} {}'C(n_1,n_2,k_1,k_2)S(\rho) \ll$$

$$\sum_{\substack{|\rho-B|\leqslant T^{\frac{1}{2}} \\ \text{或} |\rho-A|\leqslant T^{\frac{1}{2}}}} {}' \frac{\log^{\lambda_1} n_1 \log^{\lambda_2} n_2}{k_1 n_1 n_2} \cdot \frac{n_1 n_2 k_1}{k_2} \ll$$

$$L^{\lambda_1+\lambda_2} \sum_{k_2 \leqslant \tau} \frac{1}{k_2} \sum_{\substack{\left|m-\frac{Bk_2}{2\pi}\right|\leqslant \frac{T^{\frac{1}{2}}k_2}{2\pi} \\ \text{或} \left|m-\frac{Ak_2}{2\pi}\right|\leqslant \frac{T^{\frac{1}{2}}k_2}{2\pi}}} d_3(m) \ll$$

$$T^{\frac{1}{2}} L^{\lambda_1+\lambda_2+3} \sum_{k_2 \leqslant \tau} 1 = O(UL^{\lambda_1+\lambda_2-7})$$

由此及式(4.28)得

$$J^* = \sum_{A+T^{\frac{1}{2}} \leqslant \rho \leqslant B-T^{\frac{1}{2}}} {}'C(n_1,n_2,k_1,k_2)S(\rho) +$$
$$O(UL^{\lambda_1+\lambda_2-7}) \qquad (4.31)$$

由式(4.27)

$$\sum_{A+T^{\frac{1}{2}} \leqslant \rho \leqslant B-T^{\frac{1}{2}}} {}'C(n_1,n_2,k_1,k_2)O(\rho^r) +$$

$$T^{\frac{1}{2}} \sum_{A \leqslant \rho \leqslant B} {}'\frac{\log^{\lambda_1} n_1 \log^{\lambda_2} n_2}{k_1(n_1 n_2)^{1+L^{-1}}} \ll$$

$$T^{\frac{1}{2}} L^{\lambda_1+\lambda_2} \sum_{k_1,k_2 \leqslant \tau} k_1^{-1} \zeta^2(1+L^{-1}) \ll$$

$$UL^{\lambda_1+\lambda_2-7} \qquad (4.32)$$

且

$$\sum_{A+T^{\frac{1}{2}} \leqslant \rho \leqslant B-T^{\frac{1}{2}}} {}'C(n_1,n_2,k_1,k_2)O\left(\frac{\rho^{1+\gamma}}{B-\rho} + \frac{\rho^{1+\gamma}}{\rho-A}\right) \ll$$

$$L^{\lambda_1+\lambda_2} \sum_{A+T^{\frac{1}{2}} \leqslant \rho \leqslant B-T^{\frac{1}{2}}} (k_1 n_1 n_2)^{-1}\left(\frac{n_1 n_2 k_1}{k_2}\right)^{\frac{3}{2}} \cdot$$

$$\left(\frac{1}{B - \frac{2\pi n_1 n_2 k_1}{k_2}} + \frac{1}{\frac{2\pi n_1 n_2 k_1}{k_2} - A}\right) \ll$$

$$T^{\frac{1}{2}} L^{\lambda_1+\lambda_2} \sum_{A+T^{\frac{1}{2}} \leqslant \rho \leqslant B-T^{\frac{1}{2}}} {}' \cdot$$

$$\left[\left(n_1 n_2 k_1 - \frac{Ak_2}{2\pi}\right)^{-1} + \left(\frac{Bk_2}{2\pi} - n_1 n_2 k_1\right)^{-1}\right] \ll$$

$$UL^{\lambda_1+\lambda_2-7} \qquad (4.33)$$

最后的不等式重复式(4.23)~(4.24)的计算就可得.

由式(4.30)(4.31)(4.32)及(4.33)

$$J^* = \sum_{A+T^{\frac{1}{2}} \leqslant \rho \leqslant B-T^{\frac{1}{2}}} {}'C(n_1,n_2,k_1,k_2)\rho^{\gamma+\frac{1}{2}}\sqrt{2\pi}\,e^{\frac{\pi i}{4}-i\rho} +$$
$$O(UL^{\lambda_1+\lambda_2-7}) =$$
$$\sum_{A \leqslant \rho \leqslant B} + O(UL^{\lambda_1+\lambda_2-7}) =$$
$$2\pi \sum_{A \leqslant \rho \leqslant B} {}'b(k_1)\,\overline{b(k_2)}\,\frac{\log^{\lambda_1}\frac{1}{n_1}\log^{\lambda_2}\frac{1}{n_2}e^{-i\rho}}{n_1^{-v_1-\bar{v}_2}k_1^{-\bar{v}_2}k_2^{1+v_2}} +$$
$$O(UL^{\lambda_1+\lambda_2-7})$$

由此得

$$J^* = 2\pi \sum_{k_1,k_2 \leqslant \tau} \frac{b(k_1)\,\overline{b(k_2)}}{k_1^{-\bar{v}_2}k_2^{1+v_2}} \cdot$$
$$\sum_{\frac{Aj_2}{2\pi j_1} \leqslant n_1 n_2 \leqslant \frac{Bj_2}{2\pi j_1}} \frac{\log^{\lambda_1}\frac{1}{n_1}\log^{\lambda_2}\frac{1}{n_2}e^{-i\rho}}{n^{-v_1-\bar{v}_2}} +$$
$$O(UL^{\lambda_1+\lambda_2-7}) \qquad (4.34)$$

其中 $(k_1,k_2) = k, k_1 = kj_1, k_2 = kj_2, \rho = 2\pi n_1 n_2 k \frac{j_1}{j_2}$.

5. 设

$$H^*\left(\frac{xj_2}{j_1}\right) = \sum_{n_1 n_2 \leqslant \frac{xj_2}{j_1}} n_1^{v_1+\bar{v}_2}\log^{\lambda_1}\frac{1}{n_1}\log^{\lambda_2}\frac{1}{n_2}e^{-2\pi i n_1 n_2 j_1/j_2}$$

则由式(4.34)

$$J^* = 2\pi \sum_{k_1,k_2 \leqslant \tau} \frac{b(k_1)\,\overline{b(k_2)}}{k_1^{-\bar{v}_2}k_2^{1+v_2}}\left(H^*\left(\frac{R_1 j_2}{j_1}\right) - H^*\left(\frac{Rj_2}{j_1}\right)\right) +$$
$$O(UL^{\lambda_1+\lambda_2-7}) \qquad (4.35)$$

其中

$$R_1 = \frac{B}{2\pi}, R = \frac{A}{2\pi}$$

我们有

$$H^* = \sum_{n_2 \leqslant \sqrt{\frac{xj_2}{j_1}}} \sum_{n_1 \leqslant \frac{xj_2}{n_2j_1}} + \sum_{n_1 \leqslant \sqrt{\frac{xj_2}{j_1}}} \sum_{n_2 \leqslant \frac{xj_2}{n_1j_1}} - \sum_{n_1, n_2 \leqslant \sqrt{\frac{xj_2}{j_1}}} =$$
$$H_1^* + H_2^* - H_3^* \tag{4.36}$$

重复[1]中 415 页的议论得

$$\sum_{\substack{n_2 \leqslant \sqrt{\frac{xj_2}{j_1}},\, n_1 \leqslant \frac{xj_2}{n_2j_1} \\ n_2j_1 \not\equiv 0 (\bmod j_2)}} n_1^{v_1+\bar v_2} \log^{\lambda_1} \frac{1}{n_1} \log^{\lambda_2} \frac{1}{n_2} e^{-i\rho} \ll L^{\lambda_1+\lambda_2+1} \sqrt{\frac{xj_2}{j_1}}$$

当 $n_2 j_1 \equiv 0 (\bmod j_2)$ 时,$e^{-i\rho} = 1$,且由 $(j_1, j_2) = 1$,得 $n_2 = n_2' j_2$. 于是如果令

$$H_1 = \sum_{n_2 \leqslant \sqrt{\frac{x}{j_1 j_2}}} \sum_{n_1 \leqslant \frac{x}{n_2 j_1}} n_1^{v_1+\bar v_2} \log^{\lambda_1} \frac{1}{n_1} \log^{\lambda_2} \frac{1}{n_2' j_2} \tag{4.37}$$

则

$$H_1^* = H_1 + O\left(L^{\lambda_1+\lambda_2+1} \sqrt{\frac{xj_2}{j_1}}\right)$$

同样地,如果令

$$H_2 = \sum_{n_1 \leqslant \sqrt{\frac{x}{j_1 j_2}}} \sum_{n_2 \leqslant \frac{x}{n_1 j_1}} (n_1 j_2)^{v_1+\bar v_2} \log^{\lambda_1} \frac{1}{n_1 j_2} \log^{\lambda_2} \frac{1}{n_2} \tag{4.38}$$

$$H_3 = \sum_{n_1 \leqslant \sqrt{\frac{x}{j_1 j_2}}} \sum_{n_2 \leqslant \sqrt{\frac{xj_2}{j_1}}} (n_1 j_2)^{v_1+\bar v_2} \log^{\lambda_1} \frac{1}{n_1 j_2} \log^{\lambda_2} \frac{1}{n_2} \tag{4.39}$$

则

$$H_2^* - H_3^* = H_2 - H_3 + O\left(L^{\lambda_1+\lambda_2+1} \sqrt{\frac{xj_2}{j_1}}\right)$$

现由

$$\sum_{k_1,k_2 \leqslant \tau} \frac{b(k_1)\overline{b(k_2)}}{k_1^{-v_2} k_2^{1+v_2}} O\left(L^{\lambda_1+\lambda_2+1} \sqrt{\frac{xj_2}{j_1}}\right) \ll$$

$$T^{\frac{1}{2}} L^{\lambda_1+\lambda_2+1} \sum_{k_1,k_2 \leqslant \tau} (k_1 k_2)^{-\frac{1}{2}} \ll$$

$$UL^{\lambda_1+\lambda_2-7} \tag{4.40}$$

得

$$J^* = 2\pi \sum_{k_1,k_2 \leqslant \tau} \frac{b(k_1)\overline{b(k_2)}}{k_1^{-v_2} k_2^{1+v_2}} \left(H\left(\frac{R_1 j_2}{j_1}\right) - H\left(\frac{R j_2}{j_1}\right) \right) +$$

$$O(UL^{\lambda_1+\lambda_2-7}) \tag{4.41}$$

其中 $H = H_1 + H_2 - H_3$,H_j 如式(4.37)(4.38)及(4.39)所示.

6. 我们现在假定 $b(k)$ 满足定理 1 的条件(4.10). 我们有

$$\sum_{v_1 \leqslant \frac{x}{n_2 j_1}} n_1^{v_1+\bar{v}_2} \log^{\lambda_1} \frac{1}{n_1} = \int_{\frac{1}{n_2 j_1}}^{\frac{x}{n_2 j_1}} u^{v_1+\bar{v}_2} \log^{\lambda_1} \frac{1}{u} du + O(L^{\lambda_1}) =$$

$$(n_2 j_1)^{-v_1-\bar{v}_2-1} \int_1^x u^{v_1+\bar{v}_2} \cdot$$

$$\log^{\lambda_1}\left(\frac{n_2 j_1}{u}\right) du + O(L^{\lambda_1})$$

由式(4.37)

$$H_1 = \int_1^x u^{v_1+\bar{v}_2} \sum_{n_2 \leqslant \sqrt{\frac{x}{j_1 j_2}}} \frac{\log^{\lambda_1}\left(\frac{n_2 j_1}{u}\right) \log^{\lambda_2} \frac{1}{n_2 j_2}}{(n_2 j_1)^{v_1+v_2+1}} +$$

$$O\left(L^{\lambda_1+\lambda_2} \sqrt{\frac{x}{j_1 j_2}}\right)$$

积分号下的和等于

$$\int_1^{\sqrt{\frac{x}{j_1 j_2}}} \frac{\log^{\lambda_1}\left(\frac{vj_1}{u}\right) \log^{\lambda_2} \frac{1}{vj_2}}{(vj_1)^{v_1+\bar{v}_2+1}} \mathrm{d}v + \delta(u,j_1,j_2) - \omega(u,j_1,j_2)$$

其中

$$\delta(u,j_1,j_2) = \frac{\log^{\lambda_1} \frac{j_1}{u} \log^{\lambda_2} \frac{1}{j_2}}{j_1^{v_1+\bar{v}_2+1}} +$$

$$\int_1^\infty \{v\} \left(\frac{\log^{\lambda_1}\left(\frac{vj_1}{u}\right) \log^{\lambda_2} \frac{1}{\sqrt{j_2}}}{(vj_1)^{v_1+\bar{v}_2+1}} \right) \mathrm{d}v$$

$\omega(u,j_1,j_2)$ 是对 δ 的第二项被积函数从 $\sqrt{\frac{x}{j_1 j_2}}$ 到 ∞ 的积分. 显见

$$\int_1^x u^{v_1+\bar{v}_2} \omega(u,j_1,j_2) \mathrm{d}u = O\left(L^{\lambda_1+\lambda_2+1} \sqrt{\frac{xj_2}{j_1}} \right)$$

我们因此得到

$$H_1 = \int_1^x u^{v_1+\bar{v}_2} \mathrm{d}u \int_1^{\sqrt{\frac{x}{j_1 j_2}}} \frac{\log^{\lambda_1}\left(\frac{vj_1}{u}\right) \log^{\lambda_2} \frac{1}{vj_2}}{(vj_1)^{v_1+\bar{v}_2+1}} \mathrm{d}v +$$

$$\int_1^x u^{v_1+\bar{v}_2} \delta(u,j_1,j_2) \mathrm{d}u + O\left(L^{\lambda_1+\lambda_2+1} \sqrt{\frac{xj_2}{j_1}} \right)$$

$$(4.42)$$

$\delta(u,j_1,j_2)$ 是形如 $C_{m_0 m_1 m_2} \log^{m_0} u \log^{m_1} j_1 \log^{m_2} j_2 / j_1^{v_1+\bar{v}_2+1}$ 的项之和,其中 $C_{m_0 m_1 m_2}$ 是常数,且 $m_0 + m_1 + m_2 \leq \lambda_1 + \lambda_2$. 由条件(1.10) 知

$$\sum_{k_1, k_2 \leq \tau} \frac{b(k_1) \overline{b(k_2)} \log^{m_1} j_1 \log^{m_2} j_2}{k_1^{-\bar{v}_2} k_2^{1+\bar{v}_2} j_1^{v_1+\bar{v}_2+1}} =$$

$$\sum_{k_1,k_2\leqslant\tau}\frac{b(k_1)\overline{b(k_2)}k^{1+v_1+\bar{v}_2}}{k_1^{1+v_1}k_2^{1+\bar{v}_2}}\log^{m_1}j_1\log^{m_2}j_2\ll L^{m_1+m_2-1}$$

因此

$$\sum_{k_1,k_2\leqslant\tau}\frac{b(k_1)\overline{b(k_2)}}{k_1^{-\bar{v}_2}k_2^{1+\bar{v}_2}}\int_R^{R_1}u^{v_1+\bar{v}_2}\delta(u,j_1,j_2)\mathrm{d}u=$$

$$\int_R^{R_1}u^{v_1+\bar{v}_2}\bigg(\sum_{k_1,k_2\leqslant\tau}\frac{b(k_1)\overline{b(k_2)}}{k_1^{-\bar{v}_2}k_2^{1+\bar{v}_2}}\delta(u,j_1,j_2)\bigg)\mathrm{d}u=$$

$$\int_R^{R_1}u^{v_1+\bar{v}_2}O(L^{\lambda_1+\lambda_2-1})\mathrm{d}u\ll UL^{\lambda_1+\lambda_2-1} \qquad(4.43)$$

类似地

$$\sum_{k_1,k_2\leqslant\tau}\frac{b(k_1)\overline{b(k_2)}}{k_1^{-\bar{v}_2}k_2^{1+\bar{v}_2}}\int_1^x u^{v_1+\bar{v}_2}\mathrm{d}u\cdot$$

$$\int_{\sqrt{\frac{R}{j_1j_2}}}^{\sqrt{\frac{x}{j_1j_2}}}\frac{\log^{\lambda_1}\left(\frac{vj_1}{u}\right)\log^{\lambda_2}\frac{1}{vj_2}}{(vj_1)^{v_1+v_2+1}}\mathrm{d}v=$$

$$\int_1^x u^{v_1+\bar{v}_2}\mathrm{d}u\int_{\sqrt{R}}^{\sqrt{x}}\frac{\mathrm{d}v}{v^{v_1+v_2+1}}\cdot$$

$$\left(\sum_{k_1,k_2\leqslant\tau}\frac{b(k_1)\overline{b(k_2)}\log^{\lambda_1}\left(\frac{v}{u}\sqrt{\frac{j_1}{j_2}}\right)\log^{\lambda_2}\left(v\sqrt{\frac{j_2}{j_1}}\right)}{k_1^{-\bar{v}_2}k_2^{1+\bar{v}_2}j_1\left(\frac{j_1}{j_2}\right)^{\frac{v_1+v_2}{2}}}\right)=$$

$$O(UL^{\lambda_1+\lambda_2-1}) \qquad(4.44)$$

现由式(4.42)(4.43)(4.44)及(4.40)得

$$\sum_{k_1,k_2\leqslant\tau}\frac{b(k_1)\overline{b(k_2)}}{k_1^{-\bar{v}_2}k_2^{1+\bar{v}_2}}\bigg(H_1\bigg(\frac{R_1j_2}{j_1}\bigg)-H_1\bigg(\frac{Rj_2}{j_1}\bigg)\bigg)=$$

第三部分　Riemann 函数面面观

$$\sum_{k_1,k_2\leqslant\tau}\frac{b(k_1)\overline{b(k_2)}}{k_1^{-\bar{v}_2}k_2^{1+\bar{v}_2}}\int_R^{R_1}u^{v_1+v_2}\mathrm{d}u\cdot$$

$$\int_1^{\sqrt{\frac{R}{j_1j_2}}}\frac{\log^{\lambda_1}\left(\frac{vj_1}{u}\right)\log^{\lambda_2}\left(\frac{1}{vj_2}\right)}{(vj_1)^{v_1+\bar{v}_2+1}}\mathrm{d}v +$$

$$O(UL^{\lambda_1+\lambda_2-1}) \qquad (4.45)$$

由于

$$u^{v_1+\bar{v}_2} = R^{v_1+\bar{v}_2} + O(L^{10})$$

$$\log u = \log R + O(L^{-10}) = L + O(L^{-10})$$

且由[1]中引理 3.6

$$\sum_{k_1,k_2\leqslant\tau}\frac{b(k_1)\overline{b(k_2)}}{k_1^{-\bar{v}_2}k_2^{1+\bar{v}_2}j_1^{v_1+\bar{v}_2+1}} \ll \sum_{k_1,k_2\leqslant\tau}\frac{k}{k_1k_2} \ll L^3$$

故在式(4.45)中以 R 代替 u 得

$$\sum_{k_1,k_2\leqslant\tau}\frac{b(k_1)\overline{b(k_2)}}{k_1^{-\bar{v}_2}k_2^{1+\bar{v}_2}}\left(H_1\left(\frac{R_1j_2}{j_1}\right) - H_1\left(\frac{Rj_2}{j_1}\right)\right) =$$

$$\frac{UR^{v_1+\bar{v}_2}}{2\pi}\sum_{k_1,k_2\leqslant\tau}\frac{b(k_1)\overline{b(k_2)}}{k_1^{-\bar{v}_2}k_2^{1+\bar{v}_2}}\cdot$$

$$\int_1^{\sqrt{\frac{R}{j_1j_2}}}\frac{\log^{\lambda_1}\left(\frac{vj_1}{R}\right)\log^{\lambda_2}\left(\frac{1}{vj_2}\right)}{(vj_1)^{v_1+\bar{v}_2+1}}\mathrm{d}v + O(UL^{\lambda_1+\lambda_2-1})$$

$$(4.46)$$

类似地

$$\sum_{k_1,k_2\leqslant\tau}\frac{b(k_1)\overline{b(k_2)}}{k_1^{-\bar{v}_2}k_2^{1+\bar{v}_2}}\left(H_2\left(\frac{R_1j_2}{j_1}\right) - H_2\left(\frac{Rj_2}{j_1}\right)\right) =$$

$$\frac{U}{2\pi}\sum_{k_1,k_2\leqslant\tau}\frac{b(k_1)\overline{b(k_2)}}{k_1^{-\bar{v}_2}k_2^{1+\bar{v}_2}}\cdot$$

$$\int_1^{\sqrt{\frac{R}{j j_2}}} \frac{\log^{\lambda_1}\left(\frac{1}{vj_2}\right) \log^{\lambda_2}\left(\frac{vj_1}{R}\right)}{v^{-v_1-\bar{v}_2} j_1^{-v_2} j_2^{-v_1-\bar{v}_2}} dv + O(UL^{\lambda_1+\lambda_2-1})$$

(4.47)

$$\sum_{k_1, k_2 \leqslant \tau} \frac{b(k_1) \overline{b(k_2)}}{k_1^{-v_2} k_2^{1+\bar{v}_2}} \left(H_3\left(\frac{R_1 j_2}{j_1}\right) - H_3\left(\frac{R j_2}{j_1}\right) \right) \ll UL^{\lambda_1+\lambda_2-1}$$

(4.48)

在式(4.46)中作积分变换 $v = \dfrac{R}{j_1 j_2 v'}$,然后利用式(4.41)(4.46)(4.47)及(4.48)得

$$J^* = U \sum_{k_1, k_2 \leqslant \tau} \frac{b(k_1) \overline{b(k_2)}}{k_1^{-v_2} k_2^{1+\bar{v}_2}} \int_1^{\sqrt{\frac{R}{j j_2}}} \frac{\log^{\lambda_1}\left(\frac{1}{vj_2}\right) \log^{\lambda_2}\left(\frac{vj_1}{R}\right)}{v^{1-v_1-\bar{v}_2} j_1^{-v_2} j_2^{-v_1-\bar{v}_2}} dv + O(UL^{\lambda_1+\lambda_2-1}) =$$

$$U \sum_{k_1, k_2 \leqslant \tau} \frac{b(k_1) \overline{b(k_2)} k^{1+v_1+\bar{v}_2}}{k_1^{1+v_1} k_2^{1+\bar{v}_2}} \cdot$$

$$\int_{j_1 j_2}^{R} \frac{\log^{\lambda_1}\left(\frac{j_1}{v}\right) \log^{\lambda_2}\left(\frac{v}{R j_2}\right)}{v^{1-v_1-\bar{v}_2}} dv + O(UL^{\lambda_1+\lambda_2-1})$$

(4.49)

7. 设 $s = \dfrac{1}{2} + it$ 有

$$F^* = \int_A^B \frac{\zeta^{(\lambda_1)}(s-v_1) \zeta^{(\lambda_2)}(s+\bar{v}_2) K(s) K^*(1-s) l_m(s+v_0)}{\chi(s+\bar{v}_2)}$$

(4.50)

其中 $v_0, v_1, v_2 = O(L^{-1}), l_m(s)$ 如式(4.4). 由式(4.5)

$$l_m(s+v_0) = L^m + O(L^{m-10})$$

第三部分 Riemann 函数面面观

于是

$$|F^* - J^*L^m| \ll$$

$$L^{m-10} \int_A^B |K(s)|^2 |\zeta^{(\lambda_1)}(s-v_1)| \cdot$$

$$|\zeta^{(\lambda_2)}(s+\bar{v}_2)| \, dt \ll$$

$$L^{m-10} \left(\int_A^B |K(s)|^2 |\zeta^{(\lambda_1)}(s-v_1)|^2 dt \right)^{\frac{1}{2}} \cdot$$

$$\left(\int_A^B |K(s)|^2 |\zeta^{(\lambda_2)}(s+v_2)|^2 dt \right)^{\frac{1}{2}} \quad (4.51)$$

设

$$\delta_\lambda = \int_A^B |K(s)|^2 |g_\lambda(s+v)|^2 dt$$

$$g_\lambda(s) = \sum_{n \leq \sqrt{\frac{t}{2\pi}}} n^{-s} \log^\lambda n$$

则

$$\delta_\lambda \ll U \sum_{k_1 n_1 = k_2 n_2}{}' \frac{\log^\lambda(n_1) \log^\lambda(n_2)}{(k_1 k_2 n_1 n_2)^{\frac{1}{2}}} +$$

$$\sum_{k_1 n_1 \neq k_2 n_2}{}' \frac{\log^\lambda n_1 \log^\lambda n_2}{(k_1 k_2 n_1 n_2)^{\frac{1}{2}} \left| \log \frac{k_1 n_1}{k_2 n_2} \right|}$$

其中 $\sum{}'$ 通过 $k_1, k_2 \leq \tau, n_1, n_2 \leq \left(\frac{B}{2\pi}\right)^{\frac{1}{2}}$. 右边第一项不超过 $UL^{2\lambda+4}$. 由 [1] 中引理 3.2, 第二项不超过 $UL^{2\lambda-9}$. 于是

$$\delta_\lambda \ll UL^{2\lambda+4} \quad (4.52)$$

由 Riemann-Siegel 公式

$$|\zeta^{(\lambda)}(s)| \ll |g_\lambda(s)| + \sum_{q=0}^\lambda C_\lambda^q |\chi^{(q)}(s)| \cdot$$

$$|g_{\lambda-q}(1-s)| + t^{-\frac{1}{4}} L^{\lambda+1} \ll$$

$$|g_\lambda(s)| + \sum_{q=0}^{\lambda} C_\lambda^q L^q |g_{\lambda-q}(1-s)| +$$
$$T^{-\frac{1}{4}} L^{\lambda+1}$$

由此及式(4.51)(4.52)得
$$F^* = J^* L^m + O(UL^{\lambda_1+\lambda_2+m-5}) \qquad (4.53)$$

8. 当 $s = \dfrac{1}{2} + it$ 时,$\overline{\zeta^{(\lambda_2)}(s - v_2)} = \zeta^{(\lambda_2)}(1 - s - \bar{v}_2)$,故由 $\zeta(s) = \chi(s)\zeta(1-s)$ 得

$$\overline{\zeta^{(\lambda_2)}(s - v_2)} =$$
$$\frac{(-1)^{\lambda_2}}{\chi(s + \bar{v}_2)} \sum_{\lambda=0}^{\lambda_2} C_{\lambda_2}^\lambda l_\lambda(s + \bar{v}_2) \zeta^{(\lambda_2-\lambda)}(s + \bar{v}_2)$$

其中 $l_\lambda(s)$ 如式(4.4),$l_0(s) = 1$. 由式(4.49)及(4.52),当 $s = \dfrac{1}{2} + it$ 时

$$UL^{\lambda_1+\lambda_2} J_{\lambda_1\lambda_2}(v_1, v_2) =$$
$$\int_A^B |K(s)|^2 \zeta^{(\lambda_1)}(s - v_1) \overline{\zeta^{(\lambda_2)}(s - v_2)} dt =$$
$$(-1)^{\lambda_2} \sum_{\lambda=0}^{\lambda_2} C_{\lambda_2}^\lambda \cdot$$
$$\int_A^B \frac{K(s) K^*(1-s) \zeta^{\lambda_1}(s - v_1) \zeta^{(\lambda_2-\lambda)}(s + \bar{v}_2) l_\lambda(s + \bar{v}_2)}{\chi(s + \bar{v}_2)} dt =$$
$$(-1)^{\lambda_2} \sum_{\lambda=0}^{\lambda_2} C_{\lambda_2}^\lambda L^\lambda J^*_{\lambda_1(\lambda_2-\lambda)}(v_1, v_2) + O(UL^{\lambda_1+\lambda_2-5}) =$$
$$U \sum_{k_1,k_2 \leq \tau} \frac{b(k_1) b(k_2) k^{1+v_1+\bar{v}_2}}{k_1^{1+v_1} k_2^{1+\bar{v}_2}} \int_{j_1j_2}^R \frac{\log^\lambda\left(\dfrac{j_1}{v}\right) q(v, j_2)}{v^{1-v_1-\bar{v}_2}} +$$
$$O(UL^{\lambda_1+\lambda_2-1})$$

其中

$$q(v,j_2) = (-1)^{\lambda_2} \sum_{\lambda=0}^{\lambda_2} C_{\lambda_2}^{\lambda} L^{\lambda} \log^{\lambda_2-\lambda}\left(\frac{v}{Rj_2}\right) =$$

$$(-1)^{\lambda_2}\left(\log\frac{v}{Rj_2} + L\right)^{\lambda_2} = \log^{\lambda_2}\frac{j_2}{v}$$

由此得

$$J_{\lambda_1\lambda_2}(\bar{v}_1,\bar{v}_2) = L^{-\lambda_1-\lambda_2}\sum_{k_1,k_2\leqslant\tau}\frac{b(k_1)\overline{b(k_2)}k^{1+\bar{v}_1+\bar{v}_2}}{k_1^{1+\bar{v}_1}k_2^{1+\bar{v}_2}} \cdot$$

$$\int_{j_1j_2}^{R}\frac{\log^{\lambda_1}\left(\frac{j_1}{v}\right)\log^{\lambda_2}\left(\frac{j_2}{v}\right)}{v^{1-\bar{v}_1-\bar{v}_2}}\mathrm{d}v + O(L^{-1})$$

定理 1 已经得到证明.

9. 设 $\lambda_1 = \lambda_2 = 0, b(n) = \mu(n)\log\dfrac{\tau}{n}/\log\tau$, 则由 [1], §11 - §14, $b(n)$ 满足定理 1 的条件 (4.10), 于是对于实数 $\alpha = O(L^{-1})$ 有

$$E_0(\alpha) = \sum_{k_1,k_2\leqslant\tau}\frac{b(k_1)b(k_2)k^{1+2\alpha}}{(k_1k_2)^{1+\alpha}} =$$

$$\frac{2}{L} + \alpha + O(L^{-2}\log^5 L) \quad (4.54)$$

$$E_1(\alpha) = \sum_{k_1,k_2\leqslant\tau}\frac{b(k_1)b(k_2)k^{1+2\alpha}}{(k_1k_2)^{1+\alpha}}\log j_1 =$$

$$-\frac{1}{2} - \frac{\alpha L}{6} + O(L^{-1}\log^5 L) \quad (4.55)$$

由定理 1 及式 (4.54)(4.55)

$$\int_A^B \left|K\zeta\left(\frac{1}{2} + \mathrm{i}t\right)\right|^2 \mathrm{d}t =$$

$$U\sum_{k_1,k_2\leqslant\tau}\frac{b(k_1)b(k_2)k}{k_1k_2}\int_{j_1j_2}^{R}\frac{\mathrm{d}v}{v} + O(UL^{-1}) =$$

$$U(LE_0(0) - 2E_1(0)) + O(UL^{-1}) =$$

$$3U + O(UL^{-1}\log^5 L) \tag{4.56}$$

设 $N_f(x,T,U)$ 是函数 $f(s)$ 在 $\sigma > x, T \le t \le T+U$ 上的零点个数. 显见 $N_\zeta(\sigma,T,U) \le N_{K\zeta}(\sigma,T,U)$. 于是

$$\int_{\frac{1}{2}}^{1} N_\zeta(\sigma,T,U)\,\mathrm{d}\sigma \le \int_{\frac{1}{2}}^{2} N_{K\zeta}(\sigma,T,U)\,\mathrm{d}\sigma \tag{4.57}$$

当 $\sigma > 1$ 时, $K\zeta(s) = 1 + a_1 2^{-s} + \cdots$, 于是由[2]中引理 9.4(假定 t 不是 $K\zeta(s)$ 的零点的纵坐标), $\arg K\zeta(s) = O(L), 0 < t \le 2T, \sigma \ge \frac{1}{2}$. 现在由[2]中的(9.9.1) 及我们的式(4.56) 有

$$\int_{\frac{1}{2}}^{2} N_{K\zeta}(\sigma,T,U)\,\mathrm{d}\sigma =$$

$$\frac{1}{2\pi}\int_A^B \log\left|K\zeta\left(\frac{1}{2}+it\right)\right|\mathrm{d}t + O(UL^{-1}) \le$$

$$\frac{U}{4\pi}\log\left(\frac{1}{U}\int_A^B\left|K\zeta\left(\frac{1}{2}+it\right)\right|^2\mathrm{d}t\right) + O(UL^{-1}) \le$$

$$\frac{U}{4\pi}(\log 3 + O(L^{-1}\log^5 L))$$

此式及式(4.57) 给出

$$\int_{\frac{1}{2}}^{1} N_\zeta(\sigma,T,U)\,\mathrm{d}\sigma \le \frac{U}{4\pi}\log 3 + O(UL^{-1}\log^5 L)$$

最后, 只需将 $[1,T]$ 分为若干个小区间就得定理 2 的证明.

参 考 资 料

[1] LEVINSON N. More than one third of zeros of Riemann's Zeta-Function are on $\sigma = \frac{1}{2}$. ADVANCES in Math. , 1974,13:

第三部分 Riemann 函数面面观

383-436.

[2] TITCHMARSH E C. The theory of the Riemann Zeta-Function. Oxford, 1951.

[3] 潘承彪. Levinson 定理的证明的一些简化. 数学学报,1979,22(3): 344-353.

[4] LEVINSON N. Zeros of derivative of Riemann's ξ-function. Bull Amer. Math. Soc., 1974,80:951-954.

第五章 关于 Riemann ζ 函数零点密度估计

$N(\sigma,T)$ 表示 Riemann ζ 函数 $\zeta(s)$ 在矩形 $\sigma\leqslant\text{Re}(s)\leqslant 1, |\text{Im}(s)|\leqslant T$ 内的零点的个数,武汉大学的郑志勇教授 1993 年运用 Halász 方法及大值方法,在一定的实区间内改进了 $N(\sigma,T)$ 的上界估值.

1. 引言

用 $N(\sigma,T)$ 表示 Riemann ζ 函数 $\zeta(s)$ 在如下矩形内的零点个数.

$$\sigma\leqslant\text{Re}(s)\leqslant 1, |\text{Im}(s)|\leqslant T \quad (5.1)$$

关于 $N(\sigma,T)$ 的上界估计是解析数论的重要问题之一. 我们可以用下式表达

$$N(\sigma,T)\ll T^{A(\sigma)(1-\sigma)}\log^c T \quad (5.2)$$

或者

$$N(\sigma,T)\ll T^{A(\sigma)(1-\sigma)+s} \quad (5.3)$$

密度假设 $A(\sigma)\leqslant 2$,这一点尚无法证明. Ingham 于 1940 年证明 $A(\sigma)\leqslant\dfrac{3}{2}-\sigma$;Huxley 于 1972 年证明

---

① 摘编自《数学杂志》,1993 年 2 月,第 13 卷,第 2 期.

$A(\sigma) \leq \dfrac{3}{3\sigma} - 1$. 著名 Ingham-Huxley 定理表明了 $A(\sigma) \leq \dfrac{12}{5}(\dfrac{1}{2} \leq \sigma \leq 1)$. 这是整个区间上最好的结果. 当 σ 靠近 1 时, 关于 $A(\sigma)$ 的估计相对来说较为容易, 所得结果也更加精确. Heath-Brown[3] 证明

$$A(\sigma) \leq \dfrac{4}{4}\sigma - 1, \dfrac{25}{28} \leq \sigma \leq 1 \quad (5.4)$$

A. Ivi'c[1,2] 改进为

$$\begin{cases} A(\sigma) \leq \dfrac{4}{2}\sigma + 1, \dfrac{17}{18} \leq \sigma \leq 1 \\ A(\sigma) \leq \dfrac{24\sigma}{30} - 1, \dfrac{155}{174} \leq \sigma \leq \dfrac{17}{18} \end{cases} \quad (5.5)$$

这是 σ 邻近 1 时最强的结果.

郑教授运用处理这类问题的现有方法, 通过指数对的计算, 证明了如下定理.

定理

$$A(\sigma) \leq \dfrac{4}{2}\sigma + 1, \dfrac{47}{50} \leq \sigma \leq 1$$

$$A(\sigma) \leq \dfrac{15\sigma}{20} - 8, \dfrac{97}{109} \leq \sigma \leq \dfrac{47}{50}$$

可以验证, 当 $\dfrac{9}{10} \leq \sigma \leq \dfrac{17}{18}$ 时我们的结果比式(5.5)更强.

2. 几个引理

为了证明定理, 我们需要如下的几个引理. 它们事实上是 Halász 方法与大值方法的基本内容.

引理 1 H 为复数域上的内积空间, $\varphi \in H, \varphi_r \in H(r = 1, 2, \cdots, R)$ 则

$$\sum_{r=1}^{R}|(\varphi,\varphi_r)|^2 \ll \|\varphi\|^2 \max_{1\leqslant r\leqslant B}\sum_{s=1}^{R}|\varphi_r,\varphi_s|$$

及

$$\sum_{r=1}^{R}|(\varphi,\varphi_r)| \leqslant \|\varphi\|(\sum_{1\leqslant r,s<R}|\varphi_r,\varphi_s|)^{\frac{1}{2}}$$

证明 见[4].

以下假设 $T\geqslant 2$ 为实数. $\{t_r\}(r=1,2,\cdots,R)$ 为满足如下条件的任一组实数

$$\begin{cases} |t_r|\leqslant T, r=1,2,\cdots,R \\ |t_r-t_s|\geqslant \log^c T, l\leqslant r\neq s\leqslant R \\ \left|\zeta\left(\frac{1}{2}+\mathrm{i}t_r\right)\right|\geqslant V\geqslant T^s \end{cases} \tag{5.6}$$

这里 $c\geqslant 0$ 为绝对常数,$\zeta(s)$ 为 Riemann ζ 函数.

引理 2 令 (k,λ) 为一个指数对 $(k>0)$,$\{t_r\}$ $(r=1,2,\cdots,R)$ 满足式(5.6),且 $t_1<t_2<\cdots<t_R$,则一定有

$$R\ll TV^{-6}\log^8 T + T^{\frac{r+\lambda}{k}}V^{\frac{-2(1+2k+2\lambda)}{k}}(\log T)^{\frac{3+6k+4\lambda}{k}}$$

证明 见[1]定理 8.2.

引理 3 $t_1<t_2<\cdots<t_R$ 为满足式(5.6)的任一组数,则有

$$\sum_{r=1}^{R}\left|\zeta\left(\frac{1}{2}+2t_r\right)\right|\ll R^{\frac{5}{6}}T^{\frac{1}{6}+\xi}+R^{\frac{23}{24}}T^{\frac{5}{52}+\varepsilon}$$

其中大 O 常数仅与 ε 有关.

证明 由引理 2,取指数对 $\left(\frac{4}{18},\frac{11}{18}\right)$,则有

$$R\ll TV^{-6}\log^8 T + T^{\frac{16}{4}}V^{-24}\log^{\frac{61}{2}}T$$

立即有

$$R \ll T^{1+\varepsilon}V^{-6}, 当 V \geqslant T^{\frac{11}{72}}$$
$$R \ll T^{\frac{15}{4}+\varepsilon}V^{-24}, 当 V \leqslant T^{\frac{11}{72}}$$

上式的等价形式为

$$\begin{cases} \sum_{r=1}^{R} \left|\zeta\left(\frac{1}{2}+\mathrm{i}t_r\right)\right|^6 \ll T^{1+\varepsilon}, 当 \left|\zeta\left(\frac{1}{2}+\mathrm{i}t_r\right)\right| \geqslant T^{\frac{11}{72}} \\ \sum_{r=1}^{R} \left|\zeta\left(\frac{1}{2}+\mathrm{i}t_r\right)\right|^{24} \ll T^{\frac{15}{4}+\varepsilon}, 当 \left|\zeta\left(\frac{1}{2}+\mathrm{i}t_r\right)\right| \leqslant T^{\frac{11}{72}} \end{cases}$$

现由 Hölder 不等式

$$\sum_{r=1}^{R} \left|\zeta\left(\frac{1}{2}+\mathrm{i}t_r\right)\right| \ll$$

$$R^{\frac{5}{6}} \left(\sum_{\substack{r=1 \\ \left|\zeta\left(\frac{1}{2}+\mathrm{i}t_r\right)\right| \geqslant T^{\frac{11}{72}}}}^{R} \left|\zeta\left(\frac{1}{2}+\mathrm{i}t_r\right)\right|^6 \right)^{\frac{1}{6}} +$$

$$R^{\frac{23}{24}} \left(\sum_{\substack{r=1 \\ \left|\zeta\left(\frac{1}{2}+\mathrm{i}t_r\right)\right| \geqslant T^{\frac{11}{72}}}}^{R} \left|\zeta\left(\frac{1}{2}+\mathrm{i}t_r\right)\right|^{24} \right)^{\frac{1}{24}} \leqslant$$

$$R^{\frac{5}{6}} T^{\frac{1}{6}+\varepsilon} + R^{\frac{23}{24}} T^{\frac{5}{32}+\varepsilon}$$

引理 3 证毕.

3. 定理的证明

根据[1]中零点检测方法,对于任意参数 X 及 Y, $1 \leqslant X \ll T^{\varepsilon}, 1 \leqslant Y \ll T^{\varepsilon}$. 以 $N(\sigma, T)$ 计数的 $\zeta(s)$ 的零点 $\rho = \beta + \mathrm{i}r$, 必满足是如下三个条件之一:

$(1) 1 \ll \sum_{x < n < y\log^2 y} a(n) n^{-\rho} \mathrm{e}^{-\frac{n}{y}}$

$(2) 1 \ll \int_{-\log^2 T}^{\log^2 T} \zeta\left(\frac{1}{2}+\mathrm{i}r+\mathrm{i}v\right) M_x\left(\frac{1}{2}+\mathrm{i}r+\mathrm{i}v\right) \cdot$
$\Gamma\left(\frac{1}{2}-\beta+\mathrm{i}v\right) y^{\frac{1}{2}-\beta+\mathrm{i}v} \mathrm{d}v$

(3) $\text{Im}(\rho) \leqslant \log^2 T$

这里

$$M_x(s) = \sum_{n<Y} \mu(n) n^{-s}, a(n) = \sum_{d\mid n, d \leqslant x} \mu(d)$$

像通常那样,以 R_1 及 R_2 分别表示满足条件(1)或(2)的 $\zeta(s)$ 的零点的个数.且这些零点的虚部为 $2\log^4 T$ - 佳位组.则平凡地有

$$N(\sigma, T) \ll (R_1 + R_2 + 1) \log^5 T \qquad (5.7)$$

现令 $X = T^s$,由[1]中式(11.21),取指数对 $(k, \lambda) = \left(\dfrac{4}{18}, \dfrac{11}{18}\right)$ 可知

$$R_2 \ll T^\varepsilon (Y^{3-8\sigma} T + Y^{12(1-\sigma)} T^{\frac{15}{4}}) \qquad (5.8)$$

现在我们来做估计 R_1. 由(1)及二分法,存在一个数 $N, N = 2^{-j} Y \log^2 Y (j = 1, 2, \cdots)$ 使

$$\sum_{N<n\leqslant 2N} a(n) n^{-\rho} e^{-n_j y} \gg \frac{1}{\log y}$$

存在仅与 ε 有关的整数 $k \geqslant 2$,使

$$N^k \leqslant Y^2 \log^4 Y \leqslant N^{k+1}$$

于是

$$\sum_{N^k < n < (2N)^k} b(n) n^{-\rho} \gg \frac{1}{\log^k Y}$$

$$\sum_{M<n<2M} b(n) n^{-\rho} \ll \frac{1}{\log^{k+1} Y} \qquad (5.9)$$

这里

$$b(n) \ll n^\varepsilon, Y^{\frac{4}{3}} \log^{\frac{8}{3}} Y \ll M \ll Y^2 \log^4 Y$$

由部分和及 Hölder 不等式

$$R_1 \ll \log^D T \sum_{r=1}^{R_1} | \sum_{M<n<2M} b(n) n^{-\sigma-it_r} |^2 \qquad (5.10)$$

这里 D 为常数仅与 ε 有关,$|t_r| \leqslant T, \{t_r\} (r = 1, 2, \cdots,$

R_1) 为 $2\log^4 T$ - 佳位组.

为了对式(5.10) 运用引理 1, 我们令
$$\varphi = \{\varphi^{(n)}\}_{n=1}^{\infty}$$
$$\varphi^{(n)} = \begin{cases} b(n)n^{-s}\mathrm{e}^{\frac{n}{2M}}, & \text{当 } M < n \leqslant 2M \text{ 时} \\ 0, & \text{其他} \end{cases}$$

及
$$\varphi_r = \{\varphi^{(n)}\}_{n=1}^{\infty}$$
$$\varphi_r^{(n)} = n^{-\mathrm{i}t_r}\mathrm{e}^{-\frac{n}{2M}}, r = 1, 2, \cdots, R_1$$

为复数域上平方收敛序列所构成的内积空间中的一组向量. 显然
$$\|\varphi\|^2 = \sum_{M < n \leqslant 2M} b^2(n) n^{-2a} \mathrm{e}^{\frac{n}{M}} \ll M^{1-2\sigma} T^s$$
$$\|\varphi_r\|^2 = \sum_{n=1}^{\infty} \mathrm{e}^{-\frac{n}{M}} \ll M$$

及
$$(\varphi_r, \varphi_s) = \sum_{n=1}^{\infty} n^{-\mathrm{i}(t_r - t_s)} \mathrm{e}^{-\frac{n}{M}}$$

由引理 1 有
$$R_1 \ll T^s \Big(M^{2(1-\sigma)} + M^{1-2\sigma} \max_{1 \leqslant r \leqslant B_1} \sum_{\substack{s=1 \\ s \neq r}}^{R_1} \Big| \sum_{n=1}^{\infty} n^{-\mathrm{i}(t_r - t_s)} \mathrm{e}^{-\frac{n}{M}} \Big| \Big)$$

(5.11)

经 Mellin 变换
$$\sum_{n=1}^{\infty} n^{-\mathrm{i}t} \mathrm{e}^{-\frac{n}{M}} = \frac{1}{2\pi\mathrm{i}} \int_{2-\mathrm{i}\infty}^{2+\mathrm{i}\infty} \zeta(w + \mathrm{i}t) M^w \Gamma(w) \mathrm{d}w$$

(5.12)

把上述积分移至 $\mathrm{Re}(\omega) = \frac{1}{2}$ 线上, 过积点 $w = 1 - \mathrm{i}t$, 留数 $\ll M\mathrm{e}^{-|s|}$, 再由 Stirling 公式, 则

$$\sum_{n=1}^{\infty} n^{-it} e^{-\frac{n}{M}} = \frac{1}{2\pi i} \int_{-\log^2 T}^{\log^2 T} \zeta\left(\frac{1}{2} + it + iv\right) M^{\frac{1}{2}+iv} \cdot$$
$$\Gamma\left(\frac{1}{2} + it + iv\right) dv +$$
$$O(Me^{-|s|}) + o(1) \tag{5.13}$$

从而

$$\sum_{\substack{s=1\\s\neq r}}^{R_1} \left| \sum_{\substack{n=1\\s\neq r}}^{\infty} n^{-i(t_r - t_s)} e^{-\frac{n}{M}} \right| \ll M \sum_{\substack{s=1\\s\neq r}}^{R_1} e^{-(t_r - t_s)} +$$
$$M^{\frac{1}{2}} \int_{-\log^2 T}^{\log^2 T} \sum_{\substack{s=1\\s\neq r}}^{R_1} \left| \zeta\left(\frac{1}{2} + it_r - it_s + iv\right) \right| dv + o(R_1)$$
$$\tag{5.14}$$

显然

$$\sum_{\substack{s=1\\s\neq r}}^{R_1} e^{-|t_r - t_s|} \ll 1$$

当 $1 \leqslant r \leqslant R_1$ 给定之后，我们令 $\tau_s = t_r - t_s + v$，则

$$|\tau_s| \leqslant 3T, \ |\tau_{s_1} - \tau_{s_2}| \geqslant \log^4 T, s_1 \neq s_2$$

这里 $s = 1, 2, \cdots, R_1$.

由引理 3 有

$$\sum_{s=1}^{R_1} \left| \zeta\left(\frac{1}{2} + it_s\right) \right| \leqslant R_1^{\frac{5}{8}} T^{\frac{1}{6}+\varepsilon} + R_1^{\frac{23}{24}} T^{\frac{5}{52}+\varepsilon}$$

故有

$$R_1 \ll T^s (M^{2(1-\sigma)} + M^{9-12\sigma} T + M^{38-48\sigma} T^{\frac{15}{4}})$$
$$\tag{5.15}$$

现分 $\sigma \leqslant \dfrac{31}{34}$ 和 $\sigma \geqslant \dfrac{31}{34}$ 两种情况来估计 R_1.

若 $\sigma \leqslant \dfrac{31}{34}$，我们令 $T_0 = M^{\frac{4(48\sigma - 34)}{15}}$. 并用 R_0 表示

$\zeta(s)$ 在长度不超过 T_0 的子区间中被 R_1 计数的零点的个数,则

$$R_1 \ll R_0\left(1 + \frac{T}{T_0}\right) \ll T^\varepsilon (M^{2(1-\sigma)} + TM^{\frac{168-214\sigma}{15}})$$

由式(5.9)则(当 $\frac{166}{214} \le \sigma \le \frac{31}{34}$ 时)

$$R_1 \ll T^\varepsilon (Y^{40-\sigma} + TY^{\frac{4(108-214\sigma)}{45}}) \qquad (5.16)$$

结合式(5.8)关于 R_2 的估计,当 $\frac{97}{109} \le \sigma \le \frac{31}{34}$ 时,令

$$Y = T^{\frac{15}{20\sigma}-8}$$

立即有

$$N(\sigma, T) \ll T^{\frac{15(1-\sigma)}{20\sigma}-8+\varepsilon} \qquad (5.17)$$

则 $\frac{31}{34} \le \sigma \le 1$,在式(5.15)中取 $T_0 = M^{10\sigma-7}$,则

$$R_1 \ll T^\varepsilon(M^{2-2\sigma} + TM^{9-12\sigma}) \ll T^\varepsilon(Y^{4(1-\sigma)} + TY^{12-10\sigma}) \ll$$
$$T^\varepsilon(Y^{4(-\sigma)} + TY^{3-6\sigma}) \qquad (5.18)$$

综合(5.8),当 $\frac{47}{50} \le \sigma \le 1$,令 $Y = T^{\frac{1}{2\sigma}+1}$ 从而

$$N(\sigma, T) \ll T^{\frac{4(1-\sigma)}{2\sigma}+1+\varepsilon} \qquad (5.19)$$

则 $\frac{31}{34} \le \sigma \le \frac{47}{50}$ 则于式(5.18)中令 $Y = T^{\frac{15}{4(20\sigma-8)}}$,我们又知式(5.11)成立.

由式(5.19)与式(5.17),我们有

$$N(\sigma, T) \ll \begin{cases} T^{\frac{15(1-\sigma)}{20\sigma}-8} + \varepsilon, & \text{当 } \frac{97}{109} \le \sigma \le \frac{47}{50} \\ T^{\frac{4(1-\sigma)}{2\sigma}-1} + \varepsilon, & \text{当 } \frac{47}{50} \le \sigma \le 1 \end{cases}$$

这就完成了定理的证明.

参 考 资 料

[1] IVI'C A. The Riemann-Zeta Function. John Wiley and Sons, 1985.
[2] IVI'C A. Exponent Pairs and the Zeta Function of Riemann. Studia Sci Math Hung, 1980,15.
[3] HEATH-BROWN. Zero-Density Eslimats for the Riemann Zeta-Function and Dirich. Let L-Function. J. Londod. Math. Soc., 1979,19.
[4] MONTGOMERY H L. Topics in Multiplicative Number Theory. Spring-Berlin, 1971.

第二编

偏微分方程中的 Riemann 函数

第一章 复的 Riemann 函数：Vekua 方法[①]

我们在下面将提出的方法要点是由苏联数学家 Vakua 在和 Bergman 发展他的积分算子方法差不多相同的时候开始的. Vekua 关于偏微分方程的分析理论方面的贡献被总结在他的著作《椭圆型方程新解法》一书中, 这书已被译成英文. 很幸运, 还有现存的 Henrici 写的卓绝的全面评述的文章, 他也充实和促进了这一理论的发展.

Vekua 的方法有赖于

$$E[U] \equiv U_{zz^*} + AU_z + BU_{z^*} + CU = 0 \quad (1.1)$$

的一个特解, 由于它的形式和实的双曲型方程的理论中所提到的经典函数相类似, 我们将称它为 Riemann 函数. 为了揭示出构造这个函数总是可能的, 我们首先引进方程(1.1)的伴随方程

$$\hat{E}[U] \equiv U_{zz^*} - (AU)_z - (BU)_{z^*} + CU =$$
$$U_{zz^*} + \hat{A}U_z + \hat{B}U_{z^*} + \hat{C}U = 0 \quad (1.2)$$

来进行. 现在如果 $\mathfrak{S}$ 是方程(1.1)的, 因此也是方程(1.2)的单连通基本区域, 那么当 $(z, z^*, \zeta, \zeta^*) \in \mathfrak{S}^{(4)} \equiv \mathfrak{S}^{(2)} \times \mathfrak{S}^{(2)}$ 时, 我们可以写出和方程(1.2)等价的(复的)积分方程, 亦即

[①] 摘编自《偏微分方程的函数论方法》, R. P. Gilbert 著. 侯宗义, 李明忠, 徐振远译. 陈传璋校. 高等教育出版社, 1983.

$$U(z,z^*) - \int_\zeta^z B(s,z^*)U(s,z^*)\,ds -$$

$$\int_{\zeta^*}^{z^*} A(z,s^*)U(z,s^*)\,ds^* +$$

$$\int_\zeta^z d\int_{\zeta^*}^{z^*} C(s,s^*)U(s,s^*)\,ds^* =$$

$$F(z,z^*) \tag{1.3}$$

其中

$$F(z,z^*) \equiv -\int_\zeta^z B(s,\zeta^*)U(s,\zeta^*)\,ds -$$

$$\int_{\zeta^*}^{z^*} A(\zeta,s^*)U(\zeta,s^*)\,ds^* +$$

$$U(\zeta,z^*) + U(z,\zeta^*) - U(\zeta,\zeta^*) =$$

$$\Phi(z) + \Psi(z^*) \tag{1.4}$$

显然,如果 $U(z,z^*) \in \mathfrak{S}^{(2)}[\mathfrak{S}^{(2)}]$ 是方程(1.3)的解,那么它也满足伴随方程(1.2),如果我们考虑满足

$$U(z,\zeta^*) = U(\zeta,\zeta^*) + \int_\zeta^z B(s,\zeta^*)U(s,\zeta^*)\,ds \tag{1.5}$$

$$U(\zeta,z^*) = U(\zeta,\zeta^*) + \int_{\zeta^*}^{z^*} A(\zeta,s^*)U(\zeta,s^*)\,ds^* \tag{1.6}$$

的特殊解类,那么方程(1.3)的右边变成常数(我们进一步指定取 $U(\zeta,\zeta^*)$ 等于1). 在这种情形下,如果 $R(z,z^*;\zeta,\zeta^*)$ 是方程(1.3)的满足上述条件的解,那么可见对一切点 $(z,\zeta;z^*,\zeta^*) \in \mathfrak{S}^{(4)}$,它服从下面的五个关系. 这些关系式的前三个是显然的

$$R(\zeta,\zeta^*;\zeta,\zeta^*) = 1 \tag{1.7}$$

$$\frac{\partial R}{\partial z}(z,\zeta^*;\zeta,\zeta^*) = B(z,\zeta^*)R(z,\zeta^*;\zeta,\zeta^*) \tag{1.8}$$

第三部分　Riemann 函数面面观

$$\frac{\partial R}{\partial z^*}(\zeta,z^*;\zeta,\zeta^*) = A(\zeta,z^*)R(\zeta,z^*;\zeta,\zeta^*)$$

(1.9)

积分方程(1.5)和(1.6),分别得到下列恒等式

$$R(z,z^*;\zeta,z^*) = \exp\left\{\int_\zeta^z B(s,z^*)\mathrm{d}s\right\}$$

$$R(z,z^*;z,\zeta^*) = \exp\left\{\int_{\zeta^*}^{z^*} A(z,s^*)\mathrm{d}s^*\right\}$$

由此就可得到上面提到的第四个和第五个关系式

$$\frac{\partial R}{\partial \zeta}(z,z^*;\zeta,z^*) = -B(\zeta,z^*)R(z,z^*;\zeta,z^*)$$

(1.10)

$$\frac{\partial R}{\partial \zeta^*}(z,z^*;z,\zeta^*) = -A(z,\zeta^*)R(z,z^*;z,\zeta^*)$$

(1.11)

$R(z,z^*;\zeta,\zeta^*)$ 满足的积分方程显然是

$$R(z,z^*;\zeta,\zeta^*) - \int_\zeta^z B(s,z^*)R(s,z^*;\zeta,\zeta^*)\mathrm{d}s -$$

$$\int_{\zeta^*}^{z^*} A(z,s^*)R(z,s^*;\zeta,\zeta^*)\mathrm{d}s^* +$$

$$\int_\zeta^z \int_{\zeta^*}^{z^*} C(s,s^*)R(s,s^*;\zeta,\zeta^*)\mathrm{d}s^*\mathrm{d}s = 1 \quad (1.12)$$

为了研究方程(1.12)的解的存在性,下面我们把注意力转向方程(1.3)型的复的 Volterra 方程,这里系数 A,B,C,F 在 $\mathfrak{S}^{(2)}$ 内都是全纯的(解析正则). 我们将证明对这样规定的系数 A,B,C 和 F,存在着唯一解,它在 $\mathfrak{S}^{(2)}$ 内全纯. 我们的证明平行于 Vekua 最早在他的著作[V.3,11~18 页]中所给出的和稍后由 Henrici 在他的全面评述文章[H.6]中所总结的内容. 一旦我们证明了这一点,我们就可证明对任意点(z,

$z^*, \zeta, \zeta^*) \in \mathfrak{S}^{(4)}$,方程(1.12)的唯一的全纯解的存在性. 伴随方程(1.2)的这一个特解 $R(z, z^*; \zeta, \zeta^*)$ 叫作 Riemann 函数. 稍后我们将证明它具有类似于经典函数的性质,且在构造方程(1.1)的解中起着类似的作用.

为了简化方程(1.3)(因此也是方程(1.12))的唯一的全纯解的存在性的证明,我们首先考虑下面的复区域 $\mathfrak{S}$ 内的 Volterra 积分方程

$$W(z) \int_\zeta^z W(s) K(z,s) \mathrm{d}s = f(z) \qquad (1.13)$$

其中 $\zeta, z \in \mathfrak{S}, f(z)$ 是在 $\mathfrak{S}$ 内全纯的,且 $K(z,s)$ 在闭包 $\overline{\mathfrak{S} \times \mathfrak{S}}$ 内全纯. 利用逐次法,我们能够证明唯一的解析解存在. 为此,引进对 $(z, \zeta) \in \mathcal{N}(\mathfrak{S}^{(2)})$ ($\mathfrak{S} \times \mathfrak{S}$ 的一个领域)定义的迭代函数序列

$$W^{(0)}(z) = f(z)$$

$$W^{(n)}(z) = f(z) + \int_\zeta^z W^{(n-1)}(s) K(z,s) \mathrm{d}s, r = 1, 2, \cdots$$

于是由直接计算我们知道

$$W^{(1)}(z) = f(z) + \int_\zeta^z f(s) K(z,s) \mathrm{d}s$$

$$W^{(2)}(z) = f(z) + \int_\zeta^z f(s) K(z,s) \mathrm{d}s +$$

$$\int_\zeta^z \mathrm{d}s \int_\zeta^s K(z,s) K(s,t) f(t) \mathrm{d}t$$

由于在 $\mathfrak{S} \times \mathfrak{S}$ 内核的全纯性,我们可以把二重积分重新写为

$$\int_\zeta^z f(t) \left\{ \int_t^z K(z,s) K(s,t) \mathrm{d}s \right\} \mathrm{d}t = \int_\zeta^z f(t) K^{(2)}(z,t) \mathrm{d}t$$

$$K^{(2)}(z,t) \equiv \int_t^z K(z,s) K(s,t) \mathrm{d}s$$

因此我们有
$$W^{(2)}(z) = f(z) + \int_\zeta^z f(s)K(z,s)\,\mathrm{d}s + \int_\zeta^z f(s)K^{(2)}(z,s)\,\mathrm{d}s$$
类似地,我们可以得到
$$W^{(3)}(z) = f(z) + \int_\zeta^z f(s)K(z,s)\,\mathrm{d}s +$$
$$\int_\zeta^z f(s)K^{(2)}(z,s)\,\mathrm{d}s +$$
$$\int_\zeta^z f(s)K^{(3)}(z,s)\,\mathrm{d}s$$
其中
$$K^{(3)}(z,s) \equiv \int_s^z K(z,t)K^{(2)}(t,s)\,\mathrm{d}t$$
依次继续用这方法,我们有
$$W^{(n)}(z) = f(z) + \int_\zeta^z \Gamma^{(n)}(z,s)f(s)\,\mathrm{d}s$$
其中
$$\Gamma^{(n)}(z,s) \equiv \sum_{l=1}^n K^{(l)}(z,s)$$
和
$$K^{(l+1)}(z,s) \equiv \int_s^z K(z,t)K^{(l)}(t,s)\,\mathrm{d}t,\ l=1,2,\cdots$$
$$K^{(1)}(z,s) \equiv K(z,s)$$
接着我们证明,在 $\mathfrak{S}^{(2)} \equiv \mathfrak{S} \times \mathfrak{S}$ 内,全纯函数序列 $\Gamma^{(n)}(z,s)\ (n=1,2,\cdots)$ 一致收敛于一个全纯函数. 为此,先估计 $|K^{(n)}(z,s)|$. 我们继续用开始的记号
$$K^{(l+1)}(z,s) \equiv \int_s^z K(z,t)\int_s^t K(t,t_1)K^{(l-1)}(t_1,s)\,\mathrm{d}t_1\mathrm{d}t =$$
$$\int_s^z K(z,t)\int_s^t K(t,t_1)\int_s^{t_1} K(t_1,t_2)\int_s^{t_2}\cdots\cdot$$
$$\int_s^{t_{L-1}} K(t_{l-1},s)\,\mathrm{d}t_{l-1}\mathrm{d}t_{l-2}\cdots\mathrm{d}t_2\mathrm{d}t_1\mathrm{d}t$$

因为核 $K(t_i,t_{i+1})$ 在 $\mathcal{M}(\mathfrak{S}^{(2)})$ 内都是全纯的,所以它们在 $\mathfrak{S}^{(2)}$ 内有界;此外,因为 $K(t_i,t_{i+1})$ 在 $\mathcal{M}(\mathfrak{S}^{(2)})$ 内都是全纯的,由 Cauchy 定理,我们可以取从 s 到 z, $t_1,\cdots$ 和 t_{l-1} 的射线的积作为我们的积分区域.因此如果 $|K(t_i,t_{i+1})|\leqslant M,(t_i,t_{i+1})\in\mathfrak{S}^{(2)}$,我们有

$$|K^{(l+1)}(z,s)|\leqslant\frac{M^l}{l!}|z-s|^l$$

由此得出,对 $(z,s)\in\mathfrak{S}^{(2)}$

$$|\Gamma^{(l+1)}(z,s)|\leqslant\sum_{n=1}^{l+1}\frac{M^{n-1}|z-s|^{n-1}}{(n-1)!}\leqslant\exp(M|z-s|)$$

我们得到结论,全纯函数序列 $\Gamma^{(n)}(z,s)$ 在 $\mathfrak{S}^{(2)}$ 的闭包内都是一致有界的.因为这个序列组成一个正规族,所以我们总能选取一个收敛的子序列,它收敛于一个全纯函数.然而,直接考查级数

$$\Gamma(z,s)=\sum_{n=1}^{\infty}K^{(n)}(z,s)$$

我们已经证明了它在 $\mathfrak{S}^{(2)}$ 内绝对收敛和一致收敛,因此可见在 $\mathfrak{S}^{(2)}$ 内它表示 (z,s) 的全纯函数.于是方程(1.13) 的解可以写成形式

$$W(z)=f(z)+\int_{\zeta}^{z}\Gamma(z,f)f(s)\mathrm{d}s$$

显而易见,它在 $\mathfrak{S}$ 内是全纯的.用通常对实的 Volterra 方程的证明方法可以证明其解是唯一的.读者可以容易地给出后者的证明.

Henrici 在他的全面评述的文章中列举这一结果的若干推论,我们把它们作为引理列在下面.这些推论的证明可以像上面的结果那样用同样的方法建立,对第二个引理需要一些附加的说明.

引理 1 Volterra 方程 (1.13) 的解 $W(z,\zeta) \equiv W(z)$ 也是点 $\zeta \in \mathfrak{S}$ 的全纯函数.

引理 2 如果对于 Volterra 积分方程
$$W(z,t) = \int_\zeta^z K(z,s,t)W(s,t)\,\mathrm{d}s + f(z,t)$$
核 $K(z,s,t)$ 是 $(z,s,t) \in \mathfrak{S}^{(2)} \times \mathfrak{H}$ 的全纯函数, 且 $f(z,t)$ 关于 $(z,t) \in \mathfrak{S} \times \mathfrak{H}$ 全纯, 那么解核 $\Gamma(z,s,t)$ 关于 $(z,s,t) \in \mathfrak{S}^{(2)} \times \mathfrak{H}$ 是全纯的.

证明 对后一个引理我们讲一些 (我们自己的) 证明思路. 显然, 对每个固定值 $t° \in \mathfrak{H}$, 简单地重复我们在前面关于级数
$$\Gamma(z,s,t°) = \sum_{n=1}^\infty \Gamma^{(n)}(z,s,t°)$$
一些收敛性的论证, 就可以证明解核 $\Gamma(z,s,t°)$ 在 $\mathfrak{S}^{(2)} \equiv \mathfrak{S} \times \mathfrak{S}$ 内全纯. 因为
$$\Gamma^{(n)}(z,s,t) = \sum_{n=1}^\infty K^{(l)}(z,s,t)$$
我们得到, 对每个 $(z,s) \in \mathfrak{S}^{(2)}$, $\Gamma^{(n)}(z,s,t)$ 和 (由于收敛性) $\Gamma(z,s,t)$ 必定是 $t \in \mathfrak{H}$ 的全纯函数. 于是由 Hartogs 定理, 我们知 $\Gamma(z,s,t)$ 在积空间 $\mathfrak{S}^{(2)} \times \mathfrak{H}$ 内是全纯的.

引理 3 相应于 Volterra 方程 (1.13) 的核和解核服从下面恒等式
$$\Gamma(z,t) - \int_t^z K(z,s)\Gamma(s,t)\,\mathrm{d}s = K(z,t)$$

证明 因为 $\Gamma^{(n)}(z,t) = \sum_{l=1}^n K^{(l)}(z,t)$, 我们有
$$\Gamma^{(n)}(z,t) - \sum_{l=2}^n K^{(l)}(z,t) = K^{(1)}(z,t) \equiv K(z,t)$$

因此

$$\Gamma^{(n)}(z,t) - \int_t^z K(z,s)\Gamma^{(n-1)}(s,t)\mathrm{d}s = K(z,t)$$

因为我们已经证明了 $\lim\limits_{n\to\infty}\Gamma^{(n)}(z,t)$ 的收敛是一致的，所以极限号可以连通积分号，从而得到

$$\Gamma(z,t) = \lim_{n\to\infty}\Gamma^{(n)}(z,t) =$$

$$\lim_{n\to\infty}\int_t^z K(z,s)\Gamma^{(n-1)}(s,t)\mathrm{d}s + K(z,t) =$$

$$\int_t^z K(z,s)\Gamma(s,t)\mathrm{d}s + K(z,t)$$

现在我们回到二重 Volterra 方程(1.3)并且考查项 $A(z,s^*)$,$B(s,z^*)$，它们是形如方程(1.13)的核，亦即

$$W_1(z,z^*) - \int_\zeta^{z^*} A(z,s^*)W_1(z,s^*)\mathrm{d}s^* = f_1(z,z^*)$$

(1.14)

$$W_2(z,z^*) - \int_\zeta^z B(s,s^*)W_2(s,z^*)\mathrm{d}s = f_2(z,z^*)$$

(1.15)

这里,我们假定在方程(1.14)中 z 是属于 $\mathfrak{S}$ 的参数，在方程(1.15)中 z^* 是属于 $\mathfrak{S}^*$ 的参数. 根据引理,方程(1.14),(1.15) 的核和他们的解核之间存在着关系式,解核不依赖于函数 $f_k(z,z^*)$ $(k=1,2)$. 设 $\Gamma_A(z, z^*,\zeta^*)$,$\Gamma_B(z,z^*,\zeta)$ 分别是方程(1.14),(1.15) 的解核；于是我们有

$$\Gamma_A(z,z^*,\zeta^*) - \int_{\zeta^*}^{z^*} A(z,s^*)\Gamma_A(z,s^*,\zeta^*)\mathrm{d}s^* = A(z,\zeta^*)$$

(1.16)

第三部分　Riemann 函数面面观

$$\Gamma_B(z,z^*,\zeta) - \int_\zeta^z B(s,z^*)\Gamma_B(s,z^*,\zeta)\,\mathrm{d}s = B(\zeta,z^*)$$
$$(1.17)$$

把引理 1 和引理 3 的结果相结合,就可看出函数 Γ_A 和 Γ_B 分在 $\mathfrak{S}^{(2)}\times\mathfrak{H}^*$ 和 $\mathfrak{S}^{(2)}\times\mathfrak{H}$ 内是全纯的.

如果我们现在寻找方程 (1.3) 的形如

$$U(z,z^*) = U_0(z,z^*) + \int_{\zeta^*}^{z^*}\Gamma_A(z,z^*,s^*)U_0(z,s^*)\,\mathrm{d}s^* +$$
$$\int_\zeta^z \Gamma_B(z,z^*,s)U_0(s,z^*)\,\mathrm{d}s \qquad (1.18)$$

的解,把它直接代入方程 (1.3),于是我们得到

$$U_0(z,z^*) + \int_{\zeta^*}^{z^*}\Gamma_A(z,z^*,s^*)U_0(z,s^*)\,\mathrm{d}s^* +$$

$$\int_\zeta^z \Gamma_B(z,z^*,s)U_0(s,z^*)\,\mathrm{d}s -$$

$$\int_\zeta^z B(s,z^*)U_0(s,z^*)\,\mathrm{d}s -$$

$$\int_\zeta^z \mathrm{d}s\, B(s,z^*)\int_{\zeta^*}^{z^*}\Gamma_A(s,z^*,s^*)U_0(s,s^*)\,\mathrm{d}s^* -$$

$$\int_\zeta^z \mathrm{d}s\, B(s,z^*)\int_\zeta^z \Gamma_B(s,z^*,t)U_0(t,z^*)\,\mathrm{d}t -$$

$$\int_{\zeta^*}^{z^*} A(z,s^*)U_0(z,s^*)\,\mathrm{d}s^* -$$

$$\int_{\zeta^*}^{z^*} A(z,s^*)\int_{\zeta^*}^{z^*}\Gamma_A(s,z^*,t^*)U_0(z,t^*)\,\mathrm{d}t^* -$$

$$\int_\zeta^z \mathrm{d}s\int_{\zeta^*}^{z^*} A(z,s^*)\Gamma_B(z,s^*,s)U_0(s,s^*)\,\mathrm{d}s^* +$$

$$\int_\zeta^z \mathrm{d}s\int_{\zeta^*}^{z^*} C(s,s^*)U_0(s,s^*)\,\mathrm{d}s^* +$$

$$\int_\zeta^z \mathrm{d}s\int_{\zeta^*}^{z^*}\mathrm{d}s^* C(s,s^*)\int_{\zeta^*}^{z^*}\Gamma_A(s,s^*,t^*)U_0(s,t^*)\,\mathrm{d}t^* +$$

$$\int_\zeta^z ds \int_{\zeta^*}^{z^*} ds^* C(s,s^*) \int_\zeta^z \Gamma_B(s,s^*,t) U_0(t,s^*) dt = F(z,z^*)$$

重新组合这些项,并改变某些个积分的次序,我们得

$$U_0(z,z^*) + \int_{\zeta^*}^{z^*} ds^* U_0(z,s^*) \{\Gamma_A(z,z^*,s^*) -$$

$$\int_{\zeta^*}^{z^*} \Gamma_A(z,t^*,s^*) A(z,t^*) dt^* - A(z,s^*)\} +$$

$$\int_\zeta^z ds U_0(s,z^*) \{\Gamma_B(z,z^*,s) -$$

$$\int_\zeta^z \Gamma_B(t,z^*,s) B(t,z^*) dt - B(s,z^*)\} +$$

$$\int_\zeta^z ds \int_{\zeta^*}^{z^*} ds^* U_0(s,s^*) \{C(s,s^*) -$$

$$B(s,z^*) \Gamma_A(s,z^*,s^*) - A(z,s^*) \Gamma_B(z,s^*,s) +$$

$$\int_s^{z^*} C(s,t^*) \Gamma_A(s,t^*,s^*) dt^* +$$

$$\int_s^z C(t,s^*) \Gamma_B(t,s^*,s) dt\} = F(z,z^*)$$

由于式(1.16)和(1.17),前面两个积分分别恒等于0.所以,我如果我们定义

$$K(z,z^*;s,s^*) \equiv C(s,s^*) - B(s,z^*) \Gamma_A(s,z^*,s^*) -$$

$$A(z,s^*) \Gamma_B(z,s^*,s) +$$

$$\int_{s^*}^{z^*} C(s,t^*) \Gamma_A(s,t^*,s^*) dt^* +$$

$$\int_s^z C(t,s^*) \Gamma_B(t,s^*,s) dt \qquad (1.19)$$

那么我们可以把方程(1.3)重新写为比较简单的形式

$$U_0(z,z^*) - \int_\zeta^z ds \int_{\zeta^*}^{z^*} ds^* K(z,z^*;s,s^*) U_0(s,s^*) = F(z,z^*) \qquad (1.20)$$

第三部分　Riemann 函数面面观

我们可以用逐次逼近解这个二重 Volterra 方程，就像前面对单变量 Volterra 方程情形时我们所做的那样. 对 $(z,z^*) \in (\mathfrak{S} \times \mathfrak{S}^*) \equiv \mathfrak{S}^{(2)}$，我们引进逐次逼近序列

$$U_0^{(n+1)}(z,z^*) \equiv$$
$$F(z,z^*) + \int_\zeta^z \mathrm{d}s \int_{\zeta^*}^{z^*} K(z,z^*;s,s^*) U_0^{(n)}(s,s^*) \mathrm{d}s^*$$
$$n = 0,1,2,\cdots \qquad (1.21)$$
$$U_0^{(0)}(z,z^*) \equiv F(z,z^*)$$

解核

$$\Gamma(z,z^*;s,s^*) = \lim_{N \to \infty} \sum_{n=1}^N K^{(n)}(z,z^*;s,s^*)$$

其中

$$K^{(n+1)}(z,z^*;s,s^*) \equiv$$
$$\int_s^z \mathrm{d}t \int_{s^*}^{z^*} \mathrm{d}t^* K(z,z^*;t,t^*) K^{(n)}(t,t^*;s,s^*)$$
$$n = 1,2,\cdots$$
$$K^{(1)}(z,z^*;s,s^*) \equiv K(z,z^*;s,s^*)$$

可以看到它在 $\mathfrak{S}^{(2)} \times \mathfrak{S}^{(2)} \equiv \mathfrak{S}^{(4)}$ 内绝对一致收敛于一个全纯函数.

从上面的讨论，我们得到作为方程 (1.12) 的解定义的 Riemann 函数，在偏微分方程 (1.1) 的任何基本区域内，作为一个全纯函数是唯一确定的.

为了看出函数 $R(z,z^*;t,t^*)$ 可以怎样用来构造方程

$$\boldsymbol{E}[u] = f(z,z^*)$$

的解，我们将导出"古典"Riemann 表示公式

$$U(z,z^*) = U(t,t^*) R(t,t^*;z,z^*) +$$

$$\int_t^z R(s,t^*;z,z^*)[U_s(s,t^*)+B(s,t^*)U(s,t^*)]\mathrm{d}s +$$

$$\int_{t^*}^{z^*} R(t,s^*;z,z^*)[U_{s^*}(t,s^*)+A(t,s^*)U(t,s^*)]\mathrm{d}s^* +$$

$$\int_{t^*}^{z^*}\mathrm{d}s^*\int_t^z R(s,s^*;z,z^*)f(s,s^*)\mathrm{d}s \qquad (1.22)$$

这里 (t,t^*) 是双圆柱域 $\mathfrak{S}^{(2)}$ 内的任意一点,设 $U(z,z^*),V(z,z^*)$ 是 $\mathfrak{S}^{(2)}$ 内全纯的任意函数,那么我们有恒等式

$$VE[U]-U\hat{E}[V]\equiv(VU_z+BUV)_{z^*}-(UV_{z^*}-AUV)_z \qquad (1.23)$$

如果我们选取 $V(z,z^*)\equiv R(z,z^*;\zeta,\zeta^*)$,那么 R 关于它的前两个变量是伴随方程 $\hat{E}[R]=0$ 的解,因此

$$E[U]R(z,z^*;\zeta,\zeta^*)=$$
$$(RU_z+BUR)_{z^*}-(UR_{z^*}-AUR)_z=$$
$$-(U[R_z-BR])_{z^*}-(U[R_{z^*}-AR])_z+(RU)_{zz^*} \qquad (1.24)$$

关于前面两个变量 (z,z^*) 从 t 到 ζ 和从 t^* 到 ζ^* 积分,这里 (ζ,ζ^*) 是 $\mathfrak{S}^{(2)}$ 内的固定点,并重新排一下,我们有

$$\int_{t^*}^{\zeta^*}\mathrm{d}s^*\int_t^\zeta [R(s,s^*;\zeta,\zeta^*)U(s,s^*)]_{ss^*}\mathrm{d}s =$$

$$\int_{t^*}^{\zeta^*}\mathrm{d}s^*\int_t^\zeta R(s,s^*;\zeta,\zeta^*)E[U(s,s^*)]\mathrm{d}s +$$

$$\int_{t^*}^{\zeta}\mathrm{d}s\{U(s,\zeta^*)[R_s(s,\zeta^*;\zeta,\zeta^*)-B(s,\zeta^*)R(s,\zeta^*;\zeta,\zeta^*)]-U(s,t^*)[R_s(s,t^*;\zeta,\zeta^*)-B(s,t^*)R(s,t^*;\zeta,\zeta^*)]\}+$$

$$\int_{t^*}^{\zeta^*} \mathrm{d}s^* \{ U(\zeta,s^*)[R_{s*}(\zeta,s^*;\zeta,\zeta^*) -$$

$$A(\zeta,s^*)R(\zeta,s^*;\zeta,\zeta^*)] -$$

$$U(t,s^*)[R_{s*}(t,s^*;\zeta,\zeta^*) -$$

$$A(t,s^*)R(t,s^*;\zeta,\zeta^*)]\}$$

由于特征条件(1.8)和(1.9),能够消去某些项而被化简成

$$U(\zeta,\zeta^*)R(\zeta,\zeta^*;\zeta,\zeta^*) - U(\zeta,t^*)R(\zeta,t^*;\zeta,\zeta^*) -$$

$$U(t,\zeta^*)R(t,\zeta^*;\zeta,\zeta^*) + U(t,t^*)R(t,t^*;\zeta,\zeta^*) =$$

$$\int_{t^*}^{\zeta^*} \mathrm{d}s^* \int_{t}^{\zeta} R(s,s^*;\zeta,\zeta^*) E[U(s,s^*)] \mathrm{d}s -$$

$$\int_{t}^{\zeta} U(s,t^*)[R_s(s,t^*;\zeta,\zeta^*) -$$

$$B(s,t^*)R(s,t^*;\zeta,\zeta^*)] \mathrm{d}s -$$

$$\int_{t^*}^{\zeta^*} U(t,s^*)[R_{s*}(t,s^*;\zeta,\zeta^*) -$$

$$A(t,s^*)R(t,s^*;\zeta,\zeta^*)] \mathrm{d}s^* =$$

$$\int_{t^*}^{\zeta^*} \mathrm{d}s^* \int_{t}^{\zeta} R(s,s^*;\zeta,\zeta^*) E[U(s,s^*)] \mathrm{d}s +$$

$$\int_{t}^{\zeta} R(s,t^*;\zeta,\zeta^*)[U_s(s,t^*) + B(s,t^*)U(s,t^*)] \mathrm{d}s +$$

$$\int_{t^*}^{\zeta^*} R(t,s^*;\zeta,\zeta^*)[U_{s*}(t,s^*) +$$

$$A(t,s^*)U(t,s^*)] \mathrm{d}s^* -$$

$$U(\zeta,t^*)R(\zeta,t^*;\zeta,\zeta^*) + U(t,t^*)R(t,t^*;\zeta,\zeta^*) -$$

$$U(t,\zeta^*)R(t,\zeta^*;\zeta,\zeta^*) + U(t,t^*)R(t,t^*;\zeta,\zeta^*)$$

重新整理这些项的次序,并注意到 $R(\zeta,\zeta^*;\zeta,\zeta^*) = 1$,就得到下面的表达式

$$U(\zeta,\zeta^*) = U(t,t^*)R(t,t^*;\zeta,\zeta^*) +$$

$$\int_t^\zeta R(s,t^*;\zeta,\zeta^*)[U_s(s,t^*) + B(s,t^*)U(s,t^*)]\mathrm{d}s +$$

$$\int_{t^*}^{\zeta^*} R(t,s^*;\zeta,\zeta^*)[U_{s^*}(t,s^*) +$$

$$A(t,s^*)U(t,s^*)]\mathrm{d}s^* +$$

$$\int_{t^*}^{\zeta^*}\mathrm{d}s^*\int_t^\zeta R(s,s^*;\zeta,\zeta^*)E[U(s,s^*)]\mathrm{d}s \qquad (1.25)$$

在上面的表达式中置 $E[U]=f(s,s^*)$,就得到类似于 Riemann 经典结果的复形式.

现在我们能够来证明涉及伴随方程 $\hat{E}[U]=0$ 的 Riemann 函数的一个有趣的结果. 我们像通常证明那样, 也譬如说, 像 Courant-Hilbert 和 Garabedian 所给出, 或也像 Henrici 对上述复的情形给出的证明那样进行.

引理 4(Riemann 函数的对称性) 伴随方程 $\hat{E}[U]=0$ 的 Riemann 函数 $\hat{R}(z,z^*;t,t^*)$ 和方程(1.1) 的 Riemann 函数 $R(z,z^*;t,t^*)$ 按规则

$$R(z,z^*;t,t^*) = \hat{R}(t,t^*;z,z^*)$$

相联系.

证明 我们希望来证明

$$\hat{R}(z,z^*;t,t^*) = R(t,t^*;z,z^*)$$

因此我们必须证明 $R(t,t^*;z,z^*)$ 关于变量 z,z^* 是方程(1.1) 的解,且它满足某些特征条件. 首先注意到对于 $R(z,z^*;t,t^*)$ 的特征条件(1.8) 和(1.9),类似于对于 $R(t,t^*;z,z^*)$ 的特征条件(1.10) 和(1.11),我们就证明了后面一点,要证明 $R(t,t^*;z,z^*)$ 是方程(1,1) 的解,我们在式(1.25) 中置 $U(z,z^*) \equiv R(t,t^*;z,z^*)$ 于是它变成

$$R(t,t^*;\zeta,\zeta^*) =$$

$$R(t,t^*;t,t^*)R(t,t^*;\zeta,\zeta^*) +$$
$$\int_t^{\zeta} R(s,t^*;\zeta,\zeta^*)[R_s(t,t^*;s,t^*) +$$
$$B(s,t^*)R(t,t^*;s,t^*)]\mathrm{d}s +$$
$$\int_{t^*}^{\zeta^*} R(t,s^*;\zeta,\zeta^*)[R_{s^*}(t,t^*;t,s^*) +$$
$$A(t,s^*)R(t,t^*;t,s^*)]\mathrm{d}s^* +$$
$$\int_{t^*}^{\zeta^*} \mathrm{d}s^* \int_t^{\zeta} R(s,s^*;\zeta,\zeta^*)E[R(t,t^*;s,s^*)]\mathrm{d}s$$

鉴于上述条件,它简化成

$$\int_{t^*}^{\zeta^*} \mathrm{d}s^* \int_t^{\zeta} R(s,s^*;\zeta,\zeta^*)E[R(t,t^*;s,s^*)]\mathrm{d}s = 0$$
(1.26)

因为 $R(t,t^*;s,s^*)$ 在 $\mathfrak{S}^{(4)} \equiv \mathfrak{S}^{(2)} \times \mathfrak{S}^{(2)}$ 内全纯,我们的结果得证.

我们用 Vekua 如何引进算子以构造解的完备系的讨论来结束这一章. 为此,我们将提出什么是形式上类似于实情形的 Goursat 问题. 而且,我们需要指出,如果作 z,z^* 空间到 xy 平面的限制,那么这个问题既不对应于初值问题,也不对应于边值问题. 包括这一问题的讨论的目的是要得到一个积分算子,它能用来构造解的完备系,由此我们就能够建立 Bergman 核函数的一种逼近. 另外,Vekua[V.3,第 Ⅲ 章]用这些解结合他和 Muskhelishvili 的奇异积分方程理论去解数学物理中的边值问题. 对这一方法感兴趣的读者可直接看上述著作,书上也列有详细的文献目录.

定义 我们称方程(1.1)在基本区域 $\mathfrak{S}^{(2)} \equiv \mathfrak{S} \times \mathfrak{S}^*$ 内的一个全纯解为形式 Goursat 问题的解,如果下列条件满足:

(1) 存在两个函数 $\phi(z), \phi^*(z^*)$，它们分别在 $\mathfrak{S}$ 和 $\mathfrak{S}^*$ 内全纯.

(2) 对固定点 $\zeta \in \mathfrak{S}$ 和一切 $z^* \in \mathfrak{S}^*$，我们有 $U(\zeta, z^*) = \phi^*(z^*)$.

(3) 对固定点 $\zeta^* \in \mathfrak{S}^*$ 和一切 $z \in \mathfrak{S}$，我们有 $U(z, \zeta^*) = \phi(z)$.

(4) $\phi(\zeta) = \phi^*(\zeta^*)$.

证明 现在我们考虑证明形式 Goursat 问题解的存在性和唯一性，设 $R(z, z^*; t, t^*)$ 关于变量 z, z^* 是 $E[U] = 0$ 的 Riemann 函数；所以，由

$$U(z, z^*) \equiv \Phi(\zeta) R(\zeta, \zeta^*; z, z^*) + \int_\zeta^z \Phi'(t) R(t, \zeta^*; z, z^*) \mathrm{d}t + \int_{\zeta^*}^{z^*} \Phi^{*\prime}(t^*) R(\zeta, t^*; z, z^*) \mathrm{d}t^* \quad (1.27)$$

确定的函数也是 $E[U] = 0$ 的解，其中 $\Phi(\zeta)$ 和 $\Phi^*(\zeta^*)$ 分别是 $\mathfrak{S}$ 和 $\mathfrak{S}^*$ 内的全纯函数. 此外，如果我们指定函数 $\Phi(\zeta), \Phi^*(\zeta^*)$，使它们满足

$$\Phi(z) \equiv \phi(z) - \int_\zeta^z \hat{B}(t, \zeta^*) \phi(t) \mathrm{d}t \quad (1.28)$$

$$\Phi^*(z^*) \equiv \phi^*(z^*) - \int_{\zeta^*}^{z^*} \hat{A}(\zeta, t^*) \phi^*(t^*) \mathrm{d}t^* \quad (1.29)$$

我们就有下面的等式

$$U(z, \zeta^*) = \Phi(\zeta) R(\zeta, \zeta^*; z, \zeta^*) + \int_\zeta^z \{\phi'(t) - \hat{B}(t, \zeta^*) \phi(t)\} R(t, \zeta^*; z, \zeta^*) \mathrm{d}t = \phi(z) R(z, \zeta^*; z, \zeta^*) -$$

$$\int_\zeta^z \{R_t(t,\zeta^*;z,\zeta^*) + \hat{B}(t,\zeta^*)R(t,\zeta^*;z,\zeta^*)\} \cdot$$
$$\phi(t)\mathrm{d}t = \phi(z)$$

类地我们可以证明

$$U(\zeta,z^*) = \Phi(\zeta)R(\zeta,\zeta^*;\zeta,z^*) +$$
$$\int_{\zeta^*}^{z^*} \{\phi^{*\prime}(t^*) - \hat{A}(\zeta,t^*)\phi^*(t^*)\}R(\zeta,t^*;\zeta,z^*)\mathrm{d}t^* =$$
$$\phi^*(z^*)R(\zeta,z^*;\zeta,z^*) -$$
$$\int_{\zeta^*}^{z^*} \{R_{t^*}(\zeta,t^*;\zeta,z^*) + \hat{A}(\zeta,t^*)R(\zeta,t^*;\zeta,z^*)\} \cdot$$
$$\phi^*(t^*)\mathrm{d}t^* = \phi^*(z^*)$$

因此,带辅助条件(1.28)和(1.29)的表达式(1.27)是我们的 Goursat 问题的解.这个表达式为唯一的是由下面事实得出的,即 Goursat 问题的每个解必须满足等价的积分方程

$$U(z,z^*) - \int_\zeta^z \hat{B}(t,z^*)U(t,z^*)\mathrm{d}t -$$
$$\int_{\zeta^*}^{z^*} \hat{A}(z,t^*)U(z,t^*)\mathrm{d}t^* +$$
$$\int_\zeta^z \mathrm{d}t \int_{\zeta^*}^{z^*} \hat{C}(t,t^*)U(t,t^*)\mathrm{d}t^* =$$
$$\Phi(z) + \Phi^*(z^*) - \Phi(\zeta)$$

我们早已知道它的解由前面的迭代方法被唯一地确定.

由表达式(1.27)显见,实际上在双圆柱域 $\mathfrak{S}^{(2)}$ 内全纯的任何解都能表示成这个形式,这里我们规定 $\phi(z)$ 和 $\phi^*(z^*)$ 使得

$$\phi(z) \equiv U(z,\zeta^*), \phi^*(z^*) \equiv U(\zeta,z^*)$$

根据这个定义,条件 $\phi^*(\zeta^*) = \phi(\zeta)$ 显然满足.

此时我们需要强调的是,对于方程 $E[U] = 0$ 的形

式 Goursat 问题既不对应于实的椭圆型偏微分方程 $e[u]=0$ 的初值问题,也不对应于它的边值问题.这是明显的,因为对实的情形,即 $z^*=\bar{z},\zeta^*=\bar{\zeta}$,把 Goursat 数据重新写为

$$u\left(\frac{z+\bar{\zeta}}{2},\frac{z-\bar{\zeta}}{2i}\right)=\phi(z)$$

$$u\left(\frac{\zeta+\bar{z}}{2},\frac{\zeta-\bar{z}}{2i}\right)=\phi^*(\bar{z})$$

$$\phi(\zeta)=\phi^*(\bar{\zeta})$$

这实质上是一个解析延拓问题. Vekua 已经解决了椭圆型方程的各种边值问题;而且,这些方法或者基于奇异积分方程的理论,或者对带有非解析系数的微分方程基于它的广义解析函数理论.这些论题将不在这里讨论. R. P. Gilber 和 Aziz 及 Howard 研究了用类似于表达式(1.27)的形式去证明方程 $e[u]=0$ 的解的存在的可能性,这解在 $\mathbb{C}^2$ 内的相交的解析曲面上满足"广义"Goursat 数据.这些将在本章后面部分讨论.

因为在 $\mathfrak{S}^{(2)}$ 内全纯的每个解具有表达式(1.27),这就启发我们引进下面的积分算子

$$U(z,z^*)=V_2[\{\phi(z),\phi^*(z^*)\}]\equiv$$
$$\Phi(\zeta)R(\zeta,\zeta^*;z,z^*)+$$
$$\int_\zeta^z \Phi'(t)R(t,\zeta^*;z,z^*)dt+$$
$$\int_{\zeta^*}^{z^*}\Phi^{*\prime}(t^*)R(\zeta,t^*;z,z^*)dt^* \quad (1.30)$$

其中 $\Phi(z)$ 和 $\Phi^*(z^*)$ 由式(1.28)和(1.29)定义,且 $\phi^*(\zeta^*)=\phi(\zeta)$.我们将用 Henrici 的术语称满足后面条件的函数对 $\phi(z),\phi^*(z^*)$ 是容许的.上面定义的算子 $V_2[\{\phi(z),\phi^*(z^*)\}]$ 把每个容许对 $\{\phi,\phi^*\}$ 映射

第三部分 Riemann 函数面面观

到某个 Goursat 问题的解,因为每个由容许对生成的这种解一定满足 $U(z,\zeta^*) = \phi(z)$ 和 $U(\zeta,z^*) = \phi^*(z^*)$,且 $\phi(\zeta) = \phi^*(\zeta^*)$.

因为 Riemann 函数在 $\mathfrak{S}^{(4)}$ 内是全纯的,所以算子 $V_2[\{\phi,\phi^*\}]$ 是连续的. 因此,利用这一算子,通过把分别定义在 $\mathfrak{S}$ 和 $\mathfrak{S}^*$ 内的全纯函数的完备系的函数对映射为 $E[U] = 0$ 的解的线性空间,我们可以在 $\mathfrak{S}^{(2)} = \mathfrak{S} \times \mathfrak{S}^*$ 内构造解的完备系. 和前面一样,如果基本区域包含原点,我们可以取幂 $z^n(n = 0,1,2,\cdots)$ 作为 $\mathfrak{S}$ 内的完备函数系. 在这情形下,因为 $U(z,z^*)$ 在 $\mathfrak{S}^{(2)}$ 内是全纯的,我们就能够在任何集合 $\{|z| < \rho\} \times \{|z^*| < \rho\} \subset \mathfrak{S}^{(2)}$ 内把它表示成 Taylor 级数

$$U(z,z^*) = \sum_{n,m=0}^{\infty} a_{nm} z^n z^{*m}$$

因为有

$$\phi(z) = U(z,0) = \sum_{n=0}^{\infty} a_{n0} z^n$$

$$\phi^*(z^*) = U(0,z^*) = \sum_{m=0}^{\infty} a_{0m} z^{*m}$$

这使人想起下列的容许对系 $F_v \equiv \{\phi_v, \phi_v^*\}$

$$F_0 = \{1,1\}, F_{2n} = \{z^n, 0\}, F_{2n-1} = \{0, z^{*n}\}$$

(1.31)

另外,定义在 $\{|z| \leq \rho\} \times \{|z^*| \leq \rho\} \subset \mathfrak{S}^{(2)}$ 内的容许对 $F = \{\phi(z), \phi^*(z^*)\}$ 具有表达式

$$F = \{\phi, \phi^*\} = \sum_{n=0}^{\infty} b_n F_n =$$

$$\sum_{n=1}^{\infty} b_{2n} \{z^n, 0\} + b_0 +$$

$$\sum_{n=1}^{\infty} b_{2n-1}\{0, z^{*n}\}$$

当它被 V_2 作用时产生下面的解

$$U(z, z^*) = V_2[F] =$$

$$\sum_{n=1}^{\infty} b_{2n} V_2[\{z^n, 0\}] + V_2[\{0,1\}] b_0 +$$

$$\sum_{n=1}^{\infty} b_{2n-1} V_2[\{0, z^{*n}\}]$$

Henrici[H.6] 给出了关于容许对的完备系的一般形式,亦即如果 $f_n(z)(n=0,1,2,\cdots)$ 是关于 $\mathfrak{S}$ 的一个完备系,那么 $\bar{f}_n(z) = f_n(\bar{z})$ 是关于 $\mathfrak{S}^*$ 的一个完备系. 因此,可以引进

$$F_0 = \{1,1\}, F_{2n} = \{(z-\zeta)f_{n-1}(z), 0\}$$
$$F_{2n-1} = \{0, (z^* - \zeta^*)\bar{f}_{n-1}(z^*)\}, n = 1, 2, \cdots$$

作为容许对的完备系. 显然对 $(\zeta, \zeta^*) \in \mathfrak{S}^{(2)}$ 我们有

$$\phi(z) = U(z, \zeta^*) = U(\zeta, \zeta^*) + (z-\zeta)\sum_{n=1}^{\infty} b_{2n}f_{n-1}(z)$$

$$\phi^*(z^*) = U(\zeta, z^*) =$$

$$U(\zeta, \zeta^*) + (z^* - \zeta^*)\sum_{n=1}^{\infty} b_{2n-1}\bar{f}_{n-1}(z^*)$$

对任意的一个容许对,它得出下面一般的展开式

$$F \equiv \{\phi, \phi^*\} = \sum_{n=0}^{\infty} b_n F_n \equiv$$

$$\{U(\zeta, \zeta^*), U(\zeta, \zeta^*)\} +$$

$$\sum_{n=1}^{\infty} b_{2n}\{(z-\zeta)f_{n-1}(z), 0\} +$$

$$\sum_{n=1}^{\infty} b_{2n-1}\{0, (z^* - \zeta^*)\bar{f}_{n-1}(z^*)\}$$

现在我们考虑原先讨论的 Goursat 问题的推广. 像

前面那样,我们考虑复的双曲型方程
$$E[U] = f(z,z^*)$$
而且,我们现在要找解,它同时满足条件
$$U_z(z,z^*) = \alpha_0(z)U(z,z^*) + \alpha_1(z)U_{z^*}(z,z^*) +$$
$$g(z), 在 \Gamma_1 上 \qquad (1.32)$$
$$U_{z^*}(z,z^*) = \beta_0(z^*)U(z,z^*) + \beta_1(z^*)U_z(z,z^*) +$$
$$h(z^*), 在 \Gamma_2 上 \qquad (1.33)$$

以及 $U(0,0) = \gamma$. 这里 Γ_1 和 Γ_2 都是解析曲面,在区域 $\mathfrak{S} \times \mathfrak{S}^*$ 内,它们整体地用 $z^* = F_1(z)$ 和 $z = F_2(z^*)$ 表示. 而且,假定 $\Gamma_1 \cap \Gamma_2 \cap \{\mathfrak{S} \times \mathfrak{S}^*\} = \{(0,0)\}$ 和 Goursat 数据 (1.32) 和 (1.33) 的系数在全纯区域或它的共轭区域 $\mathfrak{S}^*$ 内都是全纯的,因为可以有这种情形.

现在,如果 $R(\xi,\xi^*;z,z^*)$ 是相应于齐次方程 $E[U] = 0$ 的 Riemann 函数,那么由式 (1.22) 我们得到,非齐次方程的解由

$$U(z,z^*) = P(z,z^*) + \int_0^z \varphi(\xi)R(\xi,0;z,z^*)\mathrm{d}\xi +$$
$$\int_0^{z^*} \psi(\xi^*)R(0,\xi^*;z,z^*)\mathrm{d}\xi^* \qquad (1.34)$$

给出,其中
$$\varphi(z) = U_z(z,0) + B(z,0)U(z,0)$$
$$\psi(z^*) = U_{z^*}(0,z^*) + A(0,z^*)U(0,z^*)$$
$$P(z,z^*) = \gamma R(0,0;z,z^*) +$$
$$\int_0^z \int_0^{z^*} F(\xi,\xi^*)R(\xi,\xi^*;z,z^*)\mathrm{d}\xi^*\mathrm{d}\xi$$
$$(1.35)$$

把方程 (1.34) 和 (1.35) 代入数据 (1.32) 和 (1.33),就得到关于 $\varphi(z)$ 和 $\psi(z^*)$ 的积分方程组,即

$$\varphi(z) = G(z) + S(z)\psi(F_1(z)) +$$
$$\int_0^z K_1(\xi,0;z)\varphi(\xi)\mathrm{d}\xi +$$
$$\int_0^{F_1(z)} K_1(0,\xi^*;z)\psi(\xi^*)\mathrm{d}\xi^* \quad (1.36)$$
$$\psi(z^*) = H(z^*) + T(z^*)\varphi(F_2(z^*)) +$$
$$\int_0^{F_2(z^*)} K_2(\xi,0;z^*)\varphi(\xi)\mathrm{d}\xi +$$
$$\int_0^z K_2(0,\xi^*;z^*)\psi(\xi^*)\mathrm{d}\xi^* \quad (1.37)$$

其中
$$K_1(\xi,\xi^*;z) =$$
$$[R(\xi,\xi^*;z,F_1(z))]^{-1}\{\alpha_0(z)R(\xi,\xi^*;z,F_1(z)) -$$
$$R_z(\xi,\xi^*;z,F_1(z)) + \alpha_1(z)R_{z^*}(\xi,\xi^*;z,F_1(z))\}$$
$$(1.38)$$
$$K_2(\xi,\xi^*;z^*) =$$
$$[R(\xi,\xi^*;F_2(z^*),z^*)]^{-1}\{\beta_0(z^*)R(\xi,\xi^*;F_2(z^*),z^*) +$$
$$\beta_1(z^*)R_z(\xi,\xi^*;F_2(z^*),z^*) - R_{z^*}(\xi,\xi^*;F_2(z^*),z^*)\}$$
$$(1.39)$$
$$G(z) = [R(z,0;z,F_1(z))]^{-1}\{g(z) + \alpha_0(z)P(z,F_1(z)) -$$
$$P_z(z,F_1(z)) + \alpha_1(z)P_{z^*}(z,F_1(z))\} \quad (1.40)$$
$$H(z^*) = [R(0,z^*;F_2(z^*),z^*)]^{-1} \cdot$$
$$\{h(z^*) + \beta_0(z^*)P(F_2(z^*),z^*) +$$
$$\beta_1(z^*)(F_2(z^*),z^*) -$$
$$P_{z^*}(F_2(z^*),z^*)\} \quad (1.41)$$
$$S(z) = \frac{\alpha_1(z)R(0,F_1(z);z,F_1(z))}{R(z,0;z,F_1(z))} \quad (1.42)$$

第三部分 Riemann 函数面面观

$$T(z^*) = \frac{\beta_1(z^*)R(F_2(z^*),0;F_2(z^*),z^*)}{R(0,z^*;F_2(z^*),z^*)}$$

(1.43)

Goursat 条件的系数在偏微分方程的基本区域内全是全纯的;而且如同我们已经知道的,Riemann 函数 $R(z,z^*;\zeta,\zeta^*)$ 在 $\mathfrak{S}^{(4)} = \mathfrak{S} \times \mathfrak{S}^* \times \mathfrak{S} \times \mathfrak{S}^*$ 内是全纯的. 由此得出函数 $G(z),S(z)$ 和 $H(z^*),T(z^*)$ 分别在 $\mathfrak{S}$ 和 $\mathfrak{S}^*$ 内全纯,除了在它们分母的零点外. 回想以前

$$R(z,0;z,z^*) = \exp\left\{-\int_0^z A(z,s)\mathrm{d}s\right\}$$

$$R(0,z^*;z,z^*) = \exp\left\{-\int_0^z B(t,z^*)\mathrm{d}t\right\}$$

就知道 $G(z),S(z),H(z^*),T(z^*)$ 的分母在它们相应的区域内不为 0,因此这些函数在那里都是全纯的. 接着我们转向考虑函数 $K_1(z,0;z),K_1(0,z^*;z),K_2(z,0;z^*)$ 和 $K_2(0,z^*;z^*)$. 由上述理由可见函数 $K_1(z,0;z)$ 和 $K_2(0,z^*;z^*)$ 分别在 $\mathfrak{S} \times \mathfrak{S}$ 和 $\mathfrak{S}^* \times \mathfrak{S}^*$ 内全纯. 函数 $K_1(0,z^*;z)$ 和 $K_2(z,0;z^*)$ 呈现出不同的问题;不管怎样,因为 $R(0,0;0,0)=1$,我们得知在 $\mathbb{C}^4$ 内原点的一个充分小的多圆柱邻域 $\mathscr{N}^4(0)$ 内,$R(z,z^*;\zeta,\zeta^*) \neq 0$. 所以在 $\mathscr{N}^4(0) \cap \mathbb{C}^2$ 内,$K_1(0,z^*;z)$ 和 $K_2(z,0;z^*)$ 也都是全纯的. 现在我们能够来建立下面的定理.

定理 5 设 $\mathfrak{S}$ 是方程 $E[U] = f(z,z^*)$ 的基本区域,又设 $\Gamma_k(k=1,2)$ 是具有上面所描述的性质的解析曲面,且使得函数 F_1,F_2 分别是 $\mathfrak{S}$ 和 $\mathfrak{S}^*$ 内的内射映射. 此外,假定附加条件

$$\widetilde{M} = \sup_{\mathfrak{S} \times \mathfrak{S}^*} \{|S(z)T(z^*)|\} < 1$$

成立. 那么对初值问题(1.32)和(1.33)存在着唯一的解,它在原来的小邻域内全纯.

证明 在 $(0,0) \in \mathbb{C}^2$ 的充分小的邻域内,函数 $K_1(0,z^*;z)$ 和 $K_2(z,0;z^*)$ 都是有界的. 因此存在一个有限的正常数 N,使得

$$N = \max\{\sup_{\mathfrak{S}\times\mathfrak{S}} |K_1(z,0;z)|, \sup_{\mathfrak{S}^*\times\mathfrak{S}} |K_1(0,z^*;z)|,$$

$$\sup_{\mathfrak{S}\times\mathfrak{S}^*} |K_2(z,0;z^*)|, \sup_{\mathfrak{S}^*\times\mathfrak{S}} |K_2(0,z^*;z^*)|\}$$

因为 $S(z)$ 和 $T(z^*)$ 在 $\mathfrak{S}$ 和 $\mathfrak{S}^*$ 内也是全纯的,所以又存在一个有限的正常数 M,使得

$$M = \max\{\sup_{\mathfrak{S}} |S(z)|, \sup_{\mathfrak{S}^*} |T(z^*)|\}$$

为了使我们的证明方法简明些,我们引进函数对 $\chi \equiv [\varphi, \psi]$,这里 $\varphi \in \mathscr{A}[\mathfrak{S}], \psi \in \mathscr{A}[\mathfrak{S}^*]$,即 φ, ψ 分别属于定义在 $\mathfrak{S}$ 和 $\mathfrak{S}^*$ 上的所有解析函数类. 此外,在这些函数对上定义下列算子

$$\boldsymbol{H}_\chi \equiv [S(z)\psi \circ F_1(z), T(z^*)\varphi \circ F_2(z^*)] \tag{1.44}$$

和

$$\boldsymbol{J}_\chi \equiv [\int_0^z K_1(\xi,0;z)\varphi(\xi)\mathrm{d}\xi +$$
$$\int_0^{F_1(z)} K_1(0,\xi^*;z)\psi(\xi^*)\mathrm{d}\xi^*,$$
$$\int_0^{F_2(z)} K_2(\xi,0;z^*)\varphi(\xi)\mathrm{d}\xi +$$
$$\int_0^{z^*} K_2(0,\xi^*;z^*)\psi(\xi^*)\mathrm{d}\xi^*] \tag{1.45}$$

以此为记号,方程组(1.46)和(1.47)可以重新写成算子方程

$$\chi = \boldsymbol{T}\chi \equiv \chi_0 + (\boldsymbol{H}+\boldsymbol{J})\chi \tag{1.46}$$

其中 $\chi_0 \equiv [G(z), H(z^*)]$. 设 $\hat{\mathscr{A}}[\mathfrak{S}, \mathfrak{S}^*]$ 是在 $[\mathfrak{S}, \mathfrak{S}^*]$ 内全纯的函数对的 Banach 空间, 这里范数定义为 $\|\ \| = \max\{\|\varphi\|, \|\psi\|\}$ 和

$$\|\varphi\| = \sup_{\mathfrak{S}} |\varphi(z)|, \quad \|\psi\| = \sup_{\mathfrak{S}^*} |\psi(z^*)|$$

为了解方程(1.46), 只要证明算子 T 在 Banach 空间 $\hat{\mathscr{A}}[\mathfrak{S}, \mathfrak{S}^*]$ 内有一个不动点. T 是 $\hat{\mathscr{A}}[\mathfrak{S}, \mathfrak{S}^*]$ 的一个连续映射, 这一点是明显的; 因此只要验证 T^2 是一个压缩映射就足以证明 T 有一个不动点. 为了得出关于 $\|T^2\chi - T^2\tilde{\chi}\|$ 的估计, 我们着手计算下列各项

$$J^2\chi = \Big\{ \int_0^z K_1(\eta, 0; z) \Big\{ \int_0^\eta K_1(\xi, 0; \eta) \varphi(\xi) d\xi +$$

$$\int_0^{F_1(\eta)} K_1(0, \xi^*; \eta) \psi(\xi^*) d\xi^* \Big\} d\eta +$$

$$\int_0^{F_1(z)} K_1(0, \eta^*; z) \cdot$$

$$\Big\{ \int_0^{F_2(\eta^*)} K_2(\xi, 0; \eta^*) \varphi(\xi) d\xi +$$

$$\int_0^{\eta^*} K_2(0, \xi^*; \eta^*) \psi(\xi^*) d\xi^* \Big\} d\eta^*,$$

$$\int_0^{F_2(z^*)} K_2(\eta, 0; z^*) \Big\{ \int_0^\eta K_1(\xi, 0; \eta) \varphi(\xi) d\xi +$$

$$\int_0^{F_1(\eta)} K_1(0, \xi^*; \eta) \psi(\xi^*) d\xi^* \Big\} d\eta +$$

$$\int_0^{z^*} K_2(0, \eta^*; z^*) \Big\{ \int_0^{F_2(\eta^*)} K_2(\xi, 0; \eta^*) \varphi(\xi) d\xi +$$

$$\int_0^{\eta^*} K_2(0, \xi^*, \eta^*) \psi(\xi^*) d\xi^* \Big\} d\eta^* \Big\}$$

因为, 正如早就指出的, 被积函数在 $\mathbb{C}^2$ 内原点的一个充分小的双圆柱邻域内都是全纯的, 所以积分和路径

的变化(在这双圆柱域内)无关,我们可以用直线代替积分路径. 用 $F_k(k=1,2)$ 的内射性质,我们估计一个有代表性的积分如下

$$\left| \int_0^{F_1(z)} K_1(0,\eta^*;z) \cdot \left\{ \int_0^{F_2(\eta^*)} K_2(\xi,0;\eta^*)\varphi(\xi)\mathrm{d}\xi \right\} \mathrm{d}\eta^* \right| \leq$$

$$\left| \int_0^{F_1(z)} |K_1(0,\eta^*;z)| \cdot \left\{ \int_0^{F_2(\eta^*)} |K_2(\xi,0;\eta^*)| |\varphi(\xi)| \mathrm{d}\xi \right\} |\mathrm{d}\eta^*| \right| \leq$$

$$N^2 \|\varphi\| \left| \int_0^{F_1(z)} \left\{ \int_0^{F_2(\eta^*)} |\mathrm{d}\xi| \right\} |\mathrm{d}\eta^*| \right| \leq$$

$$N^2 \|\varphi\| \left| \int_0^{F_1(z)} |F_2(\eta^*)| |\mathrm{d}\eta^*| \right| \leq$$

$$LN^2 \|\varphi\| \left| \int_0^{F_1(z)} |\mathrm{d}\eta^*| \right| \leq L^2 N^2 \|\varphi\|$$

其中 $L \equiv \sup\{|z|\}$. 对所包含的其他积分成立同样的估计,因此

$$\|J^2\chi\| \leq 4L^2N^2 \|\chi\|$$

下面我们来计算 $\boldsymbol{HJ_\chi}$

$$\boldsymbol{HJ_\chi} = \left\{ S(z) \left\{ \int_0^{F_2 \circ F_1(z)} K_2(\xi,0;F_1(z))\varphi(\xi)\mathrm{d}\xi + \int_0^{F_1(z)} K_2(0,\xi^*;F_1(z))\psi(\xi^*)\mathrm{d}\xi^* \right\}, \right.$$

$$T(z^*) \left\{ \int_0^{F_2(z^*)} K_1(\xi,0;F_2(z^*))\varphi(\xi)\mathrm{d}\xi + \int_0^{F_1 \circ F_2(z^*)} K_1(0,\xi^*;F_2(z^*))\psi(\xi^*)\mathrm{d}\xi^* \right\} \right\}$$

像上面那样论证,并利用对 $S(z)$ 和 $T(z^*)$ 的上模上的上界,我们有

$$\|HJ_\chi\| \leqslant 2LMN \cdot \|\chi\|$$

用类似的计算我们得到

$$JH_\chi \equiv \Big[\int_0^z K_1(\xi,0;z)S(\xi)\psi \circ F_1(\xi)\mathrm{d}\xi +$$

$$\int_0^{F_1(z)} K_1(0,\xi^*;z)T(\xi^*)\varphi \circ F_2(\xi^*)\mathrm{d}\xi^*,$$

$$\int_0^{F_2(z^*)} K_2(\xi,0;z^*)S(\xi)\psi \circ F_1(\xi)\mathrm{d}\xi +$$

$$\int_0^{z^*} K_2(0,\xi^*;z^*)T(\xi^*)\varphi \circ F_2(\xi^*)\mathrm{d}\xi^*\Big]$$

由此我们得 $\|JH\chi\| \leqslant 2LMN\|\chi\|$. 最后

$$H^2\chi \equiv [S(z)T \circ F_1(z)\varphi \circ F_2 \circ F_1(z),$$
$$T(z^*)S \circ F_2(z^*)\psi \circ F_1 \circ F_2(z^*)]$$

和 $\|H^2\chi\| \leqslant \widetilde{M}\|\chi\|$. 从上面我们不难看出，如果 χ 和 $\widetilde{\chi} \in \hat{\mathscr{A}}[\mathfrak{S},\mathfrak{S}^*]$，那么有

$$\|T^2\chi - T^2\widetilde{\chi}\| \leqslant (\widetilde{M} + 4L^2N^2 + 4LMN) \cdot \|\chi - \widetilde{\chi}\|$$

因为由假定 $\widetilde{M} < 1$，选取 L 充分小，它就能小于 1. (注：对于中心在原点，且包含在 $\mathfrak{S}$ 和 $\mathfrak{S}^*$ 内的圆盘，F_k ($k=1,2$) 的内射性质成立，这种情形可能有.) 因此 T^2 是一个压缩映射，且 T 有一个不动点. 这就证明了我们的结论.

第二章　非线性方程的存在性定理[①]

这一章里我们将研究非线性(复)双曲型方程

$$U_{zz^*} = f(z, z^*, U, U_z, U_{z^*}) \quad (2.1)$$

的满足"广义"Goursat 数据的解的存在性和唯一性,这个"广义"Goursat 数据,在解析曲面 $\{z^* = F_1(z)\}$ 上,其形式为

$$U_z(z, z^*) \equiv \alpha_0(z, z^*) U(z, z^*) + \alpha_1(z, z^*) U_{z^*}(z, z^*) + g(z, z^*) \quad (2.2)$$

在解析曲面 $\{z = F_2(z^*)\}$ 上

$$U_{z^*}(z, z^*) \equiv \beta_0(z, z^*) U(z, z^*) + \beta_1(z, z^*) U_z(z, z^*) + h(z, z^*) \quad (2.3)$$

以及

$$U(0,0) = \gamma \quad (2.4)$$

当 (z, z^*, U, P, Q) 落在适当的积空间 $\mathfrak{S}^{(2)} \times \mathfrak{H}^{(3)} \equiv (\mathfrak{S} \times \mathfrak{S}^* \times \mathfrak{H} \times \mathfrak{H} \times \mathfrak{H})$ 内,且 $(0,0) \in \mathfrak{S} \times \mathfrak{S}^*$ 时,函数 $f(z, z^*, U, P, Q)$ 可以认为是五个复变量的全纯函数. 这个结果是由 R. P. Gilbert 和 Aziz 及 Howard 得

[①] 摘编自《偏微分方程的函数论方法》,R. P. Gilbert 著. 侯宗义,李明忠,徐振远译. 陈传璋校. 高等教育出版社,1893.

出的,它是涉及实的双曲型方程的早期方法的推广,至于详细情况读者可参阅 Aziz, Bogdanowicz, Chu 和 Diaz 的论文.

假定 U 是方程(2.1)的一个解,用

$$U_{zz^*} \equiv s \qquad (2.5)$$

定义一个函数 $s(z,z^*)$(在 $\mathfrak{S} \times \mathfrak{S}^*$ 内为全纯和有界的函数类中). 于是我们有下列式子

$$U(z,z^*) = \int_0^z \int_0^{z^*} s(\xi,\xi^*) \mathrm{d}\xi^* \mathrm{d}\xi + \int_0^z \varphi(\xi) \mathrm{d}\xi + \int_0^{z^*} \psi(\xi^*) \mathrm{d}\xi^* + U(0,0) \qquad (2.6)$$

$$U_z(z,z^*) = \int_0^{z^*} s(z,\xi^*) \mathrm{d}\xi^* + \varphi(z) \qquad (2.7)$$

$$U_{z^*}(z,z^*) = \int_0^z s(\xi,z^*) \mathrm{d}\xi + \psi(z^*) \qquad (2.8)$$

其中

$$\varphi(z) = U_z(z,0) \text{ 和 } \psi(z^*) = U_{z^*}(0,z^*) \qquad (2.9)$$

我们注意,$s(z,z^*)$ 必须满足方程

$$s(z,z^*) = f\Big(z,z^*, \int_0^z \int_0^{z^*} s(\xi,\xi^*) \mathrm{d}\xi^* \mathrm{d}\xi + \int_0^z \varphi(\xi) \mathrm{d}\xi + \int_0^{z^*} \psi(\xi^*) \mathrm{d}\xi^* + U(0,0),$$
$$\int_0^{z^*} s(z,\xi^*) \mathrm{d}\xi^* + \varphi(z),$$
$$\int_0^z s(\xi,z^*) \mathrm{d}\xi + \psi(z^*)\Big) \qquad (2.10)$$

反之,如果 s 满足方程(2.10),那么方程(2.1)的解由方程(2.6)给出. 我们也发现初始条件(2.2) ~ (2.4)等价于

$$\varphi(z) = \alpha_0(z) \Big\{ \int_0^z \varphi(\xi) \mathrm{d}\xi + \int_0^{F_1(z)} \psi(\xi^*) \mathrm{d}\xi^* +$$

$$\int_0^z \int_0^{F_1(z)} s(\xi,\xi^*)\mathrm{d}\xi^*\mathrm{d}\xi + \gamma\} +$$

$$\alpha_1(z)\left\{\psi(F_1(z)) + \int_0^z s(\xi,F_1(z))\mathrm{d}\xi\right\} -$$

$$\int_0^{F_1(z)} s(z,\xi^*)\mathrm{d}\xi^* + g(z) \qquad (2.11)$$

和

$$\psi(z^*) = \beta_0(z^*)\left\{\int_0^{z^*}\psi(\xi^*)\mathrm{d}\xi^* + \int_0^{F_2(z^*)}\varphi(\xi)\mathrm{d}\xi + \right.$$

$$\int_0^{F_2(z^*)}\int_0^{z^*} s(\xi,\xi^*)\mathrm{d}\xi^*\mathrm{d}\xi + \gamma\} +$$

$$\beta_1(z^*)\left(\varphi(F_2(z^*)) + \right.$$

$$\int_0^{z^*} s(F_2(z^*),\xi^*)\mathrm{d}\xi^*\} -$$

$$\int_0^{F_2(z^*)} s(\xi,z^*)\mathrm{d}\xi + h(z^*) \qquad (2.12)$$

我们断定,如果 $U(z,z^*)$ 是方程(2.1)的解,那么由方程(2.5)给出的 $s(z,z^*)$ 满足方程(2.10),反之亦然。而且,初始条件(2.2) ~ (2.4)等价于条件(2.11) ~ (2.12).

下面我们分别引进在 $\mathfrak{S}$ 和 $\mathfrak{S}^*$ 内全纯和有界的函数的 Banach 空间 $\mathscr{A}_1$ 和 $\mathscr{A}_2$,其范数分别为

$$\|\varphi\|_\lambda = \sup\{e^{-\lambda|z|} | \varphi(z)|\}, z \in \mathfrak{S}, \lambda > 0$$

$$\|\psi\|_\lambda = \sup\{e^{-\lambda|z^*|} | \psi(z^*)|\}, z^* \in \mathfrak{S}^*, \lambda > 0$$

为方便起见,像前面那样引进简化的记号

$$\chi = (\varphi,\psi), \chi_0 = (g(z) + \alpha_0(z)\gamma, h(z^*) + \beta_0(z^*)\gamma)$$
$$(2.13)$$

$$H_\chi = (\alpha_1(z)\psi(F_1(z)), \beta_1(z^*)\varphi(F_2(z^*)))$$
$$(2.14)$$

第三部分 Riemann 函数面面观

$$J_\chi = \left\{ \alpha_0(z) \left\{ \int_0^z \varphi(\xi) \mathrm{d}\xi + \int_0^{F_1(z)} \psi(\xi^*) \mathrm{d}\xi^* \right\},\right.$$
$$\left. \beta_0(z^*) \left\{ \int_0^{z^*} \psi(\xi^*) \mathrm{d}\xi^* + \int_0^{F_2(z^*)} \varphi(\xi) \mathrm{d}\xi \right\} \right\}$$
(2.15)

$$\Omega s = (\Omega_1 s, \Omega_2 s) =$$
$$\alpha_0(z) \int_0^z \int_0^{F_1(z)} s(\xi, \xi^*) \mathrm{d}\xi^* \mathrm{d}\xi +$$
$$\alpha_1(z) \int_0^z s(\xi, F_1(z)) \mathrm{d}\xi -$$
$$\int_0^{F_1(z)} s(z, \xi^*) \mathrm{d}\xi^*,$$
$$\beta_0(z^*) \int_0^{F_2(z^*)} \int_0^{z^*} s(\xi, \xi^*) \mathrm{d}\xi^* \mathrm{d}\xi +$$
$$\beta_1(z^*) \int_0^{z^*} s(F_2(z^*), \xi^*) \mathrm{d}\xi^* -$$
$$\int_0^{F_2(z^*)} s(\xi, z^*) \mathrm{d}\xi \qquad (2.16)$$

于是我们可以用算子记号符号性地把方程组(2.11)和(2.12)写为

$$(I - H - J)\chi = \chi_0 + \Omega s \qquad (2.17)$$

并且,如果逆算子 $B = (I - H - J)^{-1}$ 存在,那么我们就能够把函数 φ 和 ψ 表示为作用在函数 s 上的算子. 注意在现在的上下文中,我们论述耦合 (φ, ψ), 等等, 这里 $\varphi \in \mathscr{A}_1, \psi \in \mathscr{A}_2$, 如果用 $\|(\varphi, \psi)\| = \max\{\|\varphi\|_\lambda, \|\psi\|_\lambda\}$ 作为范数, 那么可以把这个耦合的集合本身看成是一个 Banach 空间. 用 $\mathscr{A}(\mathfrak{S}, \mathfrak{S}^*)$ 表示这个 Banach 空间. 我们注意, 如果对 $(z, z^*) \in (\mathfrak{S}, \mathfrak{S}^*)$ 有 $(F_1(z), F_2(z^*)) \in (\mathfrak{S}, \mathfrak{S}^*)$, 那么我们所考虑的各种算子都是 $\mathscr{A}$ 到 $\mathscr{A}$ 内的.

为了证明算子 B 存在,只要证明方程
$$(I - H - J)\chi = G$$
对每个 $G \in \mathscr{A}$ 有唯一的解. 现在如果 $(I - H)^{-1}$ 存在,那么我们可以把这个方程改写为
$$(I - A)\chi = (I - (I - H)^{-1}J)\chi = (I - H)^{-1}G$$
所以,算子 B 是否存在的问题能够化成研究首先 $(I - H)^{-1}$ 是否存在,以及其次 $(I - A)^{-1}$ 是否存在.

引理 1 设 $f(z, z^*, U, P, Q)$ 在多圆柱域 $\mathfrak{S}^{(2)} \times \mathfrak{H}^{(3)}$ 内全纯,又设
$$\{\Delta_\rho, \Delta_\rho^*\} \equiv \{|z| \leqslant \rho\} \times \{|z^*| \leqslant \rho\} \subset \mathfrak{S}^{(2)}$$
而且,设 $F_1(z) = z^*$ 是 Δ_ρ 到 Δ_ρ^* 内的内射映射,$F_2(z^*) = z$ 是 Δ_ρ^* 到 Δ_ρ 内的内射映射,这里 $F_1(z)$ 和 $F_2(z^*)$ 是保持原点不动的解析函数,并且假定在 Δ_ρ 内 $F_k(W)$ 都没有等式 $|F_k(W)| = |W|$. 最后,设 $|\alpha_1(0)\beta_1(0)| < 1$. 那么在 Banach 空间 $\mathscr{A}(\Delta_\rho, \Delta_\rho^*)$ 内,算子 $(I - H)^{-1}$ 存在,并且对某个正数 K 和一切 $\lambda > 0$, $\|(I - H)^{-1}\|_\lambda \leqslant K$.

注 由引理 1 的证明,显然,如果 $\|\alpha_1\|_0 \cdot \|\beta_1\|_0 < 1$,那么 $F_k(k=1,2)$ 可取为解析的 Δ_ρ 到 Δ_ρ^* 上保持原点不变的一对一映射(即 Δ_ρ 的旋转).

下面我们考虑算子
$$A \equiv (I - H)^{-1}J$$
我们有 λ-范数估计
$$\|A\|_\lambda \leqslant (\|(I - H)^{-1}\|_\lambda \|J\|_\lambda$$
如果我们设 $\widetilde{\chi} = J_\chi = (\widetilde{\varphi}, \widetilde{\psi})$,那么从 J 的定义就有
$$|\widetilde{\varphi}(z)| = \left|\alpha_0(z)\left\{\int_0^z \varphi(\xi)\mathrm{d}\xi + \int_0^{F_1(z)} \psi(\xi)\mathrm{d}\xi^*\right\}\right| \leqslant$$

$$\|\alpha_0\|_0 \left\{ \left| \int_0^z \varphi(\xi) d\xi \right| + \left| \int_0^{F_1(z)} \psi(\xi) d\xi^* \right| \right\} \leq$$

$$\|\alpha_0\|_0 \left\{ \int_0^{|z|} \|\varphi\|_\lambda e^{\lambda|\xi|} | d\xi | + \int_0^{|z|} \|\psi\|_\lambda e^{\lambda|\xi^*|} | d\xi^* | \right\} \leq$$

$$2 \|\alpha_0\|_0 \left(\frac{e^{\lambda|z|}}{\lambda} \right) \|\chi\|_\lambda$$

这里我们已经假定了 $|F_1(z)| < |z|$ 以及 φ 和 ψ 在圆盘 Δ_ρ 和 Δ_ρ^* 内正则,所以曲线积分路径可以用直线积分路径代替.

类似地,对于 $|\tilde{\psi}(z^*)|$ 我们有

$$|\tilde{\psi}(z^*)| \leq 2 \|\beta_0\|_0 \left(\frac{e^{\lambda|z^*|}}{\lambda} \right) \|\chi\|_\lambda$$

所以对某个正数 M 和 $\lambda > 0$

$$\|J\|_\lambda \leq \frac{M}{\lambda}$$

把这个结果和 $\|(I-H)^{-1}\|_\lambda \leq K$ 相结合,我们得到,对充分大的 λ, $\|A\|_\lambda \leq \frac{KM}{\lambda} < \frac{1}{2}$. 所以,对充分大的 λ 就有 $\|B\|_\lambda \leq 2K$;我们得出结论:

引理 2 如果引理 1 的假设成立,那么在 Banach 空间 $\mathcal{A}(\Delta_\rho, \Delta_\rho^*)$ 内算子 $(I-H-J)\chi = G$ 有一个解.

我们已经证明的是,如果 $U(z,z^*)$ 是方程(2.1)的解,那么我们可以用 $s(z,z^*) \equiv U_{zz^*}$ 来解 $\chi \equiv (\varphi, \psi)$. 由这一结论,现在我们能够研究我们原来的问题,即初值问题(2.1) ~ (2.4) 唯一解的存在性. 抱着这一目的,现在我们引进算子

$$Ts(z,z^*) = f(z,z^*, K_1s, K_2s, K_3s)$$

(这里 $K_i(i=1,2,3)$ 是公式(2.6)~(2.8)的右边,可以证明它把 Banach 空间 $\mathscr{A}(\Delta_\rho,\Delta_\rho^*)$ 内的闭集映照为它自身.)$K_i(i=1,2,3)$ 能用

$$\chi \equiv (\varphi,\psi) = (I-H-J)^{-1}(\chi_0+\Omega s) =$$
$$B(\chi_0+\Omega s) =$$
$$(B_1\varphi_0,B_2\psi_0)+(B_1\Omega_1 s,B_2\Omega_2 s)$$

的分量表示. 在公式(2.6)~(2.8)中使用上面的记号,我们可以表示为 $K_i s(i=1,2,3)$ 如下

$$\begin{cases} K_1 s = \tilde{D}s + j(B_1\Omega_1 s) + j^*(B_2\Omega_2 s) + u_1 \\ K_2 s = D^* s + (B_1\Omega_1 s) + \varphi_1 \\ K_3 s = Ds + (B_2\Omega_2 s) + \psi_1 \end{cases}$$

(2.18)

其中

$$\begin{cases} \tilde{D}s(z,z^*) = \int_0^z \int_0^{z^*} s(\xi,\xi^*) \mathrm{d}\xi^* \mathrm{d}\xi \\ D^* s(z,z^*) = \int_0^{z^*} s(z,\xi^*) \mathrm{d}\xi^* \\ Ds(z,z^*) = \int_0^z s(\xi,z^*) \mathrm{d}\xi \end{cases} \quad (2.19)$$

$$\begin{cases} j(B_1\Omega_1 s) = \int_0^z (B_1\Omega_1 s)(\xi,z^*) \mathrm{d}\xi \\ j^*(B_2\Omega_2 s) = \int_0^{z^*} (B_2\Omega_2 s)(z,\xi^*) \mathrm{d}\xi^* \end{cases} \quad (2.20)$$

以及

$$u_1 = \gamma + \int_0^z \varphi_1(\xi) \mathrm{d}\xi + \int_0^{z^*} \psi_1(\xi^*) \mathrm{d}\xi^* \quad (2.21)$$

回想一下,$f(z,z^*,U,P,Q)$ 是假定在多圆柱域 $\mathfrak{S}^{(2)} \times \mathfrak{H}^{(3)}$ 内全纯的,所以,利用多复变量函数的

Schwartz 引理,就有,对于 (z,z^*,U_0,P_0,Q_0),$(z,z^*,U,P,Q) \in \mathfrak{S}^{(2)} \times \mathfrak{H}^{(3)}$

$$|f(z,z^*,U,P,Q) - f(z,z^*,U_0,P_0,Q_0)| \leqslant$$
$$\frac{\|W\|}{R} \max_{\|W\|=R} \|f(z,z^*,U,P,Q)\| \qquad (2.22)$$

其中 $W \equiv (U-U_0, P-P_0, Q-Q_0)$,$\|W\|$ 是相应的范数,而 $\{\|W\|=R\} \subset \mathfrak{H}^{(3)}$。例如,如果我们取范数

$$\|W\| = |U-U_0| + |P-P_0| + |Q-Q_0|$$

那么就得到下面更强不等式的 Lipschitz 条件

$$|Ts - T\tilde{s}| \leqslant L_0(|K_1 s - K_1 \tilde{s}| + |K_2 s - K_2 \tilde{s}| + |K_3 s - K_3 \tilde{s}|) \qquad (2.23)$$

其中

$$L_0 = \left(\frac{1}{R}\right) \max_{\|W\|=R} \|f(z,z^*,U,P,Q)\|$$

从 λ-范数的定义,我们由此得到

$$\|Ts - T\tilde{s}\|_\lambda \leqslant L_0(\|K_1 s - K_1 \tilde{s}\|_\lambda + \|K_2 s - K_2 \tilde{s}\|_\lambda + \|K_3 s - K_3 \tilde{s}\|_\lambda) \qquad (2.24)$$

容易证明,对 $\lambda > 0$,在式(2.18)~(2.21)中出现的各种算子按它们的 λ-范数的估计是 $\frac{1}{\lambda}$ 阶的;例如我们得到

$$|\tilde{D}s| \leqslant$$
$$\|s\|_\lambda \int_0^{|z|} \int_0^{|z^*|} \exp[\lambda(|\xi|+|\xi^*|)] d\xi^* d\xi \leqslant$$
$$\left(\frac{\|s\|_\lambda}{\lambda^2}\right) \exp \lambda(|z|+|z^*|)$$

它意味着对 $\lambda > 1$,$\|\tilde{D}\|_\lambda \leqslant \frac{1}{\lambda}$。对其他算子可得到

类似的界,我们有

$$\|K_1 s\|_\lambda \leq \|\tilde{D}\|_\lambda \|s\|_\lambda + \|jB_1\Omega_1\|_\lambda \|s\|_\lambda + \|j^* B_2 \Omega_2\|_\lambda \|s\|_\lambda + \|u_1\|_0$$

这里 $\|s\|_\lambda$ 的所有系数都是 $O(1/\lambda)$. 因此, 如果 $\|u_1\|_0 < C_1$, 那么当 $\|s\|_\lambda$ 有界, λ 充分大时 $\|K_1 s\|_\lambda \leq C_1$. 类似地, 用完全类似的理由, 当 $\|s\|_\lambda$ 有界和 λ 充分大时, 我们得到, 如果 $\|\varphi_1\|_0 < C_2$ 和 $\|\psi_1\|_0 < C_3$, 那么 $\|K_2 s\|_\lambda \leq C_2$ 和 $\|K_3 s\|_\lambda \leq C_3$.

把上述结果与式(2.24)相结合, 我们有

$$\|Ts - T\tilde{s}\|_\lambda \leq 2L_0 [C_1 + C_2 + C_3] = L_1$$

因此, 如果 $\|s - \tilde{s}\|_\lambda \leq L_1(\lambda)$ 充分大, 那么 T 把 $\mathscr{A}(\Delta_\rho, \Delta_\rho^*)$ 内的一个闭球映射到它自身. 最后为了看出 T 是一个压缩映射, 我们考虑下面的估计式(λ 充分大)

$$\|Ts - T\tilde{s}\|_\lambda \leq L_0 \{\sum_{i=1}^{3} \|K_i s - K_i \tilde{s}\|_\lambda\} \leq \frac{L_2}{\lambda}$$

于是我们有:

引理 3 方程 $Ts(z, z^*) = s(z, s^*)$ 存在着唯一的解.

上述结果对线性和非线性椭圆型方程都有应用. 首先考虑非线性方程

$$F(x, y, W, W_x, W_y, W_{xx}, W_{yy}) \equiv$$
$$\Delta W + \tilde{f}(x, y, W, W_x, W_y) = 0 \quad (2.25)$$

这里 $W(x, y) = u(x, y) + iv(x, y)$, 让我们找一个解, 它在两条解析曲线 $y = f_1(x), x = f_2(y)$ 上满足下列初始数据

$$u_x = \alpha_0^{(1)} u - \alpha_0^{(2)} v + \alpha_1^{(1)} u_y - \alpha_1^{(2)} v_y + g^{(1)}$$

第三部分 Riemann 函数面面观

$$v_x = \alpha_0^{(2)} u + \alpha_0^{(1)} v + \alpha_1^{(2)} u_y + \alpha_1^{(1)} v_x + g^{(2)}$$
在 $y = f_1(x)$ 上 (2.26)

$$u_y = \beta_0^{(1)} u - \beta_0^{(2)} v + \beta_1^{(1)} u_x - \beta_1^{(2)} v_x + h^{(1)}$$
在 $x = f_2(y)$ 上

$$v_y = \beta_0^{(2)} u + \beta_0^{(1)} v + \beta_1^{(2)} u_x + \beta_1^{(1)} v_y + h^{(2)}$$
在 $x = f_2(y)$ 上 (2.27)

其中

$$\begin{cases} \tilde{\alpha}_k = \alpha_k^{(1)} + i\alpha_k^{(2)}, k = 0,1, \tilde{g} = g^{(1)} + ig^{(2)} \\ \tilde{\beta}_k = \beta_k^{(1)} + i\beta_k^{(2)}, k = 0,1, \tilde{H} = h^{(1)} + ih^{(2)} \end{cases}$$
(2.28)

和

$$u(x_0, y_0) = \gamma^{(1)}, v(x_0, y_0) = \gamma^{(2)}, \tilde{\gamma} = \gamma^{(1)} + i\gamma^{(2)}$$
(2.29)

最后,必须对上述数据的系数和函数 $\tilde{f}(x, y, W, W_x, W_y)$ 强加上某些解析性条件. 对初始数据的系数所加的条件本质上和对于方程(2.25)的线性情况所说明的条件相同,我们陈述下面适用于线性情形的定理. 我们首先对 Goursat 数据给定在两条直线上的情形证明一个定理.

定理 1[G.K.L.1] 非线性椭圆型偏微分方程 (2.25) 和初始数据 (2.26) ~ (2.29) 给定在两条直线 $y = Ax, x = By$ 上的问题,这里 $AB \neq 1$,在充分小的圆盘 Δ_ρ 内有唯一的解,如果下列条件成立:

(1) $\Delta_\rho \subset \mathfrak{S} \cap \mathfrak{S}^*$.

(2) $\tilde{\alpha}_0(\xi_2), \tilde{\alpha}_1(\xi_2), \tilde{g}(\xi_2)$ 在 $(i\mathfrak{R}^{(2)})$ 内解析,以及 $\tilde{\beta}_0(\xi_1), \tilde{\beta}_1(\xi_1), \tilde{H}(\xi_1)$ 在 $\mathfrak{R}^{(2)}$ 内解析.

这里$(i\Re^{(2)}) \equiv [\mathfrak{S} \cup \mathfrak{S}^*]$的凸壳.

(3) $f(z,z^*,W,W_z,W_{z^*}) \equiv \tilde{f}\{(z+z^*)/2,(z-z^*)/2i,W,W_z+W_{z^*},i[W_z-W_{z^*}]\}$,其中$W(z,z^*) \equiv \hat{W}(x,y)$,具有到多圆柱域$\mathfrak{S}^{(2)} \times \mathfrak{H}^{(3)}$的全纯延拓.

(4) $\left|\dfrac{\tilde{\alpha}_1(0)-i}{\tilde{\alpha}_1(0)+1} \cdot \dfrac{\bar{\beta}_1(0)-i}{\bar{\beta}_1(0)+i}\right| < 1.$

证明 我们把线性偏微分方程(2.25)和初始数据(2.26)~(2.29)转化成双曲型方程(2.1)和广义Goursat 数据(2.2)~(2.4).条件(2)表示F_k是Δ_ρ到Δ_ρ上的一对一映射;特别地,我们有

$$F_1(z) \equiv ze^{i\alpha} \text{ 和 } F_2(z^*) \equiv z^* e^{i\beta}$$

其中

$$e^{i\alpha} = \frac{i+A}{i-A} \text{ 和 } e^{i\beta} = \frac{B+i}{B-i}$$

对解析曲面$\Gamma_k(k=1,2)$利用这种形式,则转化了的Goursat 数据(2.2),(2.3)变成

$$U_z(z,z^*) = \{1-\alpha_1(z)e^{i\alpha}\}^{-1} \cdot [\alpha_0(z)U(z,z^*)+\hat{g}(z)] \quad (2.30)$$

和

$$U_{z^*}(z,z^*) = \{1-\beta_1(z^*)e^{i\beta}\}^{-1} \cdot [\beta_0(z^*)U(z,z^*)+\hat{h}(z^*)] \quad (2.31)$$

像前面那样用式(2.5)~(2.9)引进函数函数$s(z,z^*),\varphi(z)$和$\psi(z^*)$,我们得到下列初始数据(2.11)和(2.12)的改变了的形式,亦即

$$\varphi(z) = \left[a(z)\alpha_0(z)\int_0^z d\xi \int_0^{ze^{i\alpha}} d\xi^* s(\xi,\xi^*) - \int_0^{ze^{i\alpha}} s(z,\xi^*)d\xi^*\right] +$$

$$a(z)\alpha_0(z)\left[\int_0^z \varphi(\xi)\mathrm{d}\xi + \int_0^{ze^{i\alpha}} \psi(\xi^*)\mathrm{d}\xi^*\right] +$$

$$a(z)\alpha_0(z)[\hat{g}(z) + \gamma] \qquad (2.32)$$

其中 $a(z) \equiv \{1 - \alpha_1(z)z^{i\alpha}\}^{-1}$, 和

$$\psi(z^*) = \left[b(z^*)\beta_0(z^*)\int_0^{z^*e^{i\beta}} \mathrm{d}\xi\int_0^{z^*} \mathrm{d}\xi^* s(\xi,\xi^*) - \right.$$

$$\int_0^{z^*e^{i\beta}} s(\xi,z^*)\mathrm{d}\xi\right] +$$

$$b(z^*)\beta_0(z^*)\left[\int_0^{z^*} \psi(\xi^*)\mathrm{d}\xi^* + \right.$$

$$\left.\int_0^{z^*e^{i\beta}} \varphi(\xi)\mathrm{d}\xi\right] +$$

$$b(z^*)\beta_0(z^*)[\hat{h}(z) + \gamma] \qquad (2.33)$$

其中 $b(z^*) \equiv \{1 - \beta_1(z^*)e^{i\beta}\}^{-1}$. 用上面所列出的式子,算子方程(2.17)就取简化了的形式

$$(I - J')\chi = \chi_0 + \Omega's \qquad (2.34)$$

这里 J' 和 Ω' 的定义较前有某些修改;即

$$J'\chi \equiv \left\{a(z)\alpha_0(z)\left[\int_0^z \varphi(\xi)\mathrm{d}\xi + \int_0^{ze^{i\alpha}} \psi(\xi^*)\mathrm{d}\xi^*\right],\right.$$

$$\left.b(z^*)\beta_0(z^*)\left[\int_0^{z^*} \psi(\xi^*)\mathrm{d}\xi^* + \int_0^{z^*e^{i\beta}} \varphi(\xi)\mathrm{d}\xi\right]\right\}$$

$$(2.35)$$

和

$$\Omega'\chi \equiv \left(a(z)\alpha_0(z)\int_0^z \mathrm{d}\xi\int_0^{ze^{i\alpha}} s(\xi,\xi^*)\mathrm{d}\xi^* - \right.$$

$$\int_0^{ze^{i\alpha}} s(z,\xi^*)\mathrm{d}\xi^*,$$

$$b(z^*)\beta_0(z^*)\int_0^{z^*} \mathrm{d}\xi^*\int_0^{z^*e^{i\beta}} s(\xi,\xi^*)\mathrm{d}\xi -$$

$$\left.\int_0^{z^*e^{i\beta}} s(\xi,z^*)\mathrm{d}\xi\right) \qquad (2.36)$$

这个算子方程和方程(2.17)之间的本质区别是,这里不出现形如 H 的算子. 读者回想一下,建立引理2所用的方法依赖于算子 $(I-H)^{-1}$ 的存在性. 对于 F_k 严格地是内解析映射 $F_k:\Delta_\rho\to\Delta_\rho^*$ 的情形,这个算子的存在性在[A.G.H.2]中已被证明了. 在现在情形下,我们有 Δ_ρ 到 Δ_ρ^* 上的一对一映射;而且算子 H 在方程(2.34)中不出现. 现在,如果函数 $a(z)$ 和 $b(z^*)$ 分别在 Δ_ρ 和 Δ_ρ^* 保持有界,用如同证明 $\|J\|$ 有界的相同的论证就可以证明 $\|J'\|<\dfrac{M}{\lambda}$. 如果 $|\alpha_1(0)\beta_1(0)|<1$,那么由连续性,存在半径为 ρ 的一个闭圆盘,在闭圆盘内 $a(z)$ 和 $b(z^*)$ 都有界. 条件(4)保证了这一点对变换后的系数成立.

最后,我们断言,$(I-J')^{-1}$ 存在,且方程(2.34)在 Banach 空间 $\mathscr{A}(\Delta_\rho,\Delta_\rho^*)$ 内有解. 定理余下部分由和引理3相同的证明得出.

推论1 非线性椭圆型偏微分方程(2.25)带有给定在两条不相切的解析曲线上的初始数据(2.26)~(2.29)的问题,在充分小的一个圆盘 Δ_ρ 内有唯一的解,如果定理1的条件(1)~(4)成立,另外还有:

(5) $f_1(\xi_1), f_2(\xi_2)$ 分别关于 $\xi_1\in\Re^{(2)}$ 和 $\xi_2\in(i\Re^{(2)})$ 是解析的.

证明 两个解析曲面局部地可用它们的相切的解析平面近似. 因此,在原点的一个充分小邻域内,所有不相切而相交的解析曲线本质上就像两条相交直线,$y=Ax, x=By(AB\ne 1)$. 如果上述问题没有唯一的解,那么这就和定理1矛盾.

注1 用完全分析的论证,R. P. Gilbert 和 Colton 也建立了推论1,他们利用共形映射的方法能够提出展示解的构造性的证明.

注2 式(2.4)和(2.5)的条件(4)表示系数 $\tilde{\alpha}_1(0)$ 和 $\tilde{\beta}_1(0)$ 是复的. 这条件看来是必要的,因为如果 Goursat 数据的系数和 $\tilde{\gamma}$ 都是实值,那么式(2.4)和(2.5)的正确性意味着 Robin 问题的不唯一性. 事实上,如果对于实解 $u(x,y)$(就是 $v(x,y) \equiv 0$),实数据(2.26)(2.27)用 u 和它在 $\Gamma_1 \equiv \{y = f_1(x)\}$ 和 $\Gamma_2 \equiv \{x = f_2(y)\}$ 上的法向导数来重写,那么在 Δ_ρ 内就有 Robin 数据给定在开曲线 $(\Gamma_1 \cup \Gamma_2) \cap \Delta_\rho$ 上,这样一个问题显然是不适定的,它没有唯一的解.

第三编

在 Riemann 猜想之下

第三部分　Riemann 函数面面观

Riemann 猜想是近代数学中的一个基本假设. 许多重大问题的解决都依赖于它.

比如 Weil 给出 RH 的一个判别准则:

RH 成立当且仅当

$$\sum_{\gamma} h(\gamma) > 0$$

对所有形式为 $h(r) = h_0(r)\overline{h_0(r)}$ 的 (允许) 函数 h 成立.

Li Xian-Jun 给出过一个很好的判别准则,它的效果是人们可以将注意力限于一个特殊的序列 h_n:

Riemann 猜想成立当且仅当 $\lambda_n \geqslant 0$ 对任意的 $n = 1,2,\cdots$ 成立,其中

$$\lambda_n = \sum_{\rho} \left(1 - \left(1 - \frac{1}{\rho}\right)^n\right)$$

通常,对零点的求和为 $\lim\limits_{T\to\infty}\sum\limits_{|\rho|<T}\lambda_n$ 的另一个表达式为

$$\lambda_n = \frac{1}{(n-1)!}\frac{\mathrm{d}^n}{\mathrm{d}s^n}(s^{n-1}\log\xi(s))\big|_{s=1}$$

若能找到这些 λ_n 的 (几何) 解释,或是找到与另外的 L 函数相应的那些 λ_n 的解释,从而使它们为正数是明显的,这将特别有意思.

Bombieri 和 Lagarias 发表过一篇论文 *Complements to Li's criterion for the Riemann Hypothesis*, Journal of Number Theory, 1999, 77, p. 274-287, 指出 Li Xian-Jun 的判据并不是特别对 ζ 函数才成立. 而是对任意的由复数 ρ 构成的多重集都成立的一般性不等式的推论.

可能是在寻求 $\zeta(s)$ 的零点的谱的解释过程中，Selberg 证明了关于作用在实解析函数空间上 Laplace 算子的一个迹公式，这些函数定义在上半平面 $\mathscr{H} = \{x + iy : y > 0\}$，在群 $SL(2, \mathbb{Z})$ 作用下是不变的，这里 $SL(2, \mathbb{Z})$ 为作用在 $\mathscr{H}$ 上的具整数元的行列式为 1 的分式线性变换构成的不连续群。不变性表达式为

$$f\left(\frac{az+b}{cz+d}\right) = f(z)$$

这里的 Laplace 算子为

$$\Delta = -y^2\left(\frac{\partial^2}{\partial x^2} + \frac{\partial^2}{\partial y^2}\right)$$

Δ 的谱分成连续部分和离散部分。特征值 λ 都是正的，且通常表达为 $\lambda = s(1-s)$。连续部分由所有 $s = \frac{1}{2} + it(t \geq 0)$ 组成，记其离散部分为 $s_j = \frac{1}{2} + ir_j$。则

$$\sum_{j=1}^{\infty} h(r_j) = -h(0) - g(0)\log\frac{\pi}{2} -$$

$$\frac{1}{2\pi}\int_{-\infty}^{\infty} h(r)G(r)\mathrm{d}r +$$

$$2\sum_{n=1}^{\infty}\frac{\Lambda(n)}{n}g(2\log n) +$$

$$\sum_{P}\sum_{l=1}^{\infty}\frac{g(l\log P)\log P}{P^{\frac{l}{2}} - P^{-\frac{l}{2}}}$$

第一章 关于乘法分拆计数函数的取值[①]

山东大学的曹惠中教授早在 1992 年就讨论了自然数 n 的乘法分拆的计数函数 $g(n)$. 设 $A = \{\frac{1}{K}; K$ 是自然数,$K \neq 2\}$. 他证明了设任给 $\alpha \in A$,都存在自然数的子序列 $a_n, n = 1, 2, \cdots$ 使 $\log g(a_n) \sim \alpha \log a_n, n \to \infty$. 在 Riemann 猜想下,他证明了设任给 $\beta \in [0, \frac{1}{2}]$,都存在自然数的子序列 $b_n, n = 1, 2, \cdots$ 使
$$\log g(b_n) \sim \beta \log b_n, n \to \infty$$

考虑集合 $T(n) = \{(m_1, m_2, \cdots, m_s); n = m_1 m_2 \cdots m_s, m_i > 1, 1 \leq i \leq s\}$,此处不计 $m_1, m_2, \cdots, m_s$ 的次序. 我们定义 $g(n) = |T(n)|, n > 1$ 及 $g(1) = 1$. 易见 $g(n)$ 是乘法分拆的计数函数. 对于加法分拆的计数函数 $P(n)$,我们已知 $\log P(n) \sim \pi \sqrt{\frac{2}{3}} n^{\frac{1}{2}}, n \to \infty$. 由于 $g(n)$ 的取值是极不规则的,它没有这样的式子存在. 这从以下的事实可以看出. 取 $n_k = p_k$,此处 p_k 为第 k 个素数. 我们有 $\log g(n) = 0$;而取 $n_k = p_1 p_2 \cdots p_k$,容易证明 $\log g(n_k) \sim k \log k, k \to \infty$. 对于自然数的子序列,本章证明了

[①] 摘编自《数学杂志》,1992 年 3 月,第 12 卷. 第 3 期.

定理 1　设 $A = \{\frac{1}{K}; K$ 是自然数, $K \neq 2\}$，则对任给 $\alpha \in A$，都存在自然数的子序列 $\{a_n\}$，$n = 1, 2, \cdots$ 使

$$\log g(a_n) \sim \alpha \log a_n, n \to \infty$$

推论 1　任给 $\alpha \in A$ 及 $\alpha > 0$，都存在无穷多个自然数 n，使

$$n^{\alpha-} < g(n) < n^{\alpha+}$$

在 1983 年，John F. Hughes 和 J. O. Shallit[1] 证明了 $g(n) \leqslant 2n^2$。在 1987 年，陈小夏[2] 证明了 $g(n) \leqslant n$。由推论 1 并取 $\alpha = 1$ 立得：

推论 2　$g(n) \not\equiv 0(n^\alpha), \alpha < 1.$

在 Riemann 猜想下，本章证明了：

定理 2　对任给 $\beta \in \left[0, \frac{1}{2}\right]$，都存在自然数的子序列 $\{b_n\}$，$n = 1, 2, \cdots$ 使

$$\log g(b_n) \sim \beta \log b_n, n \to \infty$$

1. 两个引理

为了定理的证明，我们需要以下两个引理.

引理 1　设 p_n 为第 n 个素数，则有

$$p_{n+1} - p_n \ll p_n^{\frac{7}{12}-\alpha}$$

证明见 [3].

引理 2　在 Riemann 猜想下，则有

$$p_{n+1} - p_n \ll p_n^{\frac{1}{2}} \log p_n$$

证明见 [4].

2. 定理 1 的证明

首先设 $\alpha = \frac{1}{K}, K = 3, 4, \cdots$. 令 $\alpha_1 = \frac{1}{\alpha}$，则 $\alpha_1 \geqslant 3$.

第三部分 Riemann 函数面面观

由引理 1 我们知道存在一个充分大的正数 x_0, 当 $x > x_0$, 在区间 $[x, x + x^{\frac{2}{3}}]$ 上至少有一个素数存在. 设 n_0 是自然数且 $n_0 > x_0$. 考虑一个区间序列

$$\{[(n_0+i)^{\alpha_1}, (n_0+i)^{\alpha_1} + (n_0+i)^{\frac{2}{3}\alpha_1}]\}, i = 1, 2, \cdots$$

设 $\lambda > 1, x > 0$, 我们有

$$(x+1)^\lambda - x^\lambda = \lambda(x+\theta)^{\lambda-1} > x^{\lambda-1}, 0 < \theta < 1$$

即

$$(x+1)^\lambda > x^\lambda + x^{\lambda-1} \qquad (1.1)$$

由式 (1.1) 及 $\alpha_1 - 1 \geqslant \frac{2}{3}\alpha_1$, 我们得到

$$(n_0+(i+1))^{\alpha_1} > (n_0+i)^{\alpha_1} + (n_0+i)^{\alpha_1-1} \geqslant$$
$$(n_0+i)^{\alpha_1} + (n_0+i)^{\frac{2}{3}\alpha_1}$$

因此

$$[(n_0+i)^{\alpha_1}, (n_0+i)^{\alpha_1} + (n_0+i)^{\frac{2}{3}\alpha_1}] \cap$$
$$[(n_0+j)^{\alpha_1}, (n_0+j)^{\alpha_1} + (n_0+j)^{\frac{2}{3}\alpha_1}] = \phi, i \neq j$$

取 $q_i \in [(n_0+i)^{\alpha_1}, (n_0+i)^{\alpha_1} + (n_0+i)^{\frac{2}{3}\alpha_1}], i = 1, 2, \cdots$ 且 q_i 都是素数. 令 $\alpha_n = \prod_{i=1}^{n} q_i$ 并设 $B(n)$ 为第 n 个 Bell 数, 我们有

$$\log g(a_n) = \log B(n) \sim n\log n, n \to \infty \,^{[5]}$$
$$(1.2)$$

由 $(n_0+i)^{\alpha_1} \leqslant q_i \leqslant (n_0+i)^{\alpha_1} + (n_0+i)^{\frac{2}{3}\alpha_1}, i = 1, 2, \cdots$, 我们有

$$\alpha_1 \sum_{i=1}^{n} \log(n_0+i) \leqslant \log a_n \leqslant$$
$$\alpha_1 \sum_{i=1}^{n} \log(n_0+i) + \sum_{i=1}^{n} \log(1 + n_0+i)^{-\frac{1}{3}\alpha_1} \qquad (1.3)$$

因为 $\log x, x > 0$ 是单调递增函数,我们有

$$\sum_{i=1}^{n} \log(n_0 + i) = \int_0^n \log(n_0 + x)\,dx + O(\log(n_0 + n)) \sim n\log n$$
$$n \to \infty \qquad (1.4)$$

由 $\log(1+x) < x, x > 0$ 及 $\alpha_1 \geqslant 3$,我们有

$$\log(1 + (n_0+i)^{-\frac{1}{3}\alpha_1}) < (n_0+i)^{-\frac{1}{3}\alpha_1} \leqslant (n_0+i)^{-1}$$

所以

$$\sum_{i=1}^{n} \log(1 + n_0 + i)^{-\frac{1}{3}\alpha_1} \leqslant \sum_{i=1}^{n}(n_0+i)^{-1} = O(\log n), n \to \infty$$
$$(1.5)$$

由式(1.3)(1.4)及(1.5),我们得到

$$\log a_n \sim \alpha_1 n\log n, n \to \infty \qquad (1.6)$$

由式(1.2)(1.6)即得

$$\frac{\log g(a_n)}{\log a_n} \sim \frac{n\log n}{\alpha_1 n\log n} = \frac{1}{\alpha_1} = \alpha$$

当 $\alpha = 1$ 时,令 $a_n = p_1 p \cdots$,此处 p_i 为第 i 个素数.
一方面,我们有

$$\log a_n = \log B(n) \sim n\log n, n \to \infty$$

另一方面,我们有

$$\log a_n = \sum_{i=1}^{n} \log p_i = \sum_{p < p_n} \log p \sim p_n \sim n\log n, n \to \infty$$

因此有

$$\frac{\log g(a_n)}{\log a_n} \sim \frac{n\log n}{n\log n} = 1, n \to \infty$$

证毕.

由以上的证明及 $g(n) \leqslant n, n \geqslant 1$ 可知

$$\varlimsup_{n\to\infty} \frac{\log g(n)}{\log n} = 1$$

由定理 1 容易推出推论 1 及推论 2.

3. 定理 2 的证明

首先设 $\beta \in \left(0, \frac{1}{2}\right)$. 令 $\beta_1 = \frac{1}{\beta}$, 则 $\beta_1 > 2$. 由引理 2 可知在 Riemann 猜想下存在一个充分大的正数 y_0, 当 $y > y_0$ 时, 在区间 $[y, y + y^{\frac{1}{2}}\log^2 y]$ 上至少有一个素数存在. 因为 $\beta_1 - 1 > \frac{1}{2}\beta_1$, 所以存在一个充分大的 $y_0(\beta_1)$, 当 $y > y_0(\beta_1)$ 时, $y^{\beta_1-1} > \beta_1^2 y^{\frac{1}{2}\beta_1}\log^2 y$. 取 $n_0 > \max(y_0, y_0(\beta_1))$ 且为自然数. 考虑一个区间序列

$$\{[(n_0+i)^{\beta_1}, (n_0+i)^{\beta_1} + \beta_1^2(n_0+i)^{\frac{1}{2}\beta_1}\log^2(n_0+i)]\}, i = 1, 2, \cdots$$

由式 (1.1) 及 n_0 的取法, 我们有

$$(n_0 + (i+1))^{\beta_1} > (n_0+i)^{\beta_1} + (n_0+i)^{\beta_1-1} > (n_0+i)^{\beta_1} + \beta_1^2(n_0+i)^{\frac{1}{2}\beta_1}\log^2(n_0+i)$$

因此

$$[(n_0+i)^{\beta_1}, (n_0+i)^{\beta_1} + \beta_1^2(n_0+i)^{\frac{1}{2}\beta_1}\log^2(n_0+i)] \cap [(n_0+j)^{\beta_1}, (n_0+j)^{\beta_1} + \beta_1^2(n_0+j)^{\frac{1}{2}\beta_1}\log^2(n_0+j)] = \phi, i \neq j$$

取 $q_i \in [(n_0+i)^{\beta_1}, (n_0+i)^{\beta_1} + \beta_1^2(n_0+i)^{\frac{1}{2}\beta_1}\log^2(n_0+i)], i = 1, 2, \cdots$ 且 q_i 都为素数. 令 $b_n = \prod_{i=1}^{n} q_i$. 利用定理 1 证明中的方法并注意到

$$\log(1 + \beta_1^2(n_0+i)^{-\frac{1}{2}\beta_1}\log^2(n_0+i)) \leqslant$$

$$\beta_1^2(n_0+i)^{-\frac{1}{2}\beta_1}\log^2(n_0+i)$$

及

$$\sum_{i=1}^{n}(n_0+i)^{-\frac{1}{2}\beta_1}\log^2(n_0+i)=O(1),n\to\infty$$

易知

$$\log g(b_n)=\log B(n)\sim n\log n,n\to\infty$$

及

$$\log b_n\sim\beta_1 n\log n,n\to\infty$$

所以我们得到

$$\log g(b_n)\sim\frac{1}{\beta_1}\log b_n=\beta\log b_n,n\to\infty$$

当 $\beta=\frac{1}{2}$ 时，令 $f(n)=\frac{\log g(n)}{\log n}$ 并设 $\beta_n=\frac{1}{2}-\epsilon_n$，$0<\epsilon_n<\frac{1}{2}$，$n=1,2,\cdots$ 且 $\epsilon_n\to 0,n\to\infty$. 对于任意的 β_n，由以上证明知都存在自然数的子序列 $\{b_{n_k}\}$，$k=1,2,\cdots$ 使 $\lim_{k\to\infty}f(b_{n_k})=\beta_n$. 因此存在 $b_{n_k}^{(n)}>b_{(n-1)_k}^{(n-1)}$ 使 $\beta_n-2\epsilon_n<f(b_{n_k}^{(n)})<\beta_n+2\epsilon_n$. 即

$$-3\epsilon_n<f(b_{n_k}^{(n)})-\frac{1}{2}<\epsilon_n,n=1,2,\cdots$$

因此有

$$\lim_{n\to\infty}\frac{\log g(b_{n_k}^{(n)})}{\log b_{n_k}^{(n)}}=\frac{1}{2}$$

当 $\beta=0$ 时，取 $a_n=p^n$，此处 p 为任意固定的素数. 易知 $g(a_n)=p(n)$，此处 $p(n)$ 为 n 的加法分拆的个数. 由 $\log p(n)\sim\pi\sqrt{\frac{2}{3}}n^{\frac{1}{2}},n\to\infty$ [6] 我们有

$$\lim_{n\to\infty}\frac{\log g(a_n)}{\log a_n}-\pi\sqrt{\frac{2}{3}}\lim_{n\to\infty}\frac{n^{\frac{1}{2}}}{n\log p}=0$$

证毕.

参 考 资 料

[1] HUGHES J F, SHALLIT J O. On the number of multiplicative partitions. Amer. Math. Monthly, 1983, 90(7):468-471.
[2] 陈小夏. 关于自然数的乘法分拆. 数学学报, 1987(2):268-271.
[3] YOTOHASHI. Lecture on sieve and prime number theory. Springer-Verlag, 1983.
[4] 华罗庚. 指数和的估值及其在数论中的应用. 科学出版社, 1963.
[5] 屠规彰. 组合计数方法及其应用. 科学出版社, 1983.
[6] 魏万迪. 组合论. 科学出版社, 1980.

第二章 广义 Riemann 猜想下的奇数 Goldbach 问题[①]

1. 引言及符号

自 1937 年 I. M. Vinogradov 证明了著名的三素数定理:每一个充分大的奇数 $N \geq N_0$ 都可以表示成为三个素数之和以后,为了奇数情形 Goldbach 问题:每一个奇数 $N \geq 9$ 都可以表示成为三个素数之和的最终解决,就只需确定出"大常数" N_0 的具体数值并验证所有小于 N_0 的奇数都可以表示成为三个素数之和. 1989 年在资料[1]中我们曾经证明 N_0 可以取为 $\exp(\exp(11.503))$ ($\approx 10^{43\,001}$). 1993 年在资料[2]中我们在广义 Riemann 猜想之下证明了 N_0 可以取为 $\exp(114)$ ($\approx 10^{50}$). 但是对于 10^{50} 这样大的数,至今还是无法验证奇数 Goldbach 猜想的正确性. 河南大学数学系的王天泽教授 1996 年在资料[2]的基础上通过资料[3]中方法的应用证明下述:

定理 在广义 Riemann 猜想(以下将简记为 GRH)下,每一个奇数 $N \geq \exp(94)$ 都可以表示成为三个素数之和.

本章将使用以下记号: N 恒表示不小于 $\exp(94)$

[①] 摘编自《数学进展》,1996 年 8 月,第 25 卷,第 4 期.

的奇数, $p, p_1, \cdots$ 总表示素数. $L = \log N, Q = NL^{-7}, P = L^3$. 记 $S(\alpha) = \sum_{n \leqslant N} \Lambda(n) e(\alpha n)$. 对 $2m \in [0.9N, N]$, 令

$$D(2m, N) = \sum_{n_1 + n_2 = 2m} \Lambda(n_1) \Lambda(n_2)$$

$$\mathfrak{S}(2m) = \prod_{p \nmid 2m} \left(1 - \frac{1}{(p-1)^2}\right) \prod_{p \mid 2m} \left(1 + \frac{1}{p-1}\right)$$

其中 Λ 表示 Mangoldt 函数. 我们以 μ 和 φ 分别表示 Möbius 函数和 Euler 函数. 令

$$\psi(x; q, l) = \sum_{\substack{n \leqslant x \\ n \equiv l \pmod q}} \Lambda(n)$$

最后我们记

$$E_{q,a} = \left\{\frac{a}{q} + z, |z| \leqslant \frac{1}{qQ}\right\}$$

$$E'_{q,a} = \left\{\frac{a}{q} + z, |z| \leqslant \frac{LP}{qN}\right\}$$

$$E_1 = \bigcup_{q \leqslant P} \bigcup_{\substack{1 \leqslant a \leqslant q \\ (a,q) = 1}} E'_{q,a}$$

$$E_2 = \bigcup_{q \leqslant P} \bigcup_{\substack{1 \leqslant a \leqslant q \\ (a,q) = 1}} (E_{q,a} - E'_{q,a})$$

$$E_3 = \left[-\frac{1}{Q}, 1 - \frac{1}{Q}\right] - E_1 - E_2$$

$$C_q(-2m) = \sum_{\substack{a = 1 \\ (a,q) = 1}}^q e\left(-\frac{2ma}{q}\right)$$

$$\Delta(x; q, a) = \sum_{\substack{l = 1 \\ (l,q) = 1}}^q e\left(\frac{al}{q}\right) \psi(x; q, l) - \frac{\mu(q)}{\varphi(q)} x$$

2. 圆法

熟知

$$D(2m, N) = \int_{-\frac{1}{Q}}^{1 - \frac{1}{Q}} S^2(\alpha) e(-2m\alpha) \mathrm{d}\alpha =$$

$$\sum_{j=1}^{3}\int_{E_j}S^2(\alpha)e(-2m\alpha)\mathrm{d}\alpha \triangleq$$

$$\sum_{j=1}^{3}D_j(2m,N) \qquad (2.1)$$

对于 $\alpha \in \left[-\dfrac{1}{Q}, 1-\dfrac{1}{Q}\right]$,我们容易推得

$$S(\alpha) = \sum_{\substack{l=1\\(l,q)=1}}^{q} e\!\left(\frac{al}{q}\right) \sum_{\substack{n\leqslant N\\ n\equiv l(\bmod q)}} \Lambda(n)e(nz) +$$

$$\sum_{\substack{n\leqslant N\\(n,q)>1}} \Lambda(n)e(\alpha n) =$$

$$\sum_{\substack{l=1\\(l,q)=1}}^{q} e\!\left(\frac{al}{q}\right)(e(Nz)\psi(N;q,l) -$$

$$2\pi\mathrm{i}z\!\int_{2}^{N}\!\psi(t;q,l)e(tz)\mathrm{d}t\Big) +$$

$$\sum_{\substack{n<N\\(n,q)>1}} \Lambda(n)e(\alpha n) =$$

$$\frac{\mu(q)}{\varphi(q)}\int_{2}^{N}e(tz)\mathrm{d}t + R_1 \qquad (2.2)$$

其中

$$R_1 = e(Nz)\Delta(N;q,a) - 2\pi\mathrm{i}z(tz)\Delta(t;q,a)\mathrm{d}t +$$

$$\sum_{\substack{n\leqslant N\\(n,q)>1}} \Lambda(n)e(\alpha n)$$

由式(2.2),$L \geqslant 90$ 和 $D_1(2m,N)$ 的定义可得
$D_1(2m,N) =$

$$\sum_{q\leqslant P}\sum_{\substack{a=1\\(a,q)=1}}^{q}\int_{-\frac{LP}{qN}}^{\frac{LP}{qN}} S^2\!\left(\frac{a}{q}+z\right)e\!\left(-2m\!\left(\frac{a}{q}+z\right)\right)\mathrm{d}z =$$

$$\sum_{q\leqslant P}\frac{\mu^2(q)}{\varphi^2(q)}C_q(-2m)\int_{-\frac{LP}{qN}}^{\frac{LP}{qN}}\!\Big(\!\int_{2}^{N}\!e(tz)\mathrm{d}t\Big)^{\!2}e(-2mz)\mathrm{d}z +$$

$$2\sum_{q\leqslant P}\frac{\mu(q)}{\varphi(q)}C_q(-2m)\int_{-\frac{LP}{qN}}^{\frac{LP}{qN}}\left(\int_2^N e(tz)\mathrm{d}t\right)R_1 e(-2mz)\mathrm{d}z +$$

$$\sum_{q\leqslant P}C_q(-2m)\int_{-\frac{LP}{qN}}^{\frac{LP}{qN}}R_1^2 e(-2mz)\mathrm{d}z \triangleq$$

$$\sum_1 + \sum_2 + \sum_3 \tag{2.3}$$

3. $\sum_1$ 的估计

我们有

$$\left|\int_2^N e(tz)\mathrm{d}t - \sum_{n\leqslant N} e(nz)\right| \leqslant$$

$$\left|\sum_{2\leqslant n\leqslant N-1}\int_n^{n+1}\left(\int_n^t \mathrm{d}e(uz)\right)\mathrm{d}t\right| + 3 \leqslant$$

$$3 + \sum_{2\leqslant n\leqslant N-1}\int_n^{n+1} 2\pi |z|(t-n)\mathrm{d}t \leqslant$$

$$3 + \pi |z| N$$

故由 $L \geqslant 90$ 可得

$$\int_{-\frac{LP}{qN}}^{\frac{LP}{qN}}\left|\left(\int_2^N e(tz)\mathrm{d}t\right)^2 - \left(\sum_{n\leqslant N} e(nz)\right)^2\right|\mathrm{d}z \leqslant$$

$$2(3 + \pi q^{-1}LP) \cdot$$

$$\int_0^{\frac{LP}{qN}}\left(\left|\int_2^N e(tz)\mathrm{d}t\right| + \left|\sum_{n\leqslant N} e(nz)\right|\right)\mathrm{d}z \leqslant$$

$$(6 + 2\pi q^{-1}LP)(2 + (2 + 2\pi)\log L) \leqslant$$

$$24 q^{-1} L^4 \log L \tag{2.4}$$

又当 $L \geqslant 90$ 时我们有

$$\int_{\frac{LP}{qN}}^{\frac{1}{2}}\left|\sum_{n\leqslant N} e(nz)\right|^2 \mathrm{d}z \leqslant \left(\frac{1}{4}\right)\left(\frac{LP}{qN}\right)^{-1} \leqslant 0.25 NqL^{-4}$$

以及

$$\int_{-\frac{1}{2}}^{-\frac{LP}{qN}}\left|\sum_{n\leqslant N} e(nz)\right|^2 \mathrm{d}z \leqslant 0.25 NqL^{-4}$$

故由式(2.4) 和 $L \geqslant 90$ 可得

$$\sum_1 = \sum_{q \leqslant P} \frac{\mu^2(q)}{\varphi^2(q)} C_q(-2m) \cdot$$
$$\int_{-\frac{1}{2}}^{\frac{1}{2}} \Big(\sum_{n \leqslant N} e(nz)\Big)^2 e(-2mz) \mathrm{d}z + R_2 \quad (2.5)$$

其中

$$|R_2| \leqslant \sum_{q \leqslant P} \frac{\mu^2(q)}{\varphi^2(q)} (24q^{-1}L^4 \log L + 0.5NqL^{-4}) \leqslant$$
$$0.51NL^{-4} \sum_{q \leqslant P} \frac{\mu^2(q)q}{\varphi(q)} \leqslant 1.74NL^{-0.88} \quad (2.6)$$

我们有

$$\Big|\sum_{q \leqslant P} \frac{\mu^2(q)}{\varphi^2(q)} C_q(-2m)\Big| \leqslant \sum_{d|2m} \frac{\mu^2(d)}{\varphi(d)} \sum_{\substack{k > \frac{P}{d} \\ (k, \frac{2m}{d}) = 1}} \frac{\mu^2(k)}{\varphi^2(k)} \leqslant$$
$$\frac{(3.54)^2}{0.92} \sum_{d|2m} \frac{\mu^2(d) d^{0.92}}{P^{-0.92} \varphi(d)} \leqslant$$
$$14 P^{-0.92} d(2m) \quad (2.7)$$

其中 $d(\cdot)$ 表示 Dirichlet 除数函数. 由式(2.5)~(2.7) 和 $L \geqslant 90$ 可得

$$\sum_1 = 2m\mathfrak{S}(2m) + R_3 \quad (2.8)$$

其中 $|R_3| \leqslant 14L^{-2.76}(2m)d(2m) + 1.74NL^{-0.88}$.

4. $\sum_2$ 和 $\sum_3$ 的估计

在 GRH 下, 由 $\sum_2$ 和 $\sum_3$ 的定义, $L \geqslant 90$ 和资料 [2] 中的引理 2 可得

$$\Big|\sum_2\Big| \leqslant 4 \sum_{q \leqslant P} |\mu(q)| \int_0^{\frac{LP}{qN}} \Big|\int_2^N e(tz) \mathrm{d}t\Big| |R_1| \mathrm{d}z \leqslant$$

$$4\sum_{q\leq P}|\mu(q)|(\int_0^{\frac{1}{\pi N}}(2.361N^{\frac{1}{2}}q^{\frac{1}{2}}L^2+$$

$$3.362\pi N^{\frac{3}{2}}zq^{\frac{1}{2}}L^2)Ndz+$$

$$\int_{\frac{1}{\pi N}}^{\frac{LP}{qN}}(\pi z)^{-1}(2.361N^{\frac{1}{2}}q^{\frac{1}{2}}L^2+$$

$$3.362\pi N^{\frac{3}{2}}zq^{\frac{1}{2}}L^2)dz)\leq$$

$$28N^{\frac{1}{2}}L^{7.5} \qquad (2.9)$$

$$|\sum_3|\leq 2\sum_{q\leq P}\varphi(q)\int_0^{\frac{LP}{qN}}|R_1|^2 dz \leq$$

$$2\sum_{q\leq P}\varphi(q)\int_0^{\frac{LP}{qN}}(2.361N^{\frac{1}{2}}q^{\frac{1}{2}}L^2+$$

$$3.362\pi N^{\frac{3}{2}}q^{\frac{1}{2}}zL^2)dz)\leq$$

$$164L^{16}\log L \qquad (2.10)$$

5. 劣弧上的积分

在资料[2]的引理 1 和引理 2 中以 $T=t^{0.6}$ 代替 $T=t^{0.75}$,并对 $\rho=\frac{1}{2}+i\gamma$ 使用资料[4]中的引理 8,我们可以得知在 GRH 下当实数 $t\geq\exp(40)$ 时有

$$|\Delta(t;q,a)|\leq 0.14t^{0.5}q^{0.5}(\log t)^2$$

故与资料[2]中的引理 3 和引理 4 相类似可知在 GRH 下,当 $\alpha\in E_3, L\geq 90$ 时有

$$|S(\alpha)|\leq 0.15NL^{-1.5}$$

所以在 GRH 下当 $L\geq 90$ 时有

$$\sum_{2m\leq N}|D_3(2m,N)|^2\leq\int_{E_3}|S(\alpha)|^4 d\alpha\leq$$

$$(0.15NL^{-1.5})^2(1.1NL)\leq$$

$$0.02475N^3L^{-2} \qquad (2.11)$$

使用 Cauchy-Schwarz 不等式和 Parseval 恒等式得

$$\sum_{0.9N \leqslant 2m \leqslant N} |D_2(2m, N)|^2 \leqslant$$

$$\sum_{0.9N \leqslant 2m \leqslant N} \int_{E_2} S^2(\xi) e(-2m\xi) d\xi \int_{E_2} \overline{S(\alpha)^2} e(2m\alpha) d\alpha \leqslant$$

$$\int_{E_2} |S(\xi)|^2 \int_{E_2} |S(\alpha)|^2 \cdot$$

$$\min\left(0.1N + 1, \frac{1}{\|4(\alpha - \xi)\|}\right) d\alpha d\xi \leqslant$$

$$(1.1NL)(1.1NL^9 + 0.1N \cdot$$

$$\max_{\xi \in E_2} \int_{E_2 \cap (\xi - L^{-8}, \xi + L^{-8})} |S(\alpha)|^2 d\alpha)$$

$$1.3N^2L^{10} + 0.22N^2L \max_{\substack{q \leqslant P \\ (a,q)=1}} \int_{\frac{LP}{qN}}^{\frac{1}{qQ}} \left|S\left(\frac{a}{q} + z\right)\right|^2 dz \quad (2.12)$$

令

$$w(\chi, z) = \sum_{n \leqslant N} \Lambda(n)\chi(n)e(nz) - \delta_\chi \sum_{n \leqslant N} e(nz)$$

其中 $\delta_\chi = \begin{cases} 1, & \text{当} \chi = \chi_0 \text{ 时} \\ 0, & \text{当} \chi \neq \chi_0 \text{ 时} \end{cases}$,容易推得

$$S\left(\frac{a}{q} + z\right) =$$

$$\frac{\mu(q)}{\varphi(q)} \sum_{n \leqslant N} e(nz) + \frac{1}{\varphi(q)} \sum_{\chi \bmod q} \chi(a) \tau(\tilde{\chi}) w(\chi, z) +$$

$$\sum_{\substack{n \leqslant N \\ (n,q)>1}} \Lambda(n) e(\alpha n)$$

于是由资料[5]中的 Gallagher 引理可得

$$\int_{\frac{LP}{qN}}^{\frac{1}{qQ}} |w(\chi, z)|^2 dz \leqslant \frac{1}{2} \int_{-\frac{1}{qQ}}^{\frac{1}{qQ}} |w(\chi, z)|^2 dz \leqslant$$

$$\frac{\pi^2}{2q^2Q^2} \sup_{1 \leqslant h \leqslant \frac{qQ}{2}} \left(\int_{-\frac{qQ}{2}}^{1} \left| \sum_{1 \leqslant n \leqslant h} (\Lambda(n)\chi(n) - \delta_\chi) \right|^2 dx + \right.$$

$$\int_1^N |\sum_{x<n<x+h} (\Lambda(n)\chi(n) - \delta_\chi)|^2 \mathrm{d}x) \qquad (2.13)$$

由资料[2]中的引理1我们有

$$\sum_{x<n<x+h} (\Lambda(n)\chi(n) - \delta_\chi) =$$

$$\sum_{|\operatorname{Im}\rho| \leqslant \max\left(x, \frac{qQ}{2}\right)} \int_x^{x+h} t^{\rho-1} \mathrm{d}t + R_4 \qquad (2.14)$$

其中 $|R_4| \leqslant 12L^2$,ρ 是 $L(s,\chi)$ 的任一零点. 对于 $\rho = \frac{1}{2} + \mathrm{i}\gamma$ 我们容易得到

$$\left|\int_x^{x+h} t^{\rho-1}\mathrm{d}t\right| \leqslant \int_x^{x+h} t^{-\frac{1}{2}}\mathrm{d}t \leqslant \frac{h}{4x^{0.5}}$$

以及

$$\int_x^{x+h} t^{\rho-1}\mathrm{d}t = \int_x^{x+h} t^{-0.5}\mathrm{e}^{\mathrm{i}\gamma\log t}\mathrm{d}t = \int_x^{x+h} \frac{t^{0.5}}{\mathrm{i}\gamma}\mathrm{d}\mathrm{e}^{\mathrm{i}\gamma\log t} =$$

$$\frac{1}{\mathrm{i}\gamma}t^{0.5}\mathrm{e}^{\mathrm{i}\gamma\log t}\big|_{t=x}^{x+h} - \frac{1}{2\mathrm{i}\gamma}\int_x^{x+h} t^{\rho-1}\mathrm{d}t$$

故在 GRH 下有

$$\left|\int_x^{x+h} t^{\rho-1}\mathrm{d}t\right| \leqslant \min\left(\frac{h}{4x^{0.5}}, \frac{x^{0.5}+(x+h)^{0.5}}{|\gamma|-0.5}\right)$$

$$(2.15)$$

由式(2.13)~(2.15)可知,在 GRH 下当 $L \geqslant 94, q \geqslant 3$ 时有

$$\int_{\frac{LP}{qN}}^{\frac{1}{qQ}} |w(\chi,z)|^2 \mathrm{d}z \leqslant$$

$$\left(\frac{\pi^2}{2q^2Q^2}\right) \sup_{1\leqslant h\leqslant \frac{qQ}{2}} \left\{\left(1+\frac{qQ}{2}\right) \cdot \right.$$

$$\left(12L^2 + \sum_{|\operatorname{Im}\rho|\leqslant \frac{qQ}{2}} \min\left(\frac{h}{4}, \frac{1+(1+h)^{0.5}}{|\gamma|-0.5}\right)\right)^2 +$$

$$\int_{1}^{\frac{qQ}{2}} \left(12L^2 + \sum_{|\operatorname{Im}\rho| \leq \frac{qQ}{2}} \min\left(\frac{h}{4x^{0.5}}, \frac{x^{0.5} + (x+h)^{0.5}}{|\gamma| - 0.5} \right) \right)^2 dx +$$

$$\int_{\frac{qQ}{2}}^{N} \left(12L^2 + \sum_{|\operatorname{Im}\rho| \leq x} \min\left(\frac{h}{4x^{0.5}}, \frac{(\sqrt{2}+1)x^{0.5}}{|\gamma| - 0.5} \right) \right)^2 dx \Big\} \leq$$

$$\frac{\pi^2}{2q^2Q^2} \sup_{1 \leq h \leq \frac{qQ}{2}} \Big\{ 2q^2Q^2L^4 +$$

$$\int_{\frac{qQ}{2}}^{N} \Big(12L^2 + \frac{h}{4x^{0.5}} \sum_{|\operatorname{Im}\rho| \leq 100} 1 +$$

$$\sum_{100 < |\operatorname{Im}\rho| \leq x} \frac{(\sqrt{2}+1)x^{0.5}}{|\gamma| - 0.5} \Big)^2 dx \Big\} \leq$$

$$\pi^2 L^4 + \left(\frac{\pi^2}{2q^2Q^2} \right) \int_{\frac{qQ}{2}}^{N} (12L^2 + 12.5qQx^{-0.5}L +$$

$$\frac{(\sqrt{2}+1)x^{0.5}}{0.995} \int_{100}^{x} \frac{1}{t} dN(t,\chi) \Big)^2 dx \leq$$

$$\pi^2 L^4 + \left(\frac{\pi^2}{2q^2Q^2} \right) \left(156.25q^2Q^2L^2 \log\left(\frac{2L^7}{q} \right) + \right.$$

$$15.625(1+\sqrt{2})qQL^3\left(N - \frac{qQ}{2}\right) +$$

$$(0.5)(0.625)(1+\sqrt{2})^2 L^4 \left(N^2 - \left(\frac{qQ}{2} \right)^2 \right) \leq$$

$$1.51q^{-2}L^{18} \leq 2.06q^{-1}NL^{-3} \quad (2.16)$$

对于 $q = 1, 2$, 式(2.16) 的成立是显然的. 故在 GRH 下由式(2.16) 可得

$$\int_{\frac{LP}{qN}}^{\frac{1}{qQ}} \left| S\left(\frac{a}{q} + z \right) \right|^2 dz \leq$$

$$\int_{\frac{LP}{qN}}^{\frac{1}{qQ}} \left(\frac{|\mu(q)|}{2z\varphi(q)} + 2.5N^{0.5} + q^{0.5} |w(\chi,z)| \right)^2 dz \leq$$

$$\int_{\frac{LP}{qN}}^{\frac{1}{qQ}} \left(\frac{\mu^2(q)}{2z^2\varphi^2(q)} + 6.25N + 2q |w(\chi,z)|^2 + \right.$$

$$5N^{0.5}\left(q^{0.5}N + \frac{qN}{2\varphi(q)LP}\right)\mathrm{d}z \leqslant$$

$$\frac{\mu^2(q)}{\varphi^2(q)} \cdot \frac{qN}{LP} + 4.12NL^{-3} +$$

$$5.1N^{\frac{1}{2}}q^{-\frac{1}{2}}L^7 \leqslant 4.14NL^{-3} \qquad (2.17)$$

由式(2.12)和(2.17)两式可知,当 $L \geqslant 94$ 时在 GRH 下有

$$\sum_{0.9N \leqslant 2m \leqslant N} |D_2(2m,N)|^2 \leqslant$$

$$1.3N^2L^{10} + (0.22LN^2)(4.14NL^{-3}) \leqslant$$

$$0.92N^3L^{-2} \qquad (2.18)$$

6. 定理的证明

使用熟知的方法易知 $N \geqslant \exp(94)$ 时有

$$\sum_{0.9N \leqslant n \leqslant N} d^2(n) \leqslant \sum_{1 \leqslant k \leqslant N} d(k) \sum_{\frac{0.9N}{k} \leqslant l \leqslant \frac{N}{k}} d(l) \leqslant$$

$$0.1N \sum_{1 \leqslant k \leqslant N} \left(1 + \log\frac{N}{k}\right)\frac{d(k)}{k} <$$

$$0.019NL^3$$

于是在区间 $[0.9N, N]$ 中除掉至多 $0.019NL^{-1}$ 个整数后,对其余的偶数 $2m$ 一定有

$$d(2m) \leqslant L^2 \qquad (2.19)$$

由于

$$\mathcal{D}(2m) = \prod_{p \nmid 2m}(1-(p-1)^{-2})\prod_{p|2m}(1-(p-1)^{-1}) \geqslant$$

$$2\prod_p(1-p^{-2}) = \frac{12}{\pi^2}$$

所以由式(2.8)和(2.19)可知,当 $L \geqslant 94$ 时在区间 $[0.9N, N]$ 中除去至多 $0.019NL^{-1}$ 个整数外有

$$\sum_1 \geq \frac{12}{\pi^2} \cdot 2m - 14L^{-0.76} \cdot 2m - 1.74NL^{-0.88} \geq$$
$$0.66669N \qquad (2.20)$$

由式(3.11)可知,在 GRH 下当 $L \geq 94$ 时区间$[0.9N, N]$ 中除去至多 $0.0264NL^{-1}$ 个整数外有
$$|D_3(2m, N)| \leq 0.1N \qquad (2.21)$$
完全类似地由式(2.18)可知,在 GRH 下当 $L \geq 94$ 时区间$[0.9N, N]$ 中除去至多 $0.031NL^{-1}$ 个例外整数后
$$|D_2(2m, N)| \leq 0.566N \qquad (2.22)$$
在 GRH 下当 $N \geq \exp(94)$ 时,由式(2.1)(2.3)(2.9)(2.10)和(2.20)~(2.22)可知在区间$[0.9N, N]$ 中除去至多 $0.0764NL^{-1}$ 个例外整数后,对其余的 $2m \in [0.9N, N]$ 有

$$\sum_{p_1+p_2=2m}(\log p_1)(\log p_2) =$$
$$D(2m, N) - \sum_{\substack{p_1^{k_1}+p_2^{k_2}=2m \\ k_1, k_2 \geq 2}}(\log p_1)(\log p_2) \geq$$
$$D(2m, N) - 3N^{0.5}L \geq$$
$$0.66669N - 0.1N - 0.566N - 28N^{0.5}L^{7.5} -$$
$$164L^{16}\log L - 3N^{0.5}L \geq 0.0006N$$

所以在 GRH 下当 $N \geq \exp(94)$ 时存在 $p_1 \in [1, 0.1N]$ 使
$$N - p_1 = p_2 + p_3$$
这样我们就完成了本章定理的证明.

参考资料

[1] 陈景润,王天泽. 关于 Goldbach 问题. 数学学报,1989,32(5): 702-718.

[2] 王天泽,陈景润. 广义 Riemann 猜想下奇数 Goldbach 问题. 中国科

第三部分 Riemann 函数面面观

学,1993,36(2).
[3] PERELLI A, PINTZ J. On the exceptional set for the $2k$-twin primes problem. Composition Math. , 1992,82:355-372.
[4] CHEN JINGRUN, WANG TIANZE. On distribution of priems in an arithemtical progression. Science in China, 1990,33(4):397-408.
[5] 潘承洞,潘承彪. Goldbach 猜想.科学出版社,1981.
[6] TITCHMARSH E C. The Theory of the Riemann Zeta-function. Oxford, 1951.

第三章　完全平方数的分布[①]

浙江师范大学的朱伟义,俞孔楗两位教授 1996 年研究了渐近公式

$$Q(x) = \frac{a\left(\frac{3}{2}\right)}{a(3)} x^{\frac{1}{2}} + \frac{a\left(\frac{2}{3}\right)}{a(2)} x^{\frac{1}{3}} + \Delta(x)$$

在 RH 假设下,借用一些引理得到了 $\Delta(x) = O(x^{\frac{1}{7}+X})$

1. Introduction

A positive integer n is called square-full is $p \mid n$ implies $p^2 \mid n$, where p is a prime. Let $l(n)$ denotes the characteristic function of square-full integers, i.e.

$$l(n) = \begin{cases} 1, & \text{if } n \text{ is a square-full} \\ 0, & \text{otherwise} \end{cases}$$

we have[8]

$$\sum_{n=1}^{\infty} \frac{l(n)}{n^3} = \frac{a(2s)a(3s)}{a(6s)}, \operatorname{Re}(s) > \frac{1}{2} \quad (3.1)$$

Let $Q(x)$ denote the number of a square-full integers not exceeding x. so that

$$Q(x) = \sum_{n \leq x} l(n) = \sum_{n \leq x} \sum_{W^6 m = n} (W) d(2,3;m) \quad (3.2)$$

[①] 摘编自《纯数学与应用数学》,1996 年 10 月,第 12 卷,第 2 期.

where $d(2,3;m) = \sum\limits_{a^2b^3=m} 1$.

We have the following asymptotic formula

$$Q(x) = \frac{a\left(\frac{3}{2}\right)}{a(3)} x^{\frac{1}{2}} + \frac{a\left(\frac{2}{3}\right)}{a(2)} x^{\frac{1}{3}} + \Delta(x) \quad (3.3)$$

where $\Delta(x)$ is the error term of $Q(x)$.

It was shown by Bateman and Guosswald that $\Delta(x) = O(x^{\frac{1}{6}})$ [1], some further results were obtained on the assumption of the Riemann Hypothesis (referred to simply as RH) obtained $\Delta(x) = O(x^{\frac{13}{81}+X})$ [2], Caoxiaodong[3] improved $\frac{13}{81}$ to $\frac{5}{33}$. We shall proved:

Theorem 1 Assume RH, then for any $y \geqslant 1$

$$\Delta(x) = -\sum_{W \leqslant y} -(W) \sum_{n^5 \leqslant \frac{x}{W^6}} ((x^{\frac{1}{2}} W^{-3} n^{-\frac{3}{2}})) -$$

$$\sum_{W \leqslant y} -(W) \sum_{n^5 \leqslant \frac{x}{W^6}} ((x^{\frac{1}{3}} W^{-2} n^{-\frac{2}{3}})) +$$

$$O(x^{\frac{1}{4}+\frac{X}{2}} y^{-1+\frac{X}{2}+y})$$

were-(W) denote the Möbius function.

Theorem 2 Assume RH, then

$$\Delta(x) = O(x^{\frac{1}{7}+X})$$

throughout the paper. We shall use the next notations $\sum\sum\limits_{(m,n)\in D}$ mean the sum over all lattics point in $D \cdot f \ll g$ means $|f| < cg$ with some positive constant $c \cdot f = O(g)$ means $f \ll g, f \sim g$ means $c_1 f < g < c_2 f$ with some positive c_1, c_2. $e(x) = \exp(2^C xi)$, $((T)) = T - [T] -$

$\frac{1}{2}$, $\|T\| = \min\limits_{n \in Z} | n - T |$.

2. The proof of Theorem 1

We know that the problem of the evaluation of asymptotic formula for $Q(x)$ has a closed connection with estimation of $\Delta(2,3;x)$, here

$$\Delta(2,3;x) = -\sum_{n \leqslant x} d(2,3;n) - a\left(\frac{3}{2}\right) x^{\frac{1}{2}} - a\left(\frac{2}{3}\right) x^{\frac{1}{3}}$$

(3.4)

We will require the following results[7]

$$\Delta(2,3;x) = -\sum_{n^5 \leqslant x} \{((x^{\frac{1}{2}} n^{-\frac{3}{2}})) + ((x^{\frac{1}{3}} n^{-\frac{2}{3}}))\} + O(1)$$

(3.5)

To prove Theorem 1, we will use the next proposition.

Proposition If RH is correct, then for any $y \geqslant 1$

$$Q(x) = \frac{a\left(\frac{3}{2}\right)}{a(3)} x^{\frac{1}{2}} + \frac{a\left(\frac{2}{3}\right)}{a(2)} x^{\frac{1}{3}} +$$

$$\sum_{W \leqslant y} -(W)\Delta(2,3;\frac{x}{W^6}) +$$

$$O(x^{\frac{1}{4}+\frac{X}{2}} y^{-1+\frac{X}{2}} + x^X)$$

(3.6)

combining (3.5) and (3.6), we immediately obtain Theorem 1.

The proof of proposition. From (3.2) we have

$$Q(x) = \sum_{n \leqslant x} \sum_{W^6 | n} -(W) d(2,3;\frac{n}{W^6}) = \sum_{mW^6 \leqslant x} d(2,3;m) =$$

$$\sum_{W^6 m \leqslant x, W \leqslant y} + \sum_{W^6 m \leqslant x, W > y} = \sum_1 + \sum_2$$

(3.7)

第三部分　Riemann 函数面面观

By (3.4), we have

$$\sum_1 = \sum_{W^6 m \leqslant x, W \leqslant y} -(W)d(2,3;m) =$$

$$\sum_{W \leqslant y} -(W) \sum_{m \leqslant \frac{x}{W^6}} d(2,3;m) =$$

$$\sum_{W \leqslant y} -(W)\left\{a\left(\frac{3}{2}\right)\left(\frac{x}{W^6}\right)^{\frac{1}{2}} + \right.$$

$$a\left(\frac{2}{3}\right)\left(\frac{x}{W^6}\right)^{\frac{1}{3}} + \Delta(2,3;\frac{x}{W^6})\right\} =$$

$$a\left(\frac{3}{2}\right)\left(\sum_{W \leqslant y} -\frac{(W)}{W^3}\right)x^{\frac{1}{2}} +$$

$$a\left(\frac{2}{3}\right)\left(\sum_{W \leqslant y} -\frac{(W)}{W^3}\right)x^{\frac{1}{3}} +$$

$$\sum_{W \leqslant y} -(W)\Delta(2,3;\frac{x}{W^6}) \qquad (3.8)$$

To treat $\sum_2$, we set

$$g_y(s) = a^{-1}(s) - \sum_{W \leqslant y} -(W)W^{-s}(s = e + it)$$

so that for $e > 1$

$$g(s) = \sum_{W > y} -(W)W^{-s} \qquad (3.9)$$

It is well-known that RH implies

$$|a(s)| \ll |t|^{\frac{x}{4}}, e \geqslant \frac{1}{2} \qquad (3.10)$$

and

$$M(y) = \sum_{W \leqslant y} -(W) \ll y^{\frac{1}{2}+\frac{X}{4}} \qquad (3.11)$$

see Tithmarsh ([6], Theorem 14.25(c)).

Using the Abel sum mation formula, and note (3.11), we get for $e > 1$

1775

$$\sum_{W>y} -(W)W^{-s} \ll y^{\frac{1}{2}-e+\frac{X}{4}} \qquad (3.12)$$

and so for $W > 1$

$$g_y(s) \ll y^{\frac{1}{2}-e+\frac{X}{4}} \qquad (3.13)$$

By lemma 3.12 of [6]

$$\sum_2 = \sum_{\substack{W^6 m \leqslant x \\ W>y}} = \sum_{n \leqslant x} \sum_{\substack{W^6 m = n \\ W>y}} -(W)d(2,3;m) =$$

$$\frac{1}{2^c i} \int_{c-ix}^{c+ix} a(2s)a(3s)g_y(6s)x^s s^{-1} ds +$$

$$O(x^X) \qquad (3.14)$$

where $c = 1 + \dfrac{1}{\log x}$, since $\sum\limits_{\substack{W^6 m = n \\ W>y}} -(W)d(2,3;m) \ll n^X$,

by a divisor a rgument. If we move the line of integration to $e = \dfrac{1}{4}$, then by residue theorem, we have

$$\frac{1}{2^c i} \int_{c-ix}^{c+ix} a(2s)a(3s)g_y(6s)x^s s^{-1} ds =$$

$$a\left(\frac{3}{2}\right)g_y(3)x^{\frac{1}{2}} + a\left(\frac{2}{3}\right)g_y(2)x^{\frac{1}{3}} +$$

$$\frac{1}{2^c i}(I_1 + I_2 + I_3) \qquad (3.15)$$

where

$$I_1 = \int_{\frac{1}{4}-ix}^{\frac{1}{4}+ix} a(2s)a(3s)g_y(6s)x^s s^{-1} ds$$

$$I_2 = \int_{\frac{1}{4}+ix}^{c+ix} a(2s)a(3s)g_y(6s)x^s s^{-1} ds$$

$$I_3 = \int_{c-ix}^{\frac{1}{4}-ix} a(2s)a(3s)g_y(6s)x^s s^{-1} ds$$

Applying (3.10) and (3.13), it is easily seen that

$$I_1 + I_2 + I_3 \ll x^{\frac{1}{4}+\frac{X}{2}} y^{-1+\frac{X}{2}} \qquad (3.16)$$

Combining (3.7)(3.8)(3.14)(3.15) and (3.16), we obtain (2.3).

3. Some lemmas

Lemma 1 Let $f(x,y)$ possess continuous second order partial derivatives on the rectangle $M < X \leqslant M'$, $N < Y \leqslant N'$ containing the region D, where $M' \leqslant 2M$, $N' \leqslant 2N$. Let

$$f_x^2 \sim \lambda M^{-2}, f_{xy} \ll \lambda (MN)^{-1}$$
$$f_y^2 \sim \lambda N^{-2}, f_x^2 \cdot f_y^2 - f_{xy}^2 \ll \lambda (MN)^{-2} \quad (3.17)$$

for all values of x and y considered; where $\lambda > 0$; $M, N \geqslant 1$. Then

$$\sum_{(m,n) \in D} \sum e(f(m,n)) \ll \lambda + \lambda^{-1} MN + M + N$$

$$(3.18)$$

Proof See Theorem 3 of [4] with $c = 1$.

Lemma 2 Let $a(m)$ be a sequence of real numbers such that $|a(m)| \leqslant 1$, if $1 \leqslant q \leqslant N$, then

$$\sum_{(m,n) \in D} \sum a(m) e(f(m,n)) \ll$$
$$MNq^{-\frac{1}{2}} + \{MNq^{-\frac{1}{2}} \sum_{r=1}^{q} |S_r|\}^{\frac{1}{2}} \quad (3.19)$$

where

$$S_r = \sum_{(m,n) \in D_1} \sum e(f(m,n+r) - f(m,n))$$
$$D_1 = \{(m,n) \mid (m,n) \in D, (m,n+r) \in D\}$$

Proof See Lemma 12a of [5].

Lemma 3 Let $0 < a \leqslant b \leqslant 2a$, $f(z)$ be analytic on domian R containing the real line segmant $[a,b]$, and $R^* = \{z \mid az \in \mathbf{R}\}$ be open covex. Moreover, $|f''(z)| \leq M$ for $z \in \mathbf{R}$, and for $x \in \mathbf{R}$ is real, and $f''(x) \leq -kM$ for k. Let $f'(b) = T, f'(a) = U$ and define xv for each integer v in the range $T < v \leq U$ by $f'(xv) = v$. Then

$$\sum_{a<n\leq b} e(f(m)) =$$

$$e\left(-\frac{1}{8}\right) \sum_{T<v\leq U} |f''(xv)|^{-\frac{1}{2}} e(f(xv) - vx_v) +$$

$$O(M^{-\frac{1}{2}}) + O(\log(2 + M(b-a))) \quad (3.20)$$

where O constants depend only on k and R.

Proof This is Lemma 7 of [5].

Lemma 4 Let $M > 0, N > 0, U^m > 0, V^n > 0$, $A^m > 0, B^m > 0$, Q^1 and Q^2 be two given non-negative numbers, $Q_1 < Q_2$. Then there is a q such that $Q_1 \leq q \leq Q_2$ and

$$\sum_{m=1}^{M} A_m q^{u_m} + \sum_{n=1}^{N} B_n q^{-v_n} \ll$$

$$\sum_{m=1}^{M} \sum_{n=1}^{N} (A_m^{v_n} B_n^{u_m})^{\frac{1}{u_m+v_n}} +$$

$$\sum_{m=1}^{M} A_m Q_1^{u_m} + \sum_{n=1}^{N} B_n Q_2^{-v_n}$$

This is Lemma 2 of [5].

Lemma 5 Let $f(x,y)$ possess continuous third order partial derivatives in the rectagle $M < X \leq M$, $N < Y \leq N'$ containing the region D, where $M' \leq 2M, N' \leq 2N$. Let

$$f_x^{2+j} \sim \lambda M^{-2-j}, f_x^{1+j} y \ll \lambda M^{-1-j} N^{-1}$$

第三部分 Riemann 函数面面观

$$f_{x^jy^2} \sim \lambda M^{-j} N^{-2}$$

$$f_x^{2+j} \cdot f_{x^jy^2} - f_{x^{i+j}}^2 \gg \lambda^2 M^{-2-2j} N^{-2} (j=0,1)$$

(3.21)

for all the values of x and y considered, where $\lambda \gg M \gg 1$ and $\lambda \gg N \gg 1$. Then

$$\sum_{(m,n)\in D}\sum e(f(m,n)) \ll \lambda^{\frac{1}{4}} M^{\frac{1}{2}} N^{\frac{3}{4}}$$

Proof See Theorem 4 of [4] with $c = 1$.

Lemma 6 Let

$$S_1 = \sum_{(m,n)\in D}\sum -(m) d(hx^{\frac{1}{2}} m^{-3} n^{-\frac{3}{2}}) \quad (3.22)$$

Then

$$S_1 \ll (h^{\frac{1}{4}} x^{\frac{1}{8}} N^{\frac{1}{8}} + M^{\frac{3}{4}} N^{\frac{3}{4}} + MN^{\frac{1}{2}} + M^{\frac{1}{2}} N + h^{-\frac{1}{2}} x^{-\frac{1}{4}} M^{\frac{5}{2}} N^{\frac{7}{4}}) \log x \quad (3.23)$$

Proof Let $f(m,n) = hx^{\frac{1}{2}} m^{-3} n^{-\frac{3}{2}}$ then

$$h = f(m, n+r) - f(m,n) =$$

$$-\frac{3}{2} rhx^{\frac{1}{2}} m^{-3} \int_0^1 (n+rt)^{-\frac{5}{2}} dt \sim$$

$$hx^{\frac{1}{2}} M^{-3} N^{-\frac{5}{2}} r = \lambda$$

$$h_m^2 = -18 rhx^{\frac{1}{2}} m^{-5} \int_0^1 (n+rt)^{-\frac{5}{2}} dt \sim$$

$$hx^{\frac{1}{2}} M^{-5} N^{-\frac{5}{2}} r = \lambda M^{-2}$$

Similarly

$$h_{mn} \ll hx^{\frac{1}{2}} M^{-4} M^{-\frac{7}{2}} r = \lambda (MN)^{-1}$$

$$h_n^2 \sim hx^{\frac{1}{2}} M^{-3} M^{-\frac{9}{2}} r = \lambda N^{-2}$$

$$h_m^2 \cdot h_n^2 \sim h_{mn}^2 \gg h^2 x M^{-8} N^{-7} r^2 = \lambda (MN)^{-2}$$

Hence, by lemma 1, we have

$$S_r = \sum_{(m,n) \in D_1} e(f(m, n+r) - f(m,n)) \ll$$
$$hx^{\frac{1}{2}}M^{-3}N^{-\frac{5}{2}}r + (hx^{\frac{1}{2}}M^{-3}N^{-\frac{5}{2}}r)^{-1}MN + M + N \ll$$
$$hx^{\frac{1}{2}}M^{-3}N^{-\frac{5}{2}}r + h^{-1}x^{-\frac{1}{2}}M^4 N^{\frac{7}{2}}r^{-1} + M + N$$

If $1 \leq q \leq N$, by Lemma 2, we have

$$S_1 \ll MNq^{-\frac{1}{2}} + \{MNq^{-1} \sum_{r=1}^{q} |S_r|\}^{\frac{1}{2}} \ll$$
$$MNq^{-\frac{1}{2}} + h^{\frac{1}{2}}x^{\frac{1}{4}}M^{-1}N^{-\frac{3}{4}}q^{\frac{1}{2}} +$$
$$h^{-\frac{1}{2}}x^{-\frac{1}{4}}M^{\frac{5}{2}}N^{\frac{9}{4}}q^{-\frac{1}{2}}\log q +$$
$$MN^{\frac{1}{2}} + M^{\frac{1}{2}}N$$

Finally, by Lemma 4 ($Q_1 = 0, Q_2 = N$), we have

$$S_1 \ll h^{\frac{1}{4}}x^{\frac{1}{8}}N^{\frac{1}{8}} + (MN)^{\frac{3}{4}} + h^{-\frac{1}{2}}x^{-\frac{1}{4}}M^{\frac{5}{2}}N^{\frac{7}{4}}\log x +$$
$$M^{\frac{1}{2}}N + MN^{\frac{1}{2}}$$

and the result follows.

Lemma 7 In the notation of Lemma 6
$$S_1 \ll h^{\frac{2}{5}}x^{\frac{1}{5}}(MN)^{-\frac{2}{5}} + h^{\frac{1}{2}}x^{\frac{1}{4}}M_{-1}N^{-\frac{3}{4}} +$$
$$h^{-\frac{1}{2}}x^{-\frac{1}{4}}M^{\frac{5}{2}}N^{\frac{7}{4}} +$$
$$MN^{\frac{1}{2}} + M\log x \qquad (3.24)$$

Proof By Lemma 3 we have
$$S_1 = \sum_{(m,n) \in D} -(m)e(hx^{\frac{1}{2}}m^{-3}n^{-\frac{3}{2}}) \ll$$
$$h^{-\frac{1}{2}}x^{-\frac{1}{4}}M^{\frac{3}{2}}N^{\frac{7}{4}} |S_0| +$$
$$h^{-\frac{1}{2}}x^{-\frac{1}{4}}M^{\frac{5}{2}}N^{\frac{7}{4}} + M\log x \qquad (3.25)$$

where
$$S_0 = \sum_{(m,n) \in D_2} -(m)e(c_1 h^{\frac{5}{2}}x^{\frac{1}{5}}m^{-\frac{6}{5}}V^{\frac{3}{5}})$$
$$D_2 = \{(m,v) \mid M < m \leq M', T(m) < v \leq U(m)\}$$

第三部分　Riemann 函数面面观

$$T(m) = \frac{3}{2}hx^{\frac{1}{2}}m^{-3}N_1^{-\frac{5}{2}}, U(m) = \frac{3}{2}hx^{\frac{1}{2}}m^{-3}N^{-\frac{5}{2}}$$

$$N_1 = \min\left(N', \left(\frac{x}{m^6}\right)^{\frac{1}{5}}\right)$$

Hence, by Lemma 2, if $1 \leqslant q \leqslant hx^{\frac{1}{2}}M^{-3}N^{-\frac{5}{2}}$, we have

$$S_0 \ll (hx^{\frac{1}{2}}M^{-2}N^{-\frac{5}{2}})q^{-\frac{1}{2}} +$$
$$\{(hx^{\frac{1}{2}}M^{-2}N^{-\frac{5}{2}})q^{-1}\sum_{r=1}^{q}|S_r|\}^{\frac{1}{2}} \quad (3.26)$$

where

$$S_r = \sum_{(m,v) \in D_3}\sum e(f(m,v+r) - f(m,v))$$

$$f(m,v) = h^{\frac{2}{5}}x^{\frac{1}{5}}m^{-\frac{6}{5}}V^{\frac{3}{5}}$$

$$D_3 = \{(m,v) \in D_2, (m,v+r) \in D_2\}$$

$$f_1(m,v) = f(m,v+r) - f(m,v) =$$
$$\frac{5}{3}rh^{\frac{3}{5}}x^{\frac{1}{5}}m^{-\frac{6}{5}}\int_0^1(v+rt)^{-\frac{2}{5}}dt \sim$$

$$Nr = \lambda$$

$$v \sim V = hx^{\frac{1}{2}}M^{-3}N^{-\frac{5}{2}}$$

(1) If $\lambda \geqslant M$ and $\lambda \geqslant V$, and Lemma 6 similar, that $f_1(m,v)$ satisfies (3.21), hence by Lemma 5 we have

$$S_r \ll \lambda^{\frac{1}{4}}M^{\frac{1}{2}}V^{\frac{3}{4}} \ll (Nr)^{\frac{1}{4}}M^{\frac{1}{2}}(hx^{\frac{1}{2}}M^{-3}N^{-\frac{2}{5}})^{\frac{3}{4}} \ll$$
$$h^{\frac{3}{4}}x^{\frac{3}{8}}M^{-\frac{7}{4}}N^{-\frac{13}{8}}r^{\frac{1}{4}}$$

From (3.26) and Lemma 4 ($Q_1 = 0, Q_2 = V$), we have

$$S_0 \ll hx^{\frac{1}{2}}M^{-2}N^{-\frac{5}{2}})q^{-\frac{1}{2}} + h^{\frac{7}{8}}x^{\frac{7}{16}}M^{-\frac{15}{8}}N^{-\frac{33}{16}}q^{\frac{1}{8}} \ll$$
$$h^{\frac{9}{10}}x^{\frac{9}{20}}M^{-\frac{19}{10}}N^{-\frac{43}{20}} + h^{\frac{1}{2}}x^{\frac{1}{4}}M^{-\frac{1}{2}}N^{-\frac{5}{4}}$$

Hence, by (3.25) we have

$$S_1 \ll h^{\frac{2}{5}} x^{\frac{1}{5}} (MN)^{-\frac{2}{5}} + MN^{\frac{1}{2}} +$$
$$h^{-\frac{1}{2}} x^{-\frac{1}{4}} M^{\frac{5}{2}} N^{\frac{7}{4}} + M\log x \qquad (3.27)$$

(2) If $N_r \leqslant M$ or $N_r \leqslant V$, by Lemma 1
$$S_r = \sum_{(m,v) \in D_3} \sum e(f(m, v + r) - f(m, v)) \ll$$
$$\lambda^{-1} MV + M + V \ll$$
$$hx^{\frac{1}{2}} M^{-2} N^{-\frac{7}{2}} r^{-1} + M + hx^{\frac{1}{2}} M^{-3} N^{-\frac{5}{2}}$$

by (3.26) and Lemma 4 ($Q_1 = 0, Q_2 = V$)
$$S_0 \ll (hx^{\frac{1}{2}} M^{-2} N^{-\frac{5}{2}}) q^{-\frac{1}{2}} + (hx^{\frac{1}{2}} M^{-2} N^{-3}) q^{-\frac{1}{2}} \log q +$$
$$hx^{\frac{1}{2}} M^{-\frac{5}{2}} N^{-\frac{5}{2}} + hx^{\frac{1}{2}} x^{\frac{1}{4}} M^{-\frac{1}{2}} N^{-\frac{5}{4}} \ll$$
$$h^{\frac{1}{2}} x^{\frac{1}{2}} x^{\frac{1}{4}} M^{-\frac{1}{2}} N^{-\frac{5}{4}} + hx^{\frac{1}{2}} (MN)^{-\frac{5}{2}}$$

Hence, by (3.25) we have
$$S_1 \ll MN^{\frac{1}{2}} + h^{\frac{1}{2}} x^{\frac{1}{4}} M^{-1} N^{-\frac{3}{4}} +$$
$$h^{-\frac{1}{2}} x^{-\frac{1}{4}} M^{\frac{5}{2}} N^{\frac{7}{4}} + M\log x \qquad (3.28)$$

Our lemma now follows from (3.27) and (3.28).

Lemma 8 Let
$$S_2 = \sum_{(m,n) \in D} \sum -(m) e(hx^{\frac{1}{3}} m^{-2} n^{-\frac{2}{3}})$$

Then
$$S_2 \ll h^{\frac{2}{5}} x^{\frac{2}{15}} N^{-\frac{1}{15}} + h^{\frac{1}{2}} x^{\frac{1}{6}} M^{-\frac{1}{2}} N^{-\frac{1}{3}} +$$
$$h^{-\frac{1}{2}} x^{-\frac{1}{6}} M^2 N^{\frac{4}{3}} + MN^{\frac{1}{2}} + M\log x \qquad (3.29)$$

Proof By Lemma 3 we have
$$S_2 \ll h^{-\frac{1}{2}} x^{-\frac{1}{6}} MN^{\frac{4}{3}} \mid S'_0 \mid + h^{-\frac{1}{2}} x^{-\frac{1}{6}} M^2 N^{\frac{4}{3}} + M\log x$$
$$(3.30)$$

where
$$S'_0 = \sum_{(m,u) \in D_4} \sum -(m) e(c_2 h^{\frac{3}{5}} x^{\frac{1}{5}} m^{-\frac{6}{5}} u^{\frac{2}{5}})$$

$$D_4 = \{(m,u) \mid M < m \le M', u_1 < u \le u_2,$$
$$u_1, u_2 \sim hx^{\frac{1}{3}}M^{-3}N^{-\frac{5}{3}}\}$$

Hence, by Lemma 2, if $1 \le q \le hx^{\frac{1}{3}}M^{-2}N^{-\frac{5}{3}}$, we have

$$S'_0 \ll (hx^{\frac{1}{3}}M^{-1}N^{-\frac{5}{3}})q^{-\frac{1}{2}} +$$
$$\{(hx^{\frac{1}{3}}M^{-1}N^{-\frac{5}{3}})q^{-1}\sum_{r=1}^{q}\mid S'_r \mid\}^{\frac{1}{2}} \quad (3.31)$$

where

$$S'_r = \sum_{(m,u) \in D_5} e(f(m, u+r) - f(m,u))$$
$$f(m,u) = h^{\frac{3}{5}}x^{\frac{1}{5}}m^{-\frac{6}{5}}u^{\frac{2}{5}}, u \sim U = hx^{\frac{1}{3}}M^{-2}N^{-\frac{5}{3}}$$

Then

$$f(m,u+r) - f(m,u) \sim h^{\frac{3}{5}}x^{\frac{1}{5}}M^{-\frac{6}{5}}U^{-\frac{3}{5}}r = N_r = \lambda$$

(1) If $\lambda \ge M$ and $\lambda \ge U$, by Lemma 5 we have

$$S'_r \ll \lambda^{\frac{1}{4}}M^{\frac{1}{2}}U^{\frac{3}{4}} \ll (Nr)^{\frac{1}{4}}M^{\frac{1}{2}}(hx^{\frac{1}{3}}M^{-2}N^{-\frac{5}{3}})^{\frac{3}{4}} \ll$$
$$h^{\frac{3}{4}}x^{\frac{1}{4}}M^{-1}N^{-1}r^{\frac{1}{4}}$$

Hence, by (3.31) and Lemma 4 ($Q_1 = 0, Q_2 = U$), we have

$$S'_0 \ll hx^{\frac{1}{3}}M^{-1}N^{-\frac{5}{3}}q^{-\frac{1}{2}} + h^{\frac{7}{8}}x^{\frac{7}{24}}M^{-1}N^{-\frac{4}{3}}q^{\frac{1}{8}} \ll$$
$$h^{\frac{9}{10}}x^{\frac{3}{10}}M^{-1}N^{-\frac{7}{5}} + h^{\frac{1}{2}}x^{\frac{1}{6}}N^{-\frac{5}{6}}$$

Again, by (3.30)

$$S_2 \ll h^{\frac{7}{5}}x^{\frac{2}{15}}N^{-\frac{1}{15}} + MN^{\frac{1}{2}} + h^{-\frac{1}{2}}x^{-\frac{1}{6}}M^2N^{\frac{4}{3}} + M\log x$$
$$(3.32)$$

(2) If $\lambda \le M$ or $\lambda \le V$, by Lemma 1

$$S'_r \ll \lambda^{-1}MV + M + V \ll$$
$$(N_r)^{-1}M(hx^{\frac{1}{3}}M^{-2}N^{-\frac{5}{3}}) + M + hx^{\frac{1}{3}}M^{-2}N^{-\frac{5}{3}} \ll$$
$$hx^{\frac{1}{3}}M^{-1}N^{-\frac{8}{3}}r^{-1} + M + hx^{\frac{1}{3}}M^{-2}N^{-\frac{5}{3}}$$

Hence, By Lemma 4 ($Q_1 = 0, Q_2 = U$)

$$S'_0 = (hx^{\frac{1}{3}}M^{-1}N^{-\frac{5}{3}})q^{-\frac{1}{2}} + hx^{\frac{1}{3}}M^{-1}N^{-\frac{13}{6}}q^{-\frac{1}{2}}\log q +$$
$$h^{\frac{1}{2}}x^{\frac{1}{6}}N^{-\frac{5}{6}} + hx^{\frac{1}{3}}M^{-\frac{3}{2}}N^{-\frac{5}{3}} \ll$$
$$h^{\frac{1}{2}}x^{\frac{1}{6}}N^{-\frac{5}{6}} + hx^{\frac{1}{3}}M^{-\frac{3}{2}}N^{-\frac{5}{3}}$$

Hence, by (3.30) we have

$$S_2 \ll MN^{\frac{1}{2}} + h^{\frac{1}{2}}x^{\frac{1}{6}}M^{-\frac{1}{2}}N^{-\frac{1}{3}} +$$
$$h^{-\frac{1}{2}}x^{-\frac{1}{6}}M^2N^{\frac{4}{3}} + M\log x \qquad (3.33)$$

Our Lemma Now follows from (3.32) and (3.33).

Lemma 9 Let

$$\sum_A = \sum_{(m,n) \in D} -(m)((x^{\frac{1}{2}}x^{-3}n^{-\frac{3}{2}}))$$
$$\sum_B = \sum_{(m,n) \in D} -(m)((x^{\frac{1}{3}}x^{-2}n^{-\frac{2}{3}}))$$

Then

$$\sum_A \ll (x^{\frac{1}{7}} + x^{\frac{1}{10}}M^{\frac{2}{5}} + M)\log x \qquad (3.34)$$
$$\sum_B \ll (x^{\frac{1}{7}} + x^{\frac{1}{10}}M^{\frac{2}{5}} + M)\log x \qquad (3.35)$$

Proof (1) By the well-known formula ($H \geqslant 2$ is arbitrary)

$$((\theta)) = -\sum_{0<|h|\leqslant H}\frac{e(h\theta)}{2^C ih} + B\left(\min\left(1,\frac{1}{H\|\theta\|}\right)\right)$$

and the Fourier expansion

$$\min\left(1,\frac{1}{H\|\theta\|}\right) = \sum_{h=-\infty}^{\infty}a_n e(h\theta)$$
$$a_0 \ll H^{-1}\log M, a_n \ll \min\left(\frac{1}{|h|},\frac{H}{h^2}\right), h \neq 0$$

we have

$$\sum_A \ll MNH^{-1}\log H + \sum_{h=1}^{H}\min\left(\frac{1}{h},\frac{H}{h^2}\right)|S_1|$$

where S_1 as in (3.22). By Lemma 6, Lemma 4 ($Q_1 = 0, Q_2 = \infty$) and $M^6 N^5 \leq x$, we have

$$\sum_A \ll MNH^{-1}\log H + \sum_{1 \leq h \leq H} \frac{1}{h} |S_1| + \sum_{h > H} \frac{H}{h^2} |S_1| \ll$$

$$MNH^{-1}\log H + (H^{\frac{1}{4}} x^{\frac{1}{8}} N^{\frac{1}{8}} + M^{\frac{3}{4}} N^{\frac{3}{4}} +$$

$$MN^{\frac{1}{2}} + M^{\frac{1}{2}} N + x^{-\frac{1}{4}} M^{\frac{5}{2}} N^{\frac{7}{4}}) \log x \ll$$

$$(x^{\frac{1}{10}} M^{\frac{1}{5}} N^{\frac{3}{10}} + M^{\frac{3}{4}} N^{\frac{3}{4}} + M^{\frac{1}{2}} N + x^{\frac{1}{10}} M^{\frac{2}{5}}) \log x$$

$$(3.36)$$

and By lemma 7, Lemma 4 ($Q_1 = 0, Q_2 = \infty$) and $M^6 N^5 \leq x$, we have

$$\sum_A \ll MNH^{-1}\log H + H^{\frac{2}{5}} x^{\frac{1}{5}} (MN)^{-\frac{2}{5}} +$$

$$H^{\frac{1}{2}} x^{\frac{1}{4}} M^{-1} N^{-\frac{3}{4}} + x^{-\frac{1}{4}} M^{\frac{5}{2}} N^{\frac{7}{4}} +$$

$$MN^{\frac{1}{2}} + M\log x \ll$$

$$(x^{\frac{1}{7}} + x^{\frac{1}{6}} M^{-\frac{1}{3}} N^{-\frac{1}{6}} + x^{\frac{1}{10}} M^{\frac{2}{5}} + M) \log x$$

$$(3.37)$$

for $a > 0, b > 0, T + U = 1, T > 0, U > 0, \min(a,b) \leq a^T b^U$, Hence by (3.36) and (3.37) we have

$$\sum_A \ll ((x^{\frac{1}{7}} + x^{\frac{1}{10}} M^{\frac{2}{5}} + M +$$

$$\min(x^{\frac{1}{10}} M^{\frac{1}{5}} N^{\frac{3}{10}}, x^{\frac{1}{6}} M^{-\frac{1}{3}} N^{-\frac{1}{6}}) +$$

$$\min(M^{\frac{3}{4}} N^{\frac{3}{4}}, x^{\frac{1}{6}} M^{-\frac{1}{3}} N^{-\frac{1}{6}}) +$$

$$\min(M^{\frac{1}{2}} N, x^{\frac{1}{6}} M^{-\frac{1}{3}} N^{-\frac{1}{6}})) \log x \ll$$

$$(x^{\frac{1}{7}} + x^{\frac{1}{10}} M^{\frac{2}{5}} + M) \log x$$

(2) Similary, by Lemma 8 we have

$$\sum_B \ll MNH^{-1}\log H + \sum_{1 \leq h \leq H} \frac{1}{h} |S_2| + \sum_{h > H} \frac{H}{h^2} |S_2| \ll$$

从 Riemann 到 Enoch——RIEMANN 猜想的历史

$$MNH^{-1}\log H + H^{\frac{2}{5}}x^{\frac{2}{15}}N^{-\frac{1}{15}} +$$
$$H^{\frac{1}{2}}x^{\frac{1}{6}}M^{-\frac{1}{2}}N^{-\frac{1}{3}} + x^{-\frac{1}{6}}M^2N^{\frac{4}{3}} +$$
$$MN^{\frac{1}{2}} + M\log x$$

and we apply Lemma 4 ($Q_1 = 0, Q_2 = \infty$) and $M^6 N^5 \leqslant x$, we have

$$\sum_B \ll (x^{\frac{2}{21}}M^{\frac{2}{7}}N^{\frac{5}{21}} + x^{\frac{1}{9}}N^{\frac{1}{9}} + x^{-\frac{1}{6}}M^2N^{\frac{4}{3}} +$$
$$MN^{\frac{1}{2}} + M)\log x \ll$$
$$(x^{\frac{1}{7}} + xM^{\frac{1}{10}}M^{\frac{2}{5}} + M)\log x$$

the Lemma is proved.

4. Proof of Theorem 2

Let $y = x^{\frac{3}{28}}$, by Lemma 9 we have

$$\sum_{W \leqslant y} - (W) \sum_{n \leqslant \left(\frac{x}{W^6}\right)^{\frac{1}{5}}} \{(x^{\frac{1}{2}}W^{-3}n^{-\frac{3}{2}}) - (x^{\frac{1}{3}}W^{-2}n^{-\frac{2}{3}})\} \ll$$
$$x^X(x^{\frac{1}{7}} + x^{\frac{1}{10}}y^{\frac{2}{5}} + y) \ll x^{\frac{1}{7}+X}$$

Hence by Theorem 1 we have $\Delta(x) = O(x^{\frac{1}{7}+X})$. Now our theorem is proved.

参 考 资 料

[1] BATEMAN P T, GROSSWALD E. On a theorem of Erdös and Szekeres. Illinois J. Math., 1958(2):88-98.

[2] SURYANARAYANA D, SITA R, RAMA C R. The distribution of square-full integers. Ark. Mat., 1973(Ⅱ):195-201.

[3] GAO XiaoDong. The distribution of square-full integers. A Monthly Journal of Science, 1990(35),17:1354-1355.

[4] SRINIVASAN R. On the number of Abelian groups of as given order. Acta. Arith., 1973(23):195-205.

[5] GRAHAM S W, PINTZ J. The distribution of *r*-free numbers. Acta. Math. Hung. , 1989,53(1-2):213-236.
[6] TITCHMARSH E C. The theory of the Riemann Zeta function. Oxford University Press, 1951.
[7] SHIU P. On square-full integers in a short interval, Glasgow Math. J. , 1984,25(25):127-134.
[8] GOLOMB S. Powerful numbers. Amer. Math. Monthly, 1970,77: 848-855.

第四章 关于方程 $xy+yz+zx=n$ 的正整数解[①]

茂名教育学院数学系的陈锡庚,湛江师范学院数学系的乐茂华二位教授 1998 年在广义 Riemann 猜想成立的条件下证明了:当且仅当正整数 $n=1,2,4,6,10,18,22,30,42,58,70,78,102,130,190,210,330,462$ 时,方程 $xy+yz+zx=n$ 无正整数解 (x,y,z).

1. 引言

对于正整数 n,方程
$$xy+yz+zx=n, x,y,z \in \mathbf{N}, x \leqslant y \leqslant z \quad (4.1)$$
是否有解 (x,y,z) 的问题至今尚未解决[1]. 对此, Kovács[1] 证明了: 当 $n \leqslant 10^7$ 时, 方程 (4.1) 仅当 $n=1, 2, 4, 6, 10, 18, 22, 30, 42, 58, 70, 78, 102, 130, 190, 210, 330, 462$ 时无解. 蔡天新[2] 运用初等解析数论方法证明了, 对于任何正数 ε, 不超过 X 且使方程 (4.1) 无解的正整数 n 的个数 $E(X)$ 满足 $E(X) = O(X \cdot 2^{-\frac{(1-\varepsilon)(\log X)}{\log \log X}})$. 本章运用 Siegel-Tatuzawa 定理证明了:

定理   当 $n > 10^{12}$ 时, 至多有 9 个正整数 n 可使方程 (4.1) 无解 (x,y,z). 在广义 Riemann 猜想成立的条件下, 上述的 n 值都是不存在的.

[①] 摘编自《数学学报》,1998 年 5 月,第 41 卷,第 3 期.

由于本章中已经借助计算机验证：当 $10^7 < n < 10^{12}$ 时,方程(4.1)有解(x,y,z).因此上述定理在广义 Riemann 猜想成立的条件下,完整地解决了方程(4.1)的可解性问题.即有：

推论 在广义 Riemann 猜想成立的条件下,方程(4.1)当且仅当 $n = 1, 2, 4, 6, 10, 18, 22, 30, 42, 58, 70, 78, 102, 130, 190, 210, 330, 462$ 时无解(x,y,z).

2. 若干引理

引理 1 当 $n > 1$ 且 $2 \nmid n$ 或者 $n > 8$ 且 $4 \mid n$ 时,方程(4.1)必有解(x,y,z).

证明 由于当 $n > 1$ 且 $2 \nmid n$ 时,方程(4.1)有解 $(x,y,z) = \left(1, 1, \dfrac{n-1}{2}\right)$;当 $n > 8$ 且 $4 \mid n$ 时,方程(4.1)有解 $(x,y,z) = \left(2, 2, \dfrac{n}{4} - 1\right)$,故得本引理.

引理 2 对于正整数 t,设 p_t 是第 t 个奇素数.此时 $p_t \geq \max(3, (t+1)\log(t+1))$.

证明 参见资料[3].

引理 3 对于正整数 k

$$p_1 p_2 \cdots p_k > 2.5 \left(\dfrac{k+1}{e}\right)^{k+\frac{3}{2}} \prod_{t=3}^{k+1} \log t$$

证明 根据引理 2 可知

$$p_1 p_2 \cdots p_k \geq \dfrac{3}{2}(k+1)!\,(\log 3) \prod_{t=3}^{k+1} \log t \quad (4.2)$$

由于根据 Stirling 公式可知

$$(k+1)! > \sqrt{2\pi(k+1)} \left(\dfrac{k+1}{e}\right)^{k+1} \quad (4.3)$$

故从式(4.2)(4.3)立得本引理.

引理 4 对于正整数 k,设 $P(k) = \dfrac{\sqrt{8p_1p_2\cdots p_k}}{\log 8p_1p_2\cdots p_k}$. 当 $k \geqslant 5$ 时,$P(k+1) > 2P(k)$.

证明 根据 $P(k)$ 的定义可知

$$\frac{P(k+1)}{P(k)} = \sqrt{p_{k+1}} \; \frac{\log 8p_1p_2\cdots p_k}{\log 8p_1p_2\cdots p_k + \log p_{k+1}}$$

$$\tag{4.4}$$

由于 $p_1, p_2, \cdots, p_k$ 是不超过 p_k 的所有奇素数,所以当 $k \geqslant 5$ 时,$8p_1p_2\cdots p_k - 1 \geqslant p_{k+1}$. 因此

$$\frac{\log 8p_1p_2\cdots p_k}{\log 8p_1p_2\cdots p_k + \log p_{k+1}} > \frac{1}{2} \tag{4.5}$$

又因 $p_{k+1} \geqslant 17$,故从式 (4.4)(4.5) 立得本引理.

如果正整数 d 适合 $d \equiv 0$ 或 $1 \pmod 4$,那么称 d 是判别式. 当判别式 d 不能被任何奇素数的平方整除,并且适合 $2 \nmid d$ 或 $d \equiv 8 \pmod{16}$ 或 $d \equiv 12 \pmod{16}$ 时,d 称为基本判别式. 对于判别式 d,设 $h(d)$ 是判别式等于 d 的二元二次原型的类数.

引理 5 当 $n > 1$ 时,$-4n$ 可唯一地表示成

$$-4n = -fm^2 \tag{4.6}$$

其中 $-f$ 是基本判别式,m 是正整数. 此时

$$h(-4n) = h(-f)\prod_{p \mid m}\left(1 - \left(\frac{-f}{p}\right)\frac{1}{p}\right)$$

$$h(-f) = \frac{\sqrt{f}}{\pi}L(1,\chi)$$

其中 $\prod\limits_{p \mid m}$ 表示"对 m 的所有素因数 p 求积",$\left(\dfrac{-f}{p}\right)$ 是 Legendre 符号,χ 是模 f 的实原特征,$L(s,\chi)$ 是 χ 的 Dirichlet L 函数.

证明 参见资料[4]的定理 2.1.9 和引理 2.1.29.

第三部分　Riemann 函数面面观

引理 6　当基本判别式 d 满足 $d < 0$ 时，必有 $2^{\omega-1} \mid h(d)$，其中 ω 是 d 的不同素因素的个数.

证明　参见资料[4]的定理 2.1.5 和第 2.1.9 节.

引理 7　设 χ 的模 q 的实原特征. 对于适合 $0 < \varepsilon \leqslant 0.0723$ 的正数 ε，当 $q > e^{\frac{1}{\varepsilon}}$ 时，除了一个可能存在的例外值 q 以外，必有

$$L(1,\chi) > \min\left(\frac{1}{7.735\log q}, \frac{2.865\varepsilon}{q^{\varepsilon}}\right)$$

在广义 Riemann 猜想成立的条件下，上述的例外值是不存在的.

证明　参见资料[5]和[6].

引理 8　对于正整数 n，设 $S(n)$ 是方程(4.1)的解 (x,y,z) 的个数，$d(n)$ 是 n 的除数函数. 此时有 $6S(n) \geqslant 3h(-4n) - 3d(n)$.

证明　设 $T_1(n)$ 是方程

$$xy + yz + zx = n, x, y, z \in \mathbb{Z}, x \geqslant 0, y \geqslant 0, z \geqslant 0 \tag{4.7}$$

适合 $xyz \neq 0$ 的解 (x,y,z) 的个数. 此时显然有

$$T_1(n) \leqslant 6S(n) \tag{4.8}$$

如果 (x,y,z) 是方程(4.7)的一组适合 $xyz = 0$ 的解，那么 x,y,z 中恰有一数为零，其余两数为正整数. 设 T_{01} 是方程(4.7)适合 $xyz = 0$ 且 x,y,z 中有两个不同正整数的解数，$T_{02}(n)$ 是方程(4.7)适合 $xyz = 0$ 且 x,y,z 中有两个相同正整数的解数. 根据资料[7]的定理 30.2 可知

$$\frac{1}{2}T_{01}(n) + T_{02}(n) + T_1(n) = 3G(-4n) \tag{4.9}$$

其中 $G(-4n)$ 是判别式等于 $-4n$ 的二元二次型的类数. 由于根据 $T_{01}(n), T_{02}(n)$ 以及 $d(n)$ 的定义,从方程 (4.7) 可知

$$T_{01}(n) + T_{02}(n) = 3d(n)$$

又因

$$G(-4n) \geqslant h(-4n)$$

故从式(4.8)(4.9)可得

$$6S(n) \geqslant T_1(n) =$$

$$3G(-4n) - \left(\frac{1}{2}T_{01}(n) + T_{02}(n)\right) \geqslant$$

$$3h(-4n) - (T_{01}(n) + T_{02}(n)) =$$

$$3h(-4n) - 3d(n)$$

引理得证.

3. 定理的证明

设 n 是适合 $n > 10^{12}$ 且使方程(4.1)无解的正整数. 根据引理1可知 $2 \parallel n$,故有

$$n = 2l_1 l_2 \cdots l_k u_1^{2\alpha_1} u_2^{2\alpha_2} \cdots u_r^{2\alpha_r} v_1^{2\beta_1+1} v_2^{2\beta_2+1} \cdots v_s^{2\beta_s+1}$$

(4.10)

其中 $l_1, l_2, \cdots, l_k, u_1, u_2, \cdots, u_r, v_1, v_2, \cdots, v_s$ 是不同的奇素数, $\alpha_1, \alpha_2, \cdots, \alpha_r, \beta_1, \beta_2, \cdots, \beta_s$ 是正整数. 不妨假定 $l_1 < l_2 < \cdots < l_k, u_1 < u_2 < \cdots < u_r, v_1 < v_2 < \cdots < v_s$. 设 $S(n)$ 是方程(4.1)的解 (x,y,z) 的个数. 从引理8可知 $6S(n) \geqslant 3h(-4n) - 3d(n)$,其中 $d(n)$ 是 n 的除数函数. 由于此时 $S(n) = 0$,故有

$$d(n) \geqslant h(-4n) \quad (4.11)$$

根据引理5,从式(4.10)可知 $-4n$ 可表示成式(4.6)之形式,其中

第三部分 Riemann 函数面面观

$$f = 2^3 l_1 l_2 \cdots l_k v_1 v_2 \cdots v_s$$
$$m = u_1^{\alpha_1} u_2^{\alpha_2} \cdots u_r^{\alpha_r} v_1^{\beta_1} v_2^{\beta_2} \cdots v_s^{\beta_s} \qquad (4.12)$$

而且

$$h(-4n) = h(-f) \prod_{i=1}^{r} u_i^{\alpha_i} \left(1 - \frac{-f}{u_i}\frac{1}{u_i}\right) \cdot$$
$$\prod_{j=1}^{s} v_j^{\beta_j} \left(1 - \frac{-f}{v_j}\frac{1}{v_j}\right) \qquad (4.13)$$

由于 Legendre 符号 $\left(-\dfrac{f}{*}\right) \leq 1$,故从式(4.13) 可知

$$h(-4n) \geq h(-f) \left(\prod_{i=1}^{r} u_i^{\alpha_i - 1}(u_i - 1)\right) \cdot$$
$$\left(\prod_{j=1}^{s} v_j^{\beta_j - 1}(v_j - 1)\right) \qquad (4.14)$$

同时,从式(4.10) 可知

$$d(n) = 2^{k+1} \left(\prod_{i=1}^{r}(1 + 2\alpha_i)\right) \left(\prod_{j=1}^{s}(2 + 2\beta_j)\right)$$
$$\qquad (4.15)$$

故从式(4.11)(4.14)(4.15) 可得

$$2^{k+s+1} \geq h(-f) \left(\prod_{i=1}^{r} \frac{u_i^{\alpha_i - 1}(u_i - 1)}{1 + 2\alpha_i}\right) \cdot$$
$$\left(\prod_{j=1}^{s} \frac{v_j^{\beta_j - 1}(v_j - 1)}{1 + \beta_j}\right) \qquad (4.16)$$

首先考虑 $m = 1$ 的情况. 此时从式(4.12) 可知 $r = s = 0$ 且

$$f = 2^3 l_1 l_2 \cdots l_k \qquad (4.17)$$

并且根据引理 5,从式(4.16) 可得

$$2^{k+1} \geq \frac{\sqrt{f}}{\pi} L(1, \chi) \qquad (4.18)$$

其中 χ 是模 f 的实原特征. 令 $\varepsilon = 0.072\ 3$. 由于从式

(4.6) 可知 $f = 4n > 4 \cdot 10^{12}$,所以根据引理 7 可知,除了一个可能存在的例外值 f 以外,有

$$L(1,\chi) > \begin{cases} \dfrac{1}{7.735\log f}, & \text{当 } 4 \cdot 10^{12} < f \leqslant 10^{28} \text{ 时} \\ \dfrac{0.207}{f^{0.0723}} \dfrac{1}{}, & \text{当 } f > 10^{28} \text{ 时} \end{cases}$$

(4.19)

而且在广义 Riemann 猜想成立的条件下,上述的例外值是不存在的.

当 $f > 10^{28}$ 时,从式(4.18)(4.19) 可知

$$2^{k+1}\pi > 0.207\, 1 f^{0.427\, 7} \qquad (4.20)$$

设 p_t 是第 t 个奇素数.从式(4.17) 可知 $f \geqslant 2^3 p_1 p_2 \cdots p_k$. 因此根据引理 3 可得

$$f > 20\left(\dfrac{k+1}{e}\right)^{k+\frac{3}{2}} \prod_{t=3}^{k+1} \log t \qquad (4.21)$$

将式(4.21)代入式(4.20) 可得

$$654(12.77)^k > (k+1)^{k+\frac{3}{2}} \prod_{t=3}^{k+1} \log t \qquad (4.22)$$

从式(4.22) 可以算出 $k \leqslant 10$. 此时从式(4.20) 可得 $8 \cdot 10^3 > 2^{k+1}\pi > 0.207\, 1 f^{0.427\, 7} > 10^{10}$ 这一矛盾.

当 $4 \cdot 10^{12} < f < 10^{28}$ 时,从式(4.18)(4.19) 可知

$$2^{k+1} > \dfrac{\sqrt{f}}{7.735\pi \log f} \qquad (4.23)$$

如果 $k = 11$,那么从式(4.23) 可得

$$10^5 > 2^{12} \cdot 7.735\pi > \dfrac{\sqrt{f}}{\log f} \geqslant$$

$$\dfrac{\sqrt{8 p_1 p_2 \cdots p_k}}{\log 8 p_1 p_2 \cdots p_k} > 1.6 \cdot 10^5$$

这一矛盾. 于是,根据引理 4 可知:当 $k \geqslant 11$ 时,式

(4.23) 不可能成立. 因此 $k \leqslant 10$,并且从式(4.23) 可得

$$49\ 767 > \frac{\sqrt{f}}{\log f} \qquad (4.24)$$

显然,式(4.24) 在 $f > 4 \cdot 10^{12}$ 时不可能成立. 由此可知:当 $n > 10^{12}$ 且 $m = 1$ 时,至多有一个 n 值可使方程(4.1) 无解;而且在广义 Riemann 猜想成立的条件下,这个 n 值是不存在的.

再考虑 $m > 1$ 时的情况. 由于根据引理 6,从式(4.12) 可知 $2^{k+s} \mid h(-f)$,故有 $h(-f) \geqslant 2^{k+s}$,并且从式(4.16) 可得

$$2 \geqslant \left(\prod_{i=1}^{r} \frac{u_i^{\alpha_i-1}(u_i - 1)}{1 + 2\alpha_i}\right)\left(\prod_{j=1}^{s} \frac{v_j^{\beta_j-1}(v_j - 1)}{1 + \beta_j}\right)$$
$$(4.25)$$

当 $r > 0$ 且 $s = 0$ 时,从式(4.25) 可得

$$2 \geqslant \prod_{i=1}^{r} \frac{u_i^{\alpha_i-1}(u_i - 1)}{1 + 2\alpha_i} \qquad (4.26)$$

因为 $u_1, u_2, \cdots, u_r$ 是适合 $u_1 < u_2 < \cdots < u_r$ 的奇素数,所以式(4.26) 仅在下列情况成立

$$\begin{cases} r = 1, (u_1, \alpha_1) = (3,1), (3,2), (5,1), (7,1) \\ r = 2, (u_1, u_2, \alpha_1, \alpha_2) = (3,5,1,1), (3,5,2,1) \\ r = 3, (u_1, u_2, u_3, \alpha_1, \alpha_2, \alpha_3) = (3,5,7,1,1,1) \end{cases}$$
$$(4.27)$$

同理可证:当 $r = 0$ 且 $s > 0$ 时,仅有

$$\begin{cases} s = 1, (v_1, \beta_1) = (3,1), (3,2), (5,1) \\ s = 2, (v_1, v_2, \beta_1, \beta_2) = (3,5,1,1) \end{cases} (4.28)$$

当 $r > 0$ 且 $s > 0$ 时,仅有

$$r = s = 1$$

$$(u_1, v_1, \alpha_1, \beta_1) =$$
$$(3,5,1,1), (3,7,1,1), (5,3,1,1), (7,3,1,1)$$
$$\tag{4.29}$$

结合式(4.27)~(4.29)可知,当 $m > 1$ 时,m 仅可能取下列 8 个数值

$$m = 3,5,7,9,15,21,45,105 \tag{4.30}$$

另外,由于 $l_1, l_2, \cdots, l_k, u_1, u_2, \cdots, u_r, v_1, v_2, \cdots, v_s$ 是不同的奇素数,所以运用情况 $m = 1$ 的证明方法,从式(4.16)(4.30)可知:当 $n > 10^{12}$ 且 $m > 1$ 时,对于每一个 m,至多有一个 n 可使方程(4.1)无解;而且在广义 Riemann 猜想成立的条件下,这些 n 值都是不存在的。综上所述即得本定理. 证毕.

参 考 资 料

[1] KOVÁCS K. About some positive solutions of the diophantine equation $\sum_{1 \leq i < j \leq n} a_i a_j = m$. Publ. Math. Debrecen, 1992, 40: 207-210.

[2] CAI T X. On the diophantine equation $xy + yz + zx = m$. Publ. Math. Debrecen, 1994, 45:131-132.

[3] ROSSER B. The n-th prime is greater than $n \log n$. Proc. London Math. Soc., 1938, 45(2):21-44.

[4] 陆洪文.二次数域的 Gauss 猜想.上海:上海科学技术出版社,1994.

[5] HOFFSTEIN J. On the Siegel-Tatuzawa theorem. Acta. Arith., 1980/1981, 38:167-174.

[6] KIM H K. A conjecture of S. Chowla and related topics in analytic number theory. Ph D Thesis, Johns Hopkins University, 1988.

[7] MORDELL L J. Diophantine Equations. London:Academic Press, 1969.

第五章 两个互素的立方数之差[①]

令 $\rho_3(n) = \sum_{n=|m|^3-|l|^3,(m,l)=1} 1$. 山东师范大学数学科学学院的张德瑜,翟文广两位教授 2006 年研究了和式 $R_3(x) = \sum_{n \leq x} \rho_3(n) = A_3 x^{\frac{2}{3}} + B_3 x^{\frac{1}{2}} + E_3(x)$,并且在 Riemann 猜想下,得到 $E_3(x) = O(x^{\frac{4}{15}+\varepsilon})$,从而进一步改进了前人的结果.

1. 引言及定理

设正整数 $k \geq 2$,对于函数 $\rho_k(n) \sum_{n=|m|^k-|l|^k,(m,l)=1} 1$,有

$$R_k(x) = \sum_{n \leq x} \rho_k(n) = A_k x^{\frac{2}{k}} + B_k x^{\frac{1}{k-1}} + O(x^{\frac{1}{k}})$$

(5.1)

这里 A_k, B_k 为关于 k 的要计算的常数. 众所周知,式 (5.1) 中的余项可以得到微小的改进,但是降低指数 $\frac{1}{k}$ 是不可能的,因为这与 $\zeta(s)$ 的零点密切相关. 因此,我们希望在 Riemann 猜想下得到更好的结果.

我们以 $E_k(x)$ 表示式 (5.1) 中的余项,θ_k 表示满

[①] 摘编自《数学学报》(中文版),2006 年 9 月,第 49 卷,第 5 期.

从 Riemann 到 Enoch——Riemann 猜想的历史

足
$$E_k(x) = O(x^{\alpha_k + \varepsilon}) \qquad (5.2)$$
的最小的 α_k.

Nowak 的资料 [1] 在 Riemann 猜想下得到 $\theta_k \leqslant \dfrac{7k+1}{k(7k+4)}$ 对 $k \geqslant 3$ 成立. 特别地,他在资料 [2] 中证明了若 Riemann 猜想成立,则 $\theta_3 \leqslant \dfrac{5}{18}$.

本章将进一步改进资料 [2] 的结果. 我们有下面的定理.

定理 1 若 Riemann 猜想成立,则 $\theta_3 \leqslant \dfrac{4}{15}$.

在定理证明之前,先概括一下证明的思路. 定义 $r_3(n) = \sum_{n=|m|^3-|l|^3} 1$. 记

$$T_3(x) = \sum_{n \leqslant x} r_3(n) = H_3(x) + \Delta_3(x) \qquad (5.3)$$

其中

$$H_3(x) = A x^{\frac{2}{3}} + B x^{\frac{1}{2}}$$

$$A = \frac{\Gamma^2\left(\dfrac{1}{3}\right)}{3\cos\left(\dfrac{\pi}{3}\right) \Gamma\left(\dfrac{2}{3}\right)}$$

$$B = 4\zeta\left(\dfrac{1}{2}\right) 3^{-\frac{1}{2}}$$

则对任意的 $10 \leqslant y \ll x^{\frac{1}{3}}$,有

$$R_3(x) = \sum_{\substack{|m|^3-|l|^3 \leqslant x \\ (m,l)=1}} 1 = \sum_{|m|^3-|l|^3 \leqslant x} \sum_{d|(m,l)} \mu(d) = $$
$$\sum_{d^3(|m|^3-|l|^3) \leqslant x} \mu(d) = \sum_{d^3 n \leqslant x} \mu(d) r_3(n) = $$

$$Ax^{\frac{2}{3}}\sum_{d\leqslant y}\mu(d)d^{-2} + Bx^{\frac{1}{2}}\sum_{d\leqslant y}\mu(d)d^{-\frac{3}{2}} +$$

$$\sum_{d\leqslant y}\mu(d)\Delta_3\left(\frac{x}{d^3}\right) + \sum_{\substack{d>y\\d^3n\leqslant x}}\mu(d)r_3(n)$$

令

$$S_1 = \sum_{d\leqslant y}\mu(d)\Delta_3\left(\frac{x}{d^3}\right), S_2 = \sum_{\substack{d>y\\d^3n\leqslant x}}\mu(d)r_3(n)$$

则

$$R_3(x) = Ax^{\frac{2}{3}}\sum_{d\leqslant y}\mu(d)d^{-2} + Bx^{\frac{1}{2}}\sum_{d\leqslant y}\mu(d)d^{-\frac{3}{2}} +$$
$$S_1 + S_2 \tag{5.4}$$

本章结合 Heath-Brown 方法[3],大筛法不等式[4]以及经典的 van der Corput 方法来处理 S_1. 对于 S_2, 我们首先研究 $Z_k(s)$ 的平方均值,进而得到 S_2 的更好的估计. 这种方法类似于翟文广[5]的方法.

注1 设 $SC(\sum)$ 表示 $\sum$ 的求和条件. 例如,对于函数 $F(x) = \sum_{a\leqslant n\leqslant x}f(n)$, 记作 $F(x) = \sum f(n)$, $SC(\sum): a\leqslant n\leqslant x$. 我们以 $m \sim M$ 表示 $M < m \leqslant 2M$, 且 $m \asymp M$ 表示 $c_1 M < m \leqslant c_2 M$, 这里 $c_2 > c_1 > 0$.

2. 基本引理

为证明定理,需要以下引理.

引理 1[6] 对任意 $H_0 \geqslant 10$, 有

$$\psi(u) = \sum_{1\leqslant |h|\leqslant H_0}a(h)e(hu) +$$
$$O\Big(\sum_{1\leqslant |h|\leqslant H_0}b(h)e(hu)\Big) + O\Big(\frac{1}{H_0}\Big)$$

这里 $a(h) \ll \dfrac{1}{|h|}, b(h) \ll \dfrac{1}{H_0}$.

引理 2[7]　对于式(5.3)中的 $\Delta_3(x)$,有

$$\Delta_3(x) = \Delta_{31}(x) + \Delta_{32}(x)$$

$$\Delta_{31}(x) = c_3 x^{\frac{2}{9}} \sum_{l=1}^{\infty} l^{-\frac{4}{3}} \sin\left(2\pi l x^{\frac{1}{3}} + \frac{\pi}{6}\right) + O(1)$$

$$\Delta_{32}(x) = 4 \sum\nolimits_{31}(x) - 4 \sum\nolimits_{32}(x) + O(1)$$

$$\sum\nolimits_{31}(x) = \sum_{x^{\frac{1}{3}} < n \leq \lambda x^{\frac{1}{3}}} \psi\left((n^3 - x)^{\frac{1}{3}}\right)$$

$$\sum\nolimits_{32}(x) = \sum_{1 < n \leq \delta x} \psi\left(x f\left(\frac{n}{x}\right)\right), \Delta_3(x) \ll x^{\frac{2}{9}}$$

这里 δ 为任意小的正常数.当 $\delta \to 0$ 时, $\lambda = \lambda(\delta) \to \infty$,
这里 $\lambda = \lambda(\delta)$ 为满足 $\lambda^3 - (\lambda - \delta)^3 = 1$ 的函数,且

$$\psi(w) = w - [w] - \frac{1}{2}$$

而函数 f 满足

$$(w + f(w))^3 - (f(w))^3 = 1, f(w) > 0$$

且有级数表达式

$$f(w) = (3w)^{-\frac{1}{2}} + \sum_{r=0}^{\infty} c_r w^{1+qr}$$

这里级数当 $0 < w \leq \varepsilon, \varepsilon > 0$ 时收敛.对任意的 $r \in N_0$ 和充分小的 w, $|f^{(r)}| \asymp w^{-r-\frac{1}{2}}$.

引理 3[8]　令

$$L(Q) = \sum_{1 \leq j < J} C_j Q^{c_j} + \sum_{1 \leq k < K} D_k Q^{-d_k}$$

其中 $C_j, c_j, D_k, d_k > 0$,则对任意 $0 < Q' \leq Q$,存在 $Q_1 \in [Q', Q]$,使得

$$L(Q_1) \ll \sum_{j=1}^{J}\sum_{k=1}^{K}(C_j^{d_k}D_k^{c_j})^{\frac{1}{c_j+d_k}} +$$

$$\sum_{1\leqslant j\leqslant J}C_j Q'^{c_j} + \sum_{1\leqslant k\leqslant K}D_k Q^{-d_k}$$

引理 4[3]　令 $10 \leqslant N < N_1 \leqslant 2N, \alpha$ 为固定的非零实数，则

$$\sum_{N<N_1\leqslant 2N}e(\lambda n^\alpha) \ll \min(N, |\lambda|^{-1}N^{1-\alpha}) +$$

$$(|\lambda| N^\alpha)^{\frac{1}{2}}$$

引理 5[2]　设 $1 < c < 2$ 为固定的实数，$Y > 0$ 为较大的实数，$0 < \Delta \leqslant \dfrac{Y}{2}$。我们以 $N_c(Y;\Delta)$ 表示满足 $Y < |(m,n)|_c \leqslant Y+\Delta$ 的格点 (m,n) 的个数，则

$$N_c(Y;\Delta) \ll Y^{\frac{2}{3}} + Y\Delta + Y^{\frac{1}{2}}\Delta^{\frac{1}{2}}$$

3. $E_3(x)$ 的表达式

为了得到 Riemann 猜想下 $E_3(x)$ 的表达式，需要研究函数 $Z_3(s) = \sum\limits_{n=1}^{\infty}\dfrac{r_3(n)}{n^s}$ 的性质，根据资料[9] 的引理 8a 知：

(1) 除了两个单极点 $s = \dfrac{2}{3}$ 和 $s = \dfrac{1}{2}$ 之外，$Z_3(s)$ 可以被解析延拓到 $\sigma > \dfrac{2}{9}$。

(2) 设 $\sigma > \dfrac{2}{3}, |t| \geqslant 2$，则

$$Z_3(\sigma + it) \ll \min\left(\log |t|, \dfrac{1}{\sigma - \dfrac{2}{3}}\right)$$

(3) 设 $\frac{2}{9} < \sigma_1 \leqslant \sigma \leqslant \frac{2}{3}$，$|t| \geqslant 2$，则

$$Z_3(\sigma + it) \ll |t|^{\frac{4}{9}(\frac{2}{3}-\sigma)} \log |t|$$

(4) 设 $T \geqslant 10$，我们有

$$\int_T^{2T} \left| Z_3\left(\frac{1}{2} + it\right) \right|^2 dt \ll T \log T$$

利用与资料[5]引理 3.1 相同的证明方法，得到

引理 6 设 $T \geqslant 100$ 为任意实数，有 $\int_T^{2T} \left| Z_3\left(\frac{4}{9} + it\right) \right|^2 dt \ll T \log T$.

为估计 S_2，需要下面的引理，这一结果属于资料[1]．

引理 7 若 Riemann 猜想成立，且当 $\frac{1}{3} \leqslant \sigma < \frac{1}{2}$ 时，有

$$\int_T^{2T} |Z_3(\sigma + it)|^2 dt \ll T^{1+\varepsilon}$$

则当 $1 \leqslant y < x^{\frac{1}{3}}$ 时，有

$$S_2 = Ax^{\frac{2}{3}} \sum_{d>y} \frac{\mu(d)}{d^2} + Bx^{\frac{1}{2}} \sum_{d>y} \mu(d) d^{-\frac{3}{2}} + O\left(y^{\frac{1}{2}} \left(\frac{x}{y^3}\right)^{\sigma+\varepsilon}\right)$$

由引理 3.1 和引理 3.2，得到

定理 2 若 Riemann 猜想成立，则当 $1 \leqslant y < x^{\frac{1}{3}}$ 时

$$E_3(x) = \sum_{d \leqslant y} \mu(d) \Delta_3\left(\frac{x}{d^3}\right) + O\left(x^{\frac{4}{9}+\varepsilon} y^{-\frac{5}{6}}\right)$$

4. 指数和估计

本章将研究与 S_1 有关的指数和．当 $k = 3$ 时，$q = $

$\frac{k}{k-1} = \frac{3}{2}$. 以 $|(\omega_1, \omega_2)|_q$ 表示在 $\mathbb{R}^2$ 中的 q-范数，也就是，$|(\omega_1, \omega_2)|_q = (|\omega_1|^q - |\omega_2|^q)^{\frac{1}{q}}$.

首先估计和式

$$S_{1,\alpha}(x; D, H) = \sum_{d \sim D} a(d) \sum_{(m,h) \in \tau_\alpha} b(m,h) \cdot e^{-\frac{x^{\frac{1}{3}}|(m,h)|_q}{d}}$$

这里

$$\tau_\alpha = \{(m,h) : \alpha h \leq m \leq 2\alpha h, H \leq h \leq 2H\}$$

其中 $x > 0$ 为充分大的实数，$100 \leq D \leq x^{\frac{1}{3}-\varepsilon}$ 为实数，且 $H \geq 10, 1 \leq \alpha \ll x^{\frac{1}{3}-\varepsilon} H^{-1}, a(d) \ll 1, b(m,h) \ll 1$.

引理 8　设 $0 < \Delta \leq \frac{\alpha H}{2}$，且 $N_k(H; \Delta, \alpha)$ 表示满足 $(m_i, h_i) \in \tau_\alpha$ 和 $||(m_1, h_1)|_q - |(m_2, h_2)|_q| \leq \Delta$ 的四元数组 (m_1, h_1, m_2, h_2) 的个数，则

$$N_k(H; \Delta, \alpha) \ll \alpha^{\frac{5}{3}} H^{\frac{8}{3}} + \alpha^2 H^3 \Delta + \alpha^{\frac{3}{2}} H^{\frac{5}{2}} \Delta^{\frac{1}{2}}$$

证明　由引理 5 推出

引理 9

$$L^{-1} S_{1,\alpha}(x; D, H) \ll \alpha^{\frac{23}{18}} F^{\frac{1}{6}} D^{\frac{2}{3}} H^{\frac{16}{9}} + \alpha^{\frac{3}{2}} D^{\frac{2}{3}} H^2 +$$
$$\alpha^{\frac{5}{6}} D H^{\frac{4}{3}} + \alpha^{\frac{3}{2}} F^{-\frac{1}{2}} D H^2 +$$
$$\alpha^{\frac{17}{12}} F^{\frac{1}{4}} D^{\frac{1}{2}} H^{\frac{5}{3}} + \alpha^{\frac{4}{3}} D^{\frac{2}{3}} H^{\frac{11}{6}} F^{\frac{1}{12}} +$$
$$\alpha H^{\frac{3}{2}} D F^{-\frac{1}{4}}$$

这里

$$F = x^{\frac{1}{3}} \alpha H D^{-1}, L = \log FxHD$$

证明　利用 Heath-Brown[3] 相同的方法. 设 $1 \leq$

$R \leqslant \alpha^{\frac{1}{3}} H^{\frac{4}{3}}$ 为待定的常数. 对任意 $1 \leqslant r \leqslant R$, 定义 $E_r =$

$$\left\{(m,h) \in \tau_\alpha : \frac{3(r-1)\alpha H}{R} < |(m,h)|_q \leqslant \frac{3r\alpha H}{R}\right\}$$

记

$$S_{1,\alpha}(x;D,H) \ll \sum_{r=1}^{R} \sum_{d \sim D} a(d) \sum_{(m,h) \in E_r} b(m,h) \cdot e\left(-\frac{x^{\frac{1}{3}}|(m,h)|_q}{d}\right)$$

由 Cauchy 不等式

$$|S_{1,\alpha}(x;D,H)|^2 \ll$$

$$RD \sum_r \sum_{d \sim D} \left|\sum_{(m,h) \in E_r} b(m,h) e\left(-\frac{x^{\frac{1}{3}}|(m,h)|_q}{d}\right)\right|^2 \ll$$

$$RD \sum_r \sum_{\substack{(m_1,h_1) \in E_r \\ (m_2,h_2) \in E_r}} |b(m_1,h_1) b(m_2,h_2)| \cdot$$

$$\left|\sum_{d \sim D} e\left(\frac{x^{\frac{1}{3}}\lambda}{d}\right)\right| \tag{5.5}$$

这里 $\lambda = |(m_1,h_1)|_q - |(m_2,h_2)|_q$. 由引理 4, 到

$$|S_{1,\alpha}(x;D,H)|^2 \ll$$

$$RD \sum_{\substack{(m_1,h_1) \in \tau_\alpha \\ (m_2,h_2) \in \tau_\alpha}} \left(\min\left(D, \frac{D^2}{x^{\frac{1}{3}}|\lambda|}\right) + x^{\frac{1}{6}}|\lambda|^{\frac{1}{2}} D^{-\frac{1}{2}}\right) \tag{5.6}$$

其中 m_1, h_1, m_2, h_2 满足 $|\lambda| \leqslant \frac{3\alpha H}{R}$. 由引理 8, $x^{\frac{1}{6}}|\lambda|^{\frac{1}{2}} D^{-\frac{1}{2}}$ 对于 $|S_{1,\alpha}(x;D,H)|^2$ 的贡献为

$$(R \ll R^{\frac{1}{3}} H^{\frac{4}{3}}) \ll$$

$$RD\left(\frac{F}{R}\right)^{\frac{1}{2}} N\left(H; \frac{3\alpha H}{R}, \alpha\right) \ll$$

$$RD\left(\frac{F}{R}\right)^{\frac{1}{2}} \left(\alpha^{\frac{5}{3}} H^{\frac{8}{3}} + \frac{\alpha^3 H^4}{R} + \alpha^2 H^3 R^{-\frac{1}{2}}\right) \ll$$

$$R^{-\frac{1}{2}} f^{\frac{1}{2}} \alpha^3 D H^4 \qquad (5.7)$$

当 $|\lambda| \leqslant Dx^{-\frac{1}{3}}$ 时,由引理 8,式(5.6)中 D 的贡献为

$$RD^2 N(H; Dx^{-\frac{1}{3}}, \alpha) \ll$$

$$RD^2(\alpha^{\frac{5}{3}} H^{\frac{8}{3}} + D\alpha^2 H^3 x^{-\frac{1}{3}} + \alpha^{\frac{3}{2}} H^{\frac{5}{2}} D^{\frac{1}{2}} x^{-\frac{1}{6}}) \ll$$

$$\alpha^{\frac{5}{3}} RD^2 H^{\frac{8}{3}} + R\alpha^3 D^2 H^4 F^{-1} + RD^2 \alpha^2 H^3 F^{-\frac{1}{2}} \quad (5.8)$$

当 $Dx^{-\frac{1}{3}} < |\lambda| \leqslant \dfrac{3\alpha H}{R}$ 时,将其利用二分法分成 $O(L)$ 个区间 $\dfrac{\Delta}{2} < |\lambda| \leqslant |\Delta|$,则式(5.6)中的 $D^2(x^{\frac{1}{3}}|\lambda|)^{-1}$ 的贡献为 $\ll$

$$RD^3 x^{-\frac{1}{3}} L \max_{|\Delta| \geqslant Dx^{-\frac{1}{3}}} \Delta^{-1} N(H; \Delta, \alpha) \ll$$

$$\alpha^{\frac{5}{3}} RD^2 H^{\frac{8}{3}} L + R\alpha^3 D^2 H^4 F^{-1} L + RD^2 \alpha^2 H^3 F^{-\frac{1}{2}} L$$

$$(5.9)$$

由式(5.6)~(5.9),得到

$$L^{-1} |S_{1,\alpha}(x; D, H)|^2 \ll$$

$$\alpha^{\frac{5}{3}} RD^2 H^{\frac{8}{3}} + R\alpha^3 D^2 H^4 F^{-1} +$$

$$RD^2 \alpha^2 H^3 F^{-\frac{1}{2}} + R^{-\frac{1}{2}} F^{\frac{1}{2}} \alpha^3 D H^4 \qquad (5.10)$$

在式(5.10)中利用引理 3,取一个最优的 $R \in [1, \alpha^{\frac{1}{3}} H^{\frac{4}{3}}]$,则可得引理 9.

引理 10[5] 令 $S^*(w, D) = \sum\limits_{d \sim D} \mu(d) e\left(\dfrac{W}{d}\right)$,这里

$W, D \geqslant 10$ 为满足 $D \ll W^{1-\varepsilon}$ 的正数,则有

$$D^{-\varepsilon}S^*(w,D) \ll W^{\frac{1}{6}}D^{\frac{7}{12}} + D^{\frac{5}{6}} + D^{\frac{3}{2}}W^{-\frac{1}{2}}$$

5. 定理的证明

由定理 2,接下来只需估计 $S_1 = \sum_{d \leqslant y} \mu(d) \Delta_3\left(\frac{x}{d^3}\right)$. 由二分法,当 $1 \ll D \ll y$ 时,有 $S_1 \ll |S_1(D,x)| \log x$, 其中

$$S_1(D,x) = \sum_{d \sim D} \mu(d) \Delta_3\left(\frac{x}{d^3}\right) \qquad (5.11)$$

根据引理 2,我们可以设

$$S_{11}(D,x) = \sum_{d \sim D} \mu(d) \Delta_{31}\left(\frac{x}{d^3}\right) \qquad (5.12)$$

$$S_{12}(D,x) = \sum_{d \sim D} \mu(d) \Delta_{32}\left(\frac{x}{d^3}\right) \qquad (5.13)$$

首先来估计 $S_{11}(D,x)$. 由引理 2,得到

$$S_{11}(D,x) = x^{\frac{2}{9}} \sum_{l=1}^{\infty} l^{-\frac{4}{3}} \left| \sum_{d \sim D} \frac{\mu(d)}{d^{\frac{2}{3}}} e\left(\frac{lx^{\frac{1}{3}}}{d}\right) \right|$$

$$(5.14)$$

显然有

$$S_{11}(D,x) = x^{\frac{2}{9}} D^{\frac{1}{3}} \qquad (5.15)$$

利用引理 10 估计式(5.14) 右边的指数和,得

$$S_{11}(D,x) = x^{\frac{5}{18}}D^{-\frac{1}{12}} + x^{\frac{2}{9}}D^{\frac{1}{6}} + x^{\frac{5}{18}}D^{\frac{5}{6}} \qquad (5.16)$$

由式(5.15)(5.16),得

$$S_{11}(D,x) \ll x^{\frac{2}{9}}D^{\frac{1}{6}} + x^{\frac{5}{18}}D^{\frac{5}{6}} + \min(x^{\frac{2}{9}}D^{\frac{1}{3}}, x^{\frac{5}{18}}D^{-\frac{1}{12}}) \ll$$

$$x^{\frac{2}{9}}D^{\frac{1}{6}} + x^{\frac{5}{18}}D^{\frac{5}{6}} + (x^{\frac{2}{9}}D^{\frac{1}{3}})^{\frac{1}{5}}(x^{\frac{5}{18}}D^{-\frac{1}{12}})^{\frac{4}{5}} \ll$$

$$x^{\frac{2}{9}}D^{\frac{1}{6}} + x^{\frac{1}{18}}D^{\frac{5}{6}} + x^{\frac{4}{15}} \qquad (5.17)$$

接上来估计 $S_{12}(D,x)$. 由引理 2, 有

$$S_{12}(D,x) = \sum_A + \sum_B + O(x^\epsilon D) \qquad (5.18)$$

其中

$$\sum_A = 4\sum_{d\sim D}\mu(D)\sum_{x^{\frac{1}{3}}/d < n \leqslant \lambda x^{\frac{1}{3}}/d}\psi\left(\left(n^3 - \frac{x}{d^3}\right)^{\frac{1}{3}}\right)$$

$$\sum_B = -4\sum_{d\sim D}\mu(D)\sum_{1 < n \leqslant \delta t}\psi\left(t\psi\left(\frac{n}{t}\right)\right), t = \frac{x^{\frac{1}{3}}}{d}$$

对于 $\sum_A$, 记

$$\sum_A = 4\sum_{d\sim D}\mu(d)\sum_1\sum_2\psi\left(\left(n^3 - \frac{x}{d^3}\right)^{\frac{1}{3}}\right)$$

$$(5.19)$$

这里 $SC(\sum_1): 1 \leqslant j \leqslant J, SC(\sum_2): N_{j+1} \leqslant n \leqslant N_j$,
$N_0 = \frac{\lambda x^{\frac{1}{3}}}{d}, N_j = \frac{x^{\frac{1}{3}}}{d(1-2^{-\frac{3j}{2}})^{\frac{1}{3}}}, j = 1, 2, \cdots, J$, 其中 J 为使
得 $\frac{x^{\frac{1}{3}}}{d} - N_J \leqslant x^\epsilon$ 对于所有的 $d \sim D$ 成立的最上的整数.

注意到 $J \ll \log x$ 且 $N_j - N_{j+1} \asymp x^{\frac{1}{3}}2^{-\frac{3j}{2}}D^{-1}$. 因此

$$x^{-\epsilon}\sum_A \ll \left|\sum_{d\sim D}\mu(d)\sum_3\psi\left(\left(n^3 - \frac{x}{d^3}\right)^{\frac{1}{3}}\right)\right| + D$$

$$(5.20)$$

这里 $SC(\sum_3): N_{j_0+1} \leqslant n \leqslant N_{j_0}, 0 \leqslant j_0 \leqslant J$. 设 $1 \leqslant H_0 \leqslant x^{\frac{1}{3}}2^{-\frac{3j_0}{2}}D^{-1}$ 为待定的参数, 由引理 1, 得

$$\sum_3 \psi\left(\left(n^3 - \frac{x}{d^3}\right)^{\frac{1}{3}}\right) =$$

$$\sum_{31}(D,x) + O\left(\sum_{32}(D,x)\right) + O\left(\frac{x^{\frac{1}{3}}}{DH_0 2^{\frac{3j_0}{2}}}\right) \quad (5.21)$$

其中

$$\sum_{31}(D,x) = \sum_{1 \leq |h| \leq H_0} a(h) \sum_3 e\left(h\left(n^3 - \frac{x}{d^3}\right)^{\frac{1}{3}}\right)$$

$$\sum_{32}(D,x) = \sum_{1 \leq h \leq H_0} b(h) \sum_3 e\left(h\left(n^3 - \frac{x}{d^3}\right)^{\frac{1}{3}}\right)$$

则有

$$x^{-\epsilon}\sum_A \ll \left|\sum_4 (D,x)\right| + O\left(\sum_5 (D,x)\right) + x^{\frac{1}{3}} H_0^{-1} 2^{-\frac{3j_0}{2}}$$

$$(5.22)$$

这里

$$\sum_4(D,x) = \sum_{1 \leq |h| \leq H_0} a(h) \sum_{d \sim D} \mu(d) \sum_3 e\left(h\left(n^3 - \frac{x}{d^3}\right)^{\frac{1}{3}}\right)$$

$$\sum_5(D,x) = \sum_{1 \leq |h| \leq H_0} b(h) \sum_{d \sim D} \sum_3 e\left(h\left(n^3 - \frac{x}{d^3}\right)^{\frac{1}{3}}\right)$$

我们只估计 $\sum_4(D,x)$. 对于 $\sum_5(D,x)$, 估计方法相同且相对更简单. 由二分法, 得

$$\sum_4(D,x) \ll |\sum_4(D,x,H)| \log x \quad (5.23)$$

其中

$$\sum_4(D,x,H) =$$

$$\sum_{h \sim H} a^*(h) \sum_{d \sim D} \mu(d) \sum_3 e\left(-h\left(n^3 - \frac{x}{d^3}\right)^{\frac{1}{3}}\right)$$

这里 $1 \ll H \ll H_0$,且 $a^*(h) \ll \dfrac{1}{h}$.

对于上式中对 n 的求和利用 B 过程,由于 Kühleitner[10] 已经对于这一过程进行了详细的研究,因此这里只利用它的结果. 为方便起见,令 $\alpha = 2^{j_0}$. 根据资料 [10] 的式 (3.7),有

$$\sum_4 (D,x,H) \ll \frac{x^{\frac{1}{6}}}{\alpha^{\frac{5}{4}} D^{\frac{1}{2}} H^{\frac{3}{2}}} \left| \sum_4^* (D,x,H) \right| + D\log x$$

(5.24)

这里

$$\sum_4^* (D,x,H) = \sum_{d \sim D} \mu(d) \left(\frac{D}{d}\right)^{\frac{1}{2}} \sum_{(m,h) \in \tau_\alpha} b(m,h) \cdot$$

$$e\left(-\frac{x^{\frac{1}{3}} |(m,h)|^{\frac{3}{2}}}{d}\right)$$

其中 $b(m,h) \ll 1$ 且 τ_α 的定义见第 4 小节. 对于 $\sum_4^* (D,x,H)$ 利用引理 9,可得

$$x^{-\epsilon} \sum_4^* (D,x,H) \ll D + \alpha^{\frac{1}{4}} x^{\frac{1}{6}} D^{\frac{1}{6}} H^{\frac{1}{2}} + \alpha^{\frac{7}{36}} x^{\frac{4}{18}} H^{\frac{4}{9}} +$$

$$\alpha^{\frac{5}{15}} x^{\frac{1}{4}} D^{-\frac{1}{4}} H^{\frac{5}{12}} + \alpha^{\frac{1}{6}} x^{\frac{7}{36}} D^{\frac{1}{12}} H^{\frac{5}{12}} +$$

$$x^{\frac{1}{6}} D^{\frac{1}{2}} \alpha^{-\frac{5}{12}} H^{-\frac{1}{6}} + \alpha^{-\frac{1}{2}} x^{\frac{1}{12}} D^{\frac{3}{4}} H^{-\frac{1}{4}}$$

(5.25)

对于 $\sum_4^* (D,x,H)$ 中的对 d 求和利用引理 10,对 (m,h) 求和直接用显然估计,则

$$x^{-\epsilon} \sum_4 (D,x,H) \ll \alpha^{-\frac{1}{12}} x^{\frac{2}{9}} D^{\frac{1}{12}} H^{\frac{2}{3}} + \alpha^{-\frac{1}{4}} x^{\frac{1}{6}} D^{\frac{1}{3}} H^{\frac{1}{2}} + D$$

(5.26)

由式(5.25)(5.26),有

$$x^{-\epsilon}\sum_{4}(D,x,H) \ll D + \alpha^{\frac{1}{4}}x^{\frac{1}{6}}D^{\frac{1}{6}}H^{\frac{1}{2}} + \alpha^{\frac{7}{36}}x^{\frac{4}{18}}H^{\frac{4}{9}} +$$

$$\alpha^{\frac{5}{12}}x^{\frac{1}{4}}D^{-\frac{1}{4}}H^{\frac{5}{12}} + \alpha^{\frac{1}{6}}x^{\frac{7}{12}}D^{\frac{1}{12}}H^{\frac{5}{12}} +$$

$$E_1 + E_2 + E_3 + E_4 \quad (5.27)$$

这里(注意到 $\alpha = 2^{j_0} \gg 1$)

$$E_1 = \min(x^{\frac{1}{6}}D^{\frac{1}{2}}\alpha^{-\frac{1}{12}}H^{-\frac{5}{6}}, \alpha^{-\frac{1}{12}}x^{\frac{2}{9}}D^{\frac{1}{12}}H^{\frac{2}{3}}) \leqslant$$
$$(x^{\frac{1}{6}}D^{\frac{1}{2}}\alpha^{-\frac{1}{12}}H^{-\frac{5}{6}})^{\frac{4}{5}}(\alpha^{-\frac{1}{12}}x^{\frac{2}{9}}D^{\frac{1}{12}}H^{\frac{2}{3}})^{\frac{1}{5}} \leqslant x^{\frac{5}{45}}D^{\frac{5}{12}}$$

$$E_2 = \min(x^{\frac{1}{6}}D^{\frac{1}{2}}\alpha^{-\frac{1}{12}}H^{-\frac{5}{6}}, \alpha^{-\frac{1}{4}}x^{\frac{1}{6}}D^{\frac{1}{3}}H^{\frac{1}{2}}) \leqslant x^{\frac{1}{6}}D^{\frac{11}{24}}$$

$$E_3 = \min(\alpha^{-\frac{1}{2}}x^{\frac{1}{12}}D^{\frac{3}{4}}H^{-\frac{1}{4}}, \alpha^{-\frac{1}{12}}x^{\frac{2}{9}}D^{\frac{1}{12}}H^{\frac{2}{3}}) \leqslant x^{\frac{4}{33}}D^{\frac{25}{44}}$$

$$E_4 = \min(\alpha^{-\frac{1}{2}}x^{\frac{1}{12}}D^{\frac{3}{4}}H^{-\frac{1}{4}}, \alpha^{-\frac{1}{4}}x^{\frac{1}{6}}D^{\frac{1}{3}}H^{\frac{1}{2}}) \leqslant x^{\frac{1}{9}}D^{\frac{11}{18}}$$

综合式(5.19)~(5.23)和式(5.27),得(注意到 $H \ll H_0$)

$$x^{-\epsilon}\sum_{A} \ll D + x^{\frac{8}{45}}D^{\frac{5}{12}} + x^{\frac{1}{6}}D^{\frac{11}{24}} + x^{\frac{4}{33}}D^{\frac{25}{44}} +$$

$$x^{\frac{1}{9}}D^{\frac{11}{18}} + \alpha^{\frac{7}{36}}x^{\frac{4}{18}}H_0^{\frac{4}{9}} + \alpha^{\frac{1}{4}}x^{\frac{1}{6}}D^{\frac{1}{6}}H_0^{\frac{1}{2}} +$$

$$\alpha^{\frac{5}{12}}x^{\frac{1}{4}}D^{-\frac{1}{4}}H_0^{\frac{5}{12}} + \alpha^{\frac{1}{6}}x^{\frac{7}{12}}D^{\frac{1}{12}}H_0^{\frac{5}{12}} +$$

$$\alpha^{-\frac{3}{2}}x^{\frac{1}{3}}H_0^{-1} \quad (5.28)$$

根据引理3,取一个最优的 $H_0 \in [x^\epsilon, x^{\frac{1}{9}}]$,得到(注意到 $\alpha \gg 1$)

$$x^{-\epsilon}\sum_{A} \ll D + x^{\frac{8}{45}}D^{\frac{5}{12}} + x^{\frac{1}{6}}D^{\frac{11}{24}} + x^{\frac{4}{33}}D^{\frac{25}{44}} + x^{\frac{1}{9}}D^{\frac{11}{18}} +$$

$$x^{\frac{10}{39}} + x^{\frac{2}{9}}D^{\frac{1}{9}} + x^{\frac{14}{51}}D^{-\frac{3}{17}} + x^{\frac{4}{17}}D^{\frac{1}{17}} \quad (5.29)$$

对于式(5.13)直接利用估计 $\Delta_{32}(x) \ll x^{\frac{2}{9}}$,得 $\sum_B \ll x^{\frac{2}{9}}D^{\frac{1}{3}}$.总之,有

第三部分 Riemann 函数面面观

$$x^{-\epsilon}\sum_A \ll D + x^{\frac{8}{45}}D^{\frac{5}{12}} + x^{\frac{1}{6}}D^{\frac{11}{24}} + x^{\frac{4}{35}}D^{\frac{25}{44}} +$$

$$x^{\frac{1}{9}}D^{\frac{11}{18}} + x^{\frac{19}{39}} + x^{\frac{4}{17}}D^{\frac{1}{17}} \qquad (5.30)$$

接下来估计 $\sum_B$. 记

$$\sum_B = -4\sum_{d\sim D}\mu(d)\sum_{(1)}\sum_{(2)}\psi\left(tf\left(\frac{n}{t}\right)\right), t = \frac{x^{\frac{1}{3}}}{d}$$
$$(5.31)$$

这里

$$SC(\sum_{(1)}):1\leqslant j\leqslant J$$

$$SC(\sum_{(2)}):N_{j+1}\leqslant n\leqslant N_j$$

$$N_0 = \frac{\delta x^{\frac{1}{3}}}{d}, N_j = \frac{\delta_j x^{\frac{1}{3}}}{d}$$

其中 δ_j 满足 $f'(\delta_j) = -2^j([-f'(\delta)]+1)$. J 为使得

$$2^{-\frac{3J}{2}}([-f'(\delta)]+1) < \left(\frac{x^{\frac{1}{3}}}{d}\right)^{-\frac{1}{2}-\omega}$$

成立的最小整数. 注意到 $J \ll \log x$ 且 $N_j - N_{j+1} \asymp x^{\frac{1}{3}}2^{-\frac{3j}{2}}D^{-1}$, 则

$$x^{-\epsilon}\sum_B \ll \left|\sum_{d\sim D}\mu(d)\sum_{(3)}\psi\left(tf\left(\frac{n}{t}\right)\right)\right| + D \quad (5.32)$$

这里

$$SC(\sum_{(3)}):N_{j_0+1}\leqslant n\leqslant N_{j_0}, 0\leqslant j_0\leqslant J$$

设 $1\leqslant H_0 \leqslant x^{\frac{1}{3}}2^{-\frac{3j_0}{2}}D^{-1}$ 为待定的参数. 由引理 1, 得到

$$\sum_{(3)}\psi\left(tf\left(\frac{n}{t}\right)\right) =$$

$$\sum_{(31)}(D,x) + O\left(\sum_{(32)}(D,x)\right) + O\left(\frac{x^{\frac{1}{3}}}{DH_0 2^{\frac{3j_0}{2}}}\right) \quad (5.33)$$

其中

$$\sum_{(31)}(D,x) = \sum_{1 \leqslant |h| \leqslant H_0} a(h) \sum_{(3)} e\left(h\left(tf\left(\frac{n}{t}\right)\right)\right)$$

$$\sum_{(32)}(D,x) = \sum_{1 \leqslant h \leqslant H_0} b(h) \sum_{(3)} e\left(h\left(tf\left(\frac{n}{t}\right)\right)\right)$$

则有

$$x^{-\epsilon}\sum_{B} \ll \left|\sum_{(4)}(D,x)\right| + O\left(\sum_{(5)}(D,x)\right) + x^{\frac{1}{3}} H_0^{-1} 2^{-\frac{3j_0}{2}}$$
$$(5.34)$$

这里

$$\sum_{(4)}(D,x) = \sum_{1 \leqslant |h| \leqslant H_0} a(h) \sum_{d \sim D} \mu(d) \sum_{(3)} e\left(h\left(tf\left(\frac{n}{t}\right)\right)\right)$$

$$\sum_{(5)}(D,x) = \sum_{1 \leqslant h \leqslant H_0} b(h) \sum_{d \sim D} \sum_{(3)} e\left(h\left(tf\left(\frac{n}{t}\right)\right)\right)$$

我们只估计 $\sum_{(4)}(D,x)$. 对于 $\sum_{(5)}(D,x)$ 估计方法相同且相对更简单.

由二分法,得

$$\sum_{(4)}(D,x) \ll \left|\sum_{(4)}(D,x,H)\right| \log x \quad (5.35)$$

这里

$$\sum_{(4)}(D,x,H) = \sum_{h \sim H} a^*(h) \sum_{d \sim D} \mu(d) \sum_{(3)} e\left(-h\left(tf\left(\frac{n}{t}\right)\right)\right)$$

其中 $1 \ll H \ll H_0, a^*(h) \ll \frac{1}{h}$.

我们对于上式中对 n 的求和利用 B 过程. 为方便起见,令 $\alpha = 2^{j_0}(1 + [-f'(\delta)])$,根据资料[10]中的

式 (3.22),有

$$\sum_{(4)}(D,x,H) \ll \frac{x^{\frac{1}{6}}}{\alpha^{\frac{5}{4}}D^{\frac{1}{2}}H^{\frac{3}{2}}} |\sum_{(4)}^{*}(D,x,H)| + D\log x \tag{5.36}$$

这里

$$\sum_{(4)}^{*}(D,x,H) = \sum_{d \sim D}\mu(d)\Big(\frac{D}{d}\Big)^{\frac{1}{2}}\sum_{(m,h)\in\tau_\alpha}b(m,h) \cdot$$
$$e\Big(-\frac{x^{\frac{1}{3}}|(m,h)|^{\frac{3}{2}}}{h}\Big)$$

其中 $b(m,h) \ll 1$,且 τ_α 的定义见第 4 小节.

对于 $\sum_{(4)}(D,x,H)$,我们可以利用与 $\sum_{(4)}(D,x,H)$ 相同的估计方法,则有

$$x^{-\epsilon}\sum_{B} \ll D + x^{\frac{8}{45}}D^{\frac{5}{12}} + x^{\frac{1}{6}}D^{\frac{11}{24}} + x^{\frac{4}{33}}D^{\frac{25}{44}} +$$
$$x^{\frac{1}{9}}D^{\frac{11}{18}} + x^{\frac{10}{39}} + x^{\frac{4}{17}}D^{\frac{1}{17}} \tag{5.37}$$

综合式 (5.11) ~ (5.18) 和式 (5.37),得 (注意到 $D \ll y$).

$$x^{-\epsilon}S_1 \ll y + x^{\frac{8}{45}}D^{\frac{5}{12}} + x^{\frac{1}{6}}D^{\frac{11}{24}} + x^{\frac{4}{33}}D^{\frac{25}{44}} + x^{\frac{1}{9}}D^{\frac{11}{18}} +$$
$$x^{\frac{4}{17}}D^{\frac{1}{17}} + x^{\frac{2}{9}}D^{\frac{1}{6}} + x^{\frac{1}{18}}D^{\frac{5}{6}} + x^{\frac{4}{15}} \tag{5.38}$$

由式 (5.38) 和定理 2,取 $y = x^{\frac{16}{75}}$,即得定理 1.

参 考 资 料

[1] NOWAK W G. Primitive lattice points in starlike planar sets. Pacific J. Math., 1997,170:163-178.

[2] NOWAK W G. On differences of two k-th powers of integers. Ramanujan J., 1998,2:421-440.

[3] HEATH-BROWN D R. The Pjateckii-Sapiro prime number theorem. J. of Number Theory, 1983,16:242-266.

[4] FOUVRY E, IWANICE H. Exponential sums with monomials. J. of Number Theory, 1989, 33:311-333.

[5] ZHAI W G. On sums of two coprime k-th powers. Monatsh. Math., 2005, 144:233-250.

[6] VAALER J D. Some extremal problems in Fourier analysis. Bull. Amer. Mth. Soc., 1985, 12:183-216.

[7] MÜLLER W, NOWAK W G. On a mean-value theorem concerning differences of two k-th powers. Tsukuba J. Math., 1989, 13:23-29.

[8] SRINIVASAN B R. Lattice problems of many-demensional hyperboloids. Acta. Arith., 1963, 37:173-204.

[9] ZHAI W G. On sums and differences of two coprime k-th powers. Acta. Arith., 1999, 91:233-248.

[10] KÜHLEITNER. On differences of two k-th powers: an asymptotic formula for the mean-square of the error term. Journal of Number Theory, 1999, 76:22-44.

第四编

与 Riemann ζ 函数相关的一些研究

第一章 一个算术函数的误差项估计

1. 主要结果

Dedekind 函数 $\Psi(n) = n\prod\limits_{p\mid n}\left(1+\dfrac{1}{p}\right)$ 是一个比较重要的算术函数. 其算术意义是阶为 n^2 的 (1) 型 Abel 群中的 n 阶循环子群的个数. Sitaramaian 和 Suryanarayana[1] 研究了包含 $\Psi(n)$ 在内的一类算术函数倒数的均值;Joshi[2] 将他们的结论做了推广. 这两篇文章的结果都蕴含 $\sum\limits_{n\leqslant x}\dfrac{1}{\Psi(n)}=\alpha\log x+\beta+R(x)$,其中 α,β 都是常数,且 $\alpha=\sum\limits_{n=1}^{\infty}\dfrac{\mu(n)}{n\Psi(n)}$,$\mu(n)$ 是 Möbius 函数,而

$$R(x) = O(x^{-1}(\log x)^{\frac{2}{3}}(\log\log x)^{\frac{4}{3}})$$

由资料 [3] 可知

$$\sum_{n\leqslant x}\dfrac{n}{\Psi(n)}=\alpha\chi+E(x) \qquad (1.1)$$

且误差项 $E(x)$ 满足

$$E(x) = O((\log x)^{\frac{2}{3}}(\log\log x)^{\frac{4}{3}})$$

---

① 摘编自《浙江师范大学学报》(自然科学版),2004 年 8 月,第 27 卷,第 3 期.

浙江科技学院理学系的朱婉珍教授2004年研究了$E(x)$的平方积分均值，主要结果是下面的定理：

定理1 若$E(x)$如式(1.1)定义，则

$$\int_1^x E^2(t)\,dt = cx + O(x\varepsilon(x))$$

$$\varepsilon(x) = \exp\left\{-A(\log x)^{\frac{3}{5}}(\log\log x)^{-\frac{1}{5}}\right\}$$

A是某一正常数，且

$$c = \frac{1}{12}\prod_p\left\{1-\left(\frac{1}{p^2}+\frac{2}{p^3}\right)\left(1+\frac{1}{p}\right)^{-2}\right\}$$

p为素数.

2. 引理

设$s = \sigma + it$是复变量，$\zeta(s)$是Riemann ζ函数.

引理1[4]　存在绝对常数$\lambda > 0$，使得$\zeta(s)$在区域$\sigma \geq 1 - \dfrac{\lambda}{\beta(t)}$内无零点. 其中

$$\beta(t) = \{\log(|t|+10)\}^{\frac{2}{3}}(\log\log(|t|+10))^{\frac{1}{3}}$$

(1.2)

引理2[5]　$\zeta(s)$在区域$\sigma \geq 1 - \dfrac{\lambda}{\beta(t)}$，$|s-1| \gg 1$内满足$\zeta(s) \ll \dfrac{1}{\beta(t)}$，$\dfrac{1}{\zeta(s)} \ll \beta(t)$.

下面定义$g(s) = \sum_{n=1}^{\infty}\dfrac{\mu(n)}{\Psi(n)}\dfrac{1}{n^s}$，于是有

引理3　设ε是任一正常数，则

(1)$g(s)$在半平面$\mathrm{Re}(s) \geq \varepsilon$有界且解析；

(2)$g(s) = \dfrac{h(s)}{\zeta(s+1)}$，其中$h(s)$在半平面$\mathrm{Re}(s) \geq -\dfrac{1}{2}+\varepsilon$有界且解析.

证明 (1) 注意 $\Psi(n) \geq n$，即得结论.

(2) 当 $\sigma > 0$ 时，有

$$g(s) = \sum_{n=1}^{\infty} \frac{\mu(n)}{\Psi(n)} \frac{1}{n^s} = \prod_p \left\{1 - \frac{1}{p^{s+1}}\left(1+\frac{1}{p}\right)^{-1}\right\} =$$

$$\prod_p \left\{1 - \frac{1}{p^{s+1}}\right\} \prod_p \left\{1 - \frac{1}{p^{s+1}}\right\}^{-1} \cdot$$

$$\left\{1 - \frac{1}{p^{s+1}}\left(1+\frac{1}{P}\right)^{-1}\right\} =$$

$$\frac{h(s)}{\zeta(s+1)}$$

$$h(s) = \prod_p \left\{1 - \frac{1}{p^{s+1}}\right\}^{-1}\left\{1 - \frac{1}{p^{s+1}}\left(1+\frac{1}{P}\right)^{-1}\right\} =$$

$$\prod_p \left\{1 + o\left(\frac{1}{p^{\sigma+2}}\right) + o\left(\frac{1}{p^{2\sigma+2}}\right)\right\}$$

故 $h(s)$ 满足引理 3 要求，引理 3 得证.

引理 4 (1) $\sum_{n \leq x} \frac{\mu(n)}{\Psi(n)} = O(\delta(x))$ \hfill (1.3)

(2) $\sum_{n > x} \frac{\mu(n)}{n\Psi(n)} = O(x^{-1}\delta(x))$

其中

$$\delta(x) = \exp\left\{-B(\log x)^{\frac{3}{5}}(\log\log x)^{-\frac{1}{5}}\right\} \quad (1.4)$$

B 是某一正常数.

证明 (1) 当 x 取半奇数时，由引理 3 及 Perron 公式[5]，并注意 $\Psi(n) > n$ 及 $\sum_{n=1}^{\infty} \frac{|\mu(n)|}{\Psi(n)} \frac{1}{n^\sigma} \ll \frac{1}{\sigma}, \sigma > 0$，对 $T \geq 1, b = \frac{1}{\log x}$，有

$$\sum_{n \leq x} \frac{\mu(n)}{\Psi(n)} = \frac{1}{2\pi i}\int_{b-iT}^{b+iT} \frac{h(s)}{\zeta(s+1)} \frac{x^s}{s}ds + O\left(\frac{\log x}{T}\right)$$

设 $a = -\dfrac{\lambda}{2\beta(T)}$, $\beta(t)$ 如式(1.2)所述. 改变积分路线,并注意被积函数在 $s=0$ 解析,得

$$\sum_{n\leq x}\frac{\mu(n)}{\Psi(n)} = \frac{1}{2\pi i}\left\{\int_{b-iT}^{a-iT}+\int_{a-iT}^{a+iT}+\int_{a+iT}^{b+iT}\right\}\cdot$$

$$\frac{h(s)}{\zeta(s+1)}\frac{x^s}{s}ds + O\left(\frac{\log x}{T}\right) \tag{1.5}$$

由引理 1,2 可知

$$\left\{\int_{b-iT}^{a-iT}+\int_{a+iT}^{b+iT}\right\}\frac{h(s)}{\zeta(s+1)}\frac{x^s}{s}ds \ll$$

$$\int_a^b \beta(T)\frac{x^\sigma}{T}d\sigma \ll \frac{\beta(T)}{T} \tag{1.6}$$

$$\int_{a-iT}^{a+iT}\frac{h(s)}{\zeta(s+1)}\frac{x^s}{s} \ll \int_{-T}^{T}\beta(T)\frac{x^\sigma}{\sqrt{a^2+t^2}}dt \ll$$

$$x^\alpha \beta(T)\log T \tag{1.7}$$

将式(1.6)(1.7)代入式(1.5)得

$$\sum_{n\leq x}\frac{\mu(n)}{\Psi(n)} \ll \frac{\beta(T)}{T} + x^\alpha\beta(T)\log T + \frac{\log x}{T}$$

取

$$T = \exp\left\{(\log x)^{\frac{3}{5}}(\log\log x)^{-\frac{1}{5}}\right\}$$

在式(1.5)中选择适当的常数 B,即得 $\sum_{n\leq x}\dfrac{\mu(n)}{\Psi(n)} = O(\delta(x))$. 为了证明对一切 x 结论成立,注意当 $n \sim x$ 时

$$\left|\frac{\mu(n)}{\Psi(n)}\right| \ll \frac{1}{x} \ll \delta(x)$$

因此,对一切 x 结论成立.

(2) 利用式(1.3)及分部求和法即可推得.

引理 5 若 $E(x)$, $\delta(x)$ 分别如式(1.1)(1.4)定

义,则对一切 $0 < \rho \leqslant 1$,有

$$E(x) = -\sum_{d \leqslant \rho x} \frac{\mu(d)}{\Psi(d)} P\left(\frac{x}{d}\right) + O(\rho^{-1}\delta(\rho x))$$

这里,$P(x) = x - [x] - \frac{1}{2}$,$[x]$ 表示不超过 x 的最大整数.

证明 因为

$$\frac{n}{\Psi(n)} = \prod_{p \mid n}\left(1 + \frac{1}{p}\right)^{-1} = \sum_{d \mid n} \frac{\mu(d)}{\Psi(d)}$$

所以

$$\sum_{n \leqslant x} \frac{n}{\Psi(n)} = \sum_{n \leqslant x}\sum_{d \mid n} \frac{\mu(d)}{\Psi(d)} = \sum_{dm \leqslant x} \frac{\mu(d)}{\Psi(d)} =$$

$$\left\{\sum_{\substack{dm \leqslant x \\ d \leqslant \rho x}} + \sum_{\substack{dm \leqslant x \\ m \leqslant \rho^{-1}}} - \sum_{\substack{d \leqslant \rho x \\ m \leqslant \rho^{-1}}}\right\}\frac{\mu(d)}{\Psi(d)} =$$

$$S_1 + S_2 - S_3 \tag{1.8}$$

下面分别讨论 S_1, S_2 和 S_3. 由引理 4 得

$$S_1 = \sum_{d \leqslant \rho x} \frac{\mu(d)}{\Psi(d)}\left[\frac{x}{d}\right] =$$

$$\sum_{d \leqslant \rho x} \frac{\mu(d)}{\Psi(d)}\left(\frac{x}{d} - P\left(\frac{x}{d}\right) - \frac{1}{2}\right) =$$

$$x\left(\alpha - \sum_{d \geqslant \rho x} \frac{\mu(d)}{d\Psi(d)}\right) -$$

$$\sum_{d \leqslant \rho x} \frac{\mu(d)}{\Psi(d)} P\left(\frac{x}{d}\right) - \frac{1}{2}\sum_{d \leqslant \rho x} \frac{\mu(d)}{\Psi(d)} =$$

$$\alpha x - \sum_{d \leqslant \rho x} \frac{\mu(d)}{\Psi(d)} P\left(\frac{x}{d}\right) +$$

$$O(\rho^{-1}\delta(\rho x)) + O(\delta(\rho x)) =$$

$$\alpha x - \sum_{d \leqslant \rho x} \frac{\mu(d)}{\Psi(d)} P\left(\frac{x}{d}\right) + O(\rho^{-1}\delta(\rho x))$$

$$\tag{1.9}$$

$$S_2 = \sum_{m\leqslant \rho^{-1}} \sum_{d\leqslant \frac{x}{m}} \frac{\mu(d)}{\Psi(d)} \ll \sum_{m\leqslant \rho^{-1}} \delta\left[\frac{x}{m}\right] \ll$$

$$\sum_{m\leqslant \rho^{-1}} \delta(\rho x) \ll \rho^{-1}\delta(\rho x) \qquad (1.10)$$

$$S_3 = \sum_{d\leqslant \rho x} \frac{\mu(d)}{\Psi(d)} \sum_{m\leqslant \rho^{-1}} 1 \ll \rho^{-1}\delta(\rho x) \qquad (1.11)$$

将式(1.9) ~ (1.11) 代入式(1.8) 得

$$\sum_{n\leqslant x} \frac{n}{\Psi(n)} = \alpha x \sum_{d\leqslant \rho x} \frac{\mu(d)}{\Psi(d)} P\left(\frac{x}{d}\right) +$$

$$O(\rho^{-1}\delta(\rho x))$$

比较式(1.1) 即得结论.

引理 6[6]　(1) $\sum_{1\leqslant m,n\leqslant x} \sum_{u,v=1}^{\infty} (uv)^{-1} |um - vn|^{-1} = O(x\log x)$.

(2) $\sum_{1\leqslant m,n\leqslant x} \sum_{u,v=1}^{\infty} (uv)^{-1} |um + vn|^{-1} = O(x)$.

引理 7[6]　$\sum_{\substack{u,v=1 \\ um=vn}} (uv)^{-1} = \frac{\pi^2}{6} \frac{(m,n)^2}{mn}$.

引理 8[4]　若 $c_n = O(1)$, $g_n = \sum_{d\mid n} c_d$, 则

$$\sum_{m,n=1}^{\infty} \frac{c_m c_n (m,n)^2}{m^2 n^2} = \frac{6}{\pi^2} \sum_{n=1}^{\infty} \frac{g_n^2}{n^2}$$

3. 定理的证明

首先在引理 5 中取

$$\rho = \exp\{-(\log t)^{\frac{3}{5}}(\log\log t)^{-\frac{1}{5}}\}$$

记

$$y(t) = \rho t = t\exp\{-(\log t)^{\frac{3}{5}}(\log\log t)^{-\frac{1}{5}}\}$$

则有

第三部分　Riemann 函数面面观

$$E(t) = -\sum_{n \leq y(t)} \frac{\mu(n)}{\Psi(n)} P\left(\frac{t}{n}\right) + O(\varepsilon(t)) \quad (1.12)$$

其中

$$\varepsilon(t) = \exp\{-A(\log t)^{\frac{3}{5}}(\log \log t)^{-\frac{1}{5}}\}$$

A 是某一正常数.

下面给出定理 1 的证明,记

$$S(t) = \sum_{n \leq y(t)} \frac{\mu(n)}{\Psi(n)} P\left(\frac{t}{n}\right)$$

现在,取一个适当的常数 a,使得当 $t \geq a$ 时,$y(t)$ 单调增加. 又 $z(t)$ 设为 $y(t)$ 的反函数. 记 $M = M(m,n) = \max\{z(m), z(n), a\}$. 则当 $x > a$ 时,有

$$Q_0(x) = \int_a^x S^2(t) dt =$$

$$\int_a^x \sum_{m,n \leq y(t)} \frac{\mu(m)\mu(n)}{\Psi(m)\Psi(n)} P\left(\frac{t}{m}\right) P\left(\frac{t}{n}\right) dt =$$

$$\sum_{m,n \leq y(t)} \frac{\mu(m)\mu(n)}{\Psi(m)\Psi(n)} \int_M^x P\left(\frac{t}{m}\right) P\left(\frac{t}{n}\right) dt \quad (1.13)$$

由于 $P(x) = \{x\} - \frac{1}{2}$ 的 Fourier 级数为

$$-\sum_{u=1}^{\infty} \frac{\sin(2u\pi x)}{u\pi},\ 故$$

$$\int_M^x P\left(\frac{t}{m}\right) P\left(\frac{t}{n}\right) dt =$$

$$\frac{1}{\pi^2} \sum_{u,v=1}^{\infty} (uv)^{-1} \int_M^x \sin(2\pi u)\frac{t}{m}\sin(2\pi v)\frac{t}{n} dt =$$

$$\frac{1}{2\pi^2} \sum_{u,v=1}^{\infty} (uv)^{-1} \left(\int_M^x \cos(2\pi t)\left(\frac{u}{n} - \frac{v}{m}\right) dt - \int_M^x \cos(2\pi t)\left(\frac{u}{n} + \frac{v}{m}\right) dt\right) =$$

$$\frac{1}{2\pi^2}\sum_{\substack{u,v=1\\um=vn}}^{\infty}(uv)^{-1}(x-M)+$$

$$\sum_{\substack{u,v=1\\um\neq vn}}^{\infty}(uv)^{-1}\int_{M}^{x}\cos(2\pi t)\left(\frac{u}{n}-\frac{v}{m}\right)\mathrm{d}t-$$

$$\sum_{u,v=1}^{\infty}(uv)^{-1}\int_{M}^{x}\cos(2\pi t)\left(\frac{u}{n}+\frac{v}{m}\right)\mathrm{d}t=$$

$$\frac{1}{2\pi^2}\sum_{\substack{u,v=1\\um=vn}}^{\infty}(uv)^{-1}(x-M)+$$

$$O\left(\sum_{\substack{u,v=1\\um\neq vn}}^{\infty}(uv)^{-1}\left|\frac{u}{n}-\frac{v}{m}\right|^{-1}+\right.$$

$$\left.\sum_{u,v=1}^{\infty}(uv)^{-1}\left(\frac{u}{n}+\frac{v}{m}\right)^{-1}\right) \quad (1.14)$$

将式(1.14)代入式(1.13),由引理6得

$$Q_0(x)=\frac{1}{2\pi^2}\sum_{m,n\leqslant y(x)}\frac{\mu(m)\mu(n)}{\Psi(m)\Psi(n)}(x-M(m,n))\cdot$$

$$\sum_{\substack{u,v=1\\um=vn}}^{\infty}(uv)^{-1}+O(y(x)\log x)$$

又由引理7得

$$Q_0(x)=\frac{1}{12}\sum_{m,n\leqslant y(x)}\frac{\mu(m)\mu(n)}{\Psi(m)\Psi(n)}\frac{(m,n)^2}{mn}\cdot$$

$$(x-M(m,n))+O(y(x)\log x) \quad (1.15)$$

由于

$$\sum_{m,n\leqslant y(x)}\frac{\mu(m)\mu(n)}{\Psi(m)\Psi(n)}\frac{(m,n)^2}{mn}M(m,n)\ll$$

$$\sum_{m,n\leqslant y(x)}\frac{(m,n)^2}{m^2n^2}M(m,n)\ll$$

$$\sum_{m\leqslant n\leqslant y(x)}(m,n)^2 m^{-2}n^{\varepsilon-1}\ll$$

$$\sum_{d \leqslant y(x)} d^{\varepsilon-1} \sum_{m \leqslant n \leqslant \frac{y(x)}{d}} m^{-2} n^{\varepsilon-1} \ll y(x)^{2\varepsilon} \qquad (1.16)$$

又

$$x \sum_{\max(m,n) > y(x)} \frac{\mu(m)\mu(n)}{\Psi(m)\Psi(n)} \frac{(m,n)^2}{mn} \ll$$

$$x \sum_{\max(m,n) > y(x)} \frac{(m,n)^2}{mn} \ll$$

$$x \sum_{d=1}^{\infty} d^{-2} \sum_{m > \frac{y}{d}}^{\infty} m^{-2} \ll$$

$$x \sum_{d=1}^{\infty} d^{-2} \min\left(\frac{d}{y}, 1\right) \ll x^{\frac{3}{5}+\varepsilon} \qquad (1.17)$$

将式(1.16)(1.17)代入(1.15)得

$$Q_0(x) = cx + O(y(x)\log x) \qquad (1.18)$$

这里

$$c = \frac{1}{12} \sum_{m,n=1}^{\infty} \frac{\mu(m)\mu(n)}{\Psi(m)\Psi(n)} \frac{(m,n)^2}{mn}$$

于是,由式(1.12)(1.18)及Cauchy-Schwarz不等式即得

$$\int_1^x E^2(t)\,\mathrm{d}t = cx + O(x\varepsilon(x))$$

下面讨论常数 c。在引理 8 中,取 $c_n = \mu(n)\dfrac{n}{\Psi(n)}$,则

$$g_n = \sum_{d \mid n} c_d = \prod_{p \mid n} \frac{1}{p+1}$$

故

$$c = \frac{1}{12} \sum_{m,n=1}^{\infty} \frac{\mu(m)\mu(n)}{\Psi(m)\Psi(n)} \frac{(m,n)^2}{mn}$$

$$\frac{1}{2\pi^2} \sum_{n=1}^{\infty} \frac{g_n^2}{n^2} = \frac{1}{2\pi^2} \prod_p \left(1 + \frac{1}{(p+1)^2} \sum_{k=1}^{\infty} \frac{1}{p^{2k}}\right) =$$

$$\frac{1}{2\pi^2} \prod_p \left(1 + \frac{1}{(p+1)^3(p-1)}\right) =$$

$$\frac{1}{2\pi^2}\prod_p\left(\frac{p^4+2p^3-2p}{(p+1)^3(p-1)}\right)=$$

$$\frac{\zeta(2)}{2\pi^2}\prod_p\left(\frac{p^4+2p^3-2p}{(p+1)^3(p-1)}\right)\left(1-\frac{1}{p^2}\right)=$$

$$\frac{1}{12}\prod_p\left(1+\frac{2}{p}-\frac{2}{p^3}\right)\left(1+\frac{1}{p}\right)^{-2}=$$

$$\frac{1}{12}\prod_p\left\{\left(1+\frac{1}{p}\right)^2-\left(\frac{1}{p^2}+\frac{2}{p^3}\right)\right\}\left(1+\frac{1}{p}\right)^{-2}=$$

$$\frac{1}{12}\prod_p\left\{1-\left(\frac{1}{p^2}+\frac{2}{p^3}\right)\left(1+\frac{1}{p}\right)^{-2}\right\}$$

由此,定理 1 得证.

参 考 资 料

[1] SITARAMAIN V, SURYANARAYANA D. Sums of reciprocals of some multiplicative functions. Math. J. Okayama Univ., 1979(20):155-164.

[2] JOSHI V S. Sums of reciprocals of some nonvanishing multiplicative functions. Lecture Notes Math., 1985(1122):140-146.

[3] BALAKRISHANA U, PETERMANN Y F S. The Dirichlet serie of $\zeta(s)\zeta^\alpha(s+1)f(s+1)$: on an error term asociated to its efficients. Acta. Arith., 1996(75):39-69.

[4] CHOWLA S. Contribution to the analytic theory of number. Math. Z., 1932(35):279-299.

[5] 潘承洞,潘承彪. 解析数论基础. 北京:科学出版社,1991:92-98.

[6] WALFISH A. Teilerprobleme-Ⅱ. Math. Z., 1932(34):448-472.

第二章 对偶形式的 Hardy 不等式的加强改进[①]

广东教育学院数学系的黄启亮、杨必成两位教授 2005 年对 $p>1$ 的对偶形式的 Hardy 不等式,采用权系数的方法,建立一个联系正实轴上 Riemann ζ 函数的加强不等式.

1. 引言

Hardy 不等式及其对偶形式在分析学中有着重要应用[1],可将其表述如下[2]:设 $p>1, \frac{1}{p}+1+\frac{1}{q}=1$, $a_n \geqslant 0(n \in \mathbb{N})$,则以下两个不等式当右端级数收敛时成立

$$\sum_{n=1}^{\infty}\left(\frac{1}{n}\sum_{k=1}^{n}a_k\right)^p < q^p \sum_{n=1}^{\infty} a_n^p \qquad (2.1)$$

$$\sum_{n=1}^{\infty}\left(\sum_{k=n}^{\infty}a_k\right)^p < q^p \sum_{n=1}^{\infty}(na_n)^p \qquad (2.2)$$

且两式中的常数 q^p, p^p 都是最好的. 后来,杨必成[3,4]、朱匀华[3] 用权系数的方法,就 $p=q=2$ 的特殊情形,给出了式(2.1)(2.2) 的几个加强型改进式,其中对偶形式(2.2) 的改进式为

---

① 摘编自《数学杂志》,2005 年 3 月,第 25 卷,第 3 期.

$$\sum_{n=1}^{\infty}\left(\sum_{k=n}^{\infty}a_k\right)^2 < 4\sum_{n=1}^{\infty}\left(1-\frac{\eta}{\sqrt{n}}\right)(na_n)^2 \quad (\eta = 0.344\,9^+)$$

(2.3)

$$\sum_{n=1}^{\infty}\left(\sum_{k=n}^{\infty}a_k\right)^2 < 4\sum_{n=1}^{\infty}\left(1-\frac{1}{3\sqrt{n}}\right)(na_n)^2 \quad (2.4)$$

黄启亮[5,6]通过复杂的估算,分别就 $p \in [7/6, 2]$ 及 $p \in [2, 5]$,对式(2.1)做了改进,但没有在 p 的更大区间上得到式(2.1)的改进不等式。

本章旨在就 $p > 1$ 的一般情形,建立式(2.2)的加强不等式,仍采用权系数的方法,构造如下形式的权系数并对其估算

$$w(k) = p^{-p}\sum_{n=1}^{k}k^{-\frac{1}{p}}\left(\sum_{j=n}^{\infty}j^{-1-\frac{1}{p}}\right)^{p-1} \quad (2.5)$$

2. 权系数的估算

引理 1 设 α, β, γ 都是正数,且 $\alpha\gamma \geqslant \beta$,则函数 $h(x) = \left(1+\frac{\alpha}{x}+\frac{\beta}{x^2}\right)^{x-\gamma}$ 在 $(0, +\infty)$ 上严格递增,且 $h(x) < e^{\alpha}$.

证明 $\ln h(x) = (x-\gamma)\ln\left(1+\frac{\alpha}{x}+\frac{\beta}{x^2}\right)$,两边求导得

$$\frac{h'(x)}{h(x)} = \ln\left(1+\frac{\alpha x+\beta}{x^2}\right) + (x-\gamma)\cdot\frac{x^2}{x^2+\alpha x+\beta}\cdot\left(-\frac{\alpha}{x^2}-\frac{2\beta}{x^3}\right) > \frac{\frac{\alpha x+\beta}{x^2}}{1+\frac{\alpha x+\beta}{x^2}} - \frac{(x-\gamma)\left(\alpha+\frac{2\beta}{x}\right)}{x^2+\alpha x+\beta} =$$

$$\frac{\alpha\gamma - \beta + \dfrac{2\beta\gamma}{x}}{x^2 + \alpha x + \beta} > 0, x > 0$$

在 $h'(x) > 0$，$h(x)$ 在 $(0, +\infty)$ 上严格递增，且 $h(x) < \lim\limits_{x \to +\infty} h(x) = e^{\alpha}$. 证毕.

引理 2 设 $\mathbb{N}_+$ 为正整数集，$k \in N \setminus \{1\}$，$p > 1$，则

$$\left(1 + \frac{1}{2pk} + \frac{p+1}{12p^2 k^2}\right)^{p-1} < pk\left[1 - \left(1 - \frac{1}{k}\right)^{\frac{1}{p}}\right]$$

(2.6)

证明 由 Maclaurin 公式，$\exists \theta_1 \in (0, 1)$，使

$$\left(1 - \frac{1}{k}\right)^{\frac{1}{p}} = 1 - \frac{1}{pk} + \frac{1}{2p}\left(\frac{1}{p} - 1\right)\frac{1}{k^2} -$$

$$\frac{1}{6p}\left(\frac{1}{p} - 1\right)\left(\frac{1}{p} - 2\right)\frac{1}{k^3} +$$

$$\frac{1}{24p}\left(\frac{1}{p} - 1\right)\left(\frac{1}{p} - 2\right)\left(\frac{1}{p} - 3\right)\frac{1}{k^4} -$$

$$\frac{1}{120p}\left(\frac{1}{p} - 1\right)\left(\frac{1}{p} - 2\right)\left(\frac{1}{p} - 3\right) \cdot$$

$$\left(\frac{1}{p} - 4\right)\left(1 - \frac{\theta_1}{k}\right)^{\frac{1}{p} - 5}\frac{1}{k^5}$$

注意到 $\left(1 - \dfrac{\theta_1}{k}\right)^{\frac{1}{p} - 5} > 1$，$\forall p > 1$，由上式整理得

$$pk\left[1 - \left(1 - \frac{1}{k}\right)^{\frac{1}{p}}\right] >$$

$$1 + \frac{p-1}{2pk} + \frac{(p-1)(2p-1)}{6p^2 k^2} +$$

$$\frac{(p-1)(2p-1)(3p-1)}{24p^3 k^3} +$$

$$\frac{(p-1)(2p-1)(3p-1)(4p-1)}{120p^4k^4} \quad (2.7)$$

另外,再由 Maclaurin 公式,$\exists \theta_2 \in (0,1)$,使

$$\left(1 + \frac{1}{2pk} + \frac{p+1}{12p^2k^2}\right)^{p-1} =$$

$$1 + (p-1)\left(\frac{1}{2pk} + \frac{p+1}{12p^2k^2}\right) +$$

$$\frac{(p-1)(p-2)}{2}\left(1 + \theta_2\left(\frac{1}{2pk} + \frac{p+1}{12p^2k^2}\right)\right)^{p-3} \cdot$$

$$\left(\frac{1}{2pk} + \frac{p+1}{12p^2k^2}\right)^2 =$$

$$1 + (p-1)\left(\frac{1}{2pk} + \frac{p+1}{12p^2k^2}\right) +$$

$$\frac{(p-1)(p-2)}{8p^2k^2}\left(1 + \theta_2\left(\frac{1}{2pk} + \frac{p+1}{12p^2k^2}\right)\right)^{p-3} \cdot$$

$$\left(1 + \frac{p+1}{6pk}\right)^2 \quad (2.8)$$

在引理 1 中取 $\alpha = \dfrac{\theta_2(6k+1)}{12k^2}, \beta = \dfrac{\theta_2}{12k^2}, \gamma = 3$,则

$$1 + \alpha + \beta < 1 + \frac{1}{2k} + \frac{1}{6k^2}$$

且由 $h(p)$ 的单调性,对 $1 < p$,有

$$h(1) < h(p) < e^\alpha < e^{\frac{6k+1}{12k^2}}$$

故 $\forall p > 1, k \in \mathbb{N}_+$,得

$$\left(1 + \frac{1}{2k} + \frac{1}{6k^2}\right)^{1-3} < (1 + \alpha + \beta)^{1-3} <$$

$$\left(1 + \theta_2\left(\frac{1}{2pk} + \frac{p+1}{12p^2k^2}\right)\right)^{p-3} < e^{\frac{6k+1}{12k^2}} \quad (2.9)$$

(1) 对 $p \geq 2, k \geq 2$,因式(2.9)右端关于 k 递减,

其值不超过 $e^{\frac{13}{48}} < \frac{4}{3}$,代入式(2.8)最后一项并整理得

$$\left(1 + \frac{1}{2pk} + \frac{p+1}{12p^2k^2}\right)^{p-1} \leqslant$$

$$1 + \frac{p-1}{2pk} + \frac{(p-1)(3p-3)}{12p^2k^2} +$$

$$\frac{(p-1)(p-2)(p+1)}{18p^3k^3} +$$

$$\frac{(p-1)(p-2)(p+1)^2}{216p^4k^4} \quad (2.10)$$

将式(2.10)及(2.7)不等号右边各项逐一对比可知式(2.6)成立.

(2) 对 $1 < p < 2$,由式(2.8)知

$$\left(1 + \frac{1}{2pk} + \frac{p+1}{12p^2k^2}\right)^{p-1} <$$

$$1 + (p-1)\left(\frac{1}{2pk} + \frac{p+1}{12p^2k^2}\right) <$$

$$1 + \frac{p-1}{2pk} + \frac{(p-1)(2p-1)}{6p^2k^2}$$

上式结合式(2.7),知式(2.6)成立. 证毕.

引理3 设 $k \in \mathbb{N}_+, p > 1, w(k)$ 如式(2.5)定义,则

$$w(k) < 1 - \frac{\eta}{k^{\frac{1}{p}}} \quad (2.11)$$

其中 $\eta = 1 - \frac{\zeta^{p-1}}{p^p} > 0$,而 $\zeta = \zeta\left(1 + \frac{1}{p}\right)$ 是正实轴上的 Riemann-ζ 函数,即[7]

$$\zeta\left(1 + \frac{1}{p}\right) = \sum_{k=1}^{\infty} \frac{1}{k^{1+\frac{1}{p}}} \quad (2.12)$$

证明 将式(2.5)改写为

$$w(k) = 1 - \frac{\eta(k)}{k^{\frac{1}{p}}}, \eta(k) = k^{\frac{1}{p}} - p^{-p}\sum_{n=1}^{k}\left(\sum_{j=n}^{\infty} j^{-1-\frac{1}{p}}\right)^{p-1} \tag{2.13}$$

由式(2.12)知

$$\eta(1) = 1 - p^{-p}\left(\sum_{j=1}^{\infty} \frac{1}{j^{1+\frac{1}{p}}}\right)^{p-1} = 1 - \frac{\zeta^{p-1}}{p^p} = \eta \tag{2.14}$$

对正实轴上的 Riemann-ζ 函数,有以下不等式(在资料[7]的(14)中取 $l=2, \sigma = 1 + \frac{1}{p}$)

$$\zeta\left(1+\frac{1}{p}\right) = \sum_{j=1}^{k}\frac{1}{j^{1+\frac{1}{p}}} + \frac{p}{k^{\frac{1}{p}}} - \frac{1}{2k^{1+\frac{1}{p}}} + \frac{p+1}{12p}\cdot\frac{1}{k^{2+\frac{1}{p}}} - \frac{(p+1)(2p+1)(3p+1)}{720p^3}\cdot\frac{\varepsilon}{k^{4+\frac{1}{p}}}$$

$$k \in \mathbb{N}_+, 0 < \varepsilon < 1 \tag{2.15}$$

由式(2.12)及(2.15)可得

$$\sum_{j=1}^{k}\frac{1}{j^{1+\frac{1}{p}}} < \frac{p}{k^{\frac{1}{p}}} + \frac{1}{2k^{1+\frac{1}{p}}} + \frac{p+1}{12p}\cdot\frac{1}{k^{2+\frac{1}{p}}}$$

$$p > 1, k \in \mathbb{N}_+ \tag{2.16}$$

当 $k \geq 2$ 时,由上式及引理2,我们有

$$\eta(k) - \eta(k-1) =$$
$$k^{\frac{1}{p}} - (k-1)^{\frac{1}{p}} - p^{-p}\left(\sum_{j=k}^{\infty}\frac{1}{j^{1+\frac{1}{p}}}\right)^{p-1} >$$
$$k^{\frac{1}{p}}\left[1 - \left(1 - \frac{1}{k}\right)^{\frac{1}{p}}\right] -$$
$$p^{-p}\left(\frac{p}{k^{\frac{1}{p}}} + \frac{1}{2k^{1+\frac{1}{p}}} + \frac{p+1}{12pk^{2+\frac{1}{p}}}\right)^{p-1} =$$

$$p^{-1}k^{-1+\frac{1}{p}}\left\{pk\left[1-\left(1-\frac{1}{k}\right)^{\frac{1}{p}}\right]-\right.$$
$$\left.\left(1+\frac{1}{2pk}+\frac{p+1}{12p^2k^2}\right)^{p-1}\right\}>0$$

因此,$\eta(k)$ 在 $\mathbb{N}_+$ 上严格递增,$\eta(k)>\eta(1)$,再结合式(2.13)及(2.14)知式(2.11)成立.

在式(2.9)中取 $k=1$,有
$$\frac{9}{25}<\left(1+\theta_2\left(\frac{1}{2p}+\frac{p+1}{12p^2}\right)\right)^{p-3}<\frac{9}{5},p>1$$

在式(2.8)中取 $k=1$,并结合上式,得以下两式
$$\left(1+\frac{1}{2p}+\frac{p+1}{12p^2}\right)^{p-1}\leqslant$$
$$1+(p-1)\left(\frac{1}{2p}+\frac{p+1}{12p^2}\right)+$$
$$\frac{(p-1)(p-2)}{8p^2}\cdot\frac{9}{5}\cdot\left(1+\frac{p+1}{6p}\right)^2,\text{当}\,p\geqslant 2$$
$$\tag{2.17}$$

$$1+(p-1)\left(\frac{1}{2p}+\frac{p+1}{12p^2}\right)+$$
$$\frac{(p-1)(p-2)}{8p^2}\cdot\frac{9}{25}\cdot\left(1+\frac{p+1}{6p}\right)^2,\text{当}\,1<p\leqslant 2$$
$$\tag{2.18}$$

由式(2.14)及在式(2.16)中取 $k=1$,可推得以下不等式
$$p^\eta=p-\left(p^{-1}\sum_{j=1}^\infty\frac{1}{j^{1+\frac{1}{p}}}\right)^{p-1}>$$
$$p-\left(1-\frac{1}{2p}+\frac{p+1}{12p^2}\right)^{p-1},p>1 \tag{2.19}$$

(1) 对 $p\geqslant 2$,由式(2.17)及式(2.19)整理得

$$p^\eta = p - 1 - \frac{p-1}{2p} - \frac{(p-1)(p+1)}{12p^2} -$$

$$\frac{(p-1)(p-2)(49p^2+14p+1)}{160p^4} \Rightarrow$$

$$\frac{480p^5\eta}{p-1} >$$

$$480p^4 - 427p^3 + 212p^2 + 81p + 6 >$$

$$480p^4 - 427p^3 \qquad (2.20)$$

(2) 对 $1 < p \leq 2$,由式(2.18)及式(2.19)整理得

$$p^\eta = p - 1 - \frac{p-1}{2p} - \frac{(p-1)(p+1)}{12p^2} -$$

$$\frac{(p-1)(p-2)(49p^2+14p+1)}{800p^4} \Rightarrow$$

$$\frac{2\,400p^5\eta}{p-1} >$$

$$2\,400p^4 - 1\,547p^3 + 52p^2 + 81p + 6$$

$$(2.21)$$

显然(2.20)和(2.21)两式右端都大于零,故 $\eta > 0$. 引理3得证.

3. 主要结果

定理1 设 $p > 1, a^n \geq 0 (n \in \mathbb{N}_+), 0 < \sum_{n=1}^{\infty}(na_n)^p < \infty, \eta$ 如引理3所定义,则

$$\sum_{n=1}^{\infty}(\sum_{k=n}^{\infty} a_k)^p < p^p \sum_{n=1}^{\infty}\left(1 - \frac{\eta}{n^{\frac{1}{p}}}\right)(na_n)^p \quad (2.22)$$

证明 由指标为 $\frac{1}{p} + \left(1 - \frac{1}{p}\right) = 1$ 的 Hölder 不等式,有

$$\left(\sum_{k=n}^{\infty} a_k\right)^p = \left(\sum_{k=n}^{\infty} k^{-\left(1-\frac{1}{p^2}\right)} \cdot k^{1-\frac{1}{p^2}} a_k\right)^p \leqslant$$

$$\left(\sum_{j=n}^{\infty} j^{-\left(1+\frac{1}{p}\right)}\right)^{p\left(1-\frac{1}{p}\right)} \left(\sum_{k=n}^{\infty} k^{p-\frac{1}{p}} a_k^p\right)^{p \cdot \frac{1}{p}} =$$

$$\sum_{k=n}^{\infty} k^{-\frac{1}{p}} \left(\sum_{j=n}^{\infty} j^{-1-\frac{1}{p}}\right)^{p-1} (ka_k)^p \quad (2.23)$$

由式(2.11),有

$$0 < p^p \sum_{k=1}^{\infty} w(k)(ka_k)^p < p^p \sum_{k=1}^{\infty} (ka_k)^p < \infty$$

由式(2.23)及二重级数的重排定理[8],有

$$\sum_{n=1}^{\infty} \left(\sum_{k=n}^{\infty} a_k\right)^p \leqslant \sum_{n=1}^{\infty} \sum_{k=n}^{\infty} k^{-\frac{1}{p}} \left(\sum_{j=n}^{\infty} j^{-1-\frac{1}{p}}\right)^{p-1} (ka_k)^p =$$

$$\sum_{k=1}^{\infty} \sum_{n=1}^{k} k^{-\frac{1}{p}} \left(\sum_{j=n}^{\infty} j^{-1-\frac{1}{p}}\right)^{p-1} (ka_k)^p =$$

$$p^p \sum_{k=1}^{\infty} w(k)(ka_k)^p$$

由上式及式(2.11)和式(2.22)成立. 证毕.

注 式(2.22)是式(2.2)的加强改进.而且对于给定的 p 值,可以通过式(2.15)来估算 ζ,进而估算出 η 的值. 如取 $p = 2, k = 5$,由式(2.15)可推算得

$$0.346\,902\,976 < \eta = 1 - \frac{\zeta(1.5)}{4} < 0.346\,906\,237$$

故 $\eta = 0.346\,90^+$,代入式(2.22)可得到式(2.3). 故可认为式(2.22)是式(2.3)的推广.

定理 2 设 $p > 1, \frac{1}{p} + \frac{1}{q} = 1, a_n \geqslant (n \in \mathbb{N}_+)$,

$0 < \sum_{n=1}^{\infty} (na_n)^p < \infty$,则

(1) $\sum_{n=1}^{\infty} \left(\sum_{k=n}^{\infty} a_k\right)^p <$

$$p^p \sum_{n=1}^{\infty} \left(1 - \frac{11q + 88}{10q^2 n^{\frac{1}{p}}}\right) (na_n)^p, p > 1 \quad (2.24)$$

(2) $\sum_{n=1}^{\infty} \left(\sum_{k=n}^{\infty} a_k\right)^p <$

$$p^p \sum_{n=1}^{\infty} \left(1 - \frac{8p - 5}{8pqn^{\frac{1}{p}}}\right) (na_n)^p, 1 < p \leq 2$$

$$(2.25)$$

证明 （1）当 $1 < p \leq 2$，式（2.21）右端大于 $5(480p^4 - 427p^3)$；再结合式（2.20），并注意到 $\frac{p}{p-1} = q$，则对一切 $p > 1$，有

$$\eta > \frac{480p - 427}{480pq} = \frac{53p + 427(p-1)}{480pq} =$$

$$\frac{53q + 427}{480q^2} > \frac{11q + 88}{100q^2}, p > 1$$

故由定理 1 知式（2.24）成立：

（2）对 $1 < p \leq 2$，由式（2.21）可推得

$$\eta > \frac{1}{2\,400q}\left(2\,400 - \frac{1\,547}{p} + \frac{52}{p^2} + \frac{81}{p^3} + \frac{6}{p^4}\right) \geq$$

$$\frac{1}{q}\left(1 - \frac{5}{8p}\right) = \frac{8p - 5}{8pq}$$

故由定理 1 知式（2.25）成立. 定理 2 得证.

注 当 $1 < p \leq 2$ 时，式（2.25）优于式（2.24）. 又若取 $p = q = 2$，由式（2.25）可推得式（2.4）成立.

参 考 资 料

[1] MITRINOVIC D S, PECARIC J E, FINK A M. Inequalities involving functions and their integrals and derivatives. Kluwer Academic Publishers,1991.

第三部分　Riemann 函数面面观

[2] HARDY G H, LITTLEWOOD J E, PÓLYA G. Inequalities. London：Cambridge Univesity Press,1934.

[3] 杨必成,朱匀华. 关于 Hardy 不等式的一个改进. 中山大学学报(自然科学版),1998,37(1):41-44.

[4] 杨必成. 一个加强的 Hardy 不等式. 广东教育学院学报,2001,21(2):5-7.

[5] 黄启亮. 关于 Hardy 不等式在一个区间上的改进. 中山大学学报(自然科学版),2000,39(3):20-24.

[6] 黄启亮. 关于 Hardy 级数不等式在[2,5]的一个改进. 华南理工大学学报(自然科学版),2000,28(2):64-68.

[7] 杨必成,朱匀华. 正实轴上的 Hurwitz ζ-函数不等式. 中山大学学报(自然科学版),1997,36(3):30-35.

[8] 约翰逊鲍 R,帕芬伯杰 W E. 现代数学分析基础. 广州：中山大学出版社,1988:79-82.

第三章 有限域 F_q 上一类超曲面上 ζ 函数的计算[①]

设 $F = F_q$ 是一个 q 元有限域,其中 $q = p^f, f \geq 1, p$ 是一个奇素数. 铜陵学院数学与计算机科学系的蒋剑军和中电科技集团公司第 29 所王文松两位教授 2007 年利用有限域 $F = F_q$ 上一类方程:$a_1 x_1^{d_{11}} \cdots x_{m+1}^{d_{1,m+1}} + a_2 x_1^{d_{21}} \cdots x_{m+1}^{d_{2,m+1}} x_{m+2}^{d_{2,m+2}} + \cdots + a_k x_1^{d_{k1}} \cdots x_{m+1}^{d_{k,m+1}} \cdots x_{m+k}^{d_{k,m+k}} = 0$,其中 $m \geq 0, k \geq 1, d_{ij} \geq 0, a_i \in F^*, b \in F$ 当指数满足一定条件时,在 $(F^*)^{m+k}$ 上解数的直接公式结果,给出相应射影簇的 ζ 函数的可计算公式. 最后,应用这些公式计算了一具体方程的 ζ 函数.

1. 引言

设 F_q 是特征为 p 的有限域,X 为 F_q 上的一个代数簇,$\#X(F_{q^n})$ 为 X 在 F_q 上的有理点的个数,则 X 的 ζ 函数为如下的一个生成函数

$$Z(X, T) = \exp\left(\sum_{n=1}^{\infty} \frac{T^n}{n} \#X(F_{q^n})\right)$$

这个生成函数已经被证明是整系数多项式的商,即它

[①] 摘编自《四川大学学报》(自然科学版),2007 年 12 月,第 44 卷,第 6 期.

是一个有理函数. 接下来的问题是对于任何一个具某类形式的 X 怎样有效地计算其 ζ 函数. 现在已经有很多用于计算 ζ 函数 $Z(X,T)$ 的方法, 如小步 - 大步法[1], l-adic 法[2], p-adic 迭代法[3], p-adic 上同调法[4-5]以及 p-adic 形变理论上同调法[6]等. 在这章里, 我们就一类超曲面给出了其具体 ζ 函数, 并对这类超曲面的一些特殊形式给出简便的 ζ 函数计算公式.

2. 主要结果

设 $F = F_q$ 是一个 q 元有限域, $q = p^f, f \geq 1, p$ 是一个奇素数. 对于有限域 F 上的一类方程

$$a_1 x_1^{d_{11}} \cdots x_{m+1}^{d_{1,m+1}} + a_2 x_1^{d_{21}} \cdots x_{m+1}^{d_{2,m+1}} x_{m+2}^{d_{2,m+2}} + \cdots +$$
$$a_k x_1^{d_{k1}} \cdots x_{m+1}^{d_{k,m+1}} \cdots x_{m+k}^{d_{k,m+k}} = 0 \quad (3.1)$$

其中 $m \geq 0, k \geq 1, d_{ij} \geq 0, \gcd(d_{1,m+1}, d_{2,m+2}, \cdots, d_{k,m+k}, q-1) = 1, a_i \in F^*, i = 1, \cdots, k, b \in F$, 记 $S = \{0,1\} \subset \mathbb{Z}, S^n = \prod_{i=1}^{n} S$ 是 S 的直积. $\forall \beta = (\alpha_1, \cdots, \alpha_n) \in S^n$, 定义 $\sum \beta = \sum_{i=1}^{n} \alpha_i$. 我们首先引入如下结果:

引理 1[7,8] 设 $F = F_q$ 是一个 q 元有限域, $q = p^f$, $f \geq 1, p$ 是一个奇素数, 又设 $N^{(m,k)}$ 为有限域 F 上方程 (3.1) 在 F^{m+k} 上解的个数. 则有

$$N^{(mk)} = \sum_{\beta \in S^{m+k}} \frac{(q-1)^{h_\beta} + (-1)^{h_\beta}(q-1)}{q} \cdot$$
$$(q-1)^{\sum \beta - h_\beta} \quad (3.2)$$

其中 $h_\beta = k - \#\bigcup_{\alpha_j = 0}\{i \mid d_{ij} \neq 0, i = 1, \cdots, k\}, \forall \beta = (\alpha_1, \cdots, \alpha_{m+k}) \in S^{m+k}$.

定理 1 设 $a_1, \cdots, a_k \in F^*, m, k, d_{ij}$ 为方程 (3.1) 所述,$F = F_q$ 是一个 q 元有限域,设

$$f(x_1, \cdots, x_{m+k}) = a_1 x_1^{d_{11}} \cdots x_{m+1}^{d_{1,m+1}} +$$
$$a_2 x_1^{d_{21}} \cdots x_{m+1}^{d_{2,m+1}} x_{m+2}^{d_{2,m+2}} + \cdots +$$
$$a_k x_1^{d_{k1}} \cdots x_{m+1}^{d_{k,m+1}} \cdots x_{m+k}^{d_{k,m+k}}$$

则 ζ 函数 $Z_f(u)$ 为如下形式的有理函数

$$\frac{\prod_{\beta \in S^{m+k+1}} \prod_{i=1}^{\sum \beta - h_\beta} (1 - q^{i-1} u)^\omega}{(1-u) \cdots (1 - q^{m+k-1} u)} \quad (3.3)$$

其中

$$\omega = \left(\sum_i \beta - h_\beta \right) \cdot (-1)^{\sum \beta - i + 1}$$

证明 令 $d_i = \sum_{j=1}^{m+i} d_{ij}, i = 1, \cdots, k, d = \max\{d_1, \cdots, d_k\}$,设 $d_{i0} = d - d_i$,则 $f(x_1, \cdots, x_{m+k})$ 可齐次化为

$$\bar{f} = a_1 x_0^{d_{10}} x_1^{d_{11}} \cdots x_{m+1}^{d_{1,m+1}} +$$
$$a_2 x_0^{d_{20}} x_1^{d_{21}} \cdots x_{m+1}^{d_{2,m+1}} x_{m+2}^{d_{2,m+2}} + \cdots +$$
$$a_k x_0^{d_{k0}} x_1^{d_{k1}} \cdots x_{m+1}^{d_{k,m+1}} \cdots x_{m+k}^{d_{k,m+k}} \quad (3.4)$$

由引理 1 知式 (3.4) 在 F^{m+k+1} 上的解为

$$N^{(m+1,k)} =$$
$$\sum_{\beta \in S^{m+k+1}} \frac{(q-1)^{h_\beta} + (-1)^{h_\beta}(q-1)}{q} (q-1)^{\sum \beta - h_\beta}$$
$$\quad (3.5)$$

其中

$$S^{m+k+1} = \prod_{i=1}^{m+k+1} \{0,1\}$$
$$h_\beta = k - \# \bigcup_{\alpha_j = 0} \{i \mid d_{ij} \neq 0\}$$

$$\forall \beta = (\alpha_1, \cdots, \alpha_{m+k+1}) \in S^{m+k+1}$$

则式(3.4)在射影空间 $P^{m+k}(F)$ 上的解为

$$N^{(m+1,k)} = \frac{N^{(m+1,k)} - 1}{q - 1} \qquad (3.6)$$

即

$$N^{(m+1,k)} = \sum_{0 \neq \beta \in S^{m+k+1}} \frac{(q-1)^{\sum \beta - 1}}{q} +$$
$$\sum_{0 \neq \beta \in S^{m+k+1}} \frac{(-1)^{h_\beta}(q-1)^{\sum \beta - h_\beta}}{q} =$$
$$q^{m+k-1} + \cdots + q + 1 +$$
$$\sum_{\beta \in S^{m+k+1}} \frac{(-1)^{h_\beta}(q-1)^{\sum \beta - h_\beta}}{q}$$

记式(3.4)在 $P^{m+k}(F_s)$ 上的解为 $N_s^{(m+1,k)}$,则

$$N^{(m+1,k)} = q^{m+k-1} + \cdots + q + 1 +$$
$$\sum_{\beta \in S^{m+k+1}} \sum_{i=0}^{\sum \beta - h_\beta} \binom{\sum \beta - h_\beta}{i} \cdot$$
$$q^{s(i-1)} \cdot (-1)^{\sum \beta - i}$$

则投射簇(3.4)的 ζ 函数为

$$Z_{\bar{f}}(u) = \exp\left(\sum_{s=1}^{\infty} \frac{N_s u^s}{s}\right) =$$
$$\frac{\prod_{\beta \in S^{m+k+1}} \prod_{i=0}^{\sum \beta - h_\beta} (1 - q^{i-1}u)^{\binom{\sum \beta - h_\beta}{i} \cdot q^{s(i-1)} \cdot (-1)^{\sum \beta - i}}}{(1-u)(1-qu)\cdots(1-q^{m+k-1}u)}$$

$$(3.7)$$

由上式即得到结论

引理 2 设 $a_1, \cdots, a_k \in F^*$, m,k 为方程(3.1)所术, $F = F_q$ 是一个 q 元有限域. 设方程

$$\bar{f} = a_1 x_0^{d_{10}} x_1^{d_{11}} \cdots x_{m+1}^{d_{1,m+1}} +$$

$$a_2 x_0^{d_{20}} x_1^{d_{21}} \cdots x_{m+1}^{d_{2,m+1}} x_{m+2}^{d_{2,m+2}} + \cdots +$$
$$a_k x_0^{d_{k0}} x_1^{d_{k1}} \cdots x_{m+1}^{d_{k,m+1}} \cdots x_{m+k}^{d_{k,m+k}} = 0 \qquad (3.8)$$

其中 $d_{ij} > 0$,则 ζ 函数 $Z_f(u)$ 为如下形式的有理函数

$$Z_f(u) = \frac{\prod_{i=0}^{m+1} \prod_{j=0}^{k-1}(1 - q^{m+k-i-j}u)^\mu}{(1-u) \cdot (1-qu) \cdots (1-q^{m+k}u)} \qquad (3.9)$$

其中 $\mu = \binom{m+1}{i} \cdot (-1)^{i+j}$.

证明 由于式(3.4)中 $d_{ij} > 0$,我们来考虑变量 h_β. 由定义,$h_\beta = k - \#\bigcup_{\alpha_j = 0}\{i \mid d_{ij} \neq 0, 1, \cdots, k\}$ 得:

(1) $\min\{j \mid \alpha_j = 0\} \leq m$. 此时,$\alpha_0 \cdots \alpha_m = 0$,故 $h_\beta = 0$.

(2) $m < l = \min\{j \mid \alpha_j = 0\} \leq m+k$. 此时,$\alpha_0 \cdots \alpha_{l-1} \neq 0$,易知 $\{i \mid d_{il} \neq 0, i = 1, \cdots, k\} = \{l - m, \cdots, k\}$,故 $h_\beta = l - m - 1$.

(3) $\min\{j \mid \alpha_j = 0\} > m + k$. 即 $\alpha_0 \cdots \alpha_{m+k} \neq 0$,故 $h_\beta = k$.

由引理 1 知式(3.8)在 F^{m+k+1} 上的解为

$$N'^{(m+1,k)} = \sum_{\beta \in S^{m+k+1}} \frac{(q-1)^{\Sigma\beta}}{q} +$$
$$\sum_{\beta \in S^{m+k+1}} \frac{(-1)^{h_\beta}(q-1)^{\Sigma\beta + h_\beta + 1}}{q} =$$
$$\sum_{\beta \in S^{m+k+1}} \frac{(q-1)^{\Sigma\beta}}{q} + \sum_{\substack{\beta \in S^{m+k+1} \\ \alpha_0 \cdots \alpha_m = 0}} \frac{(q-1)^{\Sigma\beta+1}}{q} +$$
$$\sum_{\substack{\beta \in S^{m+k+1}, m+1 \leq l \leq m+k \\ \alpha_0 \cdots \alpha_{l-1} \neq \alpha_l = 0}} \frac{(-1)^{l-m-1}(q-1)^{\Sigma\beta-(l-m)+2}}{q} +$$

$$\sum_{\substack{\beta \in S^{m+k+1} \\ \alpha_0 \cdots \alpha_{m+k+1} \neq 0}} \frac{(-1)^k (q-1)^{m+2}}{q} =$$

$$q^{k+m+1} - q^{k-1}(q-1)^{m+2} + \frac{(q-1)^{m+2}}{q(q+1)}(q^k - (-1)^k) + \frac{(-1)^k(q-1)^{m+2}}{q}$$

则式(3.8)在射影空间 $P^{m+k}(F)$ 上的解为

$$\overline{N}^{(m+1,k)} = q^{k+m} + \cdots + q + 1 - q^{k-1}(q-1)^{m+1} + \frac{(q-1)^{m+1}}{q(q+1)}(q^k - (-1)^k) + \frac{(-1)^k(q-1)^{m+1}}{q} =$$

$$q^{k+m} + \cdots + q + 1 - \sum_{i=0}^{m+1} \binom{m+1}{i}(-1)^i [q^{m+k-i} + \sum_{j=1}^{k} q^{m+k-i-j}(-1)^j - q^{m-i}(-1)^k] =$$

$$q^{k+m} + \cdots + q + 1 - \sum_{i=0}^{m+1}\sum_{j=0}^{k-1}\binom{m+1}{i} q^{m+k-i-j}(-1)^{i+j} \quad (3.10)$$

同样，容易得出式(3.8)在 $P^{m+k}(F^s)$ 上的解 $\overline{N}_s^{(m+1,k)}$，于是方程(3.8)的 ζ 函数为式(3.9)。证毕。

$F = F_q$ 上方程(3.1)的齐次化方程(3.4)中，设 $\#\{i \mid d_i = d\} = \#\{i_1, \cdots, i_t\} = t$，即 x_{ij} 的幂指数除 $d_{i_1 0} = \cdots = d_{i_t 0} = 0$ 外，$d_{ij} > 0$。采用如下代换(使得当 $x_0 = 0$ 时，对应的方程里 $x_{m+i_1}, \cdots, x_{m+i_t}$ 变量下标为最后 t 个标号，其余的依次向前平移)

$$\begin{cases} y_j = x_j, 1 \leqslant j < m + i_1 \\ y_j = x_{j+c}, m + i_c \leqslant \min\{m + i_{c+1}, \\ \qquad\qquad m + i_t - t + 1\}, c = 1, \cdots, t-1 \\ y_{m+i_t-t+c} = x_{m+i_s}, c = 1, \cdots, t \end{cases} \quad (3.11)$$

记 $r = i_t - t$,并设变换后方程第 i 个单项里 y_j 对应的幂指数为 v_{ij}(v_{ij} 为 y_j 对应的 x_c 在变换前方程第 i 个单项里某个幂指数 d_{ic}),则齐次方程(3.4)当 $x_0 = 0$ 时,对应方程为

$$a_{i_1} y_1^{v_{i_1 1}} \cdots y_{m+r}^{v_{i_1,m+r}} y_{m+r+1}^{v_{i_1,m+r+1}} + \cdots + a_{i_t} y_1^{v_{i_t 1}} \cdots y_{m+r+t}^{v_{i_t,m+r+t}} = 0 \quad (3.12)$$

定理 2 设 $F = F_q$ 是一个 q 元有限域,$d, d_i, i = 1, \cdots, k$ 如定理 1 中所定义。若 F 上方程(3.1)满足 $d_{ij} > 0$ 且 $\#\{i \mid d_i = d\} = \#\{i_1, \cdots, i_t\} = t$,即方程(1)对应的齐次化方程

$$f = a_1 x_0^{d_{10}} x_1^{d_{11}} \cdots x_{m+1}^{d_{1,m+1}} + a_2 x_0^{d_{20}} x_1^{d_{21}} x_{m+1}^{d_{2,m+1}} x_{m+2}^{d_{2,m+2}} + \cdots + a_k x_0^{d_{k0}} x_1^{d_{k1}} \cdots x_{m+1}^{d_{k,m+1}} \cdots x_{m+k}^{d_{k,m+k}} = 0 \quad (3.13)$$

除 $d_{i,0} = \cdots = d_{i,0} = 0$ 外,$d_{ij} > 0$,则 ζ 函数 $Z_f(u)$ 为如下形式的有理函数

$$Z_f(u) = \frac{\prod_{i=0}^{m+1} \prod_{j=0, i+j \neq 0}^{k-1} (1 - q^{m+k-i-j} u)^\mu}{(1-u)(1-qu)\cdots(1-q^{m+k-2}u)} \cdot \prod_{\beta \in S^{m+r+t}} \prod_{i=1}^{\Sigma\beta - h_\beta} (1 - q^{k+i-r-t-1} u)^\nu \quad (3.14)$$

其中 $\mu = \binom{m+1}{i} \cdot (-1)^{i+j}, \nu = \binom{\Sigma\beta - h_\beta}{i} \cdot (-1)^{\Sigma\beta - i+1}, h_\beta = t - \#\bigcup_{\beta_j=0}\{c \mid v_{i,j} \neq 0, c = 1, \cdots, t\}$.

证明 首先,构造一个方程(3.13)的形如方程

(3.8) 的非齐次形,即除 $d_{i,0},\cdots,d_{i,0}$ 分别加 1 外,d_{ij} 是一样的. 容易知道,当 $x_0 = 1$ 时,新得到的方程(3.8) 与方程(3.13) 同解,当 $x_0 = 0$ 时,方程(3.8) 的解数是 q^{m+k},记方程(3.12) 在 F^{m+r+t} 上的解为 $N^{(m+r,t)}$,此时方程(3.13) 的解也形如 $q^{k-r-t} \cdot N^{(m+r,t)}$. 设方程(3.13) 在 $P^{m+k}(F)$ 上的解为 $N^{*(m+1,k)}$,则

$$N^{*(m+1,k)} = N'^{(m+1,k)} + \frac{q^{k-r-t} \cdot N^{(m+r,t)} - q^{m+k}}{q-1} =$$

$$N'^{(m+1,k)} + q^{k-r-t}\frac{N^{(m+r,t)} - 1}{q-1} - \frac{q^{m+k} - q^{k-r-t}}{q-1} =$$

$$N'^{(m+1,k)} + q^{k-r-t}\frac{N^{(m+r,t)} - 1}{q-1} -$$

$$q^{k-r-t}(q^{m+r+t-1} + \cdots + 1) =$$

$$N^{(1)} + q^{k-r-t} \cdot N^{(2)} + N^{(3)}$$

方程(3.13) 在 $P^{m+k}(F_s)$ 上的解为 $N_s^{(m+1,k)*}$ 也可以记为这样三部分

$$N_s^{(1)} + q^{s(k-r-t)} N_2^{(2)} + N_s^{(3)}$$

由引理 2 中的 $N'^{(m+1,k)}_s$ 及类似定理 1 中的 $N_s^{(m+1,t)}$ 可得

$$N^{*(m+1,k)} =$$

$$N'^{(m+1,t)}_s + q^{s(k-r-t)} \cdot \sum_{\beta \in S^{m+r+t}} \sum_{i=1}^{\sum \beta - h_\beta} \binom{\sum \beta - h_\beta}{i} \cdot$$

$$q^{s(i-1)} \cdot (-1)^{\sum \beta - i} - q^{s(m+k-1)}$$

从而得出方程(3.13) 的 ζ 函数为式(3.14).

利用定理 2,很容易得到以下推论:

推论 1 设 $F = F_q$ 是一个 q 元有限域,$d, d_i, i = 1,\cdots,k$ 如定理 1 中所定义. 若 F 上方程(3.1) 满足 $d_{ij} > 0$ 且 $\#(\{i \mid d_i = d\} = \{w+1,\cdots,w+t\}) = t$,即该方程对应的齐次化方程为

$$f = a_1 x_0^{d_{10}} x_1^{d_{11}} \cdots x_{m+1}^{d_{1,m+1}} + a_2 x_0^{d_{20}} x_1^{d_{21}} \cdots x_{m+1}^{d_{2,m+1}} x_{m+2}^{d_{2,m+2}} + \cdots +$$
$$a_k x_0^{d_{k0}} x_1^{d_{k1}} \cdots x_{m+1}^{d_{k,m+1}} \cdots x_{m+k}^{d_{k,m+k}} = 0 \qquad (3.15)$$

除开 $d_{w+1,0} = \cdots = d_{w+t,0} = 0$ 外,$d_{ij} > 0$,则 ζ 函数 $Z_f(u)$ 为如下形式的有理函数

$$Z_f(u) = \frac{\prod_{i=0}^{m+1}\prod_{j=0}^{k-1}(1-q^{m+k-i-j}u)^{\tau} \cdot \prod_{e=0}^{m+w}\prod_{t=0}^{t-1}(1-q^{m+k-e-l-1}u)^{\lambda}}{(1-u)(1-qu)\cdots(1-q^{m+k}u)}$$

$$(3.16)$$

其中

$$\tau = \binom{m+1}{i} \cdot (-1)^{i+j}$$

$$\lambda = \binom{m+w}{e} \cdot (-1)^{e+l}$$

3. 应用举例

设 $F = F_q$ 是一个 q 元有限域,$q = p^f, f \geq 1, p$ 是一个奇素数. 对于有限域 F 上的方程

$$g := x_1 x_2 + x_1 x_2 x_3 = 0 \qquad (3.17)$$

对应 $d_1 = 2, d_2 = 3, d = 3$,对应齐次方程为

$$g := x_0 x_1 x_2 + x_1 x_2 x_3 = 0 \qquad (3.18)$$

(1) 由方程 (3.18),知 $m = 1, k = 2, d_{10} = d_{11} = d_{12} = d_{21} = d_{22} = d_{23} = 1$,其余的为 0. $\forall \alpha \in S^4$,下面来计算对应的 h_α

$$\sum \alpha = 0, \alpha = (0,0,0,0), h_\alpha = 0$$

$$\sum \alpha = 1, \alpha = (1,0,0,0), h_\alpha = 0$$

$$\alpha = (0,1,0,0), h_\alpha = 0$$

$$\alpha = (0,0,1,0), h_\alpha = 0$$
$$\alpha = (0,0,0,1), h_\alpha = 0$$
$$\sum \alpha = 2, \alpha = (1,1,0,0), h_\alpha = 0$$
$$\alpha = (1,0,1,0), h_\alpha = 0$$
$$\alpha = (1,0,0,1), h_\alpha = 0$$
$$\alpha = (0,1,1,0), h_\alpha = 0$$
$$\alpha = (0,1,0,1), h_\alpha = 0$$
$$\alpha = (0,0,1,1), h_\alpha = 0$$
$$\sum \alpha = 3, \alpha = (1,1,1,0), h_\alpha = 1$$
$$\alpha = (1,1,0,1), h_\alpha = 0$$
$$\alpha = (1,0,1,1), h_\alpha = 0$$
$$\alpha = (0,1,1,1), h_\alpha = 1$$
$$\sum \alpha = 4, \alpha = (1,1,1,1), h_\alpha = 2$$

由定理 1，得方程(3.18) 的 ζ 函数为

$$Z_{\hat{g}}(u) = \frac{1}{(1-u)(1-q^2 u)^3} \qquad (3.19)$$

(2) 由方程(3.18)及 $d_1 = 2, d_2 = 3, d = 3$，知 $m = 1, k = 2, i_t = 2, t = 1$。这样 $r = i_t - t = 1$。当 $x_0 = 0$ 时，对应于代换后的式(3.12)中的 $v_{11} = v_{12} = v_{13} = 1$，其余的为 0。$\forall \beta \in S^3$，下面来计算对应的 h_β

$$\sum \beta = 0, \beta = (0,0,0), h_\beta = 0$$
$$\sum \beta = 1, \beta = (1,0,0), h_\beta = 0$$
$$\beta = (0,1,0), h_\beta = 0$$
$$\beta = (0,0,1), h_\beta = 0$$
$$\sum \beta = 2, \beta = (1,1,0), h_\beta = 0$$
$$\beta = (1,0,1), h_\beta = 0$$

$$\beta = (0,1,1), h_\beta = 0$$
$$\sum \beta = 3, \beta = (1,1,1), h_\beta = 1$$

由定理2,得方程(3.18)的 ζ 函数

$$Z_{\hat{g}}(u) = \frac{(1-u)^{-1}(1-qu)^3(1-q^2u)^{-3}}{(1-u)(1-qu)} \cdot$$

$$\frac{(1-u)}{(1-qu)^2} = \frac{1}{(1-u)(1-q^2u)^3}$$

(3.20)

(3) 由方程(3.18)及 $d_1 = 2, d_2 = 3, d = 3$,知 $m = 1, k = 2, w = 1, t = 1$,由推论1,得方程(3.18)的 ζ 函数为

$$Z_{\hat{g}}(u) = \frac{(1-u)^{-1}(1-qu)^3(1-q^2u)^{-3}(1-q^3u)}{(1-u)(1-qu)(1-q^2u)(1-q^3u)} \cdot$$

$$\frac{(1-u)(1-q^2u)}{(1-qu)^2} = \frac{1}{(1-u)(1-q^2u)^3}$$

(3.21)

注 我们所研究的对一类超曲面 ζ 函数的计算公式的表达式与 Weil 定理是完全吻合的,即此超曲面 ζ 函数是有理函数. 对于方程

$$a_1 x_1^{d_{11}} \cdots x_{m+1}^{d_{1,m+1}} + a_2 x_1^{d_{21}} \cdots x_{m+1}^{d_{2,m+1}} x_{m+2}^{d_{2,m+2}} + \cdots +$$
$$a_k x_1^{d_{k1}} \cdots x_{m+1}^{d_{k,m+1}} \cdots x_{m+k}^{d_{k,m+k}} = b$$

$b \neq 0$ 的情形,可化为如下齐次型来处理(见资料[9])

$$a_0 x_0^d + a_1 x_0^{d_{10}} x_1^{d_{11}} \cdots x_{m+1}^{d_{1,m+1}} +$$
$$a_2 x_0^{d_{20}} x_1^{d_{21}} \cdots x_{m+1}^{d_{2,m+1}} x_{m+2}^{d_{2,m+2}} + \cdots +$$
$$a_k x_0^{d_{k0}} x_1^{d_{k1}} \cdots x_{m+1}^{d_{k,m+1}} \cdots x_{m+k}^{d_{k,m+k}} = 0$$

参 考 资 料

[1] MATSUO K, CHAO J, TSUJII S. An improved baby step giant step

algorithm for point counting of hyperelliptic curves over finite fields ANTS-V. Berlin/New York：Springer-Verlag,2002.

[2] SCHOOF R. Elliptic curves over finite fields and the computation of square roots mod p. Math. Comp. , 1985,44:483.

[3] SATOH T. The canonical lift of an ordinary elliptic curve over a finite field and it's points counting. J. Ramanujan Math. Soc. , 2000,15:247.

[4] LAUDER A G B, WAN D. Computing zeta functions of Artin-Schreier curves over finite fields. London Mathematical Society JCM, 2002,5:34.

[5] LAUDER A G B, WAN D. Computing zeta functions of Artin-Schreier curves over finite fields Ⅱ. Journal of Complexity, 2004,20:331.

[6] LAUDER A G B. Deformation theory and the computation of zeta functions. Proceedings of the London Mathe-matical Society,2004, 88(3):565.

[7] WANG W S, SUN Q. The number of solution of certain equations over a finite field. Finite Fields and Their Applications, 2005, 11(2):182.

[8] 王文松,孙琦. 有限域 F_q 上一类超曲面的有理点个数. 第三届全国数论与代数几何学术交流会上学术报告,成都,2005.

[9] 王文松,孙琦. 有限域上一类方程解数的一个注记. 四川大学学报：自然科学版,2005,42(2):245.

第四章 除数和函数对平方补数的均值

1. 引言及结论

对任意正整数 n,n 可以唯一的表示为 $n = u^2 v$,其中 u 为正整数,v 是无平方因子数. 设 $c(n)$ 表示 n 的平方补数,即 $c(n)$ 是使 nk 成为一完全平方数的最小正整数 k,$c(n) = v$. 资料[2] 提出了平方补数这一概念. 关于数列 $c(n)$ 的性质已有学者进行了研究,资料[4] 研究了均值 $\sum_{n \leq x} c(n)$,$\sum_{n \leq x} \frac{1}{c(n)}$ 的性质,并得到了两个渐近公式.

关于平方补数的除数函数 $\sigma(c(n))$,目前还没有相关的结论,西安职业技术学院教务处的张红莉教授 2010 年利用解析方法研究了除数和函数对平方补数的均值 $\sum_{n \leq x} \sigma(c(n))$ 的渐近性质,并得到了一个渐近公式.

定理 对任意实数 $x \geq 1$,有渐近公式

$$\sum_{n \leq x} \sigma(c(n)) = \frac{k(2)}{2\zeta(2)\zeta(4)} x^2 + O(x^{\frac{3}{2}} \log x)$$

---

① 摘编自《纯粹数学与应用数学》,2010 年 12 月,第 26 卷,第 6 期.

其中，$\zeta(s)$ 是 Riemann ζ 函数

$$k(2) = \prod_p \left(1 + \frac{1}{p+p^2}\right)$$

2. 引理及证明

引理 1 对任意 $\varepsilon > 0$，当 $\sigma > 2$ 时，定义

$$B(s) = \sum_{n=1}^{\infty} \frac{\sigma(n)|\mu(n)|}{n^s}$$

则

(1) $B(s)$ 在半平面 $\mathrm{Re}(s) \geqslant 2 + \varepsilon$ 上有界且解析.

(2) $B(s) = \dfrac{\zeta(s-1)k(s)}{\zeta(2s-2)}$

其中

$$k(s) = \prod_p \left(1 + \frac{1}{p+p^s}\right)$$

在半平面 $\mathrm{Re}(s) \geqslant 1 + \varepsilon$ 上有界且解析.

证明 (1) 因为 $\sigma(n)|\mu(n)| \ll n^{1+\varepsilon}$，所以级数 $\sum_{n=1}^{\infty} \dfrac{\sigma(n)|\mu(n)|}{n^s}$ 在半平面 $\mathrm{Re}(s) \geqslant 2+\varepsilon$ 上绝对一致收敛. 故 $B(s)$ 在半平面 $\mathrm{Re}(s) \geqslant 2+\varepsilon$ 上有界且解析.

(2) 显然，$\sigma(n)|\mu(n)|$ 是积性函数，于是当 $\sigma > 2$ 时

$$B(s) = \sum_{n=1}^{\infty} \frac{\sigma(n)|\mu(n)|}{n^s} =$$

$$\prod_p \left(\sum_{m=0}^{\infty} \frac{\sigma(p^m)|\mu(p^m)|}{p^{ms}}\right) =$$

$$\prod_p \left(1 + \frac{\sigma(p)|\mu(p)|}{p^s}\right) = \prod_p \left(1 + \frac{1+p}{p^s}\right) =$$

$$\prod_p \left(1 + \frac{1}{p^{s-1}} + \frac{1}{p^s}\right) =$$

$$\prod_p \left\{\left(1 + \frac{1}{p^{s-1}}\right)\left[1 + \frac{1}{p^s}\left(1 + \frac{1}{p^{s-1}}\right)^{-1}\right]\right\} =$$

$$\frac{\zeta(s-1)}{\zeta(2s-2)} \prod_p \left[1 + \frac{1}{p^s}\left(1 + \frac{1}{p^{s-1}}\right)^{-1}\right] =$$

$$\frac{\zeta(s-1)}{\zeta(2s-2)} \prod_p \left(1 + \frac{1}{p+p^s}\right)$$

显然

$$\prod_p \left(1 + \frac{1}{p+p^s}\right)$$

在半平面 $\mathrm{Re}(s) \geqslant 1 + \varepsilon$ 上绝对一致收敛. 故

$$k(s) = \prod_p \left(1 + \frac{1}{p+p^s}\right)$$

在半平面 $\mathrm{Re}(s) \geqslant 1 + \varepsilon$ 上有界且解析. 从而

$$B(s) = \frac{\zeta(s-1)}{\zeta(2s-2)} \prod_p \left(1 + \frac{1}{p+p^s}\right)$$

则引理 1 证明完毕.

引理 2　对任意实数 $x \geqslant 1$ 时, 有渐近公式

$$\sum_{n \leqslant x} \sigma(n)|\mu(n)| = \frac{k(2)}{2\zeta(2)} x^2 + O(x^{\frac{3}{2}} \log x)$$

其中, $\zeta(s)$ 是 Riemann ζ 函数, $\mu(n)$ 是 Möbius 函数,

$$k(2) = \prod_p \left(1 + \frac{1}{p+p^2}\right).$$

证明　因为 $\sigma(n)|\mu(n)| \ll n^{1+\varepsilon} = K(n)$. 当 $\sigma > 2$ 时

$$\sum_{n=1}^{\infty}\frac{\sigma(n)|\mu(n)|}{n^s} = \frac{\zeta(\sigma-1)k(\sigma)}{\zeta(2\sigma-2)} \ll 1$$

于是对 $b = 2 + \varepsilon, T \geqslant 1$ 及半奇数 x，根据带余项的 Perron 公式，有

$$\sum_{n \leqslant x} \sigma(n)|\mu(n)| = \frac{1}{2\pi i}\int_{b-iT}^{b+iT} B(s)\frac{x^s}{s}ds + O\left(\frac{x^b}{T}\right) + O\left(\frac{K(2x)x\log x}{T}\right)$$

取 $a = \frac{3}{2} + \varepsilon$，并改变积分路线可得

$$\sum_{n \leqslant x} \sigma(n)|\mu(n)| =$$
$$u(x) + \frac{1}{2\pi i}\left(\int_{b-iT}^{a-iT} + \int_{a-iT}^{a+iT} + \int_{a+iT}^{b+iT}\right)\frac{\zeta(s-1)k(s)}{\zeta(2s-2)}\frac{x^s}{s}ds +$$
$$O\left(\frac{x^b}{T}\right) + O\left(\frac{x^2\log x}{T}\right)$$

其中 $u(x)$ 是被积函数 $B(s)\frac{x^s}{s}$ 在一阶极点 $s = 2$ 处的留数. 可以算出

$$u(x) = \operatorname{Re}_{s=2}\left(\frac{\zeta(s-1)k(s)}{\zeta(2s-2)}\frac{x^s}{s}\right) =$$
$$\lim_{s \to 2}\left((s-2)\frac{\zeta(s-1)k(s)}{\zeta(2s-2)}\frac{x^s}{s}\right) =$$
$$\frac{k(2)}{2\zeta(2)}x^2$$

其中 $k(2) = \prod_p\left(1 + \frac{1}{p+p^2}\right)$. 由引理 1 可得

$$\left(\int_{b-iT}^{a-iT} + \int_{a+iT}^{b+iT}\right)\frac{\zeta(s-1)h(s)}{\zeta(2s-2)}\frac{x^s}{s}ds \ll$$

$$\int_a^b |\zeta(\sigma+iT)| \frac{x^\sigma}{T} d\sigma \ll$$

$$\frac{x^b}{T} + \frac{x^a T^{\frac{1}{2}}}{T} \ll \frac{x^2}{T}$$

$$\int_{a-iT}^{a+iT} \frac{\zeta(s-1)h(s)}{\zeta(2s-2)} \frac{x^s}{s} ds \ll \int_{a-iT}^{a+iT} \zeta(s-1) \frac{x^s}{s} ds \ll$$

$$\int_{-T}^{T} \zeta\left(\frac{1}{2}+it\right) \frac{x^a}{t} dt \ll x^a \log T \ll x^{\frac{3}{2}} \log T$$

因此

$$\sum_{n \leqslant x} \sigma(n) |\mu(n)| = \frac{k(2)}{2\zeta(2)} x^2 + O\left(\frac{x^2}{T}\right) + O(x^{\frac{3}{2}} \log x) +$$

$$O\left(\frac{x^2 \log x}{T}\right)$$

取 $T = x$,有

$$\sum_{n \leqslant x} \sigma(n) |\mu(n)| = \frac{k(2)}{2\zeta(2)} x^2 + O(x) + O(x^{\frac{3}{2}} \log x) +$$

$$O(x \log x)$$

因此

$$\sum_{n \leqslant x} \sigma(n) |\mu(n)| = \frac{k(2)}{2\zeta(2)} x^2 + O(x^{\frac{3}{2}} \log x)$$

则引理 2 证毕.

3. 定理的证明

定理 对任意实数 $x \geqslant 1$,有渐近公式

$$\sum_{n \leqslant x} \sigma(c(n)) = \frac{k(2)}{2\zeta(2)\zeta(4)} x^2 + O(x^{\frac{3}{2}} \log x)$$

其中,$\zeta(s)$ 是 Riemann ζ 函数

$$k(2) = \prod_p \left(1 + \frac{1}{p+p^2}\right)$$

第三部分　Riemann 函数面面观

证明

$$\sum_{n\leq x}\sigma(c(n)) = \sum_{u^2v\leq x}\sigma(v)|\mu(v)| =$$

$$\sum_{u^2\leq x}\sum_{v\leq \frac{x}{u^2}}\sigma(v)|\mu(v)|$$

由引理 2 可得

$$\sum_{n\leq x}\sigma(c(n)) = \sum_{u^2\leq x}\sum_{v\leq \frac{x}{u^2}}\sigma(v)|\mu(v)| =$$

$$\sum_{u^2\leq x}\left[\frac{k(2)}{2\zeta(2)}\frac{x^2}{u^4} + O\left(\frac{x^{\frac{3}{2}}}{u^3}\log\frac{x}{u^2}\right)\right] =$$

$$\frac{k(2)}{2\zeta(2)}x^2\left(\sum_{u\leq\sqrt{x}}\frac{1}{u^4}\right) + O\left(x^{\frac{3}{2}}\sum_{u\leq\sqrt{x}}\frac{\log x - 2\log u}{u^3}\right) =$$

$$\frac{k(2)}{2\zeta(2)}x^2\left[\frac{1}{\zeta(4)} + O(x^{-\frac{3}{2}})\right] + O(x^{\frac{3}{2}}\log x) =$$

$$\frac{k(2)}{2\zeta(2)\zeta(4)}x^2 + O(x^{\frac{1}{2}}) + O(x^{\frac{3}{2}}\log x)$$

因此

$$\sum_{n\leq x}\sigma(c(n)) = \frac{k(2)}{2\zeta(2)\zeta(4)}x^2 + O(x^{\frac{3}{2}}\log x)$$

其中 $k(2) = \prod_{p}\left(1 + \frac{1}{p+p^2}\right)$. 于是完成了定理的证明.

参 考 资 料

[1] 潘承洞,潘承彪. 初等数论. 北京:北京大学出版社,1992.

[2] SMARANDACHE F. Only Problems Not Solutions. Chicago:Xiquan Publishing House, 1993.

[3] 潘承洞,潘承彪. 解析数论基础. 北京:科学出版社,1999.

[4] 刘红艳,苟素. 关于 F. Smarandache 的一个问题. 延安大学学报,

2001(3):5-6.

[5] 王阳.一个数论函数的均值.纯粹数学与应用数学,2002,18(2):139-144.

[6] 张红莉,王阳.关于平方补数除数函数的均值.纺织高校基础科学学报,2002(1):44-46.

第 五 编

德布兰吉斯的证明

第一章 APOLOGY FOR THE PROOF OF THE RIEMANN HYPOTHESIS

LOUIS DE BRANGES

ABSTRACT. An apology is an explanation or defense of actions which may otherwise be misunderstood. There are several sources of misunderstanding concerning the proof of the Riemann hypothesis. An obstacle lies in the narrow perception of the Riemann hypothesis as a mechanism for counting prime numbers. The Riemann hypothesis is significant because of its significance in mathematical analysis. The proof cannot be read as an isolated argument because of its roots in the history of mathematics. Another obstacle lies in the unexpected source of the proof of the Riemann hypothesis. The proof is made possible by events which seem at first sight to have no relevance to mathematics. Exceptional people and exceptional circumstances prepared the proof of the Riemann hypothesis.

Good writing about mathematics is difficult because the expected reader knows either too much or too little. Those with graduate experience are biased by the choice of a specialty. Those without graduate experience exist in a state of ignorance. Expository writing about mathematics needs to present the reader with a view of the subject which is convincing at several levels of knowledge. Readers without graduate experience need to be supplied with information which justifies mathematical research. Readers with graduate experience need to place their speciality within a larger perspective. These objectives are achieved by a history of mathematics as it relates to the Riemann hypothesis.

The Riemann hypothesis culminates a renewal of mathematical analysis after a millenium in which Greek analysis lay dormant in libraries. The Renaissance is stimulated by the Cartesian philosophy that problems are best solved by prior thought, as opposed to the Roman philosophy that problems are solved by immediate action. Analysis is not exclusive to mathematics since it is little else than the consistent application of thought. A common feature of effective analysis is the need for hypotheses, without which no conclusion is valid. Although analysis has striking successes, the analysis applied in mathematics surpasses other applications of analysis in the extent and consistency of its logical structure. Other applications of analysis emulate the application made in mathematics.

Mathematical analysis differs in purpose from

第三部分 Riemann 函数面面观

other applications of analysis. Serious projects need to exhibit an evident purpose if they expect to receive the means required for their achievement. The value of a proposed contribution is weighed against the cost of its realization. Mathematical analysis does not admit a statement of purpose which is meaningful without preparation. The discovery of purpose is a historical process which perpetually diversifies itself into new channels and persistently returns to a clarification of original aims.

The earliest known applications of mathematical analysis are witnessed by architectural achievements, such as Egyptian pyramids, and by astronomical observations essential to agriculture. Mathematical analysis originates as the geometry of space with numbers as accessories in measurement. Numbers are discovered as integers from which rational numbers are constructed. An essentially different purpose is discovered for mathematical analysis when geometric objects are constructed which are not measured by rational numbers.

American readers may be pleased to learn how the attraction of irrational numbers has shaped their history. The five-pronged star which is their cultural heritage has a fascination which cannot be explained by beauty. Since beauty is akin to symmetry, the six-pronged star wins when beauty is the issue. The attraction of the five-pronged star lies in its dynamic quality which appeals for action because it is less complete. The star originates in the construction of an irrational number disturbing an eye which prefers the restfulness of rational proportions.

The distinction between constructions which terminate and those which do not assigns a purpose to mathematical analysis. The Euclidean algorithm marks the discovery of mathematical analysis as applied to infinite constructions. Discoveries of purpose in the Renaissance are illustrated in the lives of René Descartes (1596—1652), Pierre de Fermat (1601—1665), and Blaise Pascal (1623—1662).

Cartesian space reinforces the classical conception of space by the introduction of rectangular coordinates. Cartesian analysis applies the properties of real numbers to obtain the properties of geometrical figures. The success of the method justifies the Cartesian philosophy that problems are solved by thought. The contribution of Descartes to science is the discovery of orderly structure in nature which exceeds previous expectations. Of significance for the Riemann hypothesis is the conception of space as structured. The characterization of the tetrahedron, the cube, the octahedron, the dodecahedron, and the icosahedron as regular solids demonstrates Greek awareness of the properties of space. Descartes completes this achievement with the observation that in every case the number of faces minus the number of edges plus the number of vertices is equal to two.

The fires which ravaged the library of Alexandria are disastrous events in the history of mathematical analysis. Those books salvaged by Muslim scholars leave an incomplete record of Greek achievement. The theorem that every positive integer is the sum of four squares is not found in any surviving book of Diophantus. Yet the conditions stated for the representation as a sum of two squares presume a knowledge of the general representation. The mathematical contributions of Fermat are stimulated by the desire to recover and continue such classical knowledge. His problem of finding positive integers a, b, and c such that
$$a^n + b^n = c^n$$
for a positive integer n challenged subsequent generations of analysts. The infinitesimal calculus is however his most original contribution to mathematical analysis.

Although the logical skills required for mathematical analysis clearly require a special education, there is no agreement about what its content should be. Examples of a successful mathematical education are instructive for those who desire to nurture mathematical talent in themselves and in others. Pascal received an exceptional education because his mother died before he reached school age. His father personally taught him the reading and writing skills of a traditional curriculum aimed at an understanding of current political, social, and religious structures in a historical perspective. When he was twelve, he learned about the nature and purpose of a discipline called geometry. Curiosity stimulated him to attempt his own implementation of that purpose. Only then did his father supply him with Euclid's Elements. At that time there already existed in Paris learned societies for the presentation of scientific work. The contributions of Pascal were well received initially because they contain new arguments in support of known results and eventually because the results themselves are new. Memorable contributions are combinatorial principles which underlie the binomial theorem and the calculus of finite differences. The education of Blaise Pascal is described with loving care by his sister Jacqueline in the preface to his Pensées. An illuminating portrait of her by the court artist Philippe de Champaigne is preserved in the museum on the site of the ancient Abbaye de Port-Royal-des-Champs. It becomes clear that her dedication as a Jansenist nun was a major ingredient in the success of her brother's education.

The revival of mathematical analysis in the Renaissance relies on foundations which were discovered in ancient times and which are formalized in modern times. The geometric concept of a line is implemented by an algebraic structure which is now called a field.

第三部分　Riemann 函数面面观

The elements of a field can be added and multiplied to produce elements of the field. If a and b are elements of a field, a unique element
$$c = a + b$$
is defined as the sum of a and b. Addition satisfies the commutative law
$$a + b = b + a$$
and the associative law
$$(a + b) + c = a + (b + c)$$
If a and b are elements of a field, the equation
$$c + a = b$$
admits a unique solution c in the field. The origin is a unique element 0 which satisfies the identity
$$0 + c = c$$
for every element c of the field.

If a and b are elements of a field, a unique element
$$c = ab$$
is defined as the product of a and b. Multiplication satisfies distributive laws
$$c(a + b) = ca + cb$$
and
$$(a + b)c = ac + bc$$
Multiplication satisfies the commutative law
$$ab = ab$$
and the associative law
$$(ab)c = a(bc)$$
If a and b are elements of a field with b nonzero, the

equation

$$cb = a$$

admits a unique solution

$$c = \frac{a}{b}$$

in the field. The unit is the unique element 1 of the field which satisfies the identity

$$1c = c$$

for every element c.

The rational numbers, which are ratios a and b with a and b integers of which b is nonzero, are a field with the generally accepted definitions of addition and multiplication. The concept of a field is useful in explaining that there are related real numbers having the field properties and that they are essential to the description of points on a line. This information was not new in the Renaissance but received its first major applications then.

A dynamical contribution of Isaac Newton (1642—1729) to mathematical analysis is to treat the origin of Cartesian coordinates as a center surrounded by the trajectories of moving particles. Momentum is introduced as a concept which resembles position since it lies in a space isomorphic to Cartesian space. Momentum is observable by its action on position. The motion of a particle is formulated as a voyage in time through a phase space which is composed of Cartesian space and momentum space. Implicit are mappings of phase space into itself which are defined by the motion of particles in time. An evolution of the infinitesimal calculus is required for a solution of the equations of motion. Newton applies a limiting case of the calculus of finite differences. The application to planetary motion owes its success to the understanding of Cartesian space obtained from the equations of motion.

Applications of the infinitesimal calculus are typical of subsequent research results submitted to national scientific academics. A fundamental treatment of the propagation of light was presented by Christian Huygens (1629—1695) to the Académie des Sciences. An infinite product of rational numbers converging to the area π enclosed by a unit circle was presented by John Wallis (1616—1703) to the Royal Academy. An infinite sum of rational numbers converging to π was discovered by Wilhelm Leibnitz (1646—1716), a member of both academies who founded a predecessor of the Preussische Akademie der Wissenschaften. Infinite series whose sums are products representing π were discovered by Jakob Bernoulli (1654—1705). Applications of the infinitesimal calculus which underlie computations of π were explored by Johann Bernoulli (1667—1748).

Complex analysis originates in the discovery of Abraham de Moivre (1667—1754) that the complex plane is a field acceptable as domain of definition for polynomials and functions represented by power series.

The exponential function of a complex variable combines the sine and cosine functions of a real variable with the exponential function of a real variable to parametrize the complex plane in polar coordinates.

The Newton interpolation polynomials in the calculus of finite differences are motivating special cases of hypergeometric functions discovered by Leonard Euler (1707—1783). The gamma function appears in 1729 as an infinite limit of Newton polynomials. The classical zeta function is discovered in 1737 by analogy of its Euler product to the infinite product for the gamma function. The functional identity for the zeta function is obtained in 1761 by a calculation with hypergeometric series.

Mathematical analysis was subsidized during the Enlightenment by absolute rulers who applied the resources of emerging nations to the perceived needs of the governed. Catherine the Great in Petersburg and Frederick the Great in Potsdam followed the example of Louis XIV in Versailles by maintaining courts as centers of cultural, artistic, and scientific activity. Leonard Euler was one of many contributors to scientific knowledge who benefited from this support.

A derivation of the Newtonian equations of motion by minimizing an integral of the action of momentum on position was made by Jean le Rond d'Alembert (1717—1783).

The nonexistence of solutions of the Fermat

equation for exponent three was proved by Comte Louis de Lagrange (1736—1813). The result is an application of the Euclidean algorithm for the field obtained by adjoining a square root of three to the rational numbers. The algorithm determines solutions of the equation

$$a^3 + b^3 = rc^3$$

in positive integers a, b, and c when r is a given positive integer.

The French Revolution delayed appreciation of Lagrange's most significant contribution. A theorem which is attributed on indirect evidence to Diophantus states that every positive integer is the sum of four squares of integers. If he left a proof in the library of Alexandria, it was one of the many losses caused by fire. The first known proof was obtained by Lagrange.

The algebra of the proof is clarified by the quaternions of Rowan Hamilton (1805—1865). Students of the infinitesimal calculus learn about quaternions as vectors. A vector space is defined over a coefficient field. Vectors can be added to vectors to produce vectors. Vectors can be multiplied by elements of the field to produce vectors.

If a and b are vectors, a unique vector

$$c = a + b$$

is defined as the sum of a and b. Addition satisfies the commutative law

$$a + b = b + a$$

and the associative law
$$(a+b)+c = a+(b+c)$$
If a and b are vectors, the equation
$$c+a = b$$
admits a unique vector solution c. The origin is the unique vector 0 which satisfies the identity
$$0+c = c$$
for every vector c.

If a is a vector and if b is an element of the field or if a is an element of the field and if b is a vector, a unique vector
$$c = ab$$
is defined as the product of a and b. Multiplication satisfies the distributive laws
$$c(a+b) = ca + cb$$
and
$$(a+b)c = ac + bc$$
whenever the products are meaningful. Multiplication satisfies the commutative law
$$ab = ba$$
and the associative law
$$(ab)c = a(bc)$$
whenever the products are meaningful. If a is a vector and if b is a nonzero element of the field, the equation
$$cb = a$$
admits a unique vector solution
$$c = \frac{a}{b}$$

1870

第三部分　Riemann 函数面面观

The unit 1 of the field satisfies the identity
$$1c = c$$
for every vector c.

A skew-field is constructed when a field admits no representation
$$0 = a^2 + b^2 + c^2 + d^2$$
of zero with elements a, b, c, and d which are not all zero. The skew-field is a vector space of dimension four over the field which is spanned by elements i, j, k, and 1. Products are defined by the multiplication table
$$ij = k, jk = i, ki = j$$
$$ji = -k, kj = -i, ik = -j$$
$$ii = -1, jj = -1, kk = -1$$

If a and b are elements of the skew-field, a unique element
$$c = ab$$
is defined as the product of a and b. Multiplication satisfies the distributive laws
$$c(a + b) = ca + cb$$
and
$$(a + b)c = ac + bc$$
Multiplication satisfies the associative law
$$(ab)c = a(bc)$$
If a and b are elements of the skew-field with b nonzero, the equation
$$cb = a$$
admits a unique solution
$$c = \frac{a}{b}$$

in the skew-field. The unit is the unique element 1 of the skew-field which satisfies the identity

$$1c = c$$

for every element c.

The noncommutative nature of multiplication is compensated by conjugation, an antiautomorphism c into c^- which takes i into $-i$, j into $-j$, k into $-k$, and 1 into 1. The identity

$$(ab)^- = b^- a^-$$

holds for all elements a and b of the skew-field. A self-conjugate element c of the skew-field is an element of the field since it satisfies the identity

$$c^- = c$$

A skew-conjugate element c of the skew-field satisfies the identity

$$c^- = c$$

An element of the skew-field is the unique sum of a self-conjugate element and a skewconjugate element. Multiplication as taught in the calculus decomposes a product into self-conjugate and skew-conjugate components.

The Euclidean algorithm applied by Lagrange in the proof of the Diophantus theorem is clarified by Adolf Hurwitz (1859—1919). A skew-field is constructed from the field of rational numbers. An element

$$\xi = d + ia + jb + kc$$

of the skew-field is defined as integral if the coordinates a, b, c and d are all integers or if they are all halves of odd integers. A positive integer n is a sum of four squares of integers if, and only if, it admits a representation

$$n = \xi^- \xi$$

with ξ an integral element of the skew-field.

Sums and products of integral elements are integral. The conjugate of an integral element is integral. The product of a nonzero integral element with its conjugate is a positive integer. The Euclidean algorithm is a search for an integral element which succeeds because a nonempty set of positive integers contains a least element. The search is made in the nonzero elements of a right ideal of integral elements. A right ideal is a set of integral elements which contains the origin, which contains the sum of any two elements, and which contains the product ab of an element a with every integral element b of the skew-field. If a nonzero element a of the ideal minimizes $a^- a$, then every element of the ideal is a product ab with an integral element b of the skew-field.

An estimate of the number of primes which are less than a given positive number was made by Adrien Marie Legendre (1752—1833). The Riemann hypothesis is a conjecture which treats the accuracy of the estimate.

The Enlightenment is notable not only for the advancement of science but also for the dissemination of information. An Encyclopédie des Sciences, des Arts, et des Métiers supplied the needs of critical readers. The Encyclopedia Britannica was created as an equivalent in the English language. When publication of the original encyclopedia ceased in the French Revolution, its successor continued with informative articles on mathematical analysis.

Fourier analysis in the decomposition of a function which is subject to symmetries into elementary functions which exhibit these symmetries. The techniques of Joseph Fourier (1768—1830) implement this purpose by a relaxation of the accepted concept of function. A function treated by Fourier need not be defined prior to analysis. It is reconstructed indirectly by a determination of its symmetric components.

Fourier analysis introduces a new perception of orbital motion. The Newtonian equations of motion determine the orbits of an isolated particle. In Fourier analysis all orbits of the particle are treated with no preconception as to which is occupied. Some spacial variable is chosen to measure the probability that the particle has a given position at a given time.

Fourier illustrates the method in his treatment of heat flow. The mechanism for transporting energy is irrelevant to his analysis. Temperature is observed as a function of position and time. A differential equation is proposed which is generally accepted as correct. Heat flow is distinct from previous treatments of motion since energy is lost in the process. A conflict with the law of conservation of energy is circumvented by declaring that not all energy is observed.

The differential equation for the flow of heat admits a solution which was previously introduced in celestial mechanics by Pierre Simon Marquis de Laplace (1749—1827). In the present application the Laplace transformation supplies a spectral analysis of the infinitessimal generator of heat flow. The infinitessimal generator is a differential operator which is converted by the Laplace transformation into a multiplication operator.

The Laplace transformation is fundamental to Fourier analysis because of its intimate relationship to the Fourier transformation. In applications to orbital motion the Fourier transformation acts on functions of position to produce functions of momentum. The Laplace transform of a function and the Laplace transform of its Fourier transform are easily computed from each other. This procedure is commonly employed in computations of Fourier transforms.

The applications of the Laplace transformation in Fourier analysis demonstrate the fundamental nature of heat flow. An insight into the nature of the Laplace transformation is supplied by Johann Radon (1887—1956). The Radon transformation formally factors the Fourier transformation for a plane as a composition with the Fourier transformation for a line. The Laplace transformation supplies a spectral analysis of the Radon transformation. Since the Laplace transformation supplies a spectral analysis for the infinitessimal generator for the flow of heat, a relationship is found between the Radon transformation and the infinitessimal generator for the flow of heat. The Radon transformation is formally the inverse of the infinitessimal generator in the flow of heat.

An appreciation of the fundamental nature of heat flow is gained through its relationship to the Radon transformation. If a space has the additive and topological properties which permit Fourier analysis, then the Cartesian product of the space with itself also has these properties. A Radon transformation relates Fourier analysis on the space with Fourier analysis on the Cartesian product. Heat flow is therefore a general phenomenon in Fourier analysis which competes in importance with the Fourier transformation. This observation underlies the proof of the Riemann hypothesis.

An application of the Fourier transformation which discovers unexpected properties of the real line is due to Denis Poisson (1781—1840). The Poisson formula states that the sum of the values of an integrable function at the integers is equal to the sum of the values of its Fourier transform at the integers when the Fourier transform is integrable and Fourier inversion applies. The Poisson formula implies the functional identity for the Euler zeta function.

Linear analysis is an aspect of mathematical

第三部分 Riemann 函数面面观

analysis with applications in Fourier analysis. The functions treated by Fourier analysis belong to vector spaces and are subjected to linear transformations of which the Fourier transformation is a fundamental example. The treatment of linear transformations is difficult even in spaces of finite dimension without a determination of invariant subspaces. A major contribution of Carl Friederich Gauss (1777—1855) is a construction of invariant subspaces for linear transformations of a vector space of finite dimension over the complex numbers into the same space. An invariant subspace is constructed in every dimension which admits a subspace. The invariant subspaces obtained are nested. If r is a positive integer, the integers modulo r inherit from the integers the additive structure permitting Fourier analysis. The topology of the finite set is discrete. The canonical measure assigns to every subset the number of its elements. The functions with complex values which are defined on the integers modulo r form a vector space of dimension r which is mapped linearly into itself by the Fourier transformation.

The Fourier transformation for the integers modulo r is more elementary than the Fourier transformation for a line since it is defined by a finite sum. The Laplace transformation for the integers modulo r is applied by Gauss to compute Fourier transforms. The Radon transformation decomposes the space of square integrable functions into orthogonal eigenfunctions with positive eigenvalues. An application given by Gauss is a proof of the Legendre law of quadratic reciprocity.

The polynomials of degree less than r form a vector space of dimension r to which another application of invariant subspaces is made. Gaussian quadrature evaluates a nonnegative linear functional on polynomials, which is defined by integration on the real axis, as a sum over a finite set of real numbers determined as the zeros of a polynomial of degree r. Polynomials of degree r suitable for Gaussian quadrature are constructed from the hypergeometric series, a generalization due to Euler of the Newton interpolation polynomials. Gaussian quadrature competes with prior results of Legendre as does the Gauss estimate for the number of primes with a given bound.

The representation of functions by power series is so useful as to serve effectively as a definition of a function in complex analysis. An analytic function is defined as one which is locally represented by power series. A fundamental theorem of complex analysis is due to Augustin Cauchy (1789—1859). A function $f(z)$ of z in a plane region is analytic if, and only if, the function

$$\frac{f(z) - f(w)}{z - w}$$

of z is continuous in the region for every element w of

第三部分　Riemann 函数面面观

the region when suitably defined at w. The value at w defines the derivative at w in the sense of complex analysis. The Cauchy formula, on which the characterization depends, states that the integral of a differentiable function over a closed curve of finite length is equal to zero. The clarification of hypotheses for the Cauchy formula assigns a purpose to complex analysis.

A theorem of Camille Jordan (1838—1921) states that a simple closed curve divides the complex plane into a bounded region and an unbounded region. A necessary condition for the validity of the Cauchy formula is differentiability in the bounded region. A sufficient condition is observed by Bernhard Riemann (1826—1866). A Riemann mapping function is a function which is analytic in the unit disk and which defines an injective mapping of the disk. The Cauchy formula is valid when the bounded region is the image of the unit disk under a Riemann mapping function.

Complex analysis explores the complex plane by methods applied by Newton to Cartesian space. The simple closed curves of complex analysis are treated as the paths of moving particles. The plane regions generated minimize an integral discovered by Lejeune Dirichlet (1805—1859). The Dirichlet principle is an analogue for the plane of the Alembert principle for Cartesian space.

The properties of Dirichlet integrals led Riemann

to state on inadequate proof that every plane region bounded by a simple closed curve is the image of the unit disk under a Riemann mapping function. The proof given by Hermann Schwarz (1843—1921) applies an estimation theory for functions analytic and bounded by one in the unit disk. The interpolation theory of functions analytic and bounded by one in the unit disk obtained by Léopold Fejér (1880—1959) and Frédéric Riesz (1880—1956) is a systematic application of the initial Schwarz lemma which is given a definitive formulation by Issai Schur (1875—1942).

A related estimation theory for Riemann mapping functions originates with Ludwig Bieberbach (1886—1982). The Bieberbach conjecture states that the coefficients of a Riemann mapping function
$$c_0 + c_1 z + c_2 z^2 + \ldots$$
satisfy the inequality
$$|c_n| \leq n$$
for every nonnegative integer n if the inequality is satisfied when n is zero and when n is one. The elementary proof given by Bieberbach for the second coefficient permits a simplified proof of the Schwarz theorem. The proof of the Bieberbach conjecture for the third coefficient by Karl Löwner (1893—1968) parametrizes Riemann mapping functions generated by the paths of moving particles issuing from the origin. The proof of the Bieberbach conjecture for all coefficients obtained in 1984 by the author of the

apology applies the Löwner parainetrization in conjunction with a variant of the Schur theory due to Helmut Grunsky (1904—1986).

The Euler zeta function is constructed in Fourier analysis on the real line by Carl Jacobi (1804—1851). The construction is an application of the Laplace transformation for the line as it appears in the treatment of heat flow in the plane by Fourier. A compactification of the line is implicit since the flow of heat is confined to a horizontal strip of width one. The theta function is a sum of translates of the Laplace kernel for the line which produces a function periodic of period one. The theta function permits a treatment of heat flow in the strip which adapts the treatment of Fourier in the plane. The Poisson summation formula implies a functional identity for the theta function which has no analogue for the Laplace kernel in the plane. The Euler zeta function and its functional identity are derived from the Jacobi theta function and its functional identity by the Mellin transformation, obtained by change of variables from the Fourier transformation for the line.

A new interpretation of hypergeometric series is required for the properties of the theta function. Hypergeometric series are treated by Gauss as formal power series which are solutions of differential equations of second order with quadratic coefficients. The coefficients of hypergeometric series satisfy recurrence relations familiar from the binomial formula. Special functions appearing in Fourier analysis on the real line or the complex plane are expressible in hypergeometric series. In applications made by Jacobi the hypergeometric series is treated by the represented function. Hypergeometric functions have ambiguous values since analytic continuation is applied for their definition.

  Dirichlet zeta functions are constructed from Fourier analysis on the complex plane as a generalization of the construction made by Jacobi for the Euler zeta function. The Gauss determination of invariant subspaces for the Fourier transformation on the integers modulo r prepares the concept of a character modulo r. A Dirichlet theta function is a sum of translates of the Laplace kernel for the line which produces a function periodic of period r determined by a character modulo r. The methods of Fourier are applied to the flow of heat in a horizontal strip of width r. The Poisson summation formula implies a functional identity for a Dirichlet theta function. Dirichlet zeta functions are obtained by the Mellin transformation from Dirichlet theta functions. A Dirichlet zeta function admits an Euler product and functional identity similar to the Euler product and functional identity for the Euler zeta function. Dirichlet zeta functions apply to Fourier analysis on cyclotomic fields and supply estimates of the number of primes in an arithmetic progression which have a given bound.

The Riemann hypothesis is a conjecture about the zeros of the Euler zeta function which permits an application of the Cauchy formula to the counting of primes with a given bound. The estimates due to Legendre and Gauss are deficient without an estimate of error. The Euler product denies zeros in a half-plane of convergence. Zeros are denied in a symmetric half-plane by the functional identity. A critical strip remains in which no information about zeros is obtained. The critical line divides the critical strip into symmetric halves. The Riemann hypothesis is the conjecture that the zeros of the Euler zeta function in the critical strip lie on the critical line. Proofs that the Euler zeta function has no zeros on the boundary of the critical strip are due independently to Jacques Hadamard (1865—1963) and Charles de la Vallée-Poussin (1866—1962). The result confirms the Gauss and Legendre estimates as asymptotically correct. The Riemann hypothesis improves the accuracy of estimates.

The application of the Cauchy formula, is made by Riemann to entire functions which are not polynomials. The real axis is treated as boundary of the upper half-plane. A limiting case of the Cauchy formula is applied since the upper half-plane is an unbounded region.

The application of the Cauchy formula to entire

functions is clarified by Charles Hermite (1822—1909). The hypothesis of a zero-free upper half-plane for an entire function $E(z)$ is strengthened by the inequality

$$|E(z^-)| \leq |E(z)|$$

when z is in the upper half-plane. The inequality is strict when the functions $E(z)$ and

$$E^*(z) = E(z^-)^-$$

are linearly independent. A polynomial satisfies the inequality if it has no zeros in the upper half-plane. Hermite obtains a factorization for entire functions which are limits of polynomials having no zeros in the upper half-plane.

A linear functional on polynomials is said to be nonnegative if it has nonnegative values on polynomials whose values on the real axis are nonnegative numbers. A theorem of Thomas Stieltjes (1856—1894) represents a nonnegative linear functional on polynomials as a Stieltjes integral on the real line. A determination is made of all integrals which represent the linear functional. The axiomatic treatment of integration applies the Hermite theory of polynomials having a zero-free half-plane and justifies the Riemann application of the Cauchy formula.

The Stieltjes representation of nonnegative linear functionals is applied by David Hilbert (1862—1943) to the construction of invariant subspaces for continuous linear transformations of a Hilbert space into itself. An isometric transformation of a Hilbert space into itself, which is not a scalar multiple of the identity transformation, admits a closed invariant subspace, other than the smallest subspace and the largest subspace, which is also an invariant subspace for every continuous linear transformation which commutes with the given transformation. Hilbert interprets the Riemann hypothesis as the construction of a transformation to which the invariant subspace theory applies.

The Hilbert spaces in which the invariant subspace theory of isometric transformations is formulated are not immediately applicable to the Riemann hypothesis because of their distant relationship to complex analysis. Hilbert spaces whose elements are functions analytic in the upper half-plane are introduced in Fourier analysis by Godfrey Hardy (1877—1947). The Fourier transform of a function which is square integrable on the real line and which vanishes on the negative half-line is a function which admits an analytic extension to the upper half-plane. The Hardy space of functions analytic in the upper half-plaice characterizes Fourier transforms. The elements of the space are the analytic functions $f(z)$ of z in the upper half-plane for which the least upper bound

$$\|f\|^2 = \sup\int_{-\infty}^{+\infty} |f(x+iy)|^2 dx$$

taken over all positive numbers y is finite. Weighted Hardy spaces are applied in the proof of the Riemann hypothesis. An analytic weight function is a function $W(z)$ which is analytic and without zeros in the upper half-plane. Multiplication by $W(z)$ acts as an isometric transformation of the Hardy space onto a weighted Hardy space. If w is in the upper half-plane, multiplication by

$$\frac{z-w}{z-w^-}$$

is an isometric transformation of a weighted Hardy space into the same space. The transformation fails to have an everywhere defined isometric inverse since its range is the set of elements of the weighted Hardy space which vanish at w.

Functions analytic in the upper half plane or in the lower half-plane are applied by Torsten Carleman (1892—1949) in the Fourier analysis of functions of a real variable whose Fourier transform is not defined by an integral. The Carleman method is applied to entire functions. The application requires estimates which are special to Fourier analysis. A theorem of Carleman states that the minimum modulus of two nonconstant entire functions cannot remain bounded in the complex plane when the functions have less than exponential growth. The proof applies a potential theory of subharmonic functions.

The transition from spaces of functions analytic in

a half-plane to spaces of entire functions is made in Fourier analysis by Norbert Wiener (1894—1964). Since his prediction theory applies Fourier analysis in a time variable, functions analytic in the upper half-plane describe future time whereas functions analytic in the lower half-plane describe past time. Entire functions apply to a finite time segment. The construction of invariant subspaces by factorization of analytic functions is a technique fundamental to prediction theory. Since analytic functions with matrix values are factored, the construction of invariant subspaces prepares an existence theorem for invariant subspaces of continuous linear transformations of a Hilbert space into itself.

The proof of the existence of invariant subspaces for a continuous linear transformation of a Hilbert space into itself prepares the proof of the Riemann hypothesis by introducing techniques for the construction and application of Hilbert spaces whose elements are functions analytic in the unit disk. The proof announced in joint work with James Rovnyak, Bulletin of the American Mathematical Society 70 (1964), 718-721, contains a gap which is filled when a plausible conjecture is shown true. Although more than forty years were required to prove the conjecture, the proof is a consequence of information available when the conjecture was made.

Hilbert spaces whose elements are entire functions

are implicit in the Stieltjes integral representation of nonnegative linear functionals on polynomials. Although the Stieltjes spaces have finite dimension, spaces of infinite dimension are accessible by approximation. He might have explored the properties of spaces of infinite dimension had his career not been ended prematurely by death from tuberculosis.

It remained for Wiener to construct the first interesting examples of Hilbert spaces of entire functions of infinite dimension. The interest of the spaces lies in properties due to the context of Fourier analysis in which they originate. The proof of the Riemann hypothesis is a search for structure in Hilbert spaces of entire functions. The Hilbert spaces of entire functions which appear in Fourier analysis are the simplest examples of spaces having the special properties applied in the proof of the Riemann hypothesis. The spaces are invariant under the shift which takes an entire function $F(z)$ into the entire function $F(z + ih)$ for a positive number h. The resulting transformation is self-adjoint and nonnegative. These properties characterize special spaces of Fourier analysis. A weakening of hypotheses is made in the proof of the Riemann hypothesis.

The transition from finite to infinite dimensional Hilbert spaces of entire functions is facilitated by an interpretation derived from the Newtonian equations of motion. Motion of a particle in one dimension is

第三部分 Riemann 函数面面观

instructive as preparation for motion in Cartesian space. A vibrating string is the classical model of motion constrained to one dimension. The Hilbert spaces of entire functions which appear in the Stieltjes integral representation of nonnegative linear functionals on polynomials describe dynamical systems which include strings. When the string is accepted as model, the string is initially a chain of masses held together by springs. The transition to Hilbert spaces of entire functions of infinite dimensions permits a continuous distribution of masses. A structural analysis of Hilbert spaces of entire functions results which is made by Mark Krein (1907—1989).

The structure of Hilbert spaces of entire functions can be described without reference to dynamical systems. Hilbert spaces of entire functions appear in totally ordered families. The typical structure is illustrated by the Hilbert spaces of entire functions appearing in the Stieltjes integral representation of a nonnegative linear functional on polynomials. Each Hilbert space has finite dimension r for a positive integer r and consists of the polynomials of degree less than r. Any two Hilbert spaces appearing are comparable in the sense that one is contained isometrically in the other. Since the scalar product of a Hilbert space is nondegenerate, a greatest positive integer r may exit for which an associated Hilbert space of entire functions exists. If a Hilbert space exists for some positive integer, then it exists for every smaller positive integer.

An analogous chain of Hilbert spaces of entire functions is constructed for any given Hilbert space of entire functions. The chain of spaces is in general continuous. The entire functions which belong to the spaces need not be polynomials. There need be no smallest member of the chain. The Hilbert spaces of entire functions appearing in Fourier analysis illustrate the structure of spaces of infinite dimension. Krein conjectured but did not prove the uniqueness of the chain of Hilbert spaces of entire functions contained in a given space.

A finite set is characterized by the surjective property of injective transformations of the set into itself. The existence of sets which are not finite is recognized as a hypothesis of mathematical analysis. The set of nonnegative integers is a generating example of an infinite set. The counting transformation, which takes each nonnegative integer into its successor, is an injective transformation of the set into itself which is not surjective since the origin is not the successor of a nonnegative integer. The expected properties of nonnegative integers are derived from a systematic application of the properties of the counting transformation by a process called induction. Invariance is a concept implicit in the formulation of induction. A set of nonnegative integers is said to be invariant under the counting transformation if it contains the successor to every nonnegative integer which it contains. Induction states that an invariant set contains all nonnegative integers if it contains the origin.

A general formulation of induction is indicated by the observation of Georg Cantor (1845—1918) that a set has more subsets than it has elements. The class of all subsets of a set is accepted as a set whose elements are the subsets of the given set. No transformation of a set into the class of its subsets is surjective. If a transformation J maps a set S into the class of all subsets of S, then a subset S_∞ of S is constructed which is not equal to Js for an element s of S. The construction of the set is an application of invariance. An element s of S belongs to S_∞ if no elements s_n of S can be chosen for all nonnegative integers n such that s_0 is equal to s and such that s_n belongs to Js_{n-1}, when n is positive. An element s of S belongs to S_∞ if, and only if, Js is contained in S_∞. The cardinality of a set is a concept of size which is adapted to uncountable sets. The cardinality of set A is said to be less than or equal to the cardinality of set B if an injective transformation exists of A into B. If the cardinality of A is less than or equal to the cardinality of B and if the cardinality of B is less than or equal to the cardinality of A, then an injective and surjective transformation of A to B exists. Sets A and B are said to have equal cardinality.

Effective analysis requires that arbitrary sets A and B are comparable in cardinality. Either the cardinality of A is less than or equal to the cardinality of B or the cardinality of B is less than or equal to the cardinality of A. This evident property of countable sets is accepted as a hypothesis of mathematical analysis. The condition is formulated in an equivalent way as the axiom of choice. If a transformation T of set A into set B is surjective, then a transformation S of B into A exists such that the composition TS is the identity transformation on B. For every element b of B the transformation selects an element

$$a = Sb$$

of A such that

$$b = Ta$$

Although the axiom of choice is appealing in simplicity, an equivalent formulation is preferred in applications. A set S is said to be partially ordered if the assertion a is less than or equal to b is meaningful for some elements a and b and has these properties: Every element of the set is less than or equal to itself. Element a is less than or equal to element c if a is less than or equal to b and b is less than or equal to c for some element b. Elements a and b are equal if a is less than or equal to b and b is less than or equal to a. A partially ordered set S is said to be well-ordered if every nonempty subset contains a least element. The set of nonnegative integers is well-ordered in the ordering defined by the counting transformation. The inequality a less than or equal to b for nonnegative integers a and b means that every invariant set of nonnegative integers which contains a contains b.

The Kuratowski-Zorn lemma is an equivalent formulation of the axiom of choice. A maximal element of a partially ordered set is an element for which no greater element exists. A partially ordered set contains a maximal element if an upper bound exists for every subset whose inherited partial ordering is a well-ordering. The proof of the Kuratowski-Zorn lemma from the axiom of choice constructs a well-ordered subset whose only upper bound lies in the subset.

The construction by Richard Dedekind (1831—1916) of the real numbers from the rational numbers prepares an application of the Kuratowski-Zorn lemma. Convexity is an underlying concept of the construction. A set of rational numbers is said to be preconvex

$$a(1-t) + bt$$

whenever it contains a and b if t is a nonnegative rational number such that $1 - t$ is nonnegative. The closure of a nonempty preconvex set B of rational numbers is the set B^- of rational numbers a such that the set whose elements are a and the elements of B is preconvex. The empty set is a preconvex set whose closure is defined to be itself. The closure of a preconvex set of rational numbers is a preconvex set of rational numbers whose closure is itself. A preconvex set of rational numbers is said to be open if it is disjoint from the closure of every disjoint preconvex set. The intersection of two open preconvex sets is an open preconvex set. A set of rational numbers is said to be open if it is a union of open preconvex sets. A set of rational numbers is said to be closed if its complement is open. A preconvex set is closed if, and only if, its closure is equal to itself.

  The Dedekind construction of the real numbers is based on an evident property of open preconvex sets of rational numbers. If a nonempty open preconvex set A is disjoint from a nonempty preconvex set B, then A is contained in an open preconvex set which is disjoint from B and whose complement is preconvex. A real number which is not rational is determined by every nonempty open preconvex set whose complement is a nonempty open preconvex set. A similar construction of open sets and closed sets is made in any space in which convexity is meaningful. The Kuratowski-Zorn lemma is applied to prove the existence of open convex sets whose complement is convex. A formulation of the HahnBanach theorem due to Marshall Stone (1903—1989) states that a nonempty open convex set A which is disjoint from a nonempty convex set B is contained in an open convex set which is disjoint from B and whose complement is convex.

  Topology is an underlying concept in the proof of

the Riemann hypothesis. Topology is encountered at the most elementary level in the Dedekind construction of real numbers from rational numbers. The topology of the real line is the structure given to it by its open subsets or equivalently by its closed subsets. This structure, which is derived from convexity, facilitates the transition from numbers which have a clear construction from integers to numbers which defy a comparable description in finite terms. Topology elucidates properties which are essential to analysis.

An axiomatization of topology is due to Felix Hausdorff (1868—1942). A topology is defined on a set by prescribing a class of open subsets or equivalently a class of closed sets which are the complements of open sets. Unions of open sets are assumed to be open and intersections of closed sets are assumed to be closed. Finite intersections of open sets are assumed to be open and finite unions of closed sets are assumed to be closed. A Hausdorff space is a set, for which open and closed sets are defined, such that distinct elements are contained in disjoint open sets.

The Hausdorff axiomatization of topology is a discovery of structure. The Dedekind topology of the rational numbers, which underlies the construction of the real numbers, has a good relationship to the additive structure of the rational numbers. This property of the topology permits the real numbers to acquire an additive structure. The relationship of topology to additive structure is expressed in the continuity of addition, a transformation which takes pairs (a, b) of rational numbers into rational numbers $a + b$. The Cartesian product of the set of rational numbers with itself, which is the set of pairs (a, b) of rational numbers, acquires a topology from the Dedekind topology of the rational numbers. The topology of the Cartesian product space is defined using the coordinate projections (a, b) into a and (a, b) into b of the Cartesian product space onto the rational numbers. An open subset of the Cartesian product space is defined as a union of basic open subsets. A basic open subset of the Cartesian product space is defined by open subsets U and V of the set of rational numbers and consists of the pairs (a, b) such that a belongs to U and b belongs to V. The Cartesian product space is a Hausdorff space in the Cartesian product topology. Continuity of addition means that for every open subset U of the set of rational numbers, the set of pairs (a, b) of the Cartesian product space such that $a + b$ belongs to U is open.

Examples of Hausdorff spaces are obtained when the space admits a sufficiently large class of sets which are both open and closed. The condition states that every open set is a union of sets which are both open and closed and every closed set is an intersection of sets which are both open and closed. A set is described by its characteristic function, a function which has value one on the set and which has value zero elsewhere. The properties of sets which are both open and closed are revealed by treating the characteristic function as having values in the integers modulo two. The unique Hausdorff topology of the integers modulo two is the discrete topology, for which every subset is both open and closed. The characteristic functions of sets which are both open and closed are the continuous functions with values in the integers modulo two.

The characteristic functions of sets form an algebra over the field of integers modulo two. The addition of the characteristic functions of sets A and B is the characteristic function of the set whose elements belong to the union of A and B but not to their intersection. The multiplication of the characteristic functions of sets A and B is the characteristic function of the intersection of A and B. The function which is identically zero is the characteristic function of the empty set. The function which is identically one is the characteristic function of the full space.

The rational numbers admit topologies, other than the Dedekind topology, which are compatible with additive structure. These topologies are initially defined on the integers but extend to the rational numbers because they are compatible with multiplicative structure. The construction of topologies applies a determination of ideals of integers resulting from the Euclidean algorithm.

An example of an ideal is constructed from a positive integer r as the set of integers which are divisible by r. The quotient space of integers modulo r contains T elements, which are represented by the nonnegative integers less than r. The addition and multiplication of integers modulo r resembles the addition and multiplication of integers when these representatives of equivalence classes are chosen. Integers which are divisible by r are discarded so as to maintain the same representatives in equivalence classes. An ideal of integers which contains a nonzero element contains a least positive element. If b is the least positive element of the ideal and if a is an integer, then an integer c exists such that

$$a - bc$$

is a nonnegative integer less than b. When a belongs to the ideal

$$a - bc = 0$$

since $a - bc$ is an element of the ideal. The ideal is the set of integers which are divisible by b.

A topology for the integers results from the computation of the ideals of integers. The quotient space of the integers modulo a nontrivial ideal is a finite set which inherits addition and multiplication from the integers. A finite set admits a unique topology, the discrete topology, with respect to which it is a Hausdorff space. Every subset is both open and closed with respect to this discrete topology. Addition and multiplication are continuous as transformations of the Cartesian product of the set with itself into the set.

The adic topology of the integers is defined by the requirement of continuity of the projection into the quotient space modulo every nontrivial ideal. An example of a set which is open and closed is constructed from a nontrivial ideal and a subset A of the quotient space modulo the ideal. The open and closed set contains the integers which project into an element of A. The class of open and closed sets is closed under finite unions and finite intersection. A set is open if it is a union of open and closed sets. A set is closed if it is an intersection of open and closed sets.

If r is a positive integer, multiplication by r is an injective transformation of integers into integers. The image of the integers under the transformation is the ideal of integers which are divisible by r. The ideal is an open and closed set for the adic topology. The transformation maps every open set for the adic topology onto an open set for the adic topology. A set of integers is open for the adic topology if the transformation maps it onto an open set for the adic topology.

The adic topology of the rational numbers is derived from the adic topology of the integers. A set A of rational numbers is open for the adic topology if for every positive integer r the set of integers which are products ra with a in A is open. A set B of rational numbers is closed for the adic topology if for every positive integer r the set of integers which are products rb with b in B is closed. The rational numbers are a Hausdorff space in the adic topology. Addition is continuous as a transformation of the Cartesian product of the space of rational numbers with itself into the space of rational numbers when the rational numbers are given the adic topology. Multiplication by a rational number is a continuous transformation of the space of rational numbers into the space of rational numbers when the rational numbers are given the adic topology. The adic line is the Cauchy completion of the rational numbers in the uniform adic topology.

Fourier analysis differs from Newtonian analysis in the manner of collecting information. The properties of space are discovered in both cases by the motion of particles in time which constructs mappings of space into itself. In Fourier analysis functions of motion are observed rather than the position of particles as in Newtonian analysis. The original application of Fourier analysis is made to the flow of heat.

Although functions are as fundamental to Newtonian analysis as they are to Fourier analysis, the functions which appear in Newtonian analysis are typically continuous. The functions encountered in the infinitessimal calculus are continuous since continuity is a consequence of differentiability. Polynomials are continuous functions as are functions represented by power series. When discontinuities occur, they are caused by boundary conditions as when a ray of light is bent at an interface between air and water. It is possible in Newtonian analysis to treat singularities as exceptional phenomena.

Singularities of functions are of a more earnest nature in Fourier analysis since they need not be isolated. Every singularity increases the work needed to define the integrals of Fourier analysis. The techniques of integration need to be improved so as to minimize the dependence on continuity. When this is done, it needs to be determined whether integration applies to sufficiently many functions for the needs of Fourier analysis.

Answers to these questions were given by Rene Baire (1874—1932) whose contribution can be treated as an achievement in cardinality. The construction of uncountable sets by Cantor inspires an appreciation of countable sets. A nonempty open set of real numbers is uncountable according to Cantor since it has the same cardinality as the class of all subsets of a countable set. Baire shows that a nonempty open set of real numbers is large in another sense. A set of real numbers is said to be dense if all real numbers belong to its closure. Baire shows that a countable intersection of dense open sets of a closed interval is dense.

The applications of the least infinite cardinal number to properties of sets are also applications of the same cardinal number to properties of functions. A function defined on a Hausdorff space is said to be Baire measurable if it is a pointwise limit of a sequence of continuous functions. A subset of a Hausdorff space is said to be Baire measurable if its characteristic function is Baire measurable. A function defined on a Hausdorff space is Baire measurable if, and only if, the inverse image of every open set is Baire measurable.

Baire measurable sets are applied by Ensile Borel (1871—1956) in the construction of measures. A measure is a countably additive function of sets which are measurable in the sense of the application as the domain of a measure. Hypotheses are required of measurable sets for the application. A countable union of measurable sets is measurable. The complement of a measurable set is measurable. The hypotheses are satisfied by the Baire measurable subsets of a Hausdorff space. Nonnegative measures are of special importance since other measures are constructed from them. A nonnegative measure is a function of measurable sets, whose values are nonnegative numbers or infinity, such that the measure of a countable union of disjoint sets is the sum of the measures of the sets.

Hausdorff spaces contain closed subsets which are accepted by Borel as Baire measurable sets of finite measure. These subsets are said to be compact in the axiomatization of topology. A Hausdorff space is said to be compact if a class of closed subsets has a nonempty intersection whenever every finite subclass has a nonempty intersection. A subset of a Hausdorff space is treated as a Hausdorff space whose open sets are the intersections of the subset with open subsets of the full space. A subset of a Hausdorff space is said to be compact if it is a compact Hausdorff space in the subspace topology. Compact subsets of Hausdorff spaces are closed. An application of the Kuratowski-Zorn lemma is made in the proof that a Cartesian product of compact Hausdorff spaces is a compact Hausdorff space. The properties of compact sets are applied by Hausdorff in the axiomatization of topology. A Hausdorff space is said to be completely regular if the topology of the space is determined by its continuous functions. The requirement is that every open set is a union of basic open sets. A basic open set is defined by a finite number of continuous real-valued functions $f_0(s), \ldots, f_r(s)$ of s in the space and consists of the elements s which satisfy the inequalities

$$-1 < f_n(s) < 1$$

for $n = 0, \ldots, r$. A compact Hausdorff is completely regular. The Baire measurable subsets of a compact Hausdorff space are acceptable for the construction of measures.

An explicit integration theory is applied by Stieltjes in the representation of nonnegative linear functions on polynomials. A nonnegative linear functional on polynomial functions $f(z)$ of a complex variable z is defined by a nondecreasing function $\mu(x)$ of real x as an integral

$$\int f(x)\,\mathrm{d}\mu(x)$$

which is a limit of finite linear combination of values of the polynomial on the real axis with nonnegative coefficients determined by increments in μ. Stieltjes determines all nondecreasing functions which represent the linear functional on polynomials of degree at most r for some positive integer r. Solve nondecreasing function applies without restriction on degree. Such a function need not be essentially unique.

The integration of Baire measurable functions proceeds through the construction of a nonnegative measure on Baire measurable sets of real numbers which is determined on intervals by a nondecreasing function of a real variable. The integral defined by the measure agrees on continuous functions with the Stieltjes integral. Fundamental properties of the integral were discovered by Henri Lebesgue (1875—1944). The Lebesgue monotone convergence theorem states that the limit of the integrals of a sequence of functions is equal to the integral of the limit function when the sequence of values of the functions is nondecreasing everywhere on the real axis.

Lebesgue measure for the real lisle is the measure

on Baire measurable sets defined by the increasing function

$$\mu(x) = x$$

of real x. The measure is essentially characterized by invariance under translation. If A is a Baire measurable subset of the real line and if h is a positive number, then a Baire measurable subset B is defined as the set of sums

$$b = a + h$$

with a in A. The Lebesgue measure of B is equal to the Lebesgue measure of A. A nonnegative measure on the Baire measurable subsets of the real line which is invariant under translation is a constant multiple of Lebesgue measure.

The Hilbert space of equivalence classes of functions which are square integrable with respect to Lebesgue measure is applied in the definition of the Fourier transformation for the real line. A Baire measurable function $f(x)$ of real x is said to be square integrable with respect to Lebesgue measure if the integral

$$\int \mid f(x) \mid^2 dx$$

is finite. Square integrable functions $f(x)$ and $g(x)$ of real x are considered equivalent if the integral

$$\int \mid g(x) - f(x) \mid^2 dx$$

is zero. The space of equivalence classes of square integrable functions with respect to Lebesgue measure is a complete metric space in which the integral is the square of the distance from f to g. Since equivalent continuous functions are equal and since the continuous functions represent a dense set of square integrable functions, the space of square integrable functions is a metric completion of the space of continuous functions which are square integrable.

The Fourier transformation for the real line is a property of additive structure. Multiplicative structure appears in a construction of homomorphisms of additive structure. If t is a real number, a homomorphism of additive structure of the real numbers into the real numbers is defined by taking x into the product tx. The homomorphism is continuous for the Dedekind topology of the real line. Every homomorphism of additive structure of the real numbers into the real numbers which is continuous for the Dedekind topology is defined by a unique real number t. Since homomorphisms can be added to produce homomorphisms, the set of homomorphisms of the real line into itself admits an additive structure. The dual space obtained is isomorphic to the real line in its additive structure. The dual space acquires a topology through its action on the real line. The topology of homomorphisms t is the weakest topology with respect to which tx is a continuous function of t for every real number x. The dual space is isomorphic in additive and topological structure to the real line. Duality implements the concept of momentum introduced by Newton. Momentum space is isomorphic to Cartesian space in additive and topological structure. The action of momentum on position produces real numbers.

The treatment of Fourier analysis for the real line presumes a knowledge of Fourier analysis for the real numbers modulo 2π. Real numbers inodulo 2π are familiar as angles in the de Moivre definition of the exponential as a function of a complex variable. Functions of an angle variable are functions $f(x)$ of a real variable x which are periodic of period 2π. An example of a continuous periodic function is the function

$$\exp(2\pi i n x)$$

of x for every integer n. The integral

$$\int \exp(2\pi i n x)\, dx$$

with respect to Lebesgue measure over the interval 2π is equal to zero when n is nonzero. If a continuous function $f(x)$ of real x is periodic of period 2π, the Lebesgue integral

$$2\pi a_n = \int f(x)\exp(2\pi i n x)\, dx$$

over the interval 2π defines a Fourier coefficient a_n for every integer n. The Lebesgue integral

$$\int |f(x)|^2 dx = \sum |a_n|^2$$

over the interval 2π is equal to the sum of squares of absolute values of Fourier coefficients. Fourier inversion

$$f(x) = \sum a_n \exp(-2\pi i n x)$$

applies almost everywhere when the sun is absolutely convergent.

Fourier saw the need for discontinuous functions which are periodic of period 2π. Arbitrary periodic functions cannot be applied since integrability is required. The desired class of functions is identified by Baire measurability, by the Borel formulation of measure, and by the Lebesgue definition of integral. The desired space consists of the equivalence classes of Baire measurable functions which are square integrable with respect to Lebesgue measure over the interval 2π.

The Fourier transform for the real line of a function $f(x)$ of real x, which is integrable with respect to Lebesgue measure, is the bounded continuous function

$$g(x) = \int f(x)(2\pi i x t)\,dt$$

of real x defined by integration with respect to Lebesgue measure. The identity

$$\int |f(x)|^2 dx = \int |g(x)|^2 dx$$

holds with integration with respect to Lebesgue measure if the function $f(x)$ of real x is square integrable with respect to Lebesgue measure. A dense set of elements of the space of equivalence classes of square integrable functions with respect to Lebesgue measure are represented by bounded integrable functions with respect to Lebesgue measure. The Fourier transformation is extended as a transformation of equivalence classes of square integrable functions into equivalence classes of square integrable functions which maintains the identity. If a square integrable function $g(x)$ of real x is equivalent to the Fourier transform of a square integrable function $f(x)$ of real x, then the square integrable function $f(-x)$ of real x is equivalent to the Fourier transform of the square integrable function $g(x)$ of real x.

The Poisson summation formula

$$\sum f(n) = \sum g(n)$$

states that the sums over the integers n for an integrable function $f(x)$ of real x and an integrable function $g(x)$ of real x are equal if the function $g(x)$ of x is the Fourier transform of the function $f(x)$ of real x and if the function $f(-x)$ of real x is the Fourier transform of the function $g(x)$ of real x.

The Poisson summation formula belongs to a formulation of Fourier analysis in which the line is compactified by introducing a topology compatible with additive structure. The topology combines the Dedekind topology with the adic topology of the rational numbers. The mixing of topologies is made on a Cartesian product space.

The Cartesian product of the real line and the adic line is the set of pairs (c_+, c_-) consisting of a real

number c_+ and an adic number c_-. The sum of elements (a_+, a_-) and (b_+, b_-) of the Cartesian product is the element (c_+, c_-) of the Cartesian product whose real component
$$c_+ = a_+ + b_+$$
is the sum of real components and whose adic component
$$c_- = a_- + b_-$$
is the sun of adic components. The Cartesian product is given the Cartesian product topology of the real line and the adic line. An equivalence relation is defined on the Cartesian product space. Elements (a_+, a_-) and (b_+, b_-) of the Cartesian product space are considered equivalent if $b_+ - a_+$ and $a_- - b_-$ are equal rational numbers. The elements of the Cartesian product space which are equivalent to the origin form a discrete subset which is closed under addition and which contains $(-a_+, -a_-)$ whenever it contains (a_+, a_-). The quotient space inherits an additive structure and a topology with respect to which it is a compact Hausdorff space. A fundamental region is the set of elements (c_+, c_-) of the Cartesian product space with c_+ in the interval $\left(-\frac{1}{2}, \frac{1}{2}\right)$ and c_- integral. The closure of the fundamental region is the set of elements (c_+, c_-) of the Cartesian product space with c_+ in the interval $\left[-\frac{1}{2}, \frac{1}{2}\right]$ and c_- integral. The fundamental region is an open subset of the Cartesian product space

whose closure is compact. An element of the Cartesian product space is equivalent to an element of the closure of the fundamental region. Equivalent elements of the fundamental region are equal. Each equivalence class is a closed subset of the Cartesian product space which inherits a discrete topology.

The quotient space inherits an addition from the Cartesian product space and a multiplication by elements of the Cartesian product space whose coordinates are equal rational numbers. The projection onto the quotient space is a homomorphism of additive structure.

An isomorphism of additive structure, which takes the real line into the quotient space, is defined by taking c into $(c, 0)$ for every real number c. Since the image of the real line is dense in the quotient space, the quotient space is a compactification of the real line in a topology which is compatible with additive structure and with multiplication by rational numbers.

An isomorphism of additive structure, which takes the adic line into the quotient space, is defined by taking c into $(0, c)$ for every element c of the adic line. Since the image of the adic line is dense in the quotient space, the quotient space is a compactification of the adic line in a topology which is compatible with additive structure and with multiplication by rational numbers.

Since the rational numbers are dense in the real

line and in the adic line, the quotient space is a compactification of the rational numbers in a topology which is compatible-with additive structure and with multiplication by rational numbers. The compactification of the rational numbers implied by the Poisson summation formula formulates consequences of the multiplicative action of the rational numbers on the Fourier analysis of a line.

Fourier analysis is relevant to the Riemann hypothesis since the Poisson summation formula is applied in the proof of the functional identity for Euler and Dirichlet zeta functions. Fourier analysis is also relevant since the Poisson formula is applied to functions originating in the flow of heat, which is treated by the Laplace transformation. Heat flow is a different application of Fourier analysis since it is treated in a plane region. Hilbert spaces of functions analytic in the upper half-plane appear in the characterization of Laplace transforms.

The upper half-plane is a region conformally equivalent to the unit disk, a region preferred in Riemann mapping. An analytic function $f(z)$ of z in the unit disk which maps the disk injectively onto itself is a quotient

$$f(z) = \frac{Az + B}{Cz + D}$$

of linear functions for a matrix

$$\begin{pmatrix} A & B \\ C & D \end{pmatrix}$$

with complex entries which has the matrix

$$\begin{pmatrix} A^- & -C^- \\ -B^- & D^- \end{pmatrix}$$

as inverse. These transformations form a group under composition, which is computable as a matrix product.

The unit disk admits an analytic structure whose automorphisms are computed by a group of matrices. A generalization of Fourier analysis results in which additive structure is lost but in which multiplicative structure is enriched by the noncommutative nature of matrix multiplication. The special functions of the hyperbolic geometry of the unit disk are hypergeometric series. The parabolic geometry of the complex plane is a limiting case of the hyperbolic geometry of the unit disk as it is of the elliptic geometry of the unit sphere. The special functions of the unit circle are more elementary than those of the unit disk since the unit circle is compact. The special functions of the complex plane retain the nontrivial nature of the special functions of the unit disk without loss of simplicity of the special functions of the unit circle.

Since the unit disk is not compact, the space can be treated in the same way as the line to produce compactifications. The construction applies discrete subgroups of the group of automorphisms of the disk which were introduced by Felix Klein (1849—1925) and Henri Poincaré (1854—1912). The quotient space of the disk under the group action is a Riemann surface. The matrices which parametrize the elements of the subgroup resemble the integers when the quotient space is compact. Examples of discrete groups which are related to theta functions are best described in the hyperbolic geometry of the upper half-plane.

An analytic function $f(z)$ of z in the upper half-plane which maps the upper half-plane injectively onto itself is a quotient

$$f(z) = \frac{Az + B}{Cz + D}$$

of linear functions for a matrix

$$\begin{pmatrix} A & B \\ C & D \end{pmatrix}$$

with complex entries which has the matrix

$$\begin{pmatrix} D^- & -B^- \\ -C^- & A^- \end{pmatrix}$$

as inverse. These transformations form a group under composition computable as a matrix product. The modular group is the discrete subgroup whose elements are the matrices with integer entries and determinant one.

The modular group is generated by the matrix

$$\begin{pmatrix} 0 & 1 \\ -1 & -1 \end{pmatrix}$$

of order three and the matrix

$$\begin{pmatrix} 0 & -1 \\ 1 & 0 \end{pmatrix}$$

of order four. A homomorphism exists of the modular

group into the complex numbers of absolute value one whose value on the matrix of order three is a primitive cube root of unity and whose value on the matrix of order four is a primitive fourth root of unity. The matrices on which the homomorphism has value one form a normal subgroup whose quotient group is isomorphic to the integers modulo twelve. The matrices on which the homomorphism is a fourth root of unity form a normal subgroup whose quotient group is isomorphic to the integers modulo four. The matrices on which the homomorphism is a cube root of unity form a normal subgroup whose quotient group is isomorphic to the integers modulo three.

A fundamental region for the action of the modular group is the set of elements z of the upper half-plane which lie in the strip

$$-1 < z + z^- < 1$$

and outside

$$z^- z > 1$$

of the unit circle. An element of the upper half-plane is equivalent under the modular group to an element of the closure of the region. Equivalent elements of the region are equal. The element

$$-\frac{1}{2} + \frac{1}{2}i\sqrt{3}$$

on the boundary is left fixed by the generator of order three. The element on the boundary is left fixed by the generator of order four. Boundary elements of the fundamental region are identified by the generator of order four and by the product of

$$\begin{pmatrix} 0 & 1 \\ 0 & 1 \end{pmatrix} = \begin{pmatrix} 0 & -1 \\ 1 & 0 \end{pmatrix} \begin{pmatrix} 0 & 1 \\ -1 & -1 \end{pmatrix}$$

of the generator of order four and the generator of order three. The quotient space is homeomorphic to a punctured sphere which is compactified by the addition of a single point.

Modular forms are constructed to resemble theta functions without presuming an origin in Fourier analysis. Modular forms of order v are defined for nonnegative integers v. A modular form of order v is an analytic function $F(z)$ of z in the upper half-plane which satisfies the identity

$$F(z) = \frac{1}{(Cz + D)^{1+v}} F\left(\frac{Az + B}{Cz + D}\right)$$

for every element

$$\begin{pmatrix} A & B \\ C & D \end{pmatrix}$$

of the normal subgroup of index twelve in the modular group. A modular form of order v is a linear combination of modular forms of order v which satisfy a related identity for every element of the modular group. A homomorphism of the modular group into the complex numbers of absolute value one is applied in the statement of the identity.

The resemblance to theta functions is heightened when the modular form is required to have a power

第三部分　Riemann 函数面面观

series expansion
$$F(z) = \sum a_n \exp(2\pi i n z)$$
in the variable
$$\exp(2\pi i z)$$

The power series expansion endows the fundamental region with an analytic structure to produce a compact Riemann surface. These conditions are not easily satisfied. Eleven is the least positive integer v for which a nontrivial modular form of order v exists with the desired power series expansion. The modular form obtained is essentially unique since the space obtained has dimension one. A zeta function with Euler product analogous to the Euler product for Dirichlet zeta functions and for the Euler zeta function was constructed from the modular form by Srinivasa Ramanujan (1887—1920). He conjectured an estimate of coefficients which creates convergence of the Euler product in a half-plane analogous to that for the Euler and Dirichlet zeta functions. A generalization of the Riemann hypothesis is indicated by the resemblance to the Euler zeta function.

The construction made by Ramanujan fails when the space of modular forms of order v with the desired power series expansion has dimension greater than one. The coefficients of modular forms need not have the properties required for a zeta function with Euler product. A basis for the vector space of order v is constructed by Erich Hecke (1877—1947) whose elements are modular forms having the required properties. The zeta function has an Euler product which indicates a generalization of the Riemann hypothesis when an estimate of coefficients is satisfied which generalizes the conjecture made by Ramanujan.

The Hecke construction of modular forms with zeta function having an Euler product deserves attention. Commuting operators are constructed on spaces of modular forms of order v. The desired modular forms are found as eigenfunctions of Hecke operators. Operators are defined by taking $F(z)$ into

$$G(z) = \frac{1}{(Rz + S)^{1+v}} F\left(\frac{Pz + Q}{Rz + S}\right)$$

for a matrix

$$\begin{pmatrix} P & Q \\ R & S \end{pmatrix}$$

with integer entries and positive determinant. The function obtained satisfies the identity

$$G(z) = \frac{1}{(Cz + D)^{1+v}} G\left(\frac{Az + B}{Cz + D}\right)$$

for the subgroup of those matrices

$$\begin{pmatrix} A & B \\ C & D \end{pmatrix}$$

in the modular group such that the equation

$$\begin{pmatrix} P & Q \\ R & S \end{pmatrix} \begin{pmatrix} A & B \\ C & D \end{pmatrix} = \begin{pmatrix} A' & B' \\ C' & D' \end{pmatrix} \begin{pmatrix} P & Q \\ R & S \end{pmatrix}$$

admits a solution

$$\begin{pmatrix} A' & B' \\ C' & D' \end{pmatrix}$$

in the modular group. The Hecke subgroup of the modular group associated with a positive integer r is obtained when

$$\begin{pmatrix} P & Q \\ R & S \end{pmatrix} = \begin{pmatrix} r & 0 \\ 0 & 1 \end{pmatrix}$$

The subgroup is the set elements of the modular group whose lower left entry is divisible by r.

The Hecke subgroup has finite index in the modular group. The Hecke operator $\Delta(r)$ takes a modular form $F(z)$ of order v into a modular form obtained by averaging

$$F(rz)$$

over the action of elements of the modular group which represent the cosets with respect to the Hecke subgroup.

Hecke operators commute. The identity

$$\Delta(m)\Delta(n) = \sum \Delta\left(\frac{mn}{k^2}\right)$$

holds for all positive integers m and n with summation over the common positive divisors k of m and n. Hecke operators apply Fourier analysis in a context without additive structure. Commuting operators are produced in a noncommutative matrix context.

The issue in the Riemann hypothesis is the extension of a function, which is analytic and without zeros in a half-plane, to a function which is analytic and without zeros in a larger half-plane.

An analytic weight function is a function which is

analytic and without zeros in the upper half-plane. The weighted Hardy space associated with an analytic weight function $W(z)$ is the set $F(W)$ of functions $F(z)$, analytic in the upper half-plane such that the least upper bound

$$\|F\|^2_{F(W)} = \sup \int_{-\infty}^{+\infty} \left| \frac{F(x+iy)}{W(x+iy)} \right|^2 dx$$

over all positive numbers y is finite. The weighted Hardy space is a Hilbert space which contains the function

$$\frac{W(z)W(w)^-}{2\pi i(w^- - z)}$$

as reproducing kernel function for function values at w when w is in the upper half-plane. Multiplication by

$$\frac{z-w}{z-w^-}$$

is an isometric transformation of the space onto the subspace of functions which vanish at w when w is in the upper half-plane.

A sufficient condition for analytic continuation without zeros of the analytic weight function $W(z)$ to the half-plane

$$-1 < iz^- - iz$$

is given by a hypothesis on the weighted Hardy space $F(W)$. The condition states that a maximal dissipa-tive transformation is defined in the space by taking $F(z)$ into $F(z+i)$ whenever the functions of z belong to the space.

An example of an analytic weight function

第三部分 Riemann 函数面面观

$$W(z) = \Gamma\left(\frac{1}{2} - iz\right)$$

which satisfies the condition for analytic continuation is defined from the gamma function. The gamma function is a function $\Gamma(s)$ of s which is analytic in the complex plane with the exception of singularities at the nonpositive integers. The function has no zeros and satisfies the recurrence relation

$$s\Gamma(s) = \Gamma(s+1)$$

The identity

$$\frac{W\left(z-\frac{1}{2}i\right)W\left(w+\frac{1}{2}i\right)^{-} - W\left(z+\frac{1}{2}i\right)W\left(w-\frac{1}{2}i\right)^{-}}{2\pi i(w^{-} - z)} = \frac{W\left(z-\frac{1}{2}i\right)W\left(w-\frac{1}{2}i\right)^{-}}{2\pi}$$

is a consequence of the recurrence relation. The limit of

$$\frac{yF(iy)}{W(iy)}$$

exists as y increases to infinity whenever the functions $F(z)$ and $F(z+i)$ of z belong to the space $F(W)$. The identity

$$\langle F(t+i), G(t)\rangle_{F(W)} + \langle F(t), G(t+i)\rangle_{F(W)} = 2\pi \lim \frac{yF(iy)}{W(iy)} \lim \frac{yG(iy)^{-}}{W(iy)^{-}}$$

holds whenever the functions $F(z)$ and $G(z)$ of z belong to the space and the functions $F(z+i)$ and $G(z+i)$ of z also belong to the space. The identity implies that a maximal dissipative transformation is defined in the space by taking $F(z)$ into $F(z + i)$ whenever the functions of z belong to the space.

The extension of an analytic weight function to a larger half-plane is a limiting case of a construction which applies in Hilbert spaces of entire functions. The spaces are characterized by three axioms.

(H1) Whenever $F(z)$ is in the space and has a nonreal zero w, the function
$$\frac{F(z)(z - w^-)}{z - w}$$
belongs to the space and has the same norm as $F(z)$.

(H2) A continuous linear functional on the space is defined by taking $F(z)$ into $F(w)$ for every nonreal number w.

(H3) The function
$$f^*(z) = F(z^-)^-$$
belongs to the space whenever $F(z)$ belongs to the space, and it always has the same norm as $F(z)$.

If an entire function $E(z)$ satisfies the inequality
$$|E^*(z)| < |E(z)|$$
when z is in the upper half-plane, then it has no zeros in the upper half-plane. A weighted Hardy space $F(E)$ exists. The set of entire functions $F(z)$ such that $F(z)$ and $f^*(z)$ belong to the space $F(E)$ is a Hilbert space $H(E)$ which is contained isometrically in the space $F(E)$ and which satisfies the axioms (H1), (H2), and (H3). The space $H(E)$ contains the entire

function
$$\frac{E(z)E(w)^- - E^*(z)E(w^-)}{2\pi\mathrm{i}(w^- - z)}$$
of z as reproducing kernel function for function values at w for all complex numbers w. A Hilbert space, whose elements are entire functions, which satisfies the axioms (H1), (H2), and (H3), and which contains a nonzero element, is isometrically equal to a space $H(E)$.

A Hilbert space of entire functions which satisfies the axioms (H1), (H2), and (H3) is said to be an Euler space of entire functions if for h in the interval $[0,1]$ a maximal dissipative transformation in the space is defined by taking $F(z)$ into $F(z + \mathrm{i}h)$ whenever $F(z)$ and $F(z + \mathrm{i}h)$ belong to the space. The defining function of a space $H(E)$ which is an Euler space of entire functions admits no distinct zeros w^- and $w - \mathrm{i}h$ with h in the interval $[0,1]$.

If $W(z)$ is an Euler weight function, the set of entire functions $F(z)$ such that $F(z)$ and $f^*(z)$ belong to the weighted Hardy space $F(W)$ is an Euler space of entire functions which is contained isometrically in the space $F(W)$ and which contains a nonzero element.

There are many Hilbert spaces of entire functions which satisfy the axioms (H1), (H2), and (H3) and which are contained isometrically in the space $F(W)$.

Interesting spaces have the property that an entire function $F(z)$ belongs to the space if $(z - w)F(z)$ belongs to the space for some complex number w and if $F(z)$ belongs to the space $F(W)$. A fundamental theorem states that such Hilbert spaces of entire functions are totally ordered by inclusion. All such spaces are Euler spaces of entire functions. Many such spaces exist in the sense that the elements of the weighted Hardy space are recovered by an expansion similar to a Fourier expansion.

The Riemann hypothesis is proved for a Dirichlet zeta function by constructing a Hecke zeta function whose zeros contain the zeros of the Dirichlet zeta function. The same construction is applied in the proof of the Riemann hypothesis for the Euler zeta function. A modification is required since an Euler weight function cannot have a singularity at the origin. The weighted Hardy space obtained fails to have the required maximal dissipative properties. If a Hilbert space of entire functions satisfies the axioms (H1), (H2), and (H3), the entire function $E(z)$ which defines the resulting space $H(E)$ can be chosen with a zero anywhere in the lower half-plane. The function $E(z)$ is then unique within a constant factor of absolute value one.

A condition on a space $H(E)$ implies that the entire function $E(z)$ admits no distinct zeros w^- and

第三部分 Riemann 函数面面观

$w - i$ symmetric about a horizontal line at distance one-half below the real axis. The condition is that a maximal dissipative transformation is defined in the space by taking $F(z)$ into $F(z + i)$ whenever the functions of z belong to the space.

A Hilbert space $H(E)$ which is contained isometrically in a weighted Hardy space $F(W)$ exists if a nontrivial entire function $F(z)$ exists such that the functions $F(z)$ and $f^*(z)$ of z belong to the space. The space $H(E)$ contains all such entire functions. If a maximal dissipative transformation is defined in the space $F(W)$ by taking a function $F(z)$ of z into the function $F(z + i)$ of z whenever the functions belong to the space, then a maximal dissipative transformation is defined in the space $H(E)$ by taking a function $F(z)$ of z into the function $F(z + i)$ of z whenever the functions belong to the space.

The Fourier transformation for the complex plane is a source of motivating examples of Hilbert spaces of entire functions which admit maximal dissipative transformations. The Fourier transformation takes functions of distance from the origin into functions of distance from the origin. The Hankel transformation of order zero is the restriction of the Fourier transformation to such functions. The transformation is applied to square integrable functions with respect to plane measure which vanish in a disk $z^- z < a$ and whose transform vanishes in the disk. Nontrivial functions with these properties exist for every positive number a. The theorem is due to Nikolai Sonine, *Recherches sur les fonctions cylindriques et le développement des fonctions continues en séries*, Mathematische Annalen 16 (1880), 1-80.

Computations of Hankel transforms are made using the Laplace transformation. Hilbert spaces of entire functions which satisfy the axioms (H1), (H2), and (H3) appear on application of the Mellin transformation. A space which contains a nontrivial element is obtained for every positive number a. The space is defined by an entire function $E(a, z)$ of z which satisfies the identity

$$E^*(a,z) = E(a, z - i)$$

and whose zeros like on the horizontal line

$$z - z^- = -i$$

at distance one-half below the real axis. The spaces are defined by the analytic weight function

$$W(z) = \Gamma\left(\frac{1}{2} - iz\right)$$

Multiplication by a^{-iz} is an isometric transformation of the space of parameter a into the space $F(W)$. The space of entire functions contains every entire function $F(z)$ such that the functions

$$a^{-iz}F(z)$$

and

第三部分 Riemann 函数面面观

$$a^{-iz}f^*(z)$$

of z belong to the space $F(W)$.

The Hilbert spaces of entire functions associated with the Hankel transformation of order zero are motivation for the proof of the Riemann hypothesis which was published as *Self-reciprocal functions* in the Journal of Mathematical Analysis and Applications 9 (1964), 433-457. A parainetrization is made of all square integrable functions which vanish in a neighborhood $z^- z < a$ of the origin and whose Hankel transform vanishes in the neighborhood. The parainetrization is derived without the use of Hilbert spaces of entire functions by Virginia Rovnyak in her thesis on *Self-reciprocal functions* which was published in the Duke Mathematical Journal 33 (1966), 363-378. Maximal dissipative transformations for Hilbert spaces of entire functions were introduced as *The Riemann hypothesis for Hilbert spaces of entire functions in the Bulletin of the American Mathematical Society*, 15 (1986), 1-17. A proof of the Riemann hypothesis is proposed for Dirichlet zeta functions. A good choice of Hilbert spaces of entire functions is essential to the success of the method.

A Dirichlet character χ modulo ρ is defined for a positive integer ρ as a function $\chi(n)$ of integers n which is periodic of period ρ, which satisfies the identity

$$\chi(mn) = \chi(m)\chi(n)$$

for all integers m and n, which has nonzero values at integers relatively prime to ρ, and which vanishes elsewhere.

A character χ modulo ρ is said to be primitive modulo ρ if no character modulo a proper divisor of ρ agrees with χ at integers relatively prime to ρ.

A principal character modulo ρ is a character whose only nonzero value is one. The principal character modulo ρ is primitive modulo ρ if, and only if, ρ is equal to one.

The Dirichlet zeta function associated with a nonprincipal character χ modulo ρ is an analytic function

$$\zeta(s) = \sum \chi(n) n^{-s}$$

of s in the complex plane which is represented as a sum over the positive integers n in the half-plane $Rs > 1$ and by the Euler product

$$\zeta(s)^{-1} = \prod (1 - \chi(p) p^{-s})$$

over the primes p which are not divisors of ρ. The Euler zeta function is defined with χ the principal character modulo ρ. The Euler zeta function is analytic in the complex plane with the exception of a singularity at one. The product

$$(s - 1)\zeta(s)$$

is analytic in the complex plane.

A character modulo ρ is an even or an odd function of integers. The Dirichlet zeta functions and the Euler zeta function satisfy functional identities when the character is primitive modulo ρ. The functional identity relates the zeta function of character χ modulo ρ and the zeta function of character χ^- modulo ρ. When χ is an even character, the function

$$\left(\frac{\rho}{\pi}\right)^{\frac{1}{2}s} \Gamma\left(\frac{1}{2}s\right) \zeta(s)$$

of s associated with the zeta function $\zeta(s)$ of character χ is analytic in the complex plane if χ is a nonpriizcipal character and is analytic with the exception of singularities at zero acid one if χ is the principal character. A linearly dependent function of s is obtained when s is replaced by $1 - s$ and χ is replaced by χ^-. Equality of the functions is obtained when χ is the principal character. When χ is an odd character, the function

$$\left(\frac{\rho}{\pi}\right)^{\frac{1}{2}s+\frac{1}{2}} \Gamma\left(\frac{1}{2}s + \frac{1}{2}\right) \zeta(s)$$

of s associated with the zeta function $\zeta(s)$ of character χ is analytic in the complex plane. A linearly dependent entire function is obtained when s is replaced by $1 - s$ and χ is replaced by χ^-.

The Euler duplication formula

$$2^s \Gamma\left(\frac{1}{2}s\right) \Gamma\left(\frac{1}{2}s + \frac{1}{2}\right) = 2\Gamma\left(\frac{1}{2}\right) \Gamma(s)$$

for the gamma function is applied in the construction of analytic weight functions which are associated with Dirichlet zeta functions and which admit maximal dissipative transformations. The weight function

$$W(z) = \left(\frac{2\pi}{\rho}\right)^{\frac{1}{2}-iz} \Gamma\left(\frac{1}{2}-iz\right) \zeta\left(\frac{1}{2}-iz\right) \zeta\left(\frac{3}{2}-iz\right)$$

is associated with the Dirichlet character χ. A modification of the proof of the Riemann hypothesis is required for the Euler zeta function because of its singularity.

第二章　M. F. Atiyah 给年轻数家的忠告[①]

Sir Michael Atiyah（1929—2019），英国数学家，主要研究领域为几何学，被誉为当代最伟大的数学家之一，1966 年获菲尔兹奖，2004 年获阿贝尔奖，曾任英国皇家学会会长.

1. 声明

以下仅仅是我个人的看法，主要依据我自己的经验，反映了我的个性、我所研究的数学类型，以及我的工作风格.实际上，数学家的经验、个性、工作类型和风格可以说是千差万别，你应当遵从你自己的天生爱好.你可以从别人那里学到东西，但应该用你自己的方式来解释你所学到的东西.原创性来自于打破常规，在某种程度上，还来自于过去的实践.

2. 动机

一个数学家做研究，就像一个充满创造力的艺术家一样，必须对所研究的对象极其感兴趣，全神贯注.如果没有强烈的内在动机，你就不可能成功.即使你只是一名数学爱好者，你从解决困难问题中得到的满足感也是巨大的.

[①] 摘编自微信公众号"数学教育".

研究的前一两年是最为困难的,有那么多的东西要学习,甚至有一些小问题你都无法解决,这样你就会非常怀疑自己证明新定理的能力. 在我从事研究的第二年,我顺利度过了这一艰难的时期. Jean-Pierre Serre 也许是我们这一代数学家中最杰出的一位,就是他也曾经跟我讲过,他在一段时间里认真地想过是否要放弃数学.

只有凡夫俗子才最相信自己的能力. 你越是出色,你为自己定的标准就越高 —— 你可以预见那些不在你目前力所能及范围内的更远目标.

许多有可能成为数学家的人也具有从事其他行业的能力与兴趣,他们可能都会面临着非常艰难的选择:是准备成为一名数学家还是做其他的什么职业. 据说伟大的 Gauss 曾在数学和哲学之间来回摇摆. Pascal 早年为了研究神学曾经放弃数学,而 Descartes 和 Leibniz 同样也是著名的哲学家. 一些数学家后来成了物理学家(例如 Freeman Dyson),而另一些人正好相反(例如 Harish Chandra, Raoul Boot),他们从物理学家变成了数学家. 你不能将数学看成一个封闭的系统,数学与其他学科之间的相互作用不论对个人还是对社会来说都是有用的.

3. 心理方面

由于在数学中需要精神高度集中,由此产生的心理压力是相当大的,即使是在研究比较顺利的时候也是如此. 这个问题是大是小主要看你的性格,不过可以采取一些措施来降低紧张的情绪. 与同学交流、听讲座、参加讨论班和会议等都有利于开阔视野和获得很重要的群体支持.过分的孤独与深思可能是比较危险的,有时候表面上看来是散漫的闲谈其实并不是在浪费时间.

一开始的时候,与同学或者导师进行合作研究有许多好处,并且与别人的长时间合作会使人感到特别有信心,无论是在数学方面还是在个人交往方面.当然,个人独自安静地思考总是需要的,不过同朋友们的思想交流与讨论会更有助于这种思考,所以也是不可缺少的.

4. 解决问题还是创建理论

数学家们有时可以被分为"问题解决者"或者"理论创建者".虽然确实有比较极端的例子显示了这种差别(例如 Paul Erdös 与 Alexande Grothendieck 就是一对),但是绝大多数的数学家都处于他们中间的某个位置,他们同时在解决问题和发展某个理论.实际上,如果一个理论没有导致具体的有趣问题的解决,那么就不值得去建立它.反过来,对于任何真正意义上的深刻问题,在解决它们的过程中总能刺激相关理论的发展(Fermat 大定理就是一个经典的例子).

这对一个初学者来说有什么启示?虽然人们不得不去读那些书本和论文,以吸收通常的概念与理论方法,但是实际上初学者必须学会去关注一个或更多个具体的问题.这些问题可以让人深思,可以磨砺人们的勇气.一个经过人们仔细研究和理解透彻的特定问题也是检验一个理论是否有效的非常有价值的试金石.

根据研究过程的不同,最后形成的博士论文可能会抛开绝大多数理论的外衣而聚焦于一些本质上的具体问题,也可能是建立一个较为宽广的理论框架使得具体问题纳入其中.

5. 好奇心的作用

驱使人们进行研究的原始动力就是好奇心.一个特定的结论什么时候成立?那是一个最好的证明抑或还有更自然、更简洁的证明?使得结论成立的最一般的情形是什么?

如果你在阅读论文或在听讲座时,总是问自己这样的问题,那么或早或迟答案会隐约浮现——包括一些可能的探索路径.每当这种情形出现时,我就会抽出时间努力追踪这种想法,看它会引到哪里,或者是否经得起仔细琢磨.尽管通常来说十有八九会进入死胡同,但偶尔一次会发现金子.困难在于我们不知道什么时候该停止,有些起初看起来是有效的想法实际上根本没用.这时就应该果断脱身,回到主要的道路上来.人们常常会很犹豫做出这样的决定,事实上我就是经常回到先前已经丢弃了的想法上来,尝试用另外一种方法来解决问题.

令人想象不到的是,好的想法也会产生于一个不好的讲座或讨论班.在听报告的时候,我经常发现,结果很漂亮,但是证明却很复杂和烦琐.此时我就不会再跟着黑板上的证明,而是在接下来的时间里去构思一个更简洁的证明.虽然这通常来说不太成功,但是至少我更好地度过了我的时间,因为我已经用我自己的方式努力地想过这个问题,这远胜过被动地跟随别人的思考.

6. 例子

如果你像我一样，喜欢宏大的和强有力的理论（我虽然受 Alexande Grothendieck 的影响，但我不是他的信徒），那么你就必须学会将这些理论运用到简单的例子上，以检验理论的一般性结论. 多年以来，我已经构造了一大批这样的例子，它们来自各个分支领域. 通过这些例子，我们可以进行具体的计算，有时还能得到详尽的公式，从而帮助我们更好地理解一般性的理论，它们可以让你脚踏实地.

非常有意思的是，虽然 Alexande Grothendieck 排斥例子，但是很幸运的是他和 Serre 有着非常紧密的合作关系，而后者能够弥补他在例子方面的不足. 当然在例子与理论之间也没有一条明确的分界线. 我喜欢的许多例子都是来自于我早年在经典射影几何中所受到的训练：三次扭曲线、二次曲面或者三维空间中直线的 Klein 表示等.

再没有比这些例子更具体和更经典了，它们不仅都可以同时用代数的方式和几何的方式来进行研究，而且它们每一个都是一大类例子中开头的一个（例子一多慢慢就变成了理论），它们中的每一个都很好地解释了以下这些理论：有理曲线的理论、齐性空间的理论或者格拉斯曼流形（Grassmannians）的理论.

例子的另一个作用是它们可以指向不同的研究方向. 一个例子可以用几种不同的方式加以推广，或用来说明几种不同的原理. 例如一条经典的二次曲线不仅是一条有理曲线，同时又是一个二次超曲面（quadric），或者是一个格拉斯曼流形等.

当然最重要的是,一个好例子就是一件美丽的珍宝,它光彩照人,令人信服.它让人洞察和理解,它是我们对数学理论信仰的基石.

7. 证明

我们所受到的教育告诉我们,"证明"是数学中最重要的事情,用公理和命题小心编织起来的 Euclid 几何体系提供了自文艺复兴以来现代思想的基本框架.相比于其他自然科学家们做实验的检验方法,数学家们为他们绝对准确无误的定理而感到自豪,更不要说在其他领域里那些模模糊糊的思维方式了.

但是自从 Kurt Gödel(发现不完全性定理)以来,数学的绝对真理地位确实发生了动摇,此外繁复冗长的计算机证明的出现也使数学家们的态度变得更谦卑一些.但是不管怎样,证明还是保持着它在数学中的主要作用,如果在你的论文中,你的证明有一个比较严重的漏洞,那么将直接导致退稿.

然而,如果将数学中的全部研究工作仅仅等同于不断做出各种证明的过程,那么你就错了.实际上人们可以说,数学研究中真正带有创造性的那部分工作在写证明的阶段之前就已经完成了.对于后面这个"证明阶段",我们可以打一个比方:就好比你是在写剧本,必须要从事先的构想出发,发展情节,写出对话,包括给出舞台指导等.最后形成的剧本就可以看成是"证明":它是事先构想的具体实现.

在数学中,一般是先有思想和概念,然后再提出问题.接下来开始对问题的解答进行探寻,人们寻找某种方法或者策略.一旦你自己相信这是一个恰当的问题,并且你对此问题又有合适的工具,那么你接着就会开始努力思索证明的具体技术细节.

但不久你会意识到(也许是通过反例发现)问题提出的方式不对.有时候,在初始的想法与最终的结论之间有较大的反差.你没有注意到一些隐含的假设,或忽略了某个技术细节,或者你考虑的情形太一般.然后你不得不回过头来,重新修改提出你的问题.如果有人说数学家们总是控制他们提出的问题,以便他们得到答案,这是不公平的夸大其词,但也不是完全没有道理.能够提出一些既有趣又可以被解决的问题,是数学中一种高超的艺术,数学本身其实就是一种艺术.

证明实际上是创造性想象和不断反思推理之间长期相互作用的最终结果.如果没有证明,数学的研究是不完整的,反之,如果没有想象,那么研究无从谈起.在这里人们可以看到和其他领域中创造性艺术家(例如作家、画家、作曲家或建筑师)工作的一个相似情形.先有一个幻象,然后发展成一个思路,再不断试验展开,最后便是漫长的艺术品总装完成的技术性过程.技术与幻象之间必须保持接触,各自按照自己的方式不断地修正另外一方.

8. 策略

前面我讨论了对于证明的看法,以及它在整个创造性过程中的作用.现在让我们转向一个对于年轻的数学家们来说最实际的问题.人们应采取什么策略?你怎样做,才能够找到一个证明?

这个问题如果泛泛而谈的话,没有多大意义,就像我在前面说过的那样,每一个好问题都有它的起源:它来自于某个背景,它有自己的根.为了使问题能够得到进展,你必须要透彻地理解这些根源.这就是为什么发现你自己的问题、提出你自己的想法总是比从你导师那里得到问题要好的缘故.如果你知道一个问题是从哪里来的,为什么要问这个问题,那么你就已经成功了一半.实际上,问一个正确的问题常常和解决这个问题一样困难.找到正确的问题背景是首要的一步.

因此,简要地说,你需要对这个问题的历史有一个很好的了解.你应当知道解决类似的问题是采用什么方法,以及这些方法的局限性又在哪里.

当你被一个问题完全吸引时,应该立即全力以赴地思考这个问题.为了得到解答,除了全力投入外别无它法.你应当考查特殊的情形,以便确定主要困难出现在什么地方.你对问题的背景和先前的解决方法了解得越多,你能够尝试的技巧与方法也就越多.另外,有时候对问题与方法的无知也是一件好事情.

曾有报道说 J. E. Littlewood 让他的每一个研究生都分别做一个将 Riemann 猜想装扮起来的问题,直到他们在六个月之后,才知道了真相.他的理由是学生们不会有自信去直接攻克这么有名的难题,但是如果他们不知道他们的对手是大名鼎鼎的 Riemann 的话,也许他们会获得进展!尽管这种策略不大可能产生一个Riemann 猜想的证明,却能够产生一批生气勃勃、敢于攻坚克难的学生.

我自己的方法是尽量避免直接攻击,努力寻找间接的途径.这是因为,将你的问题与各个不同领域中的思想与方法联系起来,可能会带来令人意想不到的结果.如果这个策略成功的话,它将会推导出一个非常漂

亮的简单证明,同时也"解释"了为什么事情能够成立的原因. 实际上我相信:努力地去寻找这样一种解释和理解,是我们真正应该达到的目标. 证明可以看成是这个过程的一部分,有时也是这个过程的结果.

拓展你的视野也是你寻找新方法任务中的一部分. 与人交谈会提升你的数学素养水平,并且有时会给你带来新思想和新方法. 你很有可能由此而获得关于你自己研究的一个有价值的想法,甚至是一个新的方向.

如果你需要学习一个新的课题,除了学习文献之外,最好是能找到这方面的一个比较友善的专家,"从他的嘴里"获取教益 —— 口头的讲解更简洁明快.

在向前看并经常注意新发展的同时,你也不应该忘记过去. 在过去的年代中,有许多非常有价值的数学成果被尘封和遗忘了,它们只有被重新发现的时候才显露出光芒. 这些结果不容易被发现,部分原因是因为数学的术语和风格改变了,但是它们确确实实是金矿. 如果你遇到这样的金矿,你应该要感到非常幸运,你必须报答那些开拓者.

9. 独立或合作

在开始你的研究之前,你与你导师之间的关系是至关重要的,因此要小心地选择你的导师,包括他所研究的方向、人品以及以往的研究工作等都要考虑. 当然很少有导师在这三个方面都令人满意. 接下来,如果事情在前一两年进行得并不顺利,或者你的兴趣发生了明显转移,那么应该毫不犹豫地调换你的导师,甚至是你的大学. 这不会冒犯你的导师,或许也是他的解脱!

有的时候，你可能是比较大的研究小组中的一个成员，并且与其他成员也有交流的机会，所以实际上你有不止一个的导师。这可以提供其他的思想来源，以及另外不同的工作方式，这些都是有帮助的。在这样一些大的群体中，你也可以从你的同学那里学到许多，这就是为什么选择一个包含有大的研究生院的数学系是一个好主意的缘故。

当你一旦完成了你的博士论文后，你的研究就进入了一个新的阶段。尽管你可以继续与你的导师进行合作，待在原来的研究群体中，但是为了你以后进一步的发展，比较健康的做法是用一年或更多的时间去另外的一个地方。这可以让你接受新思想的影响，并获得更多的机会。

现在是这样一个时代：你可以有机会在大千数学世界中为自己找到一个位置。一般来讲，在一个相当长的时间里，继续太紧密地停留在你博士论文的课题上不是一个好的主意。你必须要"另立门派"，以显示你的独立性。这不必在研究的方向上做剧烈的改变，只是应该要有确确实实新颖的地方，而不是你博士论文的简单的常规延续。

10. 风格

在你写论文的时候，你的导师通常会指导你如何安排文章的结构和呈现的方式。然而在你的数学研究中也非常需要你自己的个人风格。虽然对于各种类型的数学来说，这方面的要求有所不同，但还是有许多方面的要求适用于所有的数学分支学科。以下便是对怎样写出一篇好论文的几点提示。

(1) 在你开始写作之前,先通盘考虑好整个论文的逻辑结构.

(2) 将很长的复杂证明分成比较短的中间步骤(如引理、命题等),这会帮助读者阅读.

(3) 写通顺简明的英语(或者你选择的语言). 请记住数学也是文学的一种表现形式.

(4) 尽可能地简明扼要,同时又要叙述清楚. 要保持这样的平衡是很困难的.

(5) 尽量将论文写成和你所喜欢阅读的论文一样,并模仿它们的风格.

(6) 当你已经完成了你论文的主要部分后,回过头来认真地写一篇引言,在其中要清楚地解释论文的结构和主要结果,以及一般的来源背景. 要避免不必要的含糊深奥,要面向一般的数学读者,而不只是少数的专家.

(7) 试着将你的论文初稿让一个同事阅读,并留意任何的建议或评论. 如果你最亲近的朋友与合作者都无法理解你的论文,那么你就已经失败了,你需要加倍地努力.

(8) 如果不是非常急着出版,那么将你的论文丢在一边几个星期,做其他的事情. 然后再以一种新鲜的视角重新来阅读你的论文,会有一种全然不同的感觉,你将知道怎样去修改它.

(9) 如果你相信重写论文会更加清楚、更容易阅读,那么你就不要吝啬将论文重新写一遍,也许站在一个全新的角度看得更清楚. 写得好的论文将成为"经典",被将来的数学家们广泛阅读.

附录　关于 Riemann 猜想被证明的网格论证

附录一　为什么说 Riemann 猜想是最重要的数学猜想？

1900 年的一个夏日，两百多位最杰出的数学家在法国巴黎召开了一次国际数学家大会. 会上，著名德国数学家 Hilbert 做了一次题为"数学问题"的重要演讲. 在演讲中，他列出了一系列在他看来最重要的数学难题. 那些难题吸引了众多数学家的兴趣，并对数学的发展产生了深远影响.

一百年后的 2000 年，美国克雷数学研究所的数学家们也在法国巴黎召开了一次数学会议. 会上，与会者们也列出了一些在他们看来最重要的数学难题. 他们的声望虽无法与 Hilbert 相比，但他们做了一件 Hilbert 做不到的事情：为每个难题设立了一百万美元的巨额奖金.

这两次遥相呼应的数学会议除了都在法国巴黎召开外，还有一个令人瞩目的共同之处，那就是在所列出的难题之中，有一个并且只有一个是共同的，这个难题就是 Riemann 猜想，它被很多数学家视为是最重要的数学猜想.

为什么说 Riemann 猜想是最重要的数学猜想呢？

是因为它非常艰深吗？不是. 当然,Riemann 猜想确实是非常艰深的,它自问世以来,已经有一个半世纪以上的历史. 在这期间,许多知名数学家付出了艰辛的努力,试图解决它,却没有人能够如愿. 但是,如果仅仅用艰深来衡量的话,那么其他一些著名数学猜想也并不逊色. 比如 Fermat 猜想是经过三个半世纪以上的努力才被证明的;Goldbach 猜想则比 Riemann 猜想早了一个多世纪就问世了,却跟 Riemann 猜想一样屹立不倒. 这些纪录无疑也都代表着艰深,而且是 Riemann 猜想也未必打得破的.

那么,Riemann 猜想被称为最重要的数学猜想,究竟是什么原因呢？首要的原因是它跟其他数学命题之间有着千丝万缕的联系. 据统计,在今天的数学文献中已经有一千条以上的数学命题是以 Riemann 猜想(或其推广形式)的成立为前提的. 这表明 Riemann 猜想及其推广形式一旦被证明,对数学的影响将是十分巨大的,所有那一千多条数学命题就全都可以荣升为定理;反之,如果 Riemann 猜想被推翻,那么那一千多条数学命题中也几乎无可避免地会有一部分成为陪葬. 一个数学猜想与为数如此众多的数学命题有着密切关联,这在数学中可以说是绝无仅有的.

其次,Riemann 猜想与数论中的素数分布问题有着密切关系,而数论是数学中一个极重要的传统分支,被德国数学家 Gauss 称为是"数学的皇后". 素数分布问题则又是数论中极重要的传统课题,一向吸引着众多数学家的兴趣. 这种深植于传统的"高贵血统"也在一定程度上增加了 Riemann 猜想在数学家们心中的地位和重要性.

再者,一个数学猜想的重要性还有一个衡量标准,那就是在研究该猜想的过程中能否产生出一些对数学的其他方面有贡献的结果. 用这个标准来衡量,Riemann 猜想也是极其重要的. 事实上,数学家们在研究 Riemann 猜想的过程中所取得的早期成果之一,就直接导致了有关素数分布的一个重要命题 —— 素数定理的证明. 而素数定理在被证明之前,本身也是一个有着一百多年历史的重要猜想.

最后,并且最出人意料的是 Riemann 猜想的重要性甚至超出了纯数学的范围,而"侵入"了物理学的领地上. 20 世纪 70 年代初,人们发现与 Riemann 猜想有关的某些研究,居然跟某些非常复杂的物理现象有着显著关联. 这种关联的原因直到今天也还是一个谜,但它的存在本身,无疑就进一步增加了 Riemann 猜想的重要性.

有这许多原因,Riemann 猜想被称为最重要的数学猜想是当之无愧的.

附录二 Riemann 猜想漫谈(一)[①]

If you could be the Devil and offer a mathematician to sell his soul for the proof of one theorem-what theorem would most mathematicians ask for? I think it would be the Riemann Hypothesis.

—H. Montgomery

---

① 摘编自《黎曼猜想漫谈》,卢昌海著.

第三部分　Riemann 函数面面观

一、Hardy 的明信片

让我们从一则小故事开始我们的 Riemann 猜想漫谈吧！故事大约发生在 20 世纪 30 年代,当时英国有位很著名的数学家叫作 Godfrey Hardy(1877—1947),他不仅著名,而且在我看来还是两百年来英国数学界的一位勇者. 为什么这么说呢？因为在 17 世纪的时候,英国数学家与欧洲大陆的数学家之间发生了一场激烈的论战. 论战的主题是谁先发明了微积分. 论战所涉及的核心人物一边是英国的科学泰斗 Isaac Newton(1642—1727),另一边则是欧洲大陆(德国)的哲学及数学家 Gottfried Leibniz(1646—1716). 这场论战打下来,两边筋疲力尽自不待言,还大伤了和气,留下了旷日持久的后遗症. 自那以后,许多英国数学家开始排斥起来自欧洲大陆的数学进展. 一场争论演变到这样的一个地步,英国数学界的集体荣誉及尊严、Newton 的赫赫威名便都成了负资产,英国的数学在保守的舞步中走起了下坡路.

这下坡路一走便是两百年.

在这样的一个背景下,在复数理论还被一些英国数学家视为是来自欧洲大陆的危险概念的时候,土生土长的英国数学家 Hardy 却对来自欧洲大陆(而且偏偏还是德国)有着复变函数色彩的数学猜想——Riemann 猜想产生了浓厚兴趣,积极地研究它,并且如我们将在后面介绍的取得了令欧洲大陆数学界为之震动的成就,算得上是勇者所为.

当时 Hardy 在丹麦有一位很要好的数学家朋友叫作 Harald Bohr(1887—1951),他是著名量子物理学家

Niels Bohr (1885—1962) 的弟弟. Bohr 对 Riemann 猜想也有浓厚的兴趣,曾与德国数学家 Edmund Landau (1877—1938) 一起研究 Riemann 猜想(他们的研究成果也将在后面加以介绍). Hardy 很喜欢与 Bohr 共度暑假,一起讨论 Riemann 猜想. 他们对讨论都很投入, Hardy 常常要待到假期将尽才匆匆赶回英国.

二、Riemann ζ 函数与 Riemann 猜想

那么这个让上帝如此吝啬的 Riemann 猜想究竟是一个什么样的猜想呢? 在回答这个问题之前我们先得介绍一个函数:Riemann ζ 函数.

那么究竟什么是 Riemann ζ 函数呢? 简单地说,它的定义是这样的:Riemann ζ 函数 ζ(s) 是级数表达式(n 为正整数)

$$\zeta(s) = \sum_n n^{-s}, \text{Re}(s) > 1$$

在复平面上的解析延拓(analytic continuation). 之所以要对上述级数表达式进行解析延拓,是因为如我们已经注明的——这一表达式只适用于复平面上 s 的实部 $\text{Re}(s) > 1$ 的区域(否则级数不收敛). Riemann 找到了这一表达式的解析延拓(当然 Riemann 没有使用"解析延拓"这样的现代复变函数论术语). 运用围道积分(contour integral),解析延拓后的 Riemann ζ 函数可以表示为

$$\zeta(s) = \frac{\Gamma(1-s)}{2\pi i} \int_{-\infty}^{+\infty} \frac{(-z)^s}{e^z - 1} \frac{dz}{z}$$

这里我们采用的是历史文献中的记号,式中的积分实际上是一个环绕正实轴(即从 +∞ 出发,沿实轴上方积分至原点附近,环绕原点积分至实轴下方,再沿

实轴下方积分至 $+\infty$ —— 离实轴的距离及环绕原点的半径均趋于 0) 进行的围道积分;式中的 Γ 函数 $\Gamma(s)$ 是阶乘函数在复平面上的解析延拓,对于正整数 $s>1$: $\Gamma(s)=(s-1)!$. 可以证明,上述 $\zeta(s)$ 的积分表达式除了在 $s=1$ 处有一个单极点(simple pole)外,在整个复平面上处处解析. 这样的表达式是所谓的亚纯函数(meromorphic function),即除了在一个孤立点集(set of isolated points)上存在极点(pole)外,在整个复平面上处处解析的函数的一个例子. 这就是 Riemann ζ 函数的完整定义.

运用上面的积分表达式可以证明, Riemann ζ 函数满足以下代数关系式, 也叫函数方程(functional equation)

$$\zeta(s)=2\Gamma(1-s)(2\pi)^{s-1}\sin\left(\frac{\pi s}{2}\right)\zeta(1-s)$$

从这个关系式中不难发现, Riemann ζ 函数在 $s=-2n$(n 为正整数)处取值为零 —— 因为 $\sin(\pi s/2)$ 为零. 复平面上的这种使 Riemann ζ 函数取值为零的点被称为 Riemann ζ 函数的零点. 因此 $s=-2n$(n 为正整数)是 Riemann ζ 函数的零点. 这些零点分布有序、性质简单, 被称为 Riemann ζ 函数的平凡零点(trivial zeros). 除了这些平凡零点外, Riemann ζ 函数还有许多其他零点, 它们的性质远比那些平凡零点来得复杂, 被恰如其分地称为非平凡零点(non-trivial zeros). 对 Riemann ζ 函数非平凡零点的研究构成了现代数学中最艰深的课题之一. 我们所要讨论的 Riemann 猜想就是一个关于这些非平凡零点的猜想, 在这里我们先把它的内容表述一下, 然后再叙述它的来龙去脉:

Riemann 猜想 Riemann ζ 函数的所有非平凡零点都位于复平面上 $\mathrm{Re}(s) = \dfrac{1}{2}$ 的直线上.

在 Riemann 猜想的研究中,数学家们把复平面上 $\mathrm{Re}(s) = \dfrac{1}{2}$ 的直线称为临界线(critical line). 运用这一术语,Riemann 猜想也可以表述为:Riemann ζ 函数的所有非平凡零点都位于临界线上.

这就是 Riemann 猜想的内容,它是 Riemann 在 1859 年提出的. 从其表述上看,Riemann 猜想似乎是一个纯粹的复变函数命题,但我们很快将会看到,它其实是一曲有关素数分布的神秘乐章.

附录三 正多边形一个优美定值的研究性学习①

普通高中课程标准实验教科书数学选修 4-4 人教 A 版《坐标系与参数方程》第 26 页习题 2.1 第 3 题,是一道证明正三角形外接圆上的任意一点到三个顶点的距离的平方和为定值的题目,该题短小精悍、背景深远、内涵丰富,是引导学生进行探究性学习的好素材,通过此案例的研究性学习,可培养学生发现问题、提出猜想、探究问题和解决问题的能力. 在自主探究合作交流、提出问题和解决问题的全过程中学习科学的研究方法、获得丰富的情感体验和探究乐趣.

---

① 摘编自《数学通讯》,2011 年,第 11,12 期(上半月).

题目 已知 M 是正 $\triangle ABC$ 的外接圆上的任意一点,求证:$|MA|^2+|MB|^2+|MC|^2$ 为定值.

分析 这个定值既可用正多边形的边长表示也可用外接圆的半径表示,为了便于分析比较发现规律,我们选择用半径表示定值.

证明 以 $\triangle ABC$ 的中心 O 为坐标原点,以平行于 BC 边所在的直线作为 x 轴建立.直角坐标系,如图1所示.

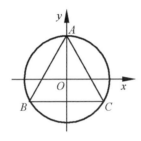

图1

设外接圆的半径为 r,则

$$A(0,r),B\left(-\frac{\sqrt{3}}{2}r,-\frac{1}{2}r\right),C\left(\frac{\sqrt{3}}{2}r,-\frac{1}{2}r\right)$$

设 $M(x,y)$,由两点间的距离公式得

$$|MA|^2+|MB|^2+|MC|^2=$$
$$x^2+(y-r)^2+\left(x+\frac{\sqrt{3}}{2}r\right)^2+\left(y+\frac{1}{2}r\right)^2+$$
$$\left(x-\frac{\sqrt{3}}{2}r\right)^2+\left(y+\frac{1}{2}r\right)^2=$$
$$3(x^2+y^2)+3r^2=6r^2$$

1. 提出问题

"提出问题和发现问题有时比解决问题更重要",

新课程改革要求培养学生提出问题、发现问题和探究问题的能力,不仅要教会学生证明而且也要教会学生猜想. 我们可由此题目引导学生提出如下引申拓展问题:

正多边形的外接圆上任意一点到各顶点的距离的平方和是否为定值? 若为定值,能否将其用半径表示?

2. 探究问题

我们采用由易到难由特殊到一般的研究方法,即采用归纳推理的方法来探究问题和解决问题,先考查正四边形是否有此性质.

特例探究 1 若 M 是正四边一形 $ABCD$ 的外接圆上的任意一点,那么 $|MA|^2+|MB|^2+|MC|^2+|MD|^2$ 是否为定值?若为定值,试求出这个定值.

解 以正四边形 $ABCD$ 的两条对角线所在直线为坐标轴建立直角坐标系,如图 2 所示.

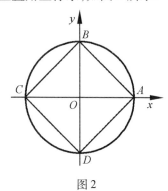

图 2

设外接圆的半径为 r,则 $A(r,0), B(0,r), C(-r,0), D(0,-r)$.

设 $M(x,y)$,由两点间的距离公式得

$|MA|^2+|MB|^2+|MC|^2+|MD|^2=$
$(x-r)^2+y^2+x^2+(y-r)^2+$
$(x+r)^2+y^2+x^2+(y+r)^2=$
$4(x^2+y^2)+4r^2=8r^2$

相对于正五边形来说,我们比较熟悉正六边形,且正六边形具有很好的对称性,既是轴对称图形又是中心对称图形,故我们先考查正六边形是否有此性质.

特例探究2 若 M 是正六边形 $ABCDEF$ 的外接圆上的任意一点,则点 M 到各顶点的距离的平方和是否为定值? 若为定值,试求出这个定值.

解 以正六边形 $ABCDEF$ 的中心 O 为坐标原点,以 OA 所在直线为 x 轴建立直角坐标系,如图 3 所示.

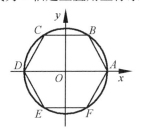

图 3

设外接圆的半径为 r,则 $A(r,0)$,$D(-r,0)$.

设 $M(x,y)$,$B(x_0,y_0)$,由对称性得 $C(-x_0,y_0)$,$E(-x_0,-y_0)$,$F(x_0,-y_0)$.

于是有

$|MA|^2+|MB|^2+|MC|^2+|MD|^2+$
$|ME|^2+|MF|^2=$
$(x-r)^2+y^2+(x-x_0)^2+(y-y_0)^2+$
$(x+x_0)^2+(y-y_0)^2+(x+r)^2+$

$$y^2 + (x+x_0)^2 + (y+y_0)^2 +$$
$$(x-x_0)^2 + (y+y_0)^2 =$$
$$6(x^2+y^2) + 4(x_0^2+y_0^2) + 2r^2 = 12r^2$$

特例探究 3　若 M 是正五边形 $ABCDE$ 的外接圆上的任意一点，则点 M 到各顶点的距离的平方和是否为定值？若为定值，试求出这个定值.

解　以正五边形 $ABCDE$ 的中心 O 为坐标原点，以 OA 所在的直线为 y 轴建立直角坐标系（如图 4）所示.

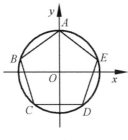

图 4

设外接圆的半径为 r，则
$$A(r,0), B(-r\cos 18°, r\sin 18°)$$
$$C(-r\sin 36°, -r\cos 36°)$$
$$D(r\sin 36°, -r\cos 36°)$$
$$E(r\cos 18°, r\sin 18°)$$

设 $M(x,y)$，则
$$|MA|^2 + |MB|^2 + |MC|^2 + |MD|^2 + |ME|^2 =$$
$$x + (y-r)^2 + (x+r\cos 18°)^2 +$$
$$(y-r\sin 18°)^2 + (x+r\sin 36°)^2 +$$
$$(y+r\cos 36°)^2 + (x-r\sin 36°)^2 +$$
$$(y+r\cos 36°)^2 + (x-r\cos 18°)^2 +$$

$(y - r\sin 18°)^2 =$
$5(x^2 + y^2) + 5r^2 +$
$2ry(2\cos 36° - 2\sin 18° - 1)$

下面我们证明 $2\cos 36° - 2\sin 18° - 1 = 0$,即证 $4\sin^2 18° + 2\sin 18° - 1 = 0$.

证法1 因为 $\cos 36° = \sin 54°$,所以
$1 - 2\sin^2 18° = \sin(36° + 18°) =$
$\sin 36°\cos 18° + \cos 36°\sin 18° =$
$2\sin 18°(1 - \sin^2 18°) + (1 - 2\sin^2 18°)\sin 18° =$
$3\sin 18° - 4\sin^3 18°$

即
$$4\sin^3 18° - 2\sin^2 18° - 3\sin 18° + 1 = 0$$

设 $x = \sin 18°$,则有
$$4x^3 - 2x^2 - 3x + 1 = 0$$

观察发现 $x = 1$ 是这个方程的一个根,故 $x - 1$ 是 $4x^3 - 2x^2 - 3x + 1$ 的一个因式,用配凑法或除法可求得 $4x^3 - 2x^2 - 3x + 1$ 的另一个因式为 $4x^2 + 2x - 1 = 0$. 故方程为 $(x - 1)(4x^2 + 2x - 1) = 0$,因为 $x = \sin 18° \neq 1$,所以 $4x^2 + 2x - 1 = 0$,即
$$4\sin^2 18° + 2\sin 18° - 1 = 0$$

证法2 因为 $\sin 36° = \cos 54°$,所以
$2\sin 18°\cos 18° = \cos(36° + 18°) =$
$\cos 36°\cos 18° - \sin 36°\sin 18° =$
$(1 - \sin^2 18°)\cos 18° - 2\sin^2 18°\cos 18°$

因为 $\cos 18° \neq 0$,将上式两边同时除以 $\cos 18°$,整理即得
$$4\sin^2 18° + 2\sin 18° - 1 = 0$$

由上可知

$|MA|^2 + |MB|^2 + |MC|^2 +$
$|MD|^2 + |ME|^2 = 10r^2$.

思考 能否由 $\sin 18° = \cos 72°$ 或 $\cos 18° = \sin 72°$ 来证明上述等式.

3. 提出猜想

用 S_n 表示半径为 r 的正 n 边形外接圆上任意一点到各顶点的距离的平方和,由上述特例探究知:$S_3 = 6r^2, S_4 = 8r^2, S_5 = 10r^2, S_6 = 12r^2$,由此我们不难提出如下归纳猜想.

猜想 半径为 r 的正 n 边形的外接圆上任意一点到各顶点的距离的平方和为定值 $2nr^2$.

4. 证明猜想

由于特例探究的方法因题而异不具一般性,因此对于一般情形应另辟蹊径寻找通法.

当边数为偶数时,潘明财同学通过巧妙构造直角三角形的方法轻而易举地证明了命题正确,其证法如下.

证明 当 n 为偶数时,这 n 个顶点共构成 $\frac{n}{2}$ 对直径,当点 M 异于这些顶点时,点 M 与各顶点所成的 n 条线段与这 $\frac{n}{2}$ 对直径共构成 $\frac{n}{2}$ 个直角三角形,由勾股定理知,点 M 到各顶点的距离的平方和等于这 $\frac{n}{2}$ 个直角三角形的斜边的平方和,即

$$S_n = \frac{n}{2} \cdot (2r)^2 = 2nr^2$$

不难证明,当点 M 与某一顶点重合时,点 M 到各顶点的距离的平方和仍为 $2nr^2$.

余敦刚同学灵活运用向量知识并跨学科地运用物理知识对命题进行了严格证明,其证明过程如下.

证明 如图 5,设此正 n 边形为 $A_1A_2\cdots A_n$ 的中心为 O,点 M 是其外接圆上任意一点,则

$$S_n = \sum_{i=1}^{n} |MA_i|^2 = \sum_{i=1}^{n} (\overrightarrow{MO} + \overrightarrow{OA_i})^2 =$$

$$\sum_{i=1}^{n} (2r^2 + 2\overrightarrow{MO} \cdot \overrightarrow{OA_i}) =$$

$$2nr^2 + 2\overrightarrow{MO} \cdot \sum_{i=1}^{n} \overrightarrow{OA_i}$$

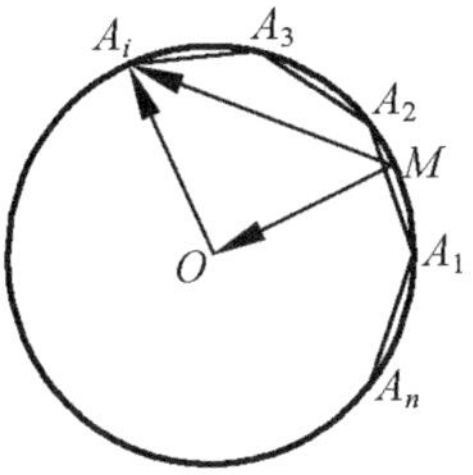

图 5

于是,要证 $S_n = \sum_{i=1}^{n} |MA_i|^2 = 2nr^2$,只需证 $\sum_{i=1}^{n} \overrightarrow{OA_i} = \mathbf{0}$ 即可. 而由物理力学知识知,作用点在正多形中心,大小相等方向指向各顶点的所有力的合力为零,即有 $\sum_{i=1}^{n} \overrightarrow{OA_i} = \mathbf{0}$,故命题结论正确.

下面我们再运用对称旋转结合分类讨论、化归转

化思想以及反证法对 $\sum_{i=1}^{n} \overrightarrow{OA_i} = \mathbf{0}$ 给出如下证明.

（1）当 n 为偶数时，设 $n = 2m$，因为正多边形的中心角为 $\dfrac{\pi}{m}$，所以

$$\langle \overrightarrow{OA_i}, \overrightarrow{OA_{i+m}} \rangle = \dfrac{\pi}{m} \cdot m = \pi$$

所以

$$\langle \overrightarrow{OA_i} + \overrightarrow{OA_{i+m}} \rangle = \mathbf{0}, i = m$$

所以

$$\sum_{i=1}^{n} \overrightarrow{OA_i} = \sum_{i=1}^{2m} \overrightarrow{OA_i} = \sum_{i=1}^{m} (\overrightarrow{OA_i} + \overrightarrow{OA_{i+m}}) = \sum_{i=1}^{m} \mathbf{0} = \mathbf{0}$$

（2）当 n 为奇数时，假设 $\sum_{i=1}^{n} \overrightarrow{OA_k} = \overrightarrow{OA} \neq \mathbf{0}$，将向量 $\overrightarrow{OA_1}, \overrightarrow{OA_2}, \cdots, \overrightarrow{OA_n}$ 绕点 O 逆时针旋转 $\dfrac{\pi}{n}$，得 n 个新向量 $\overrightarrow{OA'_1}, \overrightarrow{OA'_2}, \cdots, \overrightarrow{OA'_n}$，设 $\sum_{k=1}^{n} \overrightarrow{OA'_k} = \overrightarrow{OA'}$，则 $\langle \overrightarrow{OA}, \overrightarrow{OA'} \rangle = \dfrac{\pi}{n}$. 因为 $A_1, A'_1, A_2, A'_2, \cdots, A_n, A'_n$ 是边数为偶数的正多边形的顶点，由（1）知

$$\sum_{k=1}^{n} (\overrightarrow{OA_k} + \overrightarrow{OA'_k}) = \mathbf{0}$$

所以

$$\sum_{k=1}^{n} (\overrightarrow{OA_k} + \overrightarrow{OA'_k}) = \sum_{k=1}^{n} \overrightarrow{OA_k} + \sum_{k=1}^{n} \overrightarrow{OA'_k} = \overrightarrow{OA} + \overrightarrow{OA'} = \mathbf{0}$$

所以 $\overrightarrow{OA} = -\overrightarrow{OA'}$. 又因为 $\overrightarrow{OA} \neq \mathbf{0}, \overrightarrow{OA'} \neq \mathbf{0}$, 所以 $\langle \overrightarrow{OA}, \overrightarrow{OA'} \rangle = \pi$, 这与 $\langle \overrightarrow{OA}, \overrightarrow{OA'} \rangle = \dfrac{\pi}{n} < \pi$ 矛盾, 所以

$$\sum_{k=1}^{n} \overrightarrow{OA_k} = \mathbf{0}.$$

参 考 资 料

[1] 邹生书. 三角恒等式的多种证法. 中学生数学, 2008(6).

附录四 Riemann 猜想与调和级数

调和级数是音乐和建筑有关的 Riemann ζ 函数最简形式.

英国著名数学家 Michael Atiyah 曾在 2018 年 9 月 24 日的论坛大会上公布一个关于 Riemann 猜想的"简单证明".

生于 20 世纪 80 年代之前的人估计都熟悉陈景润, 也熟悉"数学皇冠上的明珠" Goldbach 猜想. Goldbach 猜想于 1742 年提出, 到现在已经过去了 270 多年, 是数论中悬而未决时间最久的问题, 而 Riemann 猜想由德国数学家 Riemann 于 1859 年提出, 到今天也已经有 160 多年了, 虽然时间上来说不如 Goldbach 猜想长, 但它和 Goldbach 猜想一样也属于数论这顶数学皇冠上的一颗明珠. 在新世纪之初的 1900 年, "武林盟主"——德国数学家 Hilbert 放眼整个数学界, 在第二届国际数学家大会上提出了著名的 23 个 Hilbert 问题, Riemann 猜想、Goldbach 猜想和孪生素数猜想一起构成了其中的第八个问题. 到今天为止, Hilbert 的 23 个

问题大多数都得到了解决,但关于第八个问题中的三个猜想,人类尚未找到答案.

至于Riemann猜想有多难,可以通过这几个逸闻体会一下.

尽管"盟主"一口气提出了23个问题,但Hilbert本人似乎对Riemann猜想的证明最感兴趣. 有传闻说Hilbert在晚年时曾经感叹,如果他能够在沉睡一千年后再次醒来,他问世人的第一个问题就是Riemann猜想是否已经得到了证明. 如果Atiyah没有欺骗我们,那么Hilbert只沉睡了不到80年.

那么Riemann猜想这颗数学皇冠上的明珠究竟是个什么样子?

Riemann猜想,即除去平凡零点以外,Riemann ζ函数在复平面上的其他零点的实数部分为$\frac{1}{2}$.

其实,Riemann ζ函数本身的数学表达并不复杂

$$\zeta(s) = \sum_{n=1}^{\infty} \frac{1}{n^s}$$

我们来看看ζ函数的一个最简单的形式,即$s=1$时的ζ函数形式.

$$\zeta(1) = 1 + \frac{1}{2} + \frac{1}{2} + \frac{1}{3} + \cdots$$

对于高年级的孩子来说,这个式子应该是比较熟悉的,它就是著名的调和级数.

调和级数,英文中叫作harmonic series,名字来源于泛音系列,即一个振动琴弦的波长以及弦长分别为其1/2,1/3,1/4,⋯ 时的波长的系列. 之所以叫调和级数,想必最开始研究它的人认为这些波长的振动叠加起来发出来的声音是非常和谐和悦耳的,所以才把它

冠以 harmonic 的名字.

不过事实上,并不是每一个泛音波长振动出来的声音都那么好听.在随后的研究中,人们发现,波长为 1/2,1/3 和 1/4 时其声音还是蛮动听的,但更短的一些波长带来的声音难以入耳.但调和级数的名字已经木已成舟,再把 harmonic 去掉似乎也没有必要.

在现在的音阶中,每高八度,其波长相应减半,其频率相应加倍;相反,每低八度,其波长相应加倍,而频率相应减半.以标准 A 音(低音 la)来说,其频率为 440 Hz,而中音 la 其频率为 880 Hz,高音 la 其频率为 1 760 Hz.

我们也知道,从 do 到 ti,一共有 7 个全音音阶,再加上 do - re 之间、re - mi 之间、fa - so 之间、so - la 之间和 la - ti 之间一共 5 个升调/降调半音音阶,每一个"高八度"音程一共有 12 个半音.在钢琴键盘上来看,就是 7 个白键和 5 个黑键.

因为每"高八度"声音的频率加倍,所以在这 12 个半音中,对于每一对相邻的半音,其中较高音频率是较低音频率的 2 的 1/12 次方倍,即大约 1.059 倍.这样使得从低音 do(261.63 Hz)到中音 do(523.25 Hz),一共经过 12 个半音,其频率倍数等于 12 个 2 的 1/12 次方相乘,即 2 倍.如表 1.

除了音乐,调和级数还和建筑有关.

记得有人曾经用简单的语言总结过欧洲五大建筑风格的特点,说到古罗马风格的建筑,其主要特点就是拱门和圆顶.

比如面额为 5 欧的欧元纸币,其背面展示的就是古罗马风格的多拱结构桥梁.

表 1

	音阶	频率/Hz
低音	C	261.63
低音	C#,Db	277.18
低音	D	293.66
低音	D#,Eb	311.13
低音	E	329.63
低音	F	349.23
低音	F#,Gb	369.99
低音	G	392.00
低音	G#,Ab	415.30
低音	A	440.00
低音	A#,Bb	466.16
低音	B	493.88
中音	C	523.25
中音	C#,Db	554.37
…	…	…

在人类文明之初,建造拱门和圆顶这类的建筑还是很有难度的,因为跨度大、缺少直接支撑,这里面涉及的力学问题很多. 在真正的拱门出现之前,人类在古希腊和玛雅时期,更多地是建造叠涩拱. 在维基百科中,下图很好地解释了真拱和叠涩拱之间的区别.

图 1 左边是真拱,图 1 右边是叠涩拱. 可以看到,真拱的砖块是首尾相接、以弧线形式搭在一起的结构;而叠涩拱的砖块则是水平相叠,类似于在一堵砖墙中

"切出"一个拱门来.

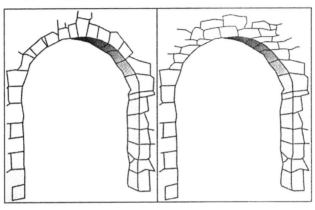

图 1

小时候玩过积木的人都知道,如果我们把一块积木叠在另一块上面,那么上面这一块积木最多能多伸出 1/2 的长度来,如图 2.

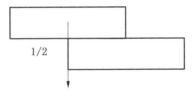

图 2

道理很简单,上面一块积木的重心可以恰好放在下面一块积木的边缘上.

如果我们再在下面垫上一块积木,使得第 1 块积木重心产生的扭矩和第 2 块积木重心产生的扭矩相等,这时伸出来的长度为 1/4,如图 3.

继续来第 4 块积木,此时第 1 块和第 2 块积木的共同重心产生的扭矩和第 3 块积木重心产生的扭矩相

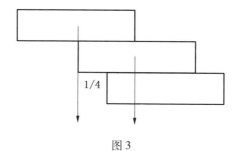

图 3

等,因为重量比为 2∶1,所以距离比为 1∶2,即伸出来的长度为 $1/3 \times 1/2 = 1/6$,如图 4.

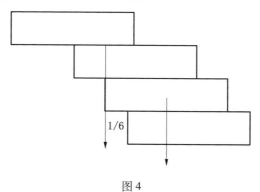

图 4

如此下去,可以发现以最下面一块积木为基准,前面所有积木伸出来的长度之和为 $1/2 + 1/4 + 1/6 + 1/8 + \cdots$,即调和级数之和的一半. 半个拱门建造完毕.

作为一个常识,大多数人早已知道,调和级数是发散的,即调和级数之和趋向于无穷大. 所以假设我们手头上的积木足够多,搭积木的孩子手足够巧,那么按照上述方法一直搭下去,拱门最上面的那块积木离最下面的那块积木在水平方向上距离就可以足够远.

第三部分　Riemann 函数面面观

附录五　大"地震"还是大乌龙？
直击 Riemann 猜想证明现场！

菲尔兹奖和阿贝尔奖得主、英国皇家学会前主席、著名数学家 Atiyah 爵士在海德堡获奖者论坛上宣讲自己对于 Riemann 猜想的证明.

THE RIEMANN HYPOTHESIS

MICHAEL ATIYAH

1. INTRODUCTION

In my Abel lecture [1] at the ICM in Rio de Janeiro 2018, I explained how to solve a long-standing mathematical problem that had emerged from physics. The problem was to understand the fine structure constant α.

The full details are contained in [2] which has been submitted to proceedings A of the Royal Society. The techniques developed in [2] are a novel fusion of ideas of von Neumann and Hirzebruch. They are sophisticated and powerful, based on an infinite iteration of exponentials, while having an inherent simplicity.

Attacking the mystery of α was the motivation, but the power and universality of the methods indicated that they should solve other hard problems, or at least shed new light on them if they are insoluble. In expanding my Abel Lecture for the ICM Proceedings I speculated that the techniques of [2] might lead to the new subject of Arithemtic Physics.

The Riemann Hypothesis RH is the assertion that $\zeta(s)$ has no zeros in the critical strip $0 < \mathrm{Re}(s) < 1$, off the critical line $\mathrm{Re}(s) = \frac{1}{2}$. It is one of the most famous unsolved problems in mathematics and a formidable challenge for the programme envisaged in [1]. I believe it will live up to this challenge, and this paper will provide the proof.

The proof depends on a new function $T(s)$, the Todd function, named by Hirzebruch after my teacher J. A. Todd. Its definition and properties are all in [2] but, in section 2, I will review and clarify them. In section 3 I will use the function $T(s)$ to prove RH. In section 4, entitled *Deus ex Machina*, I will try to explain the mystery of this simple proof of RH. Finally, in section 5, I will place this paper in the broader context of Arithmetic Physics as envisaged in [1].

2. THE TODD FUNCTION

In this section I summarize the properties of the Todd function $T(s)$, constructed [2].

T is what I will call a weakly analytic function meaning that it is a weak limit of a family of analytic functions. So, on any compact set K in $\mathbf{C}$, T is

analytic. If K is convex, T is actually a polynomial of some degree $k(K)$. For example a step function is weakly analytic and, for any closed interval K on the line, the degree is 0. This shows that a weakly analytic function can have compact support, in contrast to an analytic function. Weakly analytic functions are weakly dense in L^2 and in their weak duals. They are well adapted for Fourier transforms on all L^p spaces. They are also composable: a weakly analytic function of a weakly analytic function is weakly analytic.

Define $K[a]$ to be the closed rectangle

2.1 $\quad \left[\operatorname{Re}\left(s-\frac{1}{2}\right)\right] \leqslant \frac{1}{4}, [\operatorname{Im}(s)] \leqslant a$

Then, on $K[a]$, T is a polynomial of degree $k\{a\} = k(K[a])$.

This terminology is formally equivalent to that of Hirzebruch [3], with this Todd polynomials. But Hirzebruch worked with formal power series and did not require convergence. That was adequate for his applications which were essentially algebraic and arithmetic, as the appearance of the Bernoulli numbers Later showed.

However, to relate to von Neumann's analytical theory it is necessary to take weak limits as has just been done. This provides the crucial link between algebra/arithmetic and analysis which is at the heart of the ζ function.

This makes it reasonable to expect that RH might

emerge naturally from the fusion of the different techniques in [2].

I return now to other properties of $T(s)$ explained in [2]:

2.2 T is real i.e. $T(\bar{s}) = \overline{T}(s)$.

2.3 $T(1) = 1$

2.4 T maps the critical strip into the critical strip and the critical line into the critical line.

(This is not explicitly stated in [2] but it is included in the mimicry principle 7.6, which asserts that T is compatible with any analytic formula, so in particular

$$\operatorname{Im}\left(T\left(s - \frac{1}{2}\right)\right) = T\left(\operatorname{Im}\left(s - \frac{1}{2}\right)\right)$$

The main result of [2], identifying α with $\frac{1}{ж}$, was

2.5 on $\operatorname{Re}(s) = \frac{1}{2}$, $\operatorname{Im}(s) > 0$, T is a monotone increasing function of $\operatorname{Im}(s)$ whose limit, as $\operatorname{Im}(s)$ tends to infinity, is ж.

As was noted above, on a given compact convex set, the Todd polynomials stabilized as the degree increases. In [3] Hirzebruch expressed this stability in the form of an equation:

2.6 if f and g are power series with no constant term, then

$$T\{[1 + f(s)][1 + g(s)]\} = T\{1 + f(s) + g(s)\}$$

Remark. Weakly analytic functions have a formal

expansion as a power series near the origin. Formula 2.6 is just the linear approximation of this expansion (more precisely this is on the banched double over of the complex s-plane given by $\sqrt{s}$). This imples

2.6 $T(\sqrt{s}) = \sqrt{T(s)}$ or

2.7 $\sqrt{T(1+s)} = T\left(1 + \dfrac{s}{2}\right)$

which gives us the uniform constatnt $\dfrac{1}{2}$ needed in 3.3 of section 3.

3. THE PROOF OF RH

In this section I will use the Todd function $T(s)$ to prove RH. The proof will be by contradiction: assume there is a zero b inside the critical strip but off the critical line. To prove RH, it is then sufficient to show that the existence of b leads to a contradiction.

Given b, take $a = b$ in 2.1 then, on the rectangle $K[a]$, T is a polynomial of degree $k\{a\}$. Consider the composite function of s, given by

$$F(s) = T\{1 + \zeta(s+b)\} - 1$$

From its construction, and the hypothesis that $\zeta(b) = 0$, it follows that

3.2 F is analytic at $s = 0$ and $F(0) = 0$.

Now take $f = g = F$ in 2.6 and we deduce the identity

3.3 $F(s) = 2F(s)$.

Since **C** is not of characteristic 2, it follows that

$F(s)$ is identically zero. 2.3 ensures that T is not the zero polynomial and so it is invertible in the field of meromorphic functions of s. The identity $F(s) = 0$ then implies the identity $\zeta(s) = 0$. This is clearly not the case and gives the required contradiction.

This completes the proof of RH.

The proof of RH that has just been given is sometiems referred to as the search for the first Siegel zero. The idea is to assume there is a counterexample to RH, study the first such zero b, and hope to derive a contradiction.

This is exactly what we did. Using the composite function $F(s)$ of 3.1 with a zero at b, off the critical line, we found another zero b' which halves the distance $\left| s - \dfrac{1}{2} \right|$ to the critical line. Continuing this process gives an infinite sequence of distinet zeros, converging to a point (on the critical line). But an analytic function which vanishes on such an infinite sequence must be identically zero. Applying this to $F(s)$ (using 2.8 now instead of 2.6) shows that $F(s)$ is identically zero and this then leads to a contradiction as argued in the last few lines after 3.3.

Remark. This Siegel version of the proof can be viewed as a renormalized version of Fermat's proof of infinite descent. As is well known, the Fermat descent may not improve on the hypothetical solution. But our use of the Hirzebruch/von Neumann process of infinite ascent cancels the Fermaat descent and enables us to derive a contradiction. What is crucial to make this work is establishing a uniform inequality. In our case the uniform factor is the $\frac{1}{2}$ that appears in 2.8.

4. DEUX EX MACHINA

The proof of RH in section 3 looks deceptively easy, even magical, so in this section I will look behind the scenes and explain the magic. Clearly the function T is the secret key that unlocks the doors, so I must explain its secret.

In [1] I fused together the algebraic work of Hirzebruch, as summarized above, and the analytical work of von Neumann, enabling me to get the best of both worlds. In brief the merits of the two worlds are:

4.1 Hirzebruch worked with explicit polynomials T

4.2 von Neumann worked with the unique hyperfinite factor A.

Von Neumann's work is clearly deep since A is constructed by an infinite limit of exponential operations. Hirzebruch's work is deceptively simple, like that of all good magicians. But look carefully behind the scenes and it becomes clear that here too there is an infinite limit of exponentials. This time the limit is given by a sequence of discrete steps and the process is formal and algebraic. There is more detail in section 4 of [1].

The fusion between the work of Hirzebruch and that of von Neumann involves a passage from the discrete to the continuous, the transition from algebra to analysis. Although eplained in [2], the new presentation in section 2 of this paper makes it clearer. The notion of a weakly nalytic function captures the essence of the fusion.

I hope this brief eplanation shows why the new technique is both powerful and natural. It should also have removed the mystery behind the short proof of RH.

In the final section 5 I will put this paper into the general context of Arithmetic Physics envisaged in [1].

5. FINAL COMMENTS

In this final section I will comment on possible future developments in Arthmetic Physics. These comments are on two levels.

At the first level there are firm expectations. At the second level there are speculations.

Starting with the first level, some comments on RH. Using our new machinery, RH and the mystery of α, were solved. But RH was a problem over the rational field $\mathbf{Q}$, and there are many generalizations to other fields or algebras. I firmly anticipate much work in this direction.

There are also logical issues that will emerge. To be explicit, the proof of RH in this paper is by contradiction and this is not accepted as valid in ZF, it does require choice. I fully expect that the most general version of the Riemann Hypothesis will be an undecidable problem in the Gödel sense.

RH should be the bench mark for other famous problems in mathematics, such as the Birch-Swinnerton Dyer conjectures. I expect most cases will be undecidable.

I now pass to the second level. Following the example of α, and the more difficult case of the Grawitational constant G (see 2.6 in [2]), I expect that mathematical physics will face issues where logical undecidablility will get entangled with the notion of randomness.

In 4-dimensional smooth geometry I expect the famous $\frac{11}{8}$ conjecture of Donaldson theory will prove to be undecidable, as will the smooth Poincare conjecture.

REFERENCES

[1] ATIYAH M F. Arithmetic Physics. Proceedings of ICM Rio de Janeiro, 2018.

[2] ATIYAH M F. The Fine Structure Constant. submitted to Proc. Roy. Soc. A., 2018.

[3] HIRZEBRUCH F. Topological methods in algebraic gometry (with appendices by R. L. E. Schwarzenberger, and A. Borel). Springer, 1966.

证明过程的主干每个高中生都能理解,用的反证法.假设 Riemann 猜想不成立,在临界带中找一个不在临界线上的零点 b,然后利用他那神奇的 Todd 函数 $T(s)$ 构造新的一个函数 $F(s)$,得到 $F(2s)=2F(s)$,推出 F 是常值零函数.从而 Riemann ζ 函数是零函数,矛盾.

这个思路和宣讲开始前网上就披露的 PDF 论文一模一样,不过有的细节不同.比如论文中引出的矛盾点是 $F(s)=2F(s)$,而不是上一段的 $F(2s)=2F(s)$,我们暂且理解成笔误.关键是那个 Todd 函数具体是什么,仍然不明就里——即便网上有篇据说是 Atiyah 写的关于 Todd 函数的论文,但里面的 Todd 函数的定义依旧不明确——至少从数学意义上来说是不明确的,它依赖于某个物理常数.

更有网友指出,Atiyah 的这篇论证,引用了一个他自己的错误结论.而这个错误,在他一次学术演讲中,台下的听众当场指出了.

此外,关注科学传播的"潇轩社"也做出了简短的解读,并对 Atiyah 的论文提出了疑问,看来数学界是否真的大"地震",还需要等待时间的检验.

对于这场数学界的震动,网友们也是不甘落后,积极讨论.

从物理学角度试图证明 Riemann 猜想的文章网上一搜一大堆,其中不乏著名数学家,当然偶尔也会有些洞见(譬如非平凡零点的关联与量子物理的关系就是个极佳的例子,但也仅仅是启发而已).

他在文章中提出了一个弱解析 Todd 函数,并且这个函数的某种极限他假定等同于物理学中的精细结构常数 α 的倒数. 这是他文章的一个基础,所以这篇文章并非一个完备的证明,只能说是个框架,而且根基还是虚无缥缈的,根本称不上证明.

网上对 Atiyah 爵士的证明众说纷纭,未来的时间里,人们也会讨论这个证明的更多细节,直到该领域的主要专家承认或者否定这个证明.

附录六　Riemann 猜想:证明过程解读

Atiyah 被誉为当代最伟大的数学家之一,1966 年荣获菲尔茨奖,2004 年与 Singer 共同获得 Abel 奖.

Riemann 猜想是德国数学家 Riemann 在 1859 年提出的,也是猜想界皇冠,多年来吸引了许多数学家为之绞尽脑汁.

千禧年之际,美国克雷研究所提出 7 个世纪性的数学难题,并为能解决问题的科学家设置了 100 万美元奖金,Riemann 猜想就是其中之一.

在预印本放出之后,潇轩社做了一个简短的解读:

Atiyah 关于 Riemann 猜想的论文发表了,在预印本文库. 全文很短,只有 5 页.

在这个论文的引言部分,Atiyah 说他希望理解量子力学中的无量纲常数 —— 精细结构常数.

这让人很震惊,因为精细结构常数大约等于 $1/137$,刻画的是电磁相互作用的强度. 比如在氢原子中,我们大致可以说电子绕原子核的速度是 $1/137$ 再乘上光速.

这个东西物理学家已经理解的很深了.

随后,Atiyah 指出,理解精细结构常数只是最初的动机.在这个过程中发展出来的数学方法却可以理解 Riemann 猜想.

随后,Atiyah 谈到了 Riemann 猜想.他说在他的证明过程中,他引入了一个新的函数,这个函数叫作 Todd 函数.这个 Todd 是他的导师.

据 Atiyah 说,Todd 函数是一个弱解析函数……中间过程不好理解,我就先不说了.

最后,在论文的最后,Atiyah 说,精细结构常数与 Riemann 猜想,用他的方法,已经被解决了.当然他只解决了复数域上的 Riemann 猜想,有理数域上的 Riemann 猜想,他还需要研究.另外,随着 Riemann 猜想被解决,Atiyah 认为,BSD 猜想也有希望被解决.当然,现在 Atiyah 认为,引力常数 G 是一个更难理解的常数.

这就是 Atiyah 论文的大概意思.

而在提到关于证明 Riemann 猜想的具体细节时,Atiyah 爵士并未做出证明的全部工作,其思路基于一个物理上未被完全证明的常数,而更多是就自己未竟的事业向数学界的后辈们提出了四点建议.首先,要运用如今最强大的工具,这里的工具不仅限于数学工具,还包括超级计算机甚至是量子计算机,还有其他领域,例如物理学界、逻辑学界等的工具;其次,借鉴其他著名猜想,不管是证明了的还是未证明的;其三,需要判断哪些难题是能够高效率完成计算的;最后,Atiyah 爵士觉得 RH 已经是很难的一个猜想了,证明出其一部分就已经很了不起了,他希望数学界的后辈们能权衡一下，哪些 Riemann 猜想的方面是我们有时间完成的，做出决定就无悔地去做吧！

　　Atiyah 爵士称，他关于精细结构常数的相关论文已投稿至 Royal Society.

　　介于这篇文章目前还未经过同行审议，一些学者对他的推演过程存疑；同样，也有学者对此次 Riemann 猜想的证明过程质疑. 当然，还一些学者认为，Atiyah 爵士的思路或为后续 Riemann 猜想证明提供了一种新思路.

　　Atiyah 结束演讲的时候，掌声是热烈的. 但在数学里，再热烈的掌声都不及专家们苛刻的审稿意见来的权威. 数学里，这些专家从来都是挑剔的，无论你之前有多少成就，论文内容就是承认你工作的唯一指标. 数学里，更为残酷的是，哪怕你有 500 页的论文，只需要一行的错误就可以否定你的全部.

　　未来的时间里，人们也许会催促、等待这个证明的更多细节，甚至，讨论班、答辩会纷至沓来，直到该领域的主要专家承认或者否定这个证明 —— 这是最好的发展轨迹，也有可能，作者永远不公布细节、不解释，从而石沉大海.

附录七　数学界大"地震"：
证明 Riemann 猜想的 5 页论文已发布！

　　著名数学家 Michael Atiyah 公开了他为 Riemann 猜想做的"简洁证明"，论文长度总共 5 页. 借助量子力学中的无量纲常数 α(fine structure constant)，Atiyah 声称解决了复数域上的 Riemann 猜想.

读了这个论文,我倒是很平静.因为论文太短,而且充满了物理味道.

其实,我还是想知道,Riemann 猜想中为什么出现一个固定的常数 1/2 在 Riemann 猜想中,我们看到非平凡零点的实部都等于 1/2,这是一个让人很意外的常数.

虽然我们可以从一个简单的对称关系中看出为什么会出现 1/2.
$$1 - s = s$$
所以
$$s = \frac{1}{2}$$

但是,1/2 为什么那么特殊?这个数字有什么对称性吗?体现了什么周期性吗?好像都没有.如果我们用物理学的眼光来看,我们会觉得 1/2 这个数是特殊的.(不是很好理解为什么上帝要特别选择这个数字来作为 Riemann 猜想的答案?为什么不选 1/3 或者 1/7?难道是因为 2 是第一个素数吗?)在我看来 1/2 它不具备那种"广义协变性".

如果在 Riemann 猜想中,出现的常数不是 1/2,而是圆周率,那会让我觉得这个事情要优美一些.现在出现的却是 1/2,这无疑让人觉得 Riemann 猜想不是一个涉及宇宙本质的猜想,而仅仅是一个比较粗糙的数学半成品.宇宙中可能还存在比 Riemann 猜想更基础、更重要的数学现象.

附录八　Riemann 猜想证明：
现场问答陷尴尬，学界评价悲观

一场盛况空前的宣讲引爆了数学圈，89 岁的 Atiyah 爵士对 Riemann 猜想的证明吸引了全球的关注. 也因为关注人数过多，现场直播"车祸"不断：官方直播崩溃，组织方不得不改用手机直播. 前期的手机直播质量奇差，声音和 PPT 内容都不清晰，导致一些读者（包括我们）漏掉了许多内容.

几小时后，Heidelberg Laureate Forum 2018 官方终于在 YouTube 上放出 Atiyah 爵士的高清演讲视频，短短数个小时已经有近 5 万次观看.

关于 Atiyah 爵士的证明

Riemann 猜想关注的是素数分布的问题，而素数指的是在大于 1 的自然数中，除了 1 和该数自身外，无法被其他自然数整除的数. 之所以素数这么重要，是因为它在密码学中有非常广泛的应用，我们需要很大的素数作为分解质因数的元素才能保护信息. 但是很快人们就发现，素数是没有分布的，也就是说，我们无法根据某个分布寻找非常大的素数，素数是随机的.

如果 Riemann 猜想被证明是正确的，那么它就表明素数没有什么突出的规律，也就是说它们几乎具有均匀的随机性. 如果 Riemann 猜想得到证明，它可以说是验证了从 1 到 n 中平均有 $N/\ln(N)$ 个素数，因此素数基本上是按照 $N/\ln(N)$ 的均匀分布. 注意这里的 $N/\ln(N)$ 只是代表我们机器学习中常见的数学期望，并不能说确切地等于 $N/\ln(N)$ 个素数. 总之如果

Atiyah 证明了 Riemann 猜想,那么素数还必须服从大数定理,这可能对于统计学和机器学习的研究能有一些帮助.

  Atiyah 的证明从理解物理学中的精细结构常数 α 出发,并发现依靠新的函数 $T(s)$(也就是 Todd 函数),我们可以解决或至少为解决各种广泛的问题提供新方向,包括 Riemann 猜想. 在整个演讲中,Atiyah 首先介绍了复数的不可交换延伸:四元数(Quarternions)、复数、扩展 Euler 公式到四元数(Euler-Hamilton 公式)这些基础概念,它们是进一步提出新工具和证明方法的前提.

  随后 Atiyah 重点介绍了证明 Riemann 猜想的核心新工具,即 Todd 多项式函数,借助这一函数与指数的无限迭代,我们可以理解精细结构常数 α 并尝试最终的 Riemann 猜想证明. 其中精细结构常数 α 是物理学中的无量纲常数,它展示了原子物理学中原子谱线分裂的样式.

  对于证明 Riemann 猜想的核心 Todd function $T(s)$ 函数,Atiyah 在文档中给出了一些有趣的属性:

  (1) T 是实数,即 $T(s^-) = T(s)^-$;(2) $T(1) = 1$;

  (3) T 会将临界带映射到临界带,临界线映射到临界线.

  Atiyah 将 Todd 函数称为弱解析函数,这意味着它是解析函数族的弱限制. 所以对于任何复数中的紧致集 K,T 都是解析的. 如果 K 是凸集,那么 T 是自由度为 $K(k)$ 的多项式函数. Todd 函数同样是复合的,即弱解析函数的解析函数还是解析函数.

  在 Atiyah 爵士 45 分钟宣讲结束后,组织方安排了

第三部分 Riemann 函数面面观

问答环节.但人气爆棚的现场到了问答环节却一度陷入尴尬:主持人强调不要害羞、大胆提问,但却无人应答,Atiyah 爵士唯有扬手"come on".

冷场近一分钟,一位来自人工智能领域,非数学背景的人提出了第一个问题:是否解决了 Riemann 猜想?

Atiyah 回应说:"这是由你的逻辑决定的.原始的 Riemann 猜想我是证明了,除非你是那种不接收反证法的数学家."

他表示,人们倾向于接受直接事实,但我们的一些定理是反证法证明的,所以我认为我可当此荣誉.但他也补充说,其证明没有解决所有问题,后续还有很多问题,自己只是走了第一步(第一步就是解决方案),现在可以退休了.

第二个问题:什么时候可以查看公开证明?

Atiyah 表示,其实他已经写了多篇论文,最长的一篇是关于精细结构常数.但发表不易,因为到了他这个年纪,人们(杂志)就不再发表他的论文.

但论文是可以看到的.一份是关于精细结构常数的,另一份正是流传的"5 页预印版"论文.

Atiyah 爵士也解开了这两份论文为什么用谷歌文档这样不正式的方式传播,"我甚至提交到了 arXiv 上,但它们不接收."

第三个问题:你曾说没人相信 Riemann 猜想的任何证明,因为没人证明了它.你认为人们会相信你吗?或者说你不在乎?

Atiyah 说他确实在乎相信此证明的人,因为有人曾说过数学或者科学一般涉及两个步骤:创造与传播.

如果你不宣传自己的想法,就没人知道.

此外,一般人们不相信证明可能是因为它是全新的想法.

学界反应悲观

在 Atiyah 的简短证明播出之后,学界对此评价稍显冷淡. 人们纷纷表达了对于证明 Riemann 猜想的悲观看法,同时也表示了对 Atiyah 以往巨大贡献的尊敬. 无论如何,这种复杂的感情似乎在告诉数学圈外的我们:人类距离搞清楚这一"世纪猜想"还有一段距离.

"他在演讲中所展示的内容几乎不可能成为能够证明 Riemann 猜想的任何证据",来自挪威科技大学的经济学家 Jörgen Veisdal 表示,他此前也曾研究过 Riemann 猜想,"他的证明太过模糊,也太不具体了". Veisdal 表示,他还需要更仔细地研究目前的证明,以得出更加明确的判断.

Science 杂志的工作人员在这位著名数学家演讲后联系到了他的几位同事. 他们对于当事人给出的、基于不可靠关联而得出的结论感到担忧,并表示这次证明 Riemann 猜想的努力最终未能成功. 但目前,因为顾及情分,还没有同事或学生愿意公开提出批评.

加州大学河滨分校(University of California, Riverside)的数学物理学家 John Baez 是少数几个愿意对 Atiyah 的主张发表批评意见的人之一. "该证明只是将一个大胆的主张叠加在另一个之上,没有任何关联的论证和真正的证据." Baez 说道.

对于各方的批评,Atiyah 早有预料. 他在演讲之前的一封电子邮件中就表示:"演讲的观众中会有睿智的年轻学者,以及经验丰富的老科学家. 我要做的是把自己抛入狮群之中,希望能够全身而退."

在数学论坛 Math Overflow 上,人们对于 Atiyah 爵士的证明也普遍持悲观态度. Todd Trimble 表示:"在过去的 50 多年里,Atiyah 为数学界所做的贡献无人能出其右,但今天他的证明'甚至不能说它是错误(not even wrong)'. 正是出于这个原因,鉴于他的划时代贡献,他应该获得足够的尊严."

也就是说,一些学者认为 Atiyah 的证明思路成功的概率很低,同时也没有经过完整的证明(至少目前还没有公开细节),从而谈不上探讨正确与错误.

又有知乎网友称,清华大学数学系前系主任肖杰在一节代数课上对 Atiyah 的证明给出了自己的评价:"如果他那是对的,数学就完蛋了."

尽管如此,人们还是表达了对于这位"第二次世界大战后最强数学家"的敬仰之情:"He's still my hero."

附录九　丘成桐教授对 Atiyah 爵士证明 Riemann 猜想的评论

著名数学家 Atiyah 爵士在德国海德堡获奖者论坛(Heidelberg Laureate Forum)的演讲上表示他证明了 Riemann 猜想,以下为丘成桐教授就此事答复新浪记者提问.

首先说明,我不是数论或是 Riemann 函数的专家. 我只能从我自己的经验来回答你的问题.

我问过一批专家,大家都说这篇文章没有提供一般数学家要求的严格性的定理证明.

我本人认为数学家在宣布解决一个大问题前,需要找一些专家验证所有的步骤,然而我相信 Atiyah 教授并没有这样做.

至于 fine structure 常数这个问题是物理学中极为基本的问题,有些人认为它不是常数,随着能量大小来改变.况且 Atiyah 教授的论点极为牵强,看不到它的物理或数学上的意义.关于他发表的证明部分,T 函数极为重要,但是他没有仔细描述他的 T 函数,这个 T 函数是否存在是一个重要的问题.看来他是希望它存在,然后用它来证明 Riemann 猜想,就是说 Riemann ζ 函数的主要零点都在 $\mathrm{Re}(s)=1/2$ 的线上.

不过要证明 Riemann 猜想,必须要用到 Riemann ζ 函数的重要结构,它和素数的结构有密切关系,作者却没有告诉我们他如何应用到这些结构!

至于说这个证明会彻底改变密码学,那是因为有人要"语不惊人死不休",这个由他!

但是解决 Riemann 猜想的结果,会对素数的结构和分布得到深度的了解,最后对 RSA 密码的研究会有影响是毋庸置疑的事情,至于如何达成这个目标,和证明或反证明的方法都有密切关系,所以现在不好说.

几十年来,很多数学家都想从物理学得到清新的解决 Riemann 猜想的想法,举例来说,Hilbert 和 Weyl 等人都是在物理上有巨大贡献的大数学家,对数论也做了很重要的工作,都还没有从物理理论中找到解决 Riemann 猜想正确的途径.

总的来说,能够让老百姓知道数学的基本知识,当然是好事. 但是希望有学者将 Riemann ζ 函数解释清楚,让一般人了解它的重要性就不错了.

有时候不完备的证明也会带有启发能力,但是我还没有看到这篇文章的启发能力.

我在 1971 年就认识 Atiyah 教授,大家都很佩服他在拓扑学、几何学和数学物理的深入贡献,我和他一直有来往,在我的著作中,也用过他和 Singer 的指标定理,这些定理绝对是极有深度的学问. 但是我和 Singer 有更多来往,Singer 长期在 MIT(麻省理工学院),在哈佛大学旁边,他在微分方程、算子代数、数学分析方面极为熟悉,他和 Singer 学问互补,他们的合作极为成功. 我很尊敬他们.

附录十　如何以初中数学解释 Riemann 猜想?

Michael Atiyah 是一位严肃的数学家,Riemann 猜想也是一个很重要的猜想. 在科学界,任何一个著名的理论、定理、猜想,都会受到来自"民间科学家"的挑战和征服,而 Riemann 猜想遭受到的攻击,应该是比起 Goldbach 猜想或是 Fermat 大定理要少得多,这其中最主要的原因大概就是:Riemann 猜想比那两个更艰涩.

而事实上,如果排除了一些技术细节,Riemann 猜想是非常好懂的. 任何会加减乘除的人,都可以对 Riemann 猜想有一个粗浅的概念,对于一个初中生来说,理解的障碍也只来源于"复数"的概念.

我们从这个最简单的式子开始
$$1 + 2 + 3 + 4 + \cdots$$

一眼看上去,我们就能够知道,它的结果会是非常大的一个数,有人管这个式子的结果叫"无穷". 我们把它稍微变复杂一点,比如,取每一个数的倒数
$$1 + \frac{1}{2} + \frac{1}{3} + \frac{1}{4} + \cdots$$

在上面这个式子中,相加的每一项会越来越小,其和会是多少呢?这些数如果一直加下去,结果也会变得非常大:无论预先指定一个多么大的数,这个式子加着加着总会超过这个数. 这一点的证明并不难

$$1 + \frac{1}{2} + \frac{1}{3} + \frac{1}{4} + \frac{1}{5} + \frac{1}{6} + \frac{1}{7} + \frac{1}{8} + \cdots >$$
$$1 + \frac{1}{2} + \frac{1}{4} + \frac{1}{4} + \frac{1}{8} + \frac{1}{8} + \frac{1}{8} + \frac{1}{8} + \cdots =$$
$$1 + \frac{1}{2} + \frac{1}{2} + \frac{1}{2} + \cdots$$

这个证明相信并不难懂:只要这个式子一直列下去,就会一直加进来无穷多的 1/2.

把它变得再复杂一些,比如
$$1 + \frac{1}{2^2} + \frac{1}{3^2} + \frac{1}{4^2} + \cdots$$

这个式子的值,就不能变得非常大了,利用与上面类似的证明方法,可以简单证明,这个式子的值不会超过2.

如果手头有计算器,又闲得手痒,不妨按一按算一算,它大概会等于这样一个数

1.6449340668482264364724151 66646……

事实上,令人感到神奇的是,这个式子的值竟然和圆周率有关系

$$1 + \frac{1}{2^2} + \frac{1}{3^2} + \frac{1}{4^2} + \cdots = \frac{\pi^2}{6}$$

数学家们当然不会满足于对这两个简单式子的求解,研究数学的一个常见的思维方式就是看看在更广的范围里,这个式子会变成什么样,比如,对于任意一个数s,这个式子又是什么样的

$$1 + \frac{1}{2^s} + \frac{1}{3^s} + \frac{1}{4^s} + \cdots$$

我们由前面的计算已经知道,当$s = 1$的时候,这个式子的结果是无穷大,当$s = 2$的时候,这个式子的结果是六分之圆周率的平方,当s是其他值的时候呢?

数学家们已经证明了,对于$s > 1$的情况,这个式子的结果都是一个有限的数.那么,当$s < 1$的情况,又是如何呢?

当$s = 0$时,由于任何数的0次方都是1,这个式子就变成了

$$1 + 1 + 1 + 1 + \cdots$$

当$s = -1$时,这个式子就变成了

$$1 + 2 + 3 + 4 + \cdots$$

显然,在 $s=0$, $s=-1$ 的时候,这个式子的结果都将是无穷大. 但是,如果我们不愿意满足于接受这个结果,而一定要给它一个有限的值,尽管看上去不是很合理,但是,在所有不合理的情况之下,一定要选一个"最合理"的值,应该是多少呢?

我们先放下这个问题,看图 1.

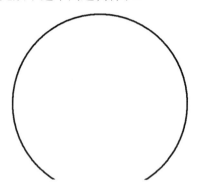

图 1

当面对这样一个图形,"最合理"的反应,大概是要补齐圆形,但也并非人人如此,有的人可能会想补成一个中国铁路的标志,或者别的什么东西.

在数学领域,这个"最合理"是有明确定义的,这个定义具体的规定已经超出了初中生的水平,不在这里展开说明,只提一下这个"最合理"的名字:"解析延拓". 在"解析延拓"的意义下,可以让 $s=1$, $s=0$, $s=-1$ 的情况下,原本是无穷大的值,都变成有限的数.

可能,有的人在帖子中见过这个式子

第三部分　Riemann 函数面面观

$$1 + 2 + 3 + 4 + \cdots = -\frac{1}{12}$$

所有自然数的和加起来竟然是负的十二分之一！而这个式子，正是"解析延拓"意义下的结果，这里的等号，也并非我们日常中所使用的等号，而是在特定数学意义下的等号。

这样的计算，并非是单纯无聊的数字游戏：在微观物理中，是有实际的实验场景与之对应的。而这正是数学的魅力：看似无用的数字游戏，在现实世界中都能找到对应物，甚至可以说，这个公式的现实意义，比一般的电影还要强。

有人还清晰或隐约记得，在高中课本中，我们学了复数、虚数，比如

$$\sqrt{-1} = i$$

我们回到这个式子

$$1 + \frac{1}{2^s} + \frac{1}{3^s} + \frac{1}{4^s} + \cdots$$

既然提到了虚数，有人可能会想到：如果 s 可能是虚数，这个式子又会变成什么样子？巧得很，数学家 Riemann 也想到了这个式子，他还给公式起了名字叫：Riemann ζ 函数

$$\zeta(s) = 1 + \frac{1}{2^s} + \frac{1}{3^s} + \frac{1}{4^s} + \cdots$$

早在 1740 年，Euler 曾经考虑过 s 是正整数的情况。

再后来，到了 1859 年，当中国的太平天国运动正在如火如荼，当英国哲学家约翰密尔出版了他的著作

On Liberty（论自由，严复译为《群己权界论》），数学家 Riemann 也在进行着他的思考：当 s 可以是复数的情况，会是怎样一种场景，他通过"解析延拓"的概念，把这个函数扩展到了 s 是全体复数的情况。

Riemann 想要解这个方程：$\zeta(s) = 0$。在"解析延拓"的意义下，数学家们知道：$s = -2, -4, -6, \cdots$ 时，$\zeta(s)$ "显然"为 0。也就是说，他们"显然"接受了这样一系列"等式"

$$1 + 2^2 + 3^2 + 4^2 + \cdots = 0$$
$$1 + 2^4 + 3^4 + 4^4 + \cdots = 0$$
$$1 + 2^6 + 3^6 + 4^6 + \cdots = 0$$
$$\vdots$$

再次强调一下，这些式子中的等号，是"解析延拓"意义上的等号，并非我们日常使用中的等号。

数学家们的这个"显然"，对于普通人来说，显然是太不显然了，但不管怎么说，数学家们既然认为是"显然"的，他们就把 $s = -2, -4, -6 \cdots$，称为 $\zeta(s) = 0$ 的"平凡解"。

既然有"平凡"，就有"不平凡"，那么，$\zeta(s) = 0$ 的"不平凡"的解又是什么呢？Riemann 猜想，如果 s 是一个"不平凡"的解，把复数 s 写成 $s = a + bi$ 的形式，那么，a 一定是 1/2。

Riemann 猜想，就是这么一回事：

Riemann ζ 函数的非平凡零点的实数部分是 1/2。

就这么简单。

附录十一　Riemann 猜想被 Atiyah 爵士证明了？数学家同行发出质疑：那甚至不能算是个错误！

Riemann 猜想要被证明了？

只怕这次离真正的证明还有一段距离.

德国柏林时间 2018 年 9 月 24 日上午 9 点 45 分，菲尔兹奖与阿贝尔奖双料得主、英国皇家学会院士 Michael Atiyah 爵士在德国海德堡举行的海德堡奖诺贝尔奖获得者论坛上，讲述了他对 Riemann 猜想的证明.

他声称，自己用了一个非常简单的反证法，就解开了天才数学家 Bernhard Riemann 于 1859 年提出，至今无人能证明的 Riemann 猜想.

就在论坛开始前不久，他还将论文的预印本发布在了网上. 这表明他不是仅仅以一个报告来博得眼球，而是已经有了实实在在的论文.

然而，令人意外的是，当大众欢呼雀跃于这数学王国中最难攻克的猜想得到证明时，真正的数学家们却非常淡然. 而在预印本出来之后，来自同行的负面评论越来越多，有人说他的所谓证明"甚至不能算是个错误".

究竟 Atiyah 爵士能否证明 Riemann 猜想？可能人们将再次接受失望.

Atiyah 爵士声明自己证明了久负盛名的 Riemann 猜想，并将在海德堡获奖者论坛上简单讲述证明过程. 这个消息立刻在大众中掀起了一股热潮：如果说，数学是人类智慧的皇冠,那么数论就是皇冠上的明珠,而Riemann猜想则是明珠上最难擦拭掉的那个斑点.

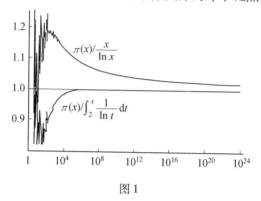

图 1

"如果数学世界只剩下一个难题,那么一定是Riemann猜想."中国科学技术大学数学系教授欧阳毅说,其实每隔几年,就会有人宣称证明了Riemann猜想,但结果都失败了.

他说,对于数学家而言,只看逻辑和推导,不看谁先声称证明了什么.所以,对于Atiyah的声明,同行几乎都持淡然的态度,"我们要看到论文,然后验证里面的每一个步骤和细节.如果完全正确,那就向他致以最崇高的敬意,他将是21世纪最伟大的数学家,没有之一!"

数学,就是这样一个只以成败论英雄的领域,不看权威,不论资历.以菲尔兹奖为例,其获奖者都是年轻人.比如今年的菲尔兹奖得主 Peter Scholze 就是1987年出生的,但他将代数与几何结合的工作,已被很多人跟进,有深远的理论意义.

预印本发布引来更多吐槽

就在89岁高龄的Atiyah爵士走上讲坛前不久,他关于 Riemann 猜想的预印本已在网上公布.

这说明,他是真的认为自己证明了 Riemann 猜想 —— 根据数学学科发表论文的惯例,数学家在正式出版前都会提前公布预印本,先接受同行的检查,一旦放出预印本,就等于宣告这个成果的归属.

只有短短的五页纸!其中证明只有 15 行!

的确,Riemann 留给后人的也只有短短的八页纸. 可真的有那么简单吗? 很快,就有专业人士指出,Atiyah 在第二节定义的 Todd 函数就不靠谱,而这恰恰是证明的关键所在.

简单来说,Atiyah 是用了一个 Todd 函数的公式,假设有与 Riemann 猜想矛盾的点存在,这个公式是收缩的,那么就可以把一个个点代入这个公式,如果没有一个点成立,那么他就证明了 Riemann 公式. 然而,这个 Todd 函数在他上一次在海德堡论坛上发布时,就被当场指出是错误的.

所以,尽管演讲还在继续,同行就已经基本上断定,这次 Atiyah 爵士并未能带来真正的惊喜. 有同行在网上表示,为了尊重这位曾经做出过非常杰出而漂亮工作的伟大数学家,就不要再讨论了,因为他的证明是 "not even wrong".

在科学界,这个英语短语描述了一个声称是科学的论点或解释,但是基于无效的推理或推测前提. 因此,它指的是不能严格地、科学地讨论的论述.

"这不是一次严肃的尝试,甚至连错误都算不上. 在论述中没有使用到 ζ 函数的任何性质,而这在 Riemann 猜想中很关键." 欧阳毅说,很多伟大的数学家经常在晚年宣称证明了某个命题,却最终未能成功.

这也是一种常态,不用对这位前辈过于苛责.

如果 Riemann 猜想被证明

数学证明是个不断反复质疑、验证的过程.中国科学院院士、复旦大学数学系教授李大潜说:"当年英国数学家安德鲁·Wiles 做报告证明了 Fermat 大定理,也被同行指出其中的问题,他又花费了很大力气,才最终得到了结论."

即使 Atiyah 这次失败也没什么,毕竟这是数学上一个公认的难题.美国的克雷数学研究所公布的七大千禧年数学难题,每个悬赏一百万美金,Riemann 猜想名列第一.

除了难度高,Riemann 猜想的证明在现实世界中会改变什么吗? 李大潜介绍,作为核心数学中的一个重要猜想,不少数论的研究成果都是建立在 Riemann 猜想成立的基础上进一步研究的,如果该猜想成立,它们就有了依据,不然就全无价值.

数论在密码上的应用,被广泛应用于与信息安全和网络空间安全量子计算领域.

一旦素数之谜被解开,那么现在几乎所有互联网将的加密方式将不再安全,互联网变成一个裸奔的世界,因为我们主要的非对称加密包括 RSA 密钥加密等都是基于大数的分解.

不仅仅是互联网,只要证明方法被公布,无须量子计算机,根据其原理甚至能破解现代银行的安全密码体系.

那些担心自己的钱包和 Riemann 猜想的朋友们,我们再复习一下小学数学:

小于 20 的素数有多少个? 答案是有 8 个:2,3,5,

7,11,13,17 和 19. 小于 1 000 的素数有多少个？小于 100 万呢？小于 10 亿的呢？

观察素数表，你会发现素数数目是下降的，它们越来越稀疏. 1 和 100 之间有 25 个素数，401 和 500 之间有 17 个，而 901 和 1 000 之间只有 14 个. 如果把素数列到 100 万，最后一个百数段（就是从 999 901 到 1 000 000）中只有 8 个素数. 如果列到 10 000 亿，最后一个百数段中将只有 4 个素数. 它们是

999 999 999 937, 999 999 999 959

999 999 999 961, 999 999 999 939

N	小于 N 的素数有多少？
1 000	168
1 000 000	78 498
1 000 000 000	50 847 534
1 000 000 000 000	37 607 912 018
1 000 000 000 000 000	29 844 570 422 669
1 000 000 000 000 000 000	27 739 954 287 740 860

越到后面，素数的寻找越发艰难.

因此，聪明的数学家们将素数应用在密码学上，因为人类还没有发现素数的规律，以它作密钥进行加密的话，破解者必须要进行大量运算，即使用最快的电子计算机，也会因求素数的过程时间太长而失去了破解的意义.

现在普遍使用于各大银行的是 RSA 公钥加密算法，基于一个十分简单的素数事实：将两个大质数相乘十分容易，但是想要对其乘积进行因式分解却极其困难，因此可以将乘积公开作为加密密钥.

Riemann 猜想得到完全证明，很有可能派生出攻

击RSA公钥加密算法的规律.

一旦Riemann猜想得证,那么基于大素数分解的非对称加密算法可能就走到了尽头,私钥加密、签名也就失去了意义.

当我们在为数学家开心的时候,也得小心那些寻找漏洞的黑客.

如果被证伪呢?

Riemann猜想带来的危险不仅仅影响银行,更不仅仅影响互联网,其可能动摇到一些数学根基.

数学文献中已有超过一千条数学命题以Riemann猜想的成立为前提.如果Riemann猜想被证明,所有那些数学命题就全都可以荣升为定理;反之,如果Riemann猜想被否证,那么那些数学命题中起码有一部分将成为陪葬品.

那些建立在Riemann猜想上的推论,可谓是一座根基不稳、摇摇欲坠、令人惶恐不安的大厦.

一个数学猜想与为数如此众多的数学命题有着密切关联,这是世上极为罕有的,也许正是因为这样的关系,Riemann猜想的名气和光环变得更加显著,也越发让人着迷.

$$\zeta(n) = \sum_{r=1}^{\infty} \frac{1}{r^n} = 1 + \frac{1}{2^n} + \frac{1}{3^n} + \frac{1}{4^n} + \cdots + \frac{1}{r^n}$$

因而,此次Riemann猜想是否成功证明,将牵一发而动全身,直接影响以Riemann猜想作为前提的数学体系.

附录十二　Atiyah 是如何证明"世纪之谜"Riemann 猜想的？

Atiyah 在证明 Riemann 猜想的论文中提到了另外一篇参考文献，这个参考文献被叫作"文献2"，这个文献的题目是《精细结构常数》.

在这个论文的一开头，Atiyah 就写了几个字："献给莉莉".

现在还不太清楚这个莉莉是他女儿还是妻子，或者其他女性.

Atiyah 证明 Riemann 猜想的工作，与他一开始研究精细结构常数有非常大的关系. 精细结构常数是量子物理学中的一个基本的常数，其数值大概等于 1/137. 这个常数是比较巧合的，因为宇宙的年龄大概是 137 亿年. 所以，如果不考虑误差，那么 137 这个数字就是很特殊的.

Atiyah 说，以前有一个叫 Eddington 的人，注意到 $136 = 8 + 128$. 其中 8 等于 2 的 3 次方，而 128 是 2 的 7 次方. 而这些数字与所谓的 Clifford 代数有关. 著名物理学家、引力波专家陈雁北认为，这只是把数字写成了二进制，其实也不能说明什么. 但是，当时的 Eddington 只能看到 136，现在还必须加上 1，才能得到 137.

随后，Atiyah 给出了他的理由，为什么 137 会出现.

但是，问题来了，Atiyah 给出的这个精细结构常数在物理学家眼里其实不是常数，因为根据量子场论的最新研究成果,精细结构常数其实刻画的是电磁相互作用的强度,物理学家称之为"耦合常数". 但耦合常数其实不是真的常数,它是会跑动的 —— 也就是会随着时间变化. 这就叫作 running 的常数.

所以,大多数物理学家对数学家 Atiyah 试图证明 1/137 是一个常数觉得很尴尬,哑然失笑.

确实,根据所谓的重整化群方程,耦合常数是跑动的,不是真的常数. 在物理上,这可以被看成是随着能量的增加,相互作用强度的改变.

Atiyah 是不管物理学家如何想,因为作为数学家,他有他自己的想法. Atiyah 认为,精细结构常数应该像圆周率一样,具有同样的数学上的意义.

在 Atiyah 的"精细结构常数"的论文中,Atiyah 写到,在 18 世纪中叶,数学家 Euler 发现了圆周率与 Euler 自然常数以及虚数单位 i 之间存在一个关系. 所以,他希望找到 Euler 的这个关系在四元数领域到底有没有类似的关系.

四元数是当时的英国数学家 Hamilton 发现的. 这是 Atiyah 的另外一个基本的思路. 他看来是要发展四元数的 Euler 公式,然后对精细机构常数的来历有所说明.

随后,Atiyah 提到了他在 1950 年的合作者 Hirzebruch 的工作. 在那个时代,Hirzebruch 发展了关于 Todd 亏格的理论. 这个理论可以把几何学与拓扑学联系起来. 在这个基础上,Atiyah 与 Singer 等人发展了指标定理,而这个定理对数学物理学家很有用.

所以,在"精细结构常数"这个论文中,Atiyah 用数学解释了 137 这个数字的来历,而且他把这个常数

与圆周率以及 Euler 常数联系在了一起.

他在这个时候提到了重整化,看起来他还是很懂物理的. 他说,重整化其实刻画的就是耦合常数随着能量的改变而改变的过程. 他说,物理学家是用费曼图这类工具来处理这个问题的,而且物理学家的做法是依赖于实验的. 但 Atiyah 认为,他自己的做法是数学化的.

随后, Atiyah 开始了他用数学化的手段推导精细结构常数的过程.

在这个过程中, Atiyah 令人震惊地提到了 Euler 的 7 桥问题. 随后他又提到了 Hirzebrucht 和 Neuman 的工作.

在这个文章中,结构太过庞杂,他还提到了他的合作者 Bott 的工作. 这看起来很像是他人生的回忆录. 在这里他得到了结论

$$137 = 1 + 8 + 128$$

在这里 1 就是 2 的 0 次方. 所以正如陈雁北说的那样,他是把 137 写成了二进制.

Riemann 猜想是怎么回事呢?

Riemann 猜想是 Riemann 在 1859 年提出来的一个猜想,说白了就是与整数的求和有关. 比如 $1 + 2 + 3 + 4 + 5 + \cdots$ 一直加下去等于多少? Gauss 小的时候,能一直加到 100,说答案是 5 050.

但是, Riemann 不是这样看这个问题的.

Riemann 把这个求和扩展了,他定义了一个求和 $f(s)$,其中 s 可以是任意复数. 而 Gauss 做的那个问题,相当于 Riemann 的一个特例,也就是 $f(-1)$. 特别要强调的是, $f(1)$ 是发散的,没有定义. 其实就是解方程,

也就是让 $f(s)=0$，然后 Riemann 用一种很神秘的数学技巧解了这个方程，他只解出了不超过 10 个解，然后一看这寥寥无几的解，他发现这几个解全是复数，但复数的实部全是 1/2。于是，Riemann 猜想这个方程的解的实部都是 1/2。

这个猜想太难，一直没有被解决.

Atiyah 做数学喜欢与别人合作，他有很多合作者. 他的三个主要的合作者是：

1. Raoul Bott，他们在一起发展了 Atiyah-Bott 不动点定理. Raoul Bott 是一个工程师出身的数学家，有著名的"Bott 七周期律"传世.

2. Isadore M. Singer，他们一起发展了 Atiyah-Singer 指标定理. 这个定理认为，一个微分流形上的微分算子的解空间可以揭示出流形的拓扑结构.

3. Friedrich Hirzebruch，他们一起发展了拓扑 K 理论.

这三个人都是 Atiyah 1955 年在普林斯顿高等研究院的那一年认识的. 所以，现在如果 Atiyah 是一个人证明 Riemann 猜想，那么这看起来还是比较悬的一件事情. 因为 Riemann 猜想很难，而看起来 Atiyah 并不太擅长一个人做研究.

Atiyah 1966 年获得数学的最高奖——菲尔兹奖，当时他才 37 岁. 得过这个奖的华人只有丘成桐与陶哲轩.

后来他在英国的剑桥大学做数学教授，他的学生中也有很厉害的人，如 1983 年的 Simon Donaldson，也是因为用量子场论的方法证明了四维流形上有无穷多个微分结构获得 1986 年的 Fields 奖.

第三部分　Riemann 函数面面观

Riemann 猜想如果真的被 Atiyah 爵士证明，那么 Atiyah 爵士将成为继 Gauss, Riemann 之后最伟大的数学家之一，因为这个问题是数学界最难的问题，与素数有关，一旦被破解，也许我们地球上所有基于 RSA 密码的电脑系统都将变得不安全.

总的说来，Atiyah 的文章非常庞杂，需要很长的时间才可以看明白他的基本意思. 但毫无疑问，这个文章解释了 137 的来历. 随后，按照类似的方法，Atiyah 证明了 Riemann 猜想.

虽然我们现在不能完全确认 Atiyah 对 Riemann 猜想的证明是没有硬伤的，但他在 89 岁高龄的这一场战斗看起来充满了画面感.

我想，历史会记得他的工作.

1999